典藏
世界遺產

The Collection of World Heritage

典藏世界遺產

世 界 遺 產

2024年7月 在印度舉辦的世界遺產大會結束之後，全球的世界遺產總數已經來到1,223處，分布在5大洲、168個會員國或地區，其中952處屬於文化遺產，231處為自然遺產，40處是兼具文化與自然的綜合遺產，瀕危世界遺產則有56處。

什麼是世界遺產

世界遺產是經由聯合國教科文組織根據「保護世界文化和自然遺產公約」，由締約國大會通過後，根據是否具「傑出普世之價值」(Outstanding universal value)為標準，評定哪些地方可列入世界遺產。

指定世界遺產的目的便是鼓勵世界各國簽定合作保育宣言，宣示並執行自己領土內的自然與文化遺產。同時透過國際合作的方式，提供人才、專業知識、技術、法律保護等各方面的交流，確保遺產的完整性。

世界遺產的誕生

1972年11月16日聯合國教科文組織第17屆會議於巴黎召開，會中通過《保護世界文化和自然遺產公約》，這是聯合國首度界定世界遺產的定義與範圍，希望透過國際合作的方式，解決世界重要遺產的保護問題。

申請世界遺產的國家，必須加入會員，簽署《保護世界文化和自然遺產公約》，繳交會員費用。每個遺產地點將可獲得會費百分之一的補助，執行委員會必須統一審核、討論如何運用這些經費。

©CzechTourism.com

大 開 箱

執行委員由會員國共同投票選出，共21個席次，任期6年，每2年改選1/3席次。執行委員會除了必須決定哪些地點可被列入世界遺產，也必須審核是否有任何已被列入世界遺產名單的地點有保護不周的狀況。在這過程中，委員會必須聽取由專家所組成的團體之專業意見。會員國提報世界遺產候選地點時，必須備有該地點保護規畫，以及未來執行方式的保證。通常世界遺產在被指定之前，必須經過5年的評估時間。

繼1977年世界遺產委員會在法國巴黎開了第一屆大會之後，1978年的第二屆大會在美國華盛頓舉行，參與的會員國包括澳洲、加拿大、厄瓜多、埃及、法國、迦納、伊朗、伊拉克、奈及利亞、波蘭、塞內加爾、突尼西亞、美國、前南斯拉夫，並於會中提出了第一份世界遺產名單，共有12處，其中8處為文化遺產，4處為自然遺產。

10

世界遺產三大類型

世界遺產的標誌外圈的圓象徵著自然界，中間的方形則代表人類所創造的事物，同時圓圈也有保護的意思。整體象徵著自然與文化之間相互依存的關係。

根據《保護世界文化和自然遺產公約》，**世界遺產可分為：文化遺產、自然遺產、兼具文化及自然的綜合遺產。**

文化遺產並不只是狹義的建築物而已，而是與人類文化發展有關的事物都可被認定為世界遺產，包括紀念物(Monuments)、建築群(Groups of buildings)、場所或遺址(Sites)，都屬於文化遺產的範圍。至2024年為止，世界各地共計有952處文化遺產，是四大類世界遺產裡數量最多的。

文化遺產可能是建築大師的作品，例如建築師高第在巴塞隆納的建築；也可能是對後世建築有重要影響的型式，如歐洲常見的仿羅馬式、哥德式、文藝復興式、巴洛克式教堂；亦或是表現某種傳統生活，如日本京都建築群或中國的紫禁城，甚至具相同特性但在不同區域的建築，也會同時被列入世界遺產，例如同樣位於德國境內的威瑪和德紹的包浩斯(Bauhaus)建築，以及跨國界的德國和英國的羅馬長城。

自然遺產指特殊的物理、生物、地理景觀。這地方可能代表了「地球變動所留下的重要景觀，代表了地理和生物演進的過程，亦或是瀕臨絕種動植物的棲息、生態地，甚至是景色絕美的自然奇觀」。包括了化石遺址(Fossil Site)、生物圈保存(Biosphere Reserves)、熱帶雨林(Tropical Forest)與生態地理學地域(Biographical Regions)等。例如澳洲昆士蘭沿海的大堡礁、全球唯一的巨蜥棲息地印尼科摩多群島、世界最高峰喜馬拉雅山區、達爾文研究發展出進化論的加拉巴哥群島(Galapagos)，都屬於世界自然遺產。至2024年為止，世界各地共計有231處自然遺產。

綜合遺產乃兼具文化與自然特色，表示該地同時符合自然與文化遺產的條件，也是最稀有的一種世界遺產。至2024年底為止，只有40處，例如大陸的黃山、武夷山、泰山，祕魯的馬丘比丘，澳洲的烏魯魯卡達族達國家公園等。

其他類型遺產

除了有形的世界遺產之外，聯合國教科文組項下還有不同計畫，較為人熟知的有非物質文化遺產(Intangible Cultural Heritage)，以及世界記憶遺產(Memory of the World)兩大類，它們不論是對象、種類、體系、公約與審查機制，都完全與世界遺產不同，不明就裡的媒體常會混為一談。不過保存與傳承的目的，都是舉世相同的標準。

非物質文化遺產是2001年5月所新增，包括了瀕臨失傳的語言、戲曲、表演藝術、傳統手工藝、特殊文化空間、宗教祭祀路線或儀式等無形的文化型式。由於世界快速現代化與統一，這類遺產的傳承比具實質形體的文化類世界遺產更為不易，顯示出這類遺產的可貴與急待保存。

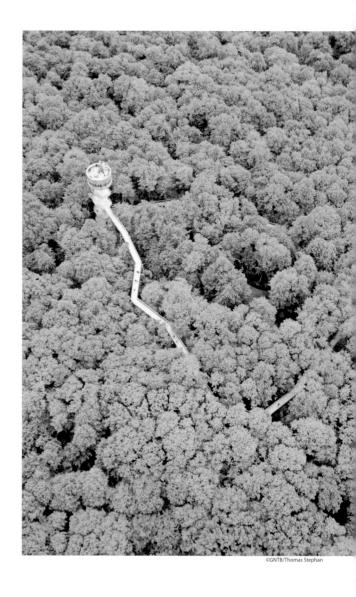

©GNTB/Thomas Stephan

©澳洲旅遊局

2001年教科文組織首度公布了19種口述與無形人類遺產，例如日本能劇、有百戲之祖稱號的「中國崑曲」，以及西西里島的提線木偶戲等，2003年的第二次會議選出了28項，2005年的第三次會議更多達43項，足見保存這些具特殊價值的文化活動的困難和急迫。根據UNESCO 2003年非物質文化遺產公約，自2009年起獨立成為非物質文化遺產名錄。

這份非物質文化遺產名單整合了2008年以前的90項「口述與無形人類遺產」，2009年新增85項、2010年47項、2011年33項、2012年32項、2013年30項、2014年38項、2015年28項、2016年41項、2017年42項、2018年39項、2019年40項、2020年35項、2021年47項、2022年48項、2023年55項，共累積達730項。

世界記憶遺產是聯合國教科文組織於1992年啟動的一個文獻保護項目，旨在保存具有較高歷史文化價值的記憶遺產，每兩年評選一次。被列入世界記憶遺產名錄以後，聯合國教科文組織將提供保存管理補貼和技術支持。目前世界記憶遺產已有496部文獻列入，其中布拉姆斯的樂譜、貝多芬的第九號交響曲、中國李時珍《本草綱目》都是文獻之一。

©GNTB/Goslar Marketing GmbH, Stefan Schiefer

世界遺產審查標準

要列入世界遺產名單，必須具備非常傑出的普世性價值，而且至少具有以下十個判準的其中一項，這是根據2005年世界遺產協會所提出的審查標準，前6項為文化遺產，後4項為自然遺產。

❶代表人類開創性天才的知名傑作。

❷展現了人類價值的重要轉折，不論是世界上某個文化區塊，還是橫跨一個時代的建築、工藝、藝術，以及城市規劃發展。

❸對某個文化傳統或文明(不論仍然存活還是消失)具有相當獨特的表徵和見證(Testimony)。

❹在人類歷史上，某種突出的建築形式和建築工法，具有相當重要的地位。

❺人類傳統聚落或土地和海洋的利用，足以代表某個文化，或者人類與環境的互動，特別是在環境不可逆的改變情況下，這些都變得十分脆弱。

❻直接與生活的傳統、信仰、藝術和文學相關的作品，而且具有普世的重要性。

❼包含了最極致的自然奇蹟，以及極為特殊的自然美景。

❽代表了地球發展史上最為突出的案例，包括記錄生命、某種地形形成過程中的重要地質變化，以及某些突出的地形和地質特徵。

❾在生態學和生物學的演變過程中具代表性的案例，不論是陸地、淡水、海岸及海洋的生態系，還是動物、植物的生態群落。

❿在保護生物多樣性上，扮演最重要的自然棲息地，特別是那些正在遭受威脅的物種。

世界遺產帶來的效益

被列入世界遺產的實質好處有兩個，一是帶來顯著的旅遊收益，二是可獲得國際提供的專業技術與資金的支援，維護文物與自然景觀，這兩項益處對開發中國家而言，都十分重要。

最好的國際合作範例是1960年開始的埃及努比亞遺址遷移工程。原因是埃及開始修建亞斯文大壩，將使得努比亞遺址淹沒，聯合國為此結合世界各地的科學家、工程師和考古學家，共同將神殿古蹟遷移到高處(例如阿布辛貝神殿及費麗神殿)。整件工程歷時20年才完成，樹立了國際合作的典範。而這也是世界遺產概念的首度具體行動。

旅遊與保護世界遺產之間的平衡

被列入世界遺產，就像是被戴上了世界小姐的榮冠，想要一親芳澤的觀光客也絡繹不絕到來。觀光除了帶來大量的外匯，同時為當地提供就業機會，甚至是改善當地的硬體設施。

但是聯合國教科文組織選出世界遺產的目的並不是為了觀光，而是為了結合國際力量保存這些脆弱的文物和自然景觀。因此每個地點或項目被列入世界遺產後，並不代表永遠列名。過度開發、戰爭或自然災害都很容易對世界遺產形成無可彌補的傷害，因此每處世界遺產指定地，必需定期每6年向聯合國教科文組織報告該遺產的保護及發展狀況。

若世界遺產指定地遭到嚴重破壞而無法改善時，將被撤銷其資格。到2024年為止，有56處地點被列入瀕危世界遺產名單，此外，並有數處遭到除名的命運。

世界遺產遭受破壞的原因主要有：環境變化急遽變化、大規模興建硬體設施、城市或旅遊業過度發展、土地的使用變動造成的破壞、武裝衝突，以及不可預期的自然災害等。其中除了自然災害是難以防範，例如2002年8月東歐嚴重的水患，使布拉格、布達佩斯等地的建築與中古文件，遭受相當大的損失。

毫無限制的觀光發展和未經良好設計的開發，也對景區造成很大傷害。除了人數過多，旅館、商店、索道等大量建築都對遺產造成可怕的威脅。尤其是載運遊客所帶來的空氣污染和大量垃圾，都對該地造成嚴重的傷害，例如印尼婆羅浮屠的石雕，因空氣中大量的二氧化碳而使得千年來屹立於此的石雕，遭受嚴重侵蝕；埃及吉薩金字塔附近原本計劃興建新的機場，也是在教科文組織的強烈要求下才停工。

觀光與保護之間必須尋求平衡，才能使遺產的保存更為久遠，因此建立新的旅遊態度是件很重要的事。除了是藉著當地政府與國際合作，確保遺產環境健全，訪客更應學習如何用心對待這些珍貴的遺產。同時，藉著真實的文化交流，國際間才能建立互敬互重、團結解決問題的模式。

©Visit Finland

Q01.奧運聖火是希臘神話中的普羅米修斯偷來的天火？

Q02.哪些建築高上了天，連蜘蛛人也爬不上？

Q03.誰搶到世界遺產頭香？

Q04.古文明遺跡竟然在每年特定時刻產生了天文異象？

Q05.埃及艷后、凱撒、安東尼顛覆了整個羅馬帝國的命運？

Q06.史前時代的人類到底在洞穴裡畫了些什麼？

Q07.在哥倫布還沒發現新大陸之前，外星人先拜訪了中南美洲？

Q08.真是不死的幽靈！從威尼斯、希臘到約旦都看得到它！

Q09.埃及、印度、美索不達米亞賺飽了五千多年的觀光財？

Q10.哪個帝國竟然占了全世界六分之一的土地？

Q11.女力當道，哪些世界遺產和女生有關？

Q12.誰家的世界遺產數量最多？

Q13.人氣最旺的世界遺產你去玩過了嗎？

Q14.威廉王子和凱特王妃獲贈的「情慾寶石」是什麼？

Q15.出土的化石竟連鯨魚都有？

Q16.萬年不化的冰河：百分百最COOL的打卡熱點！

Q17.五千多隻巨型蜥蜴聚在一起的場面有多可怕！

Q18.高高落下的瀑布，落差竟然超過200層樓那麼高！

Q19.哪一個湖泊竟然有115個台北市這麼大！

Q20.什麼是世界末日？火山爆發！

Q21.拿破崙家擁有地中海最美麗的海灘？

Q22.高來高去的奇岩怪石藏了什麼秘密？

Q23.變變變！怪誕喀斯特從地上幻變到地底！

Q24.五萬多尊石刻佛像聚集一處，是何等的威嚴壯觀啊！

Q25.歐洲各國最較勁的就是教堂，看誰最大、最高、最張揚！

Q26.就是因為不是穆斯林，更該見識見識清真寺有多不平凡！

Q27.說是建一處印度神廟，結果卻造了一座小鎮！

40

Questions

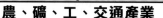
Q28.混血的殖民城市最具異國風情，你最愛的是哪一個？

Q29.全球知名的高第建築竟淪為賭場、補習班和分租公寓？

Q30.別搞錯！「文藝復興」不是新建案的豪宅名，而是歐洲15世紀就推出的老建案！

Q31.你知道德國航空Lufthansa名稱中的「hansa」是強大的「漢撒同盟」嗎？

Q32.從葡萄、咖啡到龍舌蘭，全都是世界遺產？

Q33.除了金、銀、銅、鐵、煤，連水銀礦也列為世界遺產？

Q34.你搭過穿越數十座隧道的高山鐵路、遊過長達數百公里的運河嗎？

Q35.複習一下歷史，來玩一趟工業革命之旅吧！

Q36.平民限制了我的想像，皇家宮殿及園林原來可以這麼奢豪！

Q37.歐洲木頭多有什麼用，最會用木頭造屋的是亞洲人！

Q38.用建築寫日記，看看 20世紀的日記裡寫了什麼？

Q39.歐洲古堡是充滿童話，還是戰爭？

Q40.造陵墓、得永生！結果真是這樣嗎？

從趣味和知性解讀世界遺產

達 人 知 識

大 測 驗

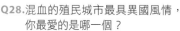 **世**界遺產劃分為文化遺產、自然遺產、綜合遺產三大類型，往下探索，可歸納出古代文明、宗教世界、偉大建築、城市聚落、產業遺產、地球生態等六大精髓，也就是我們所熟知的古埃及、美索不達米亞、希臘、羅馬帝國、野生動物、植物生態、海洋生態、火山、冰河、化石等等。

本單元精心設計了40道有趣的問題，徹底解析世界遺產40種面向，搭配大量的圖片、表格、年表，讓你輕鬆瞭解世界遺產獨特的價值及不凡之處！

Question 01

奧運聖火是希臘神話中的普羅米修斯偷來的天火？

每當四年一度的奧運展開時，裝扮成古代女祭司的女子在希臘奧林匹克遺址的赫拉(Hera)祭壇引燃火炬，交由火炬手接力傳遞，自此掀起全球熱潮，而那熊熊燃燒的聖火，是為了紀念普羅米修斯為人類盜得的天火，象徵著生生不息。

奧林匹克遺址隸屬古希臘文明，還可溯及愛琴海、希臘化古文明。最早的愛琴海文明是西元前2200年克里特島的米諾安文明，接著由希臘本土的邁錫尼接手；西元前800年，以雅典為發展重心的城邦勢力崛起，直到西元前4世紀，馬其頓王亞歷山大統一整個希臘地區，並進而征服埃及、美索不達米亞、中亞、印度，把希臘文化進一步向外擴散。

愛琴海文明

希臘 | 薩摩斯島的皮拉哥利歐與赫拉神殿
Pythagoreion and Heraion of Samos

在皮拉哥利歐(Pythagoreion)堡壘形的港口中，可發現希臘及羅馬的歷史遺跡，包括隧道式的水道橋，而赫拉(Hera)神殿至今仍可見其壯觀的建築規模。

土耳其 | 特洛伊遺址
Archaeological Site of Troy

從舉世聞名的考古區中出土的各種物件，則是小亞細亞文明與地中海文明接觸、交融的重要證明，同時也證明了西元前12世紀至13世紀愛琴海文明消長的趨勢。

希臘化文明

賽浦路斯 | 帕弗斯
Paphos

傳說帕弗斯是希臘神話中掌管愛與美之女神艾芙洛迪特(Aphrodite)的誕生地，西元前12世紀時邁錫尼人曾在此設立祂的神廟，成為艾芙洛迪特女神和希臘化時代豐饒女神的崇拜中心。

伊拉克 | 哈特拉
Hatra

是西元前3世紀時希律希底帝國創立的亞述城市，到了帕底亞王國王國時期，因位居絲路重要位置，一躍成為宗教和貿易中心。

土耳其 | 襄多斯至雷圖恩
Xanthos-Letoon

一支屬於安納托利亞民族的古代民族呂西亞，在土耳其的地中海岸西部留下不少位在岩壁上的墳墓和石棺，文化深受希臘、羅馬影響。

約旦 | 佩特拉古城
Petra

據考古發現，可了解佩特拉建築融合了中亞與希臘地中海型式的風格，出土文物則是來自世界各地，顯示佩特拉地處歐亞十字路口的重要地位。

希臘建築必看三大重點

圓柱

直到今天,希臘神殿圓柱的三大樣式:多立克(Doric)、愛奧尼克(Ionic)及科林斯(Corinthian)式,仍受到世界各地的廣泛運用。

劇場

劇場是希臘人祭祀酒神的慶典場地,要大到容得下一個圓形或半圓形的舞台,供慶典中合唱和舞蹈表演使用,還要加上大量座位的觀眾席。

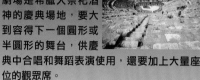

柱廊

柱廊是希臘人一項簡單卻影響深遠的發明,它單純利用圓柱和楣的原理,串連成多用途的長廊柱,提供一個可坐下、遮蔭、交易的空間。

古希臘文明

希臘　巴塞的守護者阿波羅神殿
Temple of Apollo Epicurius at Bassae

在古希臘時代,屬於阿卡迪亞(Arcadia)行政區,位於阿卡迪亞群峰之間,是為祭祀守護者太陽神阿波羅(Epicurius為守護者的意思)而建的,年代約在西元前5世紀,海拔1,131公尺。

©UNESCO/Yvon Fruneau

希臘　德爾菲考古遺址
Archaeological Site of Delphi

是古代希臘最重要的宗教聖地,古希臘人認為這裡是世界的中心。遺址裡有座鐘形的大理石,象徵「世界的肚臍」。

義大利　阿格利真托考古遺址
Archaeological Area of Agrigento

西元5世紀起,先後被迦太基人、羅馬人、拜占庭、阿拉伯王國的統治,留下許多神殿遺蹟,歷史可以回溯到西元前5世紀,是希臘境外保存最完整的古希臘遺跡。

希臘　埃皮道洛斯考古遺址
Archaeological Site of Epidavros

建有神廟和大量住宿設施,還建造了浴場、劇場甚至運動場等建築,從遺跡的各種功能來推斷,發現古希臘人早已發現心理的醫療與身體醫療一樣重要。

希臘　奧林匹亞考古遺址
Archaeological Site of Olympia

這裡是奧林匹克運動會的發源地,希臘人為表現他們對眾神之王宙斯的崇敬,而舉行各種祭神慶典,並同時舉辦體育競技和文藝表演。

希臘　邁錫尼與提林斯考古遺址
Archaeological Sites of Mikines and Tiryns

挖掘出來的古文物,讓荷馬史詩《伊里亞德》和《奧迪賽》中提到的黃金王國邁錫尼從神話中走出,讓這個在西元前16~12世紀支配希臘本土及愛琴海島嶼霸權的古文明重現眼前。

希臘　雅典衛城
Akropolis, Athens

衛城除了是祭祀的聖地,也是政治與公共場所、防禦要塞,在海拔70公尺高的山頭上,聳立著以大理石打造的雄偉建築,充份展現精湛的建築工藝,堪稱古希臘建築的經典之作。

保加利亞　卡贊勒克的色雷斯古墓
Thracian Tomb of Kazanlak

©www.bulgariatravel.org

大量王公貴族的陵墓年代可以回溯到西元前4世紀,是保加利亞境內保存最完善的古希臘時期藝術傑作。

©UNESCO/G. Boccardi

利比亞　昔蘭尼考古遺址
Archaeological Site of Cyrene

昔蘭尼建於西元前7世紀,是錫拉島希臘人的殖民地,在西元365年發生一場大地震前,一直是當地最重要的希臘城市,也見證了地中海地區的榮景。

BC3000　BC2500　BC2000　BC1500　BC1000　BC900　BC800　BC700　BC600　BC500　BC400　BC300　BC200　BC100　0　100　200

米諾安文明　BC3000-BC1400

邁錫尼文明　BC1600-BC1050

古希臘時期　BC800-BC323

希臘化時期　BC323-BC30

●巨石陣,BC2100-2000,英格蘭南部
●克諾索斯皇宮,BC1600-BC1400,希臘克里特島
●邁錫尼城,BC1350,希臘邁錫尼
●雅典衛城與帕德嫩神殿,BC447-BC438年,希臘雅典

Question 02

哪些建築高上了天，
連蜘蛛人也爬不上？

隨著時代推進，人類的建築技術愈加成熟，也不斷挑戰高度的極限，目前世界第一高樓為阿拉伯聯合大公國高達828公尺的哈里發塔，而世界遺產中名列第一的是建於19世紀末的艾菲爾鐵塔。

高上了天的世界遺產建築，除了埃及古夫金塔和西藏布達拉宮，其餘都位於歐洲，然而並非建築年代愈晚就蓋得愈高，取決因素在建築形式，特別是哥德式建築，伸向無際蒼穹的尖塔是其最大特色，不過，聖彼得大教堂和聖母百花大教堂的大圓頂也非常驚人。

法國 **巴黎** **艾菲爾鐵塔**
Tour Eiffel

🔺330公尺 ⏷1889年

❀這座鐵塔除了四個基腳使用鋼筋水泥，塔身全部都是鋼鐵構成，共使用18,038片鋼鐵，以兩百五十萬個鉚釘結合，鋼鐵結構重達7,300公噸；然而以空氣動力學設計，周遭空氣比鐵塔本身還重。

西班牙 **巴塞隆納** **聖家堂**
Templo de la Sagrada Familia

🔺完成時172.5公尺 ⏷1883年至今

❀按高第的設計，聖家堂有18座高塔：12座紀念耶穌的12位門徒、4座代表福音傳教士、1座是聖母瑪利亞，最高的主塔當然象徵耶穌，高度將達172.5公尺。

 德國 ⏺ 科隆 **科隆大教堂**
Cologne Cathedral

🔼157公尺 🔄1248~1880年
☸哥德式風格的科隆大教堂，從1248年開始興建，1265年完成了主祭壇與聖詠台，接下來的建設進度緩慢，直到1842年普魯士王國興起才為今日的規模重新打下基礎。

法國 ⏺ 史特拉斯堡 **聖母院大教堂**
Cathédrale Notre Dame

🔼142公尺 🔄1176~1439年
☸法國文豪雨果曾經讚美聖母院大教堂是「巨大和精緻的完美結合」，興建工程從1176年持續到1439年，此後約有兩百多年的時間，這座高達142公尺的尖塔是當時最高的建築。

埃及 ⏺ 吉薩 **古夫金字塔**
Great Pyramid of Khufu

🔼139公尺(原本146.6公尺) 🔄西元前2560年
☸古夫金字塔四邊側面正對著東、西、南、北四極，底座是毫無瑕疵的正四方形，邊長230.33公尺。至少動用了三萬名民工，每塊石塊平均重達2.5噸，數量超過兩百五十萬塊，總重量幾近七百萬噸，建成的金字塔體積達2,583,283立方公尺，可納入整座梵諦岡的聖彼得大教堂。

梵諦岡 ⏺ **聖彼得大教堂**
Basilica di San Pietro

🔼133公尺(主圓頂) 🔄1506~1666年
☸聖彼得教堂是全世界最大的教堂，長186.35公平、寬947.5公尺，內部的地板面積達兩萬一千四百多平方公尺，沿教堂外圍走一圈也有1778公尺，本堂高40公尺、主圓頂則高133公尺，包括貝尼尼的聖體傘等主要的裝飾在內，共有44個祭壇、11個圓頂、778根立柱、395尊雕塑和135面馬賽克鑲嵌畫。

 中國 ⏺ 西藏 **布達拉宮**
Potala Palace

🔼117公尺 🔄1645~1653年
☸這座建於拉薩市中心海拔3700公尺高的紅山頂上的龐大建築，經過多次修復和增建的工程，形成一個沿著山勢盤繞的大型宮殿，基本上分成白宮和紅宮，白宮是歷代達賴喇嘛的寢宮，而紅宮則容納達賴喇嘛的靈塔及各種佛堂。

法國 ⏺ 夏特 **夏特大教堂**
Cathédrale Notre Dame

🔼112公尺(北鐘塔) 🔄1134~1260年
☸歐洲哥德式建築的最佳典範之一，教堂內的176片彩繪玻璃，算是歐洲中世紀最重要的作品之一。16世紀的火焰哥德式高塔，和內部的羅馬式建築大不相同，可算是教堂建築的奇例。高112公尺的鐘塔又稱為北塔，其70公尺高的雕飾精美的平台和火焰式的哥德尖塔建於1507年~1513年。

  義大利 ⏺ 西恩納 **西恩納市政大廈**
Palazzo Pubblico

🔼102公尺(曼賈塔樓) 🔄1310年

☸市政大廈大約在1310年完工，當時是九人會議的總部。曼賈塔樓(Torre del Mangia)高102公尺，名稱是取自第一位敲鐘的人，是義大利中古世紀塔樓第二高的，登上塔樓可以俯瞰整個市中心廣場往外擴散的西恩納景致。

  義大利 ⏺ 翡冷翠 **聖母百花大教堂**
Florence Cathedral

🔼一百多公尺(主圓頂) 🔄1420~1436年

☸1436年所立起的紅色八角形大圓頂，沒有用傳統施工支架，而是利用滑輪來蓋頂的技術，以當時的技術造出這麼一個壯觀的圓頂，讓百花大教堂又添一項值得稱讚的事蹟。

Question 03

誰搶到世界遺產頭香？

繼1977年世界遺產協會在法國巴黎開了第一屆大會之後，1978年的第二屆大會在美國華盛頓舉行，參與的會員國包括澳洲、加拿大、厄瓜多、埃及、法國、迦納、伊朗、伊拉克、奈及利亞、波蘭、塞內加爾、突尼西亞、美國、前南斯拉夫，會中提出了第一份世界遺產名單，共有12處，其中8處為文化遺產，4處為自然遺產。然而為什麼是這12處？從當時參與的會員國家不難看出其中的關聯性，尤其是位於美洲、同時有兩處入榜的美國、加拿大和厄瓜多。

德國 亞琛大教堂
Aachen Cathedral

查理曼大帝在位期間，因喜歡亞琛而在此興建行宮，甚至大帝的遺體也葬在亞琛大教堂內，並共有30位國王在大教堂內舉行加冕儀式。

波蘭 克拉科夫歷史中心
Cracow's Historic Centre

克拉科夫由於是波蘭境內少數未被戰火波及的城市，而得以保留大量完整的中世紀和文藝復興建築。

波蘭 維利奇卡鹽礦
Wieliczka Salt Mine

整個鹽礦區由9層彷彿迷宮般的隧道構成，最深達地底327公尺。遊客搭乘電梯到達地下64公尺的第1層，可以看到用鹽製成的禮拜堂和聖人雕像。

加拿大 納罕尼國家公園
Nahanni National Park

納罕尼國家公園位於加拿大西北地區，這裡不僅擁有得天獨厚的生態資源，也是傳統原住民德內族數千年來的居住地。

美國 黃石國家公園
Yellowstone National Park

黃石國家公園成立的宗旨在維護罕見的地熱景觀，園區內驚人的地形樣貌，源自數十萬年前火山連續噴發形成的成果。

衣索比亞 拉利貝拉的石刻教堂群
Rock-Hewn Churches, Lalibela

拉利貝拉這座位於北部岩石高原的聖城，最眾所周知的就是11座位於巨大石坑內以整塊岩石開鑿而成的石刻教堂，其中包括世界最大的石刻教堂「耶穌基督教堂」。

衣索比亞 塞米恩國家公園
Simien National Park

成立於1969年的塞米恩國家公園，境內涵蓋了塞米恩山及衣索比亞最高峰達尚峰，這裡有經歷了千萬年侵蝕的壯麗山谷以及高山草地。

美國 梅莎維爾第國家公園
Mesa Verde National Park

位於科羅拉多州西南方的梅莎維爾第，是由普柏洛印第安人所留下的古文明遺跡，最著名的景觀為成群的「壁屋」。開鑿於砂岩峽谷的崖壁上，目前留存的數量約有六百處，建於12~13世紀。

厄瓜多 基多城
City of Quito

16世紀在印加城市廢墟裡建起來的厄瓜多首都基多，海拔2850公尺，市內有大小教堂、修道院，1917年遭逢大地震，建築仍保存完好。這些宗教建築充分融合了西班牙、義大利、摩爾、法蘭德斯及印地安原住民的藝術，被視為「基多的巴洛克學派」，富有珍貴的歷史文化價值。

厄瓜多 加拉巴哥群島
Galápagos Islands

加拉巴哥群島位於東太平洋、赤道兩側，不斷的火山熔岩噴發和地殼隆起形成了這19座年輕島嶼，地理位置的孤立促成生物演化成地方特有種，1835年達爾文造訪此地，觸發了《物競天擇》的演化論學說。

加拿大 朗索梅多斯國家歷史遺址
L'Anse aux Meadows National Historic Site

1960年代開始，考古人員在此地進行挖掘工作，他們發現了與格陵蘭島、冰島的傳統建築十分類似的木構泥草房舍。這些被挖掘出來的建築物有鐵匠鋪、木匠鋪、修船區及居住場所，當時這裡也有女性居住。

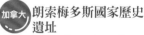

塞內加爾 戈雷島
Island of Gorée

戈雷島位於塞內加爾首都達喀爾(Dakar)對岸，相距不到3公里，15世紀中葉到19世紀，這裡陸續被葡萄牙、荷蘭、英國和法國占領，是歐洲人最早在非洲建立的殖民地之一，也是重要的奴隸貿易中心。島上可見殖民者興建的堡壘、砲台及18世紀晚期建立的「奴隸屋」，充分呈現出文明與野蠻之間的殘酷對比。

Question 04

古文明遺跡竟然在每年特定時刻產生了天文異象？

古文明之所以迷人，有不少是因為數千年前人類所創早初的偉大文明，至今仍有許許多多的謎題無法破解，留給後人無限想像空間。許多自然異象透過今日的科學證據來解釋，其實並不難理解，尤其一些古文明建築特別喜歡在每年的特定時刻玩花樣，例如春分、秋分、夏至、冬至，或者光影的投射，或者太陽升起落下的角度，這些天文現象再自然不過。然而幾千年前的古代人類究竟如何知道這些天文曆法，又究竟如何精密地運用在這些建築之上，這才是後人們探索千年亟欲知道的答案。

愛爾蘭 波茵河灣考古遺址
Brú na Bóinne

波茵河灣考古遺址是一群史前墳墓群，歷史比埃及金字塔還要久遠，主要有紐格蘭奇(Newgrange)、諾斯(Knowth)、道斯(Dowth) 三座墳墓，紐格蘭奇巨石古墓大約建造於西元前3200年，墓室入口的石板上裝飾著螺旋狀的神祕圖紋。最神奇的是墓室入口上方敞開一個小長方窗口，每年冬至的黎明時分，光線會慢慢穿透19公尺長的通道，射入墓室 最裡端的石塊上。

英國 史前巨石群
Stonehenge, Avebury and Associated Sites

關於史前巨石區的存在，原因眾說紛紜，1960年代，一名美國科學家提出巨石群是早期民族的天文儀這個說法，由光線的移動可觀察天體的運行，作為觀測天象之用。每年夏至，人如果站在巨石群正中央，抬頭面向軸線，可看到緩緩升起的太陽順著軸線移動。每年這裡都要舉行朝聖儀式，慶祝夏至日的到來。

墨西哥 提奧狄華岡
Teotihuacan

提奧狄華岡被死亡大道劃分為四塊，太陽神廟是當今世界上最大的金字塔遺跡之一，而太陽金字塔位在死亡大道的東邊，底座佔222平方公尺，高度超過70公尺。太陽金字塔建於西元100年，由三百萬噸的石塊、磚塊所堆砌而成，每年夏至時，正對著太陽金字塔，可以看到太陽從金字塔落下。

埃及 阿布辛貝神殿
Abu Simbel Temple

神殿最裡面的聖壇有4位神祇，由左至右為彼特(Ptah)、阿蒙・雷太陽神(Amun-Ra)、拉姆西斯二世、雷・哈拉克提(Ra-Horakhty)，安坐在整體建築的中軸線上，每年逢10月20及2月20日這兩天，陽光會穿越前廳射入聖壇，奇妙的是，只有3位神祇受光，唯獨冥神彼特隱在陰暗中。對於這項現象及日期代表的意義，學者尚無定論，唯一的共識是法老王可藉太陽神獲取新生的能量。

墨西哥 奇琴伊察
Chichen-Itza

在奇琴伊察的中心佇立著庫庫爾坎金字塔，四周各由91級台階環繞，加起來共364階，再加上塔頂的羽蛇神廟共365階，象徵一年365個日子。每年春分和秋分兩天的日落時分，北面一組台階的邊牆，會在陽光照射下形成彎彎曲曲七段等腰三角形，連同底部雕刻的蛇頭，宛若一條巨蟒從塔頂向大地爬動，象徵著羽蛇神在春分時甦醒爬出廟宇，秋分日又回去。每一次，這個幻像持續整整3小時22分，分秒不差。

40個達人知識大測驗

Question 05

埃及艷后、凱撒、安東尼 顛覆了整個羅馬帝國的命運？

提 起羅馬帝國的歷史，常常就會提到埃及艷后克莉奧佩特拉，偉大的凱撒和馬克安東尼大將都拜倒在她的石榴裙下，顛覆了當時的埃及和羅馬帝國的命運。三人逝後，羅馬帝國持續壯大，精良的部隊攻占一個北起北海、南至非洲亞特拉斯山脈，西起大西洋沿岸、東至幼發拉底河的龐大帝國，領地橫跨今天25個以上國家的領土，這個龐大帝國囊括了當時世界上最文明的區域。

羅馬帝國征服過的歐洲領土

英國 羅馬帝國邊界
Frontiers of the Roman Empire

這條羅馬邊界指的是西元2世紀左右，羅馬帝國的最大疆域，從大西洋沿岸的不列顛北部，穿過歐洲大陸直達黑海，再從黑海沿到紅海穿過北非抵達大西洋沿岸，全長5000公里。這處世界遺產與德國境內的城牆遺址並列，英國部分為哈德良長城，全長118公里，為羅馬帝國最北疆界。

英國 巴斯
City of Bath

西元1世紀羅馬人入侵英國，便在巴斯溫泉附近廣建浴池，以及獻給水和智慧女神蘇莉絲‧密涅瓦的神廟，使得巴斯這座溫泉之鄉逐漸成為度假勝地。現今巴斯唯一存留的羅馬遺跡位於地面下六公尺，其中最著名的是博物館中的幾個兩千年前的浴池遺跡，如露天大浴池、泉水湧出的國王浴池等，以及水和智慧女神的鍍銅神像。

西班牙 塞哥維亞舊城及水道橋
Old Town of Segovia and its Aqueduct

塞哥維亞的名稱源自伊比利半島的凱爾特人，首批居民將它命名為Segobriga，意思是「勝利之城」。它優越的戰略位置，是它自從中世紀以來便備受君王青睞的原因，城內處處可見昔日的皇宮建築，以及可遠溯自羅馬時代的古老城牆和水道橋，堪稱西班牙境內規模最龐大的古羅馬遺跡，全長894公尺，由163根拱形柱組合而成。

西班牙 阿維拉舊城及城牆外的教堂
Old Town of Ávila with its Extra-Muros Churches

阿維拉位於馬德里的西北方，興建於一座岩山頂端平台上的舊城，四周圍繞著厚實的城牆，使它贏得「石頭城」的封號，城牆保存完整，維持著濃厚的中世紀氣氛。阿維拉的中古世紀城牆起造年代約在11~12世紀，是古羅馬人與伊斯蘭教徒留下來的防禦工事，共有8座城門、88座的城塔，其中又以文森門和阿卡乍門最令人印象深刻。

西班牙 梅里達考古遺址
Archaeological Ensemble of Mérida

在古羅馬時代，梅里達稱之為「Emeritus Augustus」，意思是「奧古斯都軍隊中的單身漢們」，它主要為了保護瓜迪亞納河上橋樑與通道，遠在古羅馬時期便已繁榮興盛，城內出現大量公共建築：神廟、劇場、水道橋、民居、墳場……等等，它保留下來的羅馬遺跡，是西班牙境內最豐富的，因此使梅里達贏得「西班牙的小羅馬」的美譽。

西班牙 塔拉戈考古遺址
Archaeological Ensemble of Tárraco

塔拉戈是昔日羅馬人征服伊比利半島的基地，西元前218年，羅馬往南攻打駐守於西班牙的迦太基統帥漢尼拔，從那時開始，這座城市就在羅馬歷史中扮演舉足輕重的地位。後來，塔拉戈不但陸續發展出城牆，進而演變成羅馬帝國的度假勝地，從它今日保存下來的古蹟：城牆、塔樓、圓形劇場、競技場……不難看出昔日盛極一時的景象。

法國 歐宏桔羅馬劇場與凱旋門
Roman Theatre and its Surroundings and the "Triumphal Arch" of Orange

牆面寬103公尺、高37公尺的歐宏桔古代劇場，是世界上保存最好的羅馬劇場之一，尤其舞台牆面完整地保存下來。而位於昔日舊城邊界的凱旋門，是紀念羅馬皇帝奧古斯都平定高盧，於西元1世紀前後建的，長19.5公尺、寬8.4公尺、高19.2公尺，共有3個拱門，大致呈西北─東南走向。其上的浮雕主要以軍隊、武器及徽章描述羅馬人和高盧人戰鬥情景，歌頌羅馬帝國光輝的成就。

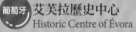
葡萄牙 艾芙拉歷史中心
Historic Centre of Évora

艾芙拉舊城被保存完整的摩爾城牆所包圍，城裡石板街道和優雅的建築，有股濃濃的中世紀城鎮風味。當地的建築十分有特色，白牆、花磚，加上飾以花草動物的花紋的鑄鐵陽台，營造出獨特的風韻，而這種建築特色在日後影響巴西的建築甚巨。

法國 亞爾勒的羅馬及仿羅馬式建築
Arles, Roman & Romanesque Monuments

留有重要的羅馬遺跡，包括聖托菲姆教堂及迴廊、共和廣場裡的方尖碑、羅馬劇場、羅馬競技場和地下柱廊、君士坦丁浴場。建於西元75年的羅馬競技場，是普羅旺斯保存最好的羅馬式遺跡之一。由兩層樓、50座拱門所形成的大型競技場，最多可以容納兩萬名觀眾，直徑最廣的部分長達136公尺，坐在最高的一排座位可以一覽亞爾勒的城景。

法國 嘉德羅馬水道橋
Pont du Gard (Roman Aqueduct)

嘉德水道橋寬275公尺、高49公尺，是古羅馬水道橋中最高的一座，上中下共三層，上層47個小拱頂，做為引水道之用；中層11個中拱頂，前有步道，人車皆可通行；下層6個大拱頂，有阻擋洪水等功能。整體石材總重量估計高達五萬多噸，石塊間完全沒有使用任何黏合材料，純粹是靠精密的力學計算切割組合，完美的技術讓水道橋歷經上千年仍矗立山間。

羅馬帝國征服過的亞洲領土

馬薩達
Masada

馬薩達名稱源自於希臘文的「堡壘」，這座猶太人眼中的聖城起源已不可考，只知道西元前40年時希律王曾經為了躲避帕底亞國王而在此避難並進行大規模的建設。西元66年時，馬薩達爆發第一次猶太人和羅馬人的戰爭，圍城的羅馬人在這座高城的四周築城、興建營地、防禦建築與攻擊斜坡，這些完整的羅馬圍城工事至今依舊可見。

佩特拉古城
約旦
Petra

絕美的粉紅石頭城佩特拉，地處往來阿拉伯世界、埃及和地中海交通往來的十字路口，加上狹窄山谷所形成的天然通道，易守難攻，是中世紀絕佳的交通戰略城市。西元前200年左右，阿拉伯那巴游牧民族(Nabatacans)選擇於此建城。自此，佩特拉在經濟和宗教上扮演重要的角色。一直到羅馬帝國的全盛時期，佩特拉還都是中東地區的重要城市。

©The Jordan Tourism Board

波瑞曲歷史中心的優夫洛西斯主座教堂建築群
克羅埃西亞
Episcopal Complex of the Euphrasian Basilica in the Historic Centre of Poreč

波瑞曲是羅馬人於西元前2世紀建立起來的城市，至今城裡許多角落仍然可以看到傾頹的羅馬遺址，西羅馬帝國滅亡之後，西元539年由拜占廷帝國接手，並設立了一個主教席位，今天城裡最珍貴的資產優夫洛西斯大教堂，便是這個時期遺留下來的。

© Croatian National Tourist Board/Renco Kosinozic

布特林特
阿爾巴尼亞
Butrint

布特林特坐落於與希臘的邊界，早在西元前10世紀時便已出現聚落，這座伊特魯斯坎人(Etruscan)創立的城市，先後成為希臘殖民地、羅馬城市以及主教管轄區。1928年出土遺跡中展現該城各個時期的樣貌，古希臘羅馬時期的圍牆與圓形劇場和神廟、西元前6世紀的古堡、基督教傳入時期的大教堂等等，都見證了它昔日的經濟與軍事實力。

©UNESCO/Clement Martin

特里爾的羅馬時期建築、聖彼得大教堂和聖母教堂
德國
Roman Monuments Cathedral of St Peter and Church of Our Lady in Trier

君士坦丁大帝崛起於特里爾，在統一羅馬帝國後，使特里爾的政治地位大幅提升，讓特里爾擁有「第二羅馬」的美譽。特里爾的黑門是阿爾卑斯山以北保存最完整的羅馬古跡，更是全世界現存最大的羅馬古城門之一。而特里爾聖彼得大教堂的前身是君士坦丁大帝建立的古羅馬教堂原址，它不但是德國最古老的教堂，更真實呈現早期羅馬式建築風格。

坎辛格拉－羅慕里亞納的加萊里烏斯皇宮
塞爾維亞
Gamzigrad-Romuliana, Palace of Galerius

坎辛格拉保存了重要羅馬晚期遺跡，早年因為為數眾多的塔樓，使得歷史學家認為這裡是處羅馬軍營，直到1953年才確認該遺址為皇宮。

©National Tourism Organisation of Serbia/B.Jovanovic

加萊里烏斯皇帝以他母親Romula的名字替這處結合神廟、宮殿、浴室和凱旋門的遺址命名，興建於289年，除當作奢華別墅使用外，還具有敬神與宣揚皇帝功績的用途，也因此使得這處集紀念活動與舉行儀式等功能於一身的建築群更顯獨特。

斯皮斯城堡
斯洛伐克
Spišský Hrad

以石灰岩為材建造的斯皮斯城堡，原型可上溯至羅馬帝國晚期，當時就曾經有軍事防衛功能的堡壘存在。西元11世紀時，曾在現址興建一座高塔，但隨後被毀，直到12世紀，當時為防韃靼人攻打而興建，爾後經過多位匈牙利國王增建，至1464年轉手給經營製鐵業有成的家族，此後便一直在貴族手上流轉。1945年由政府接手，城堡正式成為文化古蹟建築被保存。

©www.slovakia.travel/Alexander Vojcek

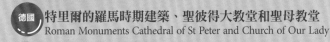

©GNTB

羅馬帝國征服過的非洲領土

提帕薩 Tipasa （阿爾及利亞）

位於地中海沿岸阿爾及爾西方68公里的提帕薩，原是西元前7世紀腓尼基人所建的貿易驛站，西元2世紀時成為羅馬帝國的軍事殖民地，接著又先後被拜占庭帝國和阿拉伯人占領，是一座融合多元文化風貌的濱海古城。這片古羅馬遺址主要可分為陵墓區和考古區兩大部分，重要的建築物遺跡包括了教堂、公共澡堂、鬥獸場、露天劇場以及噴泉公園。

大萊普提斯考古遺址（利比亞）
Archaeological Site of Leptis Magna

大萊普提斯考古遺址是地中海地區保存最好、也最宏偉的古羅馬遺址，雖然腓尼基人早在西元前1,100年就建立起這座城市，但一直到了西元193年，剛登基的羅馬皇帝塞維魯決定大力建設自己的家鄉，這裡才進入繁華期，並且成為當時非洲的第三大城。本遺址包括公共建築、港口、市場、商店、浴池、競技場、劇場等令人讚嘆的建築景觀。

沃盧比利斯考古遺址（摩洛哥）
Archaeological Site of Volubilis

沃盧比利斯建於西元前3世紀，是茅利塔尼亞－廷吉他納省的行政中心，也是羅馬帝國西部邊境上一個重要的殖民城市。這裡土壤肥沃，物產豐饒，不僅繁榮富庶，也建有許多優美精緻的建築物。1755年，沃盧比利斯曾經遭到里斯本大地震的損毀，1914年起，考古學家開始透過出土的遺跡和文物，逐漸拼湊出這座羅馬古城的原始面貌。

40 個達人知識大測驗

羅馬建築必看六大重點

圓形競技場
競技場是典型的羅馬式建築，希臘劇場是專門上演戲劇，多半順著山勢而建，競技場卻是供比賽和競技用，就位於城市內，直接由平地升起。

圖書館
圖書館是希臘化時期發展出來的建築，主要是埃及托勒密王朝時代的發明，後來這個功能性建築也傳到小亞細亞及近東，成為博物館前身。

凱旋門
凱旋門運用了嵌牆柱，通常建在廣場入口，是紀念戰役勝利而設的拱門，凱旋門要夠大，才能讓軍隊載著戰利品穿越夾道歡呼的民眾。

圓頂
羅馬人在結構工程工程的發明上可謂成就輝煌，圓頂是把混凝土灌入作為永久性框模的牆面之間構築而成，不論從內或由外，都可欣賞。

浴池
羅馬的公共浴場不是免費就是收費低廉，通常蓋在奢華的建築物內部，區隔成熱水池和溫水池，羅馬人在營造大型空間的技巧十分卓越。

水道橋
羅馬時代水通常由埋設在地下的水管輸送，如果要露天穿越山谷，就要架設水道橋，這是既具有功能、又相當美觀的建築設計。

Question 06　史前時代的人類到底在洞穴裡畫了些什麼？

從舊石器時代到新石器時代，在還沒發明文字之前的史前人類，除了以石作為工具之外，能給後人作為考古研究依據的，就是這些遺留在山洞或山壁上的畫作了。從這些岩畫上所描繪的人形、獸類，不難看出當時人類從狩獵為主的生活方式慢慢演進為游牧、農耕，當然還可以看出他們的祭祀儀式以及的藝術創意。有趣的是，這些大量留下來的岩畫，不分洲別，不分種族地域，分佈得十分平均，五大洲都能看到這些藝術創作，儘管當時地球五大洲的陸塊並不是我們今天所看到的模樣。

12

20 萬年前	3 萬 8000 年前	1 萬年前
舊石器時代前期	舊石器時代後期	中石器時代

❶特索地羅 Tsodilo，波札那

❷威蘭得拉湖區 Willandra Lakes Region，澳洲

❸科阿峽谷史前岩石藝術遺址 Prehistoric Rock-Art Sites in the Côa Valley，葡萄牙

❹阿爾塔米拉岩洞壁畫 Cave of Altamira and Paleolithic Cave Art of Northern Spain，西班牙

❺卡卡度國家公園 Kakadu National Park，澳洲

卡皮瓦拉山國家公園 Serra da Capivara National Park，巴西 ❻

❼維澤黑河谷壁畫洞穴及史前遺址 Prehistoric Sites and Decorated C.

平圖拉斯河手印洞 Cueva de las Manos, Río Pinturas，阿根廷 ❽

❾馬托波山 Matobo Hills，辛巴威

❿塔德拉爾特．阿卡庫斯岩畫遺址 Rock-Art Sites of Tadrar

⓫伊比利半島地中海盆地岩畫藝術 Rock Art of the

烏魯魯卡達族達達國家公園 Uluru-Kata Tjuta National Park，澳洲 ⓬

毗姆貝克塔岩石庇護所 Rock Shelters of Bhimbetka，印度 ⓭

塔斯馬尼亞荒原 Tasmanian Wilderness，澳洲 ⓮

瓦爾加莫尼卡的岩畫 Rock Drawings in Valcamonica，義大利 ⓯

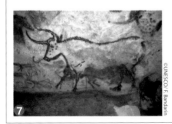

©UNESCO/ F. Bandarin

7

		7000 年前	
		新石器時代	

of the Vézère Valley，法國

cus，利比亞

iterranean Basin on the Iberian Peninsula，西班牙

塔西里奈加 Tassili n'Ajjer，阿爾及利亞

⑰瓊戈尼岩石藝術區 Chongoni Rock-Art Area，馬拉威
⑱阿爾塔岩畫 Rock Art of Alta，挪威
⑲馬洛提─德拉肯斯堡公園 Maloti-Drakensberg Park，賴索托、南非
塔努遠古壁畫遺跡 Rock Carvings in Tanum，瑞典 ⑳
湯噶犁岩畫 Petroglyphs within the Archaeological Landscape of Tamgaly，哈薩克 ㉑
聖法蘭西斯科山脈岩畫 Rock Paintings of the Sierra de San Francisco，墨西哥 ㉒
孔多亞岩畫遺址 Kondoa Rock-Art Sites，坦尚尼亞 ㉓

⑲

29

Question
07

在哥倫布還沒發現新大陸之前，外星人先拜訪了中南美洲？

在歐洲人還沒發現新大陸之前，也就是所謂的前哥倫布時期(Pre-Columbian)，美洲地區一直存在著兩大文明區塊，一是中美洲以馬雅與阿茲特克為主的文明，一是南美洲的印加文明，這兩大文明所遺留下來的建築，宛如是外星人來到地球留下的謎題，同時也是考古的重要依據。

1492年，哥倫布發現新大陸，歐洲人大幅改變了對世界的認知，也從此轉變了美洲的命運。西元1500年前後，西班牙征服者從墨西哥灣上岸，發現了前所未見的古老文明隱身在雨林裡，對於中美洲文明的城市佈局和建築留下深刻的印象。

中美洲曾經崛起過的文明，其散佈的範圍大致包括了今天的墨西哥、瓜地馬拉、宏都拉斯及薩爾瓦多等國家，依照時間先後，較著名的有薩波提克(Zapotecs)、馬雅(Maya)、托爾特克(Toltecs)、秘茲特克(Mixtecs)、阿茲特克(Aztecs)等文明。它們通常被劃分為以墨西哥高原、河谷為主的「高地」，和以墨西哥灣區為主的「低地」，不論哪個時期或區域，基本上擁有許多相似的文化特徵，包括建築、城市規劃、球場、金字塔神廟、活人獻祭等。

至於南美洲的印加文明，與中美洲的阿茲特克幾乎同時開展。印加帝國的幅員涵蓋了南美洲安地斯山脈全境，相當於今天的厄瓜多、祕魯、玻利維亞、到智利、阿根廷等國，同樣覆滅於外來殖民者的手中。

阿茲特克帝國文明

墨西哥市歷史中心和霍奇米爾科
Historic Centre of Mexico City and Xochimilco

墨西哥市為阿茲特克人的政治中心，阿茲特克人稱之為Tenochtitlán，意指「仙人掌果實之地」，15世紀時，城市建立了運河和水利工程，幾乎和當時的歐洲同樣進步。舊城裡的中央廣場曾經是權利與祭祀中心，城市南方28公里處的霍奇米爾科(Xochimilco)，仍可見到阿茲特克人所建的人造島和運河，印證了阿茲特克人治理環境的智慧。

薩波提克文明、阿茲特克帝國文明

瓦哈卡歷史中心和阿爾班山考古遺址
Historic Centre of Oaxaca and Archaeological Site of Monte Albán

阿爾班山是薩波提克文明的首都，文明約始於西元前5~6世紀，薩波提克人於3~7世紀將阿爾班山帶入巔峰時期，但沒有人知道為何阿爾班山在西元8世紀時突然被遺棄。所遺留下來的建築以石頭為建材而且有厚牆，排水系統規劃得十分完善。阿茲特克人則是在西元700~950年間抵達此地，並善加利用這些城市系統。

馬雅文明 阿茲特克帝國文明

前西班牙殖民時期城市提奧狄華岡
Pre-Hispanic City of Teotihuacan

位於墨西哥市東北邊約40公里的提奧狄華岡是最知名的文明遺跡之一，城市最早奠基於西元1世紀，及至4世紀時，龐大的影響力遠及現今瓜地馬拉的提卡爾，市區裡的大型建築，如日、月金字塔、羽蛇神神廟，都興築於這時候。城市約在7世紀時開始沒落，可能是因城市規模已超過可負荷的規模。

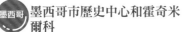

BC5000 BC4500 BC4000 BC3500 BC3000 BC2500 BC2000 BC1500 BC1000 BC900 BC800 BC700 BC600 BC500 BC400 BC300 BC200 BC100 0 100

奧爾梅克文明
BC1500-300

●奧爾梅克巨石頭像，BC1200-BC600，墨西哥墨西哥灣海岸

薩波提克文明
BC500-800

●提卡爾，BC200年-800，地馬拉提卡爾
●帕蓮克城，BC100年-110C 墨西哥帕蓮克
●提奧狄華岡城，BC100-1700 墨西哥提奧狄華岡

馬雅文明

墨西哥 前西班牙殖民時期城市帕蓮克
Pre-Hispanic City and National Park of Palenqu

帕蓮克是墨西哥境內重要的馬雅文化遺跡。城內的神廟、宮殿、廣場、民舍等倚坡而建，形成雄偉壯觀的古代建築群。最著名的建築是王宮，聳立在梯形平台上，由13個具地窖的房子、3個地下畫廊和一個高塔組成4個庭院的宮殿。外牆用岩石疊砌，內部裝飾華麗，四周有壁畫、浮雕和各類雕刻，作工精細，技藝高超。

墨西哥 前西班牙殖民時期城市奇琴伊察
Pre-Hispanic City of Chichen-Itza

奇琴伊察最重要的建築，是名為庫庫爾坎(Kukulkan)的神廟，又稱金字塔神廟(El Castillo)。占地三千餘平方公尺。金字塔底座呈四方形，塔身9層，向上逐層縮小至梯形平台。而從側面看，每個側面都有長長的階梯通往頂部，每座階梯各有91級台階，加上上面的一級，正好是太陽年一年365天的天數。另外，9層塔座的階梯又分為18個部分，這正對應著馬雅曆法中一年的月數。

瓜地馬拉 提卡爾國家公園
Tikal National Park

提卡爾隱身在瓜地馬拉北部的皮坦叢林之中，高聳的金字塔穿出濃密的雨林頂端，從鑽木取火的證據顯示，大約西元前700年，馬雅人就開始在附近定居，西元前200年，已經有複雜的建築群從提卡爾北方的衛城豎立起來。到了西元250年左右，提卡爾已經是馬雅很重要的一座城市，人口眾多，更是馬雅的信仰、文化、商業中心。

宏都拉斯 科潘的馬雅遺址
Maya Site of Copan

科潘為西元5世紀至9世紀、馬雅古典時期文明的代表城市，不斷的軍事領地擴張在西元8世紀達到極盛。然而過度的人口集中、土地資源濫用，又似曇花一現般凋落，埋沒於荒煙蔓草間，只留下壯麗的金字塔建築群、精緻的雕刻紀念碑、複雜的象形文字。如今，經考古學家破譯文字，逐漸還原出精通數學、星象、獻祭的馬雅人形象。

薩爾瓦多 霍亞德塞倫考古遺址
Joya de Cerén Archaeological Site

西元590年拉瓜那火山劇烈噴發，被火山灰深埋地底，但這裡的村民逃離死亡命運，留下傢俱、器皿和盤裡未及吃完的食物。考古學家們用石膏灌入火山灰堆積凝成的空洞裡，發現農夫幾個小時前才種下的木薯田，這個重大線索增進了對人類古代植物學的瞭解，讓我們得以窺見前哥倫布時期，中美洲族群的農耕及日常生活。

奇穆王國(15世紀)

©UNESCO/Jim Williams

秘魯 昌昌考古遺址
Chan Chan Archaeological Zone

昌昌是15世紀奇穆王國盛世的首都，城市經過精密的政治和社會階層考量規劃，在市中心區以泥磚築成圍牆並畫分成9個堡壘，每個堡壘均有廟宇、墓地、花園、儲水池、安排對稱的房間，據信應為貴族階層的生活圈，其他的平民百姓則生活在堡壘區外。

不明(1~8世紀)

©Colombia Tourism

哥倫比亞 聖奧古斯汀考古公園
San Agustín Archeological Park

從1930年代起，這地區被發現許多雕有人物、動物和神像的石像，有的寫實、有的抽象，展現高度的創造力和想像力。據考證該文明約當西元1~8世紀，可說是哥倫比亞最重要的考古發現。目前對於這些文物所代表的意義仍不清楚，只知他們以漁獵為主，並有高明的製陶技巧。

| 300 | 400 | 500 | 600 | 700 | 800 | 900 | 1000 | 1050 | 1100 | 1150 | 1200 | 1250 | 1300 | 1350 | 1400 | 1450 | 1500 |

秘茲特克文明
900-1500

印加帝國
1200-1532

馬雅文明
BC300-900

阿茲特克文明
1400-1520

●奇琴‧伊察，800-1500，墨西哥奇琴‧伊察
●復活島石像，1000-1500，智利復活島
●烏斯馬爾，600-900，墨西哥猶加敦烏斯馬爾

●阿茲特克的大神廟，1325-15世紀，墨西哥墨西哥市
●薩卡薩瓦滿的神廟式碉堡，15世紀末-16世紀，祕魯庫斯科
●馬丘比丘，1500，祕魯馬丘比丘

Question 08

真是不死的幽靈！從威尼斯、希臘到約旦都看得到它！

西元395年，君士坦丁大帝從羅馬遷都至君士坦丁堡。東羅馬帝國被稱為拜占庭帝國(Byzantine Empire)，東西羅馬帝國徹底分裂。西元527年至565年查世丁尼一世時期，拜占庭帝國文治武功達最盛時期，蓋了蘇菲亞大教堂，產生了所謂的「拜占庭式建築」，圓球狀的屋頂誇大了教堂外觀的力學美。

拜占庭的圓頂向西越過亞得里亞海，成為威尼斯聖可大教堂的希臘式十字形五個圓頂；向北至俄羅斯，為了避免冬天下雪時壓垮淺圓頂，於是發展出洋蔥形圓頂。直到1453年拜占庭被鄂圖曼土耳其帝國滅亡為止，這個橫跨歐亞非的帝國，其藝術風格影響可說無遠弗屆。

©GNTO/Kouzouni

希臘 特沙羅尼基的初期基督教與拜占庭式建築群
Paleochristian and Byzantine Monuments of Thessalonika

特沙羅尼基被發現於西元前315年，是最早的基督教傳播地之一。這些精緻的基督教建築，經由西元4世紀至15世紀不斷的修建，而呈現出不同時期的建築特色，這點也影響了拜占庭世界。

©www.bulgariatravel.org

保加利亞 內塞伯爾古城
Ancient City of Nessebar

過去曾多次被不同文明占領，因而擁有豐富的歷史與各個時期的建築。西元前兩千多年以前，色雷斯人已然在此設立聚落，到了西元前6世紀時，這裡成了希臘人的殖民地，甚至後來成為拜占庭帝國的重要要塞之一。

敘利亞 十字軍堡壘和薩拉丁城堡
Crac des Chevaliers and Qal'at Salah El-Din

©UNESCO/Jean-Pierre Heim

這兩座城堡可說是11~13世紀東西方十字軍征戰時期的軍事代表作，顯示東西雙方雖然互為敵對，卻在建築等文化內容，相互交流與影響。薩拉丁城堡融合了拜占庭、法蘭克人及12世紀伊斯蘭阿育比(Ayyubid)王朝的特色。

約旦 烏姆拉薩斯
Umer-Rasas (Kastrom Mefa'a)

原本是一處羅馬軍營，西元5世紀開始烏姆拉薩斯開始發展成為一座城鎮，而後歷經長時間的發展，這塊遺址上出現了羅馬、拜占庭以及西元3~9世紀的早期伊斯蘭文明。

©The Jordan Tourism Board
©The Jordan Tourism Board

希臘 阿斯特山
Mount Athos

©UNESCO/Christian Manhart

阿斯特山是希臘東正教的聖山，嚴禁女性及小孩入山，自1054年即是希臘東正教的精神中心。這座拜占庭藝術的寶庫，擁有20座修道院及1400名修道士，其設計影響遠至俄羅斯，而學校的繪畫則影響了東正教的藝術。

賽浦路斯 特羅多斯地區的彩繪教堂
Painted Churches in the Troodos Region

在拜占庭時期，該區成為拜占庭藝術的中心，如今保留下來的9間教堂和一座修道院，內部裝飾著色彩繽紛的壁畫，和建築充滿鄉村風的外觀形成強烈對比，藉由這些壁畫，人們得以對賽普勒斯當地的拜占庭與後拜占庭時期繪畫有概略認識。

©UNESCO/ Caroline Delwail

希臘 達芙尼修道院、荷西歐斯·魯卡斯修道院及希歐斯島的尼亞·摩尼修道院
Monasteries of Daphni,Hossios Luckas and Nea Moni of Chios

這三座修道院雖然相隔有一段距離，但其美學特色相彷。建於廣場中的教堂皆為十字型，大圓頂由內角拱支撐著，呈八邊形結構。在金色背景裝飾著華麗的大理石，為拜占庭藝術第二個黃金時間的象徵。

義大利 威尼斯與潟湖區
Venice and its Lagoon

最早威尼斯是拜占庭的殖民地，取得自治權後建立了共和國，在七世紀時威尼斯已經成為世界上強盛富有的國家之一，領土延伸到地中海。

塞爾維亞 斯塔利拉斯和蘇波坎尼修道院
Stari Ras and Sopoćani

坐落於拉斯卡地區的蘇波坎尼修道院興建於13世紀下半葉，它是西方和拜占庭世界間相互接觸的象徵，內部精緻的彩繪壁畫被譽為最漂亮的塞爾維亞中世紀藝術，特別是位於主殿西牆的《安眠聖母》壁畫。

©National Tourism Organisation of Serbia/ B.Jovanovic

塞爾維亞 科索沃的中世紀古蹟
Medieval Monuments in Kosovo

©UNESCO/Yvon Fruneau

這些中世紀古蹟由四座高度反映融合拜占庭與羅馬建築風格的東正教教堂組成，它們的內部裝飾發展於13~17世紀，風格獨特的巴爾幹壁畫，對日後巴爾幹半島的藝術發展扮演著關鍵性的角色。

義大利 拉威納早期基督教古蹟
Early Christian Monuments of Ravenna

位於波河三角洲的拉威那，於羅馬帝國時期就被奧古斯都選為艦隊的基地，並開始其都會發展；402年西羅馬帝國把首都遷到此城，Teodosio皇帝並將基督定為國教；其後拉威那還成為東羅馬帝國支持的蠻族國王Teodorico所建王朝的國都，直到第8世紀為止；因此基督教前期的建築結合拜占庭鑲嵌藝術的大量應用，而誕生了閃亮的馬賽克之都。

塞爾維亞 斯圖德尼察修道院
Studenica Monastery

斯圖德尼察修道院的兩大主要結構為融合羅馬與拜占庭風格的聖母教堂(Church of the Virgin)，以及外觀呈現八角形圓頂的國王教堂(Church of the King)，這兩個同樣以白色大理石建造的紀念建築，因為收藏大量13~14世紀的拜占庭壁畫而擁有極高的藝術價值。

©National Tourism Organisation of Serbia/B.Jovanovic

埃及 聖凱瑟琳區
Saint Catherine Area

聖凱薩琳修道院位於聖經所記載摩西接受上帝十誡的西奈山山腳下。這是座現存的世界最古老修道院之一，院內珍藏早期基督教手稿及聖像，建築可說是拜占庭早期建築的最佳範例，整個聖凱瑟琳地區也是猶太、基督教、伊斯蘭教三大宗教的聖地。

羅馬尼亞 摩爾達維亞的教堂群
Churches of Moldavia

©www.romaniatourism.com

羅馬尼亞東北部的莫爾達維亞省是一片洋溢著鄉村風情的森林地帶，當地七座外觀彩繪精緻壁畫的東正教教堂，象徵著15~16世紀拜占庭藝術的巔峰！

40 個達人知識大測驗

Question 09

埃及、印度、美索不達米亞賺飽了五千多年的觀光財？

尼羅河就是埃及的一切，所有埃及古文明精華全數集中在尼羅河沿線。尤以吉薩(Giza)金字塔、卡納克(Karnak)神殿、阿布辛貝(Abu Simbel)神殿為三大必看的古文明遺址。這三座遺址呈北、中、南分布，吉薩金字塔就在開羅附近，卡納克和路克索神殿居於尼羅河谷地中部的路克索，阿布辛貝則位於埃及最南端與蘇丹交界之處。這三處不朽的古文明可看出尼羅河對埃及建築的影響，以及古埃及人的高度智慧。

同樣的，如同中華文化發源於黃河，美索不達米亞和印度也都各自有一條孕育文明的大河，如今美索不達米亞是兩河流域的「亞述」和「美索不達米亞古城遺跡景觀」，印度則是印度河的「摩亨佐達羅」等三處世界遺產。直到今天，上述三大古文明依然是為後代子孫賺飽觀光財的「不朽祖產」。

美索不達米亞文明

伊拉克 亞述
Ashur (Qal'at Sherqat)

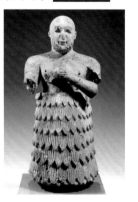

興起於美索不達米亞的亞述王國於西元前14世紀~前9世紀時，選擇了這座位於底格里斯河西岸的城市當作首都，並以帝國最偉大的神祇兼守護神亞述神替它命名。這座亞述帝國的宗教中心以及皇室陵墓所在地，發跡於西元前3000年前，歷經多番興衰的亞述古城擁有展現從蘇美人到帕底亞王國一路以來的建設，最後在西元2世紀時遭到薩珊王朝的徹底摧毀。

古印度文明

巴基斯坦 摩亨佐達羅考古遺址
Archaeological Ruins at Moenjodaro

摩亨佐達羅位於印度河西岸，根據考古遺址推算，這座城市約建於西元前三千年前，現存遺跡說明了早期縝密的城市計畫，包括以未窯燒的磚築牆，城市筆直交錯的主幹道，以及排水系統、地窖倉庫、擁有藝廊的議事廳等，就連住屋的架構也經過設計，在地震來襲時會往外崩塌以減低傷害。

古埃及文明

埃及 曼菲斯及其陵墓群：從吉薩到達蘇爾
Memphis and its Necropolis Pyramid Fields from Giza to Dahshur

曼菲斯(Memphis)是古埃及舊王國時期的首都，在西元前3100年前就是一個繁華的大都會，其盛況可以從沙卡拉陵墓區的氣派、金字塔的壯觀來判定。從吉薩到沙卡拉的金字塔地區，周遭的大小金字塔約有八十餘座，最完美、最引人注目的當屬吉薩的3座，其建築的技巧迄今無人能解。

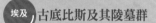

埃及 古底比斯及其陵墓群
Ancient Thebes with its Necropoli

兩千多年前，這裡是埃及新王國時期的首都。底比斯的地理位置相當優異，都城跨越尼羅河兩岸，古埃及人依據大自然日昇日落的定律，衍生出死亡與復活循環不息的信仰，繼而形成日出的東方代表重生、繁衍；日落的西方代表死亡、衰退的觀念，因而膜拜阿蒙的神殿遍及東岸，而富麗堂皇的皇家陵墓則建於西岸。

埃及 努比亞遺址：阿布辛貝至費麗
Nubian Monuments from Abu Simbel to Philae

阿布辛貝以拉姆西斯二世建立的兩座神廟聞名全球，一座是自己祭祀太陽神拉神(Ra-Harakhty)、阿蒙神(Amun)、佩特神(Ptah)的「拉姆西斯二世神殿」，一是妻子納法塔莉(Nafertari)祭祀哈特女神(Hathor)的「納法塔莉神殿」。神殿完成於西元前1290~1224之間，迄今已超過三千年的歷史。

埃及建築必看五大重點

金字塔

金字塔是法老王追求永生的具體表現,他們相信要獲得永生就得確保肉體像在人間一樣繼續存在,因此金字塔的門戶與洞穴的窗戶永遠開著,靈魂才能來去自如,同時透過洞開的門窗,盯著保護自己的肉體。

塔門

塔門是新王國時期才發展出來的建築形式,高大的塔門為神殿的主要入口,基地寬闊,通常為下寬上窄,內牆平直,外牆向外傾斜。

方尖碑

方尖碑這種幾何建築形式可能是抽象自然的具體表現,例如陽光的光束,太陽神在埃及人的生活中無所不在。古時方尖碑的頂端還貼有金箔。

圓柱

神殿圓柱的柱頭花樣百出,有仿紙莎草、有蓮花、有椰棗棕櫚,全都是生長在尼羅河畔的植物。圓柱上通常都有精緻與上色的浮雕。

浮雕

建築物的浮雕大致分為兩種,一為凸浮雕,把圖案背景切割掉;另一種為凹浮雕,先把圖案輪廓鑿刻出來,再刻出圖樣的細部。

王朝前期 BC4000-BC3000

早期王朝 BC3000-BC2686

古王國時期 BC2686-2181

中王國時期 BC2040-BC1782

新王國時期 BC1570-BC1070

王朝晚期 BC1070-BC323

托勒密王朝時期 BC323-BC30

●階梯金字塔,BC2770,埃及沙卡拉
●吉薩金字塔與獅身人面像,BC2551-BC2472,埃及開羅
●卡納克阿蒙神殿,BC2100-BC300,埃及路克索
●哈基蘇女王神殿,BC1458,埃及路克索
●西底比斯的巨像,BC1360-BC1260,埃及路克索
●阿布辛貝神殿,BC1285-BC1265,埃及阿布辛貝
●荷魯斯神殿,BC237-BC57 年,埃及艾德芙
●費麗神殿,BC237-,埃及亞斯文

BC4000	BC3500	BC3000	BC2500	BC2000	BC1500	BC1000	BC900	BC800	BC700	BC600	BC500	BC400	BC300	BC200	BC100	0	100

印度河谷文明 BC3000-BC1500
●摩亨佐達羅,BC2500-BC1700,巴基斯坦信德

蘇美文明 BC4000-BC2000

巴比倫 BC2000-BC539
●烏爾的梯形塔廟,BC2000,伊拉克烏爾

亞述 BC1100-614
●辛納赫里布皇宮,BC702-BC693,伊拉克尼尼微

■ 古埃及
■ 美索不達米亞
■ 古印度

35

Question 10

哪個帝國竟然占了全世界六分之一的土地？

鄂圖曼帝國(Ottoman Empire)最顛峰時疆土橫跨歐亞非三洲，從維也納到黑海、阿拉伯半島、北非埃及全在它的掌握之下，占了世界六分之一的領土！千餘年來，博斯普魯斯海峽、黑海、馬爾馬拉海三面環繞的水域帶，帶給伊斯坦堡特殊的地理位置和歷史定位，鄂圖曼帝國在極盛時期藉著這片水域通過黑海，把勢力從巴爾幹半島直通維也納，令歐洲人聞風喪膽長達數個世紀。

儘管鄂圖曼已隨著帝國崩解，過去金戈鐵馬、氣吞萬里的榮光早已煙消雲散，身為一座歷史名城，伊斯坦堡依舊處處散著那種東西文明所撞擊出來的魅力，歷經千餘年始終不減。除了伊斯坦堡，在它所統治過的土地，也可以看到些許鄂圖曼曾經有過的歷史光輝。

突尼西亞 突尼斯舊城
Medina of Tunis

突尼斯是突尼西亞的首都，融合非洲、歐洲和伊斯蘭風情，舊城包括伊斯蘭清真寺、古城門和傳統市集。在12~16世紀，突尼西亞被公認為伊斯蘭世界最富庶的城市。目前舊城裡保存了約七百件古蹟，包括宮殿、清真寺、陵寢等，訴說著該城輝煌的過去。巴爾多博物館收藏出土自突尼西亞各地的馬賽克鑲嵌畫，博物館建築本身就是鄂圖曼土耳其時期的一座宮殿，足見突尼西亞歷史之豐，東西方各種文化都曾交會在這片土地上。

埃及 開羅歷史區
Historic Cairo

西元969年，法蒂瑪王朝征服埃及，建都於現在的開羅，一直到馬木路克王朝(Mamluk Dynasty)結束，為期五百餘年的時間，開羅一直都是伊斯蘭世界的中心，清真寺比鄰而建，數量驚人，當時曾被稱為「千塔之城」。目前伊斯蘭區仍號稱有為數八百座以上的清真寺，其中位於大城堡的藍色清真寺，活脫就像是土耳其伊斯坦堡藍色清真寺的翻版。

波士尼亞赫塞哥維納 莫斯塔爾舊城與舊橋地區
Old Bridge Area of the Old City of Mostar

名稱原意為「橋樑守護者」的莫斯塔爾，橫跨於內雷特瓦河的一座深谷上，15~16世紀時發展成為鄂圖曼土耳其的邊境城市，並於19~20世紀的奧匈時期持續開發。這座城市因古老的土耳其房舍及名稱由來的舊橋莫爾斯特橋(StariMost)聞名，該橋在聳立了427年後，因1993年的波士尼亞戰爭而損毀，重建的橋樑於2004年重新開放。

©UNESCO/Hans de Vaal

土耳其 伊斯坦堡歷史區
Historic Areas of Istanbul

位於歷史城區的老皇宮正是鄂圖曼強盛的象徵，因為四百餘年歷史間，36位蘇丹中的半數都以托普卡匹宮為家，老皇宮除了占地廣闊、房間多如迷宮，收藏了鄂圖曼累積幾百年基業的精華，以及在世界各地攻城掠地所取得的寶藏。其中最知名的，便是寶物收藏室裡重達86克拉、世界第五大的鑽石，以及鑲了三顆大翡翠的托普卡匹匕首。

貝拉特與吉諾卡斯特拉歷史中心
Historic Centres of Berat and Gjirokastra

阿爾巴尼亞

「千窗之城」貝拉特和「兩千階梯之城」吉諾卡斯特拉，是現今罕見的鄂圖曼土耳其時期的典型建築範例。發跡於西元前6世紀的貝拉特，是該國最古老的城市之一，歷經拜占庭、羅馬、土耳其人的統治，該城融合了不同的宗教與文化，其歷史可以回溯到西元前4世紀的城堡、拜占庭時期的教堂，以及鄂圖曼年代的清真寺與蘇菲派兄弟會。吉諾卡斯特拉則位於阿爾巴尼亞南部，坐落於一座谷地上，海拔300公尺，是一個由希臘人社區所組成的城市，以一座城堡和一系列美麗的雙層房舍著稱。

維謝格拉德的索科羅維奇古橋
Mehmed Paša Sokolović Bridge in Višegrad

波士尼亞及赫塞哥維納

在波士尼亞及赫塞哥維納東部的德里納河上，跨越了一座出自鄂圖曼土耳其帝國最偉大的建築師錫南之手的古橋，這件落成於1755年的土耳其建築巔峰之作，充分展現鄂圖曼帝國先進的土木技術。以11座砌石拱、每座11~15公尺不等的跨距橫越將近180公尺的距離，多數砌石拱曾因兩次世界大戰受損後修復。而前南斯拉夫籍諾貝爾文學獎得主安德里奇(Ivo Andric)的小說《德里納河上的橋》(The Bridge on the Drina)，更讓這座古蹟聲名大噪。

阿克古城
Old City of Acre

以色列

中世紀時阿克古城成為耶路撒冷十字軍王朝的首都，這些年代回溯到12~13世紀的十字軍時期城鎮遺址，幾乎完整的保留了下來，和後來18~19世紀時統治該城、並將它建設成典型伊斯蘭教都城的鄂圖曼土耳其帝國建構的今日城市面貌重疊，形成非常特殊的層次景觀，堡壘、清真寺、商旅客棧以及浴池等典型伊斯蘭建築要素，錯落於中世紀的結構間。

番紅花城
City of Safranbolu

土耳其

早自13世紀開始，番紅花城就是東、西方貿易商旅必經的驛站，到了17世紀時，黑海地區繁盛的商貿使番紅花城邁入顛峰期，富豪廣建華宅突顯身份，這些運用磚、木打造的鄂圖曼宅邸，通過歲月、天候的考驗留存至今，成為番紅花城最搶眼的特色。位於山谷中的番紅花城瀰漫著濃重的鄂圖曼氣味，整座番紅花城就是一座生氣盎然的博物館。

布爾薩和庫瑪立克茲克：鄂圖曼帝國的誕生
Bursa and Cumalıkızık : the Birth of the Ottoman Empire

土耳其

布爾薩是鄂圖曼文化的發源地，為鄂圖曼帝國的第一個首都。布爾薩有「三多」：清真寺多、墳墓多、澡堂多。清真寺多，這裡伊斯蘭信仰堅篤，全城清真寺超過125座；墳墓多，因為鄂圖曼崛起於布爾薩，先皇帝陵也特別多；澡堂多，因為布爾薩是個溫泉之鄉，據估計，全布爾薩的土耳其浴室超過三千處。

Question 11

女力當道，哪些世界遺產和女生有關？

不論古今中外，以男性主宰的政治場域，不論建築或紀念物，甚少見到女性的身影，因此只要是與女性相關的建築便彌足珍貴。

數遍所有世界遺產，與女性有關的建築可以歸納出兩元素：一為愛情，一為權利，當這兩者相乘，所發揮出的力量可謂無比龐大，其中世界最知名的當屬印度的泰姬瑪哈陵，愛情當然是最初動機，但能傾國之力加以完成，最終還是得靠強大的王權。有趣的是，泰姬瑪哈陵是皇帝蓋給其愛妃，另一座胡馬雍陵墓則是王妃蓋給自己死去的丈夫。

除此，歷史上也有少數女性掌權者，英格蘭安妮女王、俄羅斯凱薩琳大帝、中國慈禧太后也都用她們的權利創造了與她們相關的歷史遺產。

布倫漢宮
Blenheim Palace

相關女性：英格蘭女王安妮(Queen Anne)及公爵夫人莎拉·邱吉爾(Sara Churchill)

1704年，約翰·邱吉爾對法國和巴伐利亞的戰中贏得勝利，英格蘭於是封他為Marlborough地區的首任公爵，並為他蓋了布倫漢宮。建築從1705年開始興建，直到1722年落成，樣式是18世紀英格蘭典型的王侯住宅。當時封邱吉爾為公爵的，便是英格蘭女王安妮(Queen Anne)，據說女王和秋吉爾的妻子莎拉是知己好友。

瑞典 皇后島宮
Royal Domain of Drottningholm

相關女性：普魯士王妃Lovisa Ulrika

皇后島宮最初是國王Johan III為皇后Katarina所建的宮殿，展現瑞典巴洛克形式的風華。長久以來，這裡一直是皇室女眷的住所，1744年瑞典王儲Adolf Redrik迎娶普魯士王妃Lovisa Ulrika，將這座宮殿送給王妃當作結婚禮物。這位普魯士王妃創造了藝術黃金時期，邀請了多位學者到宮裡為收藏品歸類、編號、成立Ulrika Library，影響當時科學、藝術甚為深遠，圖書館目前仍保存完好。

 奧地利 熊布朗宮和花園
Palace and Gardens of Schönbrunn

相關女性：瑪莉亞·泰瑞莎

從18世紀到20世紀初的1918年之間，熊布朗宮一直都是奧地利最強盛的哈布斯堡王朝家族的官邸，為中歐宮廷建築的典範。名稱意思為「美泉宮」的熊布朗宮，總房間數多達上千間，包括莫札特七歲時曾向瑪莉亞·泰瑞莎一家人獻藝的「鏡廳」、裝飾著鍍金粉飾灰泥以四千根蠟燭點燃的「大廳」、被當成謁見廳的「藍色中國廳」、裝飾著美麗黑金雙色亮漆嵌板的「漆廳」、高掛奧地利軍隊出兵義大利織毯畫的「拿破崙廳」、耗資百萬裝飾成為熊布朗宮最貴廳房的「百萬之廳」，以及瑪莉亞·泰瑞莎、法蘭茲·約瑟夫一世等人的寢宮。

亞羅斯拉佛歷史中心
俄羅斯

Historical Centre of the City of Yaroslavl

相關女性：凱薩琳大帝

亞羅斯拉佛位於莫斯科東北250公里處，由於地處伏爾加河(Volga)和科多羅索河(Kotorosl)交界，自11世紀起即逐漸發展為商業城鎮。亞羅斯拉佛保留著為數眾多的17世紀教堂，凱薩琳大帝在位時，曾以新古典主義風格將這座城市的街道做了放射狀的規劃，是都市計畫革新的重要先例。

新少女修道院
俄羅斯

Ensemble of the Novodevichy Convent

相關女性：皇室婦女

這座16-17世紀的修道院有著一段淒清的歷史，它是沙皇統治時期皇室女性的修道所，丈夫死去或失寵的皇后、獨身的年輕公主都曾在此幽居。巴洛克風格的建築群落精緻華麗，內部裝飾更精雕細琢，並收藏許多珍貴畫作與藝術品。

姬路城
日本

Himeji-jo

相關女性：千姬

位於日本山陽地區姬山之上的姬路城，擁有「白鷺城」的美稱，春天粉櫻妝點，更襯托名城的高貴。姬路城最出名的女主人當為千姬莫屬，千姬是德川家康的孫女，在七歲時因政治婚姻嫁給豐臣秀吉之子豐臣秀賴，大阪城陷落後，豐臣秀賴自刎而死，千姬在返回江戶城途中遇到本多忠刻，兩人陷入愛河並締結良緣。後來本多

忠刻成為姬路城城主，與千姬育有兩子，可惜長子和本多忠刻相繼早逝，傷心的千姬離開姬路城遁入佛門，直到70歲去世。

胡馬雍陵墓
印度

Humayun's Tomb

相關女性：皇后哈吉碧崗(Haji Begum)

混合紅色砂岩和黑、白大理石的胡馬雍大帝陵墓，是早期蒙兀兒風格的建築物，也是印度第一座具有花園的陵墓。胡馬雍大帝是蒙兀兒帝國的第二任皇帝，他身亡9年後，由波斯妻子哈吉碧崗於1565年下令興建，據說花了150萬盧比，而日後幾位蒙兀兒皇家成員也埋葬於此，包含沙賈汗最喜愛的兒子Dara Shikoh、蒙兀兒最後一任皇帝Bahadur Shah II。

泰姬瑪哈陵
印度

Taj Mahal

相關女性：慕塔芝·瑪哈(Mumtaz Mahal)

泰姬瑪哈陵的名稱取自「慕塔芝·瑪哈」皇后頭銜，意思就是「思念瑪哈」。慕塔芝·瑪哈皇后與沙·賈汗王(Shah Jahan)結縭19年，生育14個兒女。1630年，慕塔芝皇后產後去世，臨終前要求建造一座人人可瞻仰的陵墓。泰姬瑪哈陵於1631年開始興建，總共動用印度和中亞等地的工匠約兩萬名，費時23年才建造完成，樣式融合印度、波斯、中亞伊斯蘭教等風格。

頤和園
中國

Summer Palace, an Imperial Garden in Beijing

相關女性：慈禧太后

頤和園是中國皇家園林的登峰造極之作，集合了北方(四合院)、杭州西湖(昆明湖)、西藏(萬壽山喇嘛廟)、江南水鄉(蘇州街)等各種風格於一處，堪稱是世界最精妙的皇家園林。

頤和園原是帝國的行宮和花園，在英法聯軍時被毀。1888年，慈禧挪用海軍經費重建，但又於八國聯軍時遭燒毀，最後在1903年重新修復恢復光彩。廣達290公頃的面積，根據地形和地點，設有精緻的亭、臺、樓、閣，巧妙的構思至今仍讓中外景觀設計家拍案叫絕。

40
個達人知識大測驗

Question

12

誰家的世界遺產數量最多？

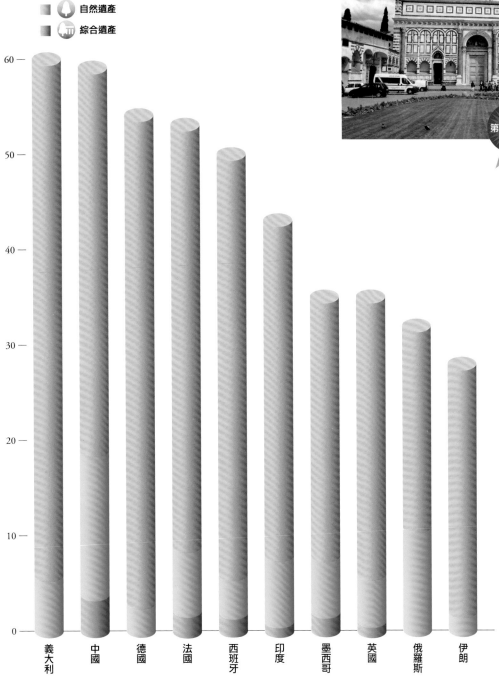

■ 🏛 文化遺產
■ 🔔 自然遺產
■ 🏛 綜合遺產

第 1 名 **義大利**

🏛 #54　🔔 #6　🏛 #0

Total **60**

（圖表縱軸：0、10、20、30、40、50、60）

橫軸：義大利、中國、德國、法國、西班牙、印度、墨西哥、英國、俄羅斯、伊朗

2024 年最新宣布的世界遺產排行榜前10名的名單，除了義大利、英國，一為半島、一為島嶼之外，幾乎都是地大物博的國家，過去世界遺產每年提名時，有時一個國家同時會有好幾處地點一起進榜，因此，像中國直到1987才有第一批世界遺產，但數量卻能迅速累積。前十名的這些國家都是文化遺產比自然遺產多，前兩名的義大利和中國，幾乎都是以古蹟、建築、城市取勝，法國、德國、西班牙也不遑多讓，堪稱歐洲文化的代表。

第 2 名　中國

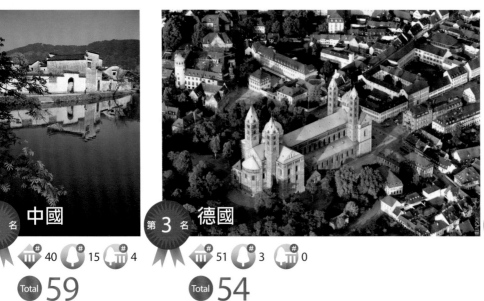

第 3 名　德國

第 4 名　法國

40_個達人知識大測驗

第 2 名　中國
40　15　4
Total 59

第 3 名　德國
51　3　0
Total 54

第 4 名　法國
44　7　2
Total 53

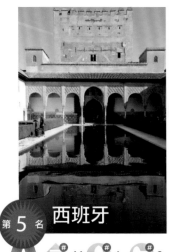

第 5 名　西班牙
44　4　2
Total 50

第 6 名　印度
35　7　1
Total 43

第 7 名　墨西哥
27　6　2
Total 35

第 7 名　英國
29　5　1
Total 35

第 9 名　俄羅斯
21　11　0
Total 32

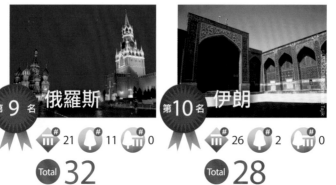

第 10 名　伊朗
26　2　0
Total 28

41

Question

13

人氣最旺的世界遺產
你去玩過了嗎？

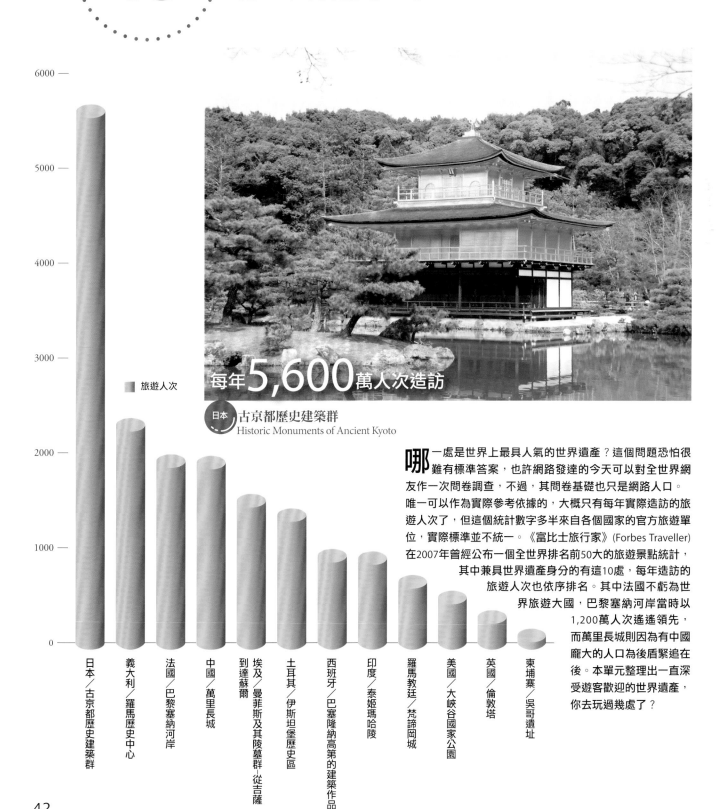

每年**5,600**萬人次造訪

日本 古京都歷史建築群
Historic Monuments of Ancient Kyoto

■ 旅遊人次

哪一處是世界上最具人氣的世界遺產？這個問題恐怕很難有標準答案，也許網路發達的今天可以對全世界網友作一次問卷調查，不過，其問卷基礎也只是網路人口。唯一可以作為實際參考依據的，大概只有每年實際造訪的旅遊人次了，但這個統計數字多半來自各個國家的官方旅遊單位，實際標準並不統一。《富比士旅行家》(Forbes Traveller)在2007年曾經公布一個全世界排名前50大的旅遊景點統計，其中兼具世界遺產身分的有這10處，每年造訪的旅遊人次也依序排名。其中法國不愧為世界旅遊大國，巴黎塞納河岸當時以1,200萬人次遙遙領先，而萬里長城則因為有中國龐大的人口為後盾緊追在後。本單元整理出一直深受遊客歡迎的世界遺產，你去玩過幾處了？

| 6000 |
| 5000 |
| 4000 |
| 3000 |
| 2000 |
| 1000 |
| 0 |

日本／古京都歷史建築群
義大利／羅馬歷史中心
法國／巴黎塞納河岸
中國／萬里長城
埃及／曼菲斯及其陵墓群－從吉薩到達蘇爾
土耳其／伊斯坦堡歷史區
西班牙／巴塞隆納高第的建築作品
印度／泰姬瑪哈陵
羅馬教廷／梵諦岡城
美國／大峽谷國家公園
英國／倫敦塔
柬埔寨／吳哥遺址

每年 **2,300** 萬人次造訪

義大利 羅馬歷史中心
Historic Centre of Rome

每年 **1,910** 萬人次造訪

法國 巴黎塞納河岸
Paris, Banks of the Seine

每年 **1,900** 萬人次造訪

中國 萬里長城
The Great Wall

每年 **1,500** 萬人次造訪

埃及 曼菲斯及其陵墓群－
從吉薩到達蘇爾
Memphis and its Necropolis – the
Pyramid Fields from Giza to Dahshur

每年 **1,340** 萬人次造訪

土耳其 伊斯坦堡歷史區
Historic Areas of Istanbul

每年 **909** 萬人次造訪

西班牙 巴塞隆納高第的
建築作品
Works of Antoni Gaudí

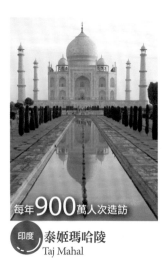

每年 **900** 萬人次造訪

印度 泰姬瑪哈陵
Taj Mahal

每年 **645** 萬人次造訪

梵諦岡 梵諦岡城
Vatican City

每年 **480** 萬人次造訪

美國 大峽谷國家公園
Grand Canyon
National Park

每年 **280** 萬人次造訪

英國 倫敦塔
Tower of London

每年 **80** 萬人次造訪

柬埔寨 吳哥遺址
Angkor

40
個
達
人
知
識
大
測
驗

43

威廉王子和凱特王妃獲贈的「情慾寶石」是什麼？

由於植物相關的自然保護區人煙稀少、地處偏遠，範圍又相當遼闊，相較於動物棲地的脆弱，植物生態毋寧是保存得較好，當然，還是有一部分遭受威脅。相對於活生生的動物，植物生存環境所遭受的威脅較容易被忽略，而這裡是無數珍稀植物的重要棲地，威廉王子和凱特王妃獲贈的「情慾寶石」就藏在其中。

葡萄牙 **馬德拉群島的月桂樹森林**
Laurisilva of Madeira

以當今全世界最大的月桂樹林且年代久遠的月桂樹森林聞名，其中將近90%的面積都屬於原生林。此外還有稀少的苔蘚、蕨類和開花植物與多達66種的維管束植物等。

日本 **白神山地**

Shirakami-Sanchi

這片人煙稀少的森林有八千年的歷史，其中位在中央的16,971畝的山毛櫸原生林被收錄為世界遺產。

澳洲 **昆士蘭熱帶溼地區**
Wet Tropics of Queensland

是世界上最古老的雨林區，不只蘊含許多瀕臨絕種的動植物，它本身更就像是一部地球的生態進化史。

塞席爾 **五月谷自然保護區**
Vallée de Mai Nature Reserve

境內有大片由當地特有棕櫚樹形成的棕櫚林，在這些棕櫚樹中，最知名的是以巨大種子稱霸植物界的海椰子(Coco de Mer)，因種子形似性器官而有「情慾寶石」之稱，威廉王子和凱特王妃造訪塞席爾時，塞席爾總統就以海椰子作為國禮相贈。

澳洲 **澳洲岡瓦納雨林**
Gondwana Rainforests of Australia

澳洲東海岸雨林保護區位處在澳洲東海岸的大斷層上，以多樣瀕臨絕跡的雨林物種著名。

澳洲 大藍山區
Greater Blue Mountains Area

擁有廣大的尤加利樹林地，藍山本身等同一部完整的澳洲尤加利樹生態進化史，還有超過400種的動植物在此生息。

美國 紅木國家及州立公園
Redwood National and State Parks

以巨大的紅木為名，園區裡有全球最高的樹。紅木生長於雲霧繚繞的溫帶海岸區，是很好的建材，其中最具代表性的是水杉(Sequoia)。

馬來西亞 京那峇魯國家公園
Kinabalu Park

以熱帶雨林生態而聞名遐邇，尤其生長在國家公園保護區內更有無數奇特的繁茂植物，像是世界最大朵花之一的拉芙西亞花和項鍊蘭花，以及橡樹、杜鵑花、豬籠草和矮灌木等各類花草茂盛成長。

波蘭 白俄羅斯 比亞沃韋札原始森林
Belovezhskaya Pushcha / Bia owie a Forest

廣大的森林包括許多常青闊葉樹種，也是許多稀有哺乳動物的棲地。

南非 開普植物生態保護區
Cape Floral Region Protected Areas

區內大約有150種特有的植物，有些更是瀕臨絕種的稀有物種。其中包括南非國花：帝王花(King Protea)。

巴西 發現海岸大西洋森林保留區
Discovery Coast Atlantic Forest Reserves

這裡的緯度已達南緯24度，卻仍有雨林生態，主要是因為位於信風帶使當地的冬季雨水不斷。保留區裡樹林和灌木林種類繁多，也孕育了多樣的生物。

肯亞 肯亞山國家公園
Mount Kenya National Park / Natural Forest

植被豐富，地貌多元，從低海拔的森林，往上到荒原，再到高山林地，可以發現11種肯亞山特有植物和150種地區植物。

日本 屋久島
Yakushima

屋久杉原生林是屋久島最重要的自然景觀，大面積的杉木都有數千年的歷史，而繩文杉則是其中最具代表性也最著名的杉木，根據推斷已有超過7200年的歷史。

40 個達人知識大測驗

Question 15 出土的化石竟連鯨魚都有？

地質年代指的是地球上各種地質中，劇烈的構造運動、大規模的岩漿活動、海陸變遷以及生物的興盛與滅絕等重大地質事件所發生的時代，而埋藏在不同地質年代的化石也代表了時代的演進。在不同地區的地層之間，要分辨它們的新老關係時，常需利用地層中所含的生物化石來確定。按照時間順序排列的化石世界遺產，正是地球歷史的重要證據。

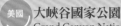

美國 大峽谷國家公園
Grand Canyon National Park

整個峽谷地區長度約363公里，深度達1.6公里，形成的原因主要為谷底部蜿蜒曲折的科羅拉多河切割而成，經歷大約3百至6百萬年的過程才形成今日的面貌，也由於河流切割，可以發現20億年前的地層和原始生命化石。

加拿大 喬金斯化石崖
Joggins Fossil Cliffs

喬金斯化石崖是一處富含石炭紀化石的地點，因為海潮不斷侵蝕的結果，使得更久遠以前的地層不斷露出地表，大量的古生代石炭紀化石不斷出土，揭示了三億多年前古生物的演化歷史。

加拿大 加拿大洛磯山脈國家公園
Canadian Rocky Mountain Parks

在這裡可以發現4、5億年前古生代寒武紀三葉蟲的化石。

澳洲 澳洲哺乳動物化石遺跡(瑞沃斯萊/納拉庫特)
Australian Fossil Mammal Sites (Riversleigh / Naracoorte)

位在澳洲東岸，是全球10大化石遺跡之一。澳洲哺乳動物化石遺跡主要分布在北部的瑞沃斯萊，和南部的納拉庫特兩處。這些遺跡等於是對澳洲的動物群生態演化做了詳盡的記錄。這裡同時發現了古生代二疊紀以及新生代第四紀更新世大型鳥類的化石。

瑞士 義大利 聖喬治山
Monte San Giorgio

瑞士義語區南部的聖喬治山，擁有中生代三疊紀中期(約兩億四千五百萬年到兩億三千萬年前)完整而豐富的海洋生物化石，展示了古時爬蟲類、魚類、鸚鵡螺、甲殼綱動物等生物曾在此生存的證據。也因為這個潟湖靠近陸地，化石中也包含了許多陸地上的物種，諸如爬蟲類、昆蟲及植物等，形成非常珍貴的化石寶庫。

英國 多塞特和東德文海岸的峭壁地形
Dorset and East Devon Coast

綿延在此區的峭壁地形乃中生代岩石構造地形，展現1.85億年地球的地質學歷史。這地區是極為重要的化石區域，沿海提供了三疊紀、侏羅紀和白堊紀年代的特有岩層，連續跨過中生代，也是世界上重要化石現場，包括脊椎動物、無脊椎動物等的化石，都被保存得很好，也為中生時期留下不同的考古證據，為近三百年來為地球科學研究提供了極為重要的貢獻。

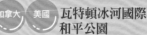

加拿大 美國 瓦特頓冰河國際和平公園
Waterton Glacier International Peace Park

這裡發現一億五千萬年前中生代侏羅紀的藍藻類化石。

加拿大 恐龍公園
Dinosaur Provincial Park

在加拿大亞伯達省有一大片廣達數千萬哩的惡地形，恐龍公園成為最受矚目的焦點，這兒以各色各樣的植物、鱷魚、魚類及恐龍化石聞名於世，不僅擁有冰河時期的遺跡，而恐龍的骨骸遺跡也從德蘭赫勒(Drumheller)，一直延伸到恐怖神秘的恐龍谷。在這裡可看到超過37種以上的恐龍骨骸化石，是全球規模最大、件數最多的恐龍骨骸展示中心。

埃及 瓦地·阿海坦(鯨谷)
Wadi al-Hitan (Whale Valley)

在埃及西部沙漠的一處鯨魚化石谷，有許多罕見的化石和已絕種的鯨魚。這些化石代表生物演化中的一個重要階段，約相當於新生代第三紀始新世。此區目前發現最早出現的鯨類為古鯨亞目(Archaeocetes)中的械齒鯨，雖然屬於鯨魚的一種，但外貌特徵卻和大海蛇相似，進化後後面的肢體已沒有，顯示了現代鯨魚的身形，但保留頭骨和牙齒結構的原始主幹。

德國 麥塞爾坑化石遺址
Messel Pit Fossil Site

這個遺址挖掘到西元前570萬年至360萬年間的始新世動物化石，值得一提的是，它提供了哺乳動物早期進化的資料，從動物骨骼到胃內食物都清楚可見，化石本身也保存相當完整。

©GNTB/ Welterbe Grube Messel GmbH

尼泊爾 薩嘉瑪莎國家公園(聖母峰)
Sagarmatha National Park

高山上可以發現海底古生物的化石，約等於中生代白堊紀。

地質年代表

宙EON	代ERA	紀PERIOD	世EPOCH	距今大約年代YEARS
顯生宙 Phanerozoic	新生代Cenozoic	第四紀Quaternary	全新世Holocene	現代～1萬年前
			更新世Pleistocene	1萬年前～180萬年前
		第三紀Tertiary	上新世 Pliocene	80萬年前～530萬年前
			中新世Miocene	530萬年前～2380萬年前
			漸新世Oligocene	2380萬年前～3370萬年前
			始新世Eocene	3370萬年前～5500萬年前
			古新世Paleocene	5500萬年前～6550萬年前
	中生代Mesozoic	白堊紀Cretaceous	—	6550萬年前～1億4200萬年前
		侏羅紀Jurassic	—	1億4200萬年前～2億500萬年前
		三疊紀Triassic	—	2億500萬年前～2億5000萬年前
	古生代Paleozoic	二疊紀Permian	—	2億5000萬年前～2億9200萬年前
		石炭紀 Carboniferous	—	2億9200萬年前～3億5400萬年前
		泥盆紀 Devonian	—	3億5400萬年前～4億1700萬年前
		志留紀Silurian	—	4億1700萬年前～4億4000萬年前
		奧陶紀Ordovician	—	4億1700萬年前～4億9500萬年前
		寒武紀Cambrian	—	4億9500萬年前～5億4500萬年前
元古宙Precambrian	元古代Proterozoic	震旦紀Sinian	—	5億4500萬年前～8億年前
			—	8億年前～25億年前
太古宙Archean	太古代Archaeozoic	—	—	25億年前～46億年前

Question

16

萬年不化的冰河：
百分百最COOL的
打卡熱點！

火山與冰河是兩個自然現象的極端，但有時二者又能並存。萬年不化的冰因重力作用而沿著地面傾斜方向移動，這種移動的大冰塊便形成冰河，所以冰河通常分佈在高緯度或高山地區。

在歐洲的瑞士，搭冰河列車是觀賞冰河最便利舒適的旅遊方式；在南半球的紐西蘭，則擁有世界海拔最低的冰河，走在平地就可以接近壯闊的冰河，而峽灣地形多半也是由冰河作用所形成。

瑞典 拉普人地區
Laponian Area

瑞典北極圈地區(Arctic Circle)是拉普人(Laponian)和薩米人(Sami)的家鄉，這裡可説是全世界原住民依循先人依循季節遷徙的生活方式，居住且活動範圍最廣的地區。

挪威 西挪威峽灣
West Norwegian Fjords–Geirangerfjord and Nærøyfjord

峽灣是百萬年前的冰河切割所形成的特殊自然景觀，挪威西部的峽灣又被譽為世界上最經典的峽灣地形。

尼泊爾 薩嘉瑪莎國家公園(聖母峰)
Sagarmatha National Park

薩嘉瑪莎國家公園其實就是一般所稱的喜馬拉雅山區，全境1148平方公里，涵蓋尼泊爾境內2845公尺以上的到山區到聖母峰之間的範圍。平均海拔3000公尺以上，6000公尺以上的高山也比比可見，世界最高的聖母峰就在此列。沿途可見冰河和罕見的高山動植物，植物像是銀蕨、杜松、樺樹等，動物則有喜馬拉雅黑熊、狼、山貓、雪豹。

瑞士 瑞士阿爾卑斯山的少女峰和阿雷奇冰河
Swiss Alps Jungfrau-Aletsch

海拔超過4,000公尺的少女峰、僧侶峰(Mönch)與艾格峰(Eiger)，在阿爾卑斯山的中心地帶連成一片壯麗的白皚山色。與少女峰一同被列為世界遺產的，還有全歐洲最大的阿雷奇冰河，冰河總長達23公里，面積超過120平方公里。

紐西蘭 **蒂瓦希普拿姆—紐西蘭西南部**
Te Wahipounamu - South West New Zealand

巨大的萬年冰河則塑造出南島西南部的地貌，此處有全球最大的中溫冰河和數條流動快速的冰河，緩慢往下移動的萬年冰河，挾其龐大且堅硬的體積，硬生生在山巒間切割出通道入海，在冰河溶化後，便留下峽灣、峭壁、瀑布、礫石海灘等冰河地形。

加拿大 **加拿大洛磯山脈國家公園**
Canadian Rocky Mountain Parks

遠溯六億年前，美洲大陸接近赤道，西邊僅及於大平原區，平原上的河流天天將砂石、黏土、淤泥傾倒進大陸邊緣的淺海，慢慢累積壓縮成砂岩、頁岩、石灰岩、白雲石及石英石。兩億年前，大陸地塊改變走向撞擊海洋地塊，撞擊的衝力舉起地塊，從西向東造山，直到一億兩千萬年前，洛磯山逐漸形成。

加拿大 美國 **瓦特頓冰河國際和平公園**
Waterton Glacier International Peace Park

公園內到處是美景，由洛磯山脈的群山、遼闊平原和散布於其間的湖泊，風、火、水共同雕琢出的險峻山嶺，升起在翠綠的平原上，各種不同的生態體系在這裡交會，而寧靜的瓦特頓湖及鏈狀般的冰河湖，為這座國家公園孕育多樣化的自然生態。

美國 **奧林匹克國家公園**
Olympic National Park

暴風山脊(Hurricane Ridge)可說是公園內最美麗也是最不容錯過的景點之一，在山頂可遠眺那白雪覆蓋、峰峰相連的奧林匹克山脈的壯麗景致，還可一覽公園特殊景觀之全貌及領略勁風的威力。

40
個
達
人
知
識
大
測
驗

Question
17

五千多隻巨型蜥蜴聚在一起的場面有多可怕！

世界上多個國家設立國家公園、保護區，保育植物、保育動物，也保育生態，能被列為世界遺產的，自有其不凡意義。許多動物的生存環境遭受極大威脅，包括一般人熟悉的大貓熊、黑猩猩、白犀牛、美洲野牛，還有海洋哺乳動物鯨魚等。而這些動物的棲地本身極其脆弱，再加上人為或政治不穩定的破壞，這些自然遺產也有一大半被列為瀕危名單。

斯雷伯爾納自然保護區
Srebarna Nature Reserve

此保護區最大的特色在於它是近百種鳥類的滋生地，以及八十多種往來於歐非兩洲侯鳥每年冬天的棲息地，出現在這裡的鳥類中包括達爾馬西亞鵜鶘、疣鼻天鵝、灰雁，以及大白鷺、夜鷺、紫蒼鷺和白琵鷺等。

©www.bulgariatravel.org

布溫迪國家公園
Bwindi Impenetrable National Park

布溫迪森林是非洲最豐富的生態系統之一，動植物種類繁多，境內除了有一百六十多種樹木、一百多種蕨類、一百二十多種哺乳動物、三百多種鳥類，更是山地大猩猩等瀕危物種的庇護所。

©UNESCO/Ron Van Oers

塞倫蓋提國家公園
Serengeti National Park

本區具有重要的生態價值，不僅孕育著為數量眾多的動物群落，如獅子、豹、大象、犀牛和水牛，每年還會上演有蹄哺乳類動物隨季節逐水草而居的景象，其中最令人嘆為觀止的，就是上百萬隻瞪羚以及數十萬隻斑馬進行大遷徙的壯觀畫面。

四川臥龍、四姑娘山、夾金山大貓熊保護區
Sichuan Giant Panda Sanctuaries - Wolong, Mt Siguniang and Jiajin Mountains

人見人愛的貓熊目前在中國大陸只存活在四川、甘肅、陝西交界的山區，總數不過一千隻左右，大多分布在四川境內，因此四川以貓熊故鄉自居，設置了臥龍等五處保護區，以挽救貓熊瀕臨絕種的危機。

©indiatourism

瑪那斯野生動物保護區
Manas Wildlife Sanctuary

位於喜馬拉雅山腳的緩丘上，這片林木茂密的丘陵，到處是沖積草原及熱帶雨林，保護區裡棲息著各種瀕危動物，包括孟加拉虎、亞洲象、印度犀牛、侏儒豬等。

日本 北海道知床半島
Shiretoko

全境布滿高山和海岬，因而成為棕熊、蝦夷鹿、大島貓頭鷹等野生動物的天堂。知床五湖的自然生態豐富，時常可以看到蝦夷鹿群在湖畔覓食的情景外，不過最引人注目的就是棕熊的出沒。

澳洲 大堡礁
Great Barrier Reef

由大大小小約2600個珊瑚礁構成的大堡礁，孕育了400種海綿動物、300種珊瑚、4000種軟體動物和1500種魚類，因此大堡礁的海底世界可說是色彩繽紛。

印尼 科摩多國家公園
Komodo National Park

科摩多國家公園位於峇里島東邊海面，全境約七萬五千公頃，由多座火山島組成，沿岸是白沙灘、珊瑚礁、碧藍海洋，內陸則是遍布多刺灌木叢、乾燥草原的崎嶇山坡，在完全對比的自然景觀裡，棲息著五千七百多隻巨型大蜥蜴。

這些蜥蜴因外表和好鬥的行為模式被稱為「科摩多龍」，全球獨一無二只在印尼離島生長的科摩多龍，有助於科學家研究生物演化。

澳洲 鯊魚灣
Shark Bay

坐落在澳洲大陸西海岸最西處的鯊魚灣，四周被島嶼和陸地圍繞著，它擁有全球最廣最豐富的海草床，占地4800平方公里，和世界上數量最多的儒艮。鯊魚灣還同時保育5種瀕臨絕種的哺乳動物。

加拿大 美洲野牛國家公園
Wood Buffalo National Park

棲息著北美數量最多的野牛，同時也是美洲鶴的棲地。皮斯河和阿薩巴斯卡河之間有著世界上最大的內陸三角洲，是這座國家公園的最大特色。

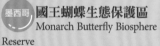

墨西哥 國王蝴蝶生態保護區
Monarch Butterfly Biosphere Reserve

每年秋天，數十億萬計的蝴蝶，自北美各地飛到墨西哥市西北方大約100公里處，約56,259公頃的山區避冬。

40 個達人知識大測驗

高高落下的瀑布，落差竟然超過200層樓那麼高！

瀑布永遠是個熱門的旅遊話題，只是究竟如何欣賞總有不同的角度，有的看其水勢與水量，有的則比較其寬度，更多的則是比較它們的高低落差，千軍萬馬的滔滔水勢從高崖直奔而下最是驚人。名列世界遺產的瀑布，有的以單一入列，更多的則是涵蓋在某個國家公園範圍裡，非洲的維多利亞瀑布雖然落差只有150公尺，卻以其水勢磅礴和壯觀取勝，而能以單一瀑布名列世界遺產。

最大落差739公尺

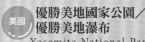

美國 優勝美地國家公園／優勝美地瀑布
Yosemite National Park/Yosemite Falls

公園內有不少瀑布，但以優勝美地瀑布氣勢最磅礴，分為上下兩段，上瀑落差達439公尺，水勢湍急，下瀑300公尺，水流略緩。落差達739公尺，相當於200層樓那麼高！

最大落差580公尺

紐西蘭 蒂瓦希普拿姆—紐西蘭西南部／鮑文瀑布
Te Wahipounamu-South West New Zealand/Bowen Falls

巨大的萬年冰河則塑造出紐西蘭南島西南部的地貌，此處有全球最大的中溫冰河和數條流動快速的冰河，緩慢往下移動的萬年冰河，挾其龐大且堅硬的體積，硬生生在山巒間切割出通道入海，在冰河融化後，便留下峽灣、峭壁、瀑布、礫石海灘等冰河地形。

最大落差150公尺

尚比亞、辛巴威 維多利亞瀑布
Mosi-oa-Tunya/Victoria Falls/Victoria Falls

維多利亞瀑布是南部非洲世界級的景點，瀑布有4/5的面積在辛巴威境內，1/5位在尚比亞。在維多利亞雨林自然保護區內，瀑布終年水流不斷，高達150公尺落差激起豐沛的水氣，使得瀑布周圍形成特殊的雨林地貌。

最大落差94公尺

美國 黃石公園／下瀑布
Yellowstone National Park/The lower Falls

黃石國家公園除了地熱結構的奇景，位於下環線西北方的峽谷村(Canyon Village)則展現深闊的峽谷地形。峽谷村刀割般的地形和奇麗的色彩，徹底顯露地理變遷的歷史。多彩的流紋岩、陡峭的深谷及高懸的瀑布構築成峽谷村迷人的風采，區內設有多處觀景台可俯瞰上瀑布飛濺的英姿及下瀑布絕美的風韻。

©Canadian Tourism Commission/Asymetric/ Jason Van Bruggen

最大落差90公尺

加拿大 納罕尼國家公園／維吉尼亞瀑布
Nahanni National Park/Virginia Falls

這座公園沿著北美最壯觀的河流之一南納罕尼河分布，包含深澗和巨大的瀑布，以及獨一無二的溶洞群，高海拔地區發現白大角羊和白山羊的蹤跡，也是北美棕熊、馴鹿等動物的家園。

最大落差40公尺

中國 九寨溝／珍珠灘瀑布
Jiuzhaigou Valley Scenic and Historic Interest Area

珍珠灘位於日則溝，其下方就是海拔2,433公尺的珍珠灘瀑布。這是珍珠灘激流，流到陡峭的斷崖處沖刷而下，所形成的瀑布。珍珠灘瀑布，瀑高約有40公尺，站在下面往上看，可以看到水勢如銀白珠簾掛在寬闊的崖壁間，充滿飄逸之美。

哪一個湖泊竟然有115個台北市這麼大！

世界上以單一一座湖泊列入世界遺產的並不多，大多數都是某座國家公園或某個自然保護區裡的湖泊一併被畫入世界遺產的範圍，其中有幾個例外，世界第一大淡水湖貝加爾湖便是其一。不論從湖水面積、深度，到含水量，都居世界第一的貝加爾湖，同時也是一個生態奇蹟，維持了2500萬年而不見乾涸，正因為如此，依賴貝加爾湖維生的水中及陸地生物才能穩定演化，形成珍貴的特有種，根據統計，依賴貝加爾湖生存的物種高達1800種。除此，普列提維切湖早在1979年便列入世界遺產的名單，以其獨特的喀斯特地形和絕景受到青睞。

面積31,500平方公里

 俄羅斯 **貝加爾湖**
Lake Baikal

貝加爾湖可說是地質與生物界的奇蹟，擁有許多令人咋舌的世界紀錄。它長636公里、寬79公里，最深處達1620公尺，面積達到31,500平方公里(台北市面積的115倍)，皆為世界淡水湖之最。透明度更高達40公尺，也就是說水面下40公尺的物體都可以看得一清二楚，含水量更占全球淡水量的20%，幾乎是北美五大湖的總和。

貝加爾湖是世界上最古老的湖泊之一，原本與海洋連結在一起，在2500萬年前被陸地包圍，經年淡化之後成為完全不含鹽分的淡水湖，許多水底生物也逐漸演化，形成貝加爾湖特有種。

面積7,500平方公里

 肯亞 **圖卡納湖國家公園／圖卡納湖**
Lake Turkana National Parks/Lake Turkana

位於肯亞最北端的圖卡納湖一區，境內包括湖中的中島國家公園(Central Island National Park)、南島國家公園(South Island National Park)，以及東北岸的西比羅伊(Sibiloi National Park)等三個國家公園，為東非地塹湖群中位置最北、最大的湖泊，也是肯亞第一大湖、全球最大的沙漠湖泊，湖岸線比肯亞的海岸線還長。

面積360平方公里

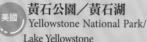 美國 **黃石公園／黃石湖**
Yellowstone National Park/Lake Yellowstone

橫跨懷俄明州、蒙大拿州、愛達荷州的黃石國家公園，面積廣達台灣版圖的1/4，此一自然生態保育區是美國境內最大的哺乳動物棲息地之一，擁有多種野生動植物和珍稀的地熱地貌。其中黃石湖是最大湖泊，位於國家公園正中央，湖岸線長達160公里，過去湖面曾經比現在大上兩倍，不過平均深度仍有41公尺，最深達97公尺。

面積350平方公里

 北馬其頓 **奧赫里德地區的自然及文化遺產／奧赫里德湖**
Natural and Cultural Heritage of the Ohrid region/Lake Ohrid

坐落於北馬其頓的西南方，奧赫里德是歐洲最早有人定居的地方之一，它最著名的地方在於一度擁有365間教堂，因而被稱為「馬其頓的耶路撒冷」。奧赫里德湖是歐洲最深的湖泊之一，也是歐洲最古老的湖泊，大約在五百萬年前地殼隆起所形成，孕育超過兩百種的地方特有的動植物。湖最深達288公尺，平均深155公尺，湖岸線長87.5公里。

©www.ohrid.com.mk

面積2.17平方公里

克羅埃西亞 **普列提維切湖國家公園／普列提維切湖**
Plitvice Lakes National Park/Plitvice Lakes

普列提維切湖是克羅埃西亞最有價值的自然景觀，它的地貌豐富多變，四季呈現不同面貌。湖區由16座湖泊及無數的瀑布組成，所以又稱為「16湖國家公園」，屬於喀斯特地形，也就是石灰岩與水蝕交互作用所形成的特殊地理與水文地質景觀。普列提維切湖大致可分為上湖區和下湖區，上湖區位於石灰岩山谷，有茂密的森林和湧流的瀑布；下湖區較小而淺，只有稀少的矮灌叢。面積不大，只有2.17平方公里。

Question 20

什麼是世界末日？火山爆發！

火山地熱是地球最初生成時的樣貌，從這些名列世界遺產的火山地貌，約略可以拼湊出地球的形成軌跡，而這些火山熔岩的地質、地形，也提供了地球科學家極佳的研究材料。

其中最知名、又能以最近距離觀賞的就是夏威夷大島的火山國家公園，火山口仍在冒煙，溶岩仍然不斷溢流，事實上，整個夏威夷群島就是火山島嶼地形，火山礫石海灘、冷卻的熔岩、巨大火山口仍然清晰可辨。

英國 聖基爾達島
St. Kilda

位於蘇格蘭外赫布里底群島最西岸，是大西洋北部的群島。本島是座火山群島，包含其他4座小島。

©VisitBritain

英國 戈夫島野生動植物保護區
Gough and Inaccessible Islands

戈夫島是第三紀火山島，大多數海岸線為高聳的峭壁，沒有可庇護的港口，唯一的著陸點為東海岸。多山與峭壁，成為世界上最重要的海鳥棲息地。

©UNESCO/Ron Van Oers

俄羅斯 堪察加火山群
Volcanoes of Kamchatka

屬於全球火山活動最頻繁的地區，擁有高密度且噴發形式多樣的活火山群，火山與冰河的交互作用形成了壯麗的地景奇觀。

©UNESCO/Guy Debonnet

©UNESCO/Kishore Rao

坦尚尼亞 恩格羅恩格羅自然保護區
Ngorongoro Conservation Area

境內重要的地理景觀包括世界最大的火山口「恩格羅恩格羅火山口」，以及活火山「歐鐸尼尤蘭加」(Oldonyo Lenga)。

北愛爾蘭 巨人之路與海岸堤道
Giant's Causeway and Causeway Coast

巨人之路與海岸堤道位於北愛爾蘭的安特里姆高原(Antrim plateau)海岸邊，四萬多根黑色巨大玄武岩石柱由海中凸峭，而形成了這條傳說中的巨人之路。形成因素是由於約5~6億年前，第三紀時的火山作用而形成的。沿著海岸懸崖的山腳下，四萬多根玄武石柱不規則多邊形的排列，綿延6公里，石柱高者達12公尺，矮者也有六公尺多，高低參差，從峭壁延伸至海底，形成了這一道通向大海的巨大的天然階梯。

©Tourism Ireland

澳洲 豪勳爵群島
Lord Howe Island Group

豪勳爵群島是典型的孤立海洋島群，是海底兩千多公尺深處的火山爆發產物，群島以壯觀的地勢景觀，及大量的稀有物種聞名。

紐西蘭 東加里羅國家公園
Tongariro National Park

因為有多座活火山和休火山，加上多元的生態環境，形成詭奇多變的地理景觀。

美國 夏威夷火山國家公園
Hawaii Volcanoes National Park

全世界最活躍的兩座活火山冒烏納羅亞(Mauna Loa)和奇勞威亞(Kilauea)都位於此公園內，迄今仍在不斷噴流而出的奇勞威亞火山。爆發後的火山熔岩，滾燙地流入冰涼的海水中，由於受到來往浪潮的推擠，衝擊岩石和暗礁，而逐漸形成的黑沙灘，是夏威夷島最受矚目的海岸景色之一，也是特殊的火山景觀。

美國 黃石公園
Yellowstone National Park

黃石國家公園的地熱景觀，源自數十萬年前火山連續噴發形成的成果，最後一次的火山爆發約在64萬年前，激烈噴瀉的熔岩覆蓋地表，熱泉滲入岩層裂隙，極度的高溫又迫使滾泉往上噴竄，

形成間歇泉、泥漿泉、噴氣孔、溫泉等超過一萬種地熱型態，占全球目前已知半數。

拿破崙家擁有地中海最美麗的海灘？

海洋占地球面積百分之七十，但因人類難以接近，相較於陸地上的世界遺產，以海洋為主題的可說屈指可數，有的是海岸地形；有的是珊瑚礁生態；有的則是保護水底下的生物，雖然人們不一定有機會可以近距離觀賞，卻都是地球上最珍貴的資產。

芬蘭、瑞典
瓦爾肯群島／高海岸
Kvarken Archipelago / High Coast

面積共142,500公頃，包括八萬公頃的海域以及附近的群島，加上海岸邊零星分布的湖泊和海拔約350公尺的山丘等，這些獨特地形源自冰河作用。

©imagebank.sweden.se/ Friluftsbyn Höga Kusten

德國　荷蘭
瓦登海
The Wadden Sea

這是一大片溫暖、平坦的海岸溼地環境，成形於複雜的自然與生態因素互動，當地出現大量過渡性棲息地，像是深受潮汐影響的海峽、海草、淡菜床、河口沙洲、沼澤、沙丘等，六成以上的範圍是多種動植物的家，包括海豹和海豚等海洋哺乳類動物，這裡更是一千兩百萬隻鳥類的聚食。

©GNTB/Deutsche Zentrale für Tourismus e.V.

法國
波托灣
Gulf of Porto : Calanche of Piana, Gulf of Girolata, Scandola Reserve

位在科西嘉島(Corse)的西側，屬於區域自然公園的一部分，高達300公尺的紅色花崗岩岸伸入海中，被譽為地中海最美麗的海灣之一。這裡是拿破崙的故鄉，可順遊他的故居。

©Corse Tourist Office

菲律賓
圖巴塔哈珊瑚礁海洋公園
Tubbataha Reef Marine Park

圖巴塔哈珊瑚礁海洋公園由兩座環狀珊瑚礁島系統組成。海底生物種類多且密集，海底原始珊瑚礁垂直一百公尺形成完整的生態圈及天然屏障，北端的珊瑚礁小島則是鳥類和海龜最佳棲息地。

塞席爾
亞達伯拉環礁
Aldabra Atoll

由四座大珊瑚島組成，是世界第二大環礁。動植物繁多，最著名的就是亞達伯拉象龜，而這裡也是全世界象龜數量最多之處；其他知名動物還包括綠蠵龜、雙髻鯊、鬼蝠魟。

©UNESCO/Ron Van Oers

西班牙
伊比薩島
Ibiza, Biodiversity and Culture

伊比薩島是海洋與海岸生態系統互動的極佳例子。這裡生長著大片濃密的波西尼亞海草(Posidonia Seagrass)，為地中海特有種，許多海洋生物賴以維生。

©Ibiza.Travel/Xescu prats

澳洲 鯊魚灣
Shark Bay

擁有全球最廣最豐富的海草床，占地約四千八百平方公里，和世界上數量最多的儒艮。鯊魚灣還同時保育五種瀕臨絕種的哺乳動物。

澳洲 大堡礁
Great Barrier Reef

由大大小小約2600個珊瑚礁構成的大堡礁，孕育了400種海綿動物、300種珊瑚、4000種軟體動物和1500種魚類。

索羅門 東倫內爾
群島 East Rennell

是世界上最大的珊瑚環礁，島上的特加諾湖(Lake Tegano)為鹹水湖，過去曾經是礁湖，也是太平洋諸島中最大的湖泊，湖泊裡還有許多石灰岩小島並孕育不少地方特有種。

貝里斯 貝里茲堡礁系統
Belize Barrier Reef Reserve System

是面積僅次於澳洲大堡礁的珊瑚礁地形。特殊的地形包括環礁、砂島、紅樹林、潟湖、河口三角洲……等七種，也是海龜、海牛、美洲海水鱷等眾多瀕臨絕種生物的居地。

哥斯 可可斯島國家公園
大黎加 Cocos Island National Park

是東太平洋地區唯一具有雨林生態系的地方。可可斯島地處於北迴歸線逆流的第一個陸地點，眾多島嶼和洋流形成複雜的互動，使得這地區成為最佳的海洋地質觀察室。這裡同時也是長尾鯊、雙髻鯊、白尾鯊、魟魚、鮪魚、海豚等大型海洋動物的最佳棲地。

帛琉 洛克群島南部礁湖
Rock Islands Southern Lagoon

帛琉擁有全世界最潔淨的水質、最美麗的珊瑚礁景觀、還有最合適的水溫，被國際潛水評為世界七大海底奇觀之首。這裡蘊藏了全世界種類最多、最豐富的海底資源，總計有七百多種珊瑚，以及超過一千五百種的熱帶魚類。

57

Question 22　高來高去的奇岩怪石藏了什麼秘密？

歷經千萬年，風化也好，雨蝕也罷，世界各地都分布著各種奇岩怪石，澳洲的愛爾斯岩，土耳其的卡帕多起亞，越南的下龍灣，都是地球上奇岩的代表。

這些岩石可能是由火山噴發或熔岩流出所形成，例如北愛爾蘭的巨人堤道；有的則是石灰岩的溶蝕作用所形成，也就是所謂的喀斯特地形，例如越南下龍灣。

每個奇岩地貌都有其生成的故事，它們也多半是知名的觀光景點，提供到訪的觀光客不少旅遊題材。

中國 黃山
Mount Huangshan

安徽省大地錦繡多姿，屹立於安徽省南部的黃山，不但是中國群山中最壯觀的山水典範，境內群峰矗立，怪石、奇松、雲海、溫泉等四大絕景，更造就了飄渺夢幻天成美景。不論是雲雨霧晴，或四季輪替，黃山「天開圖畫」的美景，稱霸中國群山。

©藏羚羊

中國 南中國喀斯特地形
South China Karst

南中國喀斯特地形橫跨了雲南、貴州、廣西、四川等省分，是世界上熱帶和亞熱帶潮濕氣候的喀斯特地形典型代表。喀斯特地貌又名溶岩地貌呢，是柔軟的水犀利溶蝕岩石後的結果，將地表侵蝕成溶溝、峰叢、槽谷、窪地、泉湖，還可得在地表下造就石鐘乳、石筍、石花、石幔、伏流。南中國喀斯特地形由於面積廣闊，其中最知名的代表是雲南石林、貴州荔波，以及重慶武隆。

希臘 梅特歐拉
Meteora

位於高起岩塊上的修道院，大部分建於14世紀，在修道院裡的生活十分簡陋，直到距今一百年前，修道士所需的食物和水都仰賴纜索運輸。

土耳其 居勒梅國家公園及卡帕多起亞岩石區
Göreme National Park and the Rock Sites of Cappadocia

數百萬年前，當卡帕多起亞東西面兩座火山：Erciyes及Hasan大爆發，火山灰泥涵蓋了整片卡帕多起亞地區，岩漿冷卻後，人類的足跡就跟著踏上這塊土地，風化及雨水的沖刷，刻出大地的線條，軟土泥沙流逝，堅硬的玄武岩及石灰華突兀地挺立，或形成山谷，或磨出平滑潔白的石頭波浪，更留下傳奇的仙人煙囪，以及基督徒利用高岩巨石避難的洞穴社區。

越南 下龍灣
Halong Bay

　　下龍灣面積廣達1553平方公里，包含約三千個石灰岩島嶼。這些石灰岩地形是由中國東南的板塊延伸而出，經過億萬年溶蝕、堆積，加上海水入侵，形成壯麗非凡的景觀，也就是所謂的喀斯特地形。這裡的許多島嶼都是中空，內有溶洞，溶洞裡的石鐘乳、石筍、石柱，構織出一幅幅怪誕奇異的畫面。

澳洲 波奴魯魯國家公園
Purnululu National Park

　　波奴魯魯國家公園坐落於澳洲西部，園區主要順著班格班格山脈(Bungle Bungles)規畫。其地質結構是泥盆紀時期的石英砂岩，歷經兩千萬多年不斷的侵蝕，形成一連串蜂窩狀的圓錐尖頂，在陡斜的山脈上可觀察到因水的侵蝕而形成的黑灰色條紋。

澳洲 烏魯魯卡達族國家公園
Uluru-Kata Tjuta National Park

　　世界上最大獨立巨岩烏魯魯和群岩卡達族達，是澳洲中部沙漠兩個紅色傳奇。烏魯魯圓周達9.4公里、高度達348公尺，卡達族達由36塊岩石所構成，佔地約3500公畝，平均高度五百多公尺。六億年前，烏魯魯及卡達族達所在的阿瑪迪斯盆地(Amadeus Basin)被造山運動往上推擠，致使原本埋在海底的山脈形成兩個沖積扇，到了三億年前，新的造山運動又將這兩個沖積扇推出海面，呈90度直角拱起的是烏魯魯，而卡達族達則以20度的斜角聳立，經過風蝕形成今日所見的獨立巨岩和岩群。

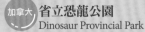
加拿大 省立恐龍公園
Dinosaur Provincial Park

　　在加拿大亞伯達省，有一大片連綿廣達數千萬哩的惡地形，恐龍公園成為最受矚目的焦點，這兒以各色各樣的植物、鱷魚、魚類及恐龍化石聞名於世。

美國 優勝美地國家公園
Yosemite National Park

　　國家公園內平均標高約兩千公尺，擁有陡峭的懸崖山壁、瀑布奇岩、湖泊溪流等奇景。若要提起國家公園內，人氣指數最高的景點，當然就以船長岩(El Captain)莫屬。這個超級巨大的花崗岩，高度達1096公尺，由於岩石巍然聳立，再加上隨著陽光照射，會有光影和顏色的些許變化。

中國 中國丹霞地貌
China Danxia

　　「丹霞地貌」這個地理名詞源自中國，主要是針對西太平洋大陸與海盆邊緣地區，原本由紅色砂岩及礫岩所組成的沉積層因為地殼抬升，經過流水切割、侵蝕、風化等作用，形成一連串壯觀的紅色崖壁、塔峰、峽谷、瀑布、溝壑等景觀。

40
個達人知識大測驗

Question 23

變變變！怪誕喀斯特 從地上幻變到地底！

喀斯特(Karst)地形就是所謂的石灰溶岩地形，在石灰岩層廣布的地方，因溶蝕作用進行已久，幾乎一切河流均在地表消失，另形成暗流水系，地層表面僅見石灰阱、岩溝及灰岩盆地等，呈現乾荒景象，這種地景就是因為克羅埃西亞、斯洛維尼亞這一帶亞得里亞海岸的喀斯特區而得名。柔軟的水將地表侵蝕成溶溝、峰叢、槽谷、窪地、泉湖，還在地表下造就石鐘乳、石筍、石花、石幔、伏流。

克羅埃西亞、斯洛維尼亞的精采石灰溶岩很早就在世界遺產之列，後來中國更多達四處喀斯特地形入選，而世界上最知名的海上喀斯特，就屬越南的下龍灣。

克羅埃西亞 普列提維切湖國家公園
Plitvice Lakes National Park

　　湖區由16座湖泊及無數的瀑布組成，普列提維切湖國家公園的可貴之處，就在於石灰岩地表都能看得到這些溶蝕作用，以及石灰華多孔岩如何與藻類、苔蘚和植物交互生長，成為一個特殊、卻十分敏感的生態體系，而這種水、岩石，與植物交互影響所形成的獨特景觀，從萬年前次冰河時期結束到現在，就未曾受干擾。

©www.bulgariatravel.org

保加利亞 皮林國家公園
Pirin National Park

　　這座石灰岩質的國家公園內錯落湖泊、瀑布、洞穴和松樹林，陡峭的群山間星羅棋布著七十座冰湖，除了擁有上百種當地特有或罕見植物(特別是巴爾幹更新世植物)的特色外，皮林國家公園獨特的景觀也具備了美學價值。

匈牙利 斯洛伐克 阿格特雷克及斯洛伐克喀斯特洞窟群
Caves of Aggtelek Karst and Slovak Karst

　　這個位於匈牙利和斯洛伐克邊界的石灰岩洞群(又稱喀斯特地形)，共有715個石灰岩洞，這是非常罕見、珍貴的溫帶地區石灰岩洞，有別於熱帶與冰河地區的石灰岩洞，其中有一段長達25公里的洞穴「巴拉德拉—多明加洞穴」(Baradla-Domica Cave)非常精采，裡面有鐘乳石、石筍與地下激流等珍奇的地理現象。

©www.slovakia.travel/Alexander Vojcek

斯洛維尼亞 什科茨揚溶洞
Škocjan Caves

　　身為研究喀斯特地形絕佳範例的什科茨揚溶洞，位於斯洛維尼亞西南方的區域，這處擁有多座瀑布且深度長達兩百公尺的石灰岩洞穴裡，延伸著一條六公里長的地下步道及溶蝕洞。雷卡河(Reka River)在Velika Dolina消失於地表之下並流入什科茨揚溶洞，之後朝著亞得里亞海的方向繼續蔓延34公里，形成另一條河流的源頭。雨季時這條消失於地表下160公尺的河流，形成巨大且壯觀的景象。

©Regijski Park Škocjanske Jame

中國 黃龍
Huanglong Scenic and Historic Interest Area

黃龍因「黃龍溝」而得名，黃龍溝屬於喀斯特地形，由於石灰岩體所滲出含有大量碳酸鈣的岩溶水，若流淌的水受阻礙而滯流，水中的碳酸鈣質便開始附著、堆積，形成結晶石灰華。日久堆積成梯田狀相連的堤埂，俯瞰宛若一條金色巨龍橫臥在山中，因而名為「黃龍溝」。

中國 武陵源
Wulingyuan Scenic and Historic Interest Area

武陵源的地質時代屬泥盆紀沉積岩經過河谷侵蝕堆積、剝蝕構造等作用而形成集合險峭、陡峭、挺拔、雄奇、陰柔等景觀的山形地貌，無論就科學或美學來看，都極具價值。索溪峪河谷北邊和天子山東南部的溶洞景觀都屬於湘西型溶岩地貌，處處可見詭譎的鐘乳石柱、石瀑、石筍、石花。

越南 下龍灣
Halong Bay

這些石灰岩地形是由中國東南的板塊延伸而出，經過億萬年溶蝕、堆積，加上海水入侵，形成壯麗非凡的景觀。下龍灣一連串的多重形狀島嶼就像人間天堂般，尤其當舢舨船穿梭其間時，更令人產生時空倒錯的感覺，想親身體驗可搭船去親近深幽的洞穴和高聳的奇石怪岩。這裡的許多島嶼都是中空，內有溶洞，溶洞裡的石鐘乳、石筍、石柱，構織出一幅幅怪誕奇異的畫面。

菲律賓 公主港地底伏流國家公園
Puerto-Princesa Subterranean River National Park

公主港地下洞穴國家公園擁有一座長達8.5公里的水道，穿過東南亞常見的喀斯特景觀地形，由山連向海洋，雖然渠道較低的部份容易受到潮汐影響，但完整的生態系統，以及周邊茂密的森林，造就相當完整的生物保護區。

©UNESCO/Ron Van Oers

馬來西亞 姆魯山國家公園
Gunung Mulu National Park

它是是世界上最廣大而壯觀的天然鐘乳石地洞之一。馬來西亞的鐘乳岩層的地區分布廣袤，幾乎包括了婆羅洲的北砂勞越大部分，而目前共發現了

26個地下洞穴及長達159公里的通道，僅佔總數的30%。所有的鐘乳石風貌並非只在岩洞內呈現，露出於外的鐘乳石層的尖峰有的比樹還高，甚至高到45公尺，這就是全球罕見的石灰刀石林。

美國 黃石國家公園
Yellowstone National Park

令人驚艷的景區「瑪莫斯溫泉」(Mammoth Hot Springs)，此處以層層相疊的石灰華景觀獨步園區。這塊區域在百萬年前，是一片富含石灰岩的浩瀚汪洋，火山爆發促使地下熱泉自岩層裂隙中湧出地表，溶解石灰岩中的碳酸鈣，遇冷凝結的碳酸鈣沉積成石灰華平台，高高低低的平台構成階梯狀的景觀，一躍為人氣指數最高的招牌景區。

Question 24 五萬多尊石刻佛像聚集一處，是何等的威嚴壯觀啊！

佛教相關的建築豐富而多樣，佛教萌芽於印度次大陸，影響遍及全亞洲。西元前316年，印度半島上首度出現一個中央集權的大帝國「孔雀王朝」，孔雀王朝的第三位繼承人阿育王皈依了佛教，為印度留下石獅柱和佛塔兩種偉大建築。佛陀主張沉思默想的禪修生活，從西元前3世紀開始，出現了石室、石窟的建築，隨著佛陀造像（壁畫與雕刻）在1、2世紀發展成形，更豐富了石窟的藝術價值。

佛陀造像藝術可說是伴隨著犍陀羅(Gandhara)藝術的發展而茁壯的，這得歸功於西元1至3世紀的貴霜王朝(Kushan)，在此之前，佛陀是以菩提樹、法輪、傘蓋等形象存在，直到大乘教派把佛陀人格化、偶像化。貴霜王朝加上隨後於4世紀崛起的笈多王朝，並稱為印度藝術史上的古典風格時期。向北傳播過程中，出現了中國西域地區的眾多石窟。

11世紀伊斯蘭教入侵，佛教在北印度幾乎絕跡，南印度則轉化為印度教。此後，大乘佛教在西藏、中國、朝鮮、日本繼續發光發熱，小乘佛教向南傳播，與印度教在中南半島、東南亞島嶼交替發展。

印度 阿姜陀石窟
Ajanta Caves

阿姜陀石窟類別區分為兩種，一是支提(Chaitya)，為印度佛教建築的一種形式，泛指佛殿、塔廟、祠堂。另一種一是毘訶羅(Vihara)，指出家僧人集體居住靜修的僧院、學園、僧房。

尼泊爾 藍毗尼佛陀出生地
Lumbini, the Birthplace of the Lord Buddha

佛陀的出生地藍毗尼坐落在喜馬拉雅山脈腳下，目前規劃成一座園區，園區裡有三個重點，一是佛陀母親摩耶夫人廟（Mayadevi Temple），二是阿育王石柱，三則為水池和菩提樹。

印度 菩提迦耶的摩訶菩提佛寺
Mahabodhi Temple Complex at Bodh Gaya

佛陀成正覺之後的兩百五十多年，也就是西元前三世紀，阿育王在菩提樹下安放了一塊金剛座並建造一座正覺塔，後來幾經錫蘭王、緬甸王的重修、整建。

©UNESCO/Katy Anis

阿富汗 巴米揚山谷文化遺址
Cultural Landscape and Archaeological Remains of the Bamiyan Valley

巴米揚山谷位於興都庫什山脈，除了已毀的兩尊高達53公尺和38公尺的大佛像，山壁另有千座人工斧鑿的洞穴，內有壁畫、佛像，有如神龕一般，其融合多元文化展現出來的犍陀羅(Gandhara)特色。

斯里蘭卡 丹布拉黃金寺廟
Golden Temple of Dambulla

堪稱僧伽羅佛教藝術結晶的皇家岩廟，吸引無數信徒前來朝聖，裡頭收藏著岩廟壁畫的複製品，以及來自世界各地的佛像、法器、昔日以棕櫚葉製成的書籍等。

斯里蘭卡 坎迪聖城
Sacred City of Kandy

這座城市一直都是佛教徒心中的聖地，佛牙寺及每年七、八月間舉行的Esala Perahera滿月慶典，是教徒甚至所有人一生都想經歷一次的特殊體驗。

斯里蘭卡 安努拉德普勒聖城
Sacred City of Anuradhapura

Devanampiya Tissa統治時期，正值佛教傳入斯里蘭卡的國王，將這座城市打造成為佛教朝聖和學習的中心。如今，安努拉德普勒依舊擁有數十座大大小小的佛塔。

©河南旅遊局

中國 龍門石窟
Longmen Grottoes

龍門石窟的石窟雕刻作品，可說是北魏至唐代佛教文化的代表，高度展現中國藝術精華。

 中國 莫高窟
Mogao Caves

莫高窟藝術文物囊括了壁畫、彩塑、建築、絹畫、經文、染織，展現縱橫數千年的社會、政治、經濟、宗教景況，忠實記載了豐富的古文化。莫高窟南北長一千六百多公尺，上下疊層如蜂巢。

中國 峨嵋山與樂山大佛景區
Mount Emei Scenic Area, including Leshan Giant Buddha Scenic Area

四川峨嵋山和山西五台山、浙江普陀山、安徽九華山並稱為四大佛教名山，地位崇高，廟宇眾多。樂山大佛高達71公尺，為全球最大的石雕坐佛。

中國 雲岡石窟
Yungang Grottoes

始建於北魏時期雲岡石窟，綿延一公里長，大大小小佛像共計有53窟、五萬一千多尊，論氣勢、論藝術成就，都堪稱世界級的藝術寶庫。

中國 大足石刻
Dazu Rock Carvings

大足石刻集釋、道、儒造像之大成，為中國晚期石刻藝術的代表性作品，也是西元9世紀末~13世紀中葉，共有五萬多尊的石刻佛像，散佈在四十多處地點。

南韓 海印寺藏經版殿
Haeinsa Temple Janggyeong Panjeon, the Depositories for the Tripitaka Koreana Woodblocks

寺內完整保存了自高麗時代遺留至今的八萬塊大藏經版。寺廟內共有兩座藏經殿，木造的殿內結構沒有任何瑰麗雕刻，卻能避免所有因氣候造成藏經版腐蝕的損傷，保護被封存百年的藏經版完好無缺。

©韓國觀光公社

南韓 佛國寺與石窟庵
Seokguram Grotto and Bulguksa Temple

石窟庵的釋迦如來佛像為韓國國寶的第一級，並在世界雕刻史上的登峰之作，不論是佛像頸部的三道柔和線條，僧衣覆蓋左肩的薄紗狀，在胸膛與雙足衣服的美麗線條，皆為雕刻藝術的最高傑作。

歐洲各國最較勁的就是教堂，看誰最大、最高、最張揚！

在歐洲黑暗時代的封建化社會，由於羅馬教宗的統治，基督教得到廣泛的傳播，從此主宰了歐洲人的思想與信仰；今天的歐洲史，毋寧是一部基督文明史。其中，教堂的興建就是見證。11世紀之後，隨著工藝和商業的擴大，亮麗的都市文化興起，歐洲的文藝復興開始萌芽，這種萌芽是伴隨著興建教堂開始的。藝術和科學迅速成長，其中最具象徵性的，就是哥德式大教堂的出現。創新的工程技術結合一套新的建築語彙，創造出一種全新的教堂建築風，於是歐洲各個大城市開始互相較勁，看看誰蓋的教堂最高、最壯麗。此後，隨著歐洲建築史的演進，每一個時期總有一座代表性的教堂永垂於世，它們不再是單純的宗教建築物，更是城市的文化標誌。

羅斯基爾大教堂
Roskilde Cathedral

丹麥

建造年代：12~13世紀
建築形式：哥德式
特色：丹麥境內第一座哥德式教堂，爾後不斷的改建，融合了各時期的教堂建築風格，最後一次的改建在19世紀，也因此提供歐洲宗教建築學的發展且清楚的概要。自15世紀起，共有20位國王和17位皇后的陵墓分別在教堂墓室中，這也讓羅斯基爾大教堂的地位非同凡響。

比薩大教堂廣場
Piazza del Duomo, Pisa

義大利

建造年代：1173~1370年　　**建築形式**：仿羅馬式
特色：主教堂由布斯格多主導設計，修築的工作持續兩個世紀，以卡拉拉的明亮大理石為材質，因此整體偏向白色，又在正面裝飾其他色彩的石片，這種玩弄鑲嵌並以幾何圖案表現，是比薩建築的一大特色。分成四列的拱廊把教堂正面以立體方式呈現，這就是結合古羅馬元素的獨特比薩風，在神蹟廣場可以看見這種模式的大量運用。

旭本尼克聖雅各教堂
The Cathedral of St James in Šibenik

克羅埃西亞

建造年代：1402~1555年
建築形式：哥德式、文藝復興式
特色：這棟宗教建築在建築史上有幾個獨特之處，聖雅各大教堂從牆壁、筒形拱頂到圓頂都是以特殊技術把石塊準確地組合起來，在19世紀之前的歐洲，多半用木材、磚頭接榫或架構，旭本尼克聖雅各教堂卻用石材辦到了。因此，建築物外觀及內部，形狀幾乎一模一樣，正面大門的三葉狀山牆與三堂式的教堂規劃，以及三塊筒形拱頂完全一致，在歐洲可說是獨一無二。

梵諦岡城
Vatican City(聖彼得大教堂)

羅馬教廷

建造年代：1400~1666年
建築形式：文藝復興式、巴洛克式
特色：聖彼得大教堂呈現出一個拉丁十字架的結構，它同時也是目前全世界最大的一座教堂。在長達176年的建築過程中，包括布拉曼特、羅塞利諾、山格羅、拉斐爾、米開朗基羅、貝尼尼、巴洛米尼、卡羅馬德諾、波塔、馮塔納等都曾參與興建，可以說集合了眾多建築天才的風格於一體，除宗教的神聖性，藝術性也是很有看頭。

西班牙

塞維亞的大教堂
Cathedral in Seville

建造年代：15世紀　　**建築形式**：哥德式、文藝復興式

特色：寬160公尺、長140公尺的大教堂，它是全世界第三大的教堂，僅次於羅馬的聖彼得大教堂和倫敦的聖保羅大教堂。歷經一個世紀興建的大教堂原本為哥德式風格，中央圓頂坍塌之後，建築風格轉為文藝復興式，加上由昔日清真寺喚拜塔改建而成的摩爾式希拉達塔，以及穆斯林入內祈禱前淨身的橘子庭園，整座教堂融合了多種風格。

 英國

肯特伯里大教堂、聖奧古斯丁寺、聖馬丁教堂
Canterbury Cathedral, St Augustine's Abbey, and St Martin's Church

建造年代：1070-1174年　　**建築形式**：哥德式

特色：肯特伯里大教堂是最顯著的地標，不論是亨利八世的宗教迫害或是二次大戰的砲火，都沒有對教堂造成巨大傷害。聖奧古斯丁寺也是英國最古老的教堂之一，597年羅馬教皇派遣聖奧古斯丁到英國傳教，在肯特國王的允諾下，於皇宮城牆外建一座教堂，三間由木材、燧石、磚塊及瓦片組成的薩克遜式小教堂，就成為此地最早的建築。

德國

威斯朝聖教堂
Pilgrimage Church of Wies

建造年代：1746~1757年　　**建築形式**：德國洛可可式

特色：教堂內部呈現出華麗、優雅的感覺，在教堂內巧妙地以彎曲、流動的海草或是貝殼的花紋帶出流暢的動感，尤其是許多纖細、金碧輝煌的線條或色彩，更賦予教堂典雅、活潑、奔放的視覺感受，宛如夢幻境界般的華麗天堂，不再是高高在上的權威感與距離感，威斯教堂成為細緻而親切的建築設計，被譽為18世紀德國宗教建築中最頂級的建築傑作。

 羅馬尼亞

莫爾達維亞的教堂群
Churches of Moldavia

建造年代：15~16世紀

建築形式：拜占庭

特色：羅馬尼亞東北部的摩爾達維亞省是洋溢鄉村風情的森林地帶，當地七座外觀彩繪精緻壁畫的東正教教堂，象徵著15~16世紀拜占庭藝術的巔峰。一幅幅壁畫猶如聯屏畫，修默修道院的《圍攻軍事坦丁堡》、摩爾多維塔修道院色彩繽紛的《聖經》場景、素有「東方西斯汀大教堂」之稱的沃洛涅特修道院，和諧的用色與優雅的線條輪廓，使得這些壁畫完美的融入周遭景觀之中。

 斯洛伐克

喀爾巴阡山區斯洛伐克境內的木造教堂
Wooden Churches of the Slovak part of the Carpathian Mountain Area

建造年代：16~18世紀　　**建築形式**：木造教堂

特色：坐落於斯洛伐克境內、名列世界遺產的喀爾巴阡山區木造教堂共有9座，各自分布於不同的地點，由於宗教習性不同，使這些宗教建築彼此間展現各異其趣的外部式樣與內部空間，反映出宗教建築於不同時期的流派與發展，以及特殊的文化與地理環境對其產生的顯著影響。

 衣索比亞

拉利貝拉的石刻教堂群
Rock-Hewn Churches, Lalibela

建造年代：12世紀末、13世紀初

建築形式：石刻教堂

特色：衣索比亞第七任國王拉利貝拉按照神諭，以數十年的時間將當時的首都(今日的拉利貝拉)，打造成非洲的「新耶路撒冷」。這座位於北部岩石高原的聖城，最眾所周知的就是11座位於巨大石坑內以整塊岩石開鑿而成的石刻教堂，其中包括世界最大的石刻教堂「耶穌基督教堂」，以及呈十字架造型的聖喬治教堂。

就是因為不是穆斯林，更該見識見識清真寺有多不平凡！

西元622年，伊斯蘭聖者穆罕默德率領家人和追隨者從麥加(Mecca)逃往北方480公里處的麥地那(Medina)。作為社會和宗教的改革者，他以麥地那為根據地，創始面朝麥加的禮拜，開啟了伊斯蘭教的新紀元。

西元7世紀之後，從阿拉伯半島崛起的軍隊，挾著伊斯蘭教的信仰，以極快的速度向西擴張至地中海沿岸，包括土耳其、埃及、北非、伊比利半島南部，向東延伸至波斯、中亞、印度等地區。伊斯蘭教從沙漠的遊牧民族崛起，伊斯蘭教藝術和建築都是順著這個背景與思維發展。伊斯蘭建築類型主要包括清真寺、伊斯蘭經學院(Madressa)、陵墓，以及伊斯蘭世界裡較少被保存下來的宮殿。

突尼西亞 突尼斯舊城／大清真寺
Medina of Tunis

在12~16世紀，突尼斯被公認為伊斯蘭世界最富庶的城市，目前舊城裡保存了約七百處古蹟，包括宮殿、清真寺、陵寢等，最突出的建築物是大清真寺，站在遠處就可看到清真寺的尖塔，時間一到，大清真寺傳來叫拜聲，十足伊斯蘭色彩，登高望遠，這座老城就如馬賽克般炫麗。

馬利 傑內古城／泥磚建築、傑內大清真寺
Old Towns of Djenné

傑內是馬利中部尼日河內陸三角洲上的一座古城，15、16世紀時，進入最輝煌繁華的時期，並且在傳播伊斯蘭文化上扮演著重要角色。傑內古城素以泥磚建築著稱，總共有兩千座古老建築被完整保留下來，其中最知名的就是傑內大清真寺。

©UNESCO/Francesco Bandarin

摩洛哥 費茲舊城／舊伊斯蘭學校
Medina of Fez

費茲從12世紀起就已是鼎盛的城市，而舊城區裡的大學是世上最古老的一座。尤其在13~15世紀時的馬里尼德(Merenid)朝代成為首都，帶領摩洛哥進入黃金時期。從阿拉伯人橫掃北非的領域後，費茲一直是伊斯蘭文化重鎮，始終是摩洛哥最重要的宗教和文化中心。

埃及 開羅歷史區／阿茲哈清真寺
Historic Cairo

開羅一直都是伊斯蘭世界的中心，掌控著東地中海的貿易大權，創造了繁盛時期，人口密集，生活富庶，清真寺比鄰而建，數量驚人，當時曾被稱為「千塔之城」，目前伊斯蘭區仍號稱有八百座以上的清真寺，伊斯蘭區範圍遼闊，北起征服之門，南到大城堡，登高環伺，放眼盡是尖塔、寺院。

土耳其 狄弗利伊大清真寺和醫院／狄弗利伊大清真寺
Great Mosque and Hospital of Divri i

安納托利亞高原的中部地區於11世紀初被突厥人征服，1228年至1229年期間，土耳其蘇丹在狄弗利伊蓋了一座大清真寺，清真寺有一間祈禱室、兩個穹頂，其穹頂建築的高超技法及出入口繁複的雕刻，相較於內部牆壁的素雅恰成對比。

©Republic of Turkey of Culture and Tourism

印度 古德卜高塔建築群／古德卜勝利之塔
Qutb Minar and its Monuments

擁有全印度最高石塔的古德卜高塔建築群，最初始建於1199年，由印度首位伊斯蘭教統治者興建，它是印度德里蘇丹國的伊斯蘭建築，也是早期阿富汗建築的典範。整個高塔共分5層，塔高72.5公尺，塔基直徑約14.3公尺，塔頂直徑約2.5公尺。環繞塔壁的橫條浮雕飾帶，既裝飾著阿拉伯圖紋和可蘭經銘文，同時點綴著印度傳統工藝的藤蔓圖案和花彩垂飾，融合了波斯與印度的藝術風格。

阿爾及利亞 貝尼哈瑪達山上城堡／大清真寺
Al Qal'a of Beni Hammad

坐落於山巒高地間的貝尼哈瑪達，是1007年哈瑪達王朝為執政所建立的第一座堡壘型首都，也是當時阿拉伯世界的手工業及商業重鎮。1152年，積極擴張北非版圖的阿爾摩哈德王朝奪得政權，致使這座城市遭到摧毀，不過，最著名的大清真寺倖存下來，其禱告室共有13條通道和8間隔間。

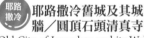

耶路撒冷 耶路撒冷舊城及其城牆／圓頂石頭清真寺
Old City of Jerusalem and its Walls

木造鎏金的圓頂建築，外觀貼滿以藍色為主的馬賽克，形成可蘭經文和幾何圖案，頂端有新月形標誌，是舊城最顯目的地標。自從西元7世紀被穆斯林征服，並宣稱先知穆罕默德在此升天之後，神殿山便與麥加、麥地那齊名，名列伊斯蘭世界三大聖地。

土耳其 伊斯坦堡歷史區／蘇雷曼尼亞清真寺、藍色清真寺
Historic Areas of Istanbul

伊斯坦堡是拜占庭、鄂圖曼兩大帝國的首都，曾是全世界政治、宗教及藝術中心長達兩千年之久，在這樣的千年古都中，小亞細亞文明、拜占庭遺跡、鄂圖曼文化並存，最教人驚豔的包括西元6世紀的建築巨作聖索菲亞，以及鄂圖曼建築完美之作的蘇雷曼尼亞清真寺，分別見證了伊斯坦堡重要的歷史和文化傳承。

孟加拉 巴格哈特清真古城／清真寺、早期的伊斯蘭紀念碑
Historic Mosque City of Bagerhat

15世紀時，土耳其將領烏魯格卡強翰在巴格哈特城郊打造了這座古城，曾被稱為Khalifatabad的巴格哈特古城，位於恆河和布拉馬普得拉河交會處。古城裡有多座清真寺、早期的伊斯蘭紀念碑等，多數為磚造，並運用大量技術工法。

阿爾及利亞 阿爾及爾的卡斯巴赫／清真寺
Kasbah of Algiers

始建於公元前6世紀的卡斯巴赫，由於先後受到腓尼基人、羅馬人、汪達爾人、拜占庭人、阿拉伯人、土耳其人和法國人的統治，因此現今所看到包括堡壘、清真寺、土耳其宮殿和傳統民房在內的歷史古蹟，充分融合了羅馬、拜占庭、土耳其軍事建築以及阿拉伯的建築風格。

說是建一處印度神廟，
結果卻造了一座小鎮！

與佛教、耆那教同樣源自婆羅門的印度教，在笈多王朝時代融合印度民間信仰開始轉化發展，漸漸形成了梵天(創造神)、毗濕奴(守護神)、濕婆(破壞神)三神一體崇拜的格局。

現存最早的印度神廟建於笈多王朝時代，早期只供僧侶使用，規模較小。印度神廟後來的發展愈來愈龐大，廟本身就像一座聖山，一件巨大的雕塑品，有時儼然一座小鎮，但不外三個基本結構：底座、由雕刻裝飾成的飾文條，以及居高臨下廟塔，而不論輪廓如何，神廟即代表宇宙。

 象島石窟
Elephanta Caves

歷史上對象島石窟的紀錄不多，僅知道石窟是在西元450年~750年佛教衰落、印度教興起的期間開鑿，雕刻風格偏向笈多古典主義，在石窟門廊兩側與窟內的岩壁上共有9幅巨型浮雕，石窟內有大量以濕婆神為主的浮雕和塑像，描述著神話故事，因此，這裡也是一座濕婆神廟。

 科拉王朝大廟建築
Great Living Chola Temples

9~13世紀，柯拉王朝(Chola Empire)最強盛的期間曾經統治大半個印度半島，創造出許多科拉式建築，尤其是供人們居住生活的大廟。被列為世界遺產的主要有三處，一是坦賈武爾(Thanjavur)的布里哈迪錫瓦拉寺(Brihadishwara Temple)，一是Gangaikondacholisvaram的Brihadisvara Temple，還有一處是Darasuram的Airavatesvara Temple，其中以坦賈武爾的大廟最著名。

 瑪瑪拉普蘭建築群
Group of Monuments at Mahabalipuram

瑪瑪拉普蘭曾經是一座港口城市，由7世紀的帕拉瓦(Pallava)國王Narasimha Varman I所建，整座遺址就座落在孟加拉灣的海岸邊，呈橢圓形分佈。岩石雕刻的洞穴聖堂、巨石構成的神壇、戰車型式的神殿，以及巨大的露天石雕，都是帕拉瓦藝術風格的代表。

印度　卡修拉荷寺廟群
Khajuraho Group of Monuments

卡修拉荷在10~13世紀時是昌德拉(Chandella)王朝的首都。在卡修拉荷的全盛時期，當時度教寺廟多達80幾座。卡修拉荷的寺廟雖以描繪性事馳名，但是從寺廟的建造技巧和裝飾風格看來，都堪稱為早期印度工匠最偉大的藝術成就。

印度　艾羅拉石窟
Ellora Caves

艾羅拉石窟包含有12座佛教石窟(西元600~800年)、17座印度教石窟(西元600~900年)和五座耆那教石窟(西元800~1000年)，可得知在遮盧迦王朝(Chalukya)和特拉什特拉庫塔王朝(Rashtrakuta)統治德干地區期間，印度教蓬勃發展、佛教逐漸衰落與耆那教崛起，同時也代表著當時包容各種宗教的社會狀況。

柬埔寨　柏威夏寺
Temple of Preah Vihear

柏威夏寺建於11世紀上半，祀奉印度教的濕婆神，沿著將近八百公尺的軸線，散布著由步道和階梯串連的多間神殿。寺廟的建築和石雕令人驚嘆，因應所在的自然環境，同時考量宗教功能，打造出這座印度廟，拜地處偏遠之賜，帕威夏寺部分保留相當完整。

柬埔寨　吳哥遺址
Angkor

吳哥是昔日高棉吳哥王朝的首都，吳哥王朝的國王們竭盡所能的建造廟宇，留存今天在柬埔寨西北叢林中占地廣達五千平方公里的神殿遺跡，氣勢與質量均無與倫比。吳哥遺址區佔地廣泛，以俗稱吳哥窟(Angkor Wat)及大吳哥城(Angkor Thom)為中心，擴展為東部、南部、北部及郊區景點。

越南　美山聖地
My Son Sanctuary

美山聖地是占婆(Champa)帝國的宗教中心，這個曾在4~12世紀雄霸越南中部的帝國，留下許多大型宗教建築，其中以美山聖地的規模最大。占婆帝國以海上貿易為主要經濟來源，最早以婆羅

門教為國教，因此美山聖地裡的建築屬於印度式，崇奉的也都是印度神祇。

印尼　普蘭巴南寺廟群
Prambanan Temple Compounds

普蘭巴南三座主廟分別供奉印度教的濕婆(毀滅之神)、毗濕奴(秩序之神)及梵天(創造之神)三位主神，主廟前建有小坎蒂供奉主神的坐騎，包括濕婆的神牛(Nandi)、毗濕奴的金翅鳥(Garuda)和梵天的孔雀。普蘭巴南於2006年在爪哇地震中受損，所幸建築整體大致完好。

40

個達人知識大測驗

Question

28

混血的殖民城市最具異國風情，你最愛的是哪一個？

從15世紀起，哥倫布、達伽瑪、麥哲倫、哈德遜、塔斯曼、庫克等探險家先後啟動海洋探險時代，也使當時歐洲幾個強權包括西班牙、葡萄牙、英國、荷蘭、法國紛紛在異地建立屬於自己的殖民地，於是一座座融合在地風情與宗主國色彩的殖民城市在地球的另一端不斷竄起。

從這份列為世界遺產的殖民城市名單，不難看出當時殖民時代發展的軌跡，大多數人對大英帝國的「日不落國」印象深植已久，其實英國所建立的殖民城市，遠遠比不上葡萄牙，更追不上西班牙，這當然跟殖民先後有關。

西班牙的殖民地

洲別	國家		遺產名
美洲	墨西哥		墨西哥市歷史中心和霍奇米爾科 Historic Centre of Mexico City and Xochimilco
美洲	墨西哥		瓦哈卡歷史中心和阿爾班山考古遺址 Historic Centre of Oaxaca and Archaeological Site of Monte Albán
美洲	墨西哥		葡爺貝拉歷史中心 Historic Centre of Puebla
美洲	墨西哥		瓜娜華朵古鎮及其銀礦 Historic Town of Guanajuato and Adjacent Mines
美洲	墨西哥		莫雷利亞歷史中心 Historic Centre of Morelia
美洲	墨西哥		拉卡提卡斯歷史中心 Historic Centre of Zacatecas
美洲	瓜地馬拉		安地瓜‧瓜地馬拉 Antigua Guatemala
美洲	巴拿馬		舊巴拿馬考古遺址與巴拿馬歷史區 Archaeological Site of Panamá Viejo and Historic District of Panamá

洲別	國家		遺產名
美洲	古巴		哈瓦那舊城及防禦工事 Old Havana and its Fortifications
美洲	古巴		千里達與甘蔗谷 Trinidad and the Valley de los Ingenios
美洲	古巴		西恩富戈斯都會歷史中心 Urban Historic Centre of Cienfuegos
美洲	多明尼加		聖多明尼哥殖民城市 Colonial City of Santo Domingo
美洲	秘魯		阿雷奇帕歷史中心 Historical Centre of the City of Arequipa
美洲	智利		港口城瓦爾帕拉伊索的歷史城區 Historic Quarter of the Seaport City of Valparaíso
亞洲	菲律賓		維干古城 Historic Town of Vigan

葡萄牙的殖民地

洲別	國家		遺產名
美洲	巴西		歐羅普雷多歷史小鎮 Historic Town of Ouro Preto
美洲	巴西		歐琳達歷史中心 Historic Centre of the Town of Olinda
美洲	巴西		聖徒灣歷史中心 Historic Centre of Salvador de Bahia
歐洲 (大西洋)	葡萄牙	©Turismo de Portugal/ Associacao de Turismo dos Açores	亞速爾群島的英雄港中心區 Central Zone of the Town of Angra do Heroismo in the Azores

洲別	國家		遺產名
非洲	莫三比克	©UNESCO/Eloundou Assomo, Lazare	莫三比克島 Island of Mozambique
亞洲	斯里蘭卡		迦勒古鎮及堡壘 Old Town of Galle and its Fortifications
亞洲	中國		澳門歷史中心 Historic Centre of Macao
非洲	肯亞		蒙巴薩的耶穌堡 Fort Jesus, Mombasa

英國的殖民地

洲別	國家	遺產名
亞洲	馬來西亞	馬六甲海峽的歷史城市：馬六甲和喬治城 Melaka and George Town, Historic Cities of the Straits of Malacca（註：雖最後為英國殖民地，但都留有葡萄牙、荷蘭的殖民影子）
美洲	巴貝多	橋鎮及其軍事要塞 Historic Bridgetown and its Garrison

法國的殖民地

洲別	國家	遺產名
美洲	加拿大	魁北克歷史區 Historic District of Old Québec
非洲	塞內加爾	聖路易島 Island of Saint-Louis

荷蘭的殖民地

洲別	國家	遺產名
美洲	蘇利南	巴拉馬利波歷史城區 Historic Inner City of Paramaribo

40 個達人知識大測驗

Question 29

全球知名的高第建築竟淪為賭場、補習班和分租公寓？

綜觀被列為世界遺產的建築，能入選的民居，可說屈指可數。這些民居多半是群集的聚落，結合了當地特殊的地形，而形成十分獨特有趣的人文地貌，其中世界最為知名的，當屬土耳其的卡帕多起亞岩石區，數千年來，人們在葛勒梅巨石中挖出教堂、洞穴社區，形成共居的文化，也造就了今日所見的奇觀。

除了這些自然形成的歷史聚落，唯一的特殊例子就是西班牙建築師高第的米拉之家，這座像是大型雕塑般的建築其實是一棟公寓，即便已經進入21世紀，這棟建築仍是獨樹一格。

西班牙 高第的建築作品
Works of Antoni Gaudí

米拉之家(Casa Mila)建於1906~1910年，是高第落實自然主義最成熟的作品。從裡到外，整個結構既無稜也無角，全無直線的設計營造出空間流動感。外觀呈白色波浪形，配上精雕細緻的鍛鐵陽台，令米拉之家不僅是棟建築，也是件大型雕塑！米拉之家命運坎坷，原為工業鉅子的豪宅，後來淪為賭場，也曾翻身為補習班和分租公寓。列為世界文化遺產後，才在1986年由卡沙文化基金會買下整修。

義大利 馬特拉的岩穴和教堂
The Sassi and the Park of the Rupestrian Churches of Matera

這是地中海地區最顯著的穴居聚落案例，而且完全與地形和生態完美結合。從舊石器時代就有人類定居於此，後來在歷史的舞台扮演重要角色。馬特拉多為石灰岩地形，中世紀時隱者在此鑿洞居住，由於地理位置孤立，距離最近的大城市拿波里有150英哩之遠，保存完整的石洞風貌。

義大利 阿爾貝羅貝洛的錐頂石屋
The Trulli of Alberobello

阿爾貝羅貝洛發展歷史大約可追溯至15~16世紀，當時來此開墾的農民利用當地盛產的石灰岩就地取材，以史前時代延續下來的乾式石砌法造屋，不使用灰泥黏合，作為倉庫或看守田地者的臨時住宅。直到1797年阿爾貝羅貝洛才開始建造以灰泥黏合、較堅固耐用的錐形石屋，19世紀在這個地區廣為使用並保留至今。

土耳其 葛勒梅國家公園及卡帕多起亞岩石區
Goreme National Park and the Rock Sites of Cappadocia

基督徒和穆斯林利用奇岩怪石，鑿出洞穴住家、洞穴教會，巨石內錯綜複雜，廳室無數。洞穴社區易守難攻，地下城更是嘆為觀止，卡帕多起人所有地上的活動，包括豢養牲畜、釀酒、生活、教育，全都轉進地下，而抵禦阿拉伯軍隊的基督徒更巧妙地利用地下城，窄而複雜的通道只容一人進或出；垂直開口的通氣孔、循環系統讓空氣清新；利用槓桿原理推動兩噸重大圓石門，成為卡帕多起亞的傳奇。

日本 白川鄉合掌造聚落
Historic Villages of Shirakawa-go and Gokayama

合掌造的名稱，得自厚厚稻草建成的高尖屋頂，造型宛如兩手合成的正三角形。村民以養蠶、生產蠶絲、絹絲製品維持生活，社會結構以每個大家庭為中心，形成一個互助合作的村落，由於這種團結一致的生活型態，才有可能動員全村力量建造或修築合掌造這種特殊的房舍。

愛爾蘭 斯凱利麥可島
Skellig Michael

斯凱利麥可島孤懸在愛爾蘭西南部凱里郡外16公里的海面上，約7世紀起，一座座造型奇特的蜂窩狀隱修院，矗立在高出水面600英尺的陡峭山坡上。這是早期的愛爾蘭基督徒們，遠離塵世在極端艱苦的環境裡生存。如今這個小修道院完好的保存1400年以前它最初修建時的風貌。

德國 萊茵河中上游河谷地
Upper Middle Rhine Valley

上中萊茵河谷地指的是從靠近法蘭克福處的一段長65公里的地帶，從賓根(Bingen)小鎮往北綿延到科布倫次(Koblenz)。這一段的萊茵河谷地以其各自小鎮、城堡、葡萄園和地理面貌，解釋了人類與不同的自然環境互動的歷史，自然景致與人文景觀更曾激發許多文人、藝術家與音樂家的創作。萊茵河沿岸也是歐洲種植葡萄的最北線，是德國區內最大的葡萄酒產地。

德國 阿爾卑斯山區史前干欄式民居
Prehistoric Pile dwellings around the Alps

阿爾卑斯山區的河川、湖泊及溼地邊，共有111處史前干欄式民居遺跡，為德國、奧地利、瑞士、義大利、法國、斯洛維尼亞等國共有的世界遺產。這些史前民居大約建於西元前5000年至500年間，時間橫跨新石器時代與青銅器時代，部分遺跡保存完好，提供豐富的考古證據，並展示當時人類的生活方式與適應環境的社會發展，是研究這個地區早期農耕社會形成的重要史料。

捷克 霍拉索維采歷史村落保護區
Holašovice Historical Village Reservation

包括23座石造農莊、120棟建築物，以及一間內波穆克聖約翰小禮拜堂。這裡的建築物具有一層樓結構，採用鞍狀屋頂，而且外緣的三角牆都面向村落中央的草坪廣場。這些建於18到19世紀時期的本土建築群，充滿濃厚的「南波希米亞民間巴洛克風格」，並且延續了源自中世紀的街道格局，完整保存了傳統的中歐村落風貌。

匈牙利 霍羅克古村落及其周邊環境
Old Village of Hollókö and its Surroundings

整個村莊僅有兩條道路，道路兩側立著極具歷史價值的民房，其中有65棟房舍是受到保護的。覆蓋著乾草的木造民房是帕羅次地區的傳統建築風格。由於這種建材易燃，霍羅克村的房舍自13世紀以來便歷經多次的火災損毀，而現今所看到的村景，是19世紀初1909年一場大火後重建的，不過，建築整體結構仍從中世紀保存至今。

40 個達人知識大測驗

Question 30

別搞錯！「文藝復興」不是新建案的豪宅名，而是歐洲15世紀就推出的老建案！

在1420年代，哥德風格的義大利米蘭大教堂才開始興建，在此同時，240公里以外的翡冷翠，建築風格已悄悄改變，聖母百花大教堂的巨大紅色圓頂揭示著新時代的來臨。這就是15世紀興起的文藝復興運動，歐洲從中世紀對宗教的迷思走出來，重新發現人本的價值，所要復興的就是古典時期對完美比例及天人合一的美感。這個思維表現在建築上，就是建築物的幾何圖形、線條或任何柱式，比例都要經過精密的計算以及理性的處理。義大利的文藝復興風潮從翡冷翠發軔，接著是羅馬，然後威尼斯。由米開朗基羅所設計的聖彼得大教堂圓頂，把文藝復興風格推向極至。

義大利 擁有達文西《最後的晚餐》壁畫的感恩的聖母瑪利亞教堂及修道院
Church and Dominican Convent of Santa Maria delle Grazie with "The Last Supper" by Leonardo da Vinci

教堂內最有名的是達文西所畫的《最後晚餐》，其創作時間約於1495年至1497年，繪於修道院裡的教士餐廳，強烈表現大師的「動態」風格，尤其是12位門徒各種不同的手勢上。而且達文西精確地運用透視法表現空間裡人物的關係與互動，也完美地表達了耶穌的神性，是文藝復興顛峰的作表作之一。

義大利 威欽查及維內多省的帕拉底奧式宅邸
City of Vicenza and the Palladian Villas of the Veneto

威欽查市內有一條帕拉底奧大道，兩旁有不少宅邸是出自名建築師帕拉底奧之手。在維內多省也有不少帕拉底奧設計的城市住宅及別墅，在威欽查，巨大的帕拉底奧大會堂雄據在領主廣場上，青銅的船底狀屋頂及四周羅列的希臘羅馬諸神石雕是它最大的特色。帕拉底奧大會堂是帕拉底奧於1549年接受委託的第一件公共建築設計，大師的雕像就位於正面；宮前高達82公尺的細塔則立於12世紀，而具有華麗裝飾外觀的首長迴廊也是帕拉底奧的作品。

義大利 翡冷翠歷史中心
Historic Centre of Florence

翡冷翠是文藝復興象徵的城市，15、16世紀在麥第奇家族統治下，經濟及文化都達到鼎盛，六百年非凡的藝術成就展現在聖母百花大教堂、聖十字教堂、烏菲茲美術館及碧提宮等。

市內無數博物館、教堂，其建築、陳設的藝術作品，展現文藝復興時期最耀眼的珍寶，而這都要歸功於麥第奇家族。麥第奇家族由經商到執政，統治翡冷翠達三世紀之久，這段時期翡冷翠可說是歐洲的藝術文化中心，他們把人文主義的精神注入整個翡冷翠之中，獎勵可以美化俗世的繪畫、雕刻、建築等各種藝術，再現古希臘羅馬精神，形成文藝復興時代，當時的大師級人物如米開朗基羅、唐納泰羅、布魯內雷斯基、波提且利等人，都在這股風潮中留下不朽的藝術作品。

法國 里昂歷史城區
Historic sites of Lyons

里昂是隆河-阿爾卑斯山省的省會，一直是歐洲史上極為重要的貿易重地。羅馬時代是軍事重鎮，文藝復興時期免稅政策吸引了許多商人、銀行家到此定居，15世紀成為全歐洲印刷中心，16世紀則因絲綢成為法國紡織中心。可追溯到西元前歷史的舊里昂區，是世界遺產中最大的一塊文化遺跡，超過三百棟不同時代的建築物，合成一處保存完整的建築群。隨處可見的教堂與劇院，讓人如置身文藝復興的榮景裡。

波蘭 扎莫希奇舊城
Old City of Zamość

扎莫希奇位於波蘭東南方連結黑海與西歐、北歐的貿易要道上，由義大利帕多瓦的建築師柏納多·莫蘭多負責城市規劃，是16世紀晚期文藝復興城市的完美典範。舊城區至今仍保存了原始的規模，包括城堡和眾多融合義大利與中歐傳統的古老建築。

©Poland Tourism

義大利 烏爾比諾歷史中心
Historic Centre of Urbino

坐落於山丘上的烏爾比諾小山城，位於義大利中部、靠近亞得里亞海的馬克省，在15世紀時歷經了文藝復興時期，吸引全義大利藝術家及學者，並影響歐洲其他區域文化的發展。到了16世紀，因為經濟和文化的停滯，使得文藝復興的外觀得以完整保存至今。

捷克 契斯基庫倫洛夫歷史中心
Historic Centre of Český Krumlov

契斯基庫倫洛夫最早建於13世紀，整個城鎮的建築風格融合了哥德式、文藝復興式及巴洛克式建築，是歐洲典型的的城鎮雛形。伏爾塔瓦河以S形包圍整個城鎮，在河左岸延山丘而建的是龐大的城堡區，而河右岸則是一片紅色屋頂起伏的舊城區。契斯基庫倫洛夫古堡是契斯基庫倫洛夫的權力象徵，是哥德式建築混合文藝復興式建築最佳的代表，那以紅黃壁畫裝飾的高塔造型獨特，成為全鎮的象徵。

義大利 提弗利艾斯特別墅
Villa d'Este, Tivoli

因為園區噴泉大大小小多達五百座，艾斯特別墅又稱為「千泉宮」。別墅修建者是16世紀時的紅衣主教伊波利多艾斯特，由受古希臘羅馬藝術薰陶的建築師與考古學家李高里奧設計，以高低落差處理噴泉的水源，企圖把文藝復興時期藝術家們的理想展現於這片蓊鬱的花園裡，後來由不同時期的大師陸續完成，因此也帶有巴洛克的味道，為歐洲庭園造景的典範。

義大利 費拉拉文藝復興城及波河三角洲
Ferrara, City of the Renaissance, and its Po Delta

臨著波河三角洲的費拉拉，因為艾斯特家族的費心經營，將費拉拉變成一座文藝復興城市，吸引許多大師前來設計，並建造艾斯特家族的宮殿。費拉拉城的主要建築圍繞一座主教堂，市政廳的中庭擁有造型極美的「榮譽大階梯」，艾斯坦塞城堡自1450年起便成為領主的宅邸，「鑽石宮」則是艾斯特權力的象徵；為了建構歐洲最精緻的宮廷，由比亞裘羅賽提依照新的透視法則來設計，加上貝里尼、安德烈亞曼特良等大師的繪畫妝點，費拉拉在艾斯特家族的主導之下，成為15、16世紀波河地區文藝復興都市景觀的典範。

©viewingmalta.com

馬爾他 瓦雷塔城
City of Valletta

瓦雷塔城形狀有如堡壘，四周環繞著厚重的城牆。共和大道筆直地穿越整個半島，最後抵達聖艾爾摩要塞。道路兩旁的建築物，分屬於義大利文藝復興風格、洛可可和新古典主義樣式，外觀多為石頭原色，唯有造型優雅的陽台被漆成綠色或紅色。位於共和大道的大統領宮原是騎士團長宮殿，首相辦公室則是義大利名建築師吉羅拉莫·凱撒所設計，原本屬於義大利文藝復興樣式，後來於1744年加蓋正面的巴洛克牆壁。

40個達人知識大測驗

Question 31

你知道德國航空 Lufthansa名稱中的「hansa」是強大的「漢撒同盟」嗎？

呂北克和漢堡於1241年首先簽定同盟條約，後來除了德國北部的城市外，從波蘭到荷蘭的沿海城市也相繼加入，這便是「漢撒同盟」(Hanseatic League)的雛型。最早，漢撒同盟只是商人和貴族為了商業合作而形成的結盟關係，在會員間有效率地處裡經貿往來，形成巨大的交易網絡，確保經濟利益的共同市場；從由商人主導的結盟關係，發展到各城市間的結盟，當時許多自由城市都是漢撒同盟的會員。

到了十四世紀中期，同盟權力集中在呂北克身上，在其領導下，漢撒同盟壟斷從北海到波羅的海的貿易往來，盟間間彼此互惠互利，甚至還擁有軍隊和金庫。不過，由於是建立在利益上的結合，並不能使會員們同心同盟，而十六世紀實行中央集權的荷蘭與英國驀地崛起，漢撒同盟因而勢微，自1669年後就再也沒有開過會，但它代表的重商主義和冒險精神，仍在同盟城市的建設及思想上留下極深的烙印。

德國 ### 史特拉爾松德與威斯瑪歷史中心
Historic Centres of Stralsund and Wismar

仍保留十四世紀建築風格的老城史特拉爾松德和威斯瑪，曾是當時的海上貿易重鎮，見證了漢撒同盟的全盛時期。這兩座城市保有完整的中世紀風格，從建築、街道、港口、廣場等，都能追溯當時所遵循的呂北克法律，也是漢撒同盟時期典型的海岸商城。

德國 ### 漢撒城市－呂北克
Hanseatic City of Lubeck

數百年前的「漢撒同盟」時期，呂北克可是首屈一指的大城市，且是同盟的權力中心。今日老城內被聯合國列入保護的珍貴文化遺產，就是建於漢撒同盟的全盛時期，哥德式的磚造建築藝術，由紅磚堆砌排列的樓房，居然發展出完美的建築結構，處處是優雅與迷人的氛圍。而古城內七座哥德式的教堂，更是在厚重堅實的磚造主體上矗立起高聳的尖塔，氣勢雄偉而壯觀。

挪威 ### 布里根
Bryggen

卑爾根是挪威第二大城卑爾根市區裡最古老的地區。所保留的木造房舍建築，呈現14~16世紀漢撒同盟時期，來自德國商人的群居特色。從柏根港望去，赭紅、鵝黃、奶油色等鮮豔的尖頂建築並排，形成柏根最大的特色。現在所保存的58座建築多數仍在使用中，自主要是商店或藝術工作室，二樓有部分房舍開放。

想要了解卑爾根的歷史，最佳去處是位於漁市場轉角的漢撒博物館，裡面完整地保留當時德國商人的生活實況，導覽員會詳細地說明當時居民如何小心謹慎地預防火災，多數房舍裡不准點火，唯一准予用火的地方是公用廚房，也是大夥集會聊天的場所。

瑞典　漢撒同盟城市威士比
Hanseatic Town of Visby

位於瑞典東南方的高特島(Gotland)上，威士比因為是「一座保有完整漢撒聯盟時期建築與城牆的城鎮」，而被評定為世界遺產。在12~13世紀時，威士比是波羅的海附近從事商業往來相當活躍的城鎮，1288年以石灰石建造、長達3.6公里的城牆，現在仍幾近完整的圍繞著威士比，不僅在瑞典難得一見，也是北歐地區保留最完整的中世紀城牆。每年8月中旬，鎮民們會穿上中世紀服飾遊行，節慶活動約維持一週。

波蘭　中世紀城鎮托倫
Medieval Town of Toruń

托倫這個古老城鎮在波蘭歷史上具有重要地位。13世紀中葉，條頓騎士團在此修築城堡以彰顯征服普魯士的功績，是為土倫城的雛型，隨後托倫城便成為漢撒同盟時期的商業中心。至今托倫城仍保存著許多14到15世紀的建築，也包括天文學家哥白尼的住所，漫步城區可感受古老波蘭的歷史風情。

©Poland Tourism

拉脫維亞　里加歷史中心
Historic Centre of Riga

地理位置上，里加位於東西歐交會的波羅的海岸邊，500公尺寬的道加瓦河(Daugava)貫流而過，幾個世紀以來，一直是拉脫維亞最重要的商業、金融和文化中心，13世紀末開始，成為漢撒同盟城市之一，然而也因為如此，德國、瑞典、俄國、波蘭等不同國籍的人頻繁進出、甚至住在這裡，而把里加視為自己的城市。

愛沙尼亞　塔林歷史中心
Historic Centre of Tallinn

塔林是漢撒同盟城市全盛時期的最佳典範，也是歐洲保存得最完整的中世紀城市之一，石子街道大約從11到15世紀成形，今天幾乎全保留下來；而那一棟棟教堂、穀倉、貨棧、商人會所、民宅，也幾乎都以原貌維持至今。15、16世紀，塔林因為加入漢撒同盟，而在波羅的海扮演重要角色，強大的經濟除了使得塔林更有能力從防禦工事上保護自己，也更有機會在建築和藝術上發光發熱。

Question 32

從葡萄、咖啡到龍舌蘭，全都是世界遺產？

農業是人類最早的產業，也奠定了一個地方富庶的基礎，隨著時代更迭，每個地方所栽種的農產及呈現出的農業景觀也會有所改變。然而人們栽種的植物畢竟不像建築物能歷經千年而屹立不搖，因此能入列世界遺產的農業景觀不僅在該農產的發展過程中扮演極關鍵性角色，而且至今依然活生生地存在著。

綜觀全球農業世界遺產，其中葡萄園占了多數，足以顯示葡萄釀酒在西方社會的悠久歷史以及產業的制度化，當然或多或少也反映出世界遺產委員會以西方為主的價值觀。此外，還有椰棗、龍蛇蘭、菸草、甘蔗、咖啡園、水稻田等。

哥倫比亞咖啡文化景觀
Coffee Cultural Landscape of Colombia

　　哥倫比亞咖啡文化景觀位於安地斯山脈的中西部地帶，本區擁有百年歷史的咖啡栽種文化，以及傳統建築、料理、音樂、神話傳說等豐富的文化資產。

龍舌蘭植物景觀及古老釀酒工廠
Agave Landscape and Ancient Industrial Facilities of Tequila

　　位於瓜達拉哈拉郊區50公里遠的龍舌蘭鎮，是墨西哥「國酒」的產地。這個河谷地帶製造龍舌蘭酒已有兩年以上的歷史，而近數十年來國際間對龍舌蘭酒的喜愛，更使其成為墨西哥的象徵。由於釀酒的技術融合了西班牙殖民前的傳統發酵技術，以及歐美引進的蒸餾科技，而該特色也反映在酒廠的建築上，使這地區的文化景觀，展現獨一無二的特性。

千里達與甘蔗谷
Trinidad and the Valley de los Ingenios

　　距離千里達舊城約12公里遠的「甘蔗谷」，是18世紀蔗園景觀的見證，面積約270平方公里的廣大土地上劃分為七十多處甘蔗園，為了運輸甘蔗，還鋪設了一條鐵道穿過谷地中央，雖然蒸氣火車現在已經不再運行，但仍然看到簡陋的火車站矗立在路邊。

拉沃葡萄園梯田
Lavaux, Vineyard Terracesn

　　是瑞士第二大葡萄酒產地，這一帶共有26個葡萄園區，這處沿著日內瓦湖北岸種植的拉沃葡萄園梯田，種植歷史據稱可追溯至羅馬軍隊占領時期，也有人說最早是從中世紀的傳教士才開始釀酒，而目前在斜坡上將近30公里長的種植面積，則確認是始於11世紀。

峇里島的文化景觀：體現「三界和諧」哲學的蘇巴克水稻灌溉系統
Cultural Landscape of Bali Province: the Subak System as a Manifestation of the Tri Hita Karana Philosophy

　　據文獻記錄，峇里島早在9世紀，就挖掘出複雜的水源渠道，讓稻田適時獲得充分灌溉；而這種繁複的灌溉系統，當地稱之「蘇巴克」(Subak)。

葡萄牙 上杜羅河葡萄酒區
Alto Douro Wine Region

上杜羅河成為葡萄酒鄉的歷史超過兩千年，根據考古證據顯示，早在西元3~4世紀的西羅馬帝國末年時，這裡已經開始釀製葡萄酒。17世紀下半葉波特酒的出現，讓該區的葡萄園不斷擴張，到了18世紀時，波特酒不但成為上杜羅河的主要產品，更以絕佳的品質躋身世界名酒之列。

©Turismo de Portugal/Jose Manuel

古巴 比尼雅萊斯谷
Vinales Valley

比尼雅萊斯谷屬於喀斯特溶蝕地形，土壤並不肥沃，但在谷地裡許多原住民部落利用傳承了千年的種植方式，在此種植菸草和穀類。

菲律賓 菲律賓山系梯田
Rice Terraces of the Philippine Cordilleras

居在在此的Ifugao族住民，為了適應崎嶇不平、耕地稀少的艱困環境，將一塊塊的石頭沿著山坡築成擋土牆，修建成可耕種的田地。經過數千年的開墾，開闢出兩萬公頃的梯田，相加的長度可以繞行半個地球，胼手胝足的精神克服了大自然。

葡萄牙 皮庫島葡萄園文化景觀
Landscape of the Pico Island Vineyard Culture

以島上火山、同時為葡萄牙最高山Ponta do Pico命名的皮庫島，是亞速群島的第二大島，密布著一小塊一小塊的葡萄園，它們的週遭圍繞著直接以玄武岩塊堆砌、沒有加上任何水泥接合的護牆，使葡萄免受強風與海水的侵害。

©Turismo de Portugal/Associacao de Turismo dos Açores

匈牙利 托卡伊葡萄酒歷史文化景觀
Tokaj Wine Region Historic Cultural Landscape

位處匈牙利東北方，以低地和河谷地形為主的托凱，是以葡萄園、農地、村落交織而成的迷人城鎮，時至今日，在這裡仍然可以看得到古老傳統的釀酒技術和文化。

©Hungary Tourism

義大利 阿瑪菲海岸景觀
Costiera Amalfitana

阿瑪菲海岸有著絕佳的自然景觀，這些農村地區展現居民如何適應這多樣性的地形，有階梯式的葡萄園、果園也有牧場。

40 個達人知識大測驗

Question 33

除了金、銀、銅、鐵、煤，連水銀礦也列為世界遺產？

世界上礦產何其多，能被列為世界遺產的，必定是該礦區在人類或該國產業歷史上，占有舉足輕重的地位。從礦產來看，大致有金、銀、銅、煤、鐵，和硝石，這些名列世界遺產的礦區，大致都是從16世紀之後開始的。在美洲，多半是伴隨地理大發現時代之後，歐洲強權在殖民地開發的礦區，例如墨西哥的瓜娜華朵在過去250年間生產全世界20% 的銀礦，玻利維亞的波托西城生產的白銀則專供西班牙皇室。至於智利生產的硝石製成化學肥料，更改變了全球的農業發展。

時空再回到18世紀的歐洲強權，工業革命起源地的英國，所有的煤、鐵、銅等礦產，正是工業革命最強大的後盾，所以大英帝國本土就有三座與礦產相關的世界遺產入列。

智利 翰伯石與聖羅拉硝石廠區
Humberstone and Santa Laura Saltpeter Works
礦業：硝石
這裡所開採出的硝石製造成化學肥料，改變了全球的農業環境，也為智利帶來巨大的財富。

智利 塞維爾銅礦城
Sewell Mining Town
礦業：銅
標高約兩千公尺，為了開採銅礦而興建，城市裡有教堂、賭場、電影院、醫院和一般住宅區。

英國 鐵橋峽谷
Ironbridge Gorge
礦業：煤、鐵
鐵橋峽谷是工業革命的象徵。在鐵橋峽谷附近，有個建於1708年紀錄了挖掘焦炭的庫爾布魯克戴爾(Coalbrookdale)熔爐。

英國 康沃爾與西德文郡的礦區景觀
Cornwall and West Devon Mining Landscape
礦業：銅
是18與19世紀時的礦產技術中心，對當時的工業革命造成非常深遠的影響力。

挪威 羅洛斯銅礦鎮
Røros Mining Town
礦業：銅
羅洛斯位於多山地形的銅礦區，該區開採銅礦的歷史將近333年，直到1977年才停止開採。

瑞典 法倫大銅山礦區
Mining Area of the Great Copper Mountain in Falun

礦業：銅

根據地質學家的考證，至少在13世紀前，當地就已經開始了銅礦的開採，17世紀時，法倫銅產量達到最高峰。

德國 埃森的厝爾威瑞恩煤礦場
Zollverein Coal Mine Industrial Complex in Essen

礦業：煤

位於埃森的厝爾威瑞恩煤礦採掘場，是由一座高聳巨大的鐵架與周圍的巨大廠房，構成一幅重工業文明的代表圖像。

德國 弗爾克林根鐵工廠
Völklingen Ironworks

礦業：製鐵

這間工廠在早期的科學技術及工業發展史上具有獨特地位。

斯洛伐克 班斯卡什佳夫尼察歷史城鎮及周邊工業遺跡
Banská Štiavnica

礦業：金、銀

以產礦、冶金和文藝復興建築聞名的城鎮。

日本 島根縣石見銀山及其文化景觀
Iwami Ginzan Silver Mine and its Cultural

礦業：銀

因為16世紀開始大量開採銀礦，促進了日本和東亞與歐洲之間的貿易與文化往來。17世紀時，石見銀山的銀礦開發達到高峰。

斯洛維尼亞 西班牙 水銀遺產：阿爾馬登與依德里亞
Heritage of Mercury. Almadén and Idrija

礦業：水銀

這個世界遺產由西班牙的阿爾馬登鎮以及斯洛維尼亞的依德里亞鎮共同登錄，它們分別為全世界第一大以及第二大的汞礦產地。

40個達人知識大測驗

比利時 瓦隆尼亞礦業遺址
Major Mining Sites of Wallonia

礦業：煤

這四座分布於瓦隆煤礦盆地的舊礦區，見證了比利時在工業革命時期的繁榮景象，以及它在社會、科技和都市規劃方面的創新發展。

34

你搭過穿越數十座隧道的高山鐵路、遊過長達數百公里的運河嗎？

與交通建設相關的世界遺產大致可以為水路和陸路，水路的世界遺產是運河和水閘，陸路則是鐵路，運河或水閘有的表現出先進的水利技術；有的則是諸多技術成為工業革命的前導；有的則兼具軍事防禦功能，而列入世界遺產都是高山鐵路，歐洲的鐵路穿越阿爾卑斯山區，印度的鐵路則是跨越喜馬拉雅山區和尼爾格里高山，這些都代表了現代交通建設在建築學、工程學與環境概念的高度成就。

法國 中央運河
Canal du Midi

1667年開工的米提運河，先從地中海岸的榭德開往土魯斯，再一路往西，由於大西洋和地中海兩海域的水位高低差異懸殊，需考量注入足夠的水量才能讓運河可行船，長達240公里的水道，總共花了15,000名勞工長達14年的時間，興建了水閘、渠道、陸橋等350處工程，從鄰近山區的31條大小河流引水注入，成就此一劃世紀的民生工程，諸多技術也成為工業革命的前導。

比利時 中央運河的四座船舶升降機及其周邊，魯維爾及魯爾克斯（埃諾省）
The Four Lifts on the Canal du Centre and their Environs, La Louvière and Le Roeulx (Hainault)

中央運河位在比利時南部，連接斯凱德爾河與默茲河兩個河流盆地，總長約20公里。為了克服埃諾省魯維爾市附近7公里河段高達66公尺的水位落差，以及水量不夠充沛的問題，比利時人延攬英國土木工程師Edwin Clark設計，並建造四座船舶升降機，以利船隻行進。1888年，第1座船舶升降機完工，1917年，整條運河開通完成。

奧地利 塞梅林格鐵道
Semmering Railway

1848~1954年時，奧地利人在阿爾卑斯的高山峻嶺間興建了一條長達41公里的鐵路，在工業技術不如今日先進的當時，塞梅林格鐵道象徵著早期鐵路建築的卓越成就，不論是隧道、高架橋或其他工程，都因為必須克服重重的險境與困難而令人敬佩。

瑞士 義大利 阿爾布拉-伯連納的雷蒂亞阿爾卑斯山鐵路
Rhaetian Railway in the Albula / Bernina Landscapes

這一整段鐵路總長約128公里，一共穿越55個隧道與狹廊，以及196座橋樑與高架道路，至今仍是穿越阿爾卑斯山區的鐵道中海拔最高的一座，同時也是世界同類型鐵路中高低落差最大的路線之一，完美體現了人類運用現代技術克服險阻山嶽的最佳範例。

印度 印度的高山鐵道
Mountain Railways of India

印度高山鐵道被列入世界遺產有兩處，一是大吉嶺喜馬拉雅鐵道，一處是塔米爾納杜邦尼爾格里(Nilgiri)高山鐵道。其中塔米爾納度的鐵道原本計畫在1854年興建，由於山區施工困難，延宕到1891年才動工，並於1908年竣工，這段鐵道從海拔326公尺上升到2203公尺，至今仍然在運作中。

加拿大 麗都運河
Rideau Canal

是北美洲最古老且仍功能健全的運河系統，運河連接加拿大首都渥太華和安大略湖畔的金斯頓，全長202公里，連結多個湖泊，當初是英國為了保護其殖民利益，抵禦美國而建的軍事設施，後來開放民居和貿易。目前受保護的地區包括運河的所有水域、水壩設施、橋樑、堡壘、閘門。

Question
35

複習一下歷史，來玩一趟工業革命之旅吧！

說到現說到現代工業，不能不提工業革命的起源地英國。18世紀中葉，英國人瓦特(James Watt)改良了蒸氣機之後，接著引起了一連串的技術革命，從過去的手工勞動轉向大量機器產，這個技術大躍進從英格蘭傳便歐洲大陸，19世紀再傳到北美地區。

英國入列的世界遺產有三處為紡織業，也標示了那個年代紡織在工業革命時所扮演的角色。除了英國，在義大利、芬蘭也都有紡織和木漿廠入選，它們也都是工業革命的產物。較為特別的是法國和波蘭各有一處製鹽廠入選，前者已經跨入工業時代，後者則已經有七百年以上的歷史，波蘭的維利奇卡鹽礦可以說是兼具礦業和工業特色。近年，又有新的工業遺產陸續入列，像是日本的紡紗廠和明治時期工業革命，以及烏拉圭的肉品加工廠。

國家名		遺產名	礦業	概要
英國		新拉納克村 New Lanark	紡織	山中的烏托邦，新拉納克村是保存最完好的英國18世紀村落，位於蘇格蘭，除保留了舊的棉織工廠外，新拉納克的工廠一直營運至1968年，後被列為保護區，由基金會管理。
英國		索爾泰爾城鎮 Saltaire	紡織	保留完好的19世紀下半期工業城鎮。紡織廠、公共建築和工人住宅，建築品質高超，完整地保留著其原始風貌，重現維多利亞時代的風範。
英國		德文特河谷工業區 Derwent Valley Mills	紡織	德文特河谷位於英格蘭中部，座落著一連串18、19世紀、具有歷史價值的棉花紡織工廠。在南面是建於1771年的克倫福特水利工廠是第一座採水力發動的。在斯特拉特(Strutt)的北部工廠(North Mill)為一棟鐵框建築結構的建築，對全世界的高樓大廈建築結構產生影響。
比利時		普朗坦—莫雷圖斯印刷博物館 Plantin-Moretus House-Workshops-Museum Complex	印刷	其歷史可源自文藝復興及巴洛克時期，安特衛普和巴黎、威尼斯是當時歐洲三大印刷名城。這個博物館保存了不少古老印刷設備、一個大型圖書館及珍貴的檔案。
義大利		卡塞塔的18世紀皇宮以及園林、萬維塔利水道橋和聖萊烏喬建築群 18th-Century Royal Palace at Caserta with the Park, the Aqueduct of Vanvitelli, and the San Leucio Complex	絲織	卡塞塔的建築群是18世紀時，波旁王朝(Bourbon)的查理三世(Charles III)為對抗凡爾塞宮及馬德里皇宮而建，獨特之處在於將宏偉宮殿與花園、森林、狩獵屋及絲織工廠做完美的結合。
芬蘭		韋爾拉磨木紙板工廠 Verla Groundwood and Board Mill	木漿	19~20世紀，北歐和北美洲地區以木漿製紙的工業發展蓬勃，但隨著時代更迭，木製紙漿的傳統產業不再風光，維拉完整保存這座工業遺址。
波蘭		維利奇卡鹽礦 Wieliczka Salt Mine	製鹽	現在的維利奇卡鹽礦從1290年開始，已經有七百年以上歷史，整個鹽礦區由9層迷宮般的隧道構成，最深達地底327公尺。隨著階梯不斷往下，沿途更可經過地底鹹水湖泊、高達36公尺的大廳，以及餐廳、會議室、博物館等，其中最壯觀的就是聖慶加禮拜堂(St. Kinga's Chapel)，整座教堂長寬約54和17公尺，高12公尺。

Question 36

平民限制了我的想像，皇家宮殿及園林原來可以這麼奢豪！

皇家宮殿御院和王室陵墓有異曲同工之妙，一為死，一為生，都是王權發揮到極致的表現，從這些君王生前的住所，適足以反應出每個年代集其錢與權，所表現出來的建築藝術極致。

在東方大一統的極權社會，特別是中國，宮廷建築仿若一座城市，除了建築藝術之美，更在於建築規模和佈局的表現；在西方，除了早期的羅馬，以及晚期的法國、英國、奧匈帝國之外，由於不曾出現過大一統的大帝國，因此能列入世界遺產的宮殿，大多都是各地公侯依其領地所蓋的宮殿住所，小巧、精緻、奢華。

中國 北京和瀋陽的明清皇宮
Imperial Palaces of the Ming and Qing Dynasties in Beijing and Shenyang

建築年代：1406~1420年

中國現存最大最完整的木造古建築群，體現中國封建倫理及倫理五常的規制，不但建築技藝傑出，更是珍稀文物的陳列寶庫。

南韓 昌德宮建築群
Changdeokgung Palace Complex

建築年代：1405年

隨地形變化搭建的昌德宮，總面積廣達13萬多坪，古意盎然的宮殿建築和傳統造景的祕苑，為李氏朝鮮王朝時期，保存最為完美的宮殿。

中國 拉薩布達拉宮歷史建築
Historic Ensemble of the Potala Palace, Lhasa

建築年代：1645~1653年

這座建於拉薩市中心海拔3700公尺高的紅山頂上的龐大建築，基本上分成兩個部分：白宮和紅宮。

中國 頤和園
Summer Palace, an Imperial Garden in Beijing

建築年代：1750~1880年

是中國皇家園林的登峰造極之作，集合了北方(四合院)、杭州西湖(昆明湖)、西藏(萬壽山喇嘛廟)、江南水鄉(蘇州街)等各種風格於一處。

土耳其 伊斯坦堡歷史區托普卡匹皇宮
Topkapı Sarayı

建築年代：15~19世紀

在約莫450年的帝國歷史間，36位蘇丹中的半數以托普卡匹宮為家，而且是帝國的強盛時期。

克羅埃西亞 斯普利特的戴克里先皇宮
Historical Complex of Split with the Palace of Diocletian

建築年代：3世紀

整座皇宮長215公尺，寬180公尺，城牆高28公尺，四個角落有四座高塔，四面城門裡有四座小塔，都兼具防禦守衛功能。

奧地利 熊布朗皇宮和花園
Palace and Gardens of Schönbrunn

建築年代：18世紀

奢華的巴洛克風格幾乎是奧地利裝飾藝術中最引人注目的範例。而皇宮花園則展現了哈布斯堡家族歷經幾世紀以來的品味和興趣。

法國 凡爾賽宮
Palace and Park of Versailles

建築年代：1661~1820年

法國史上最豪華的宮殿城堡。宮廷的大肆排場與崇尚君主權力的生活，不斷在此上演，是巴洛克到洛可可風的典型代表。

奧地利 維也納歷史中心
Historic Centre of the City of Vienna（霍夫堡Hofburg）

建築年代：13~19世紀

霍夫堡是奧匈帝國的統治核心，也是統治奧匈帝國長達七百年的哈布斯堡王朝駐在地，是19世紀時牽動整個歐陸的重要地點。

法國 楓丹白露宮殿及花園
Palace and Park of Fontainebleau

建築年代：12~16世紀

結合文藝復興和法國傳統藝術，後來成為許多法國宮殿仿效的對象。

40
個達人知識大測驗

法國 亞維儂歷史中心：教皇宮、主教團和亞維儂橋
Historic Centre of Avignon: Papal Palace, Episcopal Ensemble and Avignon Bridge

建築年代：14世紀

　　矗立在亞維儂市區的教皇宮，有「世界最大且最美的房子」之稱。歷任教皇將原有主教的府邸改建成教皇宮，內部極盡豪華奢靡之能事。

德國 波茨坦與柏林的宮殿庭院
Palaces and Parks of Potsdam and Berlin

建築年代：1744年

　　外觀結合巴洛克與古典主義風格，內部的豪華裝飾則是典型的洛可可代表作。宮殿內有小畫廊、圖書館、書房、寢宮等12個房間。

德國 布呂爾的奧古斯都堡與法爾肯拉斯特城堡
Castles of Augustusburg and Falkenlust at Brühl

建築年代：18世紀

　　宮殿集結多位藝術家的心血結晶，設計出德國境內洛可可建築的代表傑作，並依選帝侯之名命名為奧古斯都堡宮殿。

德國 德紹沃利茲的王室花園
Garden Kingdom of Dessau-Wörlitz

建築年代：18世紀

　　這些設計將美學、教育及經濟目的和諧地融合在一起，並結合英式風格的建築及庭院景觀，處處可感受十八世紀的美學景致。

義大利 卡塞塔的18世紀皇宮以及園林、萬維泰利水道水道橋和聖萊烏喬建築群
18th-Century Royal Palace at Caserta with the Park, the Aqueduct of Vanvitelli, and the San Leucio Complex

建築年代：18世紀

　　將宏偉宮殿與花園、森林、狩獵屋及絲織工廠做完美的結合。

坎辛格拉－羅慕里亞納，加萊里烏斯宮
Gamzigrad-Romuliana, Palace of Galerius

塞爾維亞

建築年代：289年

　重要的羅馬晚期遺跡，1953年確認該遺址為皇宮。這處結合神廟、宮殿、浴室和凱旋門的遺址，還具有敬神與宣揚皇帝功績的用途。

塞維亞的大教堂、阿卡乍堡及西印度群島檔案館
Cathedral, Alcázar and Archivo de Indias in Seville

西班牙

建築年代：1248年~16世紀

　塞維亞曾為摩爾王朝首都，塞維亞王宮與格拉那達阿爾汗布拉宮，並列西班牙最具代表性的伊斯蘭教王宮。

格拉納達的阿爾汗布拉宮與阿爾拜辛區
Alhambra, Generalife and Albayzín, Granada

西班牙

建築年代：1238~1527年

　堪稱是摩爾建築藝術的極致之作，原為摩爾式碉堡，王宮部分建於14代紀，為末代伊斯蘭教皇宮。

皇后島宮
Royal Domain of Drottningholm

瑞典

建築年代：1766年

　瑞典皇室的夏宮所在，目前皇室所居的宮殿，由建築型式以及幾何式花園，都不難看見凡爾賽宮的影子。

布倫漢宮
Blenheim Palace

英國

建築年代：1705~1722年

　其建築樣式是18世紀英格蘭典型的王侯住宅。

Question

37

歐洲木頭多有什麼用，
最會用木頭造屋的是亞洲人！

木材保存不易，不似以石材為主的建築總能屹立千年，因此能夠流傳後世的紀念性或永久性建築屈指可數。從世界建築史來看，中國對木構建築的堅持，可謂自成一格。木結構建築儘管保存不易，卻相對有許多優點，包括使用上有很大的靈活性，防震性較佳，也便於施工建造。因為木結構建築的各個部分都是用榫卯連結起來，工匠可以依照樑、柱、門窗等不同構件加以施工、拼裝，於是殿堂、亭榭、廊子、高塔等各種建築類型變化萬千，造就了中國建築獨特的美學。而中國人對於木材的偏好，也間接影響到韓國和日本，也因此光這三個國家的木造建築世界遺產就占了一半。

在歐洲地區，北歐和東歐算是使用木頭最多的區域，不過相形之下，規模都遜於東方國家。

葡萄牙 **吉馬良歷史中心**
Historic Centre of Guimarães

中世紀聚落轉型現代城市的最佳發展範例，其中15~19世紀的建築，展現了葡萄牙的傳統建築材料與技術。

波蘭 **小波蘭南部的木造教堂**
Wooden Churches of Southern Little Poland

建於16世紀晚期，採用東方與北歐常用的木造工法，無論建材或形式都可說是中世紀教堂建築中的特例。

澳洲 **皇家展覽館和卡爾頓花園**
Royal Exhibition Building and Carlton Gardens

展覽館以紅磚、木材、鋼鐵和石板瓦建成，設計融合了拜占廷、羅曼式和義大利文藝復興風格。

蘇利南 **巴拉馬利波歷史城區**
Historic Inner City of Paramaribo

在荷蘭的技術與當地的工藝建材逐漸融合過程中，城內的建築創造出洋溢著歐洲風情、當地傳統和適應南美環境的獨特樣式。

智利 **奇洛埃教堂**
Churches of Chiloé

島上的木造教堂，在南美其他地點都很少見。充分展現歐洲與印第安文化融合的特色。目前在奇洛埃群島約有六十座類似的木造教堂使用中。

土耳其 **番紅花城**
City of Safranbolu
　富豪廣建華宅突顯身份，這些運用磚、木打造的鄂圖曼宅邸，通過歲月、天候的考驗留存至今，成為番紅花城最搶眼的特色。

寮國 **龍坡邦**
Town of Luang Prabang
　龍坡邦是寮國的歷史古都，有豐富的廟宇等古建築，在法國殖民時期，這裡還是法國人鍾情的避暑勝地，遺留下66棟法國殖民時期建築。

中國 **麗江古城**
Old Town of Lijiang
　以五花石面舖成的街道曲折有致，與白牆黛瓦、高低錯落的「三坊一照壁」木造民居建築，形成一種古樸的美感。

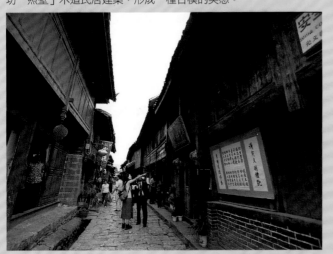

中國 **頤和園**
Summer Palace, an Imperial Garden in Beijing
　廣達290公頃的面積，根據地形和地點，設有精緻的亭、臺、樓、閣，巧妙的構思至今仍讓中外景觀設計家拍案叫絕。

中國 **承德避暑山莊**
Mountain Resort and its Outlying Temples,Chengde
　承德避暑山莊興建的時間歷時89年之久，占地564公頃，約為北京頤和園的近兩倍、北海的八倍，是中國現存最大的皇家園林。

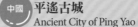

中國 **平遙古城**
Ancient City of Ping Yao
　城內商家林立，豪宅大院櫛比鱗次。由於整座古城保存良好，因而被評為中國保留最完整的縣級古城。平遙城內的明清四合宅院共計有3,797座四合院。

中國 **北京和瀋陽的明清皇宮**
Imperial Palaces of the Ming and Qing Dynasties in Beijing and Shenyang
　故宮的宮殿建築是中國現存最大最完整的木造古建築群，體現中國封建倫理及倫理五常的規制，不但建築技藝傑出，更是珍稀文物的陳列寶庫。

40個達人知識大測驗

中國 泰山
Mount Taishan

　　泰山的宗教地位突出，以佛、道教為主，特別是道教碧霞君的信仰，最為熱烈。玉皇頂上就是一座碧霞祠，終年煙火裊裊。

中國 曲阜的孔府孔廟孔林
Temple and Cemetery of Confucius and the Kong Family Mansion in Qufu

　　祭祀孔子的大成殿建築精美，足以和故宮的太和殿媲美，也是民間建築中唯一具皇家規格的例子。

中國 蘇州古典園林
Classical Gardens of Suzhou

　　蘇州古典園林融合了深遠的文化、無為的哲學、與自然融合的美學觀與豐厚的財產，才能造就一座極為優雅而充滿中國文人雅士品味的藝術傑作。

南韓 昌德宮建築群
Changdeokgung Palace Complex

　　宮殿建築和傳統造景的祕苑，為李氏朝鮮王朝時期，保存最為完美的一座宮殿。

南韓 宗廟
Jongmyo Shrine

宗廟是祭祀朝鮮時代歷代皇帝和皇妃神位的地方。

日本 日光地區神社及寺廟
Shrines and Temples of Nikko

　　日光地區的宗教建築，以東照宮、輪王寺和二荒山神社為主，合稱日光二社一寺，特別是東照宮，最能展現江戶建築和雕刻工藝的奇蹟者。

日本 古京都歷史建築群
Historic Monuments of Ancient Kyoto

　　京都是日本的千年古都，眾多保存完善的木造建築，以及由特殊宗教文化背景所造就的園庭造景，都是世界藝術文化的寶藏。

日本 白川鄉合掌造聚落
Historic Villages of Shirakawa-go and Gokayama

一棟好的合掌造要能擋得住年年的強風大雪得靠好的木材、茅草和專業的好手，可惜這些都越來越少了，也因此現存的完整合掌造，更顯彌足珍貴。

日本 嚴島神社
Itsukushima Shinto Shrine

被列入日本三景的大鳥居，朱紅色的木造建築高達數層樓，左右兩根主柱以百年以上的神木支撐，並在屋翼東側及西側，分別以金漆繪上太陽及月亮。

日本 法隆寺地區佛教建築
Buddhist Monuments in the Horyu-ji

法隆寺包括了48座佛寺建築，是日本歷史最悠久的木造建築，已有上千年歷史。

日本 奈良古建築群
Historic Monuments of Ancient Nara

奈良是日本第一個首都，留下相當可觀的古蹟資產。共有8處：東大寺、春日大社、春日山原始林、興福寺、元興寺、藥師寺、唐招提寺與平城宮跡。

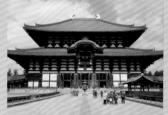

日本 平泉
Hiraizumi

名氣最大的就屬中尊寺和毛越寺，大小寺院錯落其間，在全盛時期，這裡共有四十餘間寺殿和三百座以上的僧堂。

日本 紀伊山地靈場與參拜道路
Sacred Sites and Pilgrimage Routes in the Kii Mountain Range

紀伊山地的熊野三山，包括熊野本宮大社、熊野速玉大社及熊野那智大社為修驗道及神道信仰者的精神中心。

40 個達人知識大測驗

Question 38
用建築寫日記,看看20世紀的日記裡寫了什麼?

於19、20世紀之交,新科技、新建材,再加上新風格的探尋,建築的發展有別於過去幾千年人類的建築史,走向一個全新的時代,新建築型式的產生不再限於歐陸,也很難用某一種風格規範所有地區,一直到20世紀結束為止,新藝術、構造理性主義、國際現代主義、後現代多元主義,都以當代建築概括,新技術打造出過去不可能產生的空間、高度與線條,於是摩天大樓競相追逐高度,劇院、公共建築,甚至住宅,都有了全新的面貌,不僅建築師極盡展現個人風格與想像力,建築的發展更超越了國界與洲界,而且永無止境。

被列入世界遺產的建築或紀念物,有些從外表看來似乎不是多麼炫目及知名的偉大建築,然而在每一個建築概念的發展階段,都獨具意義。不過也有些建築的歷史紀念意義更大於建築本身,例如德國納粹集中營以及廣島原爆圓頂。

法國 勒阿弗禾:奧古斯特・培瑞重建的城市
Le Havre, the City Rebuilt by Auguste Perret

勒阿弗禾海港在二次世界大戰遭到戰爭波及而毀損的建築,佔了全城的85%,1946年由建築師Auguste Perret著手進行都市重建工程,選擇使用大量的混凝土進行重建,大量三層樓高的集體建築,成了勒阿弗禾新建市區最具規模的景觀。

捷克 布爾諾的圖根哈特別墅
Tugendhat Villa in Brno

布爾諾的圖根哈特別墅是由知名的建築師Ludwig Mies van der Rohe所設計,這項建築建於1929年,建築過程使用了特殊的採光、通風、玻璃帷幕、室內加熱設計,建材則以玻璃、貴重的石頭和木材、鍍鉻的鋼鐵為主,同時兼顧美學和實用價值。

德國 漢堡的倉庫城和康托爾豪斯區的智利辦公大樓
Speicherstadt and Kontorhaus District with Chilehaus

倉庫城在德皇威廉二世於1888年主持儀式後啟用,直到2003年倉庫城不再是免稅港口,於是愈來愈多倉庫被轉作辦公室與博物館,它井然有序的紅磚墨瓦、交錯的幽靜水道、小巧鐵橋,讓人回到工業革命時代。鄰近康托爾豪斯區現代化主義風格的智利辦公大樓,是一處占地約5公頃、6棟龐大的辦公大樓建築群,建於1920到40年代,是一個20世紀初受到國際貿易迅速成長影響的極佳範例。

比利時 建築師維克多・奧爾塔在布魯塞爾的主要城市建築
Major Town Houses of the Architect Victor Horta

布魯塞爾的四座主要城市建築:Hôtel Tassel、Hôtel Solvay、Hôtel van Eetvelde及Maison & Atelier Horta,是建築師維克多霍塔的傑作,他同時也是新藝術派的先驅。這些城市建築反映了19、20世紀藝術、思想與社會的變遷。

比利時 阿根廷 法國 德國 印度 日本 瑞士
柯比意的建築作品─對現代主義運動的卓越貢獻
The Architectural Work of Le Corbusier, an Outstanding Contribution to the Modern Movement

柯比意共有17座建築作品納入世界遺產,橫跨歐、亞、美三大洲七個國家。這些建築充分展現了一種新的建築語言,與過去的建築完完全全產生一個斷點,也反映出20世紀的現代主義運動的解決方式,是以發明新的技術,來回應社會的需求,而且是全球性的。

荷蘭 **李特維德設計的施洛德住宅**
Rietveld Schröderhuis (Rietveld Schröder House)

建於1924年的施洛德住宅，是著名的建築師李特維德第一間完整設計的房子，利用把空間分解成平面，以及無限座標空間的理念，結合使用者的習慣和對各種空間的要求，完成極簡卻又符合使用者需求的風格派機能住宅，被認為是當時歐洲最前衛的建築。

波蘭 **弗羅茨瓦夫百年廳**
Centennial Hall in Wroclaw

弗羅茨瓦夫百年廳建於1911年到1913年的德意志帝國時期，此廳為多功能的混凝土建築，建築師Max Berg將之設計為四葉草形，中央的圓形大廳可容納六千名觀眾，圓形屋頂有23公尺高，由鋼與玻璃構成，其形式與建築工法均對20世紀初期的現代建築有很大的影響。

西班牙 **巴塞隆納的加泰隆尼音樂宮與聖保羅醫院**
Palau de la Música Catalana and Hospital de Sant Pau, Barcelona

這座音樂廳與聖保羅醫院(聖十字醫院的前身)同為另一位加泰隆尼亞現代主義建築大師Lluis Domènech i Montaner的代表作，其作品強調師法自然，慣以動植物作為裝飾元素。在建材使用上，除沿用紅磚、馬賽克和彩色玻璃，也開發出了不少新技術。

以色列 **特拉維夫白城──現代化運動**
White City of Tel-Aviv :the Modern Movement

因為1930年代留歐的以色列學生帶回了當時最流行的現代主義，於是大量興建布局不對稱、簡潔且著重功能性的建築，出現在這座年輕且蓬勃發展的城市中，使它成為世界上聚集最多國際風格建築的區域之一。

©UNESCO/Francesco Bandarin

墨西哥 **路易斯‧巴拉岡的住家和工作室**
Luis Barragán House and Studio

路易斯‧巴拉岡他的家和工作室位於墨西哥市郊區，建於1948年，是二次世界大戰後的傑出巨作，融合現代、傳統以及當地的藝術潮流和元素，形成全新的典範，對於當代庭院、廣場、景觀設計產生重大影響。

墨西哥 **墨西哥國立自治大學城區校本部**
Central University City Campus of the Universidad Nacional Autónoma de México (UNAM)

© UNESCO/Akira Sandoval-Ruiz

這所綜合大學興建於1949年至1952年，超過六十位建築師、工程師、藝術家通力合作完成的二十世紀現代主義獨特作品，整合了都市生活、建築學、工程學、景觀設計、藝術，尤其是融入了墨西哥的傳統元素，成為現代拉丁美洲意味深長的標誌。

巴西 **巴西利亞**
Brasilia

興建於1956年的巴西利亞，由Lucio Costa和其學生Oscar Niemeyer所提出的設計圖，充滿創新興想像力，可說是前無古人，不啻為20世紀都市設計之典範。

©Brazil Tourism

澳洲 **雪梨歌劇院**
Sydney Opera House

落成於1973年的雪梨歌劇院，不論在建築形狀還是建築結構上，在廿世紀的建築史上都具有開創性的地位，當初設計歌劇院的丹麥建築師Jørn Utzon從此名垂千史。

日本 **廣島原爆圓頂**
Hiroshima Peace Memorial (Genbaku Dome)

原爆圓頂原本是建於1915年4月的3~5層樓建築，由當時知名的捷克籍建築師Jan Letzel設計，建築採巴洛克式樣的結構，融合分離主義派的細部裝飾混合而成，1945年8月6日上午8:15，人類史上第一顆原子彈在距離原爆圓頂160公尺的爆心地投下，當時在館內辦公的職員無一倖存，建築卻奇蹟式地保留了下來。

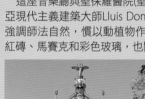

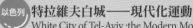

40 個達人知識大測驗

93

Question

39

歐洲古堡是充滿童話，還是戰爭？

城堡在歐洲歷史發展上占著極重要地位，以法國為例，中世紀的法國城堡都是各地的貴族領主所建的防禦性城堡，15世紀末到16世紀間，法國、西班牙及神聖羅馬帝國為了爭奪義大利興戰，也間接使得文藝復興的風潮傳至法國、西班牙、德國等地。整體說來，在中世紀時歐洲的城堡一開始都是各王公貴族的防禦性要塞建築，外有護城河，內有城郭及守望塔。後來隨著一場接著一場的戰爭，以及歐洲建築史的發展演進，文藝復興、巴洛克、洛可可、新古典等主流建築風格分別融入義式、法式等各地元素，也成了歐洲最美麗的天際線。

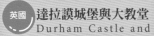

英國 達拉謨城堡與大教堂
Durham Castle and Cathedral
建築年代：1072年
城堡特色：外觀呈八角形，是古諾曼人的要塞，也是當地主教的住所。

英國 格溫尼德郡的愛德華國王城堡
Castles and Town Walls of King Edward in Gwynedd
建築年代：1283~1330年
城堡特色：英國國王愛德華一世在位期間在北威爾斯所完成的一系列中小型城堡，是中世紀軍事防禦的卓越例子。

德國 奎德林堡的神學院教堂、城堡和古城
Collegiate Church, Castle, and Old Town of Quedlinburg
建築年代：1067年~12世紀中
城堡特色：奎德林堡是薩克森·奧圖大帝統治東法蘭克王國時的首都，因此在中世紀時便是一個繁榮的商業城市。

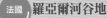

法國 羅亞爾河谷地
The Loire Valley between Sully-sur-Loire and Chalonnes
建築年代：12~16世紀
城堡特色：12~14世紀出現的城堡，以作為軍事堡壘為考量。15~16世紀，以滿足王室需要的居住型城堡開始被建造，義大利文藝復興風吹進法國。

瑞士 貝林佐納的三座城堡及城牆
Three Castles, Defensive Wall and Ramparts of the Market-Town of Bellinzone
建築年代：13~15世紀
城堡特色：掌握了義大利與阿爾卑斯山麓間的交通孔道，早在羅馬時代就是重要的軍事要地。

義大利 蒙特城堡
Castel del Monte
建築年代：1240年
城堡特色：獨特的中世紀軍事建築，整座城堡呈完美的規則形狀，不論從數學還是天文學都十分精準，建築元素和風格取自東方的伊斯蘭和北歐的西妥會哥德式建築。

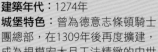

丹麥 克倫堡
Kronborg Castle
建築年代：1574~1585年
城堡特色：控制往來丹麥和瑞典水路的要道，在北歐16~18世紀的歷史裡，扮演極重要的角色。

波蘭 馬爾堡的條頓騎士城堡
Castle of the Teutonic Order in Malbork
建築年代：1274年
城堡特色：曾為德意志條頓騎士團總部，在1309年後再度擴建，成為規模宏大且工法精緻的中世紀磚造建築群。

白俄羅斯 米爾城堡建築群
Mir Castle Complex
建築年代：15世紀末~18世紀
城堡特色：透過型式和外觀，展現在設計與布局上受到的文化影響，同時反映出歷史上長期的政治與文化對立與合一。

捷克 利托米什爾城堡
Litomyšl Castle
建築年代：16~18世紀
城堡特色：承襲了義大利的文藝復興拱廊式城堡建築風格，後來在18世紀因天災而重建新增的巴洛克式裝飾物。

捷克 克羅梅日什的花園和城堡
Gardens and Castle at Kroměříž
建築年代：17世紀
城堡特色：其重要性在於它為後來的歐洲巴洛克式貴族王侯宅邸和花園，樹立了完整與良好的建築典範。

斯洛伐克 斯皮斯城堡
Levoča, Spišský Hrad and the Associated Cultural Monuments
建築年代：12~16世紀
城堡特色：以石灰岩為材料所建造，原形可上溯至羅馬帝國晚期，當時就曾經有軍事防衛功能的堡壘存在。

匈牙利 布達佩斯：多瑙河岸、布達城堡區及安德拉什街
Budapest, including the Banks of the Danube, the Buda Castle Quarter and Andrássy Avenue
建築年代：13世紀起建
城堡特色：布達山丘上的城堡，從羅馬式的圓形古堡發展成為一座哥德式的城堡區，多元的建築型態，不僅僅見證了當時建築師們的美學功力，也展現布達的完整歷史。

40
個達人知識大測驗

Question 40　造陵墓、得永生！結果真是這樣嗎？

國家名	世界遺產名	建造年代	陵墓主人	主要特色
芬蘭	薩馬拉登馬基青銅時代墓穴 Bronze Age Burial Site of Sammallahdenmäki	西元前1500年~西元前500年	一般民眾	三十多座花岡岩堆砌的圓形墓穴。
瑞典	林地公墓 Skogskyrkogården	1917年~1920年	一般人民	由瑞典建築師Asplund和Lewerentz共同打造，融合植被景觀與建築元素。
義大利	切爾維泰里及塔爾奎尼亞的伊特魯斯坎人墓地 Etruscan Necropolises of Cerveteri and Tarquinia	西元前9世紀~西元前1世紀	伊特魯斯坎人	伊特魯斯坎人將生前環境呈現在墓中，包括起居室、接待室，還有壁畫及陳列生活用品。
馬爾它	哈爾薩夫列尼地下宮殿 Hal Saflieni Hypogeum	西元前2500年	一般人民	它是當今世上唯一一座史前時代的地下神廟，後來成為大墳場。
保加利亞	卡贊勒克的色雷斯古墓 Thracian Tomb of Kazanlak	西元前4世紀	王公貴族	狹窄的通道與圓形的墓室，墓室牆壁上裝飾著一對色雷斯夫妻參與葬儀的情景。
保加利亞	斯韋什塔里的色雷斯古墓 Thracian Tomb of Sveshtari	西元前3世紀	祭司、王妃	色彩繽紛的半人半植物女像柱和壁飾，包括10尊以深浮雕刻於中室牆壁上的女性形象，及拱頂上的弦月窗裝飾。
埃及	曼菲斯及其陵墓群－從吉薩到達蘇爾 Memphis and its Necropolis–the Pyramid Fields from Giza to Dahshur	埃及古王國時代(西元前2680年)	法老王及貴族	金字塔群

自古以來，有能力大興土木、為自己打造身後之所，多半是最高統治者，有時甚至傾全國之力，就為了讓自己得以永生，供後世萬代景仰。像金字塔、秦始皇陵，或中國皇室陵墓，巨大工程往往是成千上萬的人力、巨額的財力、高超的技巧，嚴密的社會組織，王權統治無疑是最大的驅動力。當然也有像印度蒙兀兒王朝的泰姬瑪哈陵，其驅動力主要是來自「愛情」，然後藉由王權加以完成。

被列為世界遺產的不只這些皇陵，在遠古時代，有些埋葬的是一般民眾，因為深具考古及藝術價值而被列入，而這麼多墳塚中，唯一的特例要算是瑞典的林地公墓，這是20世紀之後由建築師所設計的公墓，因其完美結合了周遭環境而被入選。

烏干達	卡蘇比的布干達王陵 Tombs of Buganda Kings at Kasubi	13~20世紀	布干達王國(Buganda Kingdom)四位已故國王的陵墓	以茅草、蘆葦及籬笆條建成。
土耳其	尼姆魯特山 Nemrut Da	西元前1世紀	科馬吉尼王國(Commagene Kingdom)國王安提奧克斯一世(Antiochus I)	結合了陵墓和神殿的聖地，中間以碎石堆高50公尺的錐形小山是安提奧克斯一世的墳丘，東、西、北三側各有一座神殿。
印度	胡馬雍陵墓 Humayun's Tomb, Delhi	1557年~1565年	蒙兀兒帝國第二任皇帝胡馬雍大帝	早期蒙兀兒風格的建築物，具有濃厚的波斯建築元素，後來阿格拉的泰姬瑪哈陵就是以此為範本。
印度	泰姬瑪哈陵 Taj Mahal	1631年~1654年	慕塔芝·瑪哈皇后(MumtazMahal)	樣式融合印度、波斯、中亞伊斯蘭教等風格。
中國	明清皇陵 Imperial Tombs of the Ming and Qing Dynasties	15~16世紀	明清皇族	明清歷代皇族陵墓，分別位於河北、湖北、南京。
南韓	高敞、和順、江華的石室古墓遺址 Gochang, Hwasun and Ganghwa Dolmen Sites	西元前7世紀~西元前3世紀	建造年代時的掌權者	石室古墓遺址，且以群組的形式出現。
南韓	朝鮮王朝皇陵 The Royal Tombs of the Joseon Dynasty	14世紀末	14世紀末朝鮮王朝皇族	每座陵墓位置一律有山為背、南面向水源，還設有T型木造神龕、醫衛亭等，周邊圍繞著動物或人形石雕。

40
個達人知識大測驗

10條 瘋玩路線 × 14個 奇幻國度 ×

針對台灣消費者最感興趣的世界遺產主題旅遊，獨家企劃10條世界遺產主題旅遊路線，精選世界遺產旅遊熱點，濃縮遊程精華，必玩重點決不錯過，帶領讀者玩翻70處遍及五大洲的超人氣世界遺產！

親身體驗
世界遺產

70處旅遊亮點

旅遊
亮點

新旅力

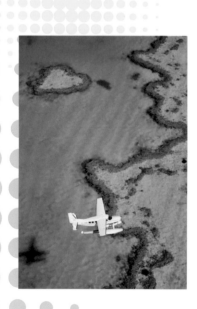

沈浸英倫
優雅風華之旅

英國不管是在人文歷史或名勝風貌，都展現它獨樹一幟的風采；特別是提到經常占據媒體版面的英國皇室成員、經典時尚的代名詞Burberry、熱情洋溢的Pub、莊重優美的英式口音，在在都構築了眾人對英國這個國度的美好印象，加上英國對台灣開放免簽優惠，使英國成為遊客必訪的重要國度。

Day 1
出發

台灣飛抵英國倫敦

 從台灣可選擇搭乘中華航空直飛倫敦，班次安排交通相當便利。

Day 2~4
遊覽

倫敦

 倫敦市區交通包括了地鐵(Underground)、路面鐵路(Overground)、巴士、船塢輕軌鐵路(Docklands Light Railway)，四通八達，十分便利。

遊覽倫敦的第1天體認英國皇室風情，首先到白金漢宮觀賞衛兵交接儀式；而後步行至記錄皇室興衰歷史的西敏寺，附近還有倫敦知名地標國會大廈和大鵬鐘。稍晚至舉辦皇室婚禮的聖保羅大教堂，並造訪市政廳和倫敦塔。

第2天則是安排藝文知性之旅，白天先造訪大英博物館、泰特美術館、國家藝廊，和騎士橋博物館區內的幾座博物館，稍晚至劇院和電影院的大本營萊斯特廣場，並欣賞一場精采的音樂劇。

第3天到蘇活區和肯頓區的牛津圓環與牛津街、攝政街一帶，好好享受血拚樂趣，稍晚散步至泰晤士河南岸，並搭乘倫敦眼以360°全景飽覽倫敦風光。

Day 5
遊覽

裘園

 搭地鐵District線於Kew Garden站下車，步行約5分鐘。

位於倫敦西南郊的裘園，占地121公頃，2003年以一座植物園的身份入選為世界遺產，其魅力在於這座創建於1759年的歷史性的植物園，代表著18~20世紀之間英國庭園造景藝術的典範，園內各個溫室所栽植的植物原生種遍及全球五大洲，象徵大英帝國在海權顛峰時代的榮光。

裘園建築群一定得參觀的有棕櫚屋、大溫室、威爾斯王妃溫室，其它還有10層樓高、8角形結構的中國寶塔(The Pagoda)、日本庭園、裘宮(Kew Palace)等。

Day 6
遊覽

肯特伯里

 從倫敦搭火車至肯特伯里，車程約1小時至1小時50分。

從倫敦可安排肯特伯里(Canterbury)一日遊，無論從東火車站還是西火車站進入肯特伯里，迎面的古城牆都令人立即感受到這是個歷史悠久的城鎮。名列世界遺產的肯特伯里大教堂興建於597年，原是英國最古老的教堂，但在1067年時被大火燒毀殆盡，現今教堂為1070年~1174年重建，其中最古老的部份為地窖。許多人認為肯特伯里大教堂具有神奇的魔力，因不論是亨利八世的宗教迫害，或是二次大戰的猛烈炮火，都沒有對教堂造成巨大傷害。

Day 7~9

遊覽

愛丁堡

 自倫敦搭飛機或高速火車至愛丁堡。

遊覽愛丁堡可以愛丁堡城堡為旅行起點，它是蘇格蘭的精神堡壘。下午的行程可至蘇格蘭威士忌中心了解和品嘗純正的威士忌，接著入內參觀聖蓋爾教堂；然後前往蘇格蘭國家博物館。

回到皇家哩大道，兩側都是蘇格蘭格子呢、喀什米爾及各種紀念品店，皇家哩大道的盡頭是荷里路德宮，歷史上瑪麗皇后曾居於此處。

第二天先爬上卡爾頓丘居高欣賞愛丁堡風光，接著至國家美術館參觀大師作品。下午搭公車參觀皇家遊艇或皇家植物園，最後可再回到王子街街上，度過輕鬆的一日。

第三天不妨前往格拉斯哥、史特林或參加1~2天的高地行程，感受蘇格蘭更多迷人風情。

Day 10~12

遊覽

湖區

 自愛丁堡搭火車至Oxenholme Lake District，再換乘往溫德米爾的支線火車，支線車程約20分鐘。

位於英格蘭北部西側的湖區國家公園，被譽為英格蘭最美麗的地區，全英格蘭最大的湖泊、最高山、最深谷都在湖區國家公園中。

坎伯連山脈(Cumbrian Mountains)斜亙湖區中央，把湖區分為三大區，北區的最大城鎮為凱茲克(Keswick)，中部有安伯賽德(Ambleside)，南部則以溫德米爾(Windermere)為主要門戶，大小城鎮都有公路相互連結，往來便利。

湖區的秀麗景致孕育出不少文學、藝術家，最為世人熟知的就是描繪彼得兔(Peter Rabbit)與一群好朋友的畢翠絲·波特(Beatrix Potter)，另一位是英國最有名的浪漫詩人威廉·華滋華斯(William Wordsworth)，你可以安排一趟文學之旅，遊覽溫德米爾、丘頂(HillTop)、鷹岬(Hawkshead)、葛拉斯米爾(Grasmere)透等地。

Day 13~14

遊覽

巴斯

 從湖區搭火車到巴斯。

巴斯是倫敦西方的古老城鎮，相傳西元前860年左右，一位Bladud王子因患麻瘋病被放逐至此，看到豬在熱泥中打滾治病，他如法炮製後居然治癒了麻瘋病，後來更登基為英王，於是興建了巴斯這個城市。

進入古羅馬浴池喝一口據說治百病的礦泉；躺在皇家新月樓前草地上欣賞優雅的古典建築；品嘗烤得金黃鬆軟的莎莉露麵包，遊覽巴斯最好的方法就是放慢腳步融入小鎮的優閒生活。

Day 15

遊覽

巨石陣

 從巴斯搭火車到Salisbury車站，再轉The Stonehenge Tour巴士抵達巨石陣。

列為世界遺產的史前巨石陣，估約為於3000BC–1600BC出現，這些石頭有的高達6公尺，重量更達幾十噸重，有的直立、有部分巨石橫疊於兩塊巨石之上，令人好奇到底是誰、當時有何機具和技術能做到。

史前巨石陣還有另一道迷題是關於它的作用：紀念墳塚？宗教聖地？ 1960年代一名美國科學家提出巨石陣是早期民族的天文儀這個說法，由光線的移動可觀察天體的運行，作為觀測天象之用，特別是每到夏至那天，昇起的太陽會和巨石陣中的巨石排成一線，令人對

當時的人竟然已擁有如此先進的天文知識而感到不可思議！

Day 16

返家

搭機返台

 自倫敦搭機返回甜蜜的家。

盡享奧匈
帝國榮光之旅

奧匈帝國精於合縱連橫的謀略，透過聯姻、外交談判、土地併購等方式逐步增加自己的領域，統治著奧地利、匈牙利與波希米亞等地區，本遊程將深入這些地區，一探曾經叱詫風雲的奧匈帝國。

Day 1

出發

台灣飛抵奧地利維也納

從台灣可搭乘中華航空直飛奧地利首都維也納，班次安排交通相當便利。

Day 2~4 奧地利

遊覽

維也納

維也納的大眾交通工具包括地鐵、電車、巴士和國鐵，皆使用共通的票券，可以彼此轉乘，十分便利。

維也納由三個部分組成，由內而外依序為內城區(Innere Stadt)、環城大道(Ringstrasse)以及環城大道外圍(Ringstrasse Surrounds)。初次前往維也納的人可以以步行的方式，從內城區最負盛名的聖史蒂芬教堂為起點，沿途走訪格拉本大街、克爾特納大街以及霍夫堡皇宮(Hofburg)、博物館區等最佳朝聖地。

霍夫堡皇宮是奧匈帝國的統治核心，也是統治奧匈帝國長達七百年的哈布斯堡王朝駐在地，約有18棟建築物、超過19個中庭和庭園，是名副其實的深宮內苑。

逛完環城大道後，可繼續前往外圍區域，欣賞百水先生如童書般的建築、收藏克林姆畫作的貝維德雷宮，以及名列世界遺產的熊布朗宮(Schönbrunn)。熊布朗宮宮殿和花園從18到20世紀初一直

是哈布斯堡王朝家族的官邸，建築內部裝潢美輪美奐，洋溢華麗的巴洛克風，是中歐宮廷建築的典範。

最後還可到維也納森林喝杯美酒、呼吸芬多精，然後前往瓦豪河谷一探多瑙河沿岸明媚的風光。

Day 5~6 奧地利

遊覽

格拉茲

自維也納搭機至格拉茲，航程約30分鐘，亦可搭火車到格拉茲，車程約2.5小時。格拉茲市中心範圍不大，徒步就能輕鬆遊覽，也可以搭乘四通八達的電車(Tram)。

格拉茲(Graz)是施泰爾馬克邦的首府，也是奧地利的第二大城，因為在舊城區擁有珍貴的中世紀建築群，在1999年與近郊的艾根堡城堡(Schloss Eggenberg)被聯合國教科文組織登錄為世界文化遺產，更在2003年當選為歐洲的文化之都。

格拉茲的地理位置在奧地利東南方，地處東歐與巴爾幹半島間交接處，孕育了豐富多元的文化色彩，西部接鄰阿爾卑斯山山腳，莫爾河(Mur)流經市中心，周圍盡是廣闊的綠地，素有「花園城市」之稱，加上三所大學裡超過五萬名學生，讓它同時是奧地利著名的大學城。

在格拉茲的石板路上漫步，除了可以欣賞精緻的建築、時尚的櫥窗，往來穿梭的格拉茲人所散發出的優雅風采，更讓這個藝術之都成為旅遊勝地。

馬池；走過當地最熱鬧的格特萊第街，最後至莫札特出生地追憶這位作曲家的生平。

薩爾斯河右岸的新城區雖發展較晚，卻擁有當地最具人氣的景點米拉貝爾宮，附近的莫札特故居也是必訪景點之一。

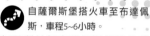

Day 9~11

遊覽

匈牙利首都布達佩斯

自薩爾斯堡搭火車至布達佩斯，車程5~6小時。

匈牙利首都布達佩斯橫跨多瑙河兩岸，主要由左岸的布達(Buda)及右岸的佩斯(Pest)組成。布達城保存許多重要的中古遺跡，布達皇宮盤踞山頭，是歷代匈牙利國王的居住地，如今轉型為歷史博物館、國家藝廊及圖書館。繼續步行至聖三一廣場，欣賞一旁的馬提亞斯教堂，教堂後方的漁夫堡則是眺望佩斯景觀的最佳角落。

佩斯城位於寬廣的平原上，道路以放射狀排列，以三條地鐵站交會的德亞克廣場為中心，無論步行或搭乘地鐵，都可方便抵達佩斯各景點。首先走進中央市場、瓦采街，感受傳統市集與特色街道的魅力。接著步行至佛羅修馬提廣場，百年咖啡館Café Gerbaud便是坐落於此。途經塞切尼·史蒂芬廣場、融合哥德與巴洛克建築風格的國會大廈，最後搭乘地鐵前往聖史蒂芬大教堂，那高達96公尺的圓頂替主祭壇採集了動人的光線，教堂內還收藏了匈牙利首任國王聖史蒂芬的木乃伊。

第三天可前往保留傳統木屋民宅建築的世界遺產小鎮霍羅克(Hollókö)一遊。

Day 7~8

遊覽

薩爾斯堡

自格拉茲搭火車至薩爾斯堡。

薩爾斯堡(Salzburg)非常適合散步，主要的景點大都聚集於左岸的舊城區，而莫札特受洗的大教堂就位於左岸的中心，由此展開旅程，往南經過卡比第廣場，欣賞新藝術作品及洗馬池，接著朝山上小徑走去，抵達山頂的薩爾斯堡城堡，繞著城牆遊逛眺望，然後下山來到薩爾斯堡最初的發源地聖彼得修道院。可在修道院附設的麵包店購買傳承好幾世紀配方的麵包，或是在昔日酒窖改建的餐廳裡大啖奧地利料理。

休息後前往主教府邸，參觀裝飾華麗的廳房和展示主教收藏的藝廊，再到方濟各教堂觀賞高挑的肋拱形成非常獨特的祭壇結構。繼續往西走，抵達薩爾斯堡音樂節最重要的表演場所音樂節大廳，前方的道路走到底就是彩繪著馬匹英姿的洗

Day 12

返家

搭機返台

自布達佩斯搭火車至維也納，搭機返回甜蜜的家。

澳洲大陸 狂野之旅

澳洲地處南半球的印度洋與太平洋之間,是全球最古老的大陸,也是全世界面積第六大的國家。由於幅員廣大,地理景觀多變,擁有豐富的動物、植物及海洋生態,這個全世界最小洲、全世界最大島上,處處有驚喜。

Day 1
出發

台灣飛抵雪梨

 從台灣可搭乘中華航空直飛至雪梨。

Day 2~4
遊覽

雪梨

 雪梨有近三百條的巴士路線,以及輕軌電車(Light Rail)、從南到北貫穿市中心區的城市鐵路(Sydney Trains),交通十分便利。

光是雪梨市區裡便玩不盡,岩石區(The Rocks)是早期的雪梨生活中心,而今裝修成博物館、藝廊或餐廳。一旁的環形碼頭(Circular Quay)是雪梨的水上交通要衝,東側入列世界遺產的雪梨歌劇院更是澳洲最具象徵性的地標。

往南走,進入摩天大樓環伺的市中心商業區(CBD),雲集了許多購物中心和百貨商場,是愛血拚的人的尋寶天堂。位於市區東北側的烏魯穆魯灣區(Woolloomooloo Bay)有廣袤的皇家植物園,一旁的列王十字區(Kings Cross)小店、咖啡館林立。再往西南走,達令港是雪梨另一個聚集觀光客的大本營,雪梨水族館與碼頭邊眾多的餐廳都在這裡;隔壁則是中國城。

離市中心稍遠的達令赫斯特(Darlinghurst)是嬉皮與藝術家聚集的地方,而由高級餐廳和藝廊構成的帕汀頓(Paddington),其中牛津街是雪梨同性戀的大本營。更遠一點的莎莉山(Surry Hills)聚集了不少美食餐廳和個性商店。

Day 5
遊覽

大藍山區

 自雪梨中央車站搭火車至Katoomba站下車,再轉搭藍山當地的觀光巴士至各景點。

名列世界遺產的大藍山區域包括七座國家公園,其中以藍山國家公園最為出名。本區因擁有廣大的尤加利樹林地,所以空氣中懸浮著大量尤加利樹所散發出來的油脂微粒,在經過陽光折射之後,視野所及一片淡藍氤氳,猶如身在不可思議的國度而得名。

大藍山區域擁有海拔高度100~1300公尺的沙丘高原,這裡是動植物興盛的繁殖區域,據說一萬五千年前造山運動頻繁,火山活動興盛,又經過長年風雨侵蝕,造就今天處處可見突起聳立的岩峰,成為獨特的景觀。藍山有超過四百種的動植物在此生息,但這裡不是單純的生態保護區,目前仍有相當數量的居民住在國家公園範圍內,與自然和平共處。

Day 6~7
遊覽

大堡礁

 自雪梨搭機到凱恩斯,再參加由凱恩斯出發的遊覽行程。

大堡礁由大大小小約2900個珊瑚礁構成,是世界最大的珊瑚礁群,總面積35萬平方公里,大堡礁的活珊瑚礁是彩色的,而且還孕育了400種海綿動物、300種珊瑚、4000種軟體動物和1500種魚類。

遊覽大堡礁最佳的旅遊季節是4~10月間,從凱恩斯出發約2小時抵達大堡礁,抵達後船會停靠在特別的大型海上平台,平台上設有海底生物動態觀賞室、直升機、玻璃船、潛水艇、海底漫步、餐廳與各式各樣的潛水裝備等。由於大堡礁是世界知名的水肺潛水點,有潛水執照的人,一定不能錯過潛入更深的海域,探索五彩斑斕的珊瑚礁海底世界。

©澳洲旅遊局

組合，遊客可在愛麗絲泉或愛爾斯岩度假村預訂，要特別提醒的是，此地擁有典型的沙漠氣候，夏季(1~3月)平均氣溫可達40°C以上，炙熱難耐，而因沙漠氣候日夜溫差大，記得要攜帶保暖衣物。

Day 10~12

遊覽

塔斯馬尼亞

 自愛麗絲泉搭機飛至雪梨，再轉機至塔斯馬尼亞，然後租車自駕或參加當地的旅行團。

位在澳洲大陸南方的塔斯馬尼亞(Tasmanian)是澳洲唯一的島州，它的遺世獨立，成為19世紀大英帝國安置罪犯的禁地，告別近半個世紀的黑暗流犯歷史，塔斯馬尼亞保留了完整的自然生態和文化遺產。

這座面積相當於台灣兩倍的島嶼，目前只居住約51萬人，其中超過1/3的土地屬於國家公園保護的森林、原野和水域，島上多座國家公園都位於世界遺產範圍內，包括菲欣國家公園(Freycinet National Park)、聖克萊爾湖國家公園(Cradle Mountain–Lake St Clair National Park)、費爾德山國家公園(Mount Field National Park)等。而從山中的石灰岩洞發現的考古遺跡可證實，早在兩萬年前便有人類在此活動，因此被歸為綜合遺產。

早在人類踏上塔斯馬尼亞之前，這裡的生態系統便自成一格，澳洲大陸普遍常見的無尾熊並沒有渡海而來，反倒是特有種「塔斯馬尼亞惡魔」(袋獾)活躍在原野間。而後人類踏上這塊土地，原始地貌沒有改變太多，豐富的殖民時代遺產更是完整地保留下來。

Day 13

返家

搭機返台

 自塔斯馬尼亞飛至雪梨，再轉機返回甜蜜的家。

Day 8~9

烏魯魯卡達族達
國家公園

 自凱恩斯搭機飛至愛麗絲泉，然後參加當地的旅行團。

這裡是澳洲原住民阿男姑人(Anangu，由Pitjantjatjara和Yankuntjatjara兩族構成)生活了超過數萬年的紅色大地，由獨立巨岩烏魯魯(Uluru，或稱愛爾斯岩Ayers Rock)和群岩卡達族達(Kata Tjuta，或稱奧加斯The Olgas)，構成這片沙漠最美麗的景色。

對觀光客來說，被納入聯合國世界遺產的烏魯魯卡達族達國家公園(Uluru–Kata Tjuta National Park)就是塊神秘的巨岩，但烏魯魯包藏了原住民先祖們的精神，來到這裡必須虔敬、必須守禮。

這裡有許多旅遊業者推出各式觀光巴士行程，包括看日出、看日落，再加上原住民文化導覽、生態介紹、烤肉等活動的

此生必遊
義大利絕景之旅

義大利境內擁有密集度最高的世界文化遺產，總是和熱情、浪漫、美食美酒畫上等號，成為蜜月及自助旅行的首選，每天行程都有不一樣的感受，絕無冷場！

Day 1
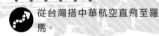
出發

台灣飛抵羅馬

從台灣搭中華航空直飛至羅馬。

Day 2~3
遊覽

羅馬

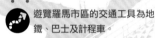
遊覽羅馬市區的交通工具為地鐵、巴士及計程車。

古代羅馬區是認識永恆之城的最佳起點，圓形競技場是僅存最大的古羅馬遺址，周圍的帝國議事廣場和羅馬議事廣場是帝國政治宗教中心，帕拉提諾之丘則是皇帝居住的宮殿區。繞過威尼斯廣場走進舊城中心區，萬神殿廣場和西班牙廣場周圍滿是美食。

鄰近特米尼火車站的大聖母瑪利亞教堂、波各塞美術館都是藝術饗宴；若偏愛歷史，別錯過拉特拉諾聖喬凡教堂，而阿庇亞古道則是認識古羅馬道路系統及基督教地下墓穴的地方。

Day 4
遊覽

梵諦岡

在羅馬市區搭地鐵即抵。

起個大早，趁人潮尚未湧入前進入梵諦岡博物館，這裡不但收藏了基督教世界的寶物，還有古埃及、希臘羅馬、中世紀及文藝復興時期的大師傳世鉅作，記得多預留一點時間給「拉斐爾陳列室」和「西斯汀禮拜堂」。離開藝術的寶庫，聖彼得廣場上壯觀的環形柱廊迎客進入聖彼得大教堂，細細品味榮耀上帝的極致藝術。

Day 5
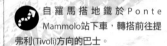
遊覽

提弗利的艾斯特別墅

自羅馬搭地鐵於Ponte Mammolo站下車，轉搭前往提弗利(Tivoli)方向的巴士。

艾斯特別墅(Villa d'Este)的庭園滿佈多達五百座噴泉，故又稱為「千泉宮」。別墅修建者是16世紀時的紅衣主教伊波利多艾斯特(Ippolito d'Este)，他發現提弗利的氣候對健康頗有助益，因此決定把原來的方濟會修院改建為華麗度假別墅。別墅由受古希臘羅馬藝術薰陶的建築師與考古學家李高里奧(Pirro Ligorio)設計，以高低落差處理噴泉的水源，後來由不同時期的大師陸續完成，因此也帶有巴洛克的味道，為歐洲庭園造景的典範。

Day 6~8
遊覽

拿波里

自羅馬搭高速火車抵達拿波里。

拿波里前臨提雷諾海(Mare Tirreno)、後倚維蘇威火山，艷陽與蔚藍大海勾勒出南義的經典畫面，從蘇連多(Sorrento)延伸到阿瑪菲(Amalfi)的海岸，展現了坎帕尼亞省最具代表性的藍色美景。此外，拿波里更是前往藍洞著稱的卡布里島的中繼站。

豐富多變的人文風貌也是南義特色，為了躲避苛稅，阿爾貝羅貝洛發展出可隨時推倒的乾式石砌屋，圓錐石屋獨特外型深受喜愛；馬特拉利用石灰岩洞開鑿居又是另一種聚落形態，而舊城區更吸引無數電影前來取景。

Day 9

遊覽

龐貝

 自拿波里搭火車抵達龐貝。

西元79年8月24日，維蘇威火山大爆發，山腳南麓的龐貝(Pompei)古城瞬間被埋沒，直到17世紀才被考古學家發掘。龐貝在被埋沒之前，因為製酒和油而致富，今天走進遺址裡，街道呈整齊的棋盤狀分佈，除了一般羅馬遺跡裡經常看得到的神殿、廣場、劇場、音樂廳等建築外，一座商業城市該有的機能如銀行、市場、浴場、商店等，一點也不少。

Day 10

遊覽

西恩納

自拿波里搭火車經羅馬抵達西恩納。

西恩納(Siena)是義大利最完美的中世紀小鎮，同時也被列為世界文化遺產，每一個轉角、小路都能讓人有種回到中世紀時代的錯覺。西恩納在14世紀時發展獨特的藝術風格，主教堂內部還有米開朗基羅、貝尼尼等人的作品。這處小鎮時時呈現出不同的迷人風情，有機會來此，千萬別只是短暫停留。

Day 11~12

遊覽

翡冷翠

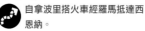

自西恩納搭火車抵達翡冷翠。

翡冷翠(Florence)是文藝復興象徵的城市，15、16世紀在麥第奇家族統治下，經濟及文化都達到鼎盛，六百年非凡的藝術成就展現在聖母百花大教堂、聖十字教堂、烏菲茲美術館、碧提宮等。

市內無數博物館、教堂、濕壁畫、雕刻和繪畫，展現文藝復興時期最耀眼的珍寶，當時的

大師級人物如米開朗基羅、唐納泰羅、布魯內雷斯基、波提且利等人，都在這股風潮中，留下不朽的藝術作品。

Day 13

遊覽

比薩

自翡冷翠搭火車抵達比薩。

比薩斜塔是義大利最具代表性的地標之一，其實因為地質因素，斜塔旁的教堂、洗禮堂，甚至整個市區的舊建築都是傾斜的，一度關閉整修比薩斜塔，搶救完工後，預計可以再支撐兩百年之久。

Day 14

遊覽

維洛納

自翡冷翠搭火車抵達維洛納。

建於西元1世紀的圓形劇場，是維洛納(Verona)在羅馬帝國時期就已極為繁榮的歷史見證；蔬菜廣場(Piazza delle Erbe)則是當時的議事廣場與商業中心，堆垛式的史卡立傑羅橋(Ponte Scaligero)與舊城堡(Castelvecchio)，則成為中世紀防禦工事的建築典範。

Day 15~17

遊覽

威尼斯

自維洛納搭火車抵達威尼斯。

威尼斯所展現出來的氣勢獨樹一格，頹廢與華麗的美感並存，一整片島群彷彿與世隔絕，威尼斯是建築在潟湖上的城市，呈倒S型的大運河是貫穿本島的交通命脈，隨著大運河出海口的聖馬可廣場是威尼斯的政治重心，廣場周圍也是最熱鬧的區域。金碧輝煌的宮殿、教堂建築，再加上一年一度的嘉年華，使威尼斯名揚四海，造訪遊客始終絡繹不絕。

Day 18

返家

搭機返台

 自威尼斯搭乘火車至羅馬，搭機返回甜蜜的家。

美國・加拿大
冰火極端奇觀之旅

美國和加拿大兩國擁有得天獨厚的自然美景，本項行程精心規劃暢遊五大國家公園，盡賞奇麗火山、冰河及山林絕美風光。

©夏威夷旅遊局

Day 1
出發

台灣飛抵夏威夷

 從台灣搭中華航空飛至夏威夷歐胡島。

Day 2~3 美國
遊覽

夏威夷火山國家公園

 自歐胡島搭機飛至大島Kona機場，然後租車遊覽火山國家公園。

位於夏威夷大島東南部，全世界最活躍的兩座活火山：冒烏納羅亞(Mauna Loa)和奇勞威亞(Kilauea)都位於此國家公園內，其中，奇勞威亞火山迄今仍不斷噴流而出。奇勞威亞火山的行進路線，乃是沿著火山鏈路(Crater Chain Road)繞行一周，看著火山爆發形成的熔岩流、如同被撞擊隕石坑般的火山口、煙霧瀰漫的地熱蒸氣口，令人驚心動魄！

哈雷茂茂火山口(Halemaumau Caldera)因為火山爆發撞擊所形成的坑洞，像是水分乾涸的大湖，偶爾還會冒出白色的煙霧。沿著火山鏈路外緣有一條陡峭的下坡小徑通到瑟斯頓熔岩隧道(Thurston Lava Tube)，這是一條由火山熔岩迅速由山頂往下流經所形成的隧道。爆發後的火山熔岩，滾燙地流入冰涼的海水中，受到浪潮推擠、衝擊岩石和暗礁，逐漸形成的黑沙灘，是夏威夷島最受矚目的海岸景色。

Day 4~5 美國
遊覽

黃石國家公園

 從夏威夷搭機至鹽城湖，再轉機Yellowstone Airport或Bozeman Yellowstone International Airport，而後可租車遊覽黃石公園。

橫跨懷俄明州、蒙大拿州、愛達荷州的黃石國家公園(Yellowstone National Park)，面積廣達台灣版圖的四分之一，此處是美國境內最大的哺乳動物棲息地之一，擁有多種野生動植物和珍稀的地熱地貌，於1872年獲選為全球第一座國家公園。

黃石國家公園成立的宗旨在維護罕見的地熱景觀，園區內驚人的地形樣貌，源自數十萬年前火山連續噴發形成的成果，激烈噴洩的熔岩覆蓋地表，熱泉滲入岩層裂隙，極度的高溫又迫使滾泉往上噴竄，形成間歇泉、泥漿泉、噴氣孔、溫泉等超過萬種地熱型態，占全球目前已知半數。

諾瑞絲區(Norris)是園區中地熱最活躍的區域之一，經常爆發新的間歇泉，而突發的地形局部運動，使間歇泉的運作更劇烈。另一處令人驚艷的景區「馬默斯溫泉」(Mammoth Hot Springs)，此處以層層相疊的石灰華景觀獨步園區，為人氣指數最高的招牌景區。黃石國家公園密布著三百多座間歇泉，下環線景區名氣最大的老忠泉(Old Faithful)就是其中的一座。

Day 6~7

美國

遊覽

瓦特頓冰河
國際和平公園

🚂 自鹽城湖搭機至Glacier Park International Airport，而後搭計程車至Apgar，在此可搭乘專線接駁車遊覽冰河國際和平公園。

瓦特頓冰河國際和平公園（Waterton Glacier International Peace Park）是由美國的冰河國家公園與加拿大的瓦特頓湖國家公園所組成，這兩座相連的公園被人為的國界一分為二，1932年，兩座公園合而成為全世界第一座國際和平公園，代表了地球生態環境合作保育的重要指標。

在過去冰河時代，此地由無數體積龐大的冰河所盤踞，當冰河後退消融時，巨大的移動力量在地表刨、鑿、挖、割，連堅硬的岩石都無法倖免，於是留下許多U型谷、冰斗、懸谷、角峰、冰積石等雄奇萬千的地形景觀，星羅棋布的大小冰河湖泊，是公園裡最具代表性的特色。

Day 8~9

美國

遊覽

奧林匹克國家公園

🚂 自Glacier Park International Airport搭機到西雅圖，在機場搭巴士到Port Angeles即抵奧林匹克國家公園Visitor Center。

奧林匹克公園（Olympic National Park）地處華盛頓州西北的奧林匹克半島上，是美國除了阿拉斯加以外最大的原始地區，暴風山脊（Hurricane Ridge）是公園內最美麗的景點之一，設立此座國家公園的原因之一是為了保護羅斯福麋鹿、黑熊、豪豬、禿鷹、紅狐及短耳兔等珍奇動物。因為這塊地區特殊的自然環境，約有16種動物僅生存於奧林匹克國家公園，被稱之為「Endemic 16」，這些動物的命名前面都會加上Olympic這個字眼，例如奧林匹克土撥鼠。還有11種動物是僅僅生存於公園之外的奧林匹克山區，被稱為「Missing 11」，包括了山貓、山羊、大灰熊等，罕見的生態景觀成為生物學家最佳的天然研究室。

Day 10~11

加拿大

加拿大洛磯山脈
國家公園

🚂 自西雅圖搭機至溫哥華，而後可選擇租車或參加當地旅行團遊覽國家公園。

加拿大建國後，為了吸引卑詩加入加拿大聯邦，第一任總理麥唐納（John A. MacDonald）興建橫貫鐵路，此後，洛磯山的神祕面紗便被揭開，而洛磯山國家公園（Canadian Rocky Mountain Parks）設置之初，並無意於保護山林與野生動物，多半只為商業利益著想，到了1930年，加拿大國會通過國家公園法案（National Parks Act），確定國家公園的宗旨為生態保育，1985年，聯合國教科文組織將班夫、傑士伯、幽鶴、庫特尼四處相連的洛磯山國家公園列入世界自然遺產，希望世世代代都能享受加拿大洛磯山的自然風光。

Day 12

返家

搭機返台

🚂 自溫哥華搭乘中華航空、長榮航空返回甜蜜的家。

荷比盧
聯盟小旅行

在荷蘭、比利時、盧森堡旅行，可感受三國在歷史、文化、語言上密不可分，又各自保有獨特性，由荷蘭一路旅遊到盧森堡，更能體會從低地平原進入溪谷地形的變化。

Day 1
出發

台灣飛抵阿姆斯特丹

 從台灣搭中華航空飛至阿姆斯特丹。

荷蘭 *Day 2~4*
遊覽

阿姆斯特丹

 阿姆斯特丹的大眾運輸系統包括路面電車、公車、地鐵、渡輪，十分便利。

阿姆斯特丹的主要景點，集中分佈在辛格河(Singel)、紳士運河(Herengracht)、皇帝運河(Keizersgracht)、王子運河(Prinsengracht)與辛格運河(Singelgracht)這5條運河包圍的區域裡，這運河環形區於2010年入列世界遺產。

遊覽行程以荷蘭最大的室外跳蚤市場滑鐵盧廣場為起點，著名的林布蘭故居博物館就在附近，沿著Amstelstraat前行就是酒吧林立的林布蘭廣場。順著Reguliersbreestraat往西行來到鑄幣廣場、鑄幣塔、辛格花市。逛完花市南行，即來到阿姆斯特丹國家博物館、梵谷博物館。沿Stadhouderskade朝西走就到人潮洶湧的萊茲廣場。沿著王子運河北行可參觀西教堂和著名的安妮之家。接著沿Raadhuisstraat往東行，即可抵達王宮、水壩廣場，最後由水壩大道往東行，穿越商店密集度極高的巷弄，來到了舊教堂，繼續往南即可進入特種行業紅燈區，夜幕降臨之時，此區霓虹閃爍，熱鬧異

常，又是阿姆斯特丹的另一種風景。

荷蘭 *Day 5*
遊覽

小孩堤防的風車群

 自阿姆斯特丹搭火車至鹿特丹，再自鹿特丹搭乘地鐵至Zuidplein站後轉乘公車即底。

小孩堤防(Kinderdijk)最早有風車的記錄大約是在15世紀初葉，現存的19座風車則是建於1738年至1761年，有了風車的幫助，新生地裡的水便可被抬升到高位蓄水區，等蓄水區的水位高過Lek河河面，就打開閘門排出多餘的水量，反之則將閘門關閉。這一套排水技術可視為荷蘭最經典的水利工程，因而在1997年時被納入世界文化遺產之列。

比利時 *Day 6~7*
遊覽

安特衛普

 自鹿特丹搭火車抵達比利時安特衛普。

安特衛普是比利時的第二大城、世界鑽石工業中心、時尚重鎮，也是巴洛克大師魯本斯施展才華的舞台。安特衛普市區不大，幾乎所有博物館、歷史古蹟等觀光景點，都能徒步抵達，列入世界遺產的普朗坦－莫雷圖斯印刷博物館(Plantin-Moretus House-Workshops-Museum Complex)和柯比意的建築作

品吉耶特宅邸(Maison Guiete)也在市區，街弄到處是迷人的酒吧、咖啡館、古董店和餐廳，漫步其中可感受城市獨特的文藝氣息。

Chez Leon前方的小巷子裡。行至Rue des Fripiers右轉，可見到引爆比利時獨立革命的皇家馬內歌劇院和卡通漫畫藝術博物館，最後繞經壯觀的聖米歇爾大教堂。爬坡前往上城的博物館區，先至藝術之丘的高點俯瞰市區，接著欣賞樂器博物館。進入博物館區後，可到馬格利特博物館、皇家美術館欣賞大師的作品。

沿著Rue de la Regence前進即抵達莎布侖聖母院，對面就是有名的小莎布侖廣場，繼續前行到司法院旁的廣場Place Poelaert居高臨下眺望城市，這時可搭乘免費的升降梯回到下城區，最後以13世紀角落塔作為終點。

Day 8~9
遊覽

布魯日

 自安特衛普搭火車抵達布魯日。

布魯日(Brugge)像個上了鎖的中古世紀木箱，保存完整的歷史古蹟。整個城鎮被聯合國教科文組織評定為世界文化遺產，而這些文化藝術寶藏為城市找回往日榮光。Brugge在荷蘭文中是「橋樑」的意思，一條條平靜的運河和一座座橋樑在古城裡縱橫交錯，讓布魯日獲得了「比利時的威尼斯」之美名。你可以乘坐遊船順著蜿蜒的運河貫穿市區，用另一種角度欣賞兩岸有趣的風格建築，尤其是那些中古世紀遺留下來的修道院等古蹟，更讓人一發思古幽情。

Day 10~11
遊覽

布魯塞爾

 自布魯日搭火車抵達布魯塞爾。

遊覽行程由大廣場做為起點，見識大文豪雨果口中最美麗廣場與華麗的公會建築後，穿越小巷Rue de l'Etuve即可看到尿尿小童像。沿著Rue de Colline直走，就會遇到世界最古老的聖胡博購物拱廊。

逛完拱廊，進入餐館林立的布雀街，尿尿小妹就隱藏在餐館

Day 12~13
遊覽

盧森堡市

 自布魯塞爾搭火車抵達盧森堡市。

盧森堡市(Luxembourg)舊城區內景點集中，很適合漫步。從中央車站直行約10分鐘，即可抵達著名的阿道夫橋。過橋往右邊直行，即可看到佇立著黃金女神雕的花園平台——憲法廣場，一旁有貝特留斯地下要塞。

往東走，抵達聖母大教堂，再往北走，隨即進入了舊城區的核心。映入眼簾的是威廉二世廣場及軍事廣場。接著往東步行約900公尺，即可抵達大公宮殿，往北走可到國立歷史藝術美術館和貝克地下要塞。接著前往有最美麗風景走廊之稱的康尼徐走廊，最後在聖依斯皮廣場搭乘升降梯抵達低地河谷區探索低地河谷風景。

Day 14
返家

搭機返台

 自盧森堡搭火車至阿姆斯特丹，轉機返回甜蜜的家。

埃及尼羅河
金字塔神殿之旅

尼羅河是孕育埃及的母親，埃及古文明的精華，全數沿著尼羅河發展。今天旅人來到埃及，可以從第一大城開羅沿尼羅河南下，也可自亞斯文溯尼羅河北上，可體認尼羅河對埃及文明的影響，以及古埃及人的高度智慧。

Day 1
出發

台灣飛抵開羅

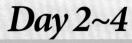 從台灣飛至埃及開羅，可選擇搭乘阿聯酋航空、土耳其航空、新加坡航空，經第三地轉機後飛抵開羅。

Day 2~4
遊覽

開羅

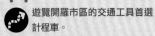 遊覽開羅市區的交通工具首選計程車。

開羅地區的旅遊重點主要包括市中心、伊斯蘭區、科普特區，第1天建議參觀埃及博物館，細細參觀古埃及各時期珍貴文物，對埃及古代文化有更深刻的認識。

第2天可以前往伊斯蘭區，包括大城堡、穆罕默德‧阿里清真寺、蘇丹哈山清真寺、伊斯蘭藝術博物館、阿茲哈清真寺、安奎沙克清真寺(藍色清真寺)、伊本圖倫清真寺、蓋爾‧安德生博物館都很值得參觀，遊走於「千塔之城」中，一路欣賞清真寺建築及伊斯蘭文化展品。

第3天則可以造訪科普特區及哈利利市集，在科普特區參觀科普特博物館、班尼拉猶太會館、懸空教堂等，感受老開羅的氛圍，下午再前往哈利利市集採購紀念品，盡情享受逛街購物、殺價的樂趣。

Day 5~6
遊覽

吉薩金字塔區及沙卡拉金字塔群

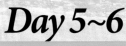 吉薩金字塔區位於開羅南方約11公里處，沙卡拉階梯金字塔位於開羅南方約25公里處，達蘇爾彎曲金字塔和紅色金字塔位於沙卡拉南方約10公里處，最便捷的方式搭計程車連遊上述各地景點。

以現在的工程技術，依然無法複製出建於西元前兩千六百多年前的吉薩(Giza)金字塔群。最高的古夫金字塔估計耗用250萬塊切割的石灰石，每一塊石頭重約2噸~70噸，連法國拿破崙看到時也大吃一驚。

隨後建造的考夫拉金字塔和曼考金字塔體形漸次微縮，在金字塔前的獅身人面獸是法老王的象徵，獅身比喻法老王敏捷強壯如同萬獸之王，而人面則寓有萬物之靈的智慧。

曼菲斯(Memphis)是古埃及古王國時期的都城，其盛況可從沙卡拉(Saqqara)壯觀的金字塔顯現。其中，階梯金字塔建於第3王朝法老王左塞(Zoser)時期，是目前年代最古老的大型陵墓。而後，法老王斯奈魯夫(Snefru)催生出彎曲金字塔，並接著建造出史上第一座三角錐形的紅色金字塔，這三座金字塔今日仍展現當時驚人的毅力與智慧。

Day 7~8

路克索東岸

自開羅搭乘加掛睡舖的特快火車至路克索，車程約10小時，另可選擇搭乘長途巴士。到了路克索，參團旅遊是最便捷舒適的遊覽方式，若採自由行，可搭小巴、計程車遊覽東岸。

細讀埃及的文明史，沒有一處古都能如底比斯(Thebes)這般氣勢恢弘，這座餘威猶存的古都，阿拉伯文譯為「路克索」(Luxor)。古埃及人依據大自然日升日落的定律，衍生出死亡與復活循環不息的信仰，繼而形成日出的東方代表重生、繁衍；日落的西方代表死亡、衰退的觀念，因而膜拜阿蒙的神殿遍及東岸，而皇家陵墓則建於西岸，東岸神殿包括路克索神殿、卡納克阿蒙神殿。此外，路克索博物館收藏了底比斯作為新王國國都時期最具代表性的文物，位於地下的木乃伊博物館，在巧妙運用光線下營造出森冷墓室的氣氛，給遊客一趟知性與感官兼具的奇異遊覽。

Day 9

路克索西岸

同樣的，遊覽西岸選擇參團旅遊是最便捷舒適的方式，若採自由行，可在東岸的碼頭搭乘交通船或私營的快艇到西岸，抵達西岸碼頭後，可選擇步行、騎單車、搭計程車等方式遊覽。

尼羅河西岸有建築雄偉的哈塞普蘇女王靈殿、傳說中神秘的克納村、阿蒙霍特普三世神殿遺蹟的曼儂石像、「萬王之王」拉美西斯二世為自己興建的拉美西斯二世靈殿、新王國時期最具代表性的建築群拉美西斯三世靈殿，還有因持續不斷的考古發現造成參觀熱潮的帝王谷，以及目前已出土將近百座陵墓的皇后谷。

Day 10

費麗神殿

自路克索搭乘長途巴士抵達亞斯文。費麗神殿位於亞斯文南方的阿基奇亞島上，遊客可搭計程車至碼頭，而後搭船抵達島上。

費麗(Philae)神殿和阿布辛貝神殿都是當初興建亞斯文水壩時搶救古蹟行動中的受惠者，費麗神殿原位在距離現址300公尺的畢佳島(Biga Island)上，1960年水壩興建作業即將啟動，聯合國教科文組織搶救費麗神殿，將神殿切割拆除，移往阿基奇亞島(Agilkia Island)按原貌重建。1980年3月，費麗神殿重建完畢，成為亞斯文迷人的地標。

Day 11

阿布辛貝神殿

搭乘由旅遊服務中心、當地飯店、旅行社安排的巴士，車程約3~4小時，參觀神殿停留的時間約2小時，而後返抵亞斯文。另可自行搭計程車至機場搭機飛抵阿布辛貝機場，然後搭乘機場前往神殿。

阿布辛貝(Abu Simbel)神殿為拉姆西斯二世建立，祭祀太陽神拉神、阿蒙神、佩特神及拉姆西斯二世自己，相鄰的小型神殿是拉姆西斯二世為愛妻納芙塔蒂所興建的，祭祀哈特女神。神殿完成於西元前1290年~前1224年之間，迄今已超過三千年，神殿外那4尊拉姆西斯二世的石像，已經成為繼金字塔之後，最有資格代表埃及的象徵。

1964年的神殿大遷移是一項奇蹟，因興建水壩將使尼羅河水位提高，埃及政府向聯合國教科文組織尋求協助，將拉姆西斯神殿遷移到比原址高約62公尺處的新址，令人嘆為觀止。

Day 12

搭機返台

自亞斯文搭乘加掛睡舖的特快火車至開羅，搭機返回甜蜜的家。

西班牙
極致美城之旅

百合旅遊
SUCCESS TRAVEL

西班牙共有50項世界遺產,歷史古蹟占了絕大部分,就連建築大師高第的現代主義建築也在列,光造訪這些精采世界遺產,就值得列入一生必訪國度。

Day 1
出發

台灣飛抵馬德里

從台灣可選擇搭乘阿酋航空、中華航空、長榮航空,經第三地轉機後飛抵馬德里。

Day 2~3
遊覽

馬德里

馬德里市區交通有地鐵、巴士、輕軌電車(Metro Ligero)和近郊火車,相當方便。

馬德里主要的觀光景點集中在阿托查車站和皮歐王子車站間的舊城區,市區內景點相當多,像是普拉多美術館、麗池公園及太陽門廣場等,其中入列世界遺產的有雷提洛公園,廣闊的公園內有水晶宮、委拉斯蓋茲宮等建築,融合自然與歷史風情。

位於近郊的則有艾斯科瑞亞修道院,16世紀的西班牙文藝復興建築,是西班牙宮廷的宗教中心,也是西班牙皇室墓地。修道院內部的建築和藝術品令人驚嘆,展示了華麗的教堂、精緻的禮拜堂和壁畫等。

Day 4~5
遊覽

塞哥維亞、阿維拉、莎拉曼卡

自馬德里搭火車或長途巴士前往,三處城市間彼此距離車程約各一小時。

位於馬德里市東側不遠、三個彼此鄰近的城市,也有風格各異精彩非常的數個世界文化遺產。在塞哥維亞(Segovia)能看到建於1世紀時期的羅馬水道橋,以其卓越的工程技術和壯麗的結構而聞名。阿維拉(Ávila)保有建於11世紀,城牆周長達2.5公里的阿維拉城牆,厚實城牆的舊城,也有「石頭城」封號。走進莎拉曼卡(Salamanca)這座歷史悠久的古城,以壯麗的建築和迷人街道聞名,其中又以建於13世紀、伊比利半島最古老大學的莎拉曼卡大學最知名。

Day 6
遊覽

托雷多

自馬德里搭火車或長途巴士到托雷多。

托雷多(Toledo)整座古城宛如一座歷史博物館,在地建築和文化深受歷來各外來統治文明的影響,因而入列世界遺產。漫長的歷史帶來珍貴的資產,融合伊斯蘭教、天主教和猶太教的混血文化,讓它擁有「三個文化城」美譽。除此,埃爾·葛雷科在此定居,留下許多作品,也讓托雷多聲名大噪,傑出作品《奧格斯伯爵的葬禮》收藏於聖托美教堂。其他像是托雷多大教堂、阿爾卡薩城堡、聖馬丁橋等,也都是精采必訪,而鄰近也有一處世界遺產阿蘭惠斯皇宮也可順訪。

Day 7~9
遊覽

哥多華、塞維亞、直布羅陀

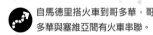

自馬德里搭火車到哥多華,哥多華與塞維亞間有火車串聯。

南部城市哥多華(Cordoba)、塞維亞(Seville),彼此火車相距不到一小時,都是歷史豐富的古老城市。羅馬帝國統治時代的西班牙首都就在哥多華,後再經西哥德人、摩爾人統治,其中哥多華主教座堂結合清真寺和基督教堂風格,被譽為穆斯

林建築藝術巔峰代表。安達魯西亞文化重地的塞維亞，享受佛朗明歌舞蹈中，別忘一覽建於15世紀、有著華麗穹頂壯麗禮拜堂的塞維亞大教堂，融合清真寺與教堂建築體，兩者都是世界遺產。

另外哥多華北邊的阿爾馬登(Almade)有著起源於羅馬帝國時代的阿爾馬登礦業公園；從塞維亞往南直達直布羅陀(Gibraltar)的戈勒姆岩洞，見證尼安德特人12.5萬年前生活，同列世界遺產，也很精采。

Day 10
遊覽

格拉納達

🚂 自哥多華搭火車到格拉納達。

格拉那達(Granada)最重要的景致便是名列世界遺產的阿爾汗布拉宮與阿爾拜辛區，阿爾汗布拉宮是舉世聞名的阿拉伯建築傑作，這座西班牙伊斯蘭教末代王宮，不論就其歷史意義或建築本身，在世界上都舉足輕重。除此，充滿伊斯蘭教風情的阿爾拜辛區，以及沿山坡而建的白色薩克羅蒙特山丘，都誘人輕易的掉入阿拉伯神話般的夢境！

Day 11
遊覽

瓦倫西亞

🚂 自格拉納達搭火車到瓦倫西亞。

西班牙第三大城市瓦倫西亞(Valencia)，除每年3月中旬舉行的火節(Las Fallas)吸引全球遊客到訪，名列世界遺產的絲綢交易中心，則是一座建於15世紀的哥德式建築傑作，宏偉的交易大廳、精美的螺旋柱和華麗的窗飾，被譽為歐洲最美的哥德式民用建築之一。而位在瓦倫西亞南部的城市艾爾切(Elche)，也有一處被列為世界遺產的埃爾切棕櫚園，起源於公元前5世紀的腓尼基人，歷經摩爾人規劃，規模驚人，推薦順訪。

Day 12~13
遊覽

塔拉戈、波布列特

🚂 從瓦倫西亞搭火車到巴塞隆納，再自巴塞隆納搭火車前往塔拉戈，塔拉戈、波布列特間有巴士往來。

這兩個位於西班牙北部鄰近巴塞隆納的城市，不但有羅馬時代遺址，也有中世紀規模宏偉的修道院群，且都被列入世界遺產名單中。塔拉戈考古遺址是古羅馬時期的重要城市遺跡，它保存了許多羅馬時期的建築，如城牆、廣場、競技場、劇院、水道橋和墓地等，是了解古羅馬文明的重要窗口。波布列特修道院建於12世紀，是加泰隆尼亞國王和阿拉貢國王的皇家陵墓，也是西班牙最大的修道院之一。建築群包括教堂、迴廊、圖書館和皇家宮殿，融合了羅馬、哥德和巴洛克式等風格。

Day 14~15
遊覽

巴塞隆納

🚇 巴塞隆納有便利的地鐵系統。

加泰隆尼亞地區首府的巴塞隆納，以高第的各式建築吸引全世界目光，且光是高第的作品更有多達7件榮登世界遺產之列，分別是奎爾宮、奎爾公園、米拉之家、巴特婁之家、文生之家、奎爾紡織村及教堂、聖家堂等。市區內還有「加泰隆尼亞三傑」的多明尼克所設計的加泰隆尼亞音樂宮、聖保羅醫院，其以馬賽克拼貼、結合摩爾式與新藝術風格建築，也都名列在世界遺產中，是觀覽建築設計的寶地。

Day 16
返家

搭機返台

✈️ 自巴塞隆納搭機返回甜蜜的家。

完整行程

旅行實況影片分享

LINE

加LINE好友

百合旅遊
SUCCESS TRAVEL
(02)2552-4411

墨西哥神奇
馬雅文化之旅

自1519年至1808年，在將近三百年的時間裡，墨西哥為西班牙強行入侵殖民統治，本項行程即帶領大家體認西班牙在墨西哥建立起的一座座具南歐色彩的殖民城市。

Day 1
出發

台灣飛抵墨西哥

 從台灣飛往墨西哥，可搭長榮航空或中華航空飛抵美國洛杉磯或舊金山轉機，飛抵墨西哥。

Day 2~3
遊覽

墨西哥市

 遊覽墨西哥市市區的交通工具為地鐵。

阿茲特克人稱墨西哥市為「特諾奇提特蘭」(Tenochtitlán)，意指「仙人掌果實之地」。舊城裡的中央廣場曾經是特諾奇提特蘭的權利與祭祀中心，1375年曾建起阿茲特克神廟，在神廟遺址上再建的墨西哥大主教堂是美洲最大的教堂，塔高達67公尺，自1525年興建，費時3個世紀才完工。在這漫長的興建過程，也反映建築與內部設計的多樣型態，包含古典的巴洛克和新古典風格。

Day 4
遊覽

葡爺貝拉

 自墨西哥市搭長途巴士至葡爺貝拉，車程約兩小時。

葡爺貝拉(Puebla)是完整保留西班牙殖民風格的城市，市區裡有七十多間天主教堂、大主教宮，家家戶戶的牆上都以花磚裝飾，完美融合歐洲與拉丁美洲的美感，混合著17、18世紀的歐洲藝術和墨西哥多彩活力。葡爺貝拉大教堂內部豪華的巴洛克風格令人瞠目結舌，另一座美麗的聖多明哥教堂修道院，附設的蘿沙里歐禮拜堂金碧輝煌，外牆全鑲著純金。另外，本區的泥土讓葡爺貝拉所生產的陶器十分有名。

Day 5
遊覽

提奧狄華岡

 自墨西哥市搭乘巴士抵達提奧狄華岡。

提奧狄華岡(Teotihuacan)是最知名的中美洲文明遺跡之一，城市最早奠基於西元1世紀，及至4世紀時，區域裡的大型建築，如日、月金字塔、羽蛇神神廟都興築於這時候。提奧狄華岡遺跡以「死亡大道」為中軸，市區作格子狀分割，太陽金字塔位在死亡大道東邊，高度超過70公尺，建築時間約西元100年，由三百萬噸的石塊、磚塊所堆砌而成，完全沒有利用任何金屬工具。

Day 6~7
遊覽

瓦哈卡

 自墨西哥市搭長途巴士至瓦哈卡，車程約6小時。

瓦哈卡(Oaxaca)是典型的西班牙殖民城市，色彩繽紛，街上鵝黃、粉藍、嫩綠的歐式風格房子一字排開，十分亮眼。由於該地區的地震頻繁，因此房子都有抗震的設計。舊城區

裡兼具美觀與實用性的建築，1987年被列入世界遺產。

Day 8

遊覽

莫雷利亞

 自墨西哥市搭長途巴士至莫雷利亞，車程約4小時。

相當於18世紀末期都市規模的莫雷利亞(Morelia)舊城區，保存了一千多幢主要興建於殖民時期的歷史建物，最具代表性的有1774年巴洛克風格的大教堂、用本地建築色彩與技巧詮釋洛可可風的聖地牙哥教堂，還有建於殖民時期，直到1910年才停用的古老輸水道。這些建材多使用當地產的帶紅色砂岩，令莫雷利亞因而有「粉紅石城」之稱。

Day 9~10

遊覽

瓜娜華朵

 自墨西哥市搭長途巴士至瓜娜華朵，車程約5小時。

曾經供應著西班牙殖民時期四分之一銀礦量的瓜娜華朵(Guanajuato)，是墨西哥最美麗的城市。狹窄的石板街道、穿越山丘的山洞和一棟棟具有殖民時期風格的建築，讓人眼睛一亮。這都要從1559年發現豐富的銀礦說起，距市區5公里的La Valenciana 銀礦在過去250個生產全世界20%的產量，銀礦使生活富裕，因此市區廣建巴洛克式及新古典式建築，著名的La Compañía和La Valenciana兩大教堂更是拉丁美洲教堂的代表作。

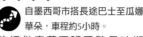

Day 11

遊覽

拉卡提卡斯

 自墨西哥市搭長途巴士至拉卡提卡斯。

拉卡提卡斯(Zacatecas)是個典型的殖民地風格城市，充滿巴洛克風格的舊市區列入了世界遺產。這個城市在16世紀時因發現銀礦而鼎盛，在富商贊助下，藝術風潮擁進這裡，大型的殖民風宅邸、漂亮的公園建立，造就今日美麗的城市風貌。原本稱為Nuestra Señora de Asunción的大教堂，是拉卡提卡斯的驕傲，以粉紅色砂岩打造的教堂，大門上有3層繁複的浮雕，令人讚嘆。

Day 12~13

遊覽

帕蓮克

 自墨西哥市搭巴士（可選搭夜間巴士）至帕蓮克，再轉搭公車至馬雅遺址參觀。

帕蓮克(Palenque)是重要的馬雅文化遺跡，神廟、宮殿、廣場、民舍等倚坡而建，形成壯觀的古代建築群。著名的王宮高聳在梯形平台上，由13間具地窖的房子、3個地下畫廊和一個高塔組成4個庭院的宮殿，內部裝飾華麗，四周有壁畫、浮雕和各類雕刻，作工精細。碑銘神廟是最高的建築，建有8層的金字塔建築，塔頂端有一階梯引領到平台上的3間神廟。主廳後牆嵌著兩塊大石板，刻著620個馬雅象形文字，、應是記錄帕蓮克和碑銘神廟的歷史。

Day 14

遊覽

奇琴伊察

自帕蓮克搭乘巴士經Merida至奇琴伊察。

奇琴伊察(Chichen-Itza)最重要的建築是名為庫庫爾坎(Kukulkan)的神廟，又稱金字塔神廟(El Castillo)，由塔身和台廟兩部分組成。金字塔底座呈四方形，塔身9層，向上逐層縮小至梯形平台，每個側面有長長的階梯通往頂部，4座階梯共364級台階，加上上面的一級，正好是太陽年一年365天的天數。9層塔座的階梯又分為18個部分，對應著馬雅曆法中一年的月數，側面排列了52片雕刻精美的石板，恰巧是馬雅人的曆法週期。

Day 15

返家

搭機返台

 從奇琴伊察搭車至Cancun，再自Cancun機場搭機飛至墨西哥市後，轉機返回甜蜜的家。

法國之最 夢幻之旅

若說法國是世界遺產的黃金之國一點也不為過，在這塊五角型的國土上，遍布著53處被視為人類文化菁華的遺跡。從羅馬時代到近代，不只是令人讚嘆的奇景，還能從中體會歷史的流動、文明的進程與智慧的累積。

Day 1
出發

台灣飛抵巴黎

從台灣搭長榮航空或中華航空飛抵法國巴黎。

Day 2~4
遊覽

巴黎

旅遊巴黎搭乘地鐵最便利。

塞納河岸列入世界遺產的巴黎，可以分成幾個區域旅遊，凱旋門和艾菲爾鐵塔區順遊香榭麗舍大道、夏佑宮；羅浮宮和歌劇院區可順遊協和廣場、杜樂麗花園、橘園美術館；巴士底和瑪黑區順遊龐畢度中心、巴士底廣場、雨果紀念館、畢卡索美術館；塞納河和西堤島區順遊巴黎聖母院、新橋、聖路易島；左岸・拉丁區和蒙帕納斯區順遊奧塞美術館、萬神殿、羅丹美術館；蒙馬特區順遊聖心堂、紅磨坊、狡兔酒館、達利美術館。

Day 5
遊覽

凡爾賽宮

自巴黎搭高速郊外快車RER或火車到凡爾賽宮。

列入世界遺產的凡爾賽宮（Palace of Versailles）是法國有史以來最壯觀的宮殿，路易十四繼位，將政治中心移轉至此，展開擴建計畫，耗費50年打造出宮殿、花園、特里亞農

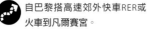

宮、瑪麗安東奈特宮和大馬廄等區域。繼位的路易十六奢靡無度，引發法國大革命，凡爾賽宮人去樓空，直到1837年改為歷史博物館。在這裡，看到的不僅是一座18世紀的藝術宮殿，同時也看到了法國歷史的軌跡。

Day 6
遊覽

楓丹白露

自巴黎搭火車到楓丹白露。

列入世界遺產的楓丹白露（Fontainebleau），名稱意謂「美麗的泉水」。12世紀，法王路易六世修建城堡和宮殿做為避暑勝地，法蘭斯瓦一世保留中世紀的城堡古塔，還增建了金門、舞會廳、長廊，並加入義大利式建築裝飾。這種結合文藝復興和法國傳統藝術的風格，在當時掀起仿效浪潮，也就是「楓丹白露派」。法國大革命時，城堡的家具遭到變賣，宮殿宛如死城。直到1803年，經拿破崙的整修，楓丹白露才重現昔日光彩。

Day 7
遊覽

聖米歇爾山

自巴黎搭火車到聖米歇爾山。

從遠處觀望聖米歇爾山（Mont-Saint-Michel），宛如一座獨立的島嶼和城堡，事實上自中世紀蓋了修道院後，這裡便成為重要的朝聖之地。早在8世紀之前，聖米歇爾山周圍是片青翠森林，後森林沉入陸

地，造就這座周長900公尺、高88公尺的花岡岩小山孤立於沙洲。此處以潮汐落差而著名，最大的漲潮期是在滿月和新月的36~48小時後，高漲的海水將山頭變成一座孤立於河口的岩島，退潮時會露出與本島接壤的大道，彷彿海中仙境。

Day 8~9

羅亞爾河谷地

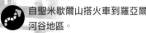自聖米歇爾山搭火車到羅亞爾河谷地區。

羅亞爾河是法國境內最長的一條河流，河水流經的谷地分布了百座城堡，歷史可追溯到9世紀中葉，在權力核心逐漸移往凡爾賽宮之前，歷代的法國國王多定居於羅亞爾河一帶，尤其當16世紀的文藝復興風潮吹進法國時，滿足王室需要的居住型城堡大量興建，優雅華麗如雪儂梭堡和香波堡等便是此時期出現，此外，榭維尼堡、翁布瓦茲堡、阿澤勒伊多堡、維雍德希堡都是值得一遊的城堡。

Day 10

遊覽

里昂

自羅亞爾河谷地搭火車到里昂。

里昂(Lyon)是歷史遺產豐富的古城與水鄉，因位居歐洲心臟位置，一直扮演貿易重鎮的角色。15世紀中，新發明的活版印刷術進入里昂，此後的里昂是歐洲印刷中心。16世紀，里昂又因精良的製絲技術成為歐洲的絲織首都，世界名牌愛馬仕絲巾就是發跡於此，里昂舉足輕重的經濟地位一直持續到18世紀。1998年，聯合國教科文組織將里昂列名世界文化遺產。

Day 11~12

遊覽

亞維儂

自里昂搭火車到亞維儂。

亞維儂(Avignon)是普羅旺斯最熱鬧的城市，也是歐洲的藝術文化重鎮。一出火車站，看到的是長約5公里的古城牆，在這個充滿著古老氣息的城鎮中，許多建築、古蹟、

教堂、鐘樓、博物館隱身於巷弄裡，適合以散步的方式細細品味其歷史況味。此外，東郊有一片布滿薰衣草、葡萄園與石灰岩的山區，展現普羅旺斯典型的田園風光，同時也保存中世紀建築遺跡。

Day 13

遊覽

亞爾勒

自亞維儂搭火車到亞爾勒。

位居義大利到西班牙的重要道路上，亞爾勒(Arles)城裡城外到處充滿古羅馬建築遺址，因而入列世界遺產。每年從復活節開始到9月的鬥牛節是這裡的重要節慶，為亞爾勒增添了幾許活潑氣息。1888年，梵谷離開巴黎來到亞爾勒，留下著名的《隆河星空》與《星空下的咖啡館》等曠世畫作，更令亞爾勒充滿傳奇色彩！

Day 14

遊覽

尼斯

自亞爾勒搭火車到尼斯。

列入世界遺產的尼斯(Nice)是法國第五大城市，是座新舊融合的城市，因經歷不同國家與王室的統治，建築風格也呈現多元化，包括羅馬遺跡，而從19世紀維多利亞時代開始，尼斯因終年氣候和煦、海水潔淨，成為最受歐洲貴族歡迎的度假地，連馬諦斯和夏卡爾這兩位20世紀的現代藝術大師也被尼斯所吸引，精彩畫作藏於當地馬諦斯博物館和夏卡爾博物館中。

Day 15

返家

搭機返台

自尼斯搭乘特快列車至巴黎後，轉搭中華航空或長榮航空返回甜蜜的家。

最新全球

世界遺產全記錄

5大洲

168國家地區

1223座世界遺產

EUROPE

歐洲

阿爾巴尼亞Albania

 2 | 1 | 1 | Total 4

位於巴爾幹半島東南部的阿爾巴尼亞，由於接近希臘，又在巴爾幹交通要衝上，入選的兩座世界遺產，都與這樣的歷史和地理背景相關。

★喀爾巴阡山脈與歐洲其他地區的原始山毛櫸森林
Ancient and Primeval Beech Forests of the Carpathians and Other Regions of Europe
詳見德國

★奧赫里德地區的自然及文化遺產
Natural and Cultural Heritage of the Ohrid Region
詳見北馬其頓

1992
文化遺產
伊特魯斯坎×希臘×羅馬文化

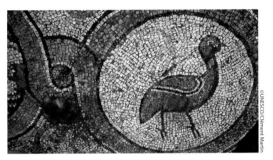

©UNESCO/Clement Martin

布特林特 Butrint

1928年義大利考古隊在荒煙漫草間發掘了它，出土遺跡中展現該城各個時期的樣貌，古希臘羅馬時期的圍牆與圓形劇場和神廟、西元前6世紀的古堡、基督教傳入時期的大教堂等等，都見證了它昔日的經濟與軍事實力。

2005
文化遺產
鄂圖曼土耳其

貝拉特與吉諾卡斯特拉歷史中心
Historic Centres of Berat and Gjirokastra

「千窗之城」貝拉特和「兩千階梯之城」吉諾卡斯特拉，是罕見的鄂圖曼土耳其時期的典型建築範例。發跡於西元前6世紀的貝拉特，有歷史可以回溯到西元前4世紀的城堡、拜占庭時期的教堂，及鄂圖曼年代的清真寺與蘇菲派兄弟會。吉諾卡斯特拉是由希臘人社區所組成，以城堡和美麗的雙層房舍著稱。

©UNESCO/Yvon Fruneau

安道爾Andorra

 1 | 0 | 0 | Total 1

安道爾這個位於法國和西班牙之間、庇里牛斯山脈東邊的小山國，國土為歐洲第六小的國家，面積僅468平方公里，首都為老安道爾 (Andorra la Vella)，海拔1023公尺，為歐洲最高首都。這座入選的世界遺產位於該國東南部。

2004
文化遺產
人文聚落景觀×峽谷

馬德留－佩拉菲塔－克拉羅大峽谷文化景觀
Madriu-Perafita-Claror Valley

安道爾南方有一座占地約43平方公里、幾乎占該國9%面積的冰河峽谷，由於東、南、西三面環繞著山脈，北面是陡峭的峽谷，遺世獨立的環境成為稀有和瀕危野生動物的避難所。馬德留－佩拉菲塔－克拉羅大峽谷展現了次寒帶高山景觀的縮影，它充滿戲劇性的峭壁冰景、冰河、高低起伏的樹林谷地以及高山牧場。

©Andorra Tourism

符號說明 登錄時間 遺產內容　遺產類型 文化遺產 自然遺產 綜合遺產 瀕危文化遺產 瀕危自然遺產 瀕危綜合遺產

奧地利 Austria

🏛 # 11　🔔 # 1　🏛 # 0　Total 12

奧地利歷史悠久，哈布斯堡王朝曾經在歐洲權傾一時，10處世界遺產有9處屬於文化遺產，類型橫跨城堡、宮殿、園林、城市歷史中心，以及溪谷、湖泊與鐵道等人文景觀，十足反映其多元文化面貌。

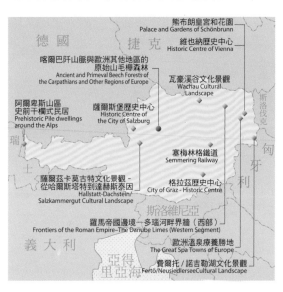

德國　捷克

熊布朗皇宮和花園
Palace and Gardens of Schönbrunn

維也納歷史中心
Historic Centre of Vienna

喀爾巴阡山脈與歐洲其他地區的原始山毛櫸森林
Ancient and Primeval Beech Forests of the Carpathians and Other Regions of Europe

瓦豪溪谷文化景觀
Wachau Cultural Landscape

阿爾卑斯山區史前干欄式民居
Prehistoric Pile dwellings around the Alps

薩爾斯堡歷史中心
Historic Centre of the City of Salzburg

斯洛伐克

瑞士

塞梅林格鐵道
Semmering Railway

匈牙利

薩爾茲卡莫古特文化景觀－從哈爾斯塔特到達赫斯泰因
Hallstatt-Dachstein/ Salzkammergut Cultural Landscape

格拉茲歷史中心
City of Graz - Historic Centre

羅馬帝國邊境－多瑙河畔界牆（西部）
Frontiers of the Roman Empire–The Danube Limes (Western Segment)

義大利

斯洛維尼亞

歐洲溫泉療養勝地
The Great Spa Towns of Europe

亞得里亞海

費爾托／諾吉勒湖文化景觀
Fertö/NeusiedlerseeCultural Landscape

★喀爾巴阡山脈與歐洲其他地區的原始山毛櫸森林
Ancient and Primeval Beech Forests of the Carpathians and Other Regions of Europe
詳見德國

★歐洲溫泉療養勝地 The Great Spa Towns of Europe
詳見捷克

薩爾斯堡歷史中心
Historic Centre of the City of Salzburg

1996

 文化遺產

 歷史城區

　身為音樂神童莫札特的故鄉，薩爾斯堡因為保存了大量精緻的城市建築而成為世界遺產。

　這座城市從中世紀開始直到19世紀為止，一路由大主教管轄，最早便因為火焰哥德式藝術而吸引了來自各地的手工藝匠在此定居；後來又因為義大利建築師Vincenzo Scamozzi和Santini Solari聯手打造的巴洛克式面貌而聞名，大量的教堂和修道院建築為薩爾斯堡帶來戲劇性的城市景觀。

　舊城區以莫札特廣場為中心圍繞著許多著名建築，包括大教堂、老市政廳、主教官邸、主教官邸噴泉等，都是不可錯過的景點。當然，建築永遠比不過一個永恆的名字，那就是在此出生的音樂家莫札特，為了紀念他不朽的成就，每年都會舉辦薩爾斯堡音樂節，成為吸引觀光客的一個主要活動。

1996

文化遺產

宮殿
×
花園

熊布朗宮殿和花園
Palace and Gardens of Schönbrunn

從18世紀到20世紀初，熊布朗宮一直都是奧地利最強盛的家族——哈布斯堡王朝家族的官邸，它的建築由Johann Bernhard Fischer von Erlach和Nicolaus Pacassi兩位建築師設計，建築風格融合了「瑪莉亞‧泰瑞莎式」外觀，以及充滿巴洛克華麗裝飾的內部，成為中歐宮廷建築的典範。

名稱意思為「美泉宮」的熊布朗宮，總房間數多達上千間，如今只開放一小部分供遊客參觀，包括莫札特七歲時曾向瑪莉亞‧泰瑞莎一家人獻藝的「鏡廳」、裝飾著鍍金粉飾灰泥以4千根蠟燭點燃的「大廳」、被當成謁見廳的「藍色中國廳」、裝飾著美麗黑金雙色亮漆嵌板的「漆廳」、高掛奧地利軍隊出兵義大利織毯畫的「拿破崙廳」、耗資百萬裝飾成為熊布朗宮最貴廳房的「百萬之廳」，以及瑪莉亞‧泰瑞莎、法蘭茲‧約瑟夫一世等人的寢宮。

散布於宮殿後方的庭園占地1.7平方公里，林蔭道和花壇切割出對稱的幾何圖案，位於正中央的海神噴泉充滿磅礡氣勢，由此登上後方的山丘，可以抵達猶如希臘神殿的Gloriette樓閣，新古典主義的立面裝飾著象徵哈布斯堡皇帝的鷲，這裡擁有欣賞熊布朗宮和維也納市區的極佳角落。

建築本身加上庭園，以及1752年設立的世界第一座動物園，讓熊布朗宮成為奧地利最熱門的觀光勝地之一。

符號說明　登錄時間　遺產內容　　遺產類型　文化遺產　自然遺產　綜合遺產　瀕危文化遺產　瀕危自然遺產　瀕危綜合遺產

1997

文化遺產

人文聚落
景觀
×
湖泊

薩爾茲卡莫古特文化景觀—從哈爾斯塔特到達赫斯泰因
Hallstatt-Dachstein / Salzkammergut Cultural Landscape

　　薩爾茲卡莫古特的德文由Salz(鹽)與Kammergut(皇家領地)組合而成，開採鹽礦的歷史相當悠久，後因成為哈布斯堡家族的御用鹽倉而蓬勃發展。距離薩爾斯堡約1小時車程的薩爾茲卡莫古特，層疊山巒間點綴著76個大小澄澈湖泊，舉目所及盡是自然優美的絕景，是能忘卻塵囂的世外桃源，豐富的自然資源也讓此處成為人氣鼎沸的度假勝地。

　　區域內有著許多聞名遐邇的可愛湖濱小鎮，就靜靜地安躺於群山與湖泊的懷抱中，像是最具盛名的聖沃夫岡、溫療養地巴德伊舍、莫札特母親出生地的聖吉爾根、如夢似幻的哈爾施塔特等。因此處自然保存與人文發展的和諧共存，讓這一帶幾乎全劃入世界遺產，以輕慢的腳步，最能咀嚼出其獨到的韻味。

　　雖然當地的礦產維持了人們的經濟活動，不過動人的湖泊景色卻未因此受到破壞，成為人類和大自然互惠且和平共處的良好示範。

1999

文化遺產

歷史城區
×
城堡

格拉茲城—歷史中心和艾根堡城堡
City of Graz – Historic Centre and Schloss Eggenberg

歷經哈斯堡家族數個世紀的統治，長期繁榮興盛的格拉茲至今仍是奧地利最重要的城市之一。

身為奧地利第二大城，蜿蜒狹窄的街道旁林立的象徵文藝復興、巴洛克、現代風格等不同時期建築，格拉茲的舊市區是最能代表中歐藝術和建築的範本，偉大的藝術家和建築師在此盡情揮灑，讓這座結合各個時期風格建築的城市洋溢著中世紀的風情。

格拉茲的地理位置在奧地利東南方，地處東歐與巴爾幹半島交接處，蘊育了豐富、多元化的文化色彩。西部接鄰阿爾卑斯山山腳，莫爾河(Mur)流經市中心，周圍盡是廣闊的綠地，而有「花園城市」之稱。 在格拉茲的石板路上漫步，除了可以欣賞到精緻的建築、時尚的櫥窗，往來穿梭的格拉茲人所散發出的優雅風采，更讓這個藝術之城成為歐洲遊客的旅遊勝地。

1998

文化遺產

鐵道

塞梅林格鐵道
Semmering Railway

西元1848~1954年時，奧地利人在阿爾卑斯的高山峻嶺間興建了一條長達41公里的鐵路，在工業技術不如今日先進的當時，塞梅林格鐵道象徵著早期鐵道建築的卓越成就，不論是隧道、高架橋或其他工程，都因為必須克服重重的險境與困難而令人敬佩。

如今這條坐擁阿爾卑斯山美麗風光的鐵道，連同沿途的特色建築，成為奧地利休閒娛樂勝地。

2021

羅馬帝國
×
邊界建築

文化遺產

羅馬帝國邊境—多瑙河畔界牆（西部）
Frontiers of the Roman Empire–The Danube Limes (Western Segment)

這項遺產涵蓋了羅馬帝國多瑙河畔近六百公里的範圍，是羅馬帝國環繞地中海的部分邊界，羅馬帝國以多瑙河作為其北方邊界，興建了道路、軍團要塞、相關定居點、小堡壘、臨時營地等，用以確保邊境安全，這些邊界工事都因應地形而搭建，展現了羅馬邊境的特殊性與當時的防禦體系。
＊與德國、斯洛伐克並列

符號說明 登錄時間 遺產內容　遺產類型 文化遺產 自然遺產 綜合遺產 瀕危文化遺產　瀕危自然遺產　瀕危綜合遺產

2000

文化遺產

人文聚落
景觀
×
河谷

瓦豪溪谷文化景觀
Wachau Cultural Landscape

　　身為多瑙河之靈的瓦豪溪谷，坐落於梅克 (Melk)和克雷姆斯(Krems)之間，這段35公里的 河岸，由於優美的自然環境，及巧奪天工的美麗 河谷、沿岸的城堡遺跡，而在1998年被收錄為 世界遺產。從史前時代便開始發跡，其間錯落著 修道院、城堡等建築，城鎮與村落的城市布局規 劃、以及葡萄園等農地利用的文化景觀。

　　在沿途的景觀上，可以看見未受破壞的大自 然、一連串的歷史建築、從史前時代演變至今的 農業用地以及城鎮規劃，形成一種跨越時光且非 常獨特的風景。

2001

文化遺產

人文聚落
景觀
×
湖泊

費爾托／諾吉勒湖文化景觀
Fertö / Neusiedlersee Cultural Landscape

　　位於奧地利布蘭根省的諾吉勒湖，八千年 來都是不同文化交匯的地點，當地地貌因為人 類活動和自然環境的交相影響，產生了不同的 景觀，其中最具代表性的是圍繞於湖畔四周的 村莊聚落建築，它們大多出現在18~19世紀， 因而增添了諾吉勒湖這處充滿田園之美的文化 價值。

　　諾吉勒湖位於奧地利和匈牙利交界處，在 匈牙利境內則名為費爾托(Fertö)，是中歐最大 的草原湖，海拔113公尺，總面積約320平方公 里。湖泊大部份位於奧地利境內，有五分之一 是在匈牙利境內，因此由奧地利和匈牙利共同 提報，並通過列名世界遺產。
＊與匈牙利並列

2011

文化遺產

聚落遺址

阿爾卑斯山區史前干欄式民居
Prehistoric Pile dwellings around the Alps

　　阿爾卑斯山區的河川、湖泊及溼地邊，共有111處史前干欄式民居遺跡，為德國、奧地利、 瑞士、義大利、法國、斯洛維尼亞等6國共有的世界遺產。這些史前民居大約建於西元前五千年至 五百年間，時間橫跨新石器時代與青銅器時代，部分遺跡保存完好，提供豐富的考古證據，並展示 當時人類的生活方式與適應環境的社會發展，是研究這個地區早期農耕社會形成的重要史料。
＊與法國、德國、義大利、斯洛維尼亞、瑞士等國並列

2001

瀕危
文化遺產

歷史城區

維也納歷史中心
Historic Centre of the City of Vienna

　　奧匈帝國的首都、歐洲指標性的音樂之都，維也納從凱爾特和羅馬聚落演變成一座中世紀和巴洛克城市，又在19世紀時經歷了工業革命。從坐落於歷史中心的巴洛克風格城堡和花園，到環城大道旁的成串建築，維也納見證著兩千年來世代交替的重要價值，同時展現了政治與文化發展的關鍵，成為歐洲珍貴的城市規劃遺產。

　　它的建築形式充分展現了三個不同時期的風格，分別是：中世紀建築、巴洛克時期建築及現代主義建築，這是維也納歷史中心列入世界遺產名單最主要的原因之一。

　　仔細研究維也納建築的發展，可以發現它從莊嚴沉穩的仿羅馬式建築、哥德式建築演替成華麗精巧的巴洛克風格，而當巴洛克式建築在歐洲流行的時候，統治維也納的哈布斯堡王朝正處於最強盛時期，因此對於這種講究雕刻裝飾的巴洛克主義特別傾心，在維也納建造了許多令人瞠目結舌的氣派建築和迷宮般的大型花園，這是維也納發展史中的黃金時期。

　　而哈布斯堡王朝在維也納創立的功績，除了華麗的建築結構之外，將維也納建立成歐洲音樂的首都，所有世界最頂級的音樂家都從維也納發聲，其中包括薩爾斯堡出身的莫札特，維也納在世界古典音樂史上達到的成就，不但影響歐洲音樂史的發展，同時也讓維也納成為古典音樂的朝聖中心。

　　即使到了20世紀之後，維也納仍然在建築和音樂兩方面獨領風騷，每年超過700萬的遊客湧入這個都市，就是為了一睹音樂之都的風采。

符號說明 登錄時間　遺產內容　　遺產類型 文化遺產 自然遺產 綜合遺產 瀕危文化遺產 瀕危自然遺產　瀕危綜合遺產

白俄羅斯Belarus

 3　　1　　0　　Total 4

拉脫維亞
俄
羅
斯
立陶宛
波蘭
烏克蘭

比亞沃維耶札原始森林
Belovezhskaya Pushcha / Białowieża Forest

涅斯維日的拉濟維烏家族城堡建築群
Architectural, Residential and Cultural Complex of the Radziwill Family at Nesvizh

米爾城堡建築群
Mir Castle Complex

斯特魯維地質測量點
Struve Geodetic Arc

位於俄羅斯和波羅的海諸國之間的白俄羅斯，其歷史發展始終夾處於俄國和波蘭、立陶宛兩方勢力之間，直到1991年蘇聯解體才正式獨立。除了一處與波蘭並列的自然遺產，還有兩座城堡建築、一處地質測量點入選。

米爾城堡建築群
Mir Castle Complex

2000
文化遺產
城堡

　　米爾城堡建築群於15世紀末開始興建，最初的哥德式建築落成於16世紀初的Ilinich公爵之手，然而隨著城堡異主，不斷經過擴建，融合了文藝復興和巴洛克式風格，到了拿破崙時期，卻因為戰爭遭到棄置而多所毀壞，直到19世紀末才根據昔日藍圖加以重建，並將附近的區域納入成為花園。

　　這座中歐城堡透過型式和外觀，展現一連串在設計與布局上所受到的文化影響，同時反映出歷史上長期的政治與文化對立和合一，成為當地令人印象深刻的古蹟。

比亞沃維耶札原始森林
Belovezhskaya Pushcha / Białowieża Forest

1979
自然遺產
森林

　　比亞沃維耶札原始森林位於波羅的海與黑海的分水嶺，橫跨白俄羅斯與波蘭邊境，年代可回溯到西元前八千年，是歐洲目前僅存的一片原始森林，也是極為珍貴的自然區。這裡不僅生長著長青闊葉樹、針葉樹等約九百種植物，還孕育了許多稀有的哺乳動物，包括駝鹿、狼、貂、山貓以及歐洲最重的陸上動物「歐洲野牛」。

　　1932年，波蘭政府為了保護古老的森林資源，並且重新復育數量稀少的歐洲野牛，在此正式成立比亞沃韋札國家公園，面積占整個原始森林的1/10，而這座國家公園也是歐洲歷史最悠久的國家公園之一。

＊與波蘭並列

2005

文化遺產

城堡
×
宮殿

涅斯維日的拉濟維烏家族城堡建築群
Architectural, Residential and Cultural Complex of the Radziwill Family at Nesvizh

身為波蘭豪門的拉濟維烏家族，在中、東歐長達好幾個世紀的歷史中，扮演了舉足輕重的地位，該貴族世家誕生過多位知名人物，對於傳播南歐與西歐的文化有著重要的貢獻。

拉濟維烏家族於1533年開始擁有位於涅斯維日的城堡建築群，他們不但讓這座城堡成為16~17世紀中歐建築的發展原型，同時也是中歐新建築學派的搖籃。直到1939年遭到蘇聯紅軍驅逐，拉濟維烏家族才離開這個居住了幾個世紀的城堡。

該城堡群十座相互連結的建築環繞著六角形的庭園，其中又以基督聖體教堂(Corpus Christi Church)最為重要，其建築結構衍生出日後俄羅斯的十字圓頂長方形建築。

©Belarus Tourism

2005

文化遺產

地理標誌

斯特魯維地質測量點
Struve Geodetic Arc

斯特魯維地質測量點是在一條橫跨10個國家的地質測量弧線中，以三角測量法落在這幾個國家的測量點。這條測量線總長2820公里，起自挪威的哈默菲斯特(Hammerfest)，終抵黑海，勘測計畫是由俄羅斯地質學家斯特魯維(Friedrich Georg Wilhelm Struve)在1816~1855年間主持，是全球首度對子午線進行長距離的測量，這對於後來確認地圖標準繪製，以及在地球科學和地形學上都有相當大的助益。

整條測量線以258個三角定位找出265個主要落點，聯合國教科文組織選出34個落點，分別以當初測量時留下的記號為主，包括岩石洞、鐵十字架、石堆註記或是紀念碑等。

這個世界遺產共跨越白俄羅斯、愛沙尼亞、芬

©UNESCO/Francesco Bandarin

蘭、拉脫維亞、立陶宛、摩爾多瓦、挪威、俄羅斯、瑞典、烏克蘭等10個國家。在白俄羅斯，當年共有19個測量點，其中5個被列入世界遺產。

＊與愛沙尼亞、芬蘭、拉脫維亞、立陶宛、摩爾多瓦、挪威、俄羅斯、瑞典、烏克蘭並列。

符號說明 登錄時間 遺產內容

遺產類型  文化遺產 自然遺產 綜合遺產 瀕危文化遺產 瀕危自然遺產 瀕危綜合遺產

比利時Belgium

 15　 1　 0　 Total 16

比利時豐富的歷史文化，讓這個小小的國度，竟擁有15項文化遺產及1項自然遺產。從遠古新石器時代遺址，到古典城市建築，再到現代建築和工業及水力工程遺產，沒有大山大水的比利時，全然以文化面取勝。

★喀爾巴阡山脈與歐洲其他地區的原始山毛櫸森林Ancient and Primeval Beech Forests of the Carpathians and Other Regions of Europe詳見德國

★第一次世界大戰（西線）的墓葬和紀念場所Funerary and Memory Sites of the First World War (Western Front) 詳見法國

★歐洲溫泉療養勝地The Great Spa Towns of Europe詳見捷克

★慈善聚居地Colonies of Benevolence詳見荷蘭

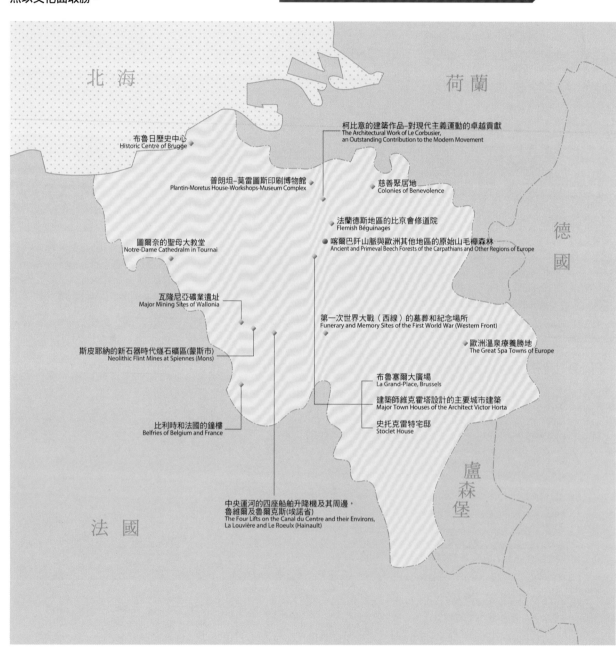

北海

荷蘭

柯比意的建築作品–對現代主義運動的卓越貢獻
The Architectural Work of Le Corbusier, an Outstanding Contribution to the Modern Movement

布魯日歷史中心
Historic Centre of Brugge

普朗坦–莫雷圖斯印刷博物館
Plantin-Moretus House-Workshops-Museum Complex

慈善聚居地
Colonies of Benevolence

法蘭德斯地區的比京會修道院
Flemish Béguinages

喀爾巴阡山脈與歐洲其他地區的原始山毛櫸森林
Ancient and Primeval Beech Forests of the Carpathians and Other Regions of Europe

圖爾奈的聖母大教堂
Notre-Dame Cathedralm in Tournai

德國

瓦隆尼亞礦業遺址
Major Mining Sites of Wallonia

第一次世界大戰（西線）的墓葬和紀念場所
Funerary and Memory Sites of the First World War (Western Front)

斯皮耶納的新石器時代燧石礦區(蒙斯市)
Neolithic Flint Mines at Spiennes (Mons)

歐洲溫泉療養勝地
The Great Spa Towns of Europe

布魯塞爾大廣場
La Grand-Place, Brussels

建築師維克霍塔設計的主要城市建築
Major Town Houses of the Architect Victor Horta

比利時和法國的鐘樓
Belfries of Belgium and France

史托克雷特宅邸
Stoclet House

盧森堡

中央運河的四座船舶升降機及其周邊，
魯維爾及魯爾克斯(埃諾省)
The Four Lifts on the Canal du Centre and their Environs,
La Louvière and Le Roeulx (Hainault)

法國

法蘭德斯地區的比京會修道院
Flemish Béguinages

　　比京會是一個成立於13世紀的婦女宗教組織，當時由於戰亂頻仍，加上黑死病肆虐，社會上有許多未婚婦女及寡婦，為了生存，他們必須結合成一個自給自足的社群，這便是比京會的創立目的。比京會的婦女們平日除了服事上帝、從事勞動外，還要照顧老弱殘疾，但她們並未如修女般立誓，因此可以擁有自己的財產，且不用過著戒律嚴格的生活，隨時也都可離開。

　　歐洲有許多比京會修道院，位於布魯日的這所修道院成立於1245年，目前已不再有任何比京會婦女居住，看到的都是天主教本篤會(Benedicitines)的修

女。修道院周圍被綠樹成蔭的運河與白牆圍繞，院內有大片綠色草坪與白揚木，後方一整排紅白色的山形牆房屋靜靜屹立，氣氛特別寧靜安詳，宛如來到世外桃源。

布魯塞爾大廣場
La Grand-Place, Brussels

　　來到布魯塞爾，首先報到的地方一定是大廣場，這裡不但早就被列為世界文化遺產，法國大文豪雨果更曾讚譽為「歐洲最美麗的廣場」。廣場吸睛亮點當然是氣派恢宏的國王之家和市政廳，四周大部份是以前的同業公會，每棟建築都有自己的名字，並將特色表現在屋頂或門楣裝飾上，只是原先的木造中世紀建

築大都無法逃過法王路易十四在1695年攻打布魯塞爾時所帶來的破壞，現存的建築物大部分是在那之後重建的，而現在金碧輝煌的樣貌則是二十世紀以來陸續重新整修後的結果。

　　早在11世紀時，廣場中央便是市集所在地，而今廣場上仍保有每天早上的花市和每週日的鳥市，在夏季時分，廣場上也會舉辦不定期的音樂會。夜間的大廣場燈火輝煌，展現出童話城堡般的夢幻浪漫韻味。

1998

文化遺產

水利工程
×
運河

中央運河的四座船舶升降機及其周邊，魯維爾及魯爾克斯(埃諾省)
The Four Lifts on the Canal du Centre and their Environs, La Louvière and Le Roeulx (Hainault)

中央運河位於比利時南部，連接斯凱德爾河(Scheldt River)與默茲河(Meuse River)兩個河流盆地，總長約20公里。為了克服埃諾省魯維爾市附近7公里河段高達66公尺的水位落差，以及水量不夠充沛的問題，比利時人延攬了英國土木工程師艾德溫‧克拉克(Edwin Clark)設計並建造4座船舶升降機，以利船隻行進。1888年，第1座船舶升降機完工，1917年，整條運河開通完成。

這4座船舶升降機帶有濃厚的工業時期特色，它的運作原理是讓船隻駛入一個水槽，然後藉由液壓千斤頂的運作，使左右兩個水槽同時垂直上升和下降，讓船隻得以前進。這些至今仍在運作的船舶升降機，不僅展現了歐洲優越的水利工程技術，也是19世紀晚期保存得最完整的工業景觀。

©Visit Belgium/OPT-JP Remy

©Visit Belgium/OPT-JP Remy

©Visit Belgium/OPT-JP Remy

2000

文化遺產

歷史城區

布魯日歷史中心
Historic Centre of Brugge

布魯日像個上了鎖的中古世紀木箱，幸運躲過二次大戰的戰火，鎖住了數個世紀的繁華，走在街頭，無時無刻不感受到那股被傳統與藝術洗鍊過的氛圍。12、13世紀間，羊毛紡織業和布料貿易讓布魯日成為稱霸西歐的港口，14世紀的金融市場技術甚至吸引威尼斯商人前來取經，只可惜通往北海的重要海道因泥沙淤積而無法行船，布魯日的黃金歲月在16世紀初畫下句點。失去經濟龍頭地位，布魯日沈寂數百年，也因此得以保存完整的歷史古蹟，在2000年時被聯合國教科文組織評定為世界文化遺產，而這些文化藝術寶藏終究為城市找回往日榮光。

Brugge在荷蘭文中是「橋樑」的意思，一條條小而精緻的運河和一座座精緻的橋樑，在這座古城裡縱橫交錯，也讓布魯日獲得了「比利時的威尼斯」之美名。乘坐遊船順著蜿蜒的運河貫穿市區，也是另一種悠閒的旅遊方式，兩岸皆是布魯日有趣的風格建築，尤其是那些中古世紀遺留下來的修道院或醫院等古蹟，更讓人一發思古幽情。而在地標建築中，以供奉著基督聖血及聖物的聖血禮拜堂最為出名，建於13世紀的鐘樓則緊追在後，攀爬366層階梯登上樓頂，完整的中世紀古城皆臣服腳下。

1999

文化遺產

各種不同建築風格的鐘樓

比利時和法國的鐘樓
Belfries of Belgium and France

中世紀時期的歐洲，不論是義大利、德國和英國的城鎮，多半都以蓋一座市政廳來代表一個城市，而在歐洲西北部地區，則更熱中於蓋鐘樓，而鐘樓通常是一座城市裡繼領主城堡、教堂鐘塔之外的第三高塔，也是城市強盛的象徵。最早的時候，鐘樓多半為木造建築，商人用來存放貴重物品之用，後來才逐漸改成磚造建築，其主要作用也改為代表這個城市的自由與權勢。

這些建於西元11~17世紀之間的鐘樓，法國北方有23座，比利時境內有32座，呈現了從仿羅馬、

©Visit Belgium/OPT-JP Remy

哥德、文藝復興，到巴洛克時期，各種不同風格的建築，而一起被列為世界遺產。

＊與法國並列

2000

文化遺產

新藝術
建築

建築師維克多・奧爾塔在布魯塞爾的主要城市建築
Major Town Houses of the Architect Victor Horta (Brussels)

本世界遺產包括布魯塞爾的4座主要城市建築：塔塞爾旅館(Hôtel Tassel)、索勒維旅館(Hôtel Solvay)、埃特維爾德旅館(Hôtel van Eetvelde)以及奧爾塔故居及工作室(Maison & Atelier Horta)，負責設計的是比利時知名建築師維克多・奧爾塔。

維克多・奧爾塔是「新藝術運動」(Art Nouveau)的發起人之一，他突破當時傳統的建築思維，大量採用明朗的布局、彎曲的線條以及漫射的光線，摒棄直線和銳利的角度，因此也使得這4座城市建築成為19世紀末期歐洲建築中的先鋒之作，並且反映了歐洲在19及20世紀的藝術、思想與社會變遷。

©Visit Belgium

©Visit Belgium/OPT-AlessandraPetrosino

2012

文化遺產

礦業景觀
×
煤礦

瓦隆尼亞礦業遺址
Major Mining Sites of Wallonia

瓦隆尼亞礦業遺址包含了4座開採於19及20世紀，至今仍保存良好的煤礦場，它們共同組成一條由東向西橫跨比利時，長170公里、寬3到15公里的帶狀區域。這4座礦區分別是19世紀初由建築師布魯諾・雷納德(Bruno Renard)設計建造的格朗霍奴礦區(Grand-Hornu)及工業城，擁有歐洲最早的煤礦場，以及許多建於1838年到1909年間建築物的路克森林礦區(Bois du Luc)、布勒尼礦區(Blegny-Mine)，以及為了紀念1956年嚴重礦場災變而成立煤礦博物館的卡齊爾森林礦區(Bois du Cazier)。

這4座分布於瓦隆煤礦盆地(Walloon Coal Basin)的舊礦區，見證了比利時在工業革命時期的繁榮景象，以及它在社會、科技和都市規劃方面的創新發展。這些地區的城市設施、工業建築及工人住宅都經過高度融合，並且具有歐洲工業革命初期的新古典主義風格。

2005

文化遺產

印刷工藝

普朗坦—莫雷圖斯印刷博物館
Plantin-Moretus House-Workshops-Museum Complex

安特衛普在15、16世紀時是歐洲印刷業的重鎮，而來自法國的普朗坦(Christopher Plantin)更是當時印刷業界的翹楚，他於1555年在這裡開設了一間印刷廠，成為他事業的立足點，在他於1589年過世後，印刷廠由莫雷圖斯家族所繼承，並經營了長達300年之久。如今，遊客可以在普朗坦以前的工作室中見識仍能運轉的印刷機器、製版機等歷史文物，了解16世紀一本書印製完成的過程。

館內的收藏還包括一台世界上最古老的印刷機(約西元1600年)、早期的印刷原料、珍貴的活字印刷本古騰堡聖經(Gutenberg Bible)、豐富的印刷圖像，以及包括魯本斯在內的大師蝕刻板畫收藏等，完整見證了15至18世紀的印刷歷史。

符號說明 登錄時間 遺產內容　遺產類型 文化遺產 自然遺產 綜合遺產 瀕危文化遺產 瀕危自然遺產 瀕危綜合遺產

©Visit Belgium/OPT/JPRémy

EUROPE

2000

文化遺產

教堂

圖爾奈聖母大教堂
Notre-Dame Cathedral in Tournai

12世紀上半葉，這座教堂在先前遭大火燒燬的主教聖堂地基上重建完成，它以當地出產的藍灰色石料作為外牆建材，並且融合了羅馬與哥德風格的建築元素，最具特色的部分包括：沉重肅穆的羅馬式中殿、重建於13世紀中葉充滿哥德風格的唱詩班席位、5座醒目的哥德式塔樓、以及建築手法介於羅馬與哥德之間，屬於過渡期作品的耳堂。這些風格鮮明的建築結構，清楚呈現了大教堂所經歷的三段設計期。

©Visit Belgium/OPT/Joseph Jeanmart

圖爾奈聖母大教堂不僅擁有建築上的價值，同時也保存了不少珍貴的藝術品，其中最具代表性的就是製於13世紀初期，以銀與銅鑄造而成的聖母像聖堂。

135

2000

文化遺產

新石器時代遺址

斯皮耶納的新石器時代燧石礦區 (蒙斯市)
Neolithic Flint Mines at Spiennes (Mons)

這座古老礦區位於蒙斯市東南方的斯皮耶納村附近，占地廣達100公頃，是歐洲歷史最悠久、面積最大的新石器時代燧石礦區。

由於堅硬的燧石破碎後會產生鋒利的切口，可當工具使用，因此新石器時代的人類會鑿取這種岩石，經過敲擊成形與打磨的程序，將它製作成手斧，然後用來砍伐森林。此外，燧石和鐵器互相敲打會產生火花，因此當時的人們也把它當作取火工具。

斯皮耶納的新石器時代燧石礦區，不僅見證了燧石開採從露天走入地下的演變過程，也展現了遠古人類卓越的發明及應用能力。

2009

文化遺產

新藝術建築

史托克雷特宅邸
Stoclet House

1905年時，銀行家兼藝術愛好者阿道夫‧史托克雷特(Adolphe Stoclet)挑選了當時維也納分離派運動中最傑出的建築師之一約瑟夫‧霍夫曼(Josef Hoffmann)替他興建這座宅邸。

沒有預算限制，這棟落成於1911年的建築，被認為是霍夫曼的代表作，同時也是20世紀最精緻華麗的私人建築之一。覆蓋著大理石的外觀、充滿現代主義的簡潔感，出自克林姆、摩瑟等藝術大師設計的內部空間與細節，都讓這棟宅邸由內而外展現渾然一體的美感，猶如一件巨大的新藝術傑作而躋身世界遺產之列。

2016

文化遺產

現代建築

柯比意的建築作品—對現代主義運動的卓越貢獻
The Architectural Work of Le Corbusier, an Outstanding Contribution to the Modern Movement

柯比意(1887-1965)是20世紀最偉大的建築師之一，瑞士裔法國人，他致力讓居住在都市擁擠空間的人能有更舒適的生活環境，是功能主義建築的泰斗，被譽為現代建築的開拓者，瑞士法郎的10元紙幣就是柯比意的肖像。

在2016年世界遺產大會把柯比意的17座建築作品納入世界遺產，橫跨歐、亞、美三大洲、比利時、法國、德國、瑞士、印度、日本、阿根廷等7個國家。這些建築充分展現了一種新的建築語言，與過去的建築完全全產生一個斷點，也反映出20世紀的現代主義運動的解決方式，是以發明新的技術，來回應社會的需求，而且是全球性的。

這17座建築分別是位於比利時安特衛普的吉耶特宅邸(Maison Guiete)；德國斯圖加特的魏森霍夫聚落(Maisons de la Weissenhof-Siedlung)；法國巴黎的羅氏與納雷宅邸(Maisons La Roche et Jeanneret)和摩利托出租公寓(Immeuble locatif à la Porte Molitor)、佩薩(Pessac)的弗呂日市(Cité Frugès)、普瓦西(Poissy)的薩佛伊別墅(Villa Savoye et loge du jardiner)、馬賽的馬賽公寓(Unité d'Habitation)、孚日聖迪耶(Saint-Dié-des-Vosges)的聖迪耶工廠(La Manufacture à Saint-Dié)、鴻香(Ronchamp)的聖母教堂(Chapelle Notre-Dame-du-Haut de Ronchamp)、羅屈埃布蘭卡馬爾坦(Roquebrune-Cap-Martin)的柯比意棚屋(Cabanon de Le Corbusier)、里昂的聖瑪麗亞修道院(Couvent Sainte-Marie-de-la-Tourette)、菲爾米尼(Firminy)的菲爾米尼文化中心(Maison de la Culture de Firminy)；瑞士科紹 (Corseaux)的日內瓦湖小別墅(Petite villa au bord du lac Léman)、日內瓦的克拉泰公寓(Immeuble Clarté)；日本東京的日本國立西洋美術館(Musée National des Beaux-Arts de l'Occident)；印度昌迪加爾(Chandigarh)的議會大廈(Complexe du Capitole)；阿根廷拉普拉塔(La Plata)的庫魯特卻特博士宅邸(Maison du docteur Curutchet)。

＊與阿根廷、法國、德國、印度、日本、瑞士並列

波士尼亞及赫塞哥維納Bosnia and Herzegovina

 # 3　# 2　# 0　Total 5

夾處於克羅埃西亞和塞爾維亞之間，過去同屬「南斯拉夫」的成員之一，1990年代獨立之初，曾經發生過波士尼亞戰爭，入選的兩座世界遺產，都是橋樑建築，算是世界名橋，為鄂圖曼土耳其時代遺產。

★喀爾巴阡山脈與歐洲其他地區的原始山毛櫸森林Ancient and Primeval Beech Forests of the Carpathians and Other Regions of Europe詳見德國

2007

文化遺產

橋樑

維謝格拉德的索科羅維奇古橋
Mehmed Paša Sokolović Bridge in Višegrad

在波士尼亞及赫塞哥維納東部的德里納河(Drina River)上，跨越了一座出自鄂圖曼土耳其帝國最偉大的建築師錫南(Sinan)之手的麥何密特‧帕夏‧索科羅維奇(Mehmed Paša Sokolović)古橋，這件落成於1755年的土耳其建築巔峰之作，充分展現鄂圖曼帝國先進的土木技術。

以11座砌石拱、每座11~15公尺不等的跨距橫越將近180公尺的距離，多數砌石拱曾因兩次世界大戰受損後修復。而前南斯拉夫籍諾貝爾文學獎得主安德里奇(Ivo Andric)的小說《德里納河上的橋》(The Bridge on the Drina)，讓這座古蹟更加聲名大噪。

©UNESCO/Yvon Fruneau

莫斯塔爾舊城與舊橋地區

2005
Old Bridge Area of the Old City of Mostar

文化遺產

舊城與橋樑

名稱原意為「橋樑守護者」的莫斯塔爾，橫跨於內雷特瓦河(Neretva River)的一座深谷上，15~16世紀時發展成為鄂圖曼土耳其的邊境城市，並於19~20世紀的奧匈時期持續開發。

這座城市長期因其古老的土耳其房舍以及名稱由來的莫斯特舊橋(Stari Most)聞名，該橋在聳立了427年後因1993年的波士尼亞戰爭而損毀，連帶使得舊城區中交織土耳其、地中海和西歐風格的許多建築也遭池魚之殃。聯合國教科文組織積極修復莫爾斯特舊橋與莫斯塔爾多元文化的舊城，重建的橋樑已於2004年重新開放。

2016

文化遺產

陵墓墳塚

史特奇中世紀墓碑墓地
Stećci Medieval Tombstones Graveyards

這座遺產共有28處，主要分布在波士尼亞與赫塞哥維納全境、克羅埃西亞中部與南部、蒙特內哥羅西部及塞爾維亞西部，這些具有區域特色的中世紀墓碑，稱作「史特奇」(Stećci)。墓碑的主人多為拒絕效忠其他國家，誓死忠於波士尼亞的勇士，多數史特奇位於山丘，這裡可以讓死去的愛國鬥士們俯瞰鄉野，靈魂得以追根溯源，而墓碑擺放的方式則依循歐洲中世紀以來的傳統，按列排開。

＊與克羅埃西亞、蒙特內哥羅、塞爾維亞並列。

2024
自然遺產

喀斯特地貌

拉夫諾的岩溶風洞
Vjetrenica Cave, Ravno

這處岩溶風洞位於迪納拉山脈，以洞穴生物多樣性和獨特性而聞名。此處的喀斯特地貌保存完好，洞中棲居著許多受到生存威脅的脊椎動物、全球唯一的地下管蟲，以及多種特有植物，洞穴中還發現屬於第三紀和前第三紀的孑遺物種，其中許多物種的近親早已滅絕，因此可稱為活化石。

保加利亞Bulgaria

7　# 3　# 0　Total 10

位於希臘北方的保加利亞，深受東方正教的影響，因此與基督信仰相關的教堂和古城遺產便達四處。此外，兩處古希臘時期的色雷斯古墓，以及三處列入自然遺產的保護區和國家公園，

★喀爾巴阡山脈與歐洲其他地區的原始山毛櫸森林Ancient and Primeval Beech Forests of the Carpathians and Other Regions of Europe詳見德國

馬達拉騎士浮雕
Madara Rider

1979

文化遺產

岩石浮雕

位於保加利亞東北方的首座聖地馬達拉村(Madara)，其附近一面100公尺高的巨岩上，有一幅年代溯及西元710年的浮雕，描繪一位騎士將長矛刺向臥倒於他腳下的雄獅，他的頭上盤旋著老鷹，後方則追著一隻獵犬，這番場景在當時通常象徵凱旋勝利。此年代是在西元9世紀保加利亞第一王朝改信基督教之前。

浮雕四周還有以希臘文和保加利亞文撰寫的銘文，記載著西元705~801年間的重大史蹟，不過部分文字遭到嚴重侵蝕難以窺見全貌，但這類生動的浮雕因在歐洲十分罕見，而極具藝術價值。

博亞納教堂
Boyana Church

1979

文化遺產

教堂

在保加利亞首都索非亞的郊區，坐落著一座中世紀保加利亞東正教教堂。博亞納教堂的整體結構分成三個部分，東面的雙層教堂是最早出現的結構，誕生於10世紀末到11世紀初，13世紀時保加利亞第二王朝時期，添加了位於今日中央的建築，到了19世紀中葉，整個教堂因西面的擴張終於形成今日的規模。

博亞納教堂以上溯1259年的濕壁畫著稱，今日看到的是覆蓋於數百年前首批壁畫上的第二層壁畫，共擁有89幅場景、多達240位人物，它是目前東歐保存最完善且完整的古壁畫之一，代表著中世紀東歐藝術的精髓。

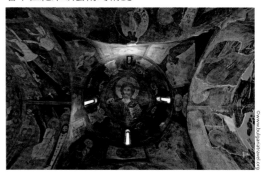

卡贊勒克的色雷斯古墓
Thracian Tomb of Kazanlak

1979

文化遺產

古希臘
×
陵墓墳塚

盛產保加利亞玫瑰的卡贊勒克，同時也是古希臘時期色雷斯三世的首都蘇特波里斯(Seutopolis)所在地，地底下隱藏著大量王公貴族的陵墓。

目前出土的色雷斯古墓只是廣大墓地中的一小部分，三座圓拱狀石砌的建築，包括了狹窄的通道與圓形的墓室，墓室牆壁上裝飾著一對色雷斯夫妻參與葬儀的情景，色彩繽紛的馬匹以及夫妻溫柔緊握彼此手腕的告別動作，令人留下深刻的印象。這些古蹟年代可以回溯到西元前4世紀，是保加利亞境內保存最完善的古希臘時期藝術傑作。

1983

文化遺產

修道院

里拉修道院
Rila Monastery

里拉修道院是保加利亞最大且最著名的東正教修道院，以該國聖人兼隱修士「里拉的聖約翰」(John of Rila)命名，在西元10世紀創立修道院之前，聖約翰就是在這裡的岩洞中生活並埋葬於此。

里拉修道院位於索非亞南方117公里、海拔高度1147公尺的里斯卡河(Rilska River)深谷中，打從創立以來便受到保加利亞統治者的支持與敬重，第二王朝時每位沙皇的大筆捐獻，讓它在12~14世紀時達到高峰，成為中世紀保加利亞的精神與社會生活中心。里拉修道院象徵著保加利亞的文藝復興風格，同時也是斯拉夫文化本身的體現。

1983

文化遺產

古城

內塞伯爾古城
Ancient City of Nessebar

今日保加利亞知名的黑海度假勝地內塞伯爾，過去曾多次被不同文明占領，因而擁有豐富的歷史與各個時期的建築。

其古城位於以一道人造地峽和大陸連接的半島上，西元前兩千多年以前，色雷斯人已在此設立聚落，到了西元前6世紀時，這裡成了希臘人的殖民地，甚至後來成為拜占庭帝國的重要要塞之一。

古城內大量的古蹟包括希臘化時代的衛城、阿波羅神廟與市集，中世紀的施特拉密特羅波利亞(Stara Mitropoliya)教堂和堡壘，以及保加利亞19世紀黑海沿岸典型的木屋等。

1979

文化遺產

岩洞教堂

伊萬諾沃岩洞教堂
Rock-Hewn Churches of Ivanovo

伊萬諾沃岩洞教堂是位於伊萬諾沃村、洛姆河(Rusenski Lom)河岸上方32公尺處、開鑿於堅固巨岩之中的教堂、禮拜堂和修道院的統稱，迥異於保加利亞其他的修道院建築群，這片散落於河岸岩洞間的宗教聖地，最初是12世紀首批隱修者挖掘他們個人修行室或教堂的地方，全盛時期該區擁有多達四十間的教堂，不過大多數難以保存至今。

岩洞教堂最引人注目之處在於它保存完善的美麗壁畫，其中五座13~14世紀教堂中的壁畫，被認為是保加利亞中世紀藝術最美麗的範本。

1983

自然遺產

國家公園
×
森林

皮林國家公園
Pirin National Park

大規模包圍保加利亞西南方的皮林山脈，位於海拔高度1008~2914公尺之間的皮林國家公園，擁有廣達274平方公里的面積。隨著歷史演進，這座石灰岩地形的國家公園無論面積或邊界均不斷變化，最初於1962年時在保育高山森林的前提下創立了維廉國家公園(Vihren National Park)，當時的面積還不到今日的四分之一。

公園內錯落湖泊、瀑布、洞穴和松樹林，陡峭的群山間星羅棋布著70處冰湖，除了擁有上百種當地特有或罕見植物(特別是巴爾幹更新世植物)的特色外，皮林國家公園獨特的景觀也具備了美學價值。

1983

自然遺產

自然
保護區
×
鳥類

斯雷伯爾納自然保護區
Srebarna Nature Reserve

這座位於多瑙河南方2公里處的自然保護區，坐落於古羅馬時期沿著黑海延伸的龐蒂克大道(Via Pontica)上，範圍包括一座同名湖泊及其周遭區域。

斯雷伯爾納自然保護區占地約5.4平方公里，創立於1948年，該地區大量的原生物種早已多次吸引外國生物學家前往研究，此保護區最大的特色在於它是近百種鳥類的繁殖地，以及八十多種往來於歐非兩洲候鳥每年冬天的棲息地，出現在這裡的鳥類中包括達爾馬齊亞鵜鶘、疣鼻天鵝、灰雁，以及大白鷺、夜鷺、紫蒼鷺和白琵鷺等鷺鷥。

1985

文化遺產

陵墓墳塚

斯韋什塔里的色雷斯古墓
Thracian Tomb of Sveshtari

1982年發現於土石堆中的斯韋什塔里的色雷斯古墓，位於保加利亞的東北部，這座歷史回溯到西元前3世紀的古墓，反映出色雷斯信仰崇拜建築的基本結構。這座古墓擁有獨一無二的建築裝飾，像是色彩繽紛的半人半植物女像石柱和壁飾，其中10尊以深浮雕的方式刻劃於中室牆壁上的女性形象，以及拱頂上的弦月窗裝飾，都是目前為止在色雷斯地區發現的唯一同類型範例。

根據古地理學家的說法，此古墓提醒著人們，蓋塔(Getae，一支和古希臘以及北方交流的色雷斯民族)文化的存在。

克羅埃西亞Croatia

 8 2 0 Total 10

克羅埃西亞的自然遺產為喀斯特地形中的上乘之作，而文化遺產方面，則是從羅馬時代到中世紀的古城及傑出的宗教性建築；較特殊的是赫瓦爾島上的古老農田，因為活生生持續耕種了兩千多年，而被納入保護之列。

★史特奇中世紀墓碑墓地Stećci Medieval Tombstones Graveyards詳見波士尼亞及赫塞哥維納

★15世紀至17世紀的威尼斯防禦工事：陸地之國與海洋之國Venetian Works of Defence between the 15th and 17th Centuries: Stato da Terra – Western Stato da Mar 詳見義大利

★喀爾巴阡山脈與歐洲其他地區的原始山毛櫸森林Ancient and Primeval Beech Forests of the Carpathians and Other Regions of Europe詳見德國

斯洛維尼亞　匈牙利

波瑞曲歷史中心的優夫洛斯西斯主座教堂建築群
Episcopal Complex of the Euphrasian Basilica in the Historic Centre of Poreč

喀爾巴阡山脈與歐洲其他地區的原始山毛櫸森林
Ancient and Primeval Beech Forests of the Carpathians and Regions of Europe

普利堤維切湖國家公園
Plitvice Lakes National Park

波士尼亞

15世紀至17世紀的威尼斯防禦工事：陸地之國與海洋之國
Venetian Works of Defence between the 15th and 17th Centuries: Stato da Terra – Western Stato da Mar

旭本尼克聖雅各教堂
The Cathedral of St James in Sibenik

史特奇中世紀墓碑墓地
Stećci Medieval Tombstones Grav

特羅吉爾歷史城
Historic City of Trogir

斯普利特的戴克里先皇宮
Historical Complex of Split with the Palace of Diocletian

史塔利格拉德平原
Stari Grad Plain

杜布洛夫尼克老城
Old City of Dubrovnik

義大利

亞得里亞海

1997

文化遺產

教堂

波瑞曲歷史中心的優夫洛西斯主座教堂建築群
Episcopal Complex of the Euphrasian Basilica in the Historic Centre of Poreč

　　波瑞曲是羅馬人於西元前2世紀建立起來的城市，至今城裡許多角落仍然可以看到傾頹的羅馬遺址，西羅馬帝國滅亡之後，西元539年由拜占廷帝國接手，並設立了一個主教席位，今天城裡最珍貴的資產優夫洛西斯大教堂，便是這個時期遺留下來的。

　　優夫洛西斯大教堂所坐落的位置，原本是一座4世紀的小禮拜堂，至今還能看到原始的地板鑲嵌畫；6世紀時，經由優夫洛西斯主教擴建為一座綜合性的宗教建築群，包括一座三殿式教堂、中庭、八角形洗禮堂，以及主教寓邸。13到15世紀之間，教堂又陸續增建，並於16世紀立起高聳的鐘塔。

　　優夫洛西斯主教來自拜占庭帝國首都君士坦丁堡(今日土耳其伊斯坦堡)，他有幸親身見識到拜占庭文化黃金年代的最傑出的代表性建築「聖索菲亞大教堂」，因而決心在他主掌的教區裡，也蓋一座能代表拜占庭文化的教堂，於是從君士坦丁堡召來最有名的藝術大師參與教堂的興建，而最具價值的就在那些貼著金箔的鑲嵌畫，代表著拜占庭時代最高藝術創作。這座遺產所訴說的，是早期基督教信仰以及拜占庭式建築的完美結合。

1979

自然遺產

國家公園
×
湖泊
×
喀斯特
地形

普列提維切湖國家公園
Plitvice Lakes National Park

普列提維切湖是克羅埃西亞最有價值、也最具知名度的自然景觀。它之所以吸引人,在於它豐富多變的地貌所產生的和諧美感,四季都呈現不同面貌。

湖區由16座湖泊及無數的瀑布組成,所以又稱為十六湖國家公園,為喀斯特地形(karst)的代表作,也就是石灰岩與水蝕交互作用所形成的特殊地理與水文地質景觀。普列提維切湖大致可分為上湖區和下湖區,上湖區位於石灰岩山谷,有茂密的森林和奔騰的瀑布;下湖區較小而淺,只有稀少的矮灌叢。大部分的水來自黑河(Bijela)和白河(Crna Rijeka)和地下湧泉,相反的,水有時候也會滲透進石灰岩,成為伏流,最後所有的水都匯入科拉納河(Korana)。

普列提維切湖國家公園的可貴之處,就在於石灰岩地表就能看得到這些溶蝕作用,以及石灰華(travertine)多孔岩石如何與藻類、苔蘚和植物交互生長,形成一個特殊、卻十分敏感的生態體系。而這種水、岩石,與植物交互影響所形成的獨特景觀,從萬年前次冰河時期結束到現在,就未曾受干擾。

普列提維切湖的湖水變化萬千,從蔚藍到鮮綠,從深藍到淺灰,湖水呈現什麼顏色,要看湖水深度、水中礦物質及有機物質比例,以及陽光的角度而定。

處於亞得里亞海岸及歐洲大陸的交界處,普列提維切湖國家公園的夏天陽光充足,冬季覆滿白雪,得天獨厚的氣候,使得湖區周遭到處是烏沉沉的茂密森林,老木翳天,枝柯交纏,水氣森森,石涼苔滑。因為保護得宜,甚至還保留了大片的原始森林,這樣的環境,也提供生物多樣性的發展。

符號說明　 登錄時間　 遺產內容　　遺產類型　文化遺產　自然遺產　綜合遺產　瀕危文化遺產　瀕危自然遺產　瀕危綜合遺產

史塔利格拉德平原
Stari Grad Plain

2008

文化遺產

農業景觀 × 葡萄園、橄欖、薰衣草

塔利格拉德平原位於亞德里亞海上的赫瓦爾島(Island of Hvar)，從西元前4世紀，來自帕洛斯島(Paros)的古希臘人在這裡建立殖民地並開墾農地以來，這塊土地上的農業景觀至今幾乎與昔日無異。這些仍舊種植農作物的古老農地上，以葡萄、橄欖樹和薰衣草為主，依然欣欣向榮，這一切，都得歸功於已經超過兩千四百年歷史的古老石牆。

這些以石牆為界切割出的幾何形耕地，連同石砌小屋和集水系統等建設，成為解說古希臘農業系統的最佳範例，它們整體構成的文化景觀留下了極其重要的價值。

行走在史塔利格拉德的這些古老石牆間，你可以很輕易的辨認出橄欖樹、葡萄和薰衣草。在兩千多年前，希臘人來到赫瓦爾之前，野生的橄欖樹便已存在，至今仍能看到那些蒼勁的千歲橄欖樹依然挺立。在古希臘文明中，橄欖油與希臘文化密不可分，橄欖除了可食用之外，壓榨出來的橄欖油還可以製成肥皂、精油、入藥、燈油……這些傳統古老用法，依然廣泛使用，流傳至今。

斯普利特的戴克里先皇宮
Historical Complex of Split with the Palace of Diocletian

1979

文化遺產

宮殿

這是克羅埃西亞境內最重要的羅馬時代遺跡。羅馬皇帝戴克里先出生於達爾馬齊亞貧寒之家，本人行伍出身，西元284年到305年間出任羅馬皇帝，是3世紀時最偉大的軍人皇帝。他遜位前，在他出生地附近(Spalato，即今天的Split)為自己打造了退位後使用的皇宮。

皇宮以一座傳說中的堡壘為樣本，幾乎算是一座城市。皇宮以布拉曲(Brač)產的光澤白石建造，耗時十年，動用兩千位奴隸，同時不惜耗資進口義大利和希臘的大理石，以及埃及的獅身人面像和石柱。整座皇宮東西寬215公尺，南北長181公尺，城牆高26公尺，總面積31000平方公尺，四個角落有四座高塔，四面城門裡有四座小塔，都兼具防禦守衛功能。

四座城門以街道相連，把皇宮分成幾大區塊，銀門、鐵門以南是皇室居住以及進行宗教儀式的地方，北邊是士兵、僕役居所，以及工廠、商店所在；金門、銅門以東是皇帝陵寢，西邊則有神殿。

戴克里先死後，皇宮變成行政中心及官員住所。經過數個世紀的變遷，拜占庭、威尼斯、奧匈帝國接連統治，皇宮城牆裡的原始建築基於居民的需求，已經翻了好幾番，還好歷代的斯普利特居民都能與城牆裡的建築和平共存，把破壞程度降到最低。今天歷史遺跡、神殿、陵墓、教堂、民居、商店共聚城牆內迷宮般的街道裡，乍看雖雜亂，卻有自己的發展邏輯，錯落有致。

符號說明 登錄時間 遺產內容　遺產類型 文化遺產 自然遺產 綜合遺產 瀕危文化遺產 瀕危自然遺產 瀕危綜合遺產

1979

文化遺產

古城

杜布洛夫尼克老城
Old City of Dubrovnik

　　杜布洛夫尼克老城坐落在達爾馬齊亞海岸南端的一塊石灰岩脊上，從高處俯瞰，強大厚實的米白色城牆包圍著斑駁紅色磚瓦，清澈湛藍的亞得里亞海三面環抱，彷彿一片攤在海面上的巨大貝殼。

　　這裡曾經是一座繁華的地中海貿易中心，海權力量僅次於威尼斯。儘管1667年經歷一場毀滅性的大地震，近代又爆發克羅埃西亞與塞爾維亞人之間的武力衝突，杜布洛夫尼克仍然把古老遺產完完整整地保存下來，而贏得「斯拉夫的雅典」稱號。

　　杜布洛夫尼克的歷史可以追溯到7世紀，其間經過拜占庭、威尼斯、匈牙利的統治，1358年，一個自治的「拉古沙共和城邦」(The republic of Ragusa)誕生，杜布洛夫尼克以拉古沙(Ragusa)之名馳騁於地中海，一度成為地中海第三強權。15、16世紀時，拉古沙的商船艦隊超過五百艘，隨著歐洲地理大發現紀元開啟，杜布洛夫尼克富甲一方；接著歐洲文藝復興運動興起，藝術、建築、文學、科學發展達到顛峰，是杜布洛夫尼克的黃金年代。

　　然而1667年一場大地震毀去了城中大半建築，幸好根基雄厚的杜布洛夫尼克迅速從災難中站起來，富麗堂皇的巴洛克式建築就是明證。到了18世紀末，商船增加到673艘，與拉古沙締結邦交的城市超過八十個。直到1808年，拿破崙攻破堡壘，解散城邦，「拉古沙」時代告終。

　　近代史上，杜布洛夫尼克面臨最殘酷的考驗，就是克羅埃西亞獨立之初，遭受塞爾維亞軍隊重砲轟擊，超過兩千顆炸彈及導彈落在城裡，許多象徵性的達爾馬齊亞文化遺產嚴重受損。1995年在聯合國教科文組織和歐盟協助重建下，杜布洛夫尼克逐漸走出戰火陰影，再度展現黃金年代的榮耀。

2000

文化遺產

教堂

旭本尼克聖雅各教堂
The Cathedral of St James in Šibenik

1402年規劃、1432年興建之初，聖雅各大教堂原本規劃為威尼斯哥德風格，最終在1555年完成時，卻轉變為托斯卡尼文藝復興風格，共耗時一個半世紀。

教堂主體沒有用到一根木頭，全部以白色石灰岩打造，石材來自以產白石聞名的布拉曲(Brač)、科楚拉(Korčula)等島嶼，以及拉布島(Rab)的紅色角礫大理石。

教堂興建彷彿一場接力賽，第一階段多半以義大利籍的建築大師及當地石匠主導，共同完成哥德式的下層建築體；1444年之後，參與這座教堂興建的最重要人物接連上場，在喬治・達爾馬齊亞(Juraj Dalmatinac)的領導之下，轉變為文藝復興風格，完成了側廊獅子門、後堂的71顆人頭像、柱頭及洗禮堂。

另一位重要人物尼古拉・佛羅倫斯(Nikola Firentinac)接續完成側廊祭壇、圓頂、筒形拱頂；尼古拉於1505年死後，最後才由巴托羅米歐(Bartolomeo)和賈科莫(Giacomo da Mestre)接手完成整座教堂。

這棟宗教建築在建築史上有幾個獨特之處：聖雅各大教堂從牆壁、筒形拱頂到圓頂都是以特殊技術把石塊準確地組合起來，在19世紀之前的歐洲，多半只能用木材及磚頭接榫與架構，偉大的喬治・達爾馬齊亞卻用石材辦到了。也因為如此，建築物外觀及內部，形狀幾乎一模一樣，而這也是我們今天看到的，正面大門的三葉狀山牆與三堂式的教堂規劃，以及三塊筒形拱頂完全一致，這在歐洲可說是獨一無二。

1997

文化遺產

古城

特羅吉爾歷史城
Historic City of Trogir

這是一座狹窄的島嶼城市，城牆環島而繞，北面有一道小石橋連接克羅埃西亞本土，南面另一條開合橋跨越特羅吉爾水道，通往奇歐佛島(Čiovo)。

目前約三千人住在老城裡，歷史的鑿痕使得整座「島城」彷彿露天的城市博物館，從城市外觀可以清楚看到社會、文化發展的脈絡，即希臘羅馬的城市布局、中世紀的防禦城堡、仿羅馬式的教堂、威尼斯哥德式、文藝復興與巴洛克風格的宅邸在狹窄的中世紀街道交錯，外圍環繞寬闊的濱海大道。

西元前3世紀，希臘人開始在島上開拓殖民，隨後的羅馬時代，特羅吉爾發展成一座主要港口，而這古老的城市基礎，便成為日後特羅吉爾城市的發展核心。接下來十多個世紀，特羅吉爾起起落落，有時享有獨立的自治權，強大經濟實力展現在精緻完美的建築與雕刻；有時又與達爾馬齊亞海岸其他城市的命運一樣，落在不同統治者的手中：克羅埃西亞國王、阿拉伯人、威尼斯、奧匈帝國、法國拿破崙輪番上陣，其中對城市風格影響最深遠的，無疑是15到18世紀威尼斯長期的統治。

當許多達爾馬齊亞城市被威尼斯併吞後，逐漸失去活力，唯有特羅吉爾持續誕生偉大的藝術家，使得這座結合仿羅馬、哥德、文藝復興、巴洛克的複合風格城市，不僅在亞得里亞海，甚至整個中歐，都是保存最完整的一座。

符號說明　 登錄時間　 遺產內容　　遺產類型　 文化遺產　　自然遺產　　綜合遺產　　瀕危文化遺產　　瀕危自然遺產　　瀕危綜合遺產

賽浦路斯Cyprus

🏛 3　　🔔 0　　🏞 0　　Total 3

地中海

北賽浦路斯

帕弗斯
Paphos

喬伊魯科蒂亞
Choirokoitia

特羅多斯地區的彩繪教堂
Painted Churches in the Troodos Region

賽浦路斯是地中海上人口第三多的島嶼，由於土耳其和希臘雙方種族衝突，分為北賽及南賽，北賽僅受土耳其承認，南賽則為歐盟會員國一員，也就是賽浦路斯共和國，入選的三處世界遺產都位於南賽。

帕弗斯
Paphos

1980

文化遺產

古希臘羅馬

傳說帕弗斯是希臘神話中掌管愛與美之女神艾芙洛迪特(Aphrodite)的誕生地，西元前12世紀時邁錫尼人曾在此設立祂的神廟，也因此使得這處位於塞浦路斯西南方的海岸城市，成為艾芙洛迪特女神和希臘化時代豐饒女神的崇拜中心。

帕弗斯在希臘羅馬時期是這座島嶼的首府，因此擁有多座羅馬宮殿、劇場、堡壘和陵墓，它們除了極具歷史與文化價值之外，點綴其間的精緻鑲嵌畫分外令人驚艷，這些全世界最美麗的鑲嵌畫，栩栩如生的描繪出希臘神祇的生活場景與傳說。

歐洲

EUROPE

特羅多斯地區的彩繪教堂
Painted Churches in the Troodos Region

1985
文化遺產
教堂

特羅多斯地區是位於賽浦路斯中央的最大山脈群，它們延伸了該島大部分的西部地區，除了擁有多處散置於山坡平地上的村落外，此區最大的特色在於坐落山頂的拜占庭教堂與修道院群。

遠古時期，特羅多斯地區以銅礦聞名，到了拜占庭時期，該區成為拜占庭藝術的中心，如今保留下來的9間教堂和一座修道院，內部大量裝飾著色彩繽紛的壁畫，和建築本身充滿鄉村風格的外觀形成強烈的對比，藉由這些壁畫，人們得以對塞浦路斯當地的拜占庭與後拜占庭時期繪畫，有著概略的認識。

喬伊魯科蒂亞
Choirokoitia

1998
文化遺產
新石器時代遺址

身為地中海東部最重要的新石器時代遺址之一，聚落發跡於西元前7000年的喬伊魯科蒂亞，見證著一個組織機能社會的存在，該集體聚落四周還圍繞著保護社區的堡壘。

史前時代的賽浦路斯，在東方與歐洲世界文化的傳遞上扮演著關鍵角色，伊魯科蒂亞這座保存完善的遺址，不但清楚展現地中海地區原始城市聚落的起源，更能提供與亞洲傳播至地中海的文明相關的重要證據。

捷克 Czech Republic

 16 #　1 #　0 Total 17

捷克入選的17座世界遺產，皆為寶貴的文化遺產，以
具歷史、宗教與美學價值的建築和遺跡為主，人們可
以透過這些精緻細膩的雕工或設計，深刻感受曾在這
塊土地生活過的祖先們，如何展現對人類文化發展的
努力。

★喀爾巴阡山脈與歐洲其他地區的原始山毛櫸森林Ancient
and Primeval Beech Forests of the Carpathians and
Other Regions of Europe詳見德國

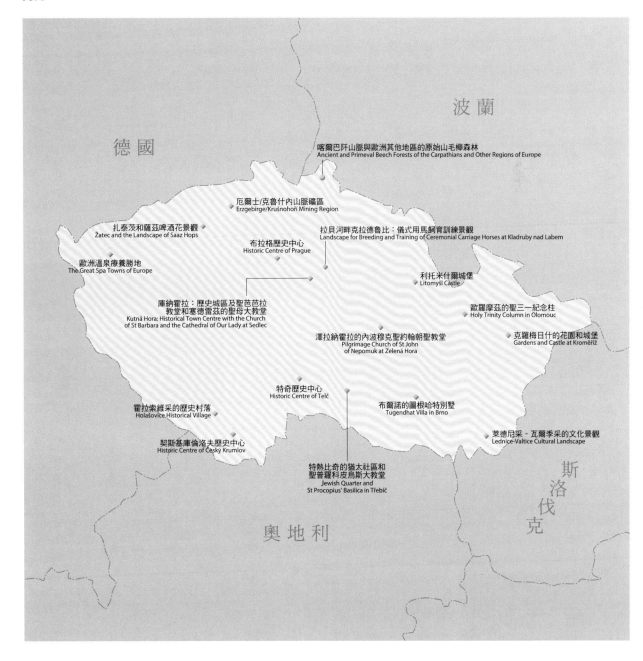

波蘭

德國

喀爾巴阡山脈與歐洲其他地區的原始山毛櫸森林
Ancient and Primeval Beech Forests of the Carpathians and Other Regions of Europe

厄爾士/克魯什內山脈礦區
Erzgebirge/Krušnohoří Mining Region

扎泰茨和薩茲啤酒花景觀
Žatec and the Landscape of Saaz Hops

拉貝河畔克拉德魯比：儀式用馬飼育訓練景觀
Landscape for Breeding and Training of Ceremonial Carriage Horses at Kladruby nad Labem

布拉格歷史中心
Historic Centre of Prague

歐洲溫泉療養勝地
The Great Spa Towns of Europe

利托米什爾城堡
Litomyšl Castle

庫納霍拉：歷史城區及聖芭芭拉
教堂和塞德雷茲的聖母大教堂
Kutná Hora: Historical Town Centre with the Church
of St Barbara and the Cathedral of Our Lady at Sedlec

歐羅摩茲的聖三一紀念柱
Holy Trinity Column in Olomouc

澤拉納霍拉的內波穆克聖約翰朝聖教堂
Pilgrimage Church of St John
of Nepomuk at Zelená Hora

克羅梅日什的花園和城堡
Gardens and Castle at Kroměříž

特奇歷史中心
Historic Centre of Telč

布爾諾的圖根哈特別墅
Tugendhat Villa in Brno

霍拉索維采的歷史村落
Holašovice Historical Village

萊德尼采 - 瓦爾季采的文化景觀
Lednice-Valtice Cultural Landscape

契斯基庫倫洛夫歷史中心
Historic Centre of Český Krumlov

特熱比奇的猶太社區和
聖普羅科皮烏斯大教堂
Jewish Quarter and
St Procopius' Basilica in Třebíč

斯
洛
伐
克

奧 地 利

符號說明 登錄時間 遺產內容　遺產類型 文化遺產 自然遺產 綜合遺產  瀕危文化遺產 瀕危自然遺產 瀕危綜合遺產

1992

文化遺產

歷史城區

契斯基庫倫洛夫歷史中心
Historic Centre of Český Krumlov

契斯基庫倫洛夫最早建於13世紀，整個城鎮的建築風格融合了哥德式、文藝復興式及巴洛克式建築，是歐洲典型的城鎮雛形，由於維持了將近500年平靜的局勢未受戰火波及，至今仍保留了中世紀的景觀。

從空中俯瞰，可以看到伏爾塔瓦河(Vltava)以S形包圍整個城鎮，在河左岸沿山丘而建的是龐大的城堡區，而河右岸則是一片紅色屋頂起伏的舊城區。契斯基庫倫洛夫的權力象徵：契斯基庫倫洛夫古堡，位在全鎮最高的地理位置上，是哥德式混合文藝復興式建築最佳的代表，無論從哪個角度都可以看見那以紅黃壁畫裝飾的高塔，獨特的造型相當引人注目，甚至連夜間都有燈光照明，成為全鎮的象徵。

1992

文化遺產

歷史城區

布拉格歷史中心
Historic Centre of Prague

西元9世紀前後，波希米亞王朝在伏爾塔瓦河(Vltava)西岸山丘上開始建造城堡，開始了布拉格的發展。當時城堡內興建許多宮殿、教堂誇耀波希米亞王朝光榮的歷史，而在13世紀時，布拉格城堡受戰火波及全毀，一時之間布拉格光彩盡失。但在14世紀中期，查理四世(Charles IV)將布拉格定為神聖羅馬帝國的首都，大肆興建宮殿、教堂，布拉格的都市建築在這個時期迅速發展擴增，成為一個繁榮富有的大都市，號稱「黃金布拉格」，而今天在布拉格保存下來最受注目的建築群，也以「黃金布拉格」時期的作品為主。

當時，雄心壯志的查理四世要將布拉格建設成一個媲美羅馬、君士坦丁堡的歐洲大城，從德意志帝國、義大利等地請來最優秀的建築師、藝術家建設布拉格城，並為每個建築畫上精緻的壁畫，當時中歐第一座大學「查理大學」和連接伏爾塔瓦河兩岸的查理大橋(Karluv most)就是這時候建設完成，而城堡區內則開始興建聖維爾大教堂的工程，紀念歷代在此長眠的波希米亞王。這時候的布拉格不但在建築上有卓越成就，同時也是中歐的經濟、政治、學術中心。

今天在布拉格可以看到從11~18世紀不同形式的建築。仿羅馬式、哥德式、文藝復興式、巴洛克式一直到現代主義等各種風格，匯集在布拉格的歷史中心，走在街上，彷彿來到一個露天的建築博物館。

符號說明　登錄時間　遺產內容　遺產類型　文化遺產　自然遺產　綜合遺產　瀕危文化遺產　瀕危自然遺產　瀕危綜合遺產

1992

文化遺產

歷史城區

特奇歷史中心
Historic Centre of Telč

原以木結構為建築主體的特奇山城，在14世紀遭逢一場大火後，四周便繞以城牆和護城河，房舍並改以石頭建造；到了15世紀晚期，建築風格以哥德式為主。

1530年的大火讓這個城鎮再度面臨重建，此時的建築結合了哥德式、文藝復興、巴洛克或洛可可樣式，像是哥德式拱形廳門、文藝復興式的外觀及樓梯，和文藝復興式或巴洛克式的山形牆，這些建築至今仍完整保存下來，充滿了夢幻風格，讓人來到這裡，會以為走進了童話世界，而非現實的城鎮。

1994

文化遺產

教堂

綠山的內波穆克聖約翰朝聖教堂
Pilgrimage Church of St John of Nepomuk at Zelená Hora

1719年，布拉格大主教指派的委員會在研究殉道者內波穆克聖約翰的遺體後，發現他的舌頭保存完好，足以顯現其神聖地位，因此為了紀念這位聖徒，當地修道院院長提議建造一座朝聖教堂，地點就選在聖約翰早年受教育的綠山。

綠山的內波穆克聖約翰朝聖教堂是一座極為出色的巴洛克－哥德式宗教建築，其設計者為著名的捷克建築師聖蒂尼(Jan Blazej Santini)。由於傳說聖約翰在殉道時，身體上方出現一座鑲有五顆星的皇冠，因此聖蒂尼便以五角星的外形來設計教堂的主結構。這座別出心裁的朝聖教堂，成功銜接了新哥德與巴洛克兩種建築風格，具有承先啟後的歷史價值。

1999

文化遺產

城堡

利托米什爾城堡
Litomyšl Castle

起始於義大利的文藝復興拱廊式城堡建築風格，在16世紀廣泛運用在歐洲中部，1582年建造而成的利托米什爾城堡，就承襲了這種風格，而且不僅如此，整座城堡的外觀或裝飾都極為精緻細膩，包括了後來在18世紀因天災而重建新增的巴洛克式裝飾物，都令人驚豔，而這些建築迄今皆完整被保存下來。

1996

文化遺產

文化景觀

萊德尼采—瓦爾季采的文化景觀
Lednice-Valtice Cultural Landscape

西元17~20世紀時，在今日捷克南摩拉維亞(Southern Moravia)這塊土地，曾經被列支敦士登(Liechtenstein)王國政府統治，這段期間，在原本就擁有富饒田園景致的萊德尼采—瓦爾季采一帶的土地上，建造了許多巴洛克式、古典和新哥德式的建築，以及美麗浪漫的英式庭園，占地約兩百平方公里的景致壯觀迷人，是歐洲最大的人造景觀之一。

2000

文化遺產

宗教紀念物

歐羅摩茲的聖三一紀念柱
Holy Trinity Column in Olomouc

位於霍爾尼廣場的聖三位一體紀念柱高35公尺，是中歐地區最大的巴洛克式雕像。建於1716年的聖三位一體紀念柱，耗時38年才完工，起初是由當地一名工匠Wenzl Render主動發起建造，他極積的參與募款、設計和監工，然而到了1733年，在整項工程僅完成最下層的小禮拜堂時，Wenzl Render便壯志未酬辭世了；儘管之後仍有幾位好手接任，也都未能在他們在世時親見它的落成，直到1754年，這項艱鉅的工程才在Johann Ignaz Rokický手中完工，當時全城歡欣鼓舞，成為當時摩拉維亞最重要、神聖的大事，連奧匈帝國女皇瑪麗亞‧特瑞莎和夫婿都前來參加揭幕儀式。

紀念柱主要分成三部份，最上端是聖三一雕像，

中間則是聖母升天雕塑，這些皆由當地著名雕刻家，以鍍金青銅鑄成，雕像不但表情傳神、動作優雅，甚至連衣服的褶皺看來也極為自然生動，這座聖三一紀念柱想要表現的，不是誇張繁複的巴洛克風格，而是一種和諧自然的建築範本。

符號說明 登錄時間 遺產內容　遺產類型 文化遺產 自然遺產 綜合遺產 瀕危文化遺產 瀕危自然遺產 瀕危綜合遺產

EUROPE

2001

文化遺產

現代建築

布爾諾的圖根哈特別墅
Tugendhat Villa in Brno

圖根哈特別墅是知名德國建築設計師路德維希‧密斯‧凡德羅(Ludwig Mies van der Rohe)於1929年設計建造的，當時他應圖根哈根夫婦(Tugendhat)的要求，建立了這棟別墅，以做為新婚住所之用。

圖根哈特別墅分成3層樓，乳白色的建築牆面充滿一種簡約時尚風格；由於沒有預算上限，凡德羅利用許多上等的建材，如蜜黃花紋瑪瑙、石灰華、黑檀木、玻璃、鍍鉻的鋼鐵，打造一所前所未有的高級寓宅。

建築過程使用了特殊的採光、通風、玻璃帷幕和室內加熱設計，深具巧思，像是樓下的主空間，分為書房、客廳和餐廳三部分，觸目所及，全是充滿時尚感的精緻家具和盆栽裝潢，皆兼具美學和實用價值；兩側牆面是大片的玻璃落地窗，從這裡可以直接欣賞

到戶外的花園美景，也能掌握每分每秒的光影變化，感覺坐在家中，就在欣賞一幅四時風情畫，這種結合住宅與花園，考量光學的物理設計，極具現代化。

即使在今日，也堪稱新穎時尚，何況在20世紀初的當時，更被視為前衛獨特的作品，深具藝術與建築價值，是不少建築師必定朝拜的經典範本。

©CzechTourism.com

2003

文化遺產

宗教遺產
×
基督教與
猶太教

特熱比奇的猶太社區和聖普羅科皮烏斯大教堂
Jewish Quarter and St Procopius Basilica in Třebíč

©CzechTourism.com

特熱比奇的猶太社區(包括猶太人墓地)，和聖普羅科皮烏斯大教堂的重要性，在於從中世紀到20世紀這段期間，猶太教和基督教兩種不同文化的和平共存做了見證。

另外，聖普羅科皮烏斯大教堂原本是13世紀時本篤會修道院(Benedictine monastery)的一部分，顯然也受到西歐建築風格的影響。

1998

文化遺產

人文聚落景觀

霍拉索維采歷史村落
Holašovice Historical Village

位於捷克波希米亞地區的霍拉索維采歷史村落，包括23座石造農莊、120棟建築物，以及一間內波穆克聖約翰小禮拜堂。這裡的建築物具有一層樓結構，採用鞍狀屋頂，而且外緣的三角牆都面向村落中央的草坪廣場。

這些建於18到19世紀時期的本土建築群，充滿濃厚的「南波希米亞民間巴洛克風格」（South Bohemian folk Baroque），並且延續了源自中世紀的街道格局，完整保存了傳統的中歐村落風貌。二次世界大戰結束後，這裡的德國居民紛紛搬離，導致許多農莊年久失修，不過自1990年開始，當地恢復重建。

1995

文化遺產

歷史城區與教堂

庫納霍拉：歷史城區及聖芭芭拉教堂和塞德雷茲的聖母大教堂
Kutná Hora: Historical Town Centre with the Church of St Barbara and the Cathedral of Our Lady at Sedlec

庫納霍拉在14世紀由於銀礦開採而發展，你可以想見這是一個富裕的城市，在14~15世紀，庫納霍拉是全歐洲最有錢的城市之一，由於保存良好，到處都可以看到當年繁華的遺跡。

其中，最壯麗的建築莫過於聖芭芭拉教堂，這是哥德式晚期的傑作之一，哥德式的建築結構，與布拉格城堡中的聖維塔大教堂並列世紀之冠；另一個迷人的教堂是塞德雷茲的聖母大教堂，這是18世紀的早期巴洛克式建築，後來也影響了歐洲中部地區建築風格。

1998

文化遺產

城堡和園林

克羅梅日什的花園和城堡
Gardens and Castle at Kroměříž

克羅梅日什為位於橫貫摩拉瓦河(Morava)淺灘上的一座城鎮，其建於17世紀的城堡和花園，原為文藝復興時期建築，1752年的一場大火讓它面臨重建命運，此時的主教便將它改為巴洛克式風格。

克羅梅日什的花園和城堡的重要性，在於它為後來的歐洲巴洛克式貴族王侯宅邸和花園，樹立了完整與良好的建築典範。

©CzechTourism.com

2021

文化遺產

溫泉建築、療養設施

歐洲溫泉療養勝地
The Great Spa Towns of Europe

除了捷克的卡羅維瓦利、瑪麗亞溫泉鎮及弗朗齊歇克溫泉鎮(Františkovy Lázně)，這個跨國遺產也包含了奧地利的巴登(Baden)、比利時的斯帕(Spa)、法國的維希(Vichy)、義大利的蒙泰卡蒂尼泰爾梅(Montecatini Terme)、英國的巴斯(Bath)以及德國的巴特埃姆斯(Bad Ems)、巴登巴登(Baden Baden)與巴特基辛根(Bad Kissingen)。這些溫泉城鎮見證了1700年到1930年代發展起來的歐洲浴療、醫學與休閒文化，並催生出大型的溫泉度假村。各溫泉鎮致力於利用水資源發展浴療和飲用，水療建築群包括泵房、飲水廳、治療設施和柱廊，這些都融入了整體城市環境，達到了讓來客放鬆和享受的目的。

＊與奧地利、比利時、法國、德國、義大利、英國並列。

2019

文化遺產

金屬礦產遺址

厄爾士/克魯什內山脈礦區
Erzgebirge/Krušnohoří Mining Region

克魯什內山在捷克語中就是「礦山」的意思，因為這裡蘊含豐富的金屬礦產，最早的採礦紀錄可追溯至中世紀。歷史悠久的採礦活動留下了水利管理系統、礦物加工廠與冶煉廠、礦區城鎮等遺產，成就了克魯什內山脈礦區的文化景觀。這個礦區於1460年~1560年為歐洲最重要的銀礦產地，那時候的銀礦是科技革新的關鍵元素。到了16~18世紀，除了銀礦，還有穩定生產的錫礦、鈷礦，讓這個地區成為歐洲甚至世界主要金屬礦產地；19世紀末到20世紀初更是成為了全球主要的鈾生產地。

＊與德國並列

2019

文化遺產

育馬場

拉貝河畔克拉德魯比：儀式用馬飼育訓練景觀
Landscape for Breeding and Training of Ceremonial Carriage Horses at Kladruby nad Labem

這是捷克的國家馬場，也是全世界最古老的育馬場之一，主要用途是培育與訓練最古老的捷克駄馬品種「克拉德魯伯馬」。克拉德魯伯馬只有白色、黑色兩種顏色，前者是皇室與宮廷的儀式馬車用馬，後者為教會重要人物的馬車用馬。

哈布斯堡王朝的馬克西米利安二世於1563年在此地設立種馬場，到了1579年，魯道夫二世將其擢升為皇室御用馬場，當時的馬匹是重要的資產，在運輸、農業、軍事等領域有重大作用，同時也是皇家貴族身分的象徵。克拉德魯比馬場如今也與丹麥、瑞典皇室合作，提供儀式用馬。

2023

文化遺產

啤酒花文化景觀

扎泰茨和薩茲啤酒花景觀
Žatec and the Landscape of Saaz Hops

這裡有世界最知名的、用於全球啤酒生產的啤酒花品種，種植和交易歷史長達數世紀，已經發展成為當地的文化景觀。這項遺產包括奧赫熱河附近肥沃的啤酒花田、從事啤酒花加工的古老村莊，以及扎泰茨中世紀中心和於19~20世紀擴展的新工業區，共同展示了啤酒花的種植、認證和交易方面的進程，及從中世紀晚期到今日社會經濟體系的演變。

丹麥Denmark

 8　 3　 0　Total 11

丹麥的本土面積不大，卻擁有一座世界第一大島格陵蘭，一共有11處世界遺產入選，其中有三處遺產就位於丹麥本土50倍大的格陵蘭島；而原本德國和荷蘭共同擁有的瓦登海(The Wadden Sea)，在2014年擴充範圍，把丹麥海域也劃進來。其他入選的文化遺產，大都與丹麥王權及基督信仰相關。

★瓦登海The Wadden Sea詳見德國

伊魯利薩特冰河峽灣
Ilulissat Icefjord
格陵蘭島庫加塔：冰蓋邊緣的北歐人與因紐特人農業
Kujataa Greenland: Norse and Inuit Farming at the Edge of the Ice Cap
阿斯維斯尤特─尼皮薩特：因紐特人於冰與海之間的狩獵場
Aasivissuit – Nipisat. Inuit Hunting Ground between Ice and Sea
北海
瑞典
維京時代的環形堡壘群
Viking-Age Ring Fortresses
葉林古北歐文石碑及教堂
Jelling Mounds, Runic Stones and Church
克倫堡
Kronborg Castle
北西蘭的狩獵場景觀
The par force hunting landscape in North Zealand
羅斯基爾大教堂
Roskilde Cathedral
瓦登海
The Wadden Sea
斯泰溫斯克林特
Stevns Klint
摩拉維亞教會聚落
Moravian Church Settlements
波羅的海

1994

文化遺產

石碑

葉林古北歐文石碑及教堂
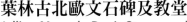
Jelling Mounds, Runic Stones and Church

　　這座立在丹麥日德蘭半島(Jutland)葉林鎮上的四座石碑經常被稱為「丹麥的出生證明石」。其中一座大型碑石由10世紀的哈拉德・布魯土斯(Harald Bluetooth)國王所設立，碑文除了紀念其父母親，同時頌揚自己在丹麥與挪威的功績，並將碑石送給所有的丹麥基督徒。

　　碑石的記載不僅反應當時代的政治氣氛，也證明了基督教已於10世紀中傳入北歐地區。碑石旁的教堂同時列入遺產範圍，根據歷史學家考證，哈拉德・布魯士斯國王曾將他的父親葬在教堂的地底下。

©VisitDenmark/Kym Wyon

2014

自然遺產

動物化石遺址

斯泰溫斯克林特
Stevns Klint

　　斯泰溫斯克林特位於丹麥東部的西蘭島(Sjælland)，是一段全長約15公里、高41公尺、富含化石的海岸斷崖，吸引許多地質愛好者前來一探究竟。

　　從這裡保留了因隕石撞擊而形成的大量灰雲沉積紀錄來看，也間接證實了約在6500萬年前，地球曾經遭到隕石撞擊，當時正逢白堊紀末期，希克蘇魯伯隕石(Chicxulub meteorite)撞擊墨西哥的猶加敦半島，造成動物大滅絕，地球上超過50%物種消失。

　　而從個別化石的紀錄來看，也可以見到大滅絕過後，動物的演化和生態逐漸恢復過程。

2015
2024

人文聚落景觀

文化遺產

摩拉維亞教會聚落
Moravian Church Settlements

　　丹麥文化遺產「克里斯提安菲爾德─摩拉維亞教會聚落」於2024年擴展為跨國遺產，增加了3處建於18世紀的城鎮：德國的黑恩胡特(Herrnhut)、美國的伯利恆(Bethlehem)和英國的格雷斯希爾(Gracehill)，每處居留區的建築都在摩拉維亞風格的基礎上結合當地條件而自成特色，它們對於城市的規劃，源自內心的虔誠和對神的仰慕，而將教會安置於城鎮的中心，實踐摩拉維亞教會的理想。

　　位於丹麥南日德蘭半島(South Jutland)的克里斯提安菲爾德(Christiansfeld)建立於1773年，為摩拉維亞教會成員進行城市規劃、進而發展成的新市鎮，提供信徒居住之處。

1995

文化遺產

教堂

羅斯基爾大教堂
Roskilde Cathedral

　　羅斯基爾大教堂建於12~13世紀，是丹麥境內第一座哥德式教堂，隨著時代更迭，每個時期都為教堂添加了些許當代的建築特色，光看19世紀的設計燈飾懸掛在1420年木工打造的詩班座椅上方，便可了解一二。這不僅成為丹麥教會建築演進代表之一，也提供外界對北歐宗教建築學的最佳典範。

　　自15世紀起，約在宗教革命之後，大教堂成為皇室和教會主教等重要神職人員的安葬處，共有20位國王和17位皇后的陵墓分別在教堂墓室中，這也讓羅斯基爾大教堂的地位非同凡響。

　　羅斯基爾大教堂內最受注目的莫過於皇室墓室和坐落在教堂中央的金色木雕祭壇，主祭壇最醒目的是

正中央三面展開的金色木雕祭壇，細雕出耶穌孩童時期、瀕死、死亡、復活等重要事件。聖桌上的聖經則是從腓特烈二世(Frederik II)時代保留至今。旁邊詩班木製座椅扶手各雕著一張張表情不同的臉，椅背上方則刻畫著《創世紀》到《審判之日》的聖經故事。

　　整個教堂中殿有幾件裝飾特別值得一看：位於南廊的管風琴，是全丹麥最好的歷史老件之一，可以溯及1425年；位於北廊的克里斯提安四世私人寶箱，上面的雕刻象徵著信、望、愛、正義、堅毅等基督徒美德；建於1600年代、雕刻精美的講道壇；裝置在2樓，以聖喬治屠龍為藍本設計的整點報時鐘；中殿正中央與黃金祭壇遙遙相對的銅雕「國王之門」，由設計師Peter Brandes於2010年所創作，取代原本的橡木門。

2000

文化遺產

城堡

克倫堡
Kronborg Castle

　　文藝復興風格的克倫堡，因為地理位置重要，控制了往來丹麥和瑞典水路的要道，在北歐16~18世紀的歷史裡，扮演極重要的角色。而豐富的貿易及交通稅收，更使克倫堡成為文化重鎮。

　　不過，它的大名鼎鼎，卻是因為莎士比亞的曠世名劇《哈姆雷特》以這裡為故事背景。其實，莎翁應該是借用了在丹麥流傳甚久的故事《阿姆雷德》(Amled)改編而成。這兩個故事架構完全相同，只不過莎士比亞加入了奧菲麗亞發瘋、以及遇見老國王亡魂等情節，使整個故事更形豐富。

　　克倫堡建於1420年左右，1629年一場大火燒掉大部分建築，克里斯提安四世(Christian IV)重新建構這座鎏金屋頂、為深溝高牆所圍繞、氣勢磅礴的防衛城堡。不過此舉卻嚴重危害當時岌岌可危的政府財政。1658年瑞典軍隊進占克倫堡，將寶物洗劫一空。1785年後皇室不再居住於此，並淪為陸軍武器庫，一直到1924年在嘉士柏啤酒公司的贊助下，才再度恢復昔日光芒。

2015

文化遺產

文化景觀
×
狩獵

北西蘭的狩獵場景觀
The par force hunting landscape in North Zealand

17世紀末到18世紀之間，丹麥國王在哥本哈根北方的北西蘭地區打造了幾座巴洛克式的狩獵場，專供王室狩獵之用，被納入世界遺產的大致有Store Dyrehave 和Gribskov兩座森林，以及Jægersborg Hegn/ Jægersborg Dyrehave追獵場，這些地方距離王室所在地腓特烈堡(Frederiksborg)不遠。

所謂的「帕力狩獵」(par force hunting)，特別指的是貴族的狩獵方式，藉由獵狗的協助及8道程序，來完成整場狩獵。而丹麥國王所打造的這些狩獵場，後來也都轉變成王室權力的象徵，狩獵場的道路有的呈星形，有的是正方格子狀，還有一些石子哨、圍籬、狩獵小屋。

©VisitDenmark/Kym Wyon

2017

文化遺產

農業文化
景觀

格陵蘭島庫加塔：冰蓋邊緣的北歐人與因紐特人農業
Kujataa Greenland: Norse and Inuit Farming at the Edge of the Ice Cap

庫加塔位於格陵蘭島南方，自10世紀始，從冰島遷徙到此的北歐人，和當地的原住民因紐特人突破了文化迥異的限制，共同發展農業、畜牧業、漁業，創建了北極地區最早的農業活動，這對於位在北極圈的格陵蘭是十分珍稀的產業，也留下了北歐人移民歐陸之外的區域定居發展的先例。

2004

自然遺產

冰河地形
×
峽灣

伊魯利薩特冰河峽灣
Ilulissat Icefjord

伊魯利薩特冰河峽灣位在格陵蘭(Greenland)西海岸，距離北極圈約250公里處，總面積為40240公頃，是瑟梅戈庫雅雷戈(Sermeq Kujalleq)冰帽的面海灣口。瑟梅戈庫雅雷戈可說是活動相當頻繁的冰河，每天以19公尺的速度移動，每年約崩解35立方公里，根據其250年來的變化，科學家可以依其移動或變化的情形來觀測全球氣候的演變，可說是全球地質歷史的最佳紀錄。

2018

文化遺產

因紐特人
文化

阿斯維斯尤特—尼皮薩特：因紐特人於冰與海之間的狩獵場
Aasivissuit – Nipisat. Inuit Hunting Ground between Ice and Sea

這一處文化遺產位在西格陵蘭中部的北極圈內，蘊藏著4200年的人類歷史遺跡，從Saqqaq、Dorset 、Thule Inuit等多處考古遺址顯見該地區的因紐特人季節性的遷徙、定居形式、捕獵馴鹿和魚類，以及因紐特人關於環境、航海和醫學方面豐富的非物質文化遺產。從西部的尼皮薩特到東部冰蓋附近的阿斯維斯尤特，透過大型冬季營房、馴鹿狩獵遺跡，反映了因紐特傳統文化及季節性遷移的特色。

2023

文化遺產

軍事要塞
堡壘群

維京時代的環形堡壘群
Viking-Age Ring Fortresses

維京時代的環形堡壘群由五處考古遺址共同構成，這些堡壘建於西元970-980年間，分別位於阿格斯堡(Aggersborg)、菲爾卡特(Fyrkat)、諾內巴肯(Nonnebakken)、特雷勒堡(Trelleborg)、博爾格林(Borgring)，擁有同樣的幾何構造，這批陸路和海路戰略要塞將周圍自然地貌融入防禦工事，體現了Jelling王朝中央集權，見證了丹麥王國在10世紀末期經歷的社會政治變革。

愛沙尼亞Estonia

★瓦斯特魯維地質測量點Struve Geodetic Arc詳見白俄羅斯

🏛 2 🔔 0 🏛 0 Total 2

愛沙尼亞一直都是波羅的海三小國中最西化的國家，從歷史、民族、文化、語言來看，愛沙尼亞其實更接近北歐，其中首都塔林最能代表愛沙尼亞的精神，它彷彿皇冠上的寶石，最耀眼的旅遊資源都集中在這座中世紀的古城裡。

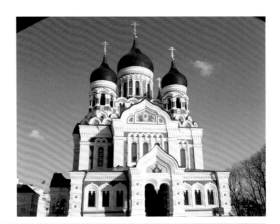

1997

文化遺產

歷史城區
×
漢撒同盟
城市

塔林歷史中心
Historic Centre of Tallinn

塔林是愛沙尼亞首都，城雖不大，卻是波羅的海邊、歐洲最迷人的城市之一。塔林的精華幾乎全都集中在中世紀的舊城區裡，儘管歷史命運多舛，走馬燈似的外來政權帶來連綿不斷的戰火，塔林依舊完整保留了中世紀的美麗與歷史氛圍，這得歸功於它那堅實的城牆、石造建築，以及城市現代化過程中、沒有遭到破壞，在北歐地區，已經找不到像塔林這樣的城市。

可以這麼說，塔林就是一座活生生的城市博物館，同時也是漢撒同盟城市(Hanseatic League，14至17世紀北歐商業都市之政治及商業同盟)全盛時期的最佳典範。

塔林是歐洲保存得最完整的中世紀城市之一，蜿蜒纏繞的石子街道，大約從11到15世紀慢慢成形，今天幾乎一條不漏地保留下來；而那一棟棟教堂、穀倉、貨棧、商人會所、民宅，也幾乎都原貌維持至今。至於塔林的黃金年代，即15、16世紀因為加入漢撒同盟而在波羅的海扮演重要角色同時贏得聲望，強大的經濟除了使得塔林更有能力從防禦工事上保護自己，也更有機會在建築和藝術上發光發熱。

塔林舊城大致分為兩大部分：稱為圖姆皮(Toompea)的上城區坐落在一塊石灰岩高地上，屬於統治階層和貴族的活動領域；下城區位於圖姆皮和塔林港之間，因為漢撒同盟的關係，受到德國呂北克(Lübeck)法律的管制，居住在城裡的商人、中產階級統一由市議會管理。

 # 芬蘭Finland

6 1 0 Total 7

數百年來，芬蘭夾處於瑞典、俄國這兩大強權之間，
文化上也分別受這兩國的強烈影響；此外，芬蘭有
「千湖之國」的美譽，湖泊、森林遍布全國。因此，
入選的遺產中，多半是要塞堡壘、木造古城、木造教
堂及木漿造紙工廠。

★瓦斯特魯維地質測量點Struve Geodetic Arc詳見白俄羅
斯

2000

自然遺產

冰河地形

高海岸/瓦爾肯群島
High Coast / Kvarken Archipelago

　　芬蘭的瓦爾肯群島和瑞典的高海岸位於波斯尼亞灣的西岸，同樣因為冰河地形而入選為自然世
界遺產。高海岸的面積共142,500公頃，包括80,000公頃的海域以及附近的群島，加上海岸邊零星
分布的湖泊和海拔約350公尺的山丘等，這些獨特地形源自冰河作用，地質學家預估原本被冰河壓
迫的陸塊，在冰河持續融化的狀態下不斷上升，未來瑞典與芬蘭之間的波斯尼亞灣，很可能會變成
一個湖泊。
＊與瑞典並列

1991

文化遺產

防禦工事

蘇歐門里納要塞
Fortress of Suomenlinna

　　蘇歐門里納要塞(或稱芬蘭防禦城堡)位於芬蘭首都赫爾辛基入港處，長達6公里的城牆串起港口島嶼，形成堅實的禦敵堡壘，是18世紀所少見的歐洲堡壘形式。島上的防禦設施、綠草如茵的草地、各式藝廊展場、餐廳及咖啡屋，營造成氣氛獨特的露天博物館。

　　芬蘭城堡最早興築於1747年，當時芬蘭受瑞典政權管轄，雖然瑞典在17世紀是軍事強權，但自18世紀起，原屬瑞典版圖的波羅的海地區，紛紛落入俄羅斯的轄區。深受俄羅斯的軍事擴張的威脅，瑞典便決定利用赫爾辛基港口的6座島嶼，興建防禦工事。數以萬計的士兵、藝術家、犯人都參與了這偉大的工程，法國政府更貢獻了90桶黃金，歷時40年才完工。這項偉大的工程被命名為Sveaborg，也就是「瑞典城堡」之義。

　　雖然建立了強固的堡壘，還是不敵俄國的入侵，在1808年芬蘭成為俄國屬地，所以島上有許多建築呈現俄國特色。1917年芬蘭獨立，隔年這裡也隨之更名為Suomenlinna，成為芬蘭軍隊的駐地，直到1972年才交由政府管理，現在則成了赫爾辛基最受歡迎的觀光勝地。

符號說明　 登錄時間　 遺產內容　　遺產類型　 文化遺產　 自然遺產　 綜合遺產　瀕危文化遺產　瀕危自然遺產　瀕危綜合遺產

韋爾拉磨木紙板工廠
Verla Groundwood and Board Mill

文化遺產

造紙工業

韋爾拉磨木紙板工廠位於芬蘭東南部的科沃拉區(Kouvola)，這個保存完整的小規模鄉村工業建築遺址，見證了19到20世紀北歐及北美地區傳統木漿造紙工業的興盛與沒落。

1872年，當地第一間磨木工廠在韋爾蘭柯斯基激流(Verlankoski Rapids)西岸成立，但不幸毀於1876年的一場大火。1882年，兩名造紙商重新成立一間同樣全木造的磨木紙板工廠，但木材乾燥區又在1892年被燒毀。有鑑於此，後來工廠最大股東的建築師弟弟愛德華·狄佩爾(Carl Eduard Dippell)把乾燥廠改建成一棟四層樓的磚房，並且運用裝飾手法，營造出教堂般的外觀。這間磨木紙板工廠一直運作到1964年，才因產量減少而結束營業。

勞馬古城
Old Rauma

文化遺產

木造古城

坐落於波斯尼亞灣旁的勞馬古城，是芬蘭歷史最悠久的港口城市之一，自9世紀開始就靠著熱絡的貿易活動逐漸繁榮起來。

勞馬古城是北歐最大的木造歷史古城，占地約29公頃，總共包含大約600棟建築物。由於當地曾在17世紀兩度遭遇祝融之災，因此除了建於15世紀中葉的木造聖十字教堂以外，其他建築只能回溯到18世紀。

人們來到此地，不僅可以造訪著名的聖十字教堂，欣賞內部的中世紀壁畫，還可以參觀目前已經開放成博物館的漁夫之家(Kirsti house)以及船夫之家(Marela house)。

佩泰耶維齊古教堂
Petäjävesi Old Church

文化遺產

教堂

這座位於芬蘭中部佩泰耶維齊區的古老鄉村教堂，隸屬於路德教派，其建築形式融合了文藝復興時期的十字形平面格局及哥德式拱頂，是北歐東部傳統木構教堂建築的範例。

佩泰耶維齊古教堂的設計及建造者是一位名叫雅可·勒帕寧(Jaakko Klemetinpoika Leppänen)的教堂建築師傅，他從1763年開始動工，在1765年完工，位於西側的鐘塔則是他孫子艾爾基·勒帕寧(Erkki Leppänen)在1821年增建的。雖然自1879年起，這座古教堂就被當地的新教堂取代，直到1920年代才在一位奧地利藝術史學家的推動下開始重新整修，但卻也得以保存了最傳統的木造教堂樣貌。

薩馬拉登馬基青銅時代墓地遺址
Bronze Age Burial Site of Sammallahdenmäki

文化遺產

薩馬拉登馬基青銅時代墓地遺址位於芬蘭西部的拉皮地區(Lappi)，總共包含30多座可回溯到西元前1,500年至西元前500年間，以花崗岩堆砌而成的圓錐形石堆墳塚，是當時人們信仰與社會結構的珍貴見證。

這些分布於山坡上的石堆墳塚，採用的是自當地收集或者從下方峭壁挖鑿而來的石塊，而且可以按照形狀大小區分為幾種類型，包括低矮的小型石堆、較高聳的大型石堆以及環狀石堆。除此以外，這些石堆還呈現兩種獨特的結構，一種是橢圓形結構，一種是較扁平的四邊形結構(又稱為「教堂地板」)，後者在北歐地區極為罕見。

法國France

 44 7 　 2 　Total 53

說法國是世界遺產的黃金之國一點也不過份，在這塊五角型的國土上，密布著被視為人類文化菁華的遺跡。從羅馬時代到近代，不只是令人讚嘆的奇景，還能從中體會歷史的流動、文明的進程與智慧的累積。此外，太平洋、印度洋上也都有法國殖民領土內的自然遺產。

★比利時與法國的鐘樓Belfries of Belgium & France詳見比利時

★阿爾卑斯地區史前干欄式民居Prehistoric Pile dwellings around the Alps詳見奧地利

★喀爾巴阡山脈與歐洲其他地區的原始山毛櫸森林Ancient and Primeval Beech Forests of the Carpathians and Other Regions of Europe詳見德國

★歐洲溫泉療養勝地The Great Spa Towns of Europe詳見捷克

英國

北卡萊海峽採礦盆地
Nord-Pas de Calais Mining Basin

沃邦的防禦工事
Fortifications of Vauban

比利時

德國

新喀里多尼亞礁湖：珊瑚礁多樣性及相關生態系統（大洋洲）
Lagoons of New Caledonia: Reef Diversity and Associated Ecosystems

第一次世界大戰（西線）的墓葬和紀念場所
Funerary and Memory Sites of the First World War (Western Front)

英吉利海峽

勒阿弗爾：奧古斯特・培瑞重建的城市
Le Havre, the City Rebuilt by Auguste Perret

漢斯聖母大教堂
Cathedral of Notre-Dame, Former Abbey of Saint-Remi and Palace of Tau, Reims

培雷山和馬提尼克北部山峰的火山和森林
Volcanoes and Forests of Mount Pelée and the Pitons of Northern Martinique

拉羅什住宅和讓訥雷住宅
Maisons La Roche et Jeanneret

亞眠大教堂
Amiens Cathedral

比利時與法國鐘樓
Belfries of Belgium and France

香檳地區的山丘葡萄園、酒莊和酒窖
Champagne Hillsides, Houses and Cellars

人類之地―馬克薩斯群島
Te Henua Enata – The Marquesas Islands

柯比意：薩伏耶別墅
Villa Savoye et loge du jardinier

巴黎塞納河岸
Paris, Banks of the Seine

普羅萬・中世紀展覽會古城
Provins, Town of Medieval Fairs

比斯開灣

聖米歇爾山
Mont-Saint-Michel and its Bay

夏特大教堂
Chartres Cathedral

凡爾賽宮
Palace and Park of Versailles

南錫的史特尼斯拉、卡雷爾、達連斯三座廣場
Place Stanislas, Place de la Carrière and Place d'Alliance in Nancy

布爾日大教堂
Bourges Cathedral

楓丹白露宮殿及花園
Palace and Park of Fontainebleau

史特拉斯堡―大島和新城
Strasbourg, Grande-Île and Neustadt

敘利到沙洛內之間的羅亞爾河谷地
The Loire Valley between Sully-sur-Loire and Chalonnes

維澤雷教堂與山丘
Vézelay, Church and Hill

楓特內修道院
Cistercian Abbey of Fontenay

孚日聖迪耶的工廠
manufacture à saint-dié des vosges

加洛坦佩的聖薩文修道院教堂
Abbey Church of Saint-Savin sur Gartempe

勃艮第葡萄園的風候土地
The Climats, terroirs of Burgundy

柯比意：廊香教堂
La Colline Notre-Dame du Haut

瑞士

科爾杜昂燈塔
Cordouan Lighthouse

聖地牙哥朝聖路線
Routes of Santiago de Compostela in France

維澤黑河谷洞穴及史前遺址
Prehistoric Sites and Decorated Caves of the Vézère Valley

阿克瑟農王室鹽場
Royal Saltworks of Arc-et-Senans

波爾多月亮港
Bordeaux, Port of the Moon

歐洲溫泉療養勝地
The Great Spa Towns of Europe

阿爾卑斯山區史前干欄式民居
Prehistoric Pile dwellings around the Alps

柯比意：弗呂傑城
Cité Frugès

柯比意：拉托雷修道院
Couvent Sainte-Marie-de-la-Tourette

聖艾米里翁管轄區
Jurisdiction of Saint-Emilion

多姆山鏈―利馬涅斷層構造區
Chaine des Puys - Limagne fault tectonic arena

里昂舊城區
Historic Site of Lyons

費爾米尼文化中心
Maison de la Culture de Firminy

阿爾代什省的阿爾克橋（肖韋）洞穴壁畫
Grotte Chauvet-Pont d'Arc, Ardèche

義大利

喀斯與塞文:地中海農牧文化景觀
The Causses and the Cévennes, Mediterranean agro-pastoral Cultural Landscape

歐宏桔羅馬劇場與凱旋門
Roman Theatre and its Surroundings and the "Triumphal Arch" of Orange

喀爾巴阡山脈與歐洲其他地區的原始山毛櫸森林
Ancient and Primeval Beech Forests of the Carpathians and Other Regions of Europe

阿爾比的主教城
Episcopal City of Albi

亞維儂歷史中心：教皇宮、主教團和亞維儂橋
Historic Centre of Avignon: Papal Palace, Episcopal Ensemble and Avignon Bridge

庇里牛斯山之普渡峰
Pyrénées - Mont Perdu

嘉德水道橋
Pont du Gard (Roman Aqueduct)

亞爾勒的羅馬及仿羅馬式建築
Arles, Roman and Romanesque Monuments

尼姆的方形神殿
The Maison Carrée of Nîmes

亞維儂公寓
Unité d habitation Marseille

柯比意：馬賽公寓

柯比意：柯比意棚屋
Cabanon de Le Corbusier

中央運河
Canal du Midi

卡爾卡頌歷史防禦堡壘
Historic Fortified City of Carcassonne

蔚藍海岸冬季旅遊之都―尼斯
Nice, Winter Resort Town of the Riviera

西班牙

安道爾

地中海

波托灣
Gulf of Porto: Calanche of Piana, Gulf of Girolata, Scandola Reserve

 塔普塔普阿泰
Taputapuātea

 留尼旺的山峰、冰斗與峭壁（非洲）
Pitons, Cirques and Remparts of Reunion Island

法屬南方領地和領海
French Austral Lands and Seas

符號說明　登錄時間　遺產內容　　遺產類型　文化遺產　自然遺產　綜合遺產　瀕危文化遺產　瀕危自然遺產　瀕危綜合遺產

1979

文化遺產

教堂

夏特大教堂
Chartres Cathedral

　　夏特大教堂原本是建於11世紀的仿羅馬式教堂，1194年遭大火燒毀，而在13世紀初期重建為今天所見到的哥德樣式，並留下西大門、南北兩鐘塔、地下墓室，而「聖母之紗」是唯一倖留的聖物。它也是法國境內最高的哥德式教堂。

　　教堂內的176片彩繪玻璃大多數是自13世紀時保存下來的，算是歐洲中世紀最重要的彩繪玻璃之一。彩繪玻璃窗主題訴說耶穌生平、舊約聖經和聖人的故事，而興建之時龐大的資金由貴族、富商和工會贊助，因此在部分彩繪玻璃窗的最下部，可以看見包括多種行業工作場景或家族徽章等捐贈者的標記。而在這些繽紛的彩繪玻璃中，又以藍色為主調，形成當地特殊的「夏特藍」代表色。

1979

文化遺產

修道院

聖米歇爾山及其海灣
Mont-Saint-Michel and its Bay

從遠處觀望聖米歇爾山，宛如一座獨立的島嶼和莊嚴的城堡，事實上自中世紀蓋了修道院之後，這裡便成為重要的朝聖之地。

早在8世紀之前，聖米歇爾山周圍並非今日所見的沙洲，而是一片青翠的森林，但因不知名的原因使森林沉入陸地，造就了這座周長900公尺、高88公尺的花岡岩小山孤立於沙洲。此處以潮汐落差而著名，最大的漲潮期是在滿月和新月的36~48小時之後，高漲的海水將山頭變成一座孤立於河口的岩島，退潮時，又會露出與本島接壤的坦蕩大道，彷彿海中仙境。

根據凱爾特(Celtic)神話，聖米歇爾山曾經是死去靈魂的安息地與海上墓地。傳說西元708年時，阿維蘭奇(Avranches)的聖歐貝爾主教(Bishop Aubert)曾三度夢見天使長聖米歇爾(Saint Michel)托夢給他，希望以祂的名義在座岩山頂建立一座聖堂。

西元966年，諾曼地公爵查理一世在此建立本篤會修道院(The Benedictines)，歷經數度修建與擴充，加上四周被斷崖與大海環繞的險惡要勢，讓聖米歇爾山成為百攻不破的碉堡要塞，從15世紀的英法百年戰爭與16世紀的宗教戰爭即可證明。

數百年來，這裡一直是修道士的隱居之處，由於修道院長期壓榨領地內的農民，在法國大革命期間聖

符號說明 登錄時間 遺產內容　遺產類型 文化遺產 自然遺產 綜合遺產 瀕危文化遺產 瀕危自然遺產 瀕危綜合遺產

米歇爾山首度被民眾攻陷，從神聖的修道院淪為監獄，直到1874年才被法國政府列為國家古蹟，至此展開大規模的整修。

今日的聖米歇爾修道院成為法國最熱門的旅遊勝地，除了獨特的歷史背景和地理位置外，也和建築本身的結構有關，由於聳立於花崗岩巨岩的頂端，修道院以金字塔型層層上築的方式修建，興建巨柱地下小教堂或聖馬丁地下小教堂等多座地下小教堂構成支撐平台，至足以承受上方高達80公尺的教堂重量，也因此該建築又被稱為「奇蹟樓」。

1979

文化遺產

宮殿與園林

凡爾賽宮與花園
Palace and Park of Versailles

這是法國有史以來最壯觀的宮殿，早在路易十三時期還只是座擁有花園的狩獵小屋，直到路易十四繼位，他有意將政治中心移轉至此，遂展開擴建計畫，耗費50年才打造完工，其規模包括宮殿、花園、翠安農宮、瑪麗安東奈特宮和大馬廄等，建築面積比原來增加了5倍。

隨著路易十四的去世，這種宮廷般的大肆排場與崇尚君主權力的生活，在路易十五和路易十六掌政期間並未改變，王公貴族們依然奢靡無度，日夜縱情於音樂美酒的享樂中。沒想到卻引發法國大革命，路易十六被送上斷頭台，凡爾賽宮人去樓空，直到路易菲利浦與各黨派協商之後，1837年，將凡爾賽宮改為歷史博物館。在這裡，看到的不僅是一座18世紀的宮殿藝術傑作，同時也看到了法國歷史的軌跡。

城堡是凡爾賽宮的參觀重點，由下往上觀望，讓人更添增幾分崇敬，至於裝飾於大門的路易十四太陽神標誌，則象徵他的偉大功績。花園則包含了噴泉、池塘、林道、花床、運河等，其中光是噴泉就有32個。

1979

文化遺產

舊石器時代遺址 × 岩畫藝術

維澤黑河谷壁畫洞穴及史前遺址
Prehistoric sites and Decorated Caves of Vézère Valley

位於法國西部的維澤黑谷地，一共包含了147個舊石器時代的遺跡，以及25個史前壁畫洞穴。其中發現於1940年代的拉斯科(Lascaux)洞穴，對於考古學者研究史前人類的藝術可說相當重要。在洞穴壁畫上呈現了狩獵的景致，還能看到100個左右的動物形體，栩栩如生的細節與豐富色彩，具有相當的考古價值。

©UNESCO/F. Bandarin

1979

文化遺產

修道院與教堂

維澤雷—教堂與山丘
Vézelay, Church & Hills

維澤雷的本篤會修道院(the Benedictine abbey of Vézelay)建於9世紀，因為擁有瑪麗‧瑪德蓮(Marie-Madeleine，即抹大拉的瑪利亞)的聖骨，而被視為聖徒朝聖的重要聖地，它也是「聖地牙哥朝聖路線」的交會點之一。

1146年，本篤會就是在這修道院宣誓第二次十字軍東征；1190年第三次東征時，英國獅心王理查一世(Richard the Lion-Hearted)和法王菲利普二世(Philip II Augustus)就是在此相遇。

修道院內的聖瑪德蓮教堂(Madeleine of Vézelay)建於12世紀，不論在教堂內部柱子的柱頭上和正門，雕刻都十分精采，是勃艮第地區仿羅馬式建築的傑作。

1981

文化遺產

羅馬及仿羅馬式建築

亞爾勒的羅馬及仿羅馬式建築
Arles, Roman & Romanesque Monuments

位於隆河三角洲頂點的亞爾勒，完整保留早期城市演變至中世紀歐洲大城的遺跡，其中包括早期羅馬建築、4世紀時的浴場和大型墳場，以及12世紀的中世紀城牆遺跡。

它留下重要的羅馬遺跡，如聖托菲姆教堂及迴廊(Église St-Trophime et Cloître)、共和廣場裡的方尖碑(Obélisque)、羅馬劇場(Théâtre Antique)、羅馬競技場(Les Arènes)和地下柱廊(Cryptoportiques)、君士坦丁浴場(Thermes de Constantin)。

建於西元75年的羅馬競技場，是普羅旺斯保存最好的羅馬式遺跡之一。由2層樓、50座拱門所形成的大型競技場，最多可以容納2萬名觀眾，直徑最廣的部分長達136公尺，坐在最高的一排座位可以一覽亞爾勒的城景。

2010

文化遺產

古城

阿爾比的主教城 Episcopal City of Albi

塔恩河(Tarn River)穿越群山與峽谷奔流於法國南方，在河岸旁有一座歷史悠久的城市阿爾比，早在青銅器時代已有人煙，直到1040年時因為舊橋(Pont-Vieux)的興建，靠著熱絡的貿易活動與舊橋過路費而蓬勃發展。

13世紀時，教宗與法國國王聯手對抗以阿爾比為發源地、盛行於法國朗格多克(Languedoc)地區的卡塔爾教派(Cathars)，為了打擊此相信二元論與神秘直覺說的「異端邪說」，主教在聖戰後於阿爾比興建了一座主教宮(Palais de la Berbie)，以及宏偉的堡壘和極度高聳的聖塞希爾教堂(Cathedral of Sainte-Cécile)。以南法獨特哥德式風格、當地紅橘兩色磚塊興建，主教城的古蹟和幾個世紀以來未曾變遷的城區，展現了同質且協調的氣氛，象徵著中世紀建築與城市發展的巔峰。

1981

文化遺產

修道院

楓特內的西妥會修道院
Cistercian Abbey of Fontenay

楓特內修道院保存了完整的西妥會(Citeaux)教會生活形式及遺跡。西元1112年，勃艮第的貴族青年貝納(St. Bernard)加入了西妥會，當時的西妥會和主流的克呂尼(Cluny)教會對立，摒棄克呂尼講究的生活形式，以清貧的方式修行。

修士們自己種植藥草、製作鐵器，水源充沛的楓特內正好提供了製鐵所需的水力，保留下來的鍛造間(Les forges)也成為今日歐洲最古老的工廠遺址之一。

修道院在18世紀被改建為造紙廠，法國大革命時期教士紛紛出奔，此地荒廢一時，直到19世紀被城主買下，重新整修才將修道院回復原有風貌。

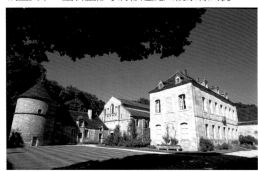

2023

自然遺產

火山地貌

培雷山和馬提尼克北部山峰的火山和森林
Volcanoes and Forests of Mount Pelée and the Pitons of Northern Martinique

培雷火山和卡爾貝山脈因其火山地貌、噴發物和形成過程入列世界遺產，1902年~1905年的火山噴發對聖皮埃爾市造成嚴重傷害，釀成多人喪生的悲劇，被列為火山學史上的重要事件。這項遺產所在的範圍也是許多受威脅物種的生存地，包括馬提尼克火山蛙(Allobates Chalcopis)、拉塞佩德地蛇(Erythrolamprus Cursor)和當地特有的馬提擬鸝(Icterus Bonana)。

1982

文化遺產

鹽場

從薩蘭萊班的大鹽場到阿克瑟農的皇家鹽場—開放式鍋爐製鹽
From the Great Saltworks of Salins-les-Bains to the Royal Saltworks of Arc-et-Senans, the Production of Open-pan Salt

位於法國東部貝桑松(Besançon)附近的阿克瑟農鹽場，起造於1775年路易十六時期，由Claude-Nicolas Ledoux負責興建，它其實是一個理想市鎮計畫，這巨大的半圓形建築群，主要是為了讓鹽場裡的工作和組織更為層次分明而設計。這可以說是工業建築的第一個主要成就，也標示了啟蒙時代的文明進程，不過這個計畫從來沒有實現。

阿克瑟農的皇家鹽場於1982年被列為世界遺產，到了2009年，再把薩蘭萊班的大鹽場納進來，這座鹽場一直使用到1962年，已有1200年的歷史，在1780到1895年間，並有21公里長的木管連通阿克瑟農皇家鹽場。

而這些鹽場的製鹽方式，都是以開放式鍋爐(Open-pan)煮鹽水，來萃取這些當年相當值錢的白金。

1981

文化遺產

古羅馬遺址

歐紅桔羅馬劇場與凱旋門
Roman Theatre and its Surroundings and the "Triumphal Arch" of Orange

牆面寬103公尺、高37公尺的歐宏桔古代劇場(Théâtre Antique)，是世界上保存最好的羅馬劇場之一，尤其舞台牆面完整地保存下來。

而位於昔日舊城邊界、通往里昂路上的凱旋門，是紀念羅馬皇帝奧古斯都平定高盧，於西元1世紀前後建立的，並於19世紀開始多次展開修復工作。凱旋門長19.5公尺、寬8.4公尺、高19.2公尺，共有3個拱門，大致呈西北—東南走向。其上的浮雕主要以軍隊、武器及徽章描述羅馬人和高盧人戰鬥情景，歌頌羅馬帝國光輝的成就。

1981

文化遺產

宮殿與園林

楓丹白露宮殿及花園
Palace and Park of Fontainebleau

位於巴黎東南方的楓丹白露(Fontainebleau)，名字源自Fontaine Belle Eau，意謂「美麗的泉水」。12世紀，法王路易六世下令在此修建城堡和宮殿，做為避暑勝地，而歷代的國王不是拿它來當作行宮、接待外賓，就是長期居住在此，因此，重要的皇室文物或建築風格都在這裡留下痕跡，深具藝術遺產價值。

眾多國王中，又以弗朗索瓦一世(François I)的修建計畫最具看頭，他除了保留中世紀的城堡古塔，還增建了金門、舞會廳、長廊，並加入義大利式的建築裝飾。這種結合文藝復興和法國傳統藝術的風格，在當時掀起一陣仿效浪潮，也就是所謂的「楓丹白露派」。

路易十四掌政後，每逢秋天，便選在楓丹白露進行狩獵活動，這項傳統一直延續到君主專制末期。不過到了17世紀後，法國皇室搬移至凡爾賽宮居住，楓丹白露光采漸漸黯淡，甚至在法國大革命時，城堡的家具遭到變賣，整座宮殿宛如死城。直到1803年，經由拿破崙的重新佈置，楓丹白露才又重現昔日光彩。目前城堡開放參觀的重點包括大殿建築、小殿建築、文藝復興殿，以及6座庭院和花園，漫步其間，數百年前的皇族生活彷彿近在眼前。

1996

文化遺產

水利工程
×
運河

中央運河
Canal du Midi

這條橫跨法國西南部的運河，當初興建的主因是為了方便法國國內的貨物運輸，在運河打通前，貨物必須往南繞行西班牙才能到達法國另一端。1663年邦和布(Bonrepos)的男爵里凱(Pierre-Paul Riquet)極力鼓吹法國國王路易十四和首相開通這條串連大西洋和地中海的蔚藍海岸的運河，並擔下所有的工程費用和設計規畫。

1667年開工的運河，先從地中海岸的榭德(Séte)開往土魯斯(Toulouse)，再一路往西，由於大西洋和地中海兩海域的水位高低差異懸殊，要求精密的計算和工程技術，再加上需考量注入足夠的水量，才能讓運河可行船，長達240公里的水道，總共花了15,000名勞工長達14年的時間，興建了水閘、渠道、陸橋等350處工程，從鄰近山區的31條大小河流引水注入，成就此一劃世紀的民生工程，諸多技術也成為工業革命的前導。

1985

文化遺產

古羅馬遺址

嘉德羅馬水道橋
Pont du Gard (Roman Aqueduct)

建於西元前45年，當時羅馬帝國領土擴展迅速，勢力遠及法國西南部的尼姆，而尼姆是高盧地區的大城市，居民人數高達2萬，為了應付羅馬城市必備的公共澡堂、大型噴泉，以及市民日常所需等每日將近2千萬公升的用水量，羅馬人開始往外找水源，最後在尼姆市外50公里處找到了泉源。

工程團隊一路打造地下或半地下的引水道，直至距尼姆市不遠的嘉德河岸，尼姆引水計畫中最龐大的工程──嘉德水道橋於是動工，以便跨越寬達270公尺的河床，據推估，當時可能動用了1000名工人、施工期達3至5年。

外觀優雅的嘉德水道橋，寬275公尺、高49公尺，是古羅馬水道橋中最高的一座，由上中下三層共49座圓拱組成。上層47個小拱頂，做為引水道之用；中層11個中拱頂，前有步道，人車皆可通行；下層6個大拱頂，一來支撐上面兩層，其次有阻擋洪水等功能。

工程團隊運來數百塊巨石來打造嘉德水道橋，估計整體石材總重量高達五萬多噸。儘管工程浩大，但石塊間完全沒有使用任何黏合材料，純粹是靠工程團隊精密的力學計算來切割組合，完美的技術，讓水道橋歷經上千年仍矗立山間。

2011

文化遺產

農業與放牧景觀

喀斯與塞文─地中海農牧文化景觀
The Causses and the Cévennes, Mediterranean agro-pastoral Cultural Landscape

喀斯與塞文位於法國中南部高山與深谷的交錯地帶，範圍涵蓋法國五個省份，佔地約302,300公頃。

喀斯高原和塞文山脈擁有多采多姿的田園風光以及獨特建築，不僅將人與自然環境之間和諧共生的互動關係表露無遺，同時也見證了中世紀以來地中海地區放牧傳統的演進。本區保存了幾乎所有在地中海地區都能看到的放牧型態，包括農業型放牧、季節遷徙放牧、定居型放牧等等，當地人民經常使用的放牧路徑更充分反映了數百年來的農牧傳統。

建於喀斯高原陡峭台地上的石造農舍、教堂和村莊，具體呈現了11世紀以來大修道院的組織形式。塞文山脈除了是理想的放牧地點，出產著名的高山綿羊，同時也保留了在蠶絲業鼎盛時期所建的石造建築。位於本區的洛澤爾山(Mont Lozère)，則是目前依然保有夏季遊牧傳統的少數地區之一。

符號說明 登錄時間 遺產內容　遺產類型 文化遺產 自然遺產 綜合遺產 瀕危文化遺產 瀕危自然遺產 瀕危綜合遺產

1983

文化遺產

修道院與教堂

加爾坦佩的聖薩文修道院教堂
Abbey Church of Saint-Savin sur Gartempe

　　這座建於11世紀的修道院教堂，被譽為法國的「仿羅馬式西斯汀禮拜堂」（Romanesque Sistine Chapel），擁有細長尖塔與龐大中殿，內部有歐洲最壯觀的12世紀仿羅馬式系列壁畫，描繪從創世紀至十誡的舊約聖經故事。

　　這座呈基督十字形的教堂擁有一座高80公尺的方形鐘樓，教堂的地窖則埋葬著聖薩凡(St Savin)和聖塞普朗(St Cyprian)兩位聖者，延續教堂的濕壁畫風格，牆上畫滿兩位聖者一生的故事。

1988
2017

文化遺產

歷史城區

史特拉斯堡—大島和新城
Strasbourg, Grande-Île and Neustadt

　　位在法國、德國、瑞士三國交叉口的史特拉斯堡，融合了拉丁民族與日爾曼民族的文化特色，為了平息法德兩國自普法戰爭到第二次世界大戰以來的恩恩怨怨，1949年歐洲議會成立時，還刻意將開會地點選在史特拉斯堡，1979年的時候更被冠上「歐洲首都」之名，象徵歐洲從此朝無國界的合作邁進。

　　被萊茵河支流包圍的大島（老城區），滿載了建城2000年來的歷史、文化與生活，河邊分布著典雅的半木造屋。最具代表性的聖母院大教堂，為法國文豪雨果讚美是「巨大和精緻的完美結合」，興建工程從1176年持續到1439年，此後大約有將近4個世紀的時間，這座高達142公尺的尖塔，是當時最高的建築。

　　位於大島以東的新城於1871年至1918年為德國所管理，因此又稱為德國區，新城的城市規劃採用德式的建築風格設計，被視為全球最重要的日耳曼建築保存區，因為德國的主要城市在二次世界大戰中遭受嚴重摧毀，而史特拉斯堡因是法國城市倖免轟炸而保存良好。

1991

文化遺產

城市規劃

塞納河岸
Paris, Bank of Seine

從羅浮宮到艾菲爾鐵塔，從協和廣場到大小皇宮，塞納河畔見證了巴黎的歷史演進。1853年，拿破崙三世時代的塞納省長奧斯曼男爵(Baron Georges Eugène Haussmann)改造了巴黎，這項大工程對19~20世紀間發展的都市計畫，有重大影響，同時許多重量級的建築、博物館、華廈和古蹟，也如雨後春筍般出現於塞納河畔，將巴黎帶入美好年代。

海明威曾說：「假如你夠幸運，在年輕時待過巴黎，那麼不論未來你在哪裡，巴黎將永遠跟著你，因為巴黎是一席流動的饗宴」。而塞納河，穿越巴黎的過去、現在和未來，正是這饗宴的流動泉源。

沒有橋，就沒有塞納河，古代的塞納河只有大橋和小橋，兩岸居民靠著交通渡輪(即今日的「蒼蠅船」Bateaux Mouches)來往。到了17世紀，因土木技術的發達而大量修築橋梁，如今跨越塞納河的橋梁多達37座，浪漫的巴黎人賦予其不凡的意義，增添更多浪漫的想像空間。

2019

自然遺產

群島景觀
×
生物研究

法屬南方領地和領海
French Austral Lands and Seas

法屬南方陸地和海洋包括南印度洋最大的罕見陸地：克羅澤群島(the Crozet Archipelago)、凱爾蓋倫群島(the Kerguelen Islands)、聖保羅和阿姆斯特丹群島(Saint-Paul and Amsterdam Islands)，以及60個亞南極小島。這片位於南大洋中部的「綠洲」佔地超過六千七百萬公頃，是世界上鳥類和海洋哺乳動物最集中的地區之一，特別是此地擁有世界上數量最多的國王企鵝(King Penguins)和黃鼻信天翁(Yellow-nosed albatross)，此區的島嶼遠離人類活動區域，因而保存完好，展示了生物進化和獨特的科學研究地形。

符號說明  登錄時間 遺產內容　遺產類型 文化遺產 自然遺產 綜合遺產 瀕危文化遺產 瀕危自然遺產 瀕危綜合遺產

庇里牛斯山之普渡峰
Pyrenees-Mont Perdu

1997

綜合遺產

高山生態與高地人文景觀

庇里牛斯山為西班牙與法國的界山，呈東西走向，長435公里，平均海拔在2,000公尺以上，最高峰為高3,352公尺的普渡峰。氣候與植被呈明顯垂直變化，超過2,300公尺處即為高山草原，3,000公尺以上仍有冰川。

靠西班牙一側坐落著Añisclo和Escuain兩座歐洲最大、最深的峽谷，景色壯麗。托爾托薩(Tortosa)為登山滑雪聖地，遊客絡繹不絕。另外值得一提的是，山區仍保有恬靜的田園景觀，及在現代歐洲僅見的昔日高地生活方式，活脫就是一座傳統農業生活展示館。

＊與西班牙並列

卡爾卡頌歷史防禦堡壘
Historic Fortified City of Carcassonne

1981

文化遺產

防禦工事

卡爾卡頌位居伊比利半島與其他歐洲地區的走廊地帶，12世紀時，特宏卡維家族(Les Trencavels)在本市建造城堡與大教堂，保存完整的城廓相當可觀。

早在羅馬時代，法國西南部奧德河(Aude)右岸山丘上就有防禦工事，但現有這座中世紀堡壘城鎮，防禦城牆、城市建築、街道和精緻的哥德式教堂，再加上現代科學保護組織的創始人之一杜克(Viollet-le-Duc)從19世紀後半開始的長期維修計畫，讓卡爾卡頌在軍事用途之外，更有獨特的歷史文化價值。

卡爾卡頌目前的規模，是13世紀十字軍東征時所興建的，在毀損的羅馬防禦工事上再打造一處軍事堡壘，有著內外2道城牆，加起來達3公里長，隨後在城外再加建一道無水的護城溝渠，城內還有52座瞭望塔，以強化其防衛的功能。

波托灣：皮雅納峽灣、吉羅拉塔灣、斯堪多拉保護區
Gulf of Porto: Calanche of Piana, Gulf of Girolata, Scandola Reserve

1983

自然遺產

海洋生態

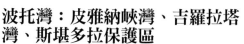

位在科西嘉島(Corse)西側的斯堪多拉半島(Scandola peninsula)，屬於地區自然公園的一部分，高達300公尺的紅色花崗岩岸伸入海中，被譽為地中海最美麗的海灣之一。半島上的植被主要為灌木叢林，提供了海鷗、鸕鷀、海鷹的重要棲地，至於清澈的海水以及周遭小島和海蝕洞穴，則孕育豐富的海洋生物。

布爾日大教堂
Bourges Cathedral

1992

文化遺產

教堂

布爾日的聖艾蒂安大教堂(Cathédrale St-Etienne)，建於12~13世紀之間，標示著法國哥德藝術的巔峰，並被視為令人讚嘆的傑作。

這是一座男性聖人的大教堂，和傳統的聖母院不同。法國最有名的三大哥德式教堂，就是巴黎聖母院、夏特大教堂及布爾日的聖艾蒂安大教堂，不過前兩者正面均由三座門構成，而聖艾蒂安卻由五座門構成立面，顯得相當與眾不同。另外聖艾蒂安最顯著的哥德式特徵，一為飛扶壁，二為拱型窗，也是欣賞大教堂時，不可錯過的焦點。除了欣賞建築之外，你也可以看到中世紀時的法國，基督信仰所展現的力量。

1998

文化遺產

基督教朝
聖路線

法國境內的聖地牙哥朝聖路線
Routes of Santiago de Compostela in France

中世紀時數百萬名基督徒前往西班牙的聖地牙哥，朝拜耶穌十二門徒之一聖雅各(St Jacques)的聖骨匣。他們冀望透過旅程得到救贖，並帶回象徵聖雅各的扇貝。在橫跨法國的途中，於某些集合點與歇腳的庇護所留下足跡。這條朝聖路線已經存在了上千年歷史，被譽為基督世界三大朝聖路線之一，其他兩條則是從英格蘭的坎特伯里(Canterbury)前往羅馬，以及前往耶路撒冷的朝聖路線。

在巴黎，以大量裝飾展現火焰哥德式風格的聖雅克塔，是法國朝聖之路的起點，18世紀末拆除了教堂，如今只剩下高52公尺的塔樓，於1998年時一併被聯合國教科文組織列入世界遺產。

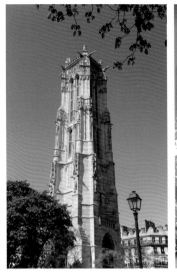

1998

文化遺產

歷史城區

里昂歷史城區
Historic sites of Lyons

里昂是隆河–阿爾卑斯山省的省會，因為地理位置特殊，一直是歐洲史上極為重要的貿易重地。羅馬時代是軍事重鎮，文藝復興時期免稅政策吸引了許多商人、銀行家到此定居，15世紀成為全歐洲印刷中心，16世紀則因絲綢成為法國紡織中心。1998年，基於里昂展現了古代到近代的都會發展歷史，里昂的舊城區列名世界遺產。

大里昂城包括了灌木區(Croix Rousse)、舊里昂區(Vieux Lyon)和現代區(Presqu'e)，可追溯到西元前歷史的舊里昂區，是世界遺產中最大的一塊文化遺跡，超過300棟不同時代的建築物，集合成一處保存完整的建築群。隨處可見的教堂與劇院，讓人仿如置身文藝復興的榮景裡，而穿梭在舊城鎮裡像迷宮一樣狹窄封頂的小巷(Traboules)，則可以想像當年運輸絲織品的盛況。

雖然有許多小巷已經被拆除，現在還是有超過300個小巷，主要分布在舊城區，而在灌木區、現代區，也可以看到這種特殊型式的建築。

1991

文化遺產

教堂、
修道院與
宮殿

漢斯聖母大教堂、聖雷米修道院及朵皇宮
Cathedral of Notre-Dame, Former Abbey of Saint-Remi and Palace of Tau, Reims

曾有25位法國國王在此加冕，而使漢斯聖母大教堂成為法國人心目中的聖地，教堂正面的左側門上，有一座「微笑的天使」雕像，被認為是漢斯市的地標。一起被列入遺產的還有聖雷米修道院及昔日漢斯大主教的宅邸朵皇宮。

自西元816年至1825年，共有34位領主(其中有25位為法國國王)在漢斯聖母大教堂接受加冕，就連苦陷英法百年戰爭的皇太子查理也不例外。

從漢斯大教堂的右翼往右走，即可直通朵皇宮(Palais du Tau)。16世紀時，這棟建築原為漢斯大主教的官邸，在過去，法國國王的加冕儀式結束之後，就會在朵皇宮舉行大型的宴會。經過路易十四(Louis XIV)重修之後，朵皇宮仍然保留了它13世紀的禮拜堂及哥德式的建築風格，目前它是漢斯重要的博物館之一，收藏許多珍貴的雕塑、織錦畫、和宗教儀式相關的古物等。

2014

文化遺產

舊石器時代遺址×岩畫藝術

阿爾代什省的阿爾克橋(肖韋) 洞穴壁畫
Decorated Cave of Pont d'Arc, known as Grotte Chauvet-Pont d'Arc, Ardèche

　　阿爾克橋岩洞又稱為肖韋洞穴(Grotte Chauvet)，位於隆河－阿爾卑斯山區阿爾代什省(Ardèche)的一座石炭岩高原地底下25公尺處。1994年因石塊崩塌，才讓這個埋藏於地底2萬年以上的洞穴壁畫被發現，裡頭有超過1,000幅的壁畫，描述了435個呈現14種動物的寓言故事，年代約為30000至32000年前的奧瑞納文化時期(Aurignacian period)。

　　這個出現在岩洞內的舊石器時代晚期藝術，已經會使用陰影技巧，並結合了繪畫和雕刻，同時具有解剖學上的精確度、立體感及動態，被視為是人類藝術表現上一個非凡的成就，出現在壁畫的動物包括熊、獅子、犀牛、野牛等。

2000

文化遺產

城堡與河谷人文景觀

敘利到沙洛內之間的羅亞爾河谷地
The Loire Valley between Sully-sur-Loire and Chalonnes

　　擁有豐富的城堡及古城遺跡的羅亞爾河流域(Loire Valley)，北至敘利(Sully-sur-Loire)、靠近奧爾良(Orleans)，西至沙洛內(Chalonnes)、靠近翁傑(Angers)的這整塊羅亞爾河區域，被列入世界遺產的保護範圍。

　　城堡大量的出現，可分為兩個時期：第一個時期是12~14世紀出現的城堡，以作為軍事堡壘為考量，以翁傑堡(Chateau d'Angers)的高聳城牆為典型。這類城堡有的隨著槍砲的演進而逐漸荒廢，好比昔儂堡(Chateau de Chinon)；有的被改造成適合居住而保留下來，例如布洛瓦堡(Chateau de Blois)和翁布瓦茲堡(Chateau d'Amboise)。

　　15~16世紀，以滿足王室需要的居住型城堡開始被建造，隨著英法百年戰爭的結束，義大利文藝復興風吹進法國，優雅華麗的城堡如雪儂梭堡(Chateau de Chenonceau)、香波堡(Chateau de Chambord)、阿澤－勒－伊多堡(Chateau d'Azay-le-Rideau)，羅亞爾河城堡真正躍升為法國王室之家。

　　好大喜功的法王法蘭斯瓦一世(Francois I,1515-1547)是這股風潮的實踐者，他在羅亞爾河流域大事興建城堡，更一手打造了滿足他華麗幻想的香波堡。

　　羅亞爾河流域谷地所留下的不只是城堡，也是10個世紀以來法國人的歷史足跡、生活型態及文化遺產，如果想要回味昔日皇室的金色年華，羅亞爾河絕對是最具代表的區域。

2001

文化遺產

古城

普羅萬—中世紀展覽會古城
Provins, Town of Medieval Fairs

普羅萬位於巴黎東部的郊區地帶，是一座建於中世紀的防禦古城。11到14世紀，統治本地的香檳區公爵會在這裡及其他三個城鎮舉辦年度展覽會，促進歐洲北部與地中海地區之間的貿易交流，使普羅萬成為歐洲重要的政治與貿易中心，並且見證了國際羊毛貿易的繁榮盛況。

在當時四大貿易展覽城鎮裡，普羅萬是至今唯一仍然保有中世紀建築樣貌的古城，其上城區至今仍被保存完好的城牆所圍繞，城內有許多石造房屋，還有一座建於12世紀的凱撒塔(Tour César)。普羅萬除了具有歷史上的價值，現在還是重要的玫瑰產地，因此又有「玫瑰城」的稱號。

2015

文化遺產

農業景觀
×
葡萄園

香檳地區的山丘葡萄園、酒莊和酒窖
Champagne Hillsides, Houses and Cellars

這塊坐落於法國東北的香檳亞丁區的農業文化景觀，自17世紀以來，就以其自行發展出的嚴謹生產、釀造和行銷方式，成為全球知名的香檳酒產區，靠著位於山丘的葡萄園、酒莊和酒窖，傳承了世人的心血成果，孕育出舉世聞名的氣泡酒，成為節日慶典不可或缺的角色。

目前納入世界遺產範圍的區域，分別是Hautvillers、Aÿ and Mareuil-sur-Aÿ的歷史葡萄園、位於漢斯(Reims)的Saint-Nicaise山丘，以及香檳大道(Avenue de Champagne)和艾培涅的夏布洛爾堡(Fort Chabrol in Epernay)。

2005

文化遺產

戰爭遺產

勒阿弗禾—奧古斯特・培瑞重建的城市
Le Havre, the City Rebuilt by Auguste Perret

勒阿弗禾是塞納河谷流向海洋前的最後一道關卡。剛開始勒阿弗禾是以軍港的機能為主，後來商業與貿易繁榮的景象則始於美國獨立戰爭時期，一船船飄過大西洋的補給物資，就是由勒阿弗禾揚帆出航，也開啟了勒阿弗禾港商業化的第一步，莫內在勒阿弗禾畫下的知名畫作「印象日出」中，也依稀可見當時勒阿弗禾的工業繁榮景象。

然而，海港的熱鬧與繁榮，卻在二次世界大戰成了戰火下的犧牲品，遭到戰爭波及而毀損的建築，占了全城的85%，雖然勒阿弗禾在1944年9月13日即由同盟聯軍從德軍手中收復，但光是城市整頓及清理，就花費了2年時間，直到1946年才由建築師奧古斯特・培瑞(Auguste Perret)著手進行都市重建工程。

在物資及經費極為缺乏的當時，奧古斯特・培瑞選擇使用大量的混凝土進行重建，大量三層樓高的集體建築，成了勒阿弗禾新建市區最具規模的景觀，兼具傳統與現代的城市風格，也讓勒阿弗禾成為歐洲第一個列入世界遺產的20世紀都會市中心。

2008

文化遺產

防禦工事

沃邦的防禦工事
Fortifications of Vauban

身為法國元帥以及傑出的軍事工程師，沃邦不但參與路易十四的大小戰役，更為他設計了無數軍事工程，包括堡壘、城牆、稜堡、甚至無中生有的城鎮等等，此外更跨越了山、海等地形限制。

沃邦獲選為世界遺產的12件防禦工事，遍布法國西、北、東部的邊界上，他創新的要塞建築與攻略，見證了西方軍事建築中傳統防禦工事的巔峰，不但對後世帶來深遠的影響，部分甚至沿用至今。而他的築城理論更跨越歐洲，甚至對美洲以及東南亞和俄羅斯的防禦工事帶來重大的影響。

符號說明　 登錄時間　 遺產內容　　遺產類型　 文化遺產　 自然遺產　綜合遺產　瀕危文化遺產　瀕危自然遺產　瀕危綜合遺產

1983

文化遺產

廣場

南錫的史特尼斯拉、卡雷黑、達連斯三座廣場
Place Stanislas, Place de la Carrière and Place d'Alliance in Nancy

南錫是18世紀的洛林公爵史特尼斯拉˙雷克金斯基(Stanislas Leszczynski，國王路易十五的岳父)的臨時居所，西元1752年到1756年間，由建築師艾曼紐‧艾黑(Emmanuel Héré)所領導的優秀團隊，以史特尼斯拉、卡雷黑、達連斯等三座巴洛克式的廣場，美化了這座洛林省的首府。

矛盾的是，這也是君主制度下，一個開明君王在建設現代都城時，有足夠的敏感度能注意到公眾需求的最早、也最典型的例子，而這不僅提升了君王的聲望，也講求功能性，因此成為城鎮規劃的典範。在廣場上則可看到艾黑的雕像。

2007

文化遺產

都市計畫
與建築

波爾多月亮港
Bordeaux, Port of the Moon

法國著名酒鄉波爾多，同時也是位於大西洋沿岸重要的海港城市，早在西元前300年左右，凱爾特人便已在此建立聚落，超過2000年的時間，這座古城的月亮港在歷史上扮演著重要的交易角色，特別是12世紀時與英國和低地國家之間的貿易往來。

波爾多的城市規模打從羅馬時期便不斷擴張，當地出現於啟蒙時代的都市計畫與建築，展現了18世紀初的新思維，成為創新的古典與新古典浪潮的傑出範例，它的都市型式落實了哲學家們夢想中的都會藍圖：一個結合人文主義、多方性與文化的大鎔爐。

1981

文化遺產

教堂

亞眠大教堂
Amiens Cathedral

位於庇卡底省(Picardy)心臟位置的亞眠大教堂，是13世紀最大的古典哥德式教堂。教堂的成列雕像與浮雕是最為著稱的精華，在西正面的國王廊，有22座代表法國國王的巨像。

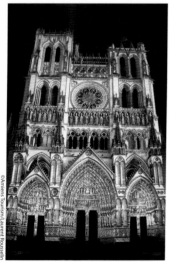

亞眠大教堂內部共由126根柱子支撐，其內部空間是在目前的西歐中世紀教堂中是最大的，而中殿高度達42.3公尺，也是目前法國教堂中最高的主拱頂。

2012

文化遺產

礦業景觀
×
煤礦

北卡萊海峽採礦盆地
Nord-Pas de Calais Mining Basin

北卡萊海峽採礦盆地位於法國北部的北卡萊海峽省，從比利時邊界一直延伸到白瓊鎮(Béthune)。這裡是法國人在18到20世紀之間，沿著一條120公里長的煤礦帶建立起來的礦業文化景觀。

1930年代，本區成為歐洲極為重要的產煤區，進入礦業發展的黃金時期，並且吸引7萬多名外地人來此工作，直到1990年才停止採礦。本區反映了歐洲在工業時期大規模開採煤礦的發展史，同時也為當時的礦區生活、礦工間緊密的社群關係，以及法國史上著名的庫里耶(Courrières)煤礦災變，留下了珍貴的紀錄。

本區納入世界遺產的範圍涵蓋了109處文化遺址、19間礦業公司廠區、600座豎井、17座礦坑、51處煤渣堆、運煤系統、3座火車站、38間學校、26棟宗教建築、礦工宿舍、市政廳、醫院等各種硬體設施。

2010

自然遺產

火山地形
與生態

非洲法國屬地
留尼旺的山峰、冰斗與峭壁
Pitons, Cirques and Remparts of Reunion Island

位於印度洋上的火山島留尼旺，屬於法國的海外行省，位於模里西斯群島和馬達加斯加島之間，該島主要由兩座坐落於印度洋西南方、彼此相互接鄰的火山山脈組成。

被列入世界遺產的山峰、冰斗與峭壁，主要位於留尼旺國家公園(La Réunion National Park)的核心區域，在這片占據該島40％面積、超過10萬公頃的土地上，兩座高聳的火山山峰、巨大的峭壁以及三處位於懸崖邊的冰斗，掌控著全面的局勢，其他還有大量變化多端的陡峭地形與絕壁、樹木叢生的峽谷和盆地，共同營造出引人注目的地貌。此外，各色生長於此的植物，展現了高海拔的特殊現象，亞熱帶雨林、雲彩森林和石南植物，拼貼出當地的生態景觀。

2021

文化遺產

城市景觀

蔚藍海岸冬季旅遊之都—尼斯
Nice, Winter Resort Town of the Riviera

尼斯位於阿爾卑斯山腳下，瀕臨地中海，鄰近義大利邊境，其充分利用溫和的氣候和濱海地形，從18世紀中葉開始，這裡吸引了許多貴族來此過冬度假，1832年，尼斯制定了城市規劃方案，旨在提升尼斯對外國旅人的吸引力。由於它連接歐洲鐵路網絡，便利的交通吸引各國遊客在冬季湧向這座城市，這也致使位在中世紀老城區外的新區迅速發展起來，尼斯充分利用天氣條件、沿海景觀的作為，以及冬季遊客帶來的多元文化影響，形塑了尼斯的城市發展和不拘一格的建築風格，促成了尼斯成為國際化冬季度假勝地。

2016

文化遺產

現代建築

柯比意的建築作品—對現代主義運動的卓越貢獻
The Architectural Work of Le Corbusier, an Outstanding Contribution to the Modern Movement

柯比意(1887-1965)是20世紀最偉大的建築師之一，瑞士裔法國人，他致力讓居住在都市擁擠空間的人能有更舒適的生活環境，是功能主義建築的泰斗，被譽為現代建築的開拓者，瑞士法郎的10元紙幣就是柯比意的肖像。

在2016年世界遺產大會把柯比意的17座建築作品納入世界遺產，橫跨歐、亞、美三大洲、比利時、法國、德國、瑞士、印度、日本、阿根廷等7個國家。這些建築充分展現了一種新的建築語言，與過去的建築完全全產生一個斷點，也反映出20世紀的現代主義運動的解決方式，是以發明新的技術，來回應社會的需求，而且是全球性的。

由於柯比意大多數時間都在法國活動，所以法國入選的遺產也最多，包括法國巴黎的羅氏與納雷宅邸(Maisons La Roche et Jeanneret)和摩利托出租公寓(Immeuble locatif à la Porte Molitor)、佩薩(Pessac)的弗呂日市(Cité Frugès)、普瓦西(Poissy)的薩佛伊別墅(Villa Savoye et loge du jardinier)、馬賽的馬賽公寓(Unité d'Habitation)、孚日聖迪耶(Saint-Dié-des-Vosges)的聖迪耶工廠(La Manufacture à Saint- Dié)、鴻香(Ronchamp)的聖母教堂(Chapelle Notre-Dame-du-Haut de Ronchamp)、羅屈埃布蘭卡馬爾坦(Roquebrune-Cap-Martin)的柯比意棚屋(Cabanon de Le Corbusier)、里昂的聖瑪麗亞修道院(Couvent Sainte-Marie-de-la-Tourette)、菲爾米尼(Firminy)的菲爾米尼文化中心(Maison de la Culture de Firminy)，共12處。

＊與阿根廷、比利時、德國、印度、日本、瑞士並列

符號說明 登錄時間 遺產內容　遺產類型 文化遺產　自然遺產　綜合遺產 瀕危文化遺產　瀕危自然遺產　瀕危綜合遺產

文化遺產

農業景觀
×
葡萄園

勃艮第葡萄園的風候土地
The Climats, terroirs of Burgundy

位於法國東北的勃艮第是馳名的古老葡萄酒產區，而位於勃艮第第戎市南方的黃金山丘(Côte d'Or)，由北邊的夜之丘區(Côte de Nuits)及南邊的波恩丘區(Côte de Beaune)組成，則是這個酒區的心臟地帶。

這塊土地因位置、日照和天候的不同，葡萄酒的種植方式和品種也各異，當地居民透過長時間的探索，在尊重任何可能的差異性下，各自形成獨樹一格的釀產方式，從葡萄酒、酒廠到酒莊，都展現這項自中世紀前期開始發展出的葡萄種植生產和商業體系出色的一面。

2008

自然遺產

海洋生態

大洋洲法國屬地
新喀里多尼亞礁湖：珊瑚礁多樣性及相關生態系統
Lagoons of New Caledonia: Reef Diversity and Associated Ecosystems

位於南太平洋的新喀里多尼亞，擁有全長約1,500公里、全世界第二長的珊瑚礁。新喀里多尼亞大堡礁(New Caledonia Barrier Reef)環抱著一座面積廣達24,000平方公里的礁湖，從距離岸邊30公里處朝西北方延伸了將近200公里的距離，這些珊瑚不但種類豐富且擁有高度地方特性，大部分都維持健康的狀態，和礁湖中古老的珊瑚化石相互比對，能一窺當地海洋發展歷史。

保持完好生態體系的礁湖還是瀕危動物儒艮的家以及綠蠵龜的重要產卵地，礁湖中多樣的水生生物，從浮游生物到鯊魚等大型魚類，展現了比例良好的生物棲息地特性。

2018

自然遺產

斷層地質

多姆山鏈—利馬涅斷層構造區
Chaine des Puys - Limagne Fault Tectonic Arena

多姆山鏈—利馬涅斷層位在法國中部Auvergne-Rhône-Alpes地區，屬西歐裂谷，歷史可追溯到3500萬年前。多姆山鏈區域有數十座火山，爆發時間可追溯到8400年前到9.5萬年前，這些年紀不一、形狀各異的火山雖屬休眠火山，但火山地質專家並不排除有一天有「甦醒」爆發的可能。其中，位在克勒蒙費朗(Clerment-Ferrand)市西方的奧弗涅火山(Auvergne Volcanos)，南北綿延逾32公里、寬4公里，形成奇偉的多姆山脈。依據教科文組織的說明，多姆山鏈—利馬涅斷層構造區展現大陸板塊斷裂、提升歷程，顯現大陸地殼如何破裂、坍塌，使深部岩漿上升，導致地表大面積隆起，為斷層裂谷提供明證。

2024
綜合遺產
群島景觀×生物多樣性

人類之地—馬克薩斯群島
Te Henua Enata – The Marquesas Islands

馬克薩斯群島位於南太平洋，西元1000年前後，人類從海上抵達這處偏遠群島，留下了10~19世紀間繁衍生息的例證。馬克薩斯群島以陡峭的山脊、高聳的峭壁為特色，其自然景觀在同緯度熱帶地區無與倫比，此處是重要的特有物種中心，保存完好的海洋和陸地生態系統，擁有珍稀且多樣的植物、豐富的海洋物種，以及繁多的海鳥種群。馬克薩斯水域幾乎未經人類開發，除此，島上還保留著大型石結構、石雕、石刻等考古遺跡。

2017
文化遺產
玻里尼西亞文化

塔普塔普阿泰
Taputapuātea

法屬玻里尼西亞是位於太平洋中的群島，這處區域是人類在地球上最晚定居之地，而賴阿特阿島(Ra'iatea)與島上的塔普塔普阿泰(Taputapuātea)考古遺址就位在群島中。文化遺址涵蓋兩座山谷、一處潟湖與珊瑚礁、一片開放海域，遺址中心座落著稱為「塔普塔普阿泰」的毛利會堂(marae)，具政治、儀式、喪葬用途，在玻里尼西亞散見這類型的毛利會堂，是生者的世界與先人的世界交會之所，塔普塔普阿泰玻里尼西亞原住民(mā'ohi)千年文明的見證。

1995
文化遺產
歷史城區

亞維儂歷史中心：教皇宮、主教團和亞維儂橋
Historic Centre of Avignon: Papal Palace, Episcopal Ensemble and Avignon Bridge

西元14世紀時，教皇從羅馬逃往亞維儂，入駐教皇宮(Palais des Papes)，期間經歷7位教皇，直到1377年才遷回羅馬。留下的雄偉城牆和宮殿，成為重要的歷史遺跡。

矗立在亞維儂市區的教皇宮，有「世界最大且最美的房子」之稱。西元1309~1377年期間，教皇克

雷蒙五世(Clement V)因為派系鬥爭而出走羅馬，選定亞維儂為駐在地，在這段期間經歷了7位教皇，歷任教皇將原有主教的府邸改建成教皇宮，內部極盡豪華奢靡之能事。

隆河上那座顯著的斷橋：聖貝內澤橋(Pont St-Benezet)，與教皇宮同為亞維儂的正字標誌，不過，風格卻大相逕庭。這座橋因為法國民謠《在亞維儂橋上》(Sur le Pont d'Avignon)而聞名。橋未斷之前有22個拱門，現因隆河氾濫沖毀僅剩一小段，橋上還殘留著祭祀著「貝內澤」的小禮拜堂。

尼姆的方形神殿
The Maison Carrée of Nîmes

2023

文化遺產

神殿建築

方形神殿建於西元1世紀，供奉奧古斯都早逝的繼承者，奧古斯都將古羅馬從共和國轉變為帝國，開　了「羅馬治世」的新黃金時代，這處神殿為羅馬帝國在殖民地建立君主崇拜相關神廟的早期範例，鞏固了羅馬對征服領土的控制，同時象徵性展現殖民地內矛蘇斯(Nemausus，今尼姆)居民對奧古斯都王朝的效忠。

©Office de Tourisme de saint-émilion

聖艾米里翁管轄區
Jurisdiction of Saint-Émilion

1999

文化遺產

農業景觀
×
葡萄園

在法國西南部與西班牙接壤的阿基坦(Aquitaine)這個地方，土地肥沃、盛產葡萄，葡萄的栽培技術是由羅馬人帶來，並在中世紀時發揚光大。

聖艾米里翁位於聖地牙哥朝聖路線之上，它的起源從8世紀的艾米里翁隱士開始，他為自己挖的隱修岩洞，並在中世紀發展成小鎮；在12世紀英格蘭統治期間，這裡成為一個獨特的管轄區，之後更成了國家級的產酒區，並在其城鎮村落留下無數歷史建物，如今這裡幾乎就是上等波爾多紅酒的代名詞。

第一次世界大戰（西線）的墓葬和紀念場所
Funerary and Memory Sites of the First World War (Western Front)

2023

文化遺產

墓葬遺址
×
紀念碑

這項跨國的世界遺產是由第一次世界大戰西線沿線的遺址所組成，為1914年~1918年德國與盟軍爭戰的地方，散布於比利時北部和法國東部，規模從容納數萬名各國士兵遺骸的大型墓園，到小型墓地、紀念碑，類型包括了軍事公墓、戰場墓地和醫院公墓，並結合紀念館。
＊與比利時並列

科爾杜昂燈塔
Cordouan Lighthouse

2021

文化遺產

燈塔建築

位於新阿基坦地區(Nouvelle-Aquitaine)吉倫特河(Gironde)河口的岩石高原上，處於高度暴露和惡劣的環境中。它在16世紀和17世紀之交由工程師Louis de Foix設計，採白色石灰石砌塊建造，18世紀後期由工程師Joseph Teulère改造。它的建築形式是自古代模型、文藝復興時期的矯飾主義和法國工程建築中汲取靈感，巨大的塔樓是展現了燈塔建築技術的重大進階，證明了這一時期科學技術的進步。

德國Germany

 51　 3　 0　Total 54

重視工業及文物保護的德國，有不少教堂、修道院或工業遺產入選。為了表達對上帝的虔敬，每個時代最流行的建築風格都表現在教堂裡；壯觀建築的背後，都有一段悠遠而具代表性的故事，猶如德國歷史，一幕幕在眼前上演。

★厄爾士/克魯什內山脈礦區Erzgebirge/Krušnohoří Mining Region詳見捷克

★歐洲溫泉療養勝地The Great Spa Towns of Europe詳見捷克

★羅馬帝國邊境—多瑙河畔界牆（西部）Frontiers of the Roman Empire–The Danube Limes (Western Segment)詳見奧地利

★摩拉維亞教會聚落Moravian Church Settlements 詳見丹麥

丹麥

北海

波羅的海

喀爾巴阡山脈與歐洲其他地區的原始山毛櫸森林
Ancient and Primeval Beech Forests of the Carpathians and Other Regions of Europe

漢堡的倉庫城和康托爾豪斯區的智利辦公大樓
Speicherstadt and Kontorhaus District with Chilehaus

赫德比邊境遺址景觀及丹納維克防禦邊牆
The Archaeological Border Landscape of Hedeby and the Danevirke

史特拉爾松德與威斯瑪歷史中心
Historic Centres of Stralsund and Wismar

瓦登海
The Wadden Sea

漢撒城市－呂北克
Hanseatic City of Lübeck

什末林居住區
Schwerin Residence Ensemble

荷蘭

不來梅市政廳及羅蘭雕像
Town Hall and Roland on the Marketplace of Bremen

阿爾費德的法古斯工廠
Fagus Factory in Alfeld

柏林博物館島建築群
Museumsinsel (Museum Island), Berlin

柏林現代住宅群落
Berlin Modernism Housing Estates

羅馬帝國邊境－下日耳曼界牆
Frontiers of the Roman Empire–The Lower German Limes

波茨坦與柏林的宮殿庭院
Palaces and Parks of Potsdam and Berlin

柯維皇家修道院與加洛林時期西側塔樓
Carolingian Westwork and Civitas Corvey

希德斯漢的聖母大教堂和聖米迦勒教堂
St Mary's Cathedral and St Michael's Church at Hildesheim

奎德林堡神學院、古城和城堡
Collegiate Church, Castle, and Old Town of Quedlinburg

波蘭

埃森的厝爾威瑞恩煤礦場
Zollverein Coal Mine Industrial Complex in Essen

科隆大教堂
Cologne Cathedral

威瑪、德紹與貝爾瑙的包浩斯建築
Bauhaus and its Sites in Weimar, Dessau and Bernau

德紹沃利茲的王室園林
Garden Kingdom of Dessau-Wörlitz

布呂爾的奧古斯都堡與法爾肯拉斯特城堡
Castles of Augustusburg and Falkenlust at Brühl

威廉赫艾山丘公園
Bergpark Wilhelmshöhe

艾斯雷本和威登堡的路德紀念建築群
Luther Memorials in Eisleben and Wittenberg

亞琛大教堂
Aachen Cathedral

拉孟爾斯堡礦場、戈斯拉爾歷史城鎮和上哈爾茲水資源管理系統
Mines of Rammelsberg, Historic Town of Goslar and Upper Harz Water Management System

瑙姆堡大教堂
Naumburg Cathedral

穆斯考公園
Muskauer Park / Park Muzakowski

比利時

埃爾福特的中世紀猶太遺產
Jewish-Medieval Heritage of Erfurt

摩拉維亞教會聚落
Moravian Church Settlements

瓦特堡城堡
Wartburg Castle

古典威瑪
Classical Weimar

厄爾士/克魯什內山脈礦區
Erzgebirge/Krušnohoří Mining Region

盧森堡

歐洲溫泉療養勝地
The Great Spa Towns of Europe

萊茵河中上游河谷地
Upper Middle Rhine Valley

班堡
Town of Bamberg

拜羅伊特的侯爵歌劇院
Margravial Opera House Bayreuth

特里爾的羅馬時期建築、聖彼得大教堂和聖母教堂
Roman Monuments, Cathedral of St Peter and Church of Our Lady in Trier

麥塞爾化石遺址
Messel Pit Fossil Site

符茲堡的主教宮、花園和廣場
Würzburg Residence with the Court Gardens and Residence Square

捷克

弗爾克林根鐵工廠
Völklingen Ironworks

達姆施塔特的瑪蒂爾德高地
Mathildenhöhe Darmstadt

施派爾、沃爾姆斯和美因茲的猶太社區遺址
ShUM Sites of Speyer, Worms and Mainz

史派亞大教堂
Speyer Cathedral

莫爾布隆修道院
Maulbronn Monastery Complex

雷根斯堡舊城與史塔達姆霍夫
Old town of Regensburg with Stadtamhof

法國

洛許修道院
Abbey and Altenmünster of Lorsch

柯比意：白院聚落
Maisons de la Weissenhof-Siedlung

羅馬帝國邊境－多瑙河畔界牆（西部）
Frontiers of the Roman Empire–The Danube Limes (Western Segment)

施瓦本侏羅山區洞穴與冰河時期藝術
Caves and Ice Age Art in the Swabian Jura

羅馬帝國的邊界
Frontiers of the Roman Empire

阿爾卑斯山區史前干欄式民居
Prehistoric Pile dwellings around the Alps

奧格斯水利管理系統
Water Management System of Augsburg

瑞士

威斯朝聖教堂
Pilgrimage Church of Wies

奧地利

賴謝瑙修道院之島
Monastic Island of Reichenau

符號說明 登錄時間 遺產內容　遺產類型 文化遺產 自然遺產 綜合遺產 瀕危文化遺產 瀕危自然遺產 瀕危綜合遺產

1978

文化遺產

神聖羅馬
帝國
×
教堂

亞琛大教堂
Aachen Cathedral

在今日德國領土中，位於西邊鄰近比利時與荷蘭的亞琛，於歷史地位上可說非比尋常，不但已擁有千年以上的建城歷史，該城的亞琛大教堂更因是承繼了羅馬帝國後政治上正統地位的皇家教堂，讓亞琛的威名名揚四海。其中，最關鍵的轉折點，就是來自768年掌權的查理曼大帝(Charlemagne)，其朝代被稱為加洛林王朝(Carolingians)，並於800年受封加冕成為神聖羅馬帝國皇帝，取得承繼羅馬帝國的正統地位。

查理曼大帝在位期間，因喜歡亞琛而在此興建行宮，他所居住的行宮也就變成查理曼帝國的政治中心，經濟上的發展也更加優越，甚至大帝的遺體也葬在此教堂內。

不但大帝榮耀了亞琛大教堂，就連936年的奧圖一世(Otto I)國王到1531年卡爾五世國王(Karl V)為止，一共有30位國王在亞琛的大教堂內，舉行加冕為王的儀式，可以說亞琛大教堂具有政治與宗教的雙重地位與象徵。

1984

文化遺產

城堡
與宮殿

布呂爾的奧古斯都堡與法爾肯拉斯特城堡
Castles of Augustusburg and Falkenlust at Brühl

十八世紀時，科隆大主教兼選帝侯奧古斯都在原本已遭破壞的城堡遺址上，重新打造出一座亮麗的宮殿建築。宮殿集結多位藝術家的心血結晶，設計出德國境內洛可可建築的代表傑作，並依選帝侯之名命名為奧古斯都堡宮殿(Schloss Augustusburg)。

至於宮殿中的花園設計，則是以典型的巴洛克式風格，由法國建築師多明尼克吉拉德(Dominique Girard)仿照法國庭園風格設計而成，在沒有經過後代的華麗修復技巧下，成為今日全歐洲中最具真實巴洛克原貌風格的庭園作品。

整座宮殿建築，無論是雕刻、繪畫、壁飾、天花板、弔燈、樓梯、人物塑像設計等，綜合成洛可可最具代表性的建築物，成就18世紀最經典的宮殿建築，真實地呈現出王室貴族們優雅又奢華的精緻藝術品味。此外，早期洛可可風格的法爾肯拉斯特狩獵小屋(Falkenlust hunting lodge)也納入世界遺產範圍。

1981

文化遺產

宮殿
與園林

符茲堡的主教宮、花園和廣場
Würzburg Residence with the Court Gardens and Residence Square

符茲堡主教宮是歐洲重要的巴洛克宮殿之一。主體建築由親王主教約翰菲利浦‧法蘭茲委任建築師諾曼(Neumann)規畫，從1720年至1744年完成整體架構，內部的細部建築直到1780年才完工，總計花了60年漫長的時間才完成。

主教宮內舉世知名的就是階梯大廳的濕壁畫，同時也是世界上最大的濕壁畫之一，繁雜高難度的畫法，栩栩如生，是出自提波羅(Tiepolo)之手。

階梯大廳僅由底下的圓拱柱支撐，需要相當的技術，在二次世界大戰時，這些拱柱還歷經了1945年的戰火。在大戰中，符茲堡被嚴重摧毀，當然主教宮也無法避免而遭受破壞，所幸當時已先移走部分的傢俱及藝術品，現在遊客才能在宮殿內看到真品。主教宮經過一番整修後，在1987年才開放參觀，讓人能一睹德國南部具代表性的巴洛克宮殿風采。

符號說明 登錄時間 遺產內容　遺產類型 文化遺產 自然遺產 綜合遺產 瀕危文化遺產　瀕危自然遺產　瀕危綜合遺產

1983

文化遺產

教堂

威斯朝聖教堂
Pilgrimage Church of Wies

　　教堂於1746年開始興建，1754年教堂的祭壇開始使用，並在1757年全部完工。而成就威斯教堂的最大功臣，乃是當時教堂建築的首席建築師多明尼克‧辛瑪曼(Dominikus Zimmermann)設計與監工，在其精巧設計下，一改當時教堂常有的厚重、誇張與壓迫的渲染風格，改以源自法國宮殿、沙龍與豪宅式的世俗建築設計，將教堂帶入洛可可式的風尚潮流，巧妙地將巴洛克式風格移轉至洛可可式的裝飾設計，被稱為德國洛可可樣式的經典作品。

　　教堂內部呈現出華麗、優雅卻不氣勢凌人的感覺，巧妙地在空間不大的教堂內部中，以彎曲、流動的海草或是貝殼的花紋，帶出流暢的動感，尤其是許多纖細、金碧輝煌的線條與色彩，更賦予教堂典雅、活潑、奔放的視覺感受，宛如夢幻境界般的華麗天堂，不再是高高在上的權威感與距離感，威斯教堂成為細緻而親切的建築設計，被譽為18世紀德國宗教建築中最頂級的建築傑作。

1985

文化遺產

神聖羅馬帝國
×
教堂

希德斯漢的聖母大教堂和聖米迦勒教堂
St Mary's Cathedral and St Michael's Church at Hildesheim

　　希德斯漢建城於西元815年，872年設立為主教城市，之後開始興建聖母大教堂，因此聖母大教堂迄今已超過千年歷史。這座教堂的歷史悠久且保留了神聖羅馬帝國時期的建築風格，於1985年與聖米迦勒教堂一起被列入世界文化遺產之列。

　　希德斯漢聖母大教堂在第二次世界大戰中被嚴重摧毀，在1950至1960年間重新修建完成。神奇的是，大教堂擁有一株始建起即存在的千年薔薇，它攀爬數公尺越過教堂的外牆，至今依然生機盎然。教堂內部最引人注目的是一座大型輪狀燭台，12個燭台呈圓周排列，是世上現存最大的一座由純金打造的吊式燭台。另外，教堂裡收藏了許多天主教的寶物，經過幾千年的收集，這些物品也被列入世界遺產的保護，例如金製的聖母像、本渥主教(Bishop Bernward)的十字架等。

　　聖米迦勒教堂由本渥主教於1010年下令興建，精心設計的對稱型式，是本渥主教希望將天國的美麗事物投射至人世間的期望。內部著名的13世紀木製平頂式彩繪天井、青銅大門和廊柱，都十分具羅馬式建築特色。

1981

文化遺產

神聖羅馬
帝國
×
教堂

史派亞大教堂
Speyer Cathedral

史派亞大教堂長134公尺、高32公尺，享有歐洲最大的仿羅馬式教堂稱號，擁有4座尖塔的傲然氣勢，初臨乍看，大教堂似乎簡單而樸實，唯有莊重肅穆的氣氛讓人不敢小覷。其實，再仔細看看各細部，大教堂筆直高聳的廊柱上，有源自希臘典雅的建築特色，科林斯式柱頭上精雕細琢了花俏的裝飾圖案，襯托出大教堂雍容典雅的氣勢。

走進大殿內，8位英勇的神聖羅馬帝國的帝王塑像凜然在列，教堂內部的壁畫更是當時德國最流行的拿撒勒畫派(Nazarenes)，屬於19世紀初德國浪漫派畫家作品。教堂地下室的皇家墓室(Imperial Vault)，就是安葬8位帝王與4位皇后與其他主教的陵寢，不但是全德國最大的皇家地下墓室，還因擁有精緻細膩的彩繪屋頂，被稱為全世界最美的墓室，讓人讚嘆其歷史與藝術的雙重意義。

©GNTB

©鄭伊雯

1986

文化遺產

古羅馬和
教堂

特里爾的羅馬時期建築、聖彼得大教堂和聖母教堂
Roman Monuments, Cathedral of St Peter and Church of Our Lady in Trier

位於莫色耳河畔(Moselle)的特里爾(Trier)，曾經在德國歷史上扮演舉足輕重的重要地位。君士坦丁大帝崛起於特里爾，在統一羅馬帝國後，使特里爾的政治地位大幅提升，讓特里爾擁有「第二羅馬」的美譽。

特里爾的黑門是阿爾卑斯山以北保存最完整的羅馬古跡，更是全世界現存最大的羅馬古城門之一。而特里爾聖彼得大教堂的前身是君士坦丁大帝建立的古羅馬教堂原址，它不但是德國最古老的教堂，更是早期羅馬式建築風格的真實呈現。緊鄰大教堂旁就是聖母教堂，建造於1235年至1250年間，堪稱為是德國最早期哥德式教堂之一。

另外，還有凱撒皇帝浴池，當年是羅馬帝國的第五大浴場；另一處古羅馬圓形競技場的遺址，雖然建築物本身已然殘破，但整體規模全都保持原狀遺留下來。

1987
2005
2008

文化遺產

古羅馬

羅馬帝國的邊界
Frontiers of the Roman Empire

這條邊牆總長568公里，從萊茵河的波恩一直延伸到多瑙河的雷根斯堡，擁有60個堡壘及900座瞭望塔。羅馬帝國退出萊茵河、多瑙河流域後，周遭居民開始將邊牆搬走用做建材。後來考古學家對邊牆進行研究，並將其放置在一座博物館中，德國政府也開始出資修復。

邊牆自1987年被列為世界遺產，到了2005年與英國的哈德良長城合併列為一項世界遺產。

＊與英國並列

©GNTB

符號說明　 登錄時間　 遺產內容　　遺產類型　 文化遺產　 自然遺產　 綜合遺產　 瀕危文化遺產　　瀕危自然遺產　　瀕危綜合遺產

2018

文化遺產

維京人遺跡

赫德比邊境遺址景觀及丹納維克防禦邊牆
The Archaeological Border Landscape of Hedeby and the Danevirke

維京人聚居的赫德比地理位置優越，在9世紀到11世紀間，維京人在此展開了對斯堪迪納維亞(Scandinavia)、君士坦丁堡的貿易，並且為聯繫北海與波羅的海的物流樞紐，使赫德比的繁盛達到巔峰，成為當時歐洲最重要的商業中心，考古學家在遺址內不斷發掘出來自同時期多國的錢幣以及沈船。

而丹納維克邊牆大約建於5世紀前後，這是一條穿越Schleswig地峽的防禦工事，將日德蘭半島(Jutland Peninsula)和歐洲大陸隔開。這道邊牆長約33公里，其中有4公里保存良好。赫德比遺址及丹納維克邊牆這兩處遺跡，顯現了德國北部地區在中世紀早期的獨特文化風貌。

1987

文化遺產

漢撒同盟城市

漢撒城市—呂北克
Hanseatic City of Lübeck

數百年前的「漢撒同盟」時期，呂北克可是首屈一指的大城市，且是同盟的權力中心。今日老城內被聯合國列入保護的珍貴文化遺產，就是建於漢撒同盟的全盛時期，哥德式的磚造建築藝術，由紅磚堆砌排列的樓房，發展出完美的建築結構，處處是優雅與迷人的氛圍。而古城內7座哥德式的教堂，更是在厚重堅實的磚造主體上矗立起高聳的尖塔，氣勢雄偉而壯觀。

呂北克的建築恢弘氣派與繁華，雖因呂北克的沒落而沉寂，不過，也因著沉寂而能保留住古老的市容，讓今日人們得以瞻仰中世紀呂北克的容顏。呂北克不但美得出奇，同時凝結了城市的驕傲，展現出大城的優雅風範。

波茨坦與柏林的宮殿和花園
Palaces and Parks of Potsdam and Berlin

腓特烈大帝是歐洲一代軍事奇才，曾在七年戰爭中以一國之力對抗歐陸群雄，並為普魯士贏得最終勝利，就連拿破崙都受他兵法影響很深。腓特烈大帝渴慕法國文化，並與法國大思想家伏爾泰有密切的信件來往，素有「哲學家皇帝」之稱。1744年，腓特烈大帝為自己興建了一座「普魯士的凡爾賽宮」，宮名Sans Souci是法文「忘卻憂煩」的意思，而在兩百多年後成為旅遊波茨坦的重頭大戲，也是波茨坦最引以為傲的建築藝術象徵。

黃牆、灰瓦、綠色圓頂的王宮，外觀結合巴洛克與古典主義風格，內部的豪華裝飾則是典型的洛可可代表作。宮殿內有小畫廊、圖書館、書房、寢宮等12個房間，喜愛吹笛子的腓特烈大帝最愛的是音樂廳。而鋪著大理石地板和大型法式窗的大理石廳，則是大帝與文人雅士討論哲學的地方，在伏爾泰當年作客的客房內還有一尊伏爾泰的雕像。

忘憂宮最著名的是宮殿前方遼闊的6層階梯式平台，每層平台的牆面上皆爬滿綠意盎然的葡萄藤，迤邐延伸到山丘底部的大型噴泉。而宮殿背後的半圓形雙迴廊柱，靈感則明顯來自於梵諦岡的聖彼得大教堂。雖然大帝與他的王國俱往矣，忘憂宮的美卻依然在藝術家及學者之間傳頌著。

1992

文化遺產

礦業景觀
×
銀、銅、
鉛、錫礦

拉孟爾斯堡礦場、戈斯拉爾歷史城鎮和上哈爾茲水資源管理系統
Mines of Rammelsberg, Historic Town of Goslar and Upper Harz Water Management System

位於德國北部，哈爾茲(Harz)山脈以北的戈斯拉爾，早在11世紀，就已在市郊的拉孟爾斯山上發現了銀礦，因著珍貴礦產的開採，而得到神聖羅馬帝國皇帝亨利二世的青睞，於是在此興建皇帝行宮，就近享有礦產的巨大經濟利益。

位於古城西南隅的皇帝行宮，以仿羅馬式建築的風格，在此屹立數百年的輝煌歲月。約於1040年至1050年間，在亨利三世的手中達到最高潮，不但是中世紀時最重要的城市，還當時形成一個德意志民族的羅馬文化的中心，讓戈斯拉爾擁有「北方的羅馬」的稱號。

而臨近的拉孟爾斯山礦坑，是世界上唯一持續開採了千年之久的老礦坑，雖然1988年宣布停產，但整座礦區卻搖身一變成為科技文化古蹟，以龐大、多層次的採礦設備著稱，完整地呈現出採礦歷史的技術演變過程。

©GNTB/ Rammelsberg Weltkulturerba

1993

文化遺產

神聖羅馬
帝國
×
城鎮

班堡城鎮
Town of Bamberg

班堡自10世紀起，就和斯拉夫民族有很深的關係，在它發展最強盛的時候，約莫是12世紀起，它的建築風格影響了整個北德和匈牙利，18世紀晚期更成為南德啟蒙主義的根據地，近代最有影響力的哲學家黑格爾(George Wilhelm Friedrich Hegel)曾住在此地，傳揚人類的理性本質。

班堡的地理位置涵括7座小山丘，神聖羅馬帝國的亨利二世以班堡為他的權力中心，除了這一政治重要性，瑞尼茲河(Regnitz)及無數的水道、橋樑，讓班堡充滿了水的流動美感，和羅曼蒂克的氣氛。雖然巴洛克風的流行也傳染了這個中世紀小鎮，但難能可貴的是，兩種建築氛圍相互幫襯，在免於戰火後，成為觀察日耳曼原味建築最理想的地方。

1993

文化遺產

修道院

莫爾布隆修道院建築群
Maulbronn Monastery Complex

莫爾布隆修道院是歐洲阿爾卑斯山以北地區保存的最完整的一座，建於1147年。由堡壘似的城牆圍繞，中間主要的建物在12~16世紀之間陸續成形，其最主要的修道院教堂是過度時期的哥德式建築，並成為後來許多歐洲北部和中部哥德式教堂的原型。此外，教堂的水利系統格外引人注目，包括設計完備的雨水排洪管道、灌溉溝渠及貯水槽等。

不過，20世紀最為人所熟知的德國文學家赫曼赫塞(Hermann Hesse)中學時期曾在此就讀，也讓此修道院的名聲更為響亮。儘管赫塞在此的歲月可說是典型的慘綠少年，甚至失去身心平衡，但這座修道院曾多次出現在他的作品中。

©GNTB/Jochen Keute

©GNTB/Jochen Keute

1991

文化遺產

修道院

洛許修道院
Abbey and Altenmünster of Lorsch

　　早在8世紀，位於洛許的修道院就是一處極有名聲的修道院。最初，有16位僧侶住在此地靜修，一年之後，僧侶們取得殉教者Nazarius的遺骨，修道院突然變得極受歡迎，許多信眾紛紛獻上土地、農田、果園、葡萄園、整座教堂，甚至整個村莊，修道院頓時成為當時最富有的修道院之一。

　　由於造訪的信徒眾多，舊有的修道院不敷使用，於是往西五百公尺處，於767年修建一座新的修道院，就是今日修道院的所在地。當時，盛極一時的修道院，就連查理曼大帝，也致贈了修道院許多土地。

　　今日前來洛許尋訪修道院的風采，就只見門口矗立著一棟巨型的建築物。這座曾經是全歐洲最重要的修道院，目前只遺留下修道院的國王廳(Königshalle)，但其真正用途無人能解，僅從其外牆上豐富的雕飾，想見昔日的燦爛。在修道院附屬的圖書館中擁有600本手抄本書籍，館藏中最著名的文稿就是《洛許醫藥書》，堪稱醫學探討之始。

©鄭伊雯

2017

文化遺產

冰河時期文化

施瓦本侏羅山區洞穴與冰河時期藝術
Caves and Ice Age Art in the Swabian Jura

　　早在43,000年前的冰河時期，人類就開始在現今的歐洲地區活動，位於德國南部的施瓦本侏羅山，就是當時人類的居住地之一。當地的考古工作在1860年代展開，至今共在六處洞穴內發掘出穴獅、長毛象、馬、牛等小型動物雕像，以及半人半獸小雕像、女性形象小雕像、樂器、首飾等物件，年代可溯及43,000年前到33,000年前，這批古物是迄今所發掘的古物中，歷史最早的一批具象藝術表現，對於研究人類藝術起源及後續發展有極大的助益，相當珍貴，令人振奮。

1996

文化遺產

教堂

科隆大教堂 Cologne Cathedral

　　科隆大教堂是充滿傳奇色彩的大教堂，它已經蓋了將近800年還沒完工、傳說它是人世間最靠近上帝的所在、更傳說它是地球上最完美的哥德式建築。不管你是不是教徒，這座教堂你都一定聽過、來到德國，也一定要到科隆來看看。

　　哥德式風格的科隆大教堂，從1248年開始興建，1265年完成了主祭壇與聖詠台，但一直到1322年這座祭壇才開始正式使用。接下來的建設則進度緩慢、蓋蓋停停，1560年之後，教堂甚至完全停工了，直到1842年普魯士王國興起才為今日的規模重新打下基礎。1880年，威廉一世將最後一塊基石放置於南鐘塔，象徵性的完工。但事

符號說明 登錄時間　遺產內容　遺產類型 文化遺產 自然遺產　綜合遺產 瀕危文化遺產 瀕危自然遺產 瀕危綜合遺產

實上，小規模的修繕工程，從未停歇。

主祭壇的迴廊是科隆大教堂最古老的部分，共有七個小聖堂，建造時期在1248至1265期間。而正門入口高處的巴伐利亞彩窗，則是在1842年由巴伐利亞國王捐贈給教堂。中世紀時，人們相信光就是上帝之愛，因此，每個大教堂都會有透光的彩色鑲嵌玻璃。其他如十字架小聖堂、三博士之聖骨盒、米蘭聖母像等，都是來到科隆大教堂不能不看的至寶。

國際教科文組織在納入此世界遺產時，就很感性地指出：除了它不可思議的內部與壯觀的藝術集成，科隆大教堂更代表了歐洲基督教徒持久不變、經久不衰的力量。

1994

文化遺產

工業景觀
×
鐵工廠

弗爾克林根鐵工廠
Völklingen Ironworks

這座鐵工廠位於薩爾州的弗爾克林根市，在德國和法國的邊境上，面積約6公頃，是19、20世紀西歐和北美地區修建的唯一一座綜合型煉鐵工廠。工廠雖已停產，但至今仍保存完好。這間工廠在早期的科學技術及工業發展史上具有獨特地位，提供了早期鑄鐵過程的完整紀錄。

©GNTB

1995

自然遺產

動物化石
遺址

麥塞爾坑化石遺址
Messel Pit Fossil Site

本遺址位於法蘭克福市東南方35公里處的麥塞爾村，占地42公頃。從1859年開始，這裡一直是褐煤與油頁岩的礦場，1900年左右，人們發現岩層中蘊藏了豐富的化石資源，不過正式的考古挖掘工作直到1970年代才開始進行。

麥塞爾坑化石遺址所出土的動物化石，年代可回溯到西元前5,700萬年至3,600萬年的始新世，無論在品質、數量及種類上都極為出色，從動物骨骼到胃內食物都完整保存了下來。這個可為哺乳動物的早期進化提供大量資料的化石遺址，原本即將面臨變成垃圾掩埋場的命運，但在當地人士的積極搶救下，黑森州政府在1991年收購此地，供作科學研究之用。

©GNTB/Welterbe Grube Messel GmbH

©GNTB/Welterbe Grube Messel GmbH

1996
2017

文化遺產

現代建築

威瑪、德紹，與貝爾瑙的包浩斯建築
Bauhaus and its Sites in Weimar, Dessau and Bernau

由葛洛普斯創建的包浩斯學院，擺脫文藝復興時期的傳統建築，自成一系的建築風格，以功能引導設計，成為二十世紀建築學的先鋒。在威瑪，由教授牧賀設計的白色樓房，堪稱現代建築的雛型，其後由於納粹的壓迫，包浩斯學院改遷德紹，這兩地的包浩斯建築在1996年被列為世界文化遺產。

2017年擴展新增的部分包括位於德紹帶陽台入口的三層磚樓(Houses with Balcony Access)，以及貝爾瑙的德國貿易聯盟聯合學校(ADGB Trade Unio School)，兩者皆為葛洛普斯的繼位者漢斯·梅耶領導興建的，此延伸項目反映了包浩斯建築在功能主義、樸素設計方面的理念，對20世紀的建築和工藝設計產生了深刻的影響。

1998

文化遺產

文人紀念物

古典威瑪
Classical Weimar

十八、十九世紀興起的文學運動，在威瑪興起一波又一波的文藝浪潮，吸引德國重要的文人聚集，包括維蘭、歌德、席勒、赫德及雪萊，很快便成了歐洲的文化樞紐。

當年那股風潮所遺留下來的風情至今在威瑪仍清晰可見，別緻的古典風格建築庭園裡，讓人感受到的不只那場文化運動所帶來的發展，還有威瑪曾經扮演的人文重鎮角色。包括歌德的宅邸與花園、席勒的宅邸等12座建築納入世界遺產範圍。

符號說明　 登錄時間　 遺產內容　遺產類型　 文化遺產　 自然遺產　 綜合遺產　 瀕危文化遺產　 瀕危自然遺產　瀕危綜合遺產

1996

文化遺產

宗教遺產
×
基督教

艾斯雷本和威登堡的路德紀念建築群
Luther Memorials in Eisleben and Wittenberg

由馬丁·路德所發動的宗教改革，創立了路德教派的新教，造成歐洲天主教會分裂。由於新教徒勤勉努力的精神正好切合經濟發展的需求，且政治上也促成各地諸侯君主脫離教會的掌控，而新教所設立的學校和大學等，也為現代教育奠定基礎。這些建築是為了紀念馬丁·路德的生活，遺址包括路德在艾斯雷本和威登堡的住處、教堂，以及他在1517年發表宗教改革95個論點的城堡和教堂。

文化遺產

園林

德紹沃利茲的王室花園
Garden Kingdom of Dessau-Wörlitz

2000

這座王室花園由十八世紀的攝政王李奧波三世所建，占地廣達150平方公里，可說是啟蒙運動園藝設計的典範。這些設計將美學、教育及經濟目的和諧地融合在一起，並結合英式風格的建築及庭院景觀，在河流環繞的英式公園、城堡及中國寶塔建築裡，處處可感受十八世紀的美學景致。

195

1999

文化遺產

博物館

柏林博物館島
Museumsinsel (Museum Island), Berlin

博物館島是柏林最重要的資產,因為這兒不但匯集了德國最重要的幾座博物館,同時每年也為柏林吸納進成千上萬的觀光人潮。

博物館島之所以被稱為島,是因為這塊區域剛好被施普雷河所包圍,形成一座宛如牛角形狀的內島。從島的最尖端開始,依序是柏德博物館、佩加蒙博物館、舊國家美術館、新博物館和舊博物館,其中又以佩加蒙博物館的典藏最豐富。

佩加蒙博物館建於1930年,是博物館島上最年輕的一座,卻也是最令人難以忘懷的一座。一走進博物館的大門,眼前這座宏偉萬千的希臘建築,彷彿將你帶到了兩千多年前的希臘化時代,完全忘了自己是在一座室內的博物館中。著名的佩加蒙祭壇(Pergamon Altar)於1878年在土耳其的佩加蒙被德國考古學家發掘後,便被拆成小塊運回柏林,然後在博物館島上重新組裝搭建。祭壇底部的雕刻,描述的是諸神與巨人之間的戰爭,不同於古希臘藝術平衡與和諧的原則,這些雕飾被表現得誇張和激烈,極具戲劇張力,這就是希臘化時代最經典的藝術特徵,也因此佩加蒙祭壇的圖像總是出現在藝術史的教科書上。

2000
文化遺產
修道院

賴謝瑙修道院之島
Monastic Island of Reichenau

　　修道院之島上三座修建於9到11世紀的仿羅馬式教堂，為中世紀中歐建築風格提供了典範。這些位於賴謝瑙島上的修道院，見證了中世紀的本篤教會和文化，教堂內部的壁畫充分印證了賴謝瑙在當時已成為歐洲的一處藝術中心。另外，教堂內還展示卡洛林及奧托王朝時期盛行的東方文化。

1999
文化遺產
城堡

瓦特堡城堡
Wartburg Castle

　　被森林環繞的瓦特堡，怎麼看都是完美城堡印象的真實版，不過，它的歷史除了軍事戰爭外，也和宗教、德國統一有著密切的關係。

　　1521年馬丁‧路德因躲避羅馬教廷的宗教迫害，隱居在瓦特堡中，接受薩克森國王的庇護。躲藏期間，路德將古拉丁文聖經翻譯成德文，讓讀聖經不再是神職人員的專利，大大降低了教會的神祕與權威性，使他成功地推動宗教改革。

　　歌德於1777年造訪瓦特堡後，目睹瓦特堡岌岌可危，於是挺身籌募維修資金，號召當地居民共同加入搶救工程，此舉不但使瓦特堡再次引起人們注意，也帶給其重生的機會。

2001
文化遺產
礦業與工業景觀
×
煤礦

埃森的厝爾威瑞恩煤礦場
Zollverein Coal Mine Industrial Complex in Essen

　　位於埃森的厝爾威瑞恩（Zollverein）煤礦採掘場，與一般人對煤礦場與礦坑的醜陋印象不大相同；此地的煤礦挖掘場是由一座高聳巨大的鐵架，與周圍的巨大廠房，構成一幅如煉鋼廠般，重工業文明的代表圖像。

　　原來，厝爾威瑞恩煤礦採掘場的設計與興建時期，已是魯爾區煤礦業開始走下坡階段，於是礦場主人為節省成本、持續煤礦場的生存，與2位工業建築師於1928年開始構想此一全新的煤礦場改建計畫，由繪圖、設計、興建到完成，只花上4年時間。

　　結合美學與效率、工業與藝術的設計理念，不但保留住歐洲最完整的煤礦區，工業建築也得到更新生命力的偉大成就；厝爾威瑞恩不僅見證了德國煤礦經濟史，更是結合工業與美學的傑出建築典範。

2002

文化遺產

人文聚落
景觀
×
河谷

萊茵河中上游河谷地
Upper Middle Rhine Valley

充滿浪漫情調的萊茵河，發源地不在德國(在瑞士阿爾卑斯山區)、入海口也不在德國(在荷蘭入海)，但最精華段都在德國，而且，對德國人來說，這是一條如父親般的河流(母親則是多瑙河)。早在羅馬帝國時期，這條河的航運就極其發達，尤其特殊的是，由於萊茵河整段河流幾乎沒有落差，即使在科技不發達的過去，這條河都可以雙向行船。因此，萊茵河基本上就像一條柔嫩的橋，默默地連繫著許多不同的文化與思想，交匯出炫爛的歐洲藝術源頭。

這裡所稱的上中萊茵河谷地指的是從靠近法蘭克福處的一段長65公里的地帶，從賓根(Bingen)小鎮往北綿延到科布倫次(Koblenz)。這一段的萊茵河谷地以其各自小鎮、城堡、葡萄園和地理面貌，解釋了人類與不同的自然環境互動的歷史，並且此段的自然景致與人文景觀更曾激發許多著名文人、藝術家與音樂家的創作。

時至今日，鐵路已取代了航運價值，但對遊人來說，萊茵河更引人入勝的是歌詠他的詩歌與讚美他的神話與傳說；此外，萊茵河沿岸也是歐洲種植葡萄的最北線，是德國區內最大的葡萄酒產地，這裡的白酒，品質絕佳。美景配美酒，「萊茵浪漫」，是旅遊德國時不可錯過的最精華。

©GNTB/Deutsche Zentrale für Tourismus e.V.

符號說明 登錄時間　遺產內容　遺產類型 文化遺產 自然遺產 綜合遺產 瀕危文化遺產 瀕危自然遺產 瀕危綜合遺產

史特拉爾松德與威斯瑪歷史中心
Historic Centres of Stralsund and Wismar

2002

文化遺產

歷史城區
×
漢撒同盟
城市

仍保留十四世紀建築風格的老城史特拉爾松德和威斯瑪，曾是中世紀時的海上貿易重鎮，見證了漢撒同盟的全盛時期。

這兩座城市保有完整的中世紀風格，從建築、街道、港口、廣場等，都能追溯當時所遵循的呂北克法律，也是漢撒同盟時期典型的海岸商城。雄偉的建築向世人展示海港當時可觀的財富，以及不凡的政治勢力。

©UNESCO/Jaroslaw Wnorowski

©GNTB-Wismar Tourismus Zentrale

穆斯考公園
Muskauer Park

2004

文化遺產

園林

穆斯考公園建於十九世紀初，是歐洲園林中相當重要且出色的代表之一。它並不以創造一個經典或天堂般的景致為目標，而是以當地的植物來塑造景觀，是在城市裡興建園林的先驅，也為後世的「園林建築」提供最佳範例，影響所及包括歐洲及美洲。穆斯考公園位於德國及波蘭邊界，是兩國共同完成的完美傑作，也更顯其珍貴。

＊與波蘭並列

©GNTB/Eric Eichberger

奎德林堡的神學院教堂、城堡和古城
Collegiate Church, Castle, and Old Town of Quedlinburg

1994

文化遺產

古城、城堡和教堂

奎德林堡是薩克森‧奧圖(Saxonian-Ottonian)大帝統治東法蘭克王國時的首都，因此在中世紀時便是一座繁榮的商業城市。

目前山城保存完好的木造結構建築，飄散出一股中世紀的城鎮風情，由於結構完整，奎德林堡是德國最大的區域型古蹟之一，全區內將近有八百座的獨棟房屋被列為古蹟，城內的聖瑟瓦修教堂(St Servatius)可說是仿羅馬式建築中的完美傑作。

©GNTB

2011

文化遺產

聚落遺址

阿爾卑斯山區史前干欄式民居
Prehistoric Pile dwellings around the Alps

阿爾卑斯山區的河川、湖泊及溼地邊，共有111處史前干欄式民居遺跡，為德國、奧地利、瑞士、義大利、法國、斯洛維尼亞等6國共有的世界遺產。這些史前民居大約建於西元前五千年至五百年間，時間橫跨新石器時代與青銅器時代，部分遺跡保存完好，提供豐富的考古證據，並展示當時人類的生活方式與適應環境的社會發展，是研究這個地區早期農耕社會形成的重要史料。

＊與奧地利、法國、義大利、斯洛維尼亞、瑞士等國並列。

2004

文化遺產

神聖羅馬帝國
×
象徵公民自治與自由貿易的紀念物

不來梅市政廳及羅蘭雕像
Town Hall and Roland on the Marketplace of Bremen

市政廳及羅蘭雕像都是不來梅在神聖羅馬帝國時期繁榮的標記。市政廳建於1405至1410年間，17世紀被改建為德國北方的文藝復興式樣，稱為威悉文藝復興，而市政廳正是這種建築風格中的佼佼者。廣場上的羅蘭像則是世界上最古老、最具代表性的羅蘭像，羅蘭是查理曼大帝的手下大將，在與巴斯克人的戰役中陣亡，其事蹟透過著名史詩《羅蘭之歌》而廣為人知。羅蘭作為不來梅的守護者，從9世紀起就豎立有他的木像，1404年改立為石雕像。傳說只要羅蘭像能繼續屹立著，不來梅就能保持自由且獨立的地位，因此被視為不來梅自由共和與貿易權利的象徵。

2009

自然遺產

海洋生態

瓦登海
The Wadden Sea

橫越歐洲大陸西北部到北海之間的淺海和溼地，瓦登海面積涵蓋荷蘭的瓦登海保護區以及德國的瓦登海國家公園，原本這座世界遺產為荷蘭和德國共有，2014年再把保護範圍擴大，把丹麥的瓦登海海洋保護區也納進來。

這是一大片溫暖、平坦的海岸溼地環境，成形於複雜的自然與生態因素互動，當地出現大量過渡性棲息地，像是深受潮汐影響的海峽、海草地、淡菜床、河口沙洲、沼澤、沙丘等等，其中超過六成以上的範圍是多種動植物的家，包括海豹和海豚等海洋哺乳類動物，此外這裡更是1200萬隻鳥類的聚食場，它是今日少數存留下來的大規模潮間帶生態系統，境內依舊不受干擾地持續進行著自然演進。

＊與丹麥、荷蘭並列

符號說明 登錄時間 遺產內容　遺產類型 文化遺產 自然遺產 綜合遺產 瀕危文化遺產 瀕危自然遺產 瀕危綜合遺產

2006

文化遺產

古羅馬和神聖羅馬帝國×古城

雷根斯堡舊城與史塔達姆霍夫
Old town of Regensburg with Stadtamhof

雷根斯堡位於巴伐利亞的多瑙河河畔，西元179年，羅馬人在雷根斯堡以石材建立了雷吉納城堡。中世紀時期，雷根斯堡的地位愈形重要，巴伐利亞公爵選擇定居於此，波蘭王國更在這裡建立。

1245年左右，雷根斯堡成為自由城市，得天獨厚的地理位置，讓它因商業往來頻繁而日漸繁榮。古城裡的穀物市場、聖彼得大教堂、公爵宮殿等，至今都保留著原有的建築型態，橫跨古羅馬、仿羅馬、哥德等風格，也為這座神聖羅馬帝國重要都城轉變為新教城市，留下珍貴的證據。除了舊城之外，多瑙河上的沙洲史塔達姆霍夫以及12世紀的古橋，也納入世界遺產範圍。

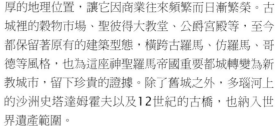

2007
2011
2017
2021

自然遺產

森林×櫸木

喀爾巴阡山脈與歐洲其他地區的原始山毛櫸森林
Ancient and Primeval Beech Forests of the Carpathians and Other Regions of Europe

喀爾巴阡山脈與德國境內的原始山毛櫸森林，是認識這種遍布北半球的植物其歷史、進化與生態學不可或缺的研究對象。這裡跨越多元溫帶林區，展現了該植物在各種生長環境下完整的生活模式，沿著一條長達數百公里的軸線，一路從烏克蘭拉希夫山脈向西延伸至斯洛伐克Vihorlat山脈，再到德國中北部，其中包括了寶貴的山毛櫸基因庫以及該區多種相互依存的物種，它們同時是上次冰河時代後當地生態系統重新移植和發展的傑出範例，這項進程至今仍持續發展中。

＊與阿爾巴尼亞、奧地利、比利時、波士尼亞與赫塞哥維納、保加利亞、克羅埃西亞、捷克、法國、義大利、北馬其頓、波蘭、羅馬尼亞、斯洛伐克、斯洛維尼亞、西班牙、瑞士及烏克蘭並列。

2011

文化遺產

現代建築

阿爾費德的法古斯工廠
Fagus Factory in Alfeld

位於阿爾費德的法古斯工廠由10棟建築物構成，是座專門製造鞋楦的工廠，廠房內有各種製造部門、倉貯及裝配設施，且直到今日仍在運作。

這座工廠可說是現代建築史的里程碑，因為它是由葛洛普(Walter Gropius)斯設計於1911年，是所有現代工廠的範本模型。葛洛普斯利用大量玻璃外牆，一方面使其具有現代化的外觀，一方面又為工人提供至少6小時的日照光線，充分發揮他機能主義美學的理念，也為他日後創辦包浩斯學院埋下伏筆。

2012

文化遺產

歌劇院
×
巴洛克式
宮廷劇院

拜羅伊特的侯爵歌劇院
Margravial Opera House Bayreuth

本歌劇院坐落於巴伐利亞省北部的拜羅伊特鎮，是1745到1750年由布蘭登堡拜羅伊特侯爵佛雷德瑞克(Frederick, Margrave of Brandenburg-Beyreuth)的夫人威廉米娜女侯爵(Margravine Wilhelmine)所委託建造，大約可容納500位觀眾。它是現今巴洛克宮廷劇院建築中保存得最完整也極為傑出的例子，而且由於位處城市公共空間，因此對19世紀大型公共歌劇院的普及有重要的起頭作用。

負責劇院內部裝潢工作的朱塞佩‧加利(Giuseppe Galli Bibiena)，是當時首屈一指的舞台設計師，他全部用木材打造華麗繁複的室內空間和包廂，並且以彩飾帆布包覆天花板和包廂後牆，不僅提供了保護，也提升了音響效果。值得一提的是，劇院內深達27公尺的舞台還吸引作曲家華格納來到拜羅伊特，並且隨後在城北籌建了一座拜羅伊特節日劇院(Bayreuth Festspielhaus)，演出自己的歌劇作品《尼伯龍根的指環》。

符號說明 登錄時間　遺產內容　遺產類型 文化遺產 自然遺產 綜合遺產 瀕危文化遺產 瀕危自然遺產　瀕危綜合遺產

2014

文化遺產

修道院遺址

柯維皇家修道院與加洛林時期西側塔樓
Carolingian Westwork and Civitas Corvey

　　坐落於大片原始自然的鄉間，位於霍克斯特鎮(Höxter)東邊、威悉河(Weser)西岸的柯維皇家修道院，大致建於西元822年到885年之間，這座本篤會修道院本身是珍貴的考古遺跡，對日後發展出的諾曼式、哥德式建築影響深遠。可惜在三十年戰爭中近乎全毀，目前只有部分被挖掘出來，是德國最重要的中古世紀宗教遺跡之一。

　　而它的西側塔樓，更是目前僅存的加洛林王朝時期的具體建築，歷史價值難以估算。

2008

文化遺產

現代建築

柏林現代住宅群落
Berlin Modernism Housing Estates

　　建於1910至1933年間的柏林現代住宅群落，正是所有現代社區建築的原始樣板。這些住宅以最有效率的格局設計，滿足所有居住上的功能需求，因而解決了當時居住空間不足的問題，正好符合了後工業時代新世界的期待，是以其所發揮的影響可以說是無遠弗屆的。

2021

文化遺產

早期現代主義建築

達姆施塔特的瑪蒂爾德高地
Mathildenhöhe Darmstadt

　　這是由黑森大公恩斯特路德維於1897年資助創建的藝術家村，他是一名藝術愛好者，為了帶動黑森的藝術風氣，邀請一批新藝術風格的藝術家定居在黑森首都達姆施塔特，並在瑪蒂爾德高地規劃了一片土地，讓他們自由發揮創作。這群藝術家包括彼得貝倫斯、約瑟夫瑪利亞奧爾布利希等人，他們在此建造了大量早期現代主義的建築，風格上受到美術工藝運動與維也納分離派的影響，今日留下的建築有著名的婚禮塔、抹大拿的瑪麗亞俄羅斯小教堂、百合池、天鵝殿涼亭、藝術家們的個人住家與工作室、以及大公本人的居所等。

羅馬帝國邊界－下日耳曼界牆
Frontiers of the Roman Empire–The Lower German Limes

2021
文化遺產
羅馬帝國時期邊境建築

　　這處世界遺產從德國萊茵河下游左岸，一直延伸到荷蘭的北海沿岸，長度將近四百公里。其沿線的世界遺產點多達102處，包括軍事與民用的基礎設施遺跡，如軍團堡壘、前哨碉堡、臨時營地、艦隊基地、港口、道路、運河、水渠、居民城鎮、墓地，甚至圓形劇場、宮殿等，共同建構出羅馬帝國下日耳曼邊境地區的輪廓，而由於這些遺跡長年深埋地下，因此保存得相當完整。

＊與荷蘭並列

柯比意的建築作品─對現代主義運動的卓越貢獻
The Architectural Work of Le Corbusier, an Outstanding Contribution to the Modern Movement

2016
文化遺產
現代建築

　　柯比意(1887年-1965年)是20世紀最偉大的建築師之一，瑞士裔法國人，他致力讓居住在都市擁擠空間的人能有更舒適的生活環境，是功能主義建築的泰斗，被譽為現代建築的開拓者，瑞士法郎的10元紙幣就是柯比意的肖像。

　　在2016年世界遺產大會把柯比意的17座建築作品納入世界遺產，橫跨歐、亞、美三大洲、比利時、法國、德國、瑞士、印度、日本、阿根廷等7個國家。這些建築充分展現了一種新的建築語言，與過去的建築完完全全產生一個斷點，也反映出20世紀的現代主義運動的解決方式，是以發明新的技術，來回應社會的需求，而且是全球性的。在德國，入選的是位於斯圖加特的魏森霍夫住宅群(Maisons de la Weissenhof-Siedlung)。

＊與阿根廷、比利時、法國、印度、日本、瑞士並列。

威廉赫艾山丘公園
Bergpark Wilhelmshöhe

2013
文化遺產
園林

　　威廉赫艾公園始建於17世紀末，當時黑森-卡塞爾(Hesse-Kassel)領主卡爾一世(Karl I)打算建造一座結合建築、景觀與水法的大花園，特別從義大利敦聘建築師，為他設計了山丘上的海克力士像與小瀑布；卡爾一世的孫子弗烈德里希二世(Frederick II)又把這裡改成英式花園，建了人造洞穴、古羅馬渡槽、中國村等建物；威廉九世(Wilhelm IX)又增建了威廉赫艾宮與獅子堡。

　　搭乘電車來到山下，便能看到山坡上的威廉赫艾宮、小瀑布與遠方的海克力斯像連成一條直線，既有種雄渾不可一世的氣勢，又有股歷史悠悠的滄桑美感。

瑙姆堡大教堂
Naumburg Cathedral

2018
文化遺產
教堂

　　瑙姆堡大教堂位於圖林根盆地(Thuringian Basin)東部，建於1028年，整體建築展示了從晚期羅馬式過渡到早期哥特式的特殊風格，是中世紀建築藝術的傑出作品。教堂西側祭室的雕像及隔屏雕刻是參觀重點，人物雕像的樣貌、表情、服飾及尺寸都宛如真人，技術精湛，植物雕刻細膩豐富，顯現寫實主義在瑙姆堡大教堂的發展和表現達到高峰，後續也影響了周邊教堂的雕刻風格。

符號說明　 登錄時間　遺產內容　遺產類型 文化遺產 自然遺產 綜合遺產 瀕危文化遺產 瀕危自然遺產 瀕危綜合遺產

漢堡的倉庫城和康托爾豪斯區的智利辦公大樓
Speicherstadt and Kontorhaus District with Chilehaus

2015
文化遺產
現代建築

倉庫城(Speicherstadt)和鄰近的康托爾豪斯(Kontorhaus)區都是位於漢堡這座港市建築非常密集的中心地區。

其中倉庫城在德皇威廉二世於1888年主持儀式後正式啟用，同時新的倉庫仍在持續建造，二戰結束的重建之後，這裡仍舊是漢堡港的主要倉儲基地，直到2003年倉庫城不再是免稅港口的一部分，於是愈來愈多倉庫被轉作辦公室與博物館之用。儘管倉庫城在歷史上的任務已經終結，但它井然有序的紅磚墨瓦、縱橫交錯的幽靜水道、疊影相望的小巧鐵橋，依然有著讓人思緒飄回工業革命時代的魔力。而香料博物館、海關博物館、國際海事博物館等，也都是增進港口知識的好去處。

至於鄰近康托爾豪斯區現代化主義風格的智利辦公大樓，是一處占地約5公頃、6棟龐大的辦公大樓建築群，建於1920到1940年代，是一個19世紀末到20世紀初、受到國際貿易迅速成長影響的極佳範例。

奧格斯堡水利管理系統
Water Management System of Augsburg

2019
文化遺產
水資源管理系統

奧格斯堡自14世紀便發展出一套極有效率的水利系統，這些系統歷經了好幾個階段的技術演變，使奧格斯堡這座城市成為水資源管理的先驅。今日被列為世界遺產的水利工程共有22處，包括彼此連串成一片的運河與渠道網路、數座建於15至17世紀的水塔、1座水冷式的屠宰場、多處文藝復興時期的雕像噴泉、以及多座歷史悠久的水力發電廠，其中有不少今日仍在運作。

施派爾、沃爾姆斯和美因茲的猶太社區遺址
ShUM Sites of Speyer, Worms and Mainz

2021
文化遺產
猶太社區遺跡

希伯來語中稱猶太社區的「ShUM」，就是萊茵河谷地上游的施派爾、沃爾姆斯和美因茲3個城市的縮寫。這些地區的猶太社區形成得很早，並在11至14世紀發展出自成一格的體系。今日留下的遺跡包含猶太會堂、學校、地下浸禮池、公墓等，反映出早期德系猶太人傳統的形成過程與猶太社區的發展模式，這些都成為日後歐洲猶太社區與宗教建築的原型。

什未林居住區
Schwerin Residence Ensemble

2024
文化遺產
19世紀建築群

什未林居住區的建物多建於19世紀上半葉，位於當時梅克倫堡—什未林大公國(Grand Duchy of Mecklenburg–Schwerin)首都(現今德國東北部)，由38處組成，包括大公府邸和莊園、文化和宗教建築、普法芬(Pfaffenteich)景觀湖等，公園、運河、池塘湖泊和公共空間，滿足了公國首都在行政、防衛基礎設施及交通、文化、政治方面的需求。這些建築群反映了當年時代精神、歷史脈絡，展現新文藝復興、新巴洛克、新古典主義藝術風格。

埃爾福特的中世紀猶太遺產
Jewish-Medieval Heritage of Erfurt

2023
文化遺產
中世紀猶太歷史古城

位於圖林根州首府埃爾福特的中世紀歷史古城，由舊猶太教堂、浸禮池、石屋3處古建築組成，展現了中世紀時期（11世紀末至14世紀中期）中歐地區猶太社區的生活，以及與基督教共存的情況。

希臘Greece

2023

文化遺產

村落景觀

扎戈里文化景觀
Zagori Cultural Landscape

 17　 0　 2　Total 19

希臘不愧為西方文明的搖籃，其入選的19項世界遺產中，就高達10處為愛琴海、邁錫尼、古典希臘和希臘化一脈相承的考古遺址。此外，希臘也是早期基督教的發源地，有多達6處都是早期基督教與拜占廷文化代表。而由於希臘地形特殊，全世界為數不多的綜合遺產，希臘就占了2處。

扎戈里的小石村散落於希臘西北部的偏遠鄉村，沿著品都斯山(Pindus Mountain)北段的西坡分布。這些傳統村落通常圍繞著中心廣場而建，村莊外圍則是由當地社區養護的神聖森林。這些村落展現了與山區地形相融的建築傳統，石拱橋、鵝卵石小路和石砌台階組成路網，串聯起沃伊多馬蒂斯河(Voïdomatis River)流域的村莊。

保加利亞

北馬其頓

土耳其

阿爾巴尼亞

菲利比考古遺址
Archaeological Site of Philippi

特沙羅尼基的初期基督教與拜占庭式建築群
Paleochristian and Byzantine Monuments of Thessalonika

艾加伊考古遺址(韋爾吉納)
Archaeological Site of Aigai
(modern name Vergina)

阿斯特山
Mount Athos

扎戈里文化景觀
Zagori Cultural Landscape

梅特歐拉
Meteora

科夫老城
Old Town of Corfu

愛琴海

土耳其

愛澳尼亞海

德爾菲考古遺址
Archaeological Site of Delphi

達芙尼修道院、荷西歐斯‧魯卡斯修道院及希歐斯島的尼亞‧摩尼修道院
Monasteries of Daphni, Hosios Loukas and Nea Moni of Chios

薩摩斯島的皮拉哥利歐與赫拉神殿
Pythagoreion and Heraion of Samos

雅典衛城
Acropolis, Athens

奧林匹亞考古遺址
Archaeological Site of Olympia

巴塞的守護者阿波羅神殿
Temple of Apollo Epicurius at Bassae

埃皮道洛斯遺址
Sanctuary of Asklepios at Epidaurus

狄洛斯島
Delos

帕特摩島的聖約翰修道院與啟示錄洞窟的歷史區
Historic Centre (Chorá) with the Monastery of Saint John "the Theologian" and the Cave of the Apocalypse on the Island of Pátmos

邁錫尼與提林斯考古遺址
Archaeological Sites of Mycenae and Tiryns

米斯特拉考古遺址
Archaeological Site of Mystras

羅德島中世紀都市
Medieval City of Rhodes

地中海

符號說明  登錄時間 遺產內容　遺產類型 文化遺產 自然遺產 綜合遺產 瀕危文化遺產 瀕危自然遺產 瀕危綜合遺產

1987

文化遺產

古典希臘

雅典衛城
Akropolis, Athens

在希臘語中，「Akro」指的是「高地」、「Polis」則是「城邦」，「衛城」意指「位於高地的城邦」，在希臘境內有多座Akropolis，但以雅典市區的這座衛城最負盛名，也是希臘古文明的最佳見證。

西元前5世紀，雅典居民為了祭祀雅典娜女神，在市區的這座山丘上興建神殿，是衛城最早的雛型，但當時希臘與波斯之間爭戰頻繁，神殿完工後不久就被波斯軍隊占領並燒毀，而後來波斯軍隊又在其他戰役中敗戰、退出希臘，此後雅典的執政官培里克利斯(Perikles)積極設立民主體制，並大力推廣文化、藝術活動，將雅典文明帶向最鼎盛的時期，也在此時著手於衛城的重建工程。

衛城的角色，除了是祭祀的聖地，也是政治與公共場所、防禦要塞，在這處海拔70公尺高的山頭

上，聳立著一座座以大理石打造的雄偉建築，而每座建築的細部更是充份展現精湛的建築工藝，堪稱古希臘建築的經典之作。雅典衛城中最精采的遺址包括帕德嫩神殿、伊瑞克提翁神殿和南面的戴奧尼索斯劇場、伊羅德・阿提卡斯音樂廳等。

1987

文化遺產

古典希臘

德爾菲考古遺址
Archaeological Site of Delphi

　　德爾菲是古代希臘最重要的宗教聖地，古希臘人認為這裡是世界的中心。遺址裡有座鐘形的大理石，象徵「世界的肚臍」，也正因為它特殊的地理位置，傳說阿波羅神會在這裡顯示祂的預言。

　　希臘王必須藉由祭司在此地卜卦祭祀才能得知阿波羅神的預言，無論是個人或國家的命運，都必須先在這裡卜卦，得到神諭之後才能決定。因此，在與世隔絕的山上，建造了許多神殿、祭壇、劇場及收藏朝聖者獻禮的寶庫，每年都有來自各地的信徒到此地朝聖。

　　位在海拔2000公尺左右的德爾菲遺蹟，包括阿波羅神殿、雅典人的寶庫(Athenian Treasury)、劇場等建築都是參觀的重點，雖然交通不方便，但德爾菲特殊的環境景觀和保存完整的遺址，成為僅次於雅典衛城最熱門的遺址。

1986

文化遺產

古典希臘

巴塞的守護者阿波羅神殿
Temple of Apollo Epicurius at Bassae

　　這座著名的神殿位於邁錫尼的東北方，在古希臘時代，屬於阿卡迪亞(Arcadia)行政區的一部分，位於阿卡迪亞群峰之間，是為祭祀守護者太陽神阿波羅(Epicurius為守護者的意思)而建的，年代約在西元前5世紀，海拔1,131公尺。

　　這座神殿的設計者為Iktinos，也是雅典帕德嫩神殿的建築師，在希臘神殿建築的三大柱式中：多立克(Doric)、愛奧尼克(Ionic)、科林斯(Corinthian)，是目前發現最早的科林斯柱式建築。大膽的建築風格，獨立坐落在阿卡迪亞群山間。

1988

文化遺產

早期基督
教和拜占
庭文化

特沙羅尼基的初期基督教與拜占庭式建築群
Paleochristian and Byzantine Monuments of Thessalonika

　　特沙羅尼基這座省城兼海港建立於西元前315年，是最早的基督教傳播地之一。城裡許多精緻的基督教建築，經由西元4世紀至15世紀不斷的修建，而呈現出不同時期的建築特色，這點也影響了拜占庭世界。聖德米特(St Demetrius)和聖大衛(St David)教堂的馬賽克藝術，可說是早期基督教藝術的偉大作品。

羅德島中世紀城市
Medieval City of Rhodes

1988

文化遺產

古城

位於羅德島北邊的羅德古城建造的時間並沒有確切的記載，約在西元前3世紀就存在了，但現在看到的規模，其實是中世紀以來的樣貌。

從1309年至1523年之間，由耶路撒冷撤退的聖約翰軍團駐守在此，對抗東方的伊斯蘭教勢力，在騎士軍團的統治之下，羅德古城建造成一個固若金湯的石城，周圍由寬達12公尺的城牆圍起。除了聖約翰軍團之外，土耳其、威尼斯人也曾統治過這裡，因此整個城市呈現不同的建築景觀。位於上城的騎士團長宮殿(Palace of Grand Master)、大教堂(Great Hospital)和騎士軍團街(Street of the Knights)是舊城中最豪華壯觀的哥德式建築；而下城混和了許多清真寺、土耳其澡堂甚至猶太教堂。中世紀歐亞文明交接的景象，都保存在整個舊城的街道建築及生活型態當中。

埃皮道洛斯考古遺址
Archaeological Site of Epidavros

1988

文化遺產

古典希臘

今日以露天劇場上演古典戲劇之慶典聞名的埃皮道洛斯，最初其實是因醫療聖地之名而享譽希臘！

西元前6世紀時，醫神阿斯克列皮亞斯(Asclepius)的信仰在當地蔚為流傳，許多信徒紛紛前來醫神傳說中的誕生地，希望能被神力治癒。到了西元前4世紀時，埃皮道洛斯盛極一時，成為古代最著名的醫療中心，不辭千里而來的病患，在當地的醫療室中休息，希望醫神能在他們的睡夢之中，指點正確的醫療方式。

有趣的是，埃皮道洛斯除神廟和大量住宿設施外，還建造了浴場、劇場甚至運動場等建築，從遺跡的各種功能來推斷，發現古希臘人早已發現心理的醫療與身體醫療一樣重要，據說劇場的出現，也是為了讓病人能在欣賞戲劇、音樂的同時，身心感到放鬆而幫助療效。

阿斯特山
Mount Athos

1988

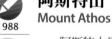

綜合遺產

修道院
×
拜占庭
文化
×
山海地景

©UNESCO/Christian Manhart

阿斯特山是希臘東方正教的聖山，嚴禁女性及小孩入山，自1054年即是希臘東正教的精神中心。這座拜占庭藝術的寶庫，擁有20座修道院以及約1400名修道士，其山城布局和建築設計，影響遠至俄羅斯，而繪畫學校的創作則影響了東正教的藝術。

這座遺產的面積廣達33,000公頃，除了山上的修道院之外，還包括位於最東側、喀爾西迪斯(Chalcidice)地區的三座半島，那是伸入愛琴海的狹長岩石帶。而這座結合了人文和地景的綜合遺產，反映出傳統修道院對農耕的體現，並保存了許多如今當地都很難找到的植物物種。

1988
綜合遺產

岩石景觀
×
修道院

梅特歐拉
Meteora

在希臘語中，「梅特歐拉(Meteora)」是「漂浮在半空中」的意思。希臘中部塞色連平原(Thessalian Plain)的西北方，有一片遼闊的山野，山野間穿插矗立著巨大的裸岩，草木不生的岩石彷彿平地拔起，地貌有點像中國雲南的石林、又有點類似湖南的張家界，仔細觀察的話，會發現在某些岩石的頂端藏著修道院，這些高高在上的修道院果然很像「漂浮在半空中」。

關於梅特歐拉的地貌源起有兩種說法：神話歸因於某天宙斯發怒了，從天界瘋狂地丟下石塊，便成了梅特歐拉的奇岩；地質研究的說法是這一帶曾經是湖泊區，水退卻後，岩壁因為風化、侵蝕等作用而逐漸變成現在的模樣。

早從西元9世紀開始，不少基督教徒們為了躲避宗教壓迫，紛紛逃到這片杳無人煙的地方來，在岩石的裂縫中或是洞穴裡尋求生存的空間，逐漸也有修士嘗試在懸崖峭壁之上建立修道的道場。為了隔絕外界的入侵及打擾，他們刻意不修路、不建階梯，對外交通聯繫必須倚靠克難的繩索、吊車等，真正與世隔絕，宛如自給自足的「天空之城」。

在15、16世紀，避難修道風氣達到巔峰時期，梅特歐拉的修道院多達24間，目前只有6間保存下來，而且遲至1920年代，這些修道院仍維持著沒路、沒便道、沒階梯的狀態，現在所看到的道路、橋樑等設施，都是後來才慢慢加上去的。

這6間修道院，各有各的作息時間，而且隨時可能更動；入內參觀時，服裝要求相當嚴謹。修道院外表樸素，內部堪稱金碧輝煌。

符號說明 登錄時間 遺產內容　遺產類型 文化遺產 自然遺產 綜合遺產 瀕危文化遺產 瀕危自然遺產 瀕危綜合遺產

1989

文化遺產

古典希臘

奧林匹亞考古遺址
Archaeological Site of Olympia

這裡是奧林匹克運動會的發源地，希臘人為表現他們對眾神的崇敬，而舉行各種祭神慶典。希臘人多半同時舉辦體育競技和文藝表演，這些競技中，就以奧林匹亞最為知名，因為這是為眾神之王宙斯所舉行的。

奧林匹亞與宙斯的密不可分，遺址裡的布局足堪說分由。整個奧林匹亞遺址的正中心坐落著西元前5世紀興建的宙斯神殿，儘管神殿已頹圮，那些散落一地、彷如巨輪的多利克式石柱依然懾人心魄。巨大神殿裡面安放的，就是曾經名列古代世界七大奇蹟之一的宙斯神像。

奧林匹亞遺址裡除了宙斯、赫拉(Hera，宙斯的妻子)兩座工程浩大的神殿，更擁有一座可容納45,000名觀眾的體育場以及面積更大的賽馬場，這也是當年體育競技的所在。

1989

文化遺產

拜占廷文化

米斯特拉考古遺址
Archaeological Site of Mystras

在伯羅奔尼撒半島的斯巴達西南方大約5~6公里處，有一座中世紀城市遺跡，至今仍保留昔日的面貌，靜靜的隱藏於提格托斯山(Taygetos)、靠近古斯巴達綠意盎然的陡峭斜坡中。

沿著提格托斯山坡分布，曾經盛極一時的米斯特拉，如今是座無人居住的廢墟，也是一處展現拜占廷文化的露天博物館。該遺跡共分為兩個部分，由山頂往山下分別為城堡和宮殿群所在的上城，以及齊聚教堂與修道院的下城。

米斯特拉的興起和斯巴達密不可分，甚至可說「成也斯巴達、敗也斯巴達」，原因在於13世紀中葉，由於斯巴達沒落，法蘭克人於是在附近另闢城鎮與修築城堡，為它打下初步的根基。而後米斯特拉一路在拜占庭、土耳其和威尼斯人的統治下不斷發展，在17世紀時一度因為蠶絲業發達，人口居然高達4萬人。然而希臘獨立戰爭後，米斯特拉重回希臘懷抱，不過1825年的一場大火，燒毀了當地的房舍，也燒去了該鎮的重要性，1831年時，奧圖一世國王決定新建斯巴達城，於是米斯特拉從此遭到廢棄。

2007

文化遺產

古城

科夫老城
Old Town of Corfu

科夫是位於愛奧尼亞海的希臘小島，同時也掌控了亞得里亞海的出入口，極具戰略價值。在古希臘時代，科夫就已經在希臘神話中出現。海洋之神波塞頓(Poseidon)迷戀上大河之神的女兒Korkyara，並把她擄來這座島嶼而結為夫妻。威尼斯強盛的時代，威尼斯人在這裡建了三座堡壘，防止鄂圖曼土耳其帝國的入侵。

1990

文化遺產

拜占廷文化

達芙尼修道院、荷西歐斯·魯卡斯修道院及希歐斯島的尼亞·摩尼修道院
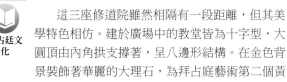
Monasteries of Daphni, Hossios Luckas and Nea Moni of Chios

這三座修道院雖然相隔有一段距離，但其美學特色相仿。建於廣場中的教堂皆為十字型，大圓頂由內角拱支撐著，呈八邊形結構。在金色背景裝飾著華麗的大理石，為拜占庭藝術第二個黃金時間的象徵。

其中達芙妮修道院創立於西元1080年，在興建的過程中躲過了多次的遭入侵者破壞與地震的厄運，落成為一座十字造型、中央聳立大型圓頂的拜占庭式建築，1211年時，來自法國的西妥會修士(Cisterican Monks)替修道院的立面，增建了兩座法國哥德式的拱門，然而到了土耳其人統治時期，這裡成為一處軍營，直至16世紀才重回希臘東正教的懷抱。

命運多舛的達芙妮修道院在1889和1897年時歷經兩次地震的破壞，結構大大損毀，而1999年的另一場地震無疑是給它致命的一擊，修道院從此關閉進行全面的整修。如今內部有一座小型博物館展出支柱雕刻與殘缺的浮雕裝飾，至於修道院本身，先知、天使、聖母……各個姿態生動且金碧輝煌的重現於觀賞者的眼前，至於位於圓頂中央的全能耶穌，注視著人世間的子民。

由於拜占庭式的馬賽克鑲嵌不但耗時且斥資繁重，因此11世紀後許多拜占庭教會幾乎都不採用馬賽克鑲嵌，也因此成為該風格最晚期代表作。

1999

文化遺產

邁錫尼文明

邁錫尼與提林斯考古遺址
Archaeological Sites of Mikines and Tiryns

邁錫尼與提林斯是兩個希臘最重要的古文明遺址，從其中挖掘出來的大量古文物證明了長久以來不可解的邁錫尼文明之謎，也讓荷馬兩部史詩《伊里亞德》和《奧迪賽》中提到的黃金王國邁錫尼，從神話中走出來成為證據確鑿的歷史。

邁錫尼遺址是德國的考古狂人施里曼(Heinrich Schliemann)於1876年挖掘出來，讓這個在西元前16~12世紀支配希臘本土及愛琴海島嶼霸權的古文明重現在眼前。

邁錫尼文明的城堡自成一格，以長寬達5~8公尺的巨石堆疊而成圍牆最為驚人，在伯羅奔尼薩半島、愛琴海上某些島嶼、希臘中南部甚至雅典，都曾發現邁錫尼式建築，但其中最具規模的，就是邁錫尼衛城。

邁錫尼衛城被一條長約900公尺的城牆圍起，這座城牆由巨石一塊塊堆疊出一層堅不可破的防護，也由於這項重量級的浩大工程，衍生出獨眼巨人為邁錫尼人築城的傳說，而邁錫尼人也因此保障自己的財富文化不受外族侵犯。

邁錫尼遺跡中最精采的部分包括邁錫尼衛城的獅子門(Lion Gate)、阿特留斯的寶庫(Treasury of Atreus)等，而遺跡中出土的黃金面具、酒器及各種裝飾品等都展示在雅典的國家考古博物館，這些出土文物可說是邁錫尼文明的精華。

狄洛斯島
Delos

1990

文化遺產

愛琴海文明

狄洛斯島位在基克拉澤群島的中央，因為地理位置特殊，狄洛斯島自古就是戰略要塞，到了羅馬人統治時代，這裡更成為愛琴海的海上貿易中心，來自敘利亞、埃及等商隊都曾在島上留下遺址。

除了經濟發達之外，狄洛斯島傳說是太陽神阿波羅的出生地，因此自西元前700年開始就被視為祭祀的聖地，至今留下許多神廟遺址。

1999

文化遺產

宗教遺產
×
基督教

帕特摩島的聖約翰修道院、啟示錄洞窟及科拉歷史中心
Historic Centre (Chorá) with the Monastery of Saint John "the Theologian" and the Cave of the Apocalypse on the Island of Patmos

帕特摩島是神學家聖約翰(St John)執筆寫下《福音書》(Gospel)和《啟示錄》(Apocalypse)的地方。島上的宗教建築不少，10世

紀末期這裡建造了一座修道院，成為希臘東正教的學習地及朝聖地。至於島上最古老的聚落科拉(Chorá)，也有不少宗教及民間的建築，也都納入世界遺產範圍。

薩摩斯島的皮拉哥利歐與赫拉神殿
Pythagoreion and Heraion of Samos

1992

文化遺產

愛琴海文明、古典希臘與羅馬

薩摩斯這座愛琴海的島嶼十分靠近小亞細亞，從西元前3000年前，便已發展出自己的文明。在皮拉哥利歐(Pythagoreion)這個堡壘形的港口中，可發現希臘及羅馬的歷史遺跡，包括隧道式的水道橋，而赫拉

(Hera)神殿至今仍可見其壯觀的建築規模。

艾加伊考古遺址(韋爾吉納)
Archaeological Site of Aigai (modern name Vergina)

1996

文化遺產

古典希臘與希臘化

本遺址位於希臘北部的韋爾吉納鎮，自1850年代開始，考古學家就推測這裡是馬其頓王國第一個首都艾加伊(Aigai)的所在地，並且埋藏了當時留下來的古老墳塚。1861年，挖掘工作在法國拿破崙三世的贊助下開始進行，不過直到1977年之後，希臘考古學家馬諾里斯·安卓尼可斯(Manolis Andronikos)在山丘上挖掘到馬其頓國王的墓室，韋爾吉納鎮才成為舉世聞名的考古遺址。本址的考古遺跡除了包含一座以馬賽克與灰泥裝飾的奢華宮殿，以及其中一部分可回溯到西元前11世紀的300多座古墳，還有亞歷山大大帝之父菲利浦二世(Philip II)的皇家墳塚。

菲利比考古遺址
Archaeological Site of Philippi

2016

文化遺產

希臘化、古羅馬與早期基督教

這座以城牆環繞的遺址，坐落在希臘東北方一處衛城的山腳下。自古以來，這裡就位於歐洲通往亞洲的要道上。西元前356年的馬其頓國王菲利普二世建立了這座城市，以希臘化風格，建造了城牆、城門、劇院和神殿；接著在西元前42年經歷菲利比之役(Battle of Philippi)後，經歷羅馬帝國洗禮，發展成為「小羅馬」，而有古羅馬城市必定出現的議事廣場以及神殿前的巨大露台。進入基督教時代，更成了基督信仰中心，十二使徒之一的保羅就曾經造訪過，其中大教堂遺跡就是早期基督教曾經活躍的證據。

羅馬教廷(梵諦岡)
Holy See

 2　0　0　Total 2

義大利

梵諦岡城
Vatican City

羅馬歷史中心、羅馬教廷
治外法權的資產及
城外的聖保羅大教堂
Historic Centre of Rome, the Properties of
the Holy See in that City Enjoying
Extraterritorial Rights and
San Paolo Fuori le Mura

義大利

羅馬教廷指的是羅馬天主教教宗司法所管轄的地方，幾乎就等同於一般人所認知的梵諦岡，為世界上面積最小的國家，僅0.44平方公里，人口約八百人。由於就位於羅馬城裡，這兩座世界遺產範圍可謂高度重疊。

1980

文化遺產

歷史城區
×
古羅馬
×
基督教
遺產

羅馬歷史中心、羅馬教廷治外法權的資產及城外的聖保羅大教堂
Historic Centre of Rome, the Properties of the Holy See in that City Enjoying Extraterritorial Rights and San Paolo Fuori le Mura

由傳說中的建城，歷經世代的擴張，羅馬從點到面，成為當時歐洲最大帝國的首都；帝國滅亡，天主教繼之而起，雖然教堂取代神殿，可是羅馬已成為一種精神、信仰、藝術的代名詞，它是人類文明永恆的象徵。

被列為世界遺產的範圍，除了屬於義大利羅馬城內的古羅馬遺址之外，屬於梵諦岡的部分，則是羅馬教廷在羅馬城內享有治外法權的聖母瑪莉亞大教堂(Basilica di Santa Maria Maggiore)、拉特拉諾的聖約翰教堂(Arcibasilica di San Giovanni in Laterano)，以及城牆外的聖保羅教堂(Basilica di San Paolo fuori le Mura)等15處建築及資產。

符號說明 登錄時間 遺產內容　遺產類型 文化遺產 自然遺產 綜合遺產 瀕危文化遺產 瀕危自然遺產 瀕危綜合遺產

1984

文化遺產

城市
×
基督教遺產

梵諦岡城
Vatican City

梵諦岡是世界上最小的國家、擁有最多的信仰人口，具體表現出上帝在俗世的統治權。梵諦岡有屬於自己的廣播媒體，還發行郵票、貨幣和報紙，更是一個獨立的政權，也是全球天主教徒的聖地。

在這樣的聖地裡有著世界上最珍貴的博物館之一及最大的教堂，梵諦岡博物館保存了數不盡的無價藝術品，從埃及、文藝復興的大師作品到現代藝術，這些都歸功於歷代教宗對藝術品有著極高的品味，並費心收藏。

而聖彼得大教堂是在西元4世紀時，君士坦丁大帝下令在據說是聖彼得埋葬的地點上，蓋一座由大石柱區隔成五道長廊的大教堂。如今聖彼得大教堂是一座長方形的教堂，整棟建築呈現出一個拉丁十字架的結構，造型是非常傳統而神聖，它同時也是目前全世界最大的一座教堂。在現今的聖彼得教堂長達176年的建築過程中，幾位建築或藝術史下留下大師名號者都曾參與聖彼得大教堂的興建，例如布拉曼特、羅塞利諾、山格羅、拉斐爾、米開朗基羅、貝尼尼、巴洛米尼、卡羅馬德諾、波塔、馮塔納等，可以說聖彼得大教堂集合了眾多建築天才的風格於一體，在宗教的神聖性外，它的藝術性也是很有看頭。

至於聖彼得廣場昭示著羅馬最輝煌的17世紀巴洛克時代，那時的建築被要求必須彰顯天父的偉大和敬畏宗教的無上神聖，貝尼尼確實辦到了教皇的要求，美麗而經過仔細計算安排的多利克柱廊，從聖彼得大教堂左右兩翼延伸而出，貝尼尼形容它有如「母親的雙臂」，將全世界的信徒導引入這宏偉的廣場，進入神聖的聖彼得大教堂。

匈牙利Hungary

 7 1 0 Total 8

因歷史上屢遭外族入侵,而讓匈牙利在文化上留下了豐富的遺產,再加上地貌上的變化多端,除了四周環繞山脈且被多瑙河從中一分為二之外,東部的大草原、西南部的湖泊、東北部的葡萄園等,都增添了它不同的風情與特色。

阿格特雷克及斯洛伐克喀斯特洞窟群
Caves of Aggtelek Karst and Slovak Karst

斯洛伐克

烏克蘭

奧地利

帕農哈馬的千年聖本篤會修道院及其自然環境
Millenary Benedictine Abbey of Pannonhalma and its Natural Environment

霍羅克古村落及其周邊環境
Old Village of Hollókő and its Surroundings

托卡伊葡萄酒歷史文化景觀
Tokaj Wine Region Historic Cultural Landscape

費爾托/諾吉勒湖文化景觀
Fertö / Neusiedlersee Cultural Landscape

布達佩斯:多瑙河岸、布達城堡區及安德拉什街
Budapest, including the Banks of the Danube, the Buda Castle Quarter and Andrássy Avenue

荷托貝吉國家公園——普茲塔
Hortobágy National Park - the Puszta

羅馬尼亞

克羅埃西亞

佩奇的早期基督教墓地遺跡
Early Christian Necropolis of Pécs (Sopianae)

塞爾維亞

★費爾托/諾吉勒湖文化景觀Fertö / Neusiedlersee Cultural Landscape詳見奧地利

符號說明 登錄時間 遺產內容 遺產類型  文化遺產 自然遺產 綜合遺產 瀕危文化遺產 瀕危自然遺產 瀕危綜合遺產

1987

文化遺產

歷史城區
×
河岸人文
景觀

布達佩斯：多瑙河岸、布達城堡區及安德拉什街

Budapest, including the Banks of the Danube, the Buda Castle Quarter and Andrássy Avenue

被喻為「多瑙河珍珠」的布達佩斯以多瑙河為中央線，一分為二。特別是位於河西岸，布達山丘上的城堡，隨著時代的潮流，從羅馬式的圓形古堡發展成為一座哥德式的城堡區，多元繽紛的建築型態，不僅僅見證了當時建築師們的美學功力，也完全展現布達的完整歷史。

有「中歐巴黎」之稱的布達佩斯，是匈牙利首都，也是全國的行政與經濟文化中心，橫跨多瑙河兩岸，由布達與佩斯兩個城區組合而成的，左岸是古老又傳統的布達城，右岸則是充滿巴洛克與古典主義建築的商業城市佩斯

布達城堡山保存許多重要的布達佩斯中古遺跡，是全覽整個布達佩斯和多瑙河的眺望點。海拔約170公尺的城堡山位在長約1公里的高地上，主要分為皇宮和舊城兩大部份，皇宮所在地是13世紀所建的城堡，舊城則是當時中古時代平民主要的居住生活地。

從布達跨越多瑙河到右岸的佩斯，瞬間就從古典高雅風情轉換到繁榮的現代都會。而安德拉什街是條林蔭大道，兩邊都是美麗的新文藝復興式建築。

1987

文化遺產

人文聚落
景觀

霍羅克古村落及其周邊環境
Old Village of Hollókö and its Surroundings

霍羅克是個展現歷史文化地風情小村莊。整個村莊僅有兩條道路，道路兩側立著極具歷史價值的民房，其中有65棟房舍是受到保護的。覆蓋著乾草的木造民房是帕羅次(Palóc)地區的傳統建築風格。

由於這種建材易燃，霍羅克村的房舍自13世紀以來便歷經多次的火災損毀，而現今所看到的村景，是19世紀初1909年一場大火後重建的，不過建築整體結構仍從中世紀保存至今。

1995

自然遺產

喀斯特地形

阿格特雷克及斯洛伐克喀斯特洞窟群
Caves of Aggtelek Karst and Slovak Karst

這個位於匈牙利和斯洛伐克邊界的石灰岩洞群，屬於喀斯特地形，共有712個石灰岩洞，這是非常罕見、珍貴的溫帶地區石灰岩洞，有別於熱帶與冰河地區的石灰岩洞，其中有一段長達25公里的洞穴「巴拉德拉—多明加洞穴」(Baradla–Domica Cave)非常精采，裡面有鐘乳石、石筍與地下激流等珍奇的地理景觀。

就自然、地理、氣候、地質、生物、歷史學等各種角度來看，這裡擁有觀光及研究價值，1995年由匈牙利、斯洛伐克兩國共同提出並列入世界遺產名單中。
＊與斯洛伐克並列

佩奇的早期基督教墓地遺跡
Early Christian Necropolis of Pécs (Sopianae)

2000

文化遺產

陵墓墳塚
×
基督教遺
產

佩奇(古稱Sopianae)由於氣候溫暖加上多瑙河流域的富饒土地，使羅馬人早就在這塊土地紮根生存，而埋入地下幾千年的文物，隨著考古學家不斷的挖掘，也陸續呈現在世人面前。

古基督教墓地遺跡就在1975年時被挖掘出，估計為西元350年時期的產物，地面上是一個簡單的禮拜堂，地面下便是墓地。因為這些墓地是建在地面上，兼具墓穴和禮拜堂的功能；而就藝術層面來說，這些墳墓以描述基督教主題的壁畫，裝飾豐富，極具藝術價值。

荷托貝吉國家公園—普茲塔
Hortobágy National Park - the Puszta

1999

文化遺產

草原游牧
景觀

位於匈牙利東部的荷托貝吉國家公園有個別稱「普茲塔」(Puszta)，由大片的草原和溼地構成，在這片平原上，有大量的野生動植物在此生活，是歐洲最大的保護草原地之一。不過，這裡是以文化遺產的身分入列，傳統的土地利用形式、以及家畜在草原上吃草的田園景觀，已經超過兩千年。來到這裡，可以參加旅遊團，沿途欣賞牛、馬、羊、鳥群等有趣活潑的大自然生態。

1996

文化遺產

修道院

帕農哈馬的千年聖本篤會修道院及其自然環境
Millenary Benedictine Abbey of Pannonhalma and its Natural Environment

帕農哈馬千年聖本篤會修道院建立於996年，是匈牙利最古老的修道院，匈牙利的開國國王聖依斯特凡的父親，體察到匈牙利人要在歐洲長治久安必須要先入境隨俗，因此，改信天主教並建立這座修道院，因此，這裡可說是匈牙利天主教精神萌芽之所。

這座哥德式的修道院其間雖歷經幾番整修，但古老的地下室、哥德式迴廊、頂棚的溼壁畫及圖書館仍完善的保存下來，環境非常的清幽，目前仍有修士在此居住。

2002

文化遺產

農業景觀
×
葡萄園

托卡伊葡萄酒歷史文化景觀
Tokaj Wine Region Historic Cultural Landscape

位於匈牙利東北方，以低地與河谷地形為主的托卡伊，是個由葡萄園、農場、村落交織而成的迷人城鎮。拜火山土壤以及適合生長黴菌的微氣候所賜，這裡擁有流傳了上千年的葡萄栽培模式及釀酒文化，而且一直延續到今天。事實上，「托卡伊」(tokaj)一詞就是10世紀從亞美尼亞語「葡萄」演變而來的匈牙利語。

本區的建築包含羅馬天主教、東正教及猶太教教堂、充滿貴族風格的城堡和莊園，以及純樸的民宅，不過最具特色的是酒窖。它們基本上分為兩種，一種建於住宅的地下室，另一種突出於地表，不直接與住宅相連，入口處裝有鐵門或木門。

冰島Iceland

🏛 #1　🔔 #2　🏛 #0　**Total** 3

北海

辛格韋勒國家公園
Þingvellir National Park

瓦特納冰川國家公園-
火與冰的自然動態
Vatnajökull National Park-
Dynamic Nature of Fire and Ice

敘爾特塞島
Surtsey

北海

冰島位於地處歐亞板塊及美洲板塊交接處，地層活動頻繁，境內多火山、地震，整個國家幾乎都建立在火山石上。壯觀的冰河、噴泉、火山、激流與瀑布等自然風光，吸引全世界遊客，入選的世界遺產，都與火山地形相關。

2004

文化遺產

議會遺址

辛格韋勒國家公園
Þingvellir National Park

這處國家公園以文化遺產入選為世界遺產，原因是位於雷克雅尼斯半島(Reykjanes)和漢吉爾火山(Hengill)附近的辛格韋勒國家公園是冰島國會(Alþing)舊址所在，成立於西元930年，也是世界上最古老的議會之一。當年代表全冰島的「阿辛」(Alþing，冰島文為議會之意)在此開會，每年都以為期兩週的議會時間，制定「自由人之間的公約」法律，同時排解紛爭，直到1798年停辦為止，因此不只是對冰島人，在人類歷史上也具有非常重要的歷史意義。

但由於此地位於北美、歐亞板塊交界之處，18世紀末因火山爆發及地震，將此地摧毀，如今剩下一片空曠地，地質學家研究指出，此歐美板塊斷層裂縫每年還以2公分左右拉長距離。

公園入口不久後可看到阿曼納喬斷層(Almannagjá)，崖壁上的玄武岩柱，以及遠眺河岸邊農舍是遊客拍照的重點；原古議會中有一塊法律石，是會議期間的主席台，如今因地殼變動已沉沒，現以一根旗桿標示出；往南走可看到辛格瓦拉湖(Þingvallavatn)，其面積廣達84平方公里，是冰島最大的天然湖泊。

符號說明 登錄時間 遺產內容　遺產類型 文化遺產 自然遺產 綜合遺產 瀕危文化遺產 瀕危自然遺產 瀕危綜合遺產

2019

自然遺產

冰川火山
地形
×
冰洪

瓦特納冰川國家公園－火與冰的自然動態
Vatnajökull National Park-Dynamic Nature of Fire and Ice

　　這處典型的火山區，面積逾一百四十萬公頃，約佔冰島領土的14％。瓦特納冰川國家公園內有十座中央火山，其中八座是冰川火山，這些火山有兩座是冰島最活躍的火山。

　　火山與瓦特納冰帽下的裂縫相互作用，激發了許多自然奇觀，其中最令人感到震懾的就是「冰洪」（jö,kulhlaup)，也就是在火山噴發期間，冰川邊緣驟然崩裂而引發的大洪水。這種現象反覆的發生，造就了冰島最為獨特的冰水沉積平原、河系，以及變化萬千的峽谷。這處火山區還生存著冰河時期倖存的地下水動物群。

2008

自然遺產

火山地形
生態

敘爾特塞島
Surtsey

　　敘爾特塞島為冰島的極南點，距離本島南方海岸33公里處，這座因為1963年火山噴發而形成的新島嶼，歷經三年半的堆積從海平面下130公尺處漸漸浮上表面，形成一座遺世獨立的迷你島嶼，從誕生之初便受到嚴密的保護，在排除人力因素的干擾下，敘爾特塞島無疑成為一座原生態自然實驗室，透過它獨特的景觀，生物學家和植物學家能夠長期觀察生物型態在新陸地生長的過程。

　　隨著時間過去，如今這座島嶼已經出現了各將近70種的苔蘚、維管束和地衣植物，以及近百種的鳥類和三百多種的無脊椎動物。

愛爾蘭Ireland

🏛 #2　🔔 #0　🏛 #0　Total 2

由於經過多次的戰亂及英國統治時期的刻意忽視，愛爾蘭跟歐陸相較，從中世紀留存至今的完整建築並不多，但從兩處歷史有上千年之久的世界遺產中，可以窺見愛爾蘭豐厚的古文明面貌。

©Ireland Tourism

斯凱利麥可島
Sceilg Mhichíl

 1996
 文化遺產
 修道院遺址

斯凱利麥可島孤懸在愛爾蘭西南部凱里郡外16公里的海面上，約7世紀起，一座座造型奇特的蜂窩狀隱修院，矗立在陡峭山坡上。這是早期的愛爾蘭基督徒們，遠離塵世在極端艱苦的環境裡生存的寫照。如今這個小修道院完好的保存1400年以前它最初修建時的風貌。

原來的修道士使用了大約五百塊石頭修建了一條石階路，一直通向夾於兩個山峰之間，被稱作「基督的馬鞍」的鞍部地區。兩個山峰中的第二個，也是最高的一個在斯凱利麥可島上，距離海平面714英尺。山峰頂部有一塊具有歷史意義的刻有十字架的紀念石。中世紀的朝聖者在訪問修道院後，會攀上紀念石的頂部，並且親吻岩石以示虔誠。由於地理位置極為偏遠，要想到島上一探究竟並不容易，也因為這樣，使它一直維持著完整的風貌，千百年未曾改變。島上自成一個完整的鳥類生態圈，尤其是較小的島上，是世界上第二大的塘鵝棲息地。不過為了保護完整的自然生態，小島是禁止人登陸的。

波茵河灣考古遺址
Brú na Bóinne - Archaeological Ensemble of the Bend of the Boyne

 1993
 文化遺產
 史前巨石文明 × 陵墓墳塚

波茵河灣考古遺址位於都柏林北方50公里處，是一群史前墳墓群，它們的歷史比埃及金字塔還要久遠，是世界上最巨大、保存最完整的「長廊式墓穴」建築，顧名思義，此類建築指的是要通過一條長長的通道，才能進到裡頭的墓室。年代大都在新石器時期，建造地點則多是沿著大西洋沿岸的歐洲地區。

此區主要有三座墳墓：紐格蘭奇(Newgrange)、諾斯(Knowth)、道斯(Dowth)。紐格蘭奇巨石古墓大約建造於西元前3200年，這座神奇的古墓占地大約一英畝，周圍環繞著97塊巨石，其中一些巨石上還刻有中世紀時期的圖案花紋。墓室入口的石板上，裝飾著螺旋狀的神祕圖紋。石塚之下是一條長達19公尺的走廊，兩側共有43座石柱，走廊一直通到中心墳室，墳室後面尚有2個房間，屋頂有6公尺高，並由石板做成一奇異的突形頂。另外還有3座奉獻水池，裝飾著光滑的石頭。墓室最神奇的是入口上方敞開的一個小長方窗口，每年冬至的黎明時分，光線會慢慢穿透19公尺長的通道，射入墓室內最裡端的石塊上。

符號說明 登錄時間 遺產內容　遺產類型 文化遺產 自然遺產 綜合遺產 瀕危文化遺產 瀕危自然遺產 瀕危綜合遺產

義大利 Italy

🏛 #54　🔔 #6　🏞 #0　Total 60

義大利為全球擁有世界遺產最多的國家，高達60處。受遊客歡迎的義大利是文藝復興起源之地，深厚的文化底蘊，大城市如羅馬、翡冷翠、威尼斯，小城鎮如西恩納、比薩、龐貝均被列為世界遺產，其中有54項文化遺產、6項自然遺產。

★聖喬治山Monte San Giorgio 詳見瑞士

★阿爾布拉—伯連納的雷蒂亞阿爾卑斯山鐵道Rhaetian Railway in the Albula / Bernina Landscapes詳見瑞士

★阿爾卑斯山區史前干欄式民居Prehistoric Pile dwellings around the Alps詳見奧地利

★喀爾巴阡山脈與歐洲其他地區的原始山毛櫸森林Ancient and Primeval Beech Forests of the Carpathians and Other Regions of Europe詳見德國

★歐洲溫泉療養勝地The Great Spa Towns of Europe詳見捷克

法國

擁有達文西《最後的晚餐》壁畫的感恩的聖母瑪利亞教堂及修道院 Church and Dominican Convent of Santa Maria delle Grazie with "The Last Supper" by Leonardo da Vinci

瓦爾加莫尼卡的岩畫 Rock Drawings in Valcamonica

阿爾布拉 - 伯連納的利西亞阿爾卑斯山鐵路 Rhaetian Railway in the Albula / Bernina Landscapes

阿爾卑斯山區史前干欄式民居Prehistoric Pile dwellings around the Alps

翡冷翠歷史中心 Historic Centre of Florence

瑞士

奧地利

多洛米蒂山 The Dolomites

威欽查及維內多省的帕拉底奧式宅邸 City of Vicenza and the Palladian Villas of the Veneto

15 世紀至17 世紀的威尼斯防禦工事：陸地之國與海洋之國 Venetian Works of Defence between the 15th and 17th Centuries : Stato da Terra – Western Stato da Mar

曼陀瓦與薩比奧內塔 Mantua and Sabbioneta

義大利倫巴底人遺址 Longobards in Italy. Places of the power

聖喬治山Monte San Giorgio

維洛納 City of Verona

科內利亞諾和瓦爾多比亞德內的普羅塞克葡萄酒產地 Le Colline del Prosecco di Conegliano e Valdobbiadene

倫巴底與皮埃蒙特省的聖山 Sacri Monti of Piedmont and Lombardy

帕多瓦的植物園(Botanical Garden(Orto Botanico), Padua

帕多瓦14世紀壁畫群Padua's Fourteenth-Century Fresco Cycles

20 世紀工業城市伊夫雷亞 Ivrea, industrial city of the 20th century

克里斯比阿達城 Crespi d'Adda

斯洛維尼亞

阿奎雷亞的考古遺址與大教堂 Archaeological Area and the Patriarchal Basilica of Aquileia

薩佛伊皇宮 Residences of the Royal House of Savoy

克羅埃西亞

皮埃蒙特的葡萄園景觀：朗格 - 羅埃洛和蒙法拉托 Vineyard Landscape of Piedmont: Langhe-Roero and Monferrato

威尼斯與潟湖區 Venice and its Lagoon

費拉拉文藝復興城及波河三角洲Ferrara, City of the Renaissance, and its Po Delta

摩德納的大教堂、市民塔和大廣場Cathedral, Torre Civica and Piazza Grande, Modena

亞平寧山脈北部的喀斯特溶岩與洞穴Evaporitic Karst and Caves of Northern Apennines

維內雷港、五漁村和帕爾馬利亞、提諾、提內托等小島 Portovenere, Cinque Terre, and the Islands (Palmaria, Tino and Tinetto)

比薩大教堂廣場 Piazza del Duomo, Pisa

拉威那早期基督教古蹟 Early Christian Monuments of Ravenna

托斯卡尼的麥第奇別墅Medici Villas and Gardens in Tuscany

歐洲溫泉療養勝地 The Great Spa Towns of Europe

聖吉米納諾歷史中心 Historic Centre of San Gimignano

烏爾比諾歷史中心 Historic Centre of Urbino

熱那亞：新街和羅利宮殿體系 Genoa: Le Strade Nuove and the system of the Palazzi dei Rolli

西恩納歷史中心 Historic Centre of Siena

阿西西的聖方濟大教堂及其他方濟會遺跡 Assisi, the Basilica of San Francesco and Other Franciscan Sites

波隆納的拱廊 The Porticoes of Bologna

瓦達歐西亞 Val d'Orcia

皮恩查歷史中心 Historic Centre of the City of Pienza

喀爾巴阡山脈與歐洲其他地區的原始山毛櫸森林 Ancient and Primeval Beech Forests of the Carpathians and Other Regions of Europe

亞得里亞海

提弗利哈德良別墅 Villa Adriana (Tivoli)
提弗利艾斯特別墅 Villa d'Este, Tivoli

切爾維泰里及塔爾奎尼亞的伊特魯斯坎人墓地 Etruscan Necropolises of Cerveteri and Tarquinia

龐貝、艾克拉諾、托雷安農濟亞塔考古區 Archaeological Areas of Pompei, Hercula neum and Torre Annunziata

羅馬歷史中心 Historic Centre of Rome, the Properties of the Holy See in that City Enjoying Extraterritorial Rights and San Paolo Fuori le Mura

蒙特城堡 Castel del Monte

阿爾貝羅貝洛的錐頂石屋 The Trulli of Alberobello

阿庇亞道：漫漫長路女王 Via Appia. Regina Viarum

拿波里歷史中心 Historic Centre of Naples

卡塞塔的18世紀皇宮以及園林、萬維泰利水道水橋和聖萊烏喬建築群 18th-Century Royal Palace at Caserta with the Park, the Aqueduct of Vanvitelli, and the San Leucio Complex

阿瑪菲海岸景觀 Costiera Amalfitana

馬特拉的岩穴 The Sassi and the Park of the Rupestrian Churches of Matera

第勒尼亞海

巴努米尼的蘇努拉吉史前遺跡 Su Nuraxi di Barumini

席蘭托及提亞諾谷國家公園 Cilento and Vallo di Diano National Park with the Archeological sites of Paestum and Velia, and the Certosa di Padula

愛澳尼亞

伊奧利亞群島 Isole Eolie (Aeolian Islands)

阿拉伯 - 諾曼式的巴勒摩以及切法魯和王室山的主教堂 Arab-Norman Palermo and the Cathedral Churches of Cefalú and Monreale

埃特納火山 Mount Etna

阿格利真托考古區 Archaeological Area of Agrigento

卡薩爾的羅馬別墅 Villa Romana del Casale

晚期的巴洛克城鎮瓦拉底那托 Late Baroque Towns of the Val di Noto (South-Eastern Sicily)

夕拉古沙和潘塔立克石墓群 Syracuse and the Rocky Necropolis of Pantalic

地中海

1979
文化遺產
史前岩畫

瓦爾加莫尼卡的岩畫
Rock Drawings in Valcamonica

瓦爾加莫尼卡谷地位於義大利北部的倫巴底平原(Lombardy plain)，有多達14萬幅圖騰及圖案的史前岩畫，這些岩畫持續長達八千年的時間，其內容包括航海、農業、戰爭、跳舞及神話。

這些岩畫的價值，就在於它的持續力。從史前時代開始，接著基督誕生、羅馬人統治，再到中世紀，甚至現代，人們在岩石上作畫始終不輟，連接遠古與現代。

1980
文化遺產
教堂 × 文藝復興繪畫

擁有達文西《最後的晚餐》壁畫的感恩聖母教堂及修道院
Church and Dominican Convent of Santa Maria delle Grazie with "The Last Supper" by Leonardo da Vinci

教堂內最有名的是達文西所畫的《最後晚餐》。《最後晚餐》的創作時間約於1495至1497年，繪於修道院裡的教士餐廳，強烈表現大師的「動態」風格，尤其是12位門徒各種不同的手勢上。而且達文西精確地運用透視法表現空間裡人物的關係與互動，也完美地表達了耶穌的神性，是文藝復興顛峰的代表作之一。

由於達文西以混合了油彩與蛋彩的顏料來創作，而非文藝復興時常用的濕壁畫原料，使得《最後晚餐》完成後不到50年便毀損得極為厲害。1982年起義大利政府利用高科技將畫作恢復原狀，於1999年大功告成。也因此現在民眾得以一窺原作的真實面貌，而學者專家也從恢復的作品中找到許多以往被忽略的線條。

1990
文化遺產
歷史城區

聖吉米納諾歷史中心
Historic Centre of San Gimignano

聖吉米納諾位在托斯卡尼省，它是往來羅馬間的中繼站，統治這個城市的家族建造了72座高塔，有些高達50公尺，象徵他們的富裕和權力，僅管目前只剩14座存留下來，聖吉米納諾仍瀰漫中世紀封建時代的氛圍。

被譽為「美麗的塔城」，顧名思義，聖吉米納諾在托斯卡尼地區擁有極為特殊的都市景觀。12、13世紀是自治城邦時期，除了與鄰近國家爭戰之外，城內的貴族亦彼此角力，為了顯示自身的財富與權勢，於是競相修築高塔，極盛時期甚至多達76座，如今僅剩14座保存較為完整。這個城市也保存了14、15世紀義大利藝術大師作品。

©Fototeca ENIT/Sandro Bedessi

2004
文化遺產

伊特魯斯坎 × 陵墓墳塚

切爾維泰里及塔爾奎尼亞的伊特魯斯坎人墓地
Etruscan Necropolises of Cerveteri and Tarquinia

伊特魯斯坎人將生前居住環境的模樣呈現在他們的墓中，包括起居室、接待室等，裡面還有美麗的壁畫及陳列生活用品。

鄰近切爾維泰里城市的大墓地包括上千座墳墓，其組成猶如一座城市，有街道、小廣場、房舍；而在塔爾奎尼亞最有名的，則包括擁有200座繪著壁畫的墳墓，其中最早的可溯及西元前7世紀。

符號說明 登錄時間 遺產內容　遺產類型 文化遺產 自然遺產 綜合遺產 瀕危文化遺產 瀕危自然遺產 瀕危綜合遺產

1980

文化遺產

羅馬歷史中心、羅馬教廷治外法權的資產及城外的聖保羅大教堂

Historic Centre of Rome, the Properties of the Holy See in that City Enjoying Extraterritorial Rights and San Paolo Fuori le Mura

歷史城區
×
古羅馬
×
基督教遺
產

　　由傳說中的建城，歷經世代的擴張，羅馬從點到面，成為當時歐洲最大帝國的首都；帝國滅亡，天主教繼之而起，雖然教堂取代神殿，可是羅馬已成為一種精神、信仰、藝術的代名詞，它是人類文明永恆的象徵。

　　這座遺產於1980年被提名，1990年世界遺產組織再把範圍擴大到由教皇烏巴諾八世(Urbano Ⅷ)於17世紀所修建的城牆，扣除羅馬教廷的治外法權資產，屬於義大利境內的主要包括：羅馬議事廣場、圓形競技場、圖拉真柱、啟發無數文藝復興大師的萬神殿、位於台伯河畔的奧古斯都陵寢、建聖天使堡的亞

德利安諾陵寢(Mausoleo di Adriano)及馬可士奧略利歐(Colonna di Marco Aurelio)等帝國時期的遺跡。

　　其中羅馬議事廣場是最早的政治與商業活動中心，神殿、大會堂、元老院、凱旋門、演講台等具有公共功能的建築，全集中於此。

＊與梵諦岡並列

翡冷翠歷史中心
Historic Centre of Florence

翡冷翠是文藝復興象徵的城市，15、16世紀在麥第奇家族統治下，經濟及文化都達到鼎盛，六百年非凡的藝術成就展現在聖母百花大教堂、聖十字教堂、烏菲茲美術館及碧提宮等。

市內無數博物館、教堂，其建築、陳設的藝術作品，展現文藝復興時期最耀眼的珍寶，而這都要歸功於麥第奇家族。麥第奇家族由經商到執政，他們把人文主義的精神注入整個翡冷翠之中，獎勵可以美化俗世的繪畫、雕刻、建築等各種藝術，再現古希臘羅馬精神，造就了文藝復興時代。當時的大師級人物如米開朗基羅、唐納泰羅、布魯內雷斯基、波提且利等人，都在這股風潮中，留下不朽的藝術作品。

符號說明 登錄時間 遺產內容　遺產類型 文化遺產 自然遺產  綜合遺產 瀕危文化遺產 瀕危自然遺產　瀕危綜合遺產

比薩大教堂廣場
Piazza del Duomo, Pisa

1987

文化遺產

教堂與廣場

比薩大教堂所在的神蹟廣場，分布了四個古建築群：大教堂、洗禮堂、鐘塔(斜塔)及墓園，影響了義大利11至14世紀的藝術風格。其中最著名的比薩斜塔由於當地土質鬆軟，一度面臨傾倒的命運，所幸經過搶修後，遊客已重新登塔參觀。

主教堂建於1064年，在11世紀時可說是世界上最大的教堂，由布斯格多(Buscheto)主導設計，這位比薩建築師的棺木就在教堂正面左下方。修築的工作由11世紀一直持續到13世紀，由於是以卡拉拉(Carrara)的明亮大理石為材質，因此整體偏向白色，不過建築師又在正面裝飾上其他色彩的石片，這種玩弄鑲嵌並以幾何圖案來表現的遊戲，是比薩建築的一大特色。

分成四列的拱廊把教堂正面以立體方式呈現，這就是結合古羅馬元素的獨特比薩風，在整片神蹟廣場中，都可以看見這種模式的大量運用。

威欽查及維內多省的帕拉底奧式宅邸
City of Vicenza and the Palladian Villas of the Veneto

1994

文化遺產

文藝復興及帕拉底奧式建築

帕拉底奧是文藝復興時期代表的建築師之一，位於維內多省的威欽查，市內有一條帕拉底奧大道，兩旁有不少宅邸是出自名建築師帕拉底奧之手。在維內多省也有不少帕拉底奧設計的城市住宅及別墅，他的作品對於建築的發展影響深遠。

在威欽查，巨大的帕拉底奧大會堂雄據在領主廣場上，青銅的船底狀屋頂及四周羅列的希臘羅馬諸神石雕，是它最大的特色。帕拉底奧大會堂是帕拉底奧於1549年接受委託的第一件公共建築設計，大師的雕像就位於正面；宮前高達82公尺的細塔則立於12世紀，而具有華麗裝飾外觀的首長迴廊(Loggia del Capitaniato)，也是帕拉底奧的作品。

帕多瓦的植物園
Botanical Garden (Orto Botanico), Padua

1997

文化遺產

植物園

世界第一座植物園就是建在帕多瓦，時間是1545年，植物園內仍大致保持原貌，當初設立的目的是做為科學研究中心，目前仍是如此。

位於義大利東北部維內多省(Veneto)的小城帕多瓦，被稱為美麗的大學城，市內充滿一股濃厚的學術氣息。伽利略曾於西元1592至1610年在此任教，帕多瓦大學的醫學系在歐洲俱有崇高的聲名，而且1678年第一位義大利女性大學生在此畢業，當時全歐洲的大學還尚未允許女子就讀。

而帕多瓦的動人之處不只如此，文藝復興的繪畫之父喬托曾於1303至1305年為此城做藝術妝點，因此在知性的氛圍中，帕多瓦同時還隱含著感性之美。

1997

文化遺產

人文聚落
景觀 × 海岸

維內雷港、五漁村和帕爾馬利亞、提諾、提內托等小島

Portovenere, Cinque Terre, and the Islands (Palmaria, Tino and Tinetto)

位於熱內亞以東的東里維耶拉(Riviera Levante)，由於地勢險峻、交通不便，好幾個世紀以來幾乎與外面的世界隔絕，直到近代，都還沒有公路抵達。

這段狹長的海岸線，以古老城鎮維內雷港(Porto Venere)、五座位於懸崖上的五漁村(Cinque Terre)，和美麗海岬上的芬諾港(Portofino)為代表。這裡擁有原始的自然景觀以及豐富的人文風貌，它們不僅展現了人與自然之間的和諧關係，也勾勒過去一千多年來，當地居民如何在崎嶇狹窄的地理環境中，維持傳統的生活模式。

由蒙特羅梭(Monterosso al Mare)、維那札(Vernazza)、科爾尼利亞(Corniglia)、馬那羅拉(Manarola)及里歐馬喬雷(Riomaggiore)所構成的五座漁村，是在中世紀晚期形成的濱海聚落，由於沿海岬梯地而建，只能靠船隻、火車及步行抵達。

維內雷港則是建於西元前1世紀的古老城鎮，它包含三個村落和帕爾馬利亞(Palmaria)、提諾(Tino)、提內托(Tinetto) 三座小島，其義大利語的意思是「女神之港」，曾是詩人拜倫(Byron)最喜愛的一座城市。

大多數的祕境，終究還是會被發現。幾十年前，五漁村就已經不是未被發現的伊甸園，藉由火車、輪船的運送，五漁村已成為北義大利最知名的旅遊勝地之一，夏日旺季時更是遊人如織。然而當你從鐵路、從海上緩緩駛進這些遺世獨立的村落，那險峻的崖岸、岬角上古雅的粉彩屋舍、山崖間挺立的小教堂、從海邊沿著山勢層層往上延伸的葡萄梯田、滿山粗獷野放的橄欖樹林；遠離遊客聚集的廣場、大街，攀爬在那村落之間的健行山徑，你會發現，愈是保留原始之美，愈能散發出一股無法擋的誘人魅力。

符號說明　登錄時間　遺產內容　遺產類型　文化遺產　自然遺產　綜合遺產　瀕危文化遺產　瀕危自然遺產　瀕危綜合遺產

馬特拉的岩穴和教堂
The Sassi and the Park of the Rupestrian Churches of Matera

1993

文化遺產

人文聚落
景觀

這是地中海地區最顯著的穴居聚落案例，而且完全與地形和生態完美結合。大約從舊石器時代就有人類定居於此，後來在人類歷史的舞台上扮演了重要角色。

馬特拉多為石灰岩地形，中世紀時隱修者在此鑿洞居住，由於地理位置孤立，距離最近的大城市拿波里尚有240公里之遠，馬特拉保存完整的石洞風貌，與百年前的耶路撒冷相當神似。

埃特納山
Mount Etna

2013

自然遺產

火山地形
生態

埃特納山位於西西里島東岸，海拔3350公尺，是所有地中海島嶼的最高山，也是世界上最活躍的層狀火山(Stratovolcano)。這座火山的爆發史可追溯到50萬年前，而近2700年都有活動紀錄，其持續的噴發活動，對火山學、地球物理學及其他地球科學提供了寶貴的研究資料，同時對地方性的陸地動植物生態體系也非常重要，對於研究生態和生物而言，無疑是座天然的實驗室。

被畫入世界遺產的範圍共19,237公頃，包括因為科學研究而受到嚴格保護的範圍以及埃特納地區自然公園(Parco dell'Etna Regional Nature Park)。

科內利亞諾和瓦爾多比亞德內的普羅塞克葡萄酒產地
Le Colline del Prosecco di Conegliano e Valdobbiadene

2019

文化遺產

葡萄種植
區景觀

位於義大利東北部特里維索省(Treviso)，涵蓋了普羅塞克(Prosseco)氣泡酒產區的部分葡萄種植區景觀。特點是在陡坡地區耕種出狹窄梯田狀的小型葡萄園，稱之為「Ciglioni」，由葡萄園、森林、小村莊和農地共同形成壯觀而獨特的景觀，幾個世紀以來，這片崎嶇的地形一直被人們運用和轉變，包括土壤保持技術、培育葡萄藤的Bellussera技術、栽培Glera葡萄生產最高品質的普羅塞克氣泡酒等，也造就出此區特殊的美學特色。

1987

文化遺產

城市及潟湖景觀

威尼斯及其潟湖區
Venice and its Lagoon

由118座島嶼組成的威尼斯建於5世紀，在10世紀成為海權強國，整個城市都是藝術巨擘的傑作，即便是小教堂都有如提香(Titian)、丁特列多(Tintoretto)、維若內塞(Veronese)……等大師的作品。

威尼斯的建城起於蠻族的入侵，使得亞得里亞海沿岸的居民往內逃到這裡。最早威尼斯是拜占庭的殖民地，取得自治權後建立了共和國，在七世紀時威尼斯已經成為世界上強盛富有的國家之一，領土延伸到地中海。文藝復興也在威尼斯發光發熱，繼翡冷翠、羅馬之後，提香、丁特列多、維若內塞等知名藝術家群集威尼斯，成為當時文藝復興的第三大中心。在威尼斯你可以看到各種建築風格：拜占庭式、哥德式、古典藝術、巴洛克，也可以欣賞到文藝復興時期經典名作，可說是名副其實的藝術之城。

威尼斯是建築在潟湖上的城市，呈S型的大運河是當地160條運河中最主要的一條，隨著大運河到底的聖馬可廣場是威尼斯的政治重心，廣場周圍也是威尼斯最熱鬧的區域，大潮時時還可看到水淹聖馬可廣場的景況。金碧輝煌的宮殿、教堂建築，搖曳海上的浪漫生活，再加上面臨沉沒消失的可能性，造訪威尼斯的遊客始終絡繹不絕。

1996

文化遺產

城堡

蒙特城堡
Castel del Monte

13世紀腓特烈二世(Emperor Frederick II)在義大利南部靠近巴里(Bari)的地方建造蒙特城堡，是一座獨特的中世紀軍事建築。這座城堡在地理位置上，具有重要的象徵意義，建築呈完美的規則形狀，不論從數學還是天文學，都十分精準，而固若金湯的城堡，也反應出腓特烈二世的雄風。

城堡許多建築元素和風格，都是取自東方的伊斯蘭教和北歐的西妥會哥德式建築。

©Italian State Tourist Board Fototeca ENIT

1997

文化遺產

古典希臘

阿格利真托考古遺址
Archaeological Area of Agrigento

　　若說阿格利真托是「諸神的居所」並不誇張，因為連希臘境內也找不到一處神殿遺跡如此密集的地方。

　　城市的規模早在西元前581年就已建立，當時來自希臘羅德島附近的殖民者，在兩河之中建立了一座名為Akragas的城市，也就是今日阿格利真托的前身。這裡曾是古希臘黃金時期僅次於夕拉古莎的富裕城市，西元前406年敗給迦太基人之前，是個多達20多萬居民的大城市。

　　西元5世紀起，先後被迦太基人、羅馬人占領，又歷經拜占庭、阿拉伯王國的統治，但後來阿格利真托的重要性逐漸被西西里島東岸的城市所取代，昔日繁華忙碌不再，只留下許多神殿遺蹟。如今這些神殿、城牆、墓穴等遺跡已成為阿格利真托最重要的觀光資產，它們大多聚集於現今城市南面的谷地間，統稱為神殿谷，許多建築歷史可以回溯到西元前5世紀，是希臘境外保存最完整的古希臘遺跡。

231

1995

文化遺產

人文聚落景觀

克里斯比阿達城
Crespi d'Adda

　　克里斯比阿達城位於義大利北部的倫巴底省，是19至20世紀工業城鎮(Company Town)的典範。在北美和歐洲地區，由開明企業家依勞工需求所建造的住宅城，很多當年為了工業目的所設計的用途至今依然清晰可見，不過隨著社會及經濟環境的變遷，已經威脅到這些地方的生存。

1998

文化遺產

歷史城區
×
文藝復興

烏爾比諾歷史中心
Historic Centre of Urbino

　　坐落於山丘上的烏爾比諾小山城，位於義大利中部、靠近亞得里亞海的馬克省(Marche)，在15世紀時歷經了文藝復興時期，吸引全義大利藝術家及學者，並影響歐洲其他區域文化的發展。到了16世紀，因為經濟和文化的停滯，使得文藝復興的外觀得以完整保存至今。

©Fototeca ENIT/Paola Ghirotti

1995

文化遺產

城市
×
文藝復興

費拉拉文藝復興城及波河三角洲
Ferrara, City of the Renaissance, and its Po Delta

　　臨著波河三角洲的費拉拉，因為艾斯特家族的費心經營，將費拉拉變成一座文藝復興城市，吸引許多大師前來設計並建造艾斯特家族的宮殿。

　　費拉拉城的主要建築圍繞一座非常特別的主教堂，艾斯特家族的執政中心「市政廳」(Palazzo Comunale)的中庭，擁有造型極美的「榮譽大階梯」，「艾斯坦塞城堡」(Castello Estense)自1450年起便成為領主的宅邸，「鑽石宮」(Palazzo dei Diamanti)則是艾斯特權力的象徵；為了建構歐洲最精緻的宮廷，由比亞裘羅賽提(Biagio Rossetti)依照新的透視法則來設計，加上貝里尼(Jacopo Bellini)、安德烈亞曼特良(Andrea Mantegna)等大師的繪畫妝點，費拉拉在艾斯特家族的主導之下，成為15、16世紀波河地區文藝復興都市景觀的典範。

1998

文化遺產

古希臘
×
伊特魯斯坎文明和修道院

席蘭托和提亞諾谷國家公園、帕斯圖和維利亞考古遺址，以及帕杜拉的切爾托薩修道院
Cilento and Vallo di Diano National Park with the Archeological sites of Paestum and Velia, and the Certosa di Padula

　　席蘭托是一處相當顯著的文化景觀，席蘭托地區有三座東西向山脈，聚落沿著山脈走向散開，也具體而微地揭示這個地區歷史的發展。從史前到中古世紀，這裡不僅是一條貿易路線，同時文化和政治也在此交會。

　　這裡就位於古希臘和伊特魯斯坎兩種文化的交界處，從帕斯圖(Paestum)和維利亞(Velia)這兩座城市挖掘出的考古遺跡可以看出一二。

　　此外，位於帕杜拉的切爾托薩修道院(The Certosa di San Lorenzo at Padula)也納入世界遺產範圍，這座始建於1306年的修道院，是世界上少見的龐大寺院建築，17至18世紀期間，風格轉變為巴洛克式建築，如今這是一座考古博物館。

1995

文化遺產

歷史城區

拿波里歷史中心
Historic Centre of Naples

　　拿波里是南義大利最大的城市，氣候溫暖、土地肥沃，還有優良的港口，但也因此遭致許多外國勢力的侵擾，最早是希臘人，西元前七世紀時，希臘人命此地為「Neapolis」，三百年後，換成羅馬人主宰此地，奧古斯都大帝最愛到此避寒，後來倫巴底人及拜占庭帝國都分別統治過這裡。

　　成為拿波里公國後，拿波里得到了自治的地位，但維持不了多久再度易手於歐洲各皇室間。各民族為拿波里及南義大利帶來不同的文化及生活痕跡，希臘、法國、西班牙的風味融合為一，特別是13到18世紀的歐洲品味對這裡影響深遠，現今多數的重要建築多建於此時，不過，拿波里人也沒有失去自己的特色，17、18世紀的巴洛克時期，拿波里也發展出自己的文化藝術主張，皇宮就是最大的代表作。

1995

文化遺產

歷史城區

西恩納歷史中心
Historic Centre of Siena

　　西恩納是托斯卡尼地區最完美的中世紀小鎮，尤其是鋪滿紅磚、呈扇形的市中心廣場，在14世紀時發展出獨特的藝術風格，杜奇奧、馬汀尼及安布吉羅‧羅倫奇等藝術大師都曾為這個小鎮妝點市容。

　　穿梭在中世紀的街道上，每一個突如其來的轉角和小路，都能讓人有回到中世紀時代的錯覺。西恩納在14世紀時發展出獨特的藝術風格，杜奇奧、馬汀尼及安布吉羅‧羅倫奇都是代表人物，主教堂內部還有米開朗基羅、貝尼尼等人的作品，這些藝術品豐富了西恩納的內涵。

　　此外，市政大廈大約在1310年完工，當時是九人會議的總部。曼賈塔樓高達102公尺，名稱是取自第一位敲鐘的人，是義大利中古世紀塔樓第二高的，登上塔樓可以俯瞰整個市中心廣場往外擴散的西恩納景致。

2000
文化遺產

城市
×
古羅馬
×
威尼斯風格
×
文藝復興

維洛納城
City of Verona

建於西元1世紀、至今仍保存相當完整的圓形劇場，正是維洛納在羅馬帝國時期就已極為繁榮的歷史見證；城內的羅馬遺跡處處可見，非常活潑的「蔬菜廣場」(piazza delle Erbe)是當時的議事廣場與商業中心。

1263年開始史卡立傑利(Scaligeri)家族長達127年的統治時期，他們驍勇善戰的騎士性格亦表現在

建築形式上，哥德式尖塔林立的史卡立傑利石棺群，頗令人驚異；堆垛式的「史卡立傑羅橋」(Ponte Scaligero)與「舊城堡」(Castelvecchio)，則成為中世紀防禦工事的建築典範。

15至18世紀末期，維洛納亦臣屬於威尼斯共和國，文藝復興、巴洛克風格的教堂、宮殿紛紛建立；不管是在領主廣場(Piazza dei Signori)的四周或如迷宮般的小徑裡，經過兩千多年不間斷的發展，各個時期的建築皆能和諧地交織出維洛納最迷人的都市景觀。

1996

文化遺產

早期基督教與拜占廷文化

拉威納早期基督教古蹟
Early Christian Monuments of Ravenna

位於波河三角洲的拉威納，於羅馬帝國時期就被奧古斯都(Augusto)選為艦隊的基地，並開始發展；西元402年西羅馬帝國把首都遷到此城，特歐多西歐皇帝(Teodosio)並將基督定為國教；其後拉威納還成為東羅馬帝國支持的蠻族國王特歐多利可(Teodorico)所建王朝的國都，直到第8世紀為止；因此基督教前期的建築結合拜占庭鑲嵌藝術的大量應用，而誕生了這座閃亮的馬賽克之都。

由西元4到6世紀之間所建的特歐多立可陵寢(Mausoleo di Teodorico)、聖維塔雷教堂(Basilica di San Vitale)、加拉·普拉契迪亞陵墓(Mausoleo di Galla Placidia)、大主教禮拜堂(Arcivescovado)、內歐尼安諾洗禮堂(Battistero Neoniano)、新聖阿波里那雷教堂(Basilica di Sant'Apollinare Nuova)、亞利安人的洗禮堂(Battistero degli Ariano)、克拉賽的聖阿波里那雷教堂(Sant Apollinare in Classe)，這8座結合希臘羅馬西方傳統與基督教肖像東方風格的建築，正是拉威納藝術最極致的典範。

1997

文化遺產

宮殿和園林

卡塞塔的18世紀皇宮以及園林、萬維泰利水道橋和聖萊烏喬建築群
18th-Century Royal Palace at Caserta with the Park, the Aqueduct of Vanvitelli, and the San Leucio Complex

本建築群坐落於義大利南部卡塞塔省的首府卡塞塔市。1750年，波旁王室的成員那不勒斯國王查理七世決定在新首府興建一座皇宮，於是他採用參與聖彼得堡整修工程的名建築師盧伊吉·萬維泰利(Luigi Vanvitelli)的設計，將皇宮打造成一座規模宏偉的巴洛克式建築。這座建於1752年到1780年卡塞塔宮，以法國凡爾賽宮作為設計範本，其氣派程度有過之而無不及，內部除了有1,200個房間，還設置一間富麗堂皇的皇家劇院。不過查理七世在1759年繼任為西班牙國王查理三世，因此他從未在這裡住過。

除了卡塞塔宮以外，本建築群還包括位於皇宮周邊，由噴泉、雕像和瀑布組成的人造園林、萬維泰利水道橋以及位於聖萊烏喬村的絲織工廠，反映出條理分明的城市規劃思維。

1996

文化遺產

歷史城區

皮恩查歷史中心
Historic Centre of the City of Pienza

位於托斯卡尼省的皮恩查，是教宗皮歐二世(Pope Pius II)的出生地，他於1459年把整座城市改建成文藝復興風格，也是首度把文藝復興風格應用在城市建築上，他找了建築師貝納多(Bernardo Rossellino)進行整座城市的改造。

華麗的皮歐二世廣場周圍建築，包括皮可羅米尼宮殿(Piccolomini)以及波吉亞(Borgia)宮殿和教堂，擁有純文藝復興的建築外觀，而內部是德國南部教堂的晚期哥德式樣式。

2021

文化遺產

拱廊建築

波隆納的拱廊
The Porticoes of Bologna

此一世界遺產包括從12世紀到現在的拱廊及周圍建築，這些拱廊被認為是城市拱廊中最具代表性的，總長度達62公里，門廊被視為有遮蔽的人行道和商業活動的黃金地段，一些拱廊是用木頭建造、一些則是用石頭或磚塊建成的；20世紀，混凝土的出現以新的建築取代傳統的拱形拱廊，出現了一種新的拱廊建築。拱廊反映了不同的類型、社會功能及時代。在波隆納，拱廊被定義為供公眾使用的財產，已成為這座城市的身份表徵。

阿爾貝羅貝洛的錐頂石屋
The Trulli of Alberobello

1996

文化遺產

人文聚落景觀

翠綠藤蔓攀著白牆爬上屋頂，窗台盛開花朵將小巷點綴的色彩繽紛，圓錐屋頂像山丘上冒出的一朵朵可愛小蘑菇，阿爾貝羅貝洛如同童話中小矮人的村落，在南意熱情陽光下散發療癒系的魅力。

阿爾貝羅貝洛原本是一片美麗的橡樹林，被稱為「美麗的樹」(Arboris Belli)，這就是Alberobello名稱的由來。地區發展歷史大約可追溯至15~16世紀，當時這裡是在那不勒斯政府登記下的非法墾殖地，Conversano城領主默許農民於此耕作以獨吞此地稅收，相對的，也給予較優惠的稅收條件吸引農民，來此地開墾的農民利用當地盛產的石灰岩就地取材，以史前時代延續下來的乾式石砌法造屋，不使用灰泥黏合，最初作為倉庫或看守田地者的臨時住宅。

隨著農作逐漸豐饒，當然引起其他城主的不滿舉發，中央政府於是派人前來視察，當時的Conversano領主Giangirolamo II便下令農民推倒屋舍，假裝此地無人居住，從此居民的住宅就被規定只能蓋可隨時拆掉屋頂的錐頂石屋，以應付不定期的視察，躲避中央政府稅收。直到1797年居民再也受不了這種高壓的封建統治，趁著那不勒斯國王Ferdinand IV出巡時抗爭，才讓阿爾貝羅貝洛擺脫幽靈小鎮和封建制度的命運，變成一個自由城市。此後的才開始建造以灰泥黏合、較堅固耐用的錐形石屋，19世紀在這個地區廣為使用並保留至今。

提弗利的哈德良別墅
Villa Adriana (Tivoli)

1999

文化遺產

古羅馬

提弗利自羅馬共和時期以來就一直是羅馬貴族喜愛的避暑聖地，哈德良別墅是哈德良皇帝(Hadrian)在希臘與埃及的長期旅行後的成果，是非常典型的古羅馬別墅。

位於羅馬東北近郊31公里的小城提弗利，由於這裡提布提尼(Tiburtini)山丘群環繞，因此由山上引來水源，創造如詩如畫的庭園勝景，是吸引皇帝和主教們來此度假的主要誘因。哈德良別墅位於提布提尼山腳下，與提弗利市區相距5公里，是片非常典型的古羅馬別墅，它的設計師就是西元117至138年統治著帝國的哈德良皇帝。

富於田園風味的建築，其靈感來自哈德良皇帝在希臘與埃及的長期旅行，因此它不只是皇帝度假的地方，更是他心目中理想城市的雛形。

歐洲

EUROPE

1997

文化遺產

古羅馬

龐貝、艾克拉諾、托雷安農濟亞塔 考古遺址

Archaeological Areas of Pompei, Herculaneum and Torre Annunziata

西元79年8月24日，維蘇威火山大爆發，山腳南麓的龐貝古城瞬間被埋沒，火山灰厚達6公尺，龐貝也因此凝結在那個浩劫之日，直到17世紀被考古學家發掘，將近兩千年前都市的一磚一瓦、人們的一舉一動，才得以重見天日。

龐貝在被埋沒之前，因為製酒和油而致富，原本是一座十分忙碌的港口，此時正值羅馬皇帝尼祿 (Nero)時代，與羅馬往來密切。今天走進遺址裡，街道呈整齊的棋盤狀分佈，除了一般羅馬遺跡裡經常看得到的神殿、廣場、劇場、音樂廳等建築之外，一座商業城市該有的機能，這裡一點也不少，例如銀行、市場、浴場、商店等。

此外，由於龐貝幾乎是一整座城市原封不動地被火山灰凝結，相較於世界其他考古遺跡，這裡毋寧是更為人性的。好比市民社交的酒吧共有99間，而且多半位於街道交叉路口；妓院則位於酒吧後頭較隱蔽之處，甚至街道地面上還刻著男人性器官作為路標，妓院裡的春宮圖更是栩栩如生；麵包烘焙屋裡，可以看到磨麵粉的巨大石磨以及烤爐；有錢的富豪之家，家裡不但有花園、神龕、餐廳、廚房，更在門口地板上貼有犬隻的馬賽克鑲嵌畫，以示「內有惡

犬」……。

而位於拿波里和龐貝之間的艾克拉諾，和龐貝同樣埋藏於維蘇威火山西元79年那場驚天動地的爆發中，雖然它的名聲沒有龐貝來得響亮，然而其保存狀況與龐貝相比，則更甚前者。

符號說明 登錄時間 遺產內容　遺產類型 文化遺產 自然遺產 綜合遺產 瀕危文化遺產 瀕危自然遺產 瀕危綜合遺產

1997

文化遺產

人文聚落
景觀
×
海岸

阿瑪菲海岸景觀
Costiera Amalfitana

　　阿瑪菲海岸位於義大利南部的蘇連多半島(Sorrentine Peninsula)，總面積約11,200公頃，它不僅是相當受歡迎的旅遊景點，而且具有極高的歷史文化與自然價值，是地中海景觀的傑出典範。

　　道路迂迴盤旋於陡峭山崖上，繞過幾個山彎，泛著寶石光澤的湛藍海洋立即填滿視線，陽光溫暖耀眼，打亮依山壁而築的白色別墅，盛艷紅花綻放滿園熱情，翠綠橄欖樹隨風搖曳，空氣飄散著檸檬和柑橘芳香，阿瑪菲海岸明媚風光和洋溢地中海風情的渡假氛圍自羅馬時期以來即受到皇帝貴族的愛戴，詩人作家的靈感之源。

　　本區雖然從舊石器與中石器時代就有人類活動的痕跡，但直到中世紀初期才開始出現密集的聚落，許多包括阿瑪菲在內的城鎮都保存了代表性的建築及藝術作品。由於地形狹長，適合農耕的土地有限，因此當地居民發揮了強大的環境適應力，充分利用多樣化地形，在較低矮的坡地梯田上栽種葡萄、柑橘、橄欖等農作物，並且在較高的山坡上開闢牧場。

1997

文化遺產

教堂、鐘
樓和廣場

摩德納的大教堂、市民塔和大廣場
Cathedral, Torre Civica and Piazza Grande, Modena

　　大教堂幾乎就等同於摩德納的代言人，這座仿羅馬式教堂具有黑暗時期簡單樸拙的建築特色，在整個艾米利亞－羅馬納省的教會建築中，再也找不出第二座風格如此純粹的建築。

　　相較於義大利諸多巨大而雕琢的教堂，摩德納大教堂呈現的是反璞歸真之美。從正面看，其立面是一座巨型的玫瑰窗，山牆上有一尊基督像，左右各有一頭石獅護衛著，玫瑰窗下方則裝飾著一系列的《亞當夏娃》、《諾亞方舟》等聖經故事淺浮雕，那是12世紀雕刻家威利蓋摩(Wiligemo)的傑作。

　　走進三殿式的教堂，黑暗的室內空間，光線全由立面那座玫瑰窗主宰，其實帶著哥德風格的玫瑰窗是13世紀才增添的。整個視覺中心，便是中殿祭壇那座高高懸吊的耶穌像十字架，陽光透過玫瑰窗照射進來，閃著金色光芒；而十字架下方一整條帶狀的《耶穌受難》、《最後的晚餐》等大理石淺浮雕，雕工細膩，則是另一位12世紀雕刻家坎皮奧尼(Anselmo da Campione)的力作。

　　市民塔與大教堂緊緊相連，其擔負的角色就是教堂的鐘樓，86.12公尺的高度，不論從摩德納市區的任何角度，都可以看到它美麗的身影，自從中世紀建成以來，就一直是摩德納最顯眼的地標。

2000

文化遺產

教堂及基督教遺產

阿西西的聖方濟大教堂及其他教會遺跡
Assisi, the Basilica of San Francesco and Other Franciscan Sites

建立於羅馬時代的阿西西，中古世紀是自治政府的城邦體制，12世紀末誕生了義大利的第一位聖人聖方濟(San Francesco)，也就是日後的方濟會創始人。西元1226年聖方濟去世，翌年羅馬教皇下令於此城為聖人建教堂。

直到1367年才全部完成的大教堂分為上下兩層，採哥德型式建築，不只規模龐大，內部還擁有當時最頂尖的藝術家，例如戚馬布耶(Cimabue)、羅倫哲提(Lorenzetti)、西蒙內馬汀尼(Simone Matini)等人的傑出畫作，而文藝復興的繪畫之父喬托所做《聖方濟生平》的系列壁畫，更成為日後聖人肖像的經典。

阿西西是一座中世紀景觀保存非常良好的小山城，如今更成為方濟會的中心，每年吸引成千上萬的信徒前來朝聖；它不只是宗教聖地，由信仰所發展出來的建築群，更是人類藝術與文化的結晶。

2001

文化遺產

度假別墅與園林

提弗利的艾斯特別墅
Villa d'Este, Tivoli

夏季走進艾斯特別墅的庭園，那沁人心扉的清涼水氣，如連續而輕快琴音般的潺潺水聲，立刻讓人暑氣全消，腳步和心情為之輕鬆。

因為園區大大小小多達500座噴泉，艾斯特別墅又稱為「千泉宮」。別墅修建者是16世紀時的紅衣主教伊波利多艾斯特(Ippolito d'Este)，他是費拉拉的艾斯特家族與教皇亞歷山卓六世的後代，因支持朱力歐三世成為教皇而被任命為提弗利的總督。他發現提弗利的氣候對健康頗有助益，因此決定把原來的方濟會修院改建為華麗度假別墅。

別墅由受古希臘羅馬藝術薰陶的建築師與考古學家李高里奧(Pirro Ligorio)設計，以高低落差處理噴泉的水源，企圖把文藝復興時期藝術家們的理想展現於這片蓊鬱的花園裡，後來由不同時期的大師陸續完成，因此也帶有巴洛克的味道，為歐洲庭園造景的典範。

符號說明 登錄時間 遺產內容　遺產類型 文化遺產 自然遺產 綜合遺產 瀕危文化遺產 瀕危自然遺產 瀕危綜合遺產

曼陀瓦與薩比奧內塔
Mantua and Sabbioneta

文化遺產

城鎮
×
文藝復興

　　三面環湖的曼陀瓦和坐落於波河北岸的薩比奧內塔彼此相距30公里，這兩個同位於義大利北部倫巴底省(Lombardy)的文藝復興城鎮，在貢札格(Gonzaga)家族的推動下，展現了不同的城市面貌，卻都在建築價值與傳播文藝復興文化上扮演了重要的角色。

　　西元前兩千年前已然發跡的曼陀瓦城，利用原有的城市結構加以更新、擴張，產生兼具羅馬到巴洛克時期各種建築特色的不規則布局；至於貢札格家族建造於16世紀的薩比奧內塔城，則是當時理想城市規劃理論的體現，此座城市擁有棋盤狀的設計。

卡薩爾的羅馬別墅
Villa Romana del Casale

文化遺產

古羅馬

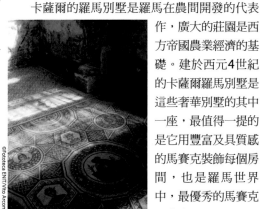

©Fototeca ENIT/Vito Arcomano

　　卡薩爾的羅馬別墅是羅馬在農間開發的代表作，廣大的莊園是西方帝國農業經濟的基礎。建於西元4世紀的卡薩爾羅馬別墅是這些奢華別墅的其中一座，最值得一提的是它用豐富及具質感的馬賽克裝飾每個房間，也是羅馬世界中，最優秀的馬賽克工藝之一。

阿庇亞道：漫漫長路女王
Via Appia. Regina Viarum

文化遺產

古道建設

　　阿庇亞道全長八百多公里，是古羅馬人所修築最古老、最重要的大道。工程始於西元前312年，向東方和小亞細亞延伸，最初目的是作為軍事戰略要道，直至4世紀，它還不斷擴展，沿途城市發展壯大，新的居住區湧現，從而促進了農業生產和貿易。這項遺產包含22個部分，組成完整的工程建築群，展現了羅馬工程師在道路建設、土木工程、基礎設施、大規模土地開墾的高超技術，以及在建造凱旋門、浴場、圓形劇場和大教堂、運河、橋樑、公共噴泉等大型建築上的精湛技藝。

2006
文化遺產

城鎮
×
文藝復興
×
巴洛克

熱那亞：新街和羅利宮殿群
Genoa: Le Strade Nuove and the system of the Palazzi dei Rolli

在16至17世紀早期，以義大利北部的熱那亞不論在財富或海權方面，都達到最強盛，當時的新街和羅利宮殿群是熱那亞的歷史中心，更是歐洲第一個統一在公權力架構之下的都市發展計畫，於1576年由上議院所頒布。

被列入遺產的範圍包括新街的文藝復興式建築及巴洛克宮殿，羅利宮殿群除了是當時貴族的居所，也作為社交組織舉辦活動，以及迎接國家貴賓住宿之用。

新街涵蓋的範圍相當廣，包含的宮殿無數，大致包括了今天的Garibaldi街、Balbi街、Cairoli街、Lomellini街、San Luca街等。其中又以紅宮、白宮、多利亞突爾西宮所在的加里波底街(Via Garibaldi)最為人所稱頌。

符號說明　登錄時間　遺產內容　遺產類型　文化遺產　自然遺產　綜合遺產　瀕危文化遺產　瀕危自然遺產　瀕危綜合遺產

2002

文化遺產

城鎮
×
巴洛克

晚期的巴洛克城鎮瓦拉底那托
Late Baroque Towns of the Val di Noto

西西里島東南邊的8座城市：卡塔格羅尼(Caltagirone)、卡塔尼亞山谷的米里泰羅(Militello Val di Catania)、卡塔尼亞(Catania)、莫迪卡(Modica)、那托(Noto)、帕拉佐羅(Palazzolo)、拉古薩伊布拉(Ragusa Ibla)和西克里(Scicli)都被納入世界遺產的範圍。

這些城市都是在1693年的大地震之後重建的，呈現晚期巴洛克風格，不論建築或藝術成就，均屬上乘，而在城鎮規劃以及翻新都市建築方面，更具意義。其中卡塔尼亞在18世紀進行大規模重建，所以相較於其他風格雜陳的西西里城市，卡塔尼亞呈現更完整規劃後的華麗市容，大型建築幾乎都出自維卡里尼(Giovanni Battista Vaccarini)之手。

2014

文化遺產

農業景觀
×
葡萄園

皮埃蒙特的葡萄園景觀：朗格－羅埃洛和蒙法拉托
Vineyard Landscape of Piedmont: Langhe-Roero and Monferrato

義大利西北部，介於波和亞平寧山脈之間的連綿丘陵，自古羅馬時期就是頗負盛名的葡萄酒產區，皮埃蒙特南部的葡萄園景觀包含五個獨特的葡萄產區及凱渥爾城堡(Castle of Cavour)。

這個區域是土壤肥沃的丘陵帶，有適合葡萄生長的大陸性氣候，使用土生品種進行單一釀造，葡萄酒產銷歷史可追溯至西元前5世紀，就已發展出葡萄藤授粉的技術，而當時皮埃蒙特地區與塞爾特、伊特魯斯坎人貿易接觸往來頻繁，甚至現在當地方言中，從葡萄釀造相關的單字，還找得到塞爾特及伊特魯斯坎人的語言。

延續幾個世紀的葡萄種植、釀造技術及產銷經濟活動，造就迷人的生活地景，連綿起伏的葡萄園間，村莊、城堡、酒窖、倉庫等人類活動的建築，讓自然景觀顯得平衡又協調，讓葡萄酒的生產與釀造富有傳統的美感與詩意。

1997

文化遺產

宮殿

薩佛伊皇宮
Residences of the Royal House of Savoy

薩佛伊(Savoy)公爵艾曼紐‧菲利巴爾特(Emmanuel-Philibert)在1562年以杜林(Turin)為首都時，他開始一系列的建築計畫，用來展現他的權力，而這些傑出的建築都是出自當時具代表的建築師及藝術家之手。所有的建築都是以皇家宮殿(Royal Palace)為中心輻射出去，其中也包括許多鄉間的住宅和狩獵小屋。

1997

文化遺產

史前遺跡

巴努米尼的蘇努拉吉史前遺跡
Su Nuraxi di Barumini

約在西元前2200年的青銅器時代，一種獨特的稱作努拉吉(Nuraghi)的防禦性築開始在地中海上的薩丁尼亞島(Sardinia)出現，這種圓形的防禦塔以石塊堆疊而成。到了西元之後，在迦太基人侵略的壓力下，巴努米尼的居民將這些史前建築擴大及強化，也成為這類型建築的典型代表。

2005

文化遺產

古典希臘
和古羅馬
×
陵墓墳塚

夕拉古沙和潘塔立克石墓群
Syracuse and the Rocky Necropolis of Pantalica

　　夕拉古沙和潘塔立克擁有希臘羅馬時期的遺跡，潘塔立克擁有5千多座墳墓，年代分布從西元前13到7世紀。

　　夕拉古沙在古希臘時代可是西方世界最重要的城市之一，它易於防守的海岸線、絕佳的天然海港以及肥沃的土壤，吸引了希臘人於西元前733年時在此創立殖民地；到了西元前367年時，這座城市已經成為希臘世界中最富裕的城市，直到西元前215時遭逢羅馬人攻擊，最後終因不敵長達2年的圍城而被迫投降，從此夕拉古沙失去了它的重要性。如今，這座西西里島上知名的濱海度假勝地，仍保留著許多希臘、羅馬和巴洛克時期的建築。

2003

文化遺產

基督教遺產

倫巴底與皮埃蒙特省的聖山
Sacri Monti of Piedmont and Lombardy

　　在義大利北部的倫巴底有9座聖山，群集著建於16世紀晚期及17世紀的禮拜堂及宗教建築，它們分別代表了不同觀點及教派的基督教信仰。除了宗教信仰的象徵意義之外，信徒們為了傳播信仰而在屋舍外牆畫上藝術及雕刻，將宗教藝術融入山丘、森林、湖泊等大自然景致之中，在聖山達到了最完美的呈現，也影響了其後在歐洲的發展。

2013

文化遺產

別墅和園林
×
文藝復興

托斯卡尼的麥第奇別墅
Medici Villas and Gardens in Tuscany

　　在托斯卡尼鄉間散布著一些別墅和花園，其風格明顯受到麥第奇(Medici)家族的影響，而這些藝術風格又影響到現代歐洲文化。被納入世界遺產範圍的，共有12座別墅和2座花園。

　　這些別墅花園建於15到17世紀之間，代表了王侯貴族在鄉村建築形式上的創新，不僅與自然環境完美融合，而且主要用途是表現在娛樂、藝術、知識等方面，不同於過去大多數是農牧之用的莊園或軍事用途的宏偉城堡。從第一棟麥第奇別墅開始，便非常注重建築本身和土地、花園、環境之間的連結，而這興建王公貴族宅邸的參考標準，不僅持續很久，影響更遍及義大利和全歐洲，也因為人文建築和自然環境的完美結合，使得整體地景呈現出人本主義和文藝復興的特質。

1998

文化遺產

古羅馬

阿奎雷亞的考古遺址與大教堂
Archaeological Area and the Patriarchal Basilica of Aquileia

　　西元前181年，羅馬人在阿奎雷亞建立殖民地，抵抗蠻族入侵，後來該地迅速發展為貿易重鎮，成為早期羅馬帝國時代規模最大、最富裕的城市之一。不僅如此，阿奎雷亞也在宗教上扮演重要的角色，直到1751年都被劃為主教區。

　　西元452年，阿提拉(Attila)大肆劫掠阿奎雷亞，建於4世紀的大教堂遭到破壞，並且在接下來的數百年裡歷經多次整建。1909年，南側大廳的泥磚地板被人移除，原先鋪設於西元4世紀的馬賽克地板也重現在世人面前，成為整座教堂最引人注目的焦點。阿奎雷亞擁有許多保存良好的歷史遺跡，因此是地中海地區最完整的早期羅馬城市範例。

符號說明　 登錄時間　 遺產內容　　遺產類型　自然遺產　綜合遺產　 瀕危文化遺產　瀕危自然遺產　 瀕危綜合遺產

2004

文化遺產

人文聚落
景觀
×
文藝復興

瓦達歐西亞
Val d'Orcia

　　瓦達歐西亞是位於西恩納內陸地區的小鎮，農莊散布在山丘上，它反應出14至15世紀一套理想的土地管理模式，並創造出極具美學的自然景致，是文藝復興的理想典範。

　　所有這些創新的土地管理模式包含了城鎮與村落、羅馬教堂與方濟會修道院，以及農舍、旅棧、神殿、橋樑等。

2017

文化遺產

防禦工事
遺址

15世紀至17世紀的威尼斯防禦工事：陸地之國與海洋之國
Venetian Works of Defence between the 15th and 17th Centuries: Stato da Terra – Western Stato da Mar

　　這項遺址包含了15項位於義大利、克羅埃西亞、蒙特內哥羅的防禦工事，從義大利的倫巴底地區至亞得里亞海的東海岸，橫跨一千多公里，有力維護了威尼斯共和國的主權與擴張。陸地之國(Stato da Terra)的防禦工事保護威尼斯共和國不受西北方的強國攻擊，海洋之國(Stato da Mar)則守護亞德里亞海通往東方黎凡特的海陸通道及關口。防禦工事引進的大炮火藥使軍事與建築產生重大轉變，可見於後來遍佈歐洲的星型要塞。

＊與克羅埃西亞、蒙特內哥羅等國並列

2008

自然遺產

高山生態
與景觀

多洛米蒂山
The Dolomites

　　屬於阿爾卑斯山系的多洛米蒂山，坐落於義大利的東北方，因為法國礦物學家以白雲石(Dolomite)比擬該山的形狀與顏色而得名。

　　這片遼闊的山區占地約142,000公頃，共包括一座國家公園和多座地區公園，境內擁有多達18座超過3,000公尺高的山峰，錯落著陡峭的懸崖、筆直的山壁、既長且深的狹窄河谷，形成全世界最美的高山景觀之一，其中除了石牆、小山峰等重要地形特徵外，還有喀斯特與冰河等地形，此外根據化石分析，此地也保存了中生代碳酸鹽台地系統。

2015

文化遺產

阿拉伯－諾曼式建築

阿拉伯－諾曼式的巴勒摩以及切法魯和王室山的主教堂
Arab-Norman Palermo and the Cathedral Churches of Cefalú and Monreale

　　西西里島位於地中海中心的地理位置，自古以來即是各國覬覦之地。各民族在島上留下曾經統治的痕跡，而集大成者是西北邊海岸線的巴勒摩。

　　諾曼王朝時期羅傑二世的經營之下，這種融合了西方古羅馬、東方伊斯蘭和希臘拜占庭文化的混血文化，發展出獨樹一格的「阿拉伯－諾曼式」建築。包含諾曼王宮帕拉提納禮拜堂、巴勒摩主教堂、王室山(Monreale)及切法魯(Cefalù)主教堂等在內的9個市民及宗教建築，因為在建築、裝飾及空間運用上表現東西方文化的完美融合而列入文化遺產，這也是不同種族與宗教可和平共存的最佳詮釋，包括穆斯林、拜占庭、拉丁、猶太及倫巴底。

符號說明 登錄時間　遺產內容　　遺產類型  文化遺產　　自然遺產　　綜合遺產　　瀕危文化遺產　　瀕危自然遺產　　瀕危綜合遺產

2011

文化遺產

倫巴底文化

義大利倫巴底人遺址
Longobards in Italy. Places of the power

本遺址涵蓋義大利半島北部的7個古蹟建築群，包括聖薩爾瓦托－聖塔朱利亞修道院建築群(Monastic Complex of San Salvatore-Santa Giulia)、聖薩爾瓦托大教堂(The Basilica of San Salvatore)、克里圖諾聖殿(The Clitunno Tempietto)、聖塔索菲亞建築群(The Santa Sofia complex)以及軍營、堡壘等等，它們充分反映了倫巴底人這支日耳曼族群的輝煌成就。

西元6到8世紀，倫巴底人翻越阿爾卑斯山脈占領義大利北部，建立自己的王國並且發展出獨特的文化。倫巴底建築融合了多元風格，除了汲取日耳曼世界的價值觀，也吸收來自古羅馬、基督教、拜占庭的文化影響。這些建築物不僅預示了日後加洛林王朝(Carolingian Dynasty)的文藝復興、彰顯倫巴底人在中世紀歐洲基督教精神與文化的發展過程中所扮演的重要角色，更見證了歐洲從古代過渡到中世紀的歷史進程。

2018

文化遺產

現代工業城市

20世紀工業城市伊夫雷亞
Ivrea, industrial city of the 20th century

工業城市伊夫雷亞位於皮埃蒙特(Piedmont)地區，具百年歷史的科技資訊公司Olivetti，於1908年就是在此地創建了義大利第一家產製打字機的工廠。這項文化遺產包括了一處大型工廠，以及用於行政、住宅、社會服務的建築群，這批建築群大多是1930年至1960年代，由義大利知名的城市規劃師和建築師所設計規劃。聯合國教科文組織認為，伊夫雷亞是廿世紀工業革命發展的理想地，作為一處工業化的模範城市，伊夫雷亞顯現了現代工業生產與建築、人文之間的密切關係。

2023

自然遺產

喀斯特地貌、石灰岩洞穴

亞平寧山脈北部的喀斯特溶岩與洞穴
Evaporitic Karst and Caves of Northern Apennines

這片保存異常完好且廣泛的喀斯特地貌位於艾米利亞-羅馬納(Emilia-Romagna)，存在極為密集的洞穴，在相對較小的區域內有九百多個洞穴、綿延超過一百公里，其中包含一些現存最深的石灰岩洞穴，深可達地表下265公尺。這是世界上最早開始、研究最深入的喀斯特地形，學術工作從16世紀即已展開。

2000

自然遺產

火山地形生態

伊奧利亞群島
Isole Eolie (Aeolian Islands)

伊奧利亞群島位於西西里島北部海域，取名自半神半人的風神(Aeolus)，總面積約1,200公頃，包括因火山活動而形成的7座大島和5座小島，最大島是利巴里島(Lipari)。

利奧利亞群島現今的樣貌，是歷經長達26萬年的火山活動所造成的結果，它們提供了史沖包連式(Strombolian)和伏爾坎寧式(Vulcanian)兩種火山噴發型態的重要例證，因此從18世紀以來一直具有高度的地質研究價值。

除了原始的火山活動，人們來到此地還可以享受地中海地區的宜人氣候以及美麗的海岸景觀，因此使得伊奧利亞群島成為義大利熱門的夏季旅遊景點。

2021

文化遺產

壁畫藝術

帕多瓦14世紀壁畫群
Padua's Fourteenth-Century Fresco Cycles

位於帕多瓦老城中心8座建築中，收藏了包括喬托在內多位藝術家在1302年至1397年間繪製的一系列壁畫，這8座建築群為Scrovegni、Eremitani、理性宮(Palazzo della Ragione)、卡拉雷西宮(Carraresi Palace)、禮拜堂(Baptistery)和相關的廣場、聖安東尼奧大教堂(Basilica of St. Anthony)、聖米歇爾(San Michele)，在創作壁畫時期主導的藝術家有喬托(Giotto)、瓜里恩托·迪·阿爾波(Guariento di Arpo)、朱斯托·德·梅納布瓦(Giusto de'Menabuoi)、阿爾蒂奇耶羅·達澤維奧(Altichiero da Zevio)、雅格布·阿萬齊(Jacopo Avanzi)和雅格布·達維羅納(Jacopo da Verona)。雖然由不同的藝術家、在不同屬性的建築物中、為不同身份的委託者繪製，但帕多瓦壁畫群保持了統一的風格，這一系列壁畫展開的藝術敘事，揭示了多樣性和相互連貫性。

拉脫維亞 Latvia

拉脫維亞就像三明治一樣，南北夾處在愛沙尼亞和立陶宛之間，西臨波羅的海，東邊則與俄羅斯和白俄羅斯接壤。歷史上，德國、瑞典、俄羅斯、波蘭都曾經覬覦並統治過拉脫維亞，首都里加是波羅的海三小國中最大的城市，並入選為世界遺產。

★斯特魯維地質測量點Struve Geodetic Arc詳見白俄羅斯

2023
文化遺產
古城

庫爾迪加古城
Old Town of Kuldīga

庫爾迪加位於西部，是一個保存極完好的傳統城鎮典範。在16~18世紀，它從一個中世紀小村莊，發展成庫爾蘭和瑟米加利亞公國(Duchy of Courland and Semigallia)的重要行政中心。庫爾迪加保留了當時的街道佈局，房屋有傳統的木建築，也有受外來影響的風格，反映了波羅的海沿岸本地工匠與外來工匠間的豐富交流，公國時期傳入的建築影響和工藝傳統，一直延續至19世紀。

1997
文化遺產
歷史城區

里加歷史中心
Historic Centre of Riga

歷經八百年的歷史，形塑出里加獨特的城市風貌和豐厚的傳統。地理位置上，里加位於東西歐交會的波羅的海岸邊，幾個世紀以來，一直是拉脫維亞最重要的商業、金融和文化中心，13世紀末開始，成為漢撒同盟城市之一，然而也因為如此，德國、瑞典、俄國、波蘭等不同國籍的人頻繁進出，把里加視為自己的城市，目前里加人口中拉脫維亞人還占不到一半。

文化心理上，里加似乎更接近西歐，自從1201年亞伯特主教建立了里加城之後，里加在音樂、藝術、文學、建築的發展，一是隨著西歐的文化脈絡前進。特別是建築方面，里加可以說是一座建築博物館，不只是舊城區保留完整的中世紀建築，從哥德、文藝復興到巴洛克都能看得到，後來19世紀末發展出來的新藝術建築(Art Noveau)及木造建築，都成為里加獨一無二的價值。

這座如童話故事般的城市一度被稱為東歐的巴黎，然而因為發展過於迅速，玻璃帷幕的旅館、精品店、商業中心不斷進駐，也使得聯合國教科文組織提出警告，督促里加須控制這種發展。

盧森堡Luxembourg

盧森堡是個超級小國，其首都盧森堡市也是超級迷你，從盧森堡複雜的語言體系，不難看出這座小國的糾葛歷史，由於地處列強交界地帶，盧森堡自古就是歐洲強權的練兵場，盧森堡地下要塞是遊客的必遊景點，也被列為世界遺產。

1994

文化遺產

防禦工事

盧森堡市的老城區和防禦工事
City of Luxembourg: its Old Quarters and Fortifications

　　盧森堡的軍事位置重要，向來是兵家必爭之地，歷經多次爭戰，形成市內被碉堡城牆圍繞的獨特景觀，而今這些砲台、瞭望台及老城區都已被列為世界遺產。

　　盧森堡地下要塞是一個歷史上偉大的工程。西元963年，齊格菲伯爵（Count Siegfried）在這塊突起的山岬上建立了一座碉堡，在接下來的幾個世紀裡，後人不斷加強其防禦工事，使它成為一處堅固的防衛系統。儘管如此，在1443年還是無法抵擋勃艮第人想

要攻佔盧森堡的野心，自此之後盧森堡幾經易幟，被鄰近各國統治長達4個世紀之久。由於碉堡的修建橫跨了數個世紀，先後參與興建者包括勃艮第人、西班牙人、法國人、奧地利人和德意志聯邦的公民，最後，他們將盧森堡建立成一座防禦性超強的城市，因而有「北方的直布羅陀」之稱。

　　這座具強大防禦功能的城市一共由24座碉堡、16個牢固的軍事防禦系統和一條長達23公里的地下通道所組成，這些通道深達岩石內部約有40公尺，通道內部不但可容納數千名士兵和馬匹，同時也設有工作室、廚房、麵包店和屠宰場等設施，範圍之龐大、通道之複雜，猶如一座迷宮般。

立陶宛Lithuania

波羅的海三小國中，唯有立陶宛是以國家的狀態，維持了將近八百年之久。中世紀時曾經和波蘭結合組一個國家，成為東歐最大的國家，帝國勢力從東邊的黑海延伸到西邊的波羅的海，也是波羅的海三小國中世界遺產最多的國家。

★斯特魯維地質測量點Struve Geodetic Arc詳見白俄羅斯

  2023
 文化遺產
 城市規劃

現代主義的考納斯：1919–1939年的樂觀主義建築
Modernist Kaunas: Architecture of Optimism, 1919-1939

這處遺產地見證了考納斯的從區域城市迅速轉變為現代都市，並在一戰和二戰之間擔當立陶宛的臨時首都。考納斯以城鎮原始佈局為基礎進行城市景觀改造，並以社區為推動單元。現代考納斯的品質展現在新城區(Naujamiestis)和青山區(Žaliakalnis)的空間佈局，以及在兩次大戰之間時期建造的公共建築、城市空間和住宅，後者是現代運動在城市建築領域的表達，呈現多樣化的風格。

 2004
 文化遺產
 新石器時代遺址 × 古城遺跡

克拿維考古遺址
Kernavė Archaeological Site

克拿維考古遺址位於立陶宛東方、維爾紐斯(Vilnius)西北35公里處，這裡保留了自從一萬年前新石器時代直到中世紀時期，人類在此活動的種種歷史文化遺跡，包括城市、墓地等等，其中又以蓋在山上的五座堡壘最引人注目。

克拿維在中世紀曾是重要的封建城市，14世紀晚期遭條頓騎兵團摧毀，但至今許多遺跡仍為人們使用著。

  2000
 文化遺產
人文聚落景觀 × 海岸沙嘴

庫爾斯沙嘴
Curonian Spit

庫爾斯沙嘴是一座將庫爾斯潟湖與波羅的海分隔開來的狹長形沙丘半島，南端與俄羅斯的桑比亞半島(Sambian Peninsula)相連，北端接近立陶宛的海港城鎮克萊佩達(Klaipėda)，總長98公里，但寬度僅400公尺至4公里。

這座沙丘半島最早在5千年前由冰磧石形成，後來海風與海浪不斷帶來沙子，使得它逐漸高出海平面。不過大自然的破壞力量無所不在，它能保有今日的樣貌，大部分都要歸功於當地人從19世紀以來持續進行的造林固沙計劃。

這塊土地上的居民約占沙嘴總面積的6%，當地人為了生存，不斷因應自然環境的變化而改變生活型態，也造就出這種人與自然交互影響的文化景觀，也因此這座世界遺產是以文化遺產入列。

＊與俄羅斯並列

 符號說明 登錄時間 遺產內容 遺產類型 文化遺產 自然遺產 綜合遺產 瀕危文化遺產 瀕危自然遺產 瀕危綜合遺產

1994

文化遺產

歷史城區
×
巴洛克

維爾紐斯歷史中心
Vilnius Historic Centre

從13世紀開始，維爾紐斯就是立陶宛大公國的政治中心，一直到18世紀之前，這裡都深深受到東歐文化和建築發展的影響。儘管不斷遭受外來侵略，部分建築物也被摧毀，維爾紐斯仍然保留了大量而繁複的哥德、文藝復興、巴洛克和古典主義建築，以及中世紀的城市規劃和佈局。今天聯合國教科文組織除了把維爾紐斯舊城列入世界遺產名單，更認定這座舊城是全歐洲最大的巴洛克式舊城。

波羅的海三小國的首都中，一般公認塔林整體呈現最美，里加最都會化，而維爾紐斯則是活潑而不拘謹。走進維爾紐斯舊城，那些巴洛克式、像巧克力磚盒子般的天際線，偶爾還穿插著俄羅斯東正教堂洋蔥頭及天主教堂的尖塔，有的年久失修，有的斑駁陸離，顯得些許頹廢及脆弱，然而也對映出建築上的價值以及維爾紐斯人的不拘小節。

維爾紐斯市中心坐落在內里斯河(Neris River)南岸，以大教堂廣場為核心，維爾紐斯大教堂位於開曠廣場的北面，倚靠在蓋迪米諾山腳下，廣場對面，就是街道如迷宮般的舊城區。

馬爾它Malta

   Total 3

義大利

地中海

馬爾它巨石神殿
Megalithic Temples of Malta

瓦雷塔城
City of Valletta

哈爾薩夫列尼地下宮殿
Hal Saflieni Hypogeum

馬爾它為地中海上的群島小國，位於義大利西西里島南方80公里處，陸地面積約316平方公里，首都為瓦雷塔(Valletta)。由於位於地中海重要的航線要道上，歷史發跡甚早，史前時代考古遺跡更是該國重要資產。

1980

文化遺產

城市

瓦雷塔城
City of Valletta

瓦雷塔是馬爾它的首都，形狀有如堡壘，四周環繞著厚重的城牆。在瓦雷塔，迄今仍遺留有1522年至1798年間聖約翰騎士團(Hostel of Saint John)所建設的堡壘和宮殿。瓦雷塔的名稱即取自騎士團大統領La Vallette。由於相繼被腓尼基、希臘、迦太基、羅馬、拜占庭、阿拉伯等所統治，城內有320座建築遺蹟，瓦雷塔可說是世界上古蹟密度最高的城市之一。

瓦雷塔最主要的道路是共和大道，筆直地穿越整個半島，最後抵達聖艾爾摩(St. Elmo)要塞。道路兩旁的建築物，分屬於義大利文藝復興風格、洛可可和新古典主義樣式，外觀多為石頭原色，唯有造型優雅的陽台被漆成綠色或紅色。位於共和大道的大統領宮(The Grandmaster's palace)，原是騎士團長宮殿。首相辦公室則是義大利名建築師吉羅拉莫‧凱撒(Gerolamo Cassar)所設計，原本屬於義大利文藝復興樣式，後來於1744年加蓋正面的巴洛克牆壁。

1980

文化遺產

史前遺址
×
地下宮殿

哈爾薩夫列尼地下宮殿
Hal Saflieni Hypogeum

馬爾它史前時代薩夫列尼時期的地下宮殿，原本是一處聖地，它是當今世上唯一一座史前時代的地下神廟，後來卻成為大墳場。1902年時一群挖掘水槽的工人意外破壞了它的屋頂，才使得建立於西元前2500年哈爾薩夫列尼地下宮殿重見天日。

地下宮殿共分三層，位於中央的第二層擁有直接鑿自一塊大石頭的圓形主室、天花板彩繪精緻壁畫的聖賢室、牆壁上裝飾幾何圖案的裝飾室、以及用來收集蛇或存放救濟品的蛇井等，其中文物大都轉放博物館收藏。

1980

文化遺產

史前巨石
文明
×
神殿

馬爾它巨石神殿
Megalithic Temples of Malta

馬爾它境內有七座史前時期的巨石神殿，其中坐落在戈佐島(Gozo)的吉甘提亞神殿(Ggantija Temples)，於1980年被列為世界遺產，1992年又將哈加因(Hagar Qim)、塔西安(Tarxien)等神殿列入其中。吉甘提亞神殿大約建於西元前3600年~3000年間，被視為島上最珍貴的文化遺產。

馬爾它的巨石神殿，主要是為了舉行祭祀儀式而建造的。從神殿出土的祭壇、神龕、祭刀和神像等，可以得知當時以動物獻祀的是「豐饒女神」。這位女神的造型是下半身肥碩而誇張，搭配一雙纖細的腳，是生殖力的象徵，也反映出當時人們獨特的審美觀。

摩爾多瓦 Moldova

摩爾多瓦是1991年蘇聯解體之後分裂出來的新國家，位於烏克蘭和羅馬尼亞之間，首都為基希納烏(Chişinău)，其國家名稱來自穿越這個國家的摩爾多瓦河。唯一入選的世界遺產，就是與十個國家並列的斯特魯維測量點。

2005

文化遺產

地理標誌

斯特魯維測量地質測量地點
Struve Geodetic Arc

這是在一條橫跨白俄羅斯、愛沙尼亞、芬蘭、拉脫維亞、立陶宛、摩爾達維亞、挪威、俄羅斯、瑞典、烏克蘭等10個國家的地質測量弧線中，以三角測量法落在這幾個國家的測量點。這條測量線總長2820公里，起自挪威的哈默菲斯特(Hammerfest)，終抵黑海，勘測計畫是由俄羅斯地質學家斯特魯維(Friedrich Georg Wilhelm Struve)在1816~1855年間主持，是全球首度對子午線進行長距離的測量，這對於後來確認地圖標準繪製，以及在地球科學和地形學上都有相當大的助益。

整條測量線以258個三角定位找出265個主要落點，聯合國教科文組織選出34個落點，分別以當初測量時留下的記號為主，包括岩石洞、鐵十字架、石堆註記或是紀念碑等。

＊與白俄羅斯、愛沙尼亞、芬蘭、拉脫維亞、立陶宛、挪威、俄羅斯、瑞典、烏克蘭並列。

蒙特內哥羅 Montenegro

 3 1 0 Total 4

15世紀至17世紀的威尼斯防禦工事：
陸地之國與海洋之國
Venetian Works of Defence between the
15th and 17th Centuries:
Stato da Terra – Western Stato da Mar

杜彌托爾國家公園
Durmitor National Park

史特奇中世紀墓碑墓地
Stećci Medieval
Tombstones Graveyards

科托爾自然與文化歷史區域
Natural and Culture-Historical
Region of Kotor

蒙特內哥羅於2006年5月脫離塞爾維亞而獨立，也是前南斯拉夫最後一個獨立的成員國。這個才剛起步的國家，它的海灣、山脈和森林，都還散發著原始之美，一座自然、一座文化遺產，都是最美的風景。2016年再增加一座史特奇中世紀墓碑墓地。

★史特奇中世紀墓碑墓地Stećci Medieval Tombstones Graveyards詳見波士尼亞及赫塞哥維納

★15世紀至17世紀的威尼斯防禦工事：陸地之國與海洋之國Venetian Works of Defence between the 15th and 17th Centuries: Stato da Terra – Western Stato da Mar 詳見義大利

杜彌托爾國家公園
Durmitor National Park

1980

自然遺產

冰河、湖泊和高山生態

創立於1952年的杜彌托爾國家公園，由杜彌托爾山脈、塔拉(Tara)峽谷、蘇齊查河(Sušica)和德拉加河(Draga)以及寇馬尼查(Komarnica)峽谷高原組成，面積廣達390平方公里。

冰與水的交互作用，在杜彌托爾的石灰岩山脈上留下13座冰河湖，被稱為「山之眼」(Gorske Oči)，其中最大的一座為「黑湖」(Crno Jezero)，背後就是地標之一、呈圓形的「熊峰」(Međed，海拔2287公尺)。杜彌托爾山脈共有48座高峰超過2000公尺，最高峰為波波托夫庫克(Bobotov Kuk)，海拔2523公尺。另外深達1300公尺的塔拉河峽谷，全世界僅次於美國科羅拉多大峽谷的1500公尺。

這座由冰河形成的國家公園內，遍布溪流與湖泊，除了濃密的針葉林外，還有種類繁多的原生植物，交織出絕美的自然景觀。由於此區於中世紀時為塞爾維亞的核心，因此也散布著村落和多座教堂與修道院等古蹟。冬天此地是蒙特內哥羅主要的滑雪勝地，夏天則適合健行、泛舟等活動。

科托爾自然與文化歷史區域
Natural and Culturo-Historical Region of Kotor

1979

文化遺產

古城

科托爾位於科托爾峽灣的最深處，背後靠著陡峭的羅浮茜山(Mountain Lovćen)，前方則是一片平靜無波的大海灣。

科托爾的歷史，就如同亞得里亞海岸的城市，伊利亞人、羅馬人、塞爾維亞人、威尼斯人、拿破崙軍隊、奧地利人輪番主宰……然後是二次大戰後狄托的南斯拉夫共產政權，如今，蒙特內哥羅總算獨立，不同的統治者在城市留下不同的印記。

歷史上，科托爾因為有高大厚實城牆的保護，讓他得以免受戰亂侵襲，但是1667年的毀滅性大地震，毀去了科托爾四分之三的建築，地震引發大火，罹難者的屍體更引來大批老鼠而爆發鼠疫，成為科托爾史上最黑暗的一章，當時12000人口僅3000人存活。

這座彷彿被鎖在時空膠囊的古城，早在1979年，就被納入世界遺產保護的行列，除了它那歐洲少見的長城般的城牆，還有它融合了各種不同文化，尤其東正教和天主教兩大教派竟能在一座教堂裡使用不同角落。過去，科托爾因為海上貿易發達，在這個區域的亞得里亞海扮演重要角色，因而留下珍貴的建築資產。

符號說明 登錄時間 遺產內容　遺產類型 文化遺產 自然遺產 綜合遺產　瀕危文化遺產　瀕危自然遺產　瀕危綜合遺產

# 荷蘭 Netherlands

 12 1 0 Total 13

荷蘭低於海平面的惡劣環境條件，迫使荷蘭人運用一切手段與海爭地，運河、風車、堤壩、海埔新生地，無一不是荷蘭人表現在治水專長上的明證，事實上，在荷蘭13項世界遺產中，有6項都和其傑出的水利工程有關。另外，荷蘭在美洲的也有一座殖民時代的屬地入選。

★瓦登海The Wadden Sea詳見德國

★羅馬帝國邊界－下日耳曼界牆Frontiers of the Roman Empire–The Lower German Limes詳見德國

← 荷屬安第列斯的庫拉喬島、威廉斯塔德歷史區、內城和港口（美洲）
Historic Area of Willemstad,Inner City and Harbour,Netherlands Antilles

弗拉訥克的艾辛哈行星儀
Eisinga Planetarium in Franeker

瓦登海The Wadden Sea

慈善聚居地
Colonies of Benevolence

比姆斯特爾海埔新生地
Droogmakerij de Beemster
(Beemster Polder)

沃達蒸汽幫浦站
Ir.D.F. Woudagemaal
(D.F. Wouda Steam Pumping Station)

荷蘭水防線
Dutch Water Defence Lines

斯霍克蘭及其周邊
Schokland and Surroundings

凡尼那工廠
Van Nellefabriek

施洛德住宅
Rietveld Schröderhuis (Rietveld Schröder House)

小孩堤防風車
Mill Network at
Kinderdijk-Elshout

羅馬帝國邊界－下日耳曼界牆
Frontiers of the Roman Empire–
The Lower German Limes

辛格運河以內的阿姆斯特丹
17世紀運河環形區
Seventeenth-century canal ring area of
Amsterdam inside the Singelgracht

北海

比利時

德國

1997

文化遺產

水利工程

小孩堤防風車群
Mill Network at Kinderdijk-Elshout

小孩堤防標誌著荷蘭水利史上的一項奇蹟，自中世紀開始，荷蘭人發現原本只作為動力來源的風車，也可改裝成排水的工具，於是在全國各處低地興建了無數排水用風車，透過複雜的蓄洪與排水結構，讓原本早該沈沒大海的低地也可以為人所居。

由於科技發展，荷蘭境內的風車大多為動力幫浦取代而拆除，因此像小孩堤防這樣仍密集保留19座17世紀排水風車及儲水區的地方，可謂絕無僅有。就算忽略小孩堤防在水利史上的意義，其排列壯觀的風車群與水圳交錯的優美風景，絕對值得專程前往。

1995
文化遺產

水利工程
×
土地利用

斯霍克蘭及其周邊
Schokland and Surroundings

　　打從史前時代已然發跡的斯霍克蘭，數千年以來不斷受到海水氾濫的影響，使得當地居民曾多次被迫搬遷，該區的發展歷史與文化，稱得上是一部濃縮荷蘭人長期與海抗爭的英雄史蹟。

　　15世紀以前的斯霍克蘭原本是一座島嶼，然而19世紀時因為海平面不斷上漲，海水入侵的緣故使得當地政府不得不於1859年時撤離該處居民，直到1940年代將其圍墾並排乾南海(Zuider Zee)海水過後，才再度成為得以利用的土地。如今在這片填海新生的土地上，依舊保留了珍貴的昔日村莊遺跡。

1999

文化遺產

水利工程
×
土地利用

比姆斯特爾海埔新生地
Droogmakerij de Beemster (Beemster Polder)

　　此為荷蘭最早開發的海埔新生地，可以追溯到十七世紀初葉，也是開發計畫中的傑作，無論道路、運河、堤壩等，皆保存完整的景觀，完全遵照古典主義及文藝復興的思維和原理。這個開發案代表著人類在社會與經濟擴張時，在與海爭地上又向前邁進了一大步。

荷蘭水防線
Dutch Water Defence Lines

1996
2021

文化遺產

水利工程

　　1996年列入世界遺產的「阿姆斯特丹防線」於2021年擴展為「荷蘭水防線」，建於1814年至1940年，綿延約兩百公里，由低地水網、水利設施及防禦工事、軍事哨所組成，自16世紀起，荷蘭人就將水利工程專業知識用於防禦目的，國家中心部分由45個武裝堡壘組成保護防線，這些堡壘與圩田上的蓄洪及錯綜複雜的水渠、水閘系統相互配合，達到防衛功能。

沃達蒸汽幫浦站
D.F. Wouda Steam Pumping Station

1998

文化遺產

水利工程

　　位於荷蘭北部弗里斯蘭省(Friesland)的沃達蒸汽幫浦站，是全世界最大的蒸汽抽水站，它不僅展現了荷蘭人頂尖的工程技術，也為全世界的水力工程立下標竿。

　　荷蘭自古是個與海爭地的國家，除了需要圍起堤防阻擋海水入侵，還必須借助風車和抽水機排出積水，才能讓人民及土地免受水患威脅。1894年，弗里斯蘭省遇到嚴重的水患，為了解決這個問題，官方決定在弗里斯蘭省南岸興建兩座新的蒸汽抽水站，並由水務署總工程師德克・弗瑞德瑞克・沃達(Dirk Frederik Wouda)負責執行建造工程。1916年，第一座抽水站開始動工，1920年啟用，並且在1947年更名為沃達蒸汽幫浦站，直到今天仍在運轉。

李特維德設計的施洛德住宅
Rietveld Schröderhuis (Rietveld Schröder House)

2000

文化遺產

現代建築

　　建於1924年的施洛德住宅是著名的建築師李特維德(Gerrit Thomas Rietveld)第一間完整設計的新房子，從外到內都徹底地和委託人施洛德太太(Truus Schroder–Schrader)討論，李特維德把空間分解成平面，以及無限座標空間的理念，結合使用者的習慣和對各種空間的要求，完成極簡卻又符合使用者所有需求的風格派機能住宅，被認為是當時歐洲最前衛的建築。

　　此住宅的最大特點即在於施洛德太太主要活動的樓層一、二樓，結合了餐廳、起居室、臥室、書房等區域，卻不以固定的牆壁切割空間，而是以活動的隔板作臨時性的區隔，當隔板完全打開時，是完整的一片活動空間，但當隔板拉起時，固定的插座、洗手盆、書桌、衣櫥、床鋪和其他流動家具等，又可以馬上轉化各個小單位成個別機能空間。除了無牆壁阻隔外，大片的玻璃窗、彩色支架和遮陽板穿插在純白的主體上，讓室內和戶外有水平的延伸連結，更是影響後來許多當代建築的技法。

1997
文化遺產

殖民城市
×
荷蘭

荷蘭美洲屬地
荷屬安第列斯的庫拉喬島、威廉斯塔德歷史區、內城和港口
Historic Area of Willemstad, Inner City and Harbour, Curaçao, Netherlands Antilles

威廉斯塔德是位在加勒比海庫拉喬島上的城市，1634年荷蘭人在島上建立一個天然而優良的貿易港口。

這座城市歷經幾個世紀不斷的發展，而產生幾項重要的歷史意義，其中包括其建築不但展現出歐洲城市設計的概念，而且呈現出荷蘭、西班牙及葡萄牙殖民城市的風貌。

2023

文化遺產

天文行星儀

弗拉訥克的艾辛哈行星儀
Eisinga Planetarium in Franeker

這項行星儀建於1774年~1781年，是基於當時對太陽系的認知所建造的動態機械比例模型。構思和建造都由羊毛織造商艾辛哈(Eise Eisinga)完成，模型建於他的起居室、臥室的天花板和南牆，由單一擺鐘驅動，力求真實還原太陽、月亮、地球和水星、金星、火星、木星、土星位置，這些行星圍繞太陽運轉，行星間的距離也按比例變化，成為20世紀和21世紀天花板投影的行星儀雛形。

2010

文化遺產

水利工程
×
運河

辛格運河以內的阿姆斯特丹17世紀運河環形區
Seventeenth-century canal ring area of Amsterdam inside the Singelgracht

辛格運河環繞著阿姆斯特丹市中心，17世紀時，為了解決大量移民所帶來的欠地問題，阿姆斯特丹決定展開一項大型都市更新計劃——興建運河環形區，從此，辛格運河成為該市最外緣的邊界。這片緊鄰城牆的歷史都會區以水道建構而成，包括舊城由西到南的水道網，以及圍繞舊城的中世紀港口。

在這項長程計劃中，阿姆斯特丹藉由採用同心弧形運河系統排乾沼地，並填滿運河之間的空間來擴充土地面積，這些新生的居住地讓同質性的都市建築獲

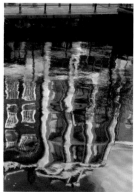

得整體性發展，包括擁有山形牆的運河屋等許多古蹟。直到19世紀，阿姆斯特丹的運河環形區都是世界大型城市計畫的參考範本。

2014

文化遺產

工業遺產

凡尼那工廠
Van Nellefabriek

　　凡尼那工廠建於1920年，當時是鹿特丹西北部Spaanse Polder工業區的茶、咖啡和菸草工廠，大面積由鋼鐵和玻璃組成的帷幕外牆，是20世紀現代化工業建築的經典之作。

　　凡尼那工廠被視為「理想工廠」，提供了充足的照明和愉悅的工作環境，至今仍作為鹿特丹的商業中心使用。建築本身是一次大戰至二戰期間現代主義和功能主義的代表，同時見證了荷蘭長期以來自熱帶國家進口食品、加工並行銷歐洲的商業和食品工業軌跡。

2021

文化遺產

社會聚落

慈善聚居地
Colonies of Benevolence

　　這項跨國遺產地包括4個聚居處，包括荷蘭的弗雷德里柯索德(Frederiksoord)、威廉米瑙德(Wilhelminaoord)和芬赫伊曾(Veenhuizen)，以及比利時的沃特爾(Wortel)，這些地區見證19世紀一場社會改革實驗，即在偏遠地區建立農業聚居地緩解城市貧困問題。弗雷德里柯索德成立於1818年，是最早的聚居地，也是致力於減少貧困的「慈善會」原總部所在，慈善會與政府簽約安置孤兒、收容乞丐和流浪者，並創建大型宿舍和集體農場。在19世紀中葉鼎盛時期，荷蘭超過一萬一千人在聚居地生活，比利時的人數達到六千人。

＊與比利時並列

北馬其頓
North Macedonia

喀爾巴阡山脈與歐洲其他地區的原始山毛櫸森林
Ancient and Primeval Beech Forests of the Carpathians and Other Regions of Europe

奧赫里德地區的自然及文化遺產
Natural and Cultural Heritage of the Ohrid region

塞爾維亞　保加利亞

阿爾巴尼亞　希臘

　　北馬其頓位於巴爾幹半島上，是1991年從南斯拉夫獨立出來的國家。這是一個不靠海的內陸國，首都為斯高比耶(Skopje)，境內超過50座湖泊，海拔2000公尺以上的高山也多達16座，入選的奧赫里德地區就是一座人文與自然兼具的綜合遺產。

★喀爾巴阡山脈與歐洲其他地區的原始山毛櫸森林
Ancient and Primeval Beech Forests of the Carpathians and Other Regions of Europe詳見德國

1979

綜合遺產

湖泊生態
×
拜占庭

奧赫里德地區的自然及文化遺產
Natural and Cultural Heritage of the Ohrid Region

　　坐落於北馬其頓的西南方，奧赫里德是歐洲最早有人定居的地方之一，希臘神話中的腓尼基王子卡德摩斯(Cadmus)，曾在奧赫里德湖畔創立了名為利區尼竇斯(Lychnidos)的城鎮。

　　今日的奧赫里德城建築大多出現在7~19世紀，它最著名的地方在於一度擁有365間教堂，因而被稱為北馬其頓的耶路撒冷。城內最古老的斯拉夫修道院帕特雷莫(St Panteleimon)是馬國境內最重要的教堂，此外多達八百幅年代上溯11世紀的拜占庭風格聖像，是繼莫斯科的特列提亞可夫美術館(Tretyakov Gallery)之後，珍藏世上最重要聖像的地方。

　　奧赫里德在1979年被提報為世界遺產時，是以自然遺產入列的，從新生代的第三紀起(約兩百萬~三百萬年前)，奧赫里德湖就是不少特有淡水動植物的庇護所。一年之後，再把周邊屬於文化的部分納進來，尤其是拜占庭文化，而成為一座綜合遺產。

挪威 Norway

 7　 1　0　**Total** 8

挪威的維京人祖先是了不起的航海家，挪威的世界遺產中，或多或少都與維京人的文化相關。此外峽灣是挪威狂野的靈魂，經過千萬年的冰河不斷地擠壓、挖掘，形成地面上深長彎曲的烙印，也是挪威最美麗的自然景觀。

★斯特魯維地質測量點Struve Geodetic Arc詳見白俄羅斯

斯特魯維地質測量點
Struve Geodetic Arc

阿爾塔岩畫
Rock Art of Alta

北 海

俄 羅 斯

維加群島
Vegaøyan
The Vega Archipelago

瑞 典

芬 蘭

西挪威峽灣－
蓋倫格峽灣和納柔伊峽灣
West Norwegian Fjords –
Geirangerfjord and Nærøyfjord

羅洛斯銅礦鎮
Røros Mining Town

布里根
Bryggen

烏爾內斯木構教堂
Urnes Stave Church

留坎和諾托頓工業遺產
Rjukan-Notodden
Industrial Heritage Site

波 斯 尼 亞 灣

©Visitnorway.com/Per Eide

1979

文化遺產

教堂

烏爾內斯木構教堂
Urnes Stave Church

　　烏爾內斯木構教堂位於松恩菲尤達納郡(Sogn og Fjordane)，建於西元1130年左右，是北歐地區傳統全木造建築中最出色的範例，其外牆是由木板垂直崁疊而成，與一般以水平方式搭建的木構建築不同。

　　本教堂除了採用北歐及羅馬式建築的空間架構，也承襲了維京時代精湛的木工技術，以及以動物造型為主題、俗稱「烏爾內斯風格」(Urnes Style)的裝飾手法。這種裝飾手法可見於教堂的北牆入口，該入口刻有一條蜷曲向上的蛇，底下有隻四足動物把蛇咬住，根據基督教的圖解研究，這象徵了善惡兩方永無休止的戰爭。

符號說明　登錄時間　遺產內容　　遺產類型　文化遺產　自然遺產　綜合遺產　瀕危文化遺產　瀕危自然遺產　瀕危綜合遺產

1979

文化遺產

漢撒同盟
城市

布里根
Bryggen

布里根是挪威第二大城卑爾根(Bergen)市區裡最古老的地區。卑爾根在14~16中葉為漢撒同盟(Hanseatic League)的貿易中心，而布里根則是當時商人居住和活動的區域；現今這塊地區仍保留當時的建築結構，為這段漢撒同盟的歷史做了最好見證。

卑爾根這個城鎮是由國王奧拉夫(Olav Kyrre)於1070年建立，當時，做為挪威領土及首都的卑爾根，擁有魚類貿易的壟斷權；到了12世紀，Sverre國王下令布里根一帶為貴族商人的居住使用；接著，1350年，強大的漢撒同盟勢力伸入卑爾根地區，他們利用港口掌管各種食物和原料的往來貿易，並在布里根沿著狹窄的街道與港口平行建立居住的房舍，這些房子最常見的特色為以山牆立面的3層樓木造建築，外側則以木板連結而成一個長型的建築，並共同圍繞著一個庭院。在庭院的後頭，有一個以石頭建造的小倉庫，除了用以儲藏食物，也有防火功能。

從14世紀德國商人將卑爾根設為主要貿易城鎮並建立家園開始，布里根等於是整個社會型態的縮影；只是在1955年前，這裡陸續發生過數次的火災，讓這些中世紀的木造建築遭到嚴重損毀；所幸，它們仍依照原有的型式和建造方式重建而成，最後一次浴火整修是1702年，現今遊客仍能從這些赭紅、鵝黃、奶油色等鮮豔卻又古典的62棟建築物，窺看當時德國商人的群居面貌。

1980

文化遺產

礦業景觀
×
銅礦

羅洛斯銅礦鎮及其周邊特許區
Røros Mining Town and the Circumference

羅洛斯位於多山地形的銅礦區，該區從17世紀開始開採銅礦，直到1977年才停止，歷史將近333年。

羅洛斯鎮於1679年被瑞典軍隊徹底破壞後原地重建，目前留有約兩千棟一、二層樓的木造房子以冶煉房，大部分都保留了原來房舍正面以及燻黑的模樣，外觀就如同中世紀的城鎮。

在城鎮周邊的緩衝區，也納入世界遺產範圍，是1646年特許給丹麥－挪威皇冠(Danish-Norwegian Crown)這家礦業公司，也見證了在一個氣候嚴酷、遙遠的地方，因為銅礦的開採，一種礦業文化的建立及發展過程。

2004

文化遺產

人文聚落
景觀
×
島嶼

維加群島
Vegaøyan -- The Vega Archipelago

維加群島位於北極圈南方，約有數十座島嶼，海域103,710公頃，陸地面積則為6,930公頃。

從島嶼上的考古遺跡來看，人類活動最早可追溯到石器時代，在如此荒涼的環境下，島上住民主要以捕漁和生產鳧絨為生，島上有漁村、碼頭、倉庫、燈塔、農地，以及讓鳧鴨築巢的屋舍，到了9世紀時，這裡一度是鳧絨生產重鎮，約占島民三分之一的收入。1500年來，維加群島的島嶼景觀就反映出這種半漁、半農、半牧的生活方式。

符號說明　登錄時間　遺產內容　　遺產類型　文化遺產　自然遺產　綜合遺產　瀕危文化遺產　瀕危自然遺產　瀕危綜合遺產

2005

自然遺產

峽灣

西挪威峽灣—蓋倫格峽灣和納柔伊峽灣
West Norwegian Fjords – Geirangerfjord and Nærøyfjord

英文 Fjord（峽灣）這個字，實來自挪威語，意旨深入內陸的狹長海灣。百萬年前，北歐斯堪地那維亞半島被厚達1,000公尺以上的冰河層所覆蓋，緩慢移動的冰河不斷推擠、磨蝕、向下切割，形成綿長的 U 型深谷，經過幾萬年反覆不斷的冰河消融、海水上升入侵，造就了今天人們所看到的陡崖、峭壁、飛瀑、冰河湖等絕奇景色。

挪威西部的峽灣又被譽為世界上最經典的峽灣地形，其中蓋倫格峽灣和納柔伊峽灣兩段峽灣在2005年因為其獨特、雄偉的地理景觀，堪稱挪威峽灣地形中景致最出眾的峽灣，而被列入世界自然遺產名單中。

蓋倫格峽灣位於海勒敘爾特(Hellesylt)和蓋倫格(Geiranger)兩座小村落之間，僅僅15公里長，卻因其峻、奇、險，堪稱挪威峽灣的代表，而被稱為「挪威峽灣之王」，不論從陸路或水路進入灣區，各有不同風情。

©Innovation Norway/ Ian Brodie/visitrjukan.com

2015

文化遺產

工業景觀

留坎和諾托頓工業遺產
Rjukan-Notodden Industrial Heritage Site

留坎－諾托頓坐落在壯麗的群山、瀑布、河谷之間，這裡有水力發電廠、輸電線路、工廠、交通運輸系統以及城鎮，全部都由挪威水電公司(Norsk-Hydro Company)於20世紀初所建設，其目的主要是從空氣中抽取氮氣，來生產人造肥料，以因應20世紀初西方世界農業快速成長的強烈需求。

留坎和諾托頓這兩座城鎮主要由工人的家和維持城鎮運作的社會機構所構成，並有鐵道和渡輪連接到碼頭，讓肥料得以運送出去。這座遺產不但展現了工業與自然景觀的完美結合，更是20世紀初、一個全球性工業的全新案例。

1985

文化遺產

新石器時代遺址 × 史前岩畫

阿爾塔岩畫
Rock Art of Alta

阿爾塔岩畫分布於挪威芬馬克郡(Finnmark)北極圈內的阿爾塔峽灣一帶，創作時間可回溯到西元前4,200年到500年，相當於新石器時代晚期、金屬時代早期，是全世界極為重要的史前時代岩畫遺址。

阿爾塔岩畫的考古研究工作始於1967年，自1972年首批史前岩畫在西吉姆盧弗特灣(Hjemmeluft)出土以來，考古人員總共在7處區域45個場址發現了六千多幅岩畫及石刻藝術，其中以西吉姆盧弗特灣的岩畫最為豐富，大約有三千多幅，而這裡也成為阿爾塔史前博物館的所在地。

©Visitnorway.com/Kurt Hamann

歐洲

EUROPE

波蘭Poland

 15 2 0 (Total) 17

夾處於俄羅斯和西歐、東歐、北歐之間，波蘭就跟它輪番被侵略的歷史一樣，文化面貌複雜而多元，除了屈指可數的自然遺產，其餘幾乎都是東西強權逼迫下遺留的痕跡，這當中有自發的光芒，也有悲悽的傷痕。

★喀爾巴阡山脈與歐洲其他地區的原始山毛櫸森林Ancient and Primeval Beech Forests of the Carpathians and Other Regions of Europe詳見德國

波羅的海

立陶宛

俄羅斯

馬爾堡的條頓騎士城堡
Castle of the Teutonic Order in Malbork

白俄羅斯

中世紀城鎮托倫
Medieval Town of Toruń

比亞沃維耶扎原始森林
Belovezhskaya Pushcha /
Białowieża Forest

德國

穆斯考公園
Muskauer Park /Park Muzakowski

華沙歷史中心
Historic Centre of Warsaw

塔爾諾夫斯凱古雷的鉛鋅銀礦場
與其地下水管理系統
Tarnowskie Góry Lead-Silver-Zinc Mine and its
Underground Water Management System

克舍米翁基的史前條紋燧石礦區
Krzemionki Prehistoric Striped Flint Mining Region

弗羅茨瓦夫百年廳
Centennial Hall in Wroclaw

克拉科夫歷史中心
Historic Centre of Kraków

扎莫希奇舊城
Old City of Zamość

亞沃爾和希維德尼察的和平教堂
Churches of Peace in Jawor and Swidnica

維利奇卡鹽礦
Wieliczka Salt Mine

小波蘭南部的木造教堂
Wooden Churches of Southern Little Poland

奧斯威辛／畢爾克瑙德國納粹集中營
Auschwitz Birkenau German Nazi Concentration
and Extermination Camp

波蘭和烏克蘭的
喀爾巴阡地區木造教堂
Wooden Tserkvas of the Carpathian
Region in Poland and Ukraine

捷克

卡瓦利則布日多夫斯卡
Kalwaria Zebrzydowska:
the Mannerist Architectural and
Park Landscape Complex and
Pilgrimage Park

喀爾巴阡山脈與歐洲其他地區的
原始山毛櫸森林
Ancient and Primeval Beech Forests of
the Carpathians and Other Regions of Europe

烏克蘭

斯洛伐克

1978

文化遺產

歷史城區

克拉科夫歷史中心
Cracow's Historic Centre

克拉科夫是目前波蘭第三大城,人口約77萬人,由於是波蘭境內少數未被戰火波及的城市,而得以保留大量完整的中世紀和文藝復興建築。不論是歷史建築、紀念物,還是藝術作品,沒有第二座波蘭城市能與之匹敵。

傳統上,克拉科夫就是波蘭的文化中心,不僅僅是傳承古典,在現代藝術與文化的表現,克拉科夫也

享有極高地位。這座城市誕生了Czesław Miłosz和Wisława Szymborska兩位諾貝爾文學獎得主,而史上第一位波蘭籍教宗若望保祿二世,也出身於克拉科夫。

克拉科夫舊城是在1257年韃靼人入侵之後所規劃設計的,總共有綿延3公里的兩道厚實防禦城牆、47座塔樓、8座城門及一條護城河。如今幾乎所有克拉科夫知名景點都位於舊城之內。

1978

文化遺產

礦業景觀
×
鹽礦

維利奇卡鹽礦
Wieliczka Salt Mine

維利奇卡一帶從新石器時代起就發現了鹽礦,一直到西元1世紀才有被開採的紀錄,而正式被大幅開採製鹽則是從10世紀開始,現在的維利奇卡鹽礦從1290年開始,已經有七百年以上歷史,也可以說是波蘭歷史最悠久的、始終運行不輟的一座工廠。

整個鹽礦區由9層密密麻麻、彷彿迷宮般的隧道構成,最深達地底327公尺。一般遊客只能參觀地底64公尺到135公尺之間的最上面3層。搭乘電梯到達地下64公尺的第1層,經過一個又一個鹽坑,可以陸續看到用鹽製成的禮拜堂和聖人雕像,都是長年在此

採鹽的工人在工作之餘慢慢雕琢出來的,讓虔誠的信徒即使不能到教堂去,也可以在鹽坑中禱告。除了宗教的需求外,有些鹽洞記載的是採礦工人的工作情形,提供後人更多的想像。

隨著階梯不斷往下,沿途更可經過地底鹹水湖泊、高達36公尺的大廳,以及餐廳、會議室、博物館等,其中最壯觀的就是聖慶加禮拜堂(St. Kinga's Chapel),整座教堂長寬約54和17公尺,高12公尺,從1895年到1927年,花30年時間,移出兩萬噸岩鹽才完成。禮拜堂裡,從主祭壇的聖慶加神像、前教宗若望保祿二世雕像,到水晶吊燈、《最後晚餐》等壁畫,全數都是由岩鹽雕鑿而成。

1979

文化遺產

戰爭遺產

奧斯威辛/畢爾克瑙—德國納粹集中營
Auschwitz Birkenau - German Nazi Concentration and Extermination Camp

奧斯威辛原本只是一座小鎮,然而自從第二次世界大戰期間,納粹德軍在此設立集中營,並且大量屠殺無辜的生命後,乃成為波蘭境內歷史傷痕最深的地方。

奧斯威辛位於克拉科夫西方60公里,它的波蘭名Oświęcim也許名不見經傳,但德文的Auschwitz,卻是惡名昭彰。

1940年4月,納粹德軍在奧斯威辛郊外的前波蘭軍隊營房設立了這座集中營,最早的時候,本來只打算用來關波蘭的政治犯,沒想到後來卻變成歐洲猶太人的滅絕中心,也成為人類史上最大的實驗性集體屠

殺,據估計,超過150萬人、27個國籍的人死於這座「殺人工廠」,也可以說是人類最大的集體墳場,這裡面包括110萬的猶太人、14.5萬的波蘭人、兩萬個羅馬人、一萬個俄羅斯人,以及吉普賽人、捷克人、南斯拉夫人、法國人、奧地利人……而最初的營房已經不敷使用,於是1941年在奧斯威辛西方3公里處的畢爾克瑙(Birkenau)又設立了面積更大的奧斯威辛二號(Auschwitz II)。

納粹後來敗逃之時,奧斯威辛和畢爾克瑙的集中營只有少數遭到破壞,其餘則完好地保留至今,恰為那段殘酷的歷史留下見證。堅實的圍牆、裝刺的鐵絲網、嚴酷的瞭望哨,還有槍決台、毒氣室、焚化場……集中營已如今改為博物館,卻掩飾不住瀰漫在周遭的陰森與肅殺。

2004

文化遺產

園林

穆斯考公園
Muskauer Park

穆斯考公園建於十九世紀初,是歐洲園林中相當重要且出色的代表之一。它並不以創造一個經典或天堂般的景致為目標,而是以當地的植物來塑造景觀,是在城市裡興建園林的先驅,也為後世的「園林建築」提供最佳範例,影響所及包括歐洲及美洲。穆斯考公園位於德國及波蘭邊界,是兩國共同完成的完美傑作,也更顯其珍貴。

＊與德國並列

1979
1992
2014

自然遺產

森林

比亞沃維耶札原始森林
Belovezhskaya Pushcha / Białowieża Forest

比亞沃維耶札原始森林位於波羅的海與黑海的分水嶺,橫跨白俄羅斯與波蘭邊境,年代可回溯到西元前八千年,是歐洲目

前僅存的一片原始森林,也是極為珍貴的自然區。這裡不僅生長著長青闊葉樹、針葉樹等約九百種植物,還孕育了許多稀有的哺乳動物,包括駝鹿、狼、貂、山貓以及歐洲最重的陸上動物「歐洲野牛」。

1932年,波蘭政府為了保護古老的森林資源,並且重新復育數量稀少的歐洲野牛,在此正式成立比亞沃維耶札國家公園,面積占整個原始森林的1/10,而這座國家公園也是歐洲歷史最悠久的國家公園之一。

＊與白俄羅斯並列

符號說明　登錄時間　遺產內容　遺產類型　文化遺產　自然遺產　綜合遺產　瀕危文化遺產　瀕危自然遺產　瀕危綜合遺產

1980

文化遺產

歷史城區

華沙歷史中心
Historic Centre of Warsaw

　　華沙是波蘭首都及最大城市，同時是波蘭的政經文教樞紐。以波蘭的標準來說，華沙是一座年輕的城市，當許多波蘭古城已經在慶祝他們的建城500週年時，華沙才剛從一片森林中冒出頭來。直到14世紀初，馬佐維亞公爵(Mazovia)在今天的皇家城堡蓋了一座堡壘，一座中世紀城鎮漸漸成形。1573年，波蘭國王西吉斯慕都斯三世(Sigismundus Vasa Ⅲ)決

定把國都遷到華沙，完全扭轉了華沙的命運，不僅是政治，經濟、科學、文化、藝術都緊跟著蓬勃發展。

　　近代史上，影響華沙最巨的，當屬二次世界大戰期間，納粹德軍長達5年的占領，以及1943年猶太起義(Ghetto Uprising)和1944年的華沙起義(Warsaw Uprising)，總共造成85%的華沙建築被毀，八十萬華沙居民犧牲，超過戰前華沙總人口的一半。

　　今天整座城市都是從瓦礫堆中重建，彷彿一隻浴火鳳凰，華沙以快速重建證明其民族性的生命力和韌性，不論城市景觀或內在精神的表現，華沙所呈現的是新與舊、東與西的融合，最不可思議的，便是舊城的復原與重建。

　　民族性堅韌的波蘭人以強烈的決心重建家園，找出許多歷史照片、繪畫、電影等文件資料，加上居民的生活記憶，重新打造出未受損壞前的舊城面貌。在1949年到1963年之間，重新恢復了華沙17到18世紀的舊觀，不僅努力保留了歷史，也再現華沙極盛時期的風華。

中世紀城鎮托倫
Medieval Town of Toruń

1997
文化遺產

城鎮
×
漢撒同盟
城市

位於華沙西北方的托倫，是波蘭最美的中世紀城鎮之一，舊城裡眾多的哥德式建築，洋溢著中世紀的氛圍，也留存著當年經濟、科學、文化高度發展的見證。

托倫位於維斯瓦河(Wisła)畔，擁有超過八百年歷史，也是前條頓騎士團(Teutonic Order)勢力範圍的南緣，目前是個人口約而二十萬五千人的小城市。

托倫雖然沒有靠海，但是位於把波羅的海沿岸出產的琥珀運往華沙或克拉科夫的重要路線上，古代是多條貿易交通要道的交會點，扮演著維繫北歐和西歐間、以及中歐和東歐間溝通的重要角色，所以在漢撒同盟時期成為歐洲最繁榮的城市之一。

除此之外，托倫更廣為世人所知的一點，就是它是偉大天文學家哥白尼(Mikołaja Kopernika)的故鄉。托倫幸運之處，在於兩次世界大戰中都沒有遭受到太大的破壞，所以古蹟保存得相當完善，也讓它保有濃得化不開的中世紀氣息。

弗羅茨瓦夫百年廳
Centennial Hall in Wroclaw

2006
文化遺產

現代建築

弗羅茨瓦夫百年廳建於1911到1913年的德意志帝國時期。此廳為多功能的混凝土建築，建築師馬克思‧伯格(Max Berg)將之設計為四葉草形狀，中央的圓形大廳可容納六千名觀眾，圓形屋頂有23公尺高，由鋼與玻璃構成，其建築形式與工法均對20世紀初期的現代建築有很大的影響。

扎莫希奇舊城
Old City of Zamość

1992
文化遺產

歷史城區
×
文藝復興

扎莫希奇位於波蘭東南方連結黑海與西歐、北歐的貿易要道上，由來自義大利帕多瓦的建築師柏納多‧莫蘭多(Bernando Morando)負責城市規劃，是16世紀晚期文藝復興城市的完美典範。舊城區至今仍保存了原始的規模，包括城堡和眾多融合義大利與中歐傳統的古老建築。

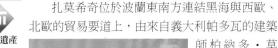

教堂

亞沃爾和希維德尼察的和平教堂
Churches of Peace in Jawor and Swidnica

2001
文化遺產

坐落於亞沃爾和希維德尼察的和平教堂，在波蘭西南部的西里西亞(Silesia)地區，是歐洲規模最大的純木構教堂，建於17世紀中葉。當時迫於皇帝的壓力，教堂僅以木料和泥土所構成，但卻以樸素平實的外觀屹立數百年，不僅見證了當時激烈的宗教與政治鬥爭，更體現了對於宗教自由的追求。

符號說明 登錄時間 遺產內容　　遺產類型 文化遺產 自然遺產 綜合遺產 瀕危文化遺產 瀕危自然遺產 瀕危綜合遺產

小波蘭南部的木造教堂
Wooden Churches of Southern Little Poland

2003

文化遺產

教堂

　　小波蘭南部的木造教堂建於16世紀晚期，有別於羅馬天主教文化中其他石造教堂，這裡是採用東歐與北歐常用的木造工法，無論建材或形式，都可說是中世紀教堂建築中的特例。這些教堂在貴族的支持下修建，因而成為當時社會經濟地位重要表徵。

塔爾諾夫斯凱古雷的鉛鋅銀礦場與其地下水管理系統

2017

文化遺產

礦場其地下水系統

Tarnowskie Góry Lead-Silver-Zinc Mine and its Underground Water Management System

　　這處礦場是中歐主要礦區之一，座落於波蘭南方的上西利西亞(Upper Silesia)，是波蘭最大的地下鉛鋅銀礦場，整個地下礦場包括礦井、通道、藝廊及地下水管理系統。其設施多位於地底下，而地下水管理系統首創公共排水系統，其持續運作了三個世紀，既供應工業用水，也滿足城鎮人口的用水需求。

克舍米翁基的史前條紋燧石礦區

2019

文化遺產

史前地下燧石礦場

Krzemionki Prehistoric Striped Flint Mining Region

　　克舍米翁基礦區位於Świętokrzyskie山區，由4個礦場組成，歷史可追溯至新石器時代和青銅時代(西元前3900年~1600年)，開採的條紋燧石用於製造石斧。這處礦區包含地下採礦結構、燧石鍛造工坊、四千多口礦井，是迄今發現最全面的史前地下燧石採集和加工區，提供了關於史前人類定居生活和工作的資料，並見證了已滅絕的文化傳統。

©Poland Tourism

1997

城堡

文化遺產

馬爾堡的條頓騎士城堡
Castle of the Teutonic Order in Malbork

位於波蘭北部的馬爾堡城堡，曾經是德意志條頓騎士團總部，始建於13世紀，在1309年後再度擴建，成為規模宏大且工法精緻的中世紀磚造建築群。

城堡在第二次世界大戰中曾遭嚴重損毀，但後人根據從前留下來的建築和文獻仔細重建，又重新恢復本來的風采。

2013

文化遺產

教堂

波蘭和烏克蘭的喀爾巴阡地區木造教堂
Wooden Tserkvas of the Carpathian Region in Poland and Ukraine

這些坐落於波蘭和烏克蘭兩國境內、喀爾巴阡地區的木造教堂，位於中歐的東緣，共有16座教堂入選。

這些建於16到19世紀，以橫式原木及當地傳統建築元素打造的教堂，都是喀爾巴阡地區東正教社區的信仰中心。教堂裡的空間主要分成三部分，而教堂頂端的穹頂，則為四邊形或八角形；而東正教內部的聖像屏、彩繪裝飾及具有歷史感的家具擺設，都是不可或缺的。此外，木造鐘樓、庭院、門屋、墓園也都是這些教堂主要的構成元素。

＊與烏克蘭並列

1999

文化遺產

矯飾主義建築及園林

卡瓦利亞澤布日多夫斯卡：矯飾主義建築及園林景觀
Kalwaria Zebrzydowska: the Mannerist Architectural and Park Landscape Complex and Pilgrimage Park

本世界遺產位於波蘭南部克拉科夫(Kraków)附近的卡瓦利亞澤布日多夫斯卡鎮，是一處結合自然環境與宗教含義的建築及園林景觀。

1600年，克拉科夫總督米柯拉伊·澤布日多夫斯基(Mikolaj Zebrzydowski)首先在他城堡坐落的山丘上興建「受難小教堂」(Chapel of the Crucifixion)，作為個人靈修之用。後來他接受方濟會修士的建議，擴大建造規模，並且以聖城耶路撒冷的樣貌為範本，利用當地的自然環境打造一系列具有象徵意義、富有矯飾主義風格的建築群。這些小教堂及修道院充分反映了耶穌受難以及聖母瑪麗亞的一生，至今依然是各地信徒朝聖禮拜的場所。

符號說明 　遺產類型

葡萄牙Portugal

16　　1　　0　　Total 17

15世紀晚期到16世紀中期，葡萄牙海權主義在曼努埃爾一世執政時達到顛峰，而發展出獨特的曼努埃爾式(Manueline)建築和藝術，葡萄牙不少世界遺產都是這個時代的產物。而大西洋上的幾座世界遺產小島，也都是航海時代被葡萄牙所征服。

波多歷史中心、路易一世橋和
賽拉多皮拉爾修道院
Historic Centre of Oporto, Luiz I Bridge
and Monastery of Serra do Pilar

科英布拉大學－阿爾塔和索菲亞校區
University of Coimbra - Alta and Sofia

巴塔哈修道院
Monastery of Batalha

阿寇巴薩修道院
Monastery of Alcobaça

馬夫拉皇家建築－
宮殿、大教堂、
修道院、塞爾科花園及
塔帕達狩獵公園
Royal Building of Mafra -
Palace, Basilica, Convent,
Cerco Garden and Hunting Park
(Tapada)

亞速爾群島的英雄中心區
Central Zone of the Town of
Angra do Heroismo in the Azores

皮庫島葡萄園文化景觀
Landscape of the Pico
Island Vineyard Culture

吉馬良歷史中心
Historic Centre of Guimarães

上杜羅河葡萄酒區
Alto Douro Wine Region

科阿峽谷和西艾加維德
史前岩石藝術遺址
Prehistoric Rock Art Sites
in the Côa Valley and Siega Verde

布拉加山上仁慈耶穌朝聖所
Sanctuary of Bom Jesus do Monte in Braga

托馬爾的女子修道院
Convent of Christ in Tomar

辛特拉人文景觀
Cultural Landscape of Sintra

埃瓦斯邊境城及其防禦工事
Garrison Border Town of
Elvas and its Fortifications

艾芙拉歷史中心
Historic Centre of Evora

里斯本的希洛尼摩斯
修道院與貝倫塔
Monastery of the Hieronymites
and Tower of Belém in Lisbon

馬德拉群島的月桂樹森林
Laurisilva of Madeira

大西洋

西班牙

托馬爾的女子修道院
Convent of Christ in Tomar

1983

文化遺產

修道院
×
曼努埃爾
式建築

　　托馬爾的基督教女修院位於里斯本東北方143公里處，其前身為創立於12世紀的聖殿騎士堡壘，由於聖殿騎士從伊斯蘭教徒手中收回了不少失地，因而在基督教世界的資助下擴建了顯赫一時的修道院，成為「收復失地運動」(Reconquest)中的象徵。

　　然而隨著14世紀聖殿騎士團的消失，1344年時該修道院改變了最初的設計結構，搖身一變成為基督教女修院，展現葡萄牙曼努埃爾時期(Manuel)對於外來文化開放的一面。除了融合羅馬、拜占庭風格以及堡壘和教堂式樣外，裝飾彩磚的哥德式迴廊和葡萄牙首座雙層迴廊，都說明它重要的文化與歷史價值。

©Turismo de Portugal/Associacao de Turismo dos Azores

亞速爾群島的英雄港中心區
Central Zone of the Town of Angra do Heroismo in the Azores

1983

文化遺產

殖民城市

　　英雄港坐落於亞速爾群島的特爾賽拉島(Terceira)，這座當地最古老的城市，是昔日亞速爾群島的首府，15世紀時隨著葡萄牙東印度公司的崛起，成為重要的貿易與軍事港口，鎮日帆船川流不息的盛況，直到19世紀輪船出現為止才停歇。

　　在這長達四個世紀的巔峰時期，英雄港市區出現大量宮殿、修道院、教堂與城牆，令人為這座小島上的小城能有此番發展規模而感到震驚，而它今日的名稱來自於瑪莉亞二世，這位葡萄牙皇后於1830年~1833年間曾避居於此，因為當地勇敢奮戰的居民，於是賦予它「英雄」的名號。

1986

文化遺產

歷史城區

艾芙拉歷史中心
Historic Centre of Évora

　　艾芙拉舊城被保存完整的摩爾城牆所包圍，15世紀時，成為葡萄牙王室的行宮，城裡石板街道和優雅的建築，有股濃濃的中世紀城鎮風味。當地的建築十分有特色，白牆、花磚，加上飾以花草動物的花紋的鑄鐵陽台，營造出獨特的風韻，而這種建築特色在日後影響巴西的建築甚巨。

　　外型酷似碉堡的大教堂(Sé)是當年冒險家達迦瑪前往印度前禱告的教堂，而教堂一旁的聖器藝術博物館收藏許多教會的十字架、金、銀器與聖杯。附近還有個艾芙拉博物館，羅馬式的廊柱、摩爾窗、加上現代的雕刻品收藏，還有葡萄牙自然派與法蘭德斯的繪畫作品，內容豐富。

1989

文化遺產

修道院

阿寇巴薩修道院
Monastery of Alcobaça

　　阿寇巴薩修道院是葡萄牙境內規格最大的中古建築群之一。葡萄牙首任國王阿方索・亨利克斯(Afonso Henriques)曾向西妥隱士會(Cistercian)的創始人聖伯納(St. Bernard)發誓，若能成功擊退摩爾人，將為西妥隱士會興建修道院。當阿方索於1147年成功地擊退摩爾人時，1178年便開始大興土木，直至1223年才完工。修士們在此過著自給自足和奉獻教會的工作，1269年起興學回饋鄉梓。

　　教堂則是葡萄牙現存最高大的哥德式建築。教堂裡有兩座石棺，訴說著佩德羅一世(King Pedro I)與英娜斯(Inês de Castro)之間的淒美愛情故事。

　　修道院的迴廊的十分漂亮，1樓雕有花飾窗格的拱門，建於14世紀狄尼斯國王執政時，而2樓的曼努埃爾式建築則是在16世紀加上的。在迴廊西北邊有間國王廳(Sala dos Reis)，也就是現今的修道院入口處，這是在18世紀時所增添的，裡面有葡萄牙歷任國王的雕像，廳堂四周鑲有描述建造修道院故事的青色瓷磚。

符號說明　登錄時間　遺產內容　遺產類型　文化遺產　自然遺產　綜合遺產　瀕危文化遺產　瀕危自然遺產　瀕危綜合遺產

1983

文化遺產

修道院
×
曼努埃爾
式建築

巴塔哈修道院
Monastery of Batalha

　　曼努埃爾式(Manueline)建築是葡萄牙在15世紀晚期到16世紀中期，因極力發展海權主義，而在藝術和建築上出現其獨特的建築風格，取名自當時執政的曼努埃爾一世。其建築特色在於扭轉造型的圓柱、國王紋章和雕飾精細又繁複的窗框，同時運用大自然圖像，如在石頭上鑲著貝殼、錨等。

　　以淡色石灰岩建造的巴塔哈修道院，佇立在巴塔哈鎮中心，除了建築本身是傑作外，還與葡萄牙14、15世紀的歷史息息相關。卡斯提亞國王朱安

(Juan)與葡萄牙公主聯姻，但因對於葡萄牙國王的王位虎視眈眈，於是便在1385年派兵攻打葡萄牙。而當時身兼埃維斯騎士團指揮的若昂(Joào)發誓，如果贏得勝利，將興建一座紀念聖母的偉大修道院。最後，葡萄牙人贏得這場戰役，若昂也成為葡萄牙國王。修道院便於1388年開始興建，一直到1533年才大致完工。

　　建築本體包括有教堂、皇家迴廊、創立者禮拜堂、修士大會堂等，都是以火焰形式的哥德風格在1434年完工的，不過在15、16世紀增添的曼努埃爾式建築，主導了整個修道院的風格。

273

1983

文化遺產

修道院與
紀念物
×
曼努埃爾
式建築

里斯本的希洛尼摩斯修道院與貝倫塔
Monastery of the Hieronymites and Tower of Belém in Lisbon

　　為了紀念達迦瑪(Vasco da Gama)發現前往印度的航海路線，曼努埃爾一世(Manuel I)於1502年下令建造了這座希洛尼摩斯修道院修道院，一直到1572年才完工。整個設計起先是哥德式的風格，隨著設計師去世後，接手的西班牙建築師加入了文藝復興式的色彩，以航海、風景、人物裝飾的精緻大理石壁雕，展現世界獨一無二的葡萄牙哥德風味。修道院完工後一直作為當時即將出海冒險和征戰水手的心靈祈禱聖地。達迦瑪等人的棺木停放於修道院的教堂裡，葡萄牙也是在此簽署加入歐洲聯盟。

　　離希洛尼摩斯修道院不遠的貝倫塔，也是由曼努埃爾式一世下令所建造的，宛如城堡般的奇特造型與略具摩爾風格裝飾的貝倫塔，在1515~1521年間建造，這時便是葡萄牙航海冒險的時期，許多冒險家都是由此出發前往全球各地探險，因此也成為海上冒險的象徵建築物，又有「世界盡頭，海洋起點」的稱號。

符號說明 登錄時間 遺產內容　遺產類型 文化遺產 自然遺產 綜合遺產 瀕危文化遺產 瀕危自然遺產 瀕危綜合遺產

辛特拉人文景觀
Cultural Landscape of Sintra

1995

文化遺產

人文聚落景觀 × 城市

辛特拉被森林與冷泉所圍繞，自古以來這裡就是葡萄牙國王最喜愛的夏季避暑勝地，再加上這裡建築仍舊保有浪漫的風格，讓辛特拉成為一個暨懷舊又浪漫的古典山城。浪漫派的英國詩人拜倫(Lord Byron)也在他的遊記中對辛特拉讚譽有加。

19世紀時，辛特拉變成歐洲第一個浪漫主義建築的中心，費迪南二世(Ferdinand II)把一處廢棄的修道院改造成一座城堡，內部融合了哥德、埃及、摩爾、文藝復興等各種建築風格，同時打造一座花園，裡面種植了在地及各種異國的樹種。而山坡周邊的住宅區，結合了花園和公園的設計規劃，也影響到後來歐洲城市建築景觀的發展。

吉馬良歷史中心
Historic Centre of Guimarães

2001

文化遺產

歷史城區

身為葡萄牙王國第一位國王阿方索一世(Afonso I of Portugal)誕生地的吉馬良，是一座興建於西元4世紀的葡萄牙北方城市，至今其城牆上還有一段醒目的文字，訴說這個發源於12世紀的西歐國家歷史。吉馬良在12~16世紀時進入發展巔峰，出現多座地標性建築和華美的別墅，16世紀時該城已出現水渠等大規模城市建設規劃，17世紀時還修築了沃邦式防禦工事。

如今這個區內各時期建築保存完善的城市，是中世紀聚落轉型現代城市的最佳發展範例，其中特別是15~19世紀的建築，展現了葡萄牙的傳統建築材料與技術。

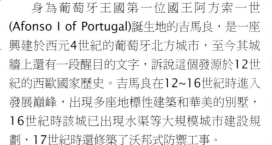

科阿峽谷和西艾加維德史前岩石藝術遺址
Prehistoric Rock Art Sites in the Côa Valley and Siega Verde

1998

文化遺產

舊石器時代遺址 × 史前岩畫

擁有現今全世界最重要的史前人類藝術活動遺跡的科阿峽谷，位於葡萄牙東北部的群山間，這些年代距今上萬年的上舊石器時代(Upper Paleolithic Era)岩石雕刻藝術，以山羊、馬匹和古代野牛等經常出現於西歐早期藝術的特色動物為主題，其他發現還包括魚拓，以及鐵器時代以後的人形雕刻，纖細線條刻畫的人物大多是小頭、配劍、雙腿細長、騎在擁有細長身軀馬匹的戰士。

17世紀開始，當地再度興起岩石藝術，主題轉而與宗教相關，到了20世紀中這裡甚至出現飛機、火車和船隻等現代產物，見證人類藝術與文化的漫長發展。

2010年聯合國教科文組織再度擴大遺產的範圍，把西班牙境內的西艾加維德也納進來。

＊與西班牙並列

歐洲

EUROPE

275

1999

自然遺產

森林
×
月桂樹

馬德拉群島的月桂樹森林
Laurisilva of Madeira

15世紀初，葡萄牙航海家發現了位於該國西南方的馬德拉群島，這座幾百萬年前因地殼運動和火山噴發形成的島嶼，以分布廣闊且年代久遠的月桂樹森林聞名，為當今全世界最大的月桂樹林。

特別是其中將近90%的面積都屬於原生林，也因此擁有大量當地特有且珍貴的生物，像是馬德拉長趾鴿，以及稀少的苔蘚、蕨類和開花植物，與多達66種的維管束植物等等，有別於其他月桂樹森林的特色，此外，它更是許多無脊椎動物的家。

©Turismo de Madeira

©Turismo de Portugal/Associacao de Turismo dos Açores

2004

文化遺產

農業景觀
×
葡萄園

皮庫島葡萄園文化景觀
Landscape of the Pico Island Vineyard Culture

皮庫島是以島上火山、同時為葡萄牙最高峰皮庫山(Ponta do Pico)命名，是亞速群島的第二大島，面積447平方公里，密布著一小塊、一小塊的葡萄園，它們的周遭圍繞著以玄武岩塊堆砌、沒有加上任何水泥接合的護牆，使葡萄免受強風與海水的侵害。

皮庫島的葡萄酒文化起源於15世紀，從當地的葡萄園、石牆、房舍、莊園地主的宅邸、酒窖、教堂和港口等人文景觀，得以一窺當地如何以小規模的葡萄園區塊，發展出適合當地生活環境的作業型態，並生產出極具價值的美酒。

2001

文化遺產

農業景觀
×
葡萄園

上杜羅河葡萄酒區
Alto Douro Wine Region

上杜羅河成為葡萄酒鄉的歷史已將近兩千年，根據考古證據顯示，早在3~4世紀的西羅馬帝國末年時，這裡已經開始釀製葡萄酒。17世紀下半葉波特酒的出現，讓該區的葡萄園不斷擴張，到了18世紀時，波特酒不但成為上杜羅河的主要產品，更以絕佳的品質躋身世界名酒之列。

上杜羅河當地的景觀因為這項人類長期發展的產業活動而形成獨特的面貌，葡萄園、酒莊、村落、教堂以及道路，勾勒出傳統歐洲葡萄酒區的景象，也反映出隨時間變遷的釀酒業，在技術以及社會等各方面的發展。

©Turismo de Portugal/Jose Manuel

2019

文化遺產

宗教建築

布拉加山上仁慈耶穌朝聖所
Sanctuary of Bom Jesus do Monte in Braga

朝聖所位於葡萄牙北部埃斯皮諾山(Mount Espinho)上，俯瞰布拉加城，建築經歷了六百多年的興廢更替，主體為巴洛克風格，展現16世紀天主教會在特倫托大公會議上所推廣的創建神聖山(Sacri Monti)傳統。朝聖所位於西坡「苦路」(Via Crucis)的中心，內有供奉耶穌受難像的小聖堂、噴泉、宗教雕塑和古典花園，通往教堂的苦路建於1784年~1811年，著名的「五感台階」由牆壁、階梯、噴泉、雕塑及裝飾物組成，是朝聖所內最具代表性的巴洛克藝術作品。

符號說明 登錄時間 遺產內容　遺產類型 文化遺產 自然遺產 綜合遺產 瀕危文化遺產 瀕危自然遺產 瀕危綜合遺產

1996

文化遺產

歷史城區
×
橋
×
修道院

波多歷史中心、路易一世橋和賽拉多皮拉爾修道院
Historic Centre of Oporto, Luiz I Bridge and Monastery of Serra do Pilar

　　葡萄牙的第二大城波多坐落於杜羅河(Douro)河口，它是北部重要的文化與經濟中心，以生產且外銷葡萄牙最著名的特產波特酒(Port Wine)聞名於世。

　　這座擁有傑出都市景觀的城市，名稱衍生自「港口」這個字，回溯其歷史，早在西元4世紀創立以來，就是一座重要的商業港口，今日錯落於區內的各色古蹟，從羅馬式唱詩班席、新古典主義的股票交易所，到曼努埃爾風格的教堂等等，都能看出它長達兩千多年的發展，以及對外與西方世界間的文化和貿易聯繫。

　　除了波多的歷史中心區，該城市最顯眼的地標路易一世橋，以及杜羅河對岸、位於加亞村(Vila Nova de Gaia)的賽拉多皮拉爾修道院，也納入世界遺產範圍。

2012

文化遺產

防禦工事

埃瓦斯邊城及其防禦工事
Garrison Border Town of Elvas and its Fortifications

　　埃瓦斯城位於葡萄牙東南部的阿連提如地區(Alentejo)，緊鄰西班牙邊界。自從1640年葡萄牙成功反抗西班牙的統治、恢復獨立開始，葡萄牙人就大規模地加強埃瓦斯城的軍事建築，使它成為在17到19世紀期間保衛葡萄牙的重要邊境城鎮。

　　埃瓦斯城擁有全世界最大的乾溝式防禦工事，設計者是荷蘭耶穌會神父佩卓‧若昂‧皮斯卡西歐‧科斯曼德(João Piscásio Cosmander)，他依照荷蘭學派的堡壘工程理論，依山坡建造十幾座分布成不規則多邊形的堡壘，堡壘四周環繞著乾溝，外頭還有數座稜堡加以保護，是目前荷蘭式防禦工事中保存得最完善的典範。

　　除了軍營、教堂、修道院、城牆、護城河以及軍事堡壘之外，埃瓦斯城還有一座長達7公里的阿莫雷拉引水道(Amoreira Aqueduct)，可以在長期圍城的狀況下供應足夠的水源。

2019

文化遺產

皇家建築

馬夫拉皇家建築—宮殿、大教堂、修道院、塞爾科花園及塔帕達狩獵公園
Royal Building of Mafra – Palace, Basilica, Convent, Cerco Garden and Hunting Park (Tapada)

　　這項遺址位於里斯本西北30公里處，由若昂五世於1711年興建，宏偉的矩形建築包括國王及王后宮殿、採巴洛克風格修建的皇家小聖堂、方濟各會修道院，及藏書三萬料千多冊的圖書館，幾何對稱佈局的塞爾科花園及塔帕達皇家狩獵公園也是建築整體的一部分。馬夫拉皇室建築展現了葡萄牙帝國的實力和影響力，也呈現了義大利巴洛克風格的典型建築和藝術樣式。

2013

文化遺產

大學

科英布拉大學—阿爾塔和索菲亞校區
University of Coimbra–Alta and Sofia

　　科英布拉大學是葡萄牙歷史最悠久的大學，創建於1290年，擁有超過七百年的歷史。

　　校園坐落於山丘，能俯瞰整座城市，也因為歷時已久，建築物保有歷史韻味，其建築形式對於之後葡萄牙殖民地區的大學建設上，也有深刻影響。科英布拉大學保有許多特色建築，其中著名的包括聖克魯茲大教堂(Cathedral of Santa Cruz)、由皇宮改建的學院建築，以及巴洛克風格、被譽為全世界最美圖書館之一的喬安娜圖書館(Joanine Library)。此外，科英布拉植物園、大學出版社，以及建於1728年的巴洛克式鐘塔，由義大利建築師所設計，成為日後歐洲大學鐘塔的表徵。

　　1940年代科英布拉大學逐漸發展成大學城，連結都市與大學間的關係，體現教育與城市相輔相成的關係。

羅馬尼亞Romania

🏛 #9　🌳 #2　🏛 #0　(Total) 11

身為東歐大國，居民高達86%信奉東正教，由於極具羅馬尼亞地方特色，有多達五處世界遺產都與東正教教堂建築相關。而羅馬尼亞位於歐洲第一長河多瑙河的出海口，其注入黑海的三角洲也被畫為自然遺產範圍。

★喀爾巴阡山脈與歐洲其他地區的原始山毛櫸森林Ancient and Primeval Beech Forests of the Carpathians and Other Regions of Europe詳見德國

1993

文化遺產

教堂

摩爾達維亞的教堂群
Churches of Moldavia

羅馬尼亞東北部的摩爾達維亞省是一片洋溢著鄉村風情的森林地帶，當地七座外觀彩繪精緻壁畫的東正教教堂，象徵著15~16世紀拜占庭藝術的巔峰。

一幅幅題材來自聖經和著名歷史故事的壁畫，猶如聯屏畫般展現於眾人的眼前，修默修道院(Humor Monastery)的《圍攻軍事坦丁堡》、摩爾多維塔修道院(Moldoviţa Monastery)色彩繽紛的聖經場景、素有「東方西斯汀大教堂」之稱的沃洛涅特修道院(Voroneţ Monastery)，和諧的用色與優雅的線條輪廓，使得這些壁畫完美的融入周遭景觀之中。

1991

自然遺產

河口三角洲生態

多瑙河三角洲
Danube Delta

全長2850公里的多瑙河貫穿了歐洲10個國家，擁有三百多條支流，流域面積超過81萬平方公里，它在羅馬尼亞和烏克蘭之間形成了全歐洲保存最完善且第二大的三角洲。

占地約3446平方公里的多瑙河三角洲，除北部一小部分外，大多位於羅馬尼亞境內，這條最後注入黑海的河流，其支流將沿途土地切割成無數小島，這些島嶼經常於春夏兩季遭淹沒，在這片區域裡，多達45種淡水魚、300種鳥類以及超過1200種植物，在沼澤和湖泊間生長與出沒，每年到了候鳥遷徙的季節，還可以看見來自歐亞非三大洲與地中海區域的無數候鳥在此繁衍。

279

EUROPE 羅馬尼亞

1993
文化遺產
防禦型村鎮

川西凡尼亞的防禦性教堂村落群
Villages with Fortified Churches in Transylvania

13世紀時，匈牙利國王在川西凡尼亞地區設置了殖民地，這些緊密結合農夫、工匠和商人的社區，為了抵抗長期備受土耳其人和外族入侵的威嚇，興建了結合防禦工事的撒克遜村莊。

基於安全的理由，這些位於山谷的村落彼此緊密相連，採用順應當地地形的特殊土地管理系統與居住型式，儘管防禦工事從小城堡到設置碉堡的城牆大小不一，但總圍繞著該城的中心：教堂，並大致以一條中央街道為核心向外延伸。如今有七座防禦性教堂村落獲選為世界遺產，它們不但呈現了13~16世紀的建築形貌，也是川西凡尼亞南邊最美的文化景觀。

1993
文化遺產
修道院

胡雷茲修道院
Monastery of Horezu

17世紀末羅馬尼亞展開了一場藝術與文化上的革命，產生一種將拜占庭主義發揮得淋漓盡致的布蘭考恩(Brancovan)風格，該風格以君士坦丁‧布蘭考恩(Constantin Brâncoveanu)王子命名，他於1690年建立的胡雷茲修道院，可謂此純粹發源於羅馬尼亞的藝術風格中最具代表性的傑作。

胡雷茲修道院的建築結構簡單且平衡，裝飾著大量的雕刻、聖像以及彩繪作品，其中90%的壁畫落成於1792年~1702年間，展現了深受希臘肖像畫主題影響的早期布蘭考恩風格，它掛滿聖像與圖像的修道院學校，也成為巴爾幹半島的特殊景觀之一。

2024
文化遺產
古羅馬邊界

羅馬帝國的邊界—達契恩
Frontiers of the Roman Empire–Dacia

從西元前500年起，羅馬帝國開始逐步向歐洲和北非擴張領土，到2世紀時，邊界總長達到約7500公里，其中羅馬尼亞境內的達契恩邊界，是古羅馬唯一完全位於多瑙河北岸的行省，穿越不同的地貌、將軍團堡壘、輔助堡壘、土城牆、瞭望塔、臨時營地，由277處地點組成，於西元106年~271年間發揮作用，保護腹地免受侵擾，又控制著獲取黃金、鹽等寶貴資源的通道。

 符號說明 登錄時間 遺產內容 遺產類型 文化遺產 自然遺產 綜合遺產 瀕危文化遺產 瀕危自然遺產 瀕危綜合遺產

奧拉斯迪山的達契恩軍事碉堡
Dacian Fortresses of the Orastie Mountains

文化遺產

防禦工事

　　歷史悠久的羅馬尼亞在遠古時稱為達契恩(Dacia)，達契恩人是定居於當地的兩支部落之一，西元前後一世紀之間，為了抵抗羅馬人的入侵，達契恩統治者在今日的奧拉斯迪山間，興建了融合軍事與宗教建築技術的堡壘，展現來自古典世界與歐洲鐵器時代晚期的軍事建築概念。

　　這六處可謂達契恩王國核心，其所成就的軍事碉堡，見證著當時已發展出高度文明與社會經濟水準。由於2世紀初被羅馬人攻克並加以擴建，這些依舊保存完好的遺跡聳立於四周壯觀的大自然間，讓人感受到充滿氣勢且創新的美感。

錫吉索拉歷史中心
Historic Centre of Sighişoara

文化遺產

防禦型
村鎮

　　12世紀時，被稱為川西凡尼亞－撒克遜人的日耳曼手工藝匠和商人，因為匈牙利國王在川西凡尼亞設立殖民地而大量湧入，錫吉索拉就是在這種情況下，而建立於1191年。

　　長達幾個世紀的時間，錫吉索拉扮演著中歐邊境上重要的戰略與貿易角色，居住其中的日耳曼藝匠不但掌管該城的經濟命脈，同時也出資興建城牆而加以保護，使得這個介於中歐拉丁文化以及東南歐拜占庭文化間的小型城市，成為中世紀防禦城鎮的絕佳範例。不斷蓬勃發展的錫吉索拉，見證著延續將近850年的川西凡尼亞－撒克遜文化，其建築遺產也隨該城古蹟繼續流傳。

1999

文化遺產

教堂

馬拉穆列斯的木造教堂
Wooden Churches of Maramureş

馬拉穆列斯位於川西凡尼亞的北方，區內8座出現於不同時期和地區的木造東正教教堂，說明它們對興建羅馬尼亞東正教石頭教堂所持的反對意見。儘管擁有不同的建築風格，然而這些主要興建於17~18世紀的教堂，全都以厚圓木興建而成，並在建築西面樹立獨特的細長鐘塔，狹小且陰暗的內部彩繪著質樸的聖經場景，木造教堂展現了北羅馬尼亞山區的文化景觀。

由於來訪者不多，當地的木造村落和教堂、傳統的生活方式，以及色彩繽紛的傳統服飾反而妥善保存下來，使得馬拉穆列斯猶如一座活生生的露天博物館。

©www.romaniatourism.com

2024

文化遺產

雕塑

特爾古日烏的布朗庫西雕塑群組
Brâncuşi Monumental Ensemble of Târgu Jiu

1937年~1938年，著名抽象雕塑先驅康斯坦丁・布朗庫西(Constantin Brâncuşi)創作了這組雕塑，以紀念在第一次世界大戰中，為保衛特爾古日烏城而犧牲的烈士，雕塑位於兩座公園內，布朗庫西巧妙融合抽象雕塑、景觀設計、工程學及城市規劃，使這組藝術作品遠遠超越戰爭紀念意義，而為觀察人類生存提供了獨特視角。

2021

瀕危
文化遺產

地下金礦
遺址

羅西亞蒙大拿礦業景觀
Roşia Montană Mining Landscape

此礦區是已知的最大、技術最多樣化的羅馬帝國時期地下金礦遺址，自西元106年開始，在隨後的166年中，羅馬人從該地開採約五百噸黃金，礦道總長達七公里，還在四個地下區域建造了水車，展示了外來的羅馬採礦技術與本土技術的融合，此地開採工作從中世紀持續到現代，但規模較小。此處礦區現列入瀕危文化遺產。

符號說明 登錄時間 遺產內容　遺產類型 文化遺產 自然遺產 綜合遺產 瀕危文化遺產 瀕危自然遺產 瀕危綜合遺產

俄羅斯 Russian Federation

 21 11 0 Total 32

幅員廣闊的俄羅斯，除了獨特的俄羅斯風情所形塑出的人文風貌及建築遺產，其自然環境也為科學家提供許多寶貴的研究資料。32處世界遺產橫跨歐亞兩大洲，歐洲多半為以建築為主的文化遺產，亞洲區則大部分是人煙罕至的自然遺產。

★斯特魯維地質測量點 Struve Geodetic Arc 詳見白俄羅斯

★庫爾斯沙嘴 Curonian Spit 詳見立陶宛

北 冰 洋

普斯科夫學派教堂建築
Churches of the Pskov School of Architecture

諾弗哥羅歷史建築群
Historic Monuments of Novgorod and Surroundings

聖彼得堡歷史中心
Historic Centre of Saint Petersburg and Related Groups of Monuments

基日島木造教堂
Kizhi Pogost

克諾澤羅湖區歷史景觀
Cultural Landscape of Kenozero Lake

索洛維次基群島的歷史建築群
Cultural and Historic Ensemble of the Solovetsky Islands

奧涅加湖和白海的岩刻
Petroglyphs of Lake Onega and the White Sea

費拉邦多夫修道院
Ensemble of the Ferrapontov Monastery

科米原始森林
Virgin Komi Forests

賽爾吉耶夫聖三一修道院建築群
Architectural Ensemble of the Trinity Sergius Lavra in Sergiev Posad

克羅門斯科耶的升天教堂
Church of the Ascension, Kolomenskoye

斯維亞日斯克鎮上的聖母升天大教堂與修道院
Assumption Cathedral and Monastery of the town-island of Sviyazhsk

喀山克里姆林歷史建築群 Historic and Architectural Complex of the Kazan Kremlin

喀山聯邦大學天文台 Astronomical Observatories of Kazan Federal University

新少女修道院
Ensemble of the Novodevichy Convent

波加爾歷史及考古建築群
Bolgar Historical and Archaeological Complex

克里姆林宮及紅場
Kremlin and Red Square, Moscow

亞羅斯拉佛歷史中心
Historical Centre of the City of Yaroslavl

西高加索山脈
Western Caucasus

弗拉迪米爾和蘇茲達里的白石建築
White Monuments of Vladimir and Suzdal

德爾本特要塞、古城及堡壘
Citadel, Ancient City and Fortress Buildings of Derbent

庫爾斯沙嘴
Curonian Spit

弗蘭格爾島自然保護區
Natural System of Wrangel Island Reserve

普托蘭納高原
Putorana Plateau

堪察加火山群
Volcanoes of Kamchatka

勒那河柱狀岩自然公園
Lena Pillars Nature Park

中錫霍特山脈
Central Sikhote-Alin

貝加爾湖
Lake Baikal

達翰爾景觀
Landscapes of Dauria

烏布蘇湖盆地
Uvs Nuur Basin

黃金阿爾泰山
Golden Mountains of Altai

芬蘭 黑海 裡海 哈薩克 蒙古 中國 白令海 鄂霍次克海 貝加爾湖

1990

文化遺產

教堂

基日島木造教堂 Kizhi Pogost

　　基日島位於歐內加湖(Lake Onega)，島上的木造教堂原名普雷歐布朗傑斯卡大教堂(Preobrazhenskaya Tserkov)，建於1714年，從地面到中央尖頂約37公尺高。教堂結構完全沒使用半根釘子，純粹以精密的斧鑿技巧完成。此教堂曾經在15世紀末被雷擊中，1714年再建修復，目前建築物逐漸老朽，如何保存下去成為困難的課題。

　　基日島上除了這座教堂，還從各地移築了許多18世紀到19世紀的木造農家建築與風車，使整座島像是北俄羅斯建築史博物館。

283

1990

文化遺產

歷史城區

聖彼得堡歷史中心
Historic Centre of Saint Petersburg and Related Groups of Monuments

位於莫斯科西北邊的聖彼得堡,建城不過300年,從一個荒煙蔓草的海邊沼地,迅速在10年之間發展成俄羅斯第二大城,不但發展的速度驚人,規模及精緻程度也令人嘖嘖稱奇。

這得歸功於彼得大帝、伊莉莎白女皇及凱薩琳大帝等三位有魄力、有遠見的沙皇。尤其彼得大帝登基後,為恢復通往歐洲的通道與瑞典作戰,爭回波羅的海控制權,1703年在涅瓦河出海口建造聖彼得堡,1712年彼得大帝將首都從聖彼得堡遷過來,並建立強大的海軍武力。

繼位的伊莉莎白女皇利用居留歐洲的心得,把重心放在聖彼得堡都市規劃及建築風格,聖彼得堡放射狀的道路規劃就是在這個時期奠定根基,而聞名於世

的冬宮也歸功於這位女皇。凱薩琳大帝集兩位沙皇的成就於一身,不但積極擴張聖彼得堡市的規模,更請來歐洲各國建築師拓展聖彼得堡的建築樣式。

經過18世紀歷代沙皇的建設,聖彼得堡成為俄羅斯境內的小歐洲,更因城中散布著交錯的運河而有「北方威尼斯」的美稱。

聳立天際的建築、目眩神馳的博物館、美麗的運河水道、繁華無比的大街……聖彼得堡歷史中央區就是整座城市精華中的精華。沿著涅瓦河南岸延伸將近兩公里的區域,散布著聖彼得堡最精華的建築景點,包括冬宮、聖以撒大教堂、救世主喋血大教堂、俄羅斯美術館館、彼得一世夏宮等。相較仍殘留許多共產時代遺跡的莫斯科,在聖彼得堡能強烈感受到一股截然不同的氛圍,那是一種西歐的優雅、精緻與自信,這就是彼得大帝當年建立這座城市的目的:全面歐化。

1992

文化遺產

教堂
×
宮殿

弗拉迪米爾和蘇茲達里的白石建築
White Monuments of Vladimir and Suzdal

位於弗拉迪米爾的聖母升天大教堂建於1158年~1160年之間，另一座聖迪米提教堂建於1190年，這兩座以純白石頭搭建而成的教堂，都是由弗拉迪米爾大公國安德列‧波戈流比斯基所建造，在俄國建築史上占有重要的地位。弗拉迪米爾在13世紀被莫斯科大公國取代領導地位之前，一直是政治與宗教中心，當時弗拉迪米爾—蘇茲達里大公國、及莫斯科大公國的公爵貴族們的婚禮、登基儀式等都是在聖母升天大教堂舉行。聖迪米提教堂顯得較為嬌小精緻，

內部牆上的上層刻滿浮雕，共計有上千個石塊雕刻，包括聖經故事裡的大衛王、亞歷山大大帝東征、以及舊約聖經裡的力士參孫。

在蘇茲達里，克里姆林可說是蘇茲達里發展的起源，早在11世紀左右，就已出現城堡式的社會結構，長達1400公尺的木造及泥土圍牆構成克里姆林的雛形，現在圍牆完全頹圮，只剩下環繞的土墩，而克里姆林內原有的建築僅剩兩座，分別是聖母誕生大教堂以及長形的大主教宮，而大主教宮內還分別有會議廳、蘇茲達里歷史博物館及古俄羅斯繪畫展示廳等幾個區域。這兩棟建築都納入世界遺產保護。

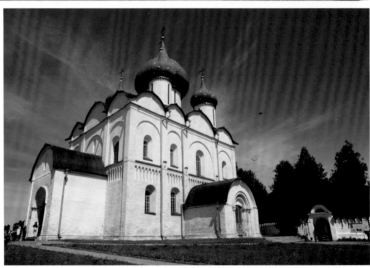

1992

文化遺產

史前遺址
×
教堂

索洛維次基群島的文化和歷史建築群
Cultural and Historic Ensemble of the Solovetsky Islands

索洛維次基群島位於白海(White Sea)西部海域，由六座島嶼組成，涵蓋範圍達三百平方公里。島上發現有西元五千年前的人類活動遺跡。自15世紀以來，索洛維次基群島即是宗教活動頻繁之地，至今仍保有數座16世紀到19世紀之間興建的教堂與修道院。

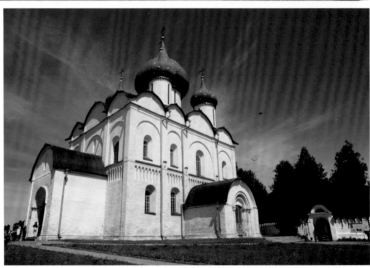

歐洲 EUROPE

285

1990

文化遺產

宮殿
×
廣場
×
教堂

莫斯科克里姆林宮及紅場
Kremlin and Red Square, Moscow

自13世紀起，克里姆林宮就是俄羅斯政經、宗教中心，地位非凡。緊依的紅場上矗立著聖巴索教堂，也同步展現東正教的藝術與勢力。

從過去到現在，莫斯科的精華都藏在克里姆林宮裡。1472年，莫斯科使者Semyon Talbuzin訪問威尼斯，見識到才氣洋溢的建築，這位率直的使者，毫不客氣地要求當地名建築師陪同返俄，以複製令他震撼的景觀。於是，以Aristotele Fioravanti為首的建築師來到了莫斯科，運用拔尖的技術為克里姆林宮修建精緻的教堂，隨後的數十年，義大利的建築師前仆後繼的加入改造克里姆林宮的工程，一幢接一幢名建築師的作品，構築成克里姆林宮熱鬧的傳奇。

五百多年的時光沿著2,235公尺長的城牆邊流過了，今日牆內的建築一樣考究，人潮異常洶湧，兩者都令人驚奇。克里姆林宮由5座巍峨塔樓和19座尖塔環抱，深鑿的護城河無聲無息地流動，見證進出克里姆林宮的歷代政治事件。高聳的城牆內布滿一幢幢華麗的教堂、宮殿、塔樓、廣場，串聯成一首激昂的交響曲，成為全球最優美典雅的建築群。

與克里姆林宮比鄰的紅場名氣不相上下，繽紛的聖巴索教堂和肅穆的列寧陵寢，共同撐起紅場的門面，單純，但氣勢令人屏息。

符號說明　登錄時間　遺產內容　　遺產類型　文化遺產　自然遺產　綜合遺產　瀕危文化遺產　瀕危自然遺產　瀕危綜合遺產

1992

文化遺產

教堂
×
修道院

諾弗哥羅歷史建築群
Historic Monuments of Novgorod and Surroundings

　　位於中亞與北歐往來要道上的諾弗哥羅，在9世紀時成為俄羅斯史上的第一個首都。這個城市遍布許多中世紀以降的古蹟、教堂與修道院，數量與年代都是全俄羅斯之最，可說是東正教的精神堡壘，同時也是俄羅斯風格的古典建築精髓所在。

　　其中最重要的史蹟便是1045年至1050年建造的聖索非亞大教堂，至今仍為民眾所使用。此外，諸多教堂的天花板與牆壁上仍完整保留著14世紀由希臘藝術家狄奧尼(Theophanes)所創作的拜占庭風格濕壁畫，亦是諾弗哥羅文藝發展蓬勃的最好例證。

1999

自然遺產

高山生態

西高加索山脈 Western Caucasus

　　西高加索山脈位於俄羅斯南部高加索山脈的最西端，從黑海一直延伸到厄爾布魯士山(Mount Elbrus)，占地將近三十萬公頃。此地只有野生動植物棲息其間，是歐洲少數尚未遭受人為開發衝擊的山區。

　　本區擁有多樣性的生態系統，目前列入紀錄的植物共有1,500多種，其中1/5的高山植物屬於特有種。1924年，前蘇聯政府為了保育珍貴的高山森林及歐洲最高的樹木高加索冷杉(Nordmann Fir)，在此成立了高加索國家自然生物圈保護區(Caucasian State Nature Biosphere Reserve)。

　　除了種類豐富的植物以外，本區還是全球瀕危物種歐洲野牛的原生地，而同樣名列全球瀕危物種的雪豹，偶爾也會在這裡出沒。

2000

文化遺產

歷史城區

喀山克里姆林歷史建築群
Historic and Architectural Complex of the Kazan Kremlin

　　喀山是俄羅斯最為古老的城市之一，蒙古時代曾為喀山汗國(Kazan Khanate)的都城，在1552年被伊凡四世攻下而歸併俄羅斯，目前是韃靼斯坦共和國(Tatarstan)的首府。

　　喀山克里姆林建築遺址群匯聚了好幾個世紀的古老建築，除了16~19世紀的俄羅斯歷史建築，還包括10~16世紀的古老建物和碩果僅存的韃靼堡壘。其中以高59公尺的蘇尤姆別卡尖塔(Syuyumbike's Tower)最引人注目，據說是以汗國末代王后命名。

1993

文化遺產

修道院

賽爾吉耶夫聖三一修道院建築群
Architectural Ensemble of the Trinity Sergius Lavra in Sergiev Posad

　　1337年，一位名叫賽爾吉耶夫(St. Sergius of Radonezh)的僧侶，在莫斯科近郊的偏僻森林裡建立一處小教堂，即為該修道院的前身。他在此慢慢建立的一套修道主義傳統吸引眾多跟隨者，使這種信仰操練的生活方式深入俄羅斯的中下階層。

　　修道院石牆高達15公尺，成為莫斯科北方重要防禦據點。它擁有幾個世紀以來、歷經各個朝代改建和擴建的各種形式的教堂和附屬建築群。

　　這座東正教修道院建築群保留了15~18世紀的教堂特有的軍事元素，但其色彩絢麗繽紛又帶有濃厚的童話味道。其中最重要的聖母安息大教堂，內有沙皇鮑里斯・哥德諾夫(Boris Godunov)的陵墓，以及俄羅斯史上最偉大畫家安德列・盧布列夫(Andrei Rublev)的名作《三位一體》(The Trinity)。

黃金阿爾泰山
Golden Mountains of Altai

1998

自然遺產

高山生態

阿爾泰山脈跨越中國、蒙古、哈薩克及俄羅斯領土，海拔一千到三千公尺，綿延約兩千公里，是構成西伯利亞西部生物地理區的主要山脈，也是兩大主要河川鄂畢河(Ob)與額爾濟斯河(Irtysh)的源頭。

本世界遺產的範圍涵蓋三個部分：阿爾泰自然保護區(Altaisky Zapovednik)以及捷列茨科耶湖(Lake Teletskoye)周邊緩衝區；卡東斯基自然保護區(Katunsky Zapovednik)以及別盧哈山(Mount Belukha)周邊緩衝區；烏科克高原(Ukok Plateau)。這些地區擁有最完整的高山植被、豐富的林木資源，並且棲息著雪豹等瀕臨絕種的保育類動物，此外還是黃金、寶石、有色金屬及稀有金屬的產地。自古以來，阿爾泰山脈就以礦產豐富著稱，事實上「阿爾泰」在蒙古語裡就是「金山」之意。

勒那河柱狀岩自然公園
Lena Pillars Nature Park

2012

自然遺產

岩石景觀

勒那河柱狀岩自然公園位於西伯利亞遠東地區的薩哈(雅庫特)共和國中部，以勒那河(Lena River)沿岸奇特宏偉的天然岩柱景觀著稱。

本區的柱狀岩由寒武紀時期的石灰岩、泥灰岩和白雲石岩層所組成，高度大約150~300公尺，它們崎嶇不平、深邃陡峭的外觀，主要是極端大陸性氣候的冬夏溫差(冬季溫度-60°C，夏季溫度40°C)以及地表逕流的溝蝕作用所產生的結果。

除了擁有奇特的天然石景，勒那河柱狀岩自然公園還具有極高的生物研究價值，這裡不僅蘊藏了長毛象化石、北美野牛化石等豐富的寒武紀古生物化石群，還孕育了種類豐富的動植物，包括西伯利亞麝、西伯利亞花栗鼠、紅鹿等44種哺乳動物、99種鳥類，以及多達464種植物，而且其中不乏已被列入紅皮書的稀有物種。

新少女修道院 Ensemble of the Novodevichy Convent

2004

文化遺產

修道院

新少女修道院是瓦西里三世在1524年為紀念俄羅斯古城斯摩棱斯克擺脫立陶宛統治而修建的一座女子修道院。後來在這裡成功抵禦了16世紀末的蒙古軍隊和17世紀的波蘭軍隊的入侵。

它的周圍都用城牆圍住，原為克里姆林宮外城的一部分，修道院內有很多珍貴的古建築，紅白相間的鐘樓非常漂亮。修院建立起來後，主要用來「安置」皇室的女眷，舉凡死了丈夫、失寵、嫁不出去，皆會被安排來這裡做修女。十月革命後修道院被迫關閉，改為國家歷史博物館的一個分館，蘇聯解體後才又作為女子修道院重新開放。

巴洛克風格的建築群落精緻華麗，內部裝飾更精雕細琢，並收藏許多珍貴畫作與藝術品。鄰近的墓園也十分有名，契柯夫、果戈里與許多皇室成員都埋葬於此。

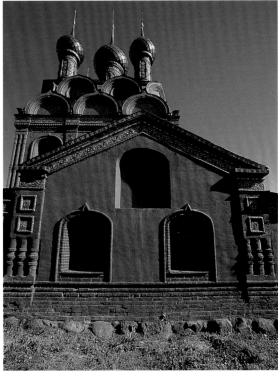

2005

文化遺產

歷史城區

亞羅斯拉佛歷史中心
Historical Centre of the City of Yaroslavl

亞羅斯拉佛位於莫斯科東北250公里處，由於地處伏爾加河(Volga)和科多羅索河(Kotorosl)交界，自11世紀起即逐漸發展為商業城鎮。

在16、17世紀，亞羅斯拉佛因伏爾加河上頻繁的貿易活動而發展起來，一度成為伏爾加河流域第二大城，而這個時期的富商把財富投資在建設教堂及修道院，並聘請最有名的壁畫家為教堂繪製壁畫，修道院內的救世主基督變容大教堂、以利亞先知教堂中鮮豔而生動的壁畫，正是這時期的傑作。

亞羅斯拉佛保留著為數眾多的17世紀教堂，凱薩琳大帝在位時，曾以新古典主義風格將這座城市的街道做了放射狀的規劃，是都市計畫革新的重要先例。

2001
2017

自然遺產

高山生態
×
森林

中錫霍特山脈
Central Sikhote-Alin

位於俄羅斯東部的錫霍特山脈擁有世界上最特殊的溫帶林，在混合針葉林與亞熱帶林的生態環境中，南方物種如老虎、喜瑪拉雅熊，與北方物種如棕熊等奇異地並存著。從錫霍特山綿延到日本海的這塊區域同時也是許多瀕絕物種的重要棲地，例如俗稱西伯利亞虎或東北虎的阿穆爾虎(Amur Tiger)。

2003

自然遺產

湖泊及
盆地生態

烏布蘇湖盆地
Uvs Nuur Basin

烏布蘇湖盆地位處西伯利亞和中亞之間，是中亞最北邊的封閉型盆地。烏布蘇湖是個面積廣大、水深卻淺的鹹水湖，是許多過境水鳥及海鳥的重要據點。囊括湖泊、沙漠、山脈與乾草原，加上獨特的氣候與水文，孕育出豐富多樣的生物種類，更是許多稀有物種如沙鼠、跳鼠、雪豹、盤羊(argali)的庇護所。
＊與蒙古並列

2004

自然遺產

極地生態

弗蘭格爾島自然保護區
Natural System of Wrangel Island Reserve

弗蘭格爾島位於北極圈內，由於第四紀冰河期時未被冰雪覆蓋，演化出其他北極凍原遠遠不及的高度生物多樣性。本島擁有世界上族群數目最多的海象和北極熊的巢穴，也是灰鯨遷移必經路線和一百多種候鳥緯度的最北築巢地。

©UNESCO/Guy Debonnet

1996

自然遺產

火山地形
生態

堪察加火山群
Volcanoes of Kamchatka

堪察加屬於全球火山活動最頻繁的地區，擁有高密度且噴發形式多樣的活火山群，火山與冰河的交互作用形成了壯麗的地景奇觀。而堪察加半島及其外海生物物種也相當豐富，有棕熊、藍鯨、海獺、斯特拉海鵰，當地海域也是世界上鮭魚種類最多的地區。

2010

自然遺產

極地生態

普托蘭納高原
Putorana Plateau

普托蘭納高原位於北極圈以北約一百公里處，是一座位於中央西伯利亞高原西北邊緣的玄武岩高原，它的位置正好與普托蘭斯基州自然保護區(Putoransky State Nature Reserve)重疊，此區的最高峰是一座海拔高度達1700公尺的喀門山(Mount Kamen)。

這處被列為世界遺產的高原，為一個完整的亞北極和北極的生態系統提供居住地，它們生存於遺世獨立的山脈中，其中包括原始針葉林、森林寒帶草原、苔原、北極荒野生態體系，以及冷水湖和河流系統。馴鹿的主要遷移路線也穿越此區，這是一種特殊、大規模且越來越罕見的大自然現象。

2003

文化遺產

德爾本特要塞、古城及堡壘
Citadel, Ancient City and Fortress Buildings of Derbent

德爾本特位於裡海西岸，是俄羅斯聯邦達吉斯坦共和國(Republic of Dagestan)境內的一座大城。這個擁有超過五千年歷史的古老城市，從西元前1世紀開始就掌控了歐洲與中東地區之間的交通要道，直到19世紀都保有戰略地位。當地由波斯薩珊王朝建於5世紀的防禦設施，也被沿用了超過14個世紀之久。

由於地理位置特殊，這座要塞古城就建在從塔巴薩蘭山脈(Tabasaran Mountains)一直延伸到裡海岸邊的兩道平行石牆之間，以便獲得堅固的屏障，而這兩道石牆也成為德爾本特市的最大特色。

除了石牆之外，沿著石牆矗立的數十座高塔以及坐落於山上的堡壘，也是德爾本特軍事防禦系統的一部分。

1994

文化遺產

教堂

克羅門斯科耶的升天教堂
Church of the Ascension, Kolomenskoye

這座建於1532年的教堂是歷史最悠久的俄羅斯傳統木造教堂之一，位於莫斯科郊區克羅門斯科耶的皇家莊園，是為了慶祝伊凡四世(也就是後來的恐怖伊凡)的誕生而建。

教堂的篷頂形式、以石頭和磚砌成的底座，在俄國建築發展史上有舉足輕重的地位，因為這是首次將木造建築的樣式以磚蓋起來，它為25年後，莫斯科紅場上聖巴索教堂的建造鋪路。

1995

自然遺產

森林

科米原始森林 Virgin Komi Forests

科米原始森林占地328萬公頃，位於烏拉爾地區的凍土地帶。遼闊的疆域涵蓋山脈、冰河、湖泊、泥炭沼、河流等各種地形，保留了大片的松柏、山楊、樺木等針葉林，並庇護著許多珍貴的野生動物。有關此地的相關研究已經持續了五十多年，為科學家研究生物多樣性提供了許多寶貴的資料。

2000

文化遺產

修道院

費拉邦多夫修道院
Ensemble of the Ferrapontov Monastery

費拉邦多夫修道院位於北俄羅斯的沃格達區(Vologda)，是一座保存良好的東正教修道院的典型建築，代表了15~17世紀俄羅斯文化的精神與發展。其中聖母誕生大教堂內部有一幅狄奧尼西(Dionisy)所繪的著名壁畫，是俄羅斯壁畫藝術的極致表現。

1996

自然遺產

湖泊

貝加爾湖
Lake Baikal

貝加爾湖可說是地質與生物界的奇蹟，擁有許多令人咋舌的世界紀錄。它長636公里、寬79公里，水深最深處達1620公尺，皆為世界淡水湖之最。透明度更高達40公尺，也就是說水面下40公尺(相當於13層樓高)的物體都可以看得一清二楚。它的含水量更高達23000立方公里，占全球淡水量的20%，幾乎是北美五大湖的總和。

此外根據地質研究，證實貝加爾湖是世界上最古老的一個湖泊，原本與海洋連結在一起，在2500萬年前被陸地包圍，經年淡化之後成為完全不含鹽分的淡水湖，許多水底生物也逐漸演化，形成貝加爾湖特有種。值得一提的是，世界上所有淡水湖的演變幾乎都是朝向「沼化」而變成陸地，但貝加爾湖因長年維持低溫，水中含氧穩定，因而不易沼化，方能保留許多珍貴的物種綿延至今。

2017

自然遺產

生態景觀

達斡爾景觀 Landscapes of Dauria

這塊達斡爾草原區，範圍囊括俄羅斯西伯利亞向東延伸至與蒙古、中國東北接壤的邊境，在乾、濕氣候接續循環下，孕育了豐富多元的物種與生態，區內的草原、森林、湖泊、濕地，成為白枕鶴、大鴇等稀有珍禽以及數百萬瀕臨絕種候鳥的棲息地，此外，此處也是黃羊遷徙必經的路途。
＊與蒙古並列

2014

文化遺產

古城

波加爾歷史及考古建築群
Bolgar Historical and
Archaeological Complex

波加爾位於韃靼斯坦共和國(Tatarstan)首府喀山以南的伏爾加河河岸邊，遺產包括中世紀的波加爾古城，根據考古顯示，這裡從7世紀開始，就已有人類文明的足跡，13世紀時，是蒙古金帳汗國的第一個首都。波加爾代表的是幾個世紀以來，歐亞歷史文化的轉變，而遺址也提供了明顯的證據，顯示這裡歷史的延續性和文化的多元性。

2017

文化遺產

教堂與
修道院

斯維亞日斯克島鎮上的
聖母升天大教堂與修道院
Assumption Cathedral and Monastery
of the town-island of Sviyazhsk

斯維亞日斯克位於窩瓦河、斯維亞加河(Sviyaga)，與希舒卡河(Shchuka)的匯流處，1551年，伊凡四世遠征喀山，建立了斯維亞日斯克作為據點。小島鎮上的聖母升天大教堂位於同名的修道院中，教堂內的壁畫迥異於東正教風格，極為罕見，修道院的建造則透露了伊凡四世為擴展莫斯科政權，所施展的政治手段與傳教計劃。

2021

文化遺產

岩刻遺址

奧涅加湖和白海的岩刻
Petroglyphs of Lake Onega
and the White Sea

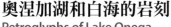

這項岩刻包括33處岩刻遺址，分布在相距約三百公里的兩地：22處位於Pudozhsky區的奧涅加湖，共約一千兩百多幅岩刻，11處位於Belomorsky區的白海，共約三千四百多幅岩刻）。奧涅加湖的岩刻圖案大部分是鳥類、動物、半人半獸象，以及可能象徵月亮和太陽的幾何形狀。白海的岩刻大多描繪狩獵和航海場景，顯示石器時代居民的創造力。

2019

文化遺產

普斯科夫
學派建築

普斯科夫學派教堂建築
Churches of the Pskov School of Architecture

這項遺產囊括了教堂、修道院、防禦塔及附屬建築，散佈在普斯科夫古城的韋利卡亞河(Velikaya River)沿岸，其中最古老的建築可追溯至12世紀。方體、穹頂、門廊和鐘樓是普斯科夫學派建築的共同特徵，普斯科夫學派受拜占庭和諾夫哥羅德(Novgorod)傳統的影響，在15~16世紀達到頂峰，是俄羅斯當時最具影響力的流派之一，一直影響俄羅斯建築的演變和發展。

2023

文化遺產
天文台

喀山聯邦大學天文台
Astronomical Observatories
of Kazan Federal University

這項遺產由兩部分組成，喀山市天文台建於1837年，位於喀山聯邦大學校園內，有著半圓形的外牆和3座帶穹頂的塔樓，樓內放置天文儀器，另一部分是位於城市西郊的恩格爾哈特(Engelhardt)天文台。天文台保存了完整的天文儀器，如今主要發揮教育功能。

2024

文化遺產

文化融合
景觀

克諾澤羅湖區歷史景觀
Cultural Landscape of Kenozero Lake

位於克諾澤羅國家公園內，展現了當地自12世紀以來被斯拉夫人殖民後形成的文化景觀。此處有許多傳統的鄉村民居和木質建築，反映了芬蘭─烏戈爾(Finno-Ugric)森林原住民文化和傳統斯拉夫田野文化融合的協同管理模式。木質教堂等宗教建築是顯現該地區重要的社會、文化地標，建築的空間構成結合其他宗教和象徵標誌，突顯了居民與環境的聯結。

聖馬利諾San Marino

 1 0  0 Total 1

聖馬利諾為義大利半島東北部的小國家，全境被義大利包圍，面積僅61平方公里，人口約三萬人，宣稱為世界上共和立憲制最悠久的國度，從西元1600年開始，已有四百多年歷史，同名的首都聖馬利諾市即為世界遺產。

義大利

聖馬利諾歷史中心
與蒂塔諾山
San Marino Historic Centre
and Mount Titano

義大利

2008

聖馬利諾歷史中心與蒂塔諾山
San Marino Historic Centre and Mount Titano

文化遺產

歷史城區

聖馬利諾為位於亞平寧山脈（Apennine Mountains）間的小山國，坐落海拔750公尺高的蒂塔諾山（Monte Titano）上，為世界上面積第五小的國家。

相傳西元301年，基督徒馬利諾為了躲避羅馬帝國迫害，逃到蒂塔諾山建立了一個小社區，也就是聖馬利諾的起源。這個歐洲最古老的共和國，雖然最後只能以城邦國家的形式保存下來，卻代表了民主政體發展中一個重要的階段。而聖馬利諾宣稱為世界上共和立憲制最悠久的國度，從西元1600年立憲以來，已有400多年歷史。

聖馬利諾共有9個自治市，但每年兩百多萬的遊客都跳過沿路經過的城鎮，直接上達坐落於該國最高山蒂塔諾山西側山坡的聖馬利諾城（Città di San Marino）。其歷史中心年代上溯到13世紀，區內擁有修建防禦高塔與城堡的城牆、14和16世紀的修道

院、18世紀的蒂塔諾劇院，以及19世紀新古典主義的長方形會堂，說明了這處歷史中心幾個世紀以來依然運行不輟。

由於高山屏障，使聖馬利諾逃過了工業時代以來對都市的衝擊，而沒有受到太大的影響。加上占據地勢之險，聖馬利諾成為一座堅固堡壘，歷經歐洲戰火，時至今日還保留了歐洲中古時期的原始樣貌。

聖馬利諾國旗和國徽中有三座高塔，指的就是古阿伊塔堡壘（Castello della Guaita）、闕斯塔堡壘（Castello della Cesta）和蒙塔雷堡壘（Castello della Montale）這三座防禦工事，分別由北而南依序排列。至於國旗中的藍白雙色條紋，藍色代表亞得里亞海，白色則象徵皚皚白雪。三座堡壘都具有無敵的遼闊視野，天氣好時，可以遠眺蔚藍迷人的亞得里亞海，腳底下，則是縱橫阡陌的田園景致，而峭壁上的城堡，像是童話故事中與世無爭的美好國度，完美停留在中世紀的時光步調中。

塞爾維亞Serbia

 #5 #0 #0 Total 5

匈牙利
克羅埃西亞
坎辛格拉－羅慕里亞納
加萊里烏斯宮
Gamzigrad-Romuliana,
Palace of Galerius
斯塔利拉斯和
蘇波坎尼修道院
Stari Ras and Sopocani
羅馬尼亞
波士尼亞
保加利亞
史特奇中世紀
墓碑墓地
Stećci Medieval
Tombstones
Graveyards
斯圖德尼察修道院
Studenica Monastery
科索沃的中世紀古蹟
Medieval Monuments
in Kosovo
北馬其頓

塞爾維亞可以説是巴爾幹半島這個歐洲火藥庫的中心，近代歐洲幾次戰火爆發，都與塞爾維亞脱離不了關係。85%的塞爾維亞人虔誠信奉東正教，中世紀以來留下的珍貴遺產，都是這些宗教建築。

★史特奇中世紀墓碑墓地Ste ci Medieval Tombstones Graveyards詳見波士尼亞及赫塞哥維納

1979

文化遺產
修道院/
拜占庭

斯塔利拉斯和蘇波坎尼修道院
Stari Ras and Sopoćani

斯塔利拉斯是塞爾維亞中世紀王國拉斯卡(Raška)的首都，坐落於昔日王國中心，創立於西元8~10世紀，幾個世紀以來，扮演著重要的角色，今日的斯塔利拉斯近郊，仍保留著令人印象深刻的中世紀古蹟，包括城牆、教堂以及修道院，其中創立於8世紀的佩特洛瓦(Petrova)，是巴爾幹半島上最古老的教堂之一。

1986

文化遺產
修道院/
拜占庭

斯圖德尼察修道院
Studenica Monastery

斯圖德尼察修道院由塞爾維亞共和國創始人斯特凡·納曼亞(Stefan Nemanja)大公創立於1190年，修道院初步落成後，大公隨即退位隱居其中，他的歷代子孫多次擴建修道院並讓它成為皇家陵墓，也因此斯圖德尼察修道院成為該國最大、且最富有的東正教修道院之一。

斯圖德尼察修道院的兩大主要結構為融合羅馬與拜占庭風格的聖母教堂(Church of the Virgin)，以及外觀呈現八角形圓頂的國王教堂(Church of the King)，這兩個同樣以白色大理石建造的紀念建築，因為收藏大量13~14世紀的拜占庭壁畫而擁有極高的藝術價值。

©National Tourism Organisation of Serbia/ B.Jovanovic

同樣坐落於拉斯卡地區的蘇波坎尼修道院，興建於13世紀下半葉，它是西方和拜占庭世界間相互接觸的象徵，內部精緻的彩繪壁畫被譽為最漂亮的塞爾維亞中世紀藝術，特別是位於主殿西牆的《安眠聖母》壁畫。

©National Tourism Organisation of Serbia/ B.Jovanovic

歐洲 EUROPE

科索沃的中世紀古蹟
Medieval Monuments in Kosovo

2004

瀕危
文化遺產

教堂/
拜占庭

位於巴爾幹半島東南方、塞爾維亞南部的科索沃地區,自從1999年科索沃戰爭後便紛爭不斷,受聯合國的保護的它於2008年單方面宣布獨立,然而塞國不願放棄該地區主權,也因此在政局不穩定且難以保護的情況下,當地的中世紀古蹟於2006年被列入瀕危遺產。

這些中世紀古蹟由四座融合拜占庭與仿羅馬建築風格的東正教教堂組成,它們的內部裝飾發展於13~17世紀,風格獨特的巴爾幹壁畫,對日後巴爾幹半島的藝術發展扮演著關鍵性的角色。

坎辛格拉―
羅慕里亞納的加萊里烏斯皇宮
Gamzigrad-Romuliana, Palace of Galerius

2007

文化遺產

古羅馬

坎辛格拉位於多瑙河南岸,在這座塞爾維亞著名的水療度假勝地近郊,保存了一處名為菲利斯・羅慕里亞納(Felix Romuliana)的重要晚羅馬遺跡,早年因為為數眾多的塔樓,使得歷史學家認為這裡是處羅馬軍營,直到1953年才確認該遺址為皇宮。

加萊里烏斯皇帝以他母親Romula的名字替這處結合神廟、宮殿、浴室和凱旋門的遺址命名,興建於289年,除當作奢華別墅使用外,還具有敬神與宣揚皇帝功績的用途,也因此使得這處集紀念活動與舉行儀式等功能於一身的建築群更顯獨特。

斯洛伐克 Slovakia

 6 2 0 Total 8

斯洛伐克與捷克原本是一國家,1992年經過一場和平分離之後,斯洛伐克共和國正式成立,斯洛伐克曾經為奧匈帝國時期的一部分,現今的布拉提斯拉瓦就是當時的帝國首都。斯洛伐克境內共有百座城堡,有數處被列為世界遺產。

★阿格特雷克及斯洛伐克喀斯特洞窟群 Caves of Aggtelek Karst and Slovak Karst 詳見匈牙利

★喀爾巴阡山脈與歐洲其他地區的原始山毛櫸森林 Ancient and Primeval Beech Forests of the Carpathians and Other Regions of Europe 詳見德國

★羅馬帝國邊境―多瑙河畔界牆(西部)Frontiers of the Roman Empire-The Danube Limes (Western Segment) 詳見奧地利

佛科里內斯
Vlkolínec

1993

文化遺產

人文聚落
景觀/木屋

佛科里內斯是斯洛伐克中部的一個山間小村,村內有45間純樸可愛的中歐傳統木造房舍,形成該國境內保存最完整的木屋群。

這些木屋大致為兩到三房的格局,外觀相當一致,所有木造外牆都以黏土包覆,再刷成白色或漆成藍色,每戶也以較窄的一側朝向街道,此外還有庭院以及農用房舍。其中編號第16、17號的木屋,現在已經開放為民俗博物館,遊客來到這裡可以看到傳統的日常生活及工作用具。

符號說明 登錄時間 遺產內容 遺產類型 文化遺產 自然遺產 綜合遺產 瀕危文化遺產 瀕危自然遺產 瀕危綜合遺產

1993

文化遺產

城鎮

班斯卡斯特瓦尼卡歷史城鎮及周邊工業遺跡
Historic Town of Banská Štiavnica and the Technical Monuments in its Vicinity

班斯卡斯特瓦尼卡位於斯洛伐克中部，它不僅是該國最古老的礦鎮，也見證了人類文明與科學的演進。

從青銅時代和鐵器時代，這個礦藏豐富的小鎮就已經有人類定居，到了中世紀晚期，這裡成為匈牙利帝國重要的金礦與銀礦產地，經濟開始蓬勃發展。15到16世紀，鎮上築起防禦用的城堡，抵擋土耳其人的入侵，許多建築被改造成充滿文藝復興風格的豪華「宮殿」，著名的地標三一廣場(Trinity Square)也在這段時期建造完成。

1627年，班斯卡斯特瓦尼卡成為歐洲最早利用火藥採礦的地點，除了革命性的採礦技術以外，當地的水利系統及設施直到19世紀都居於世界領先地位。

1993

文化遺產

城堡
×
歷史城區

勒弗查、斯皮斯城堡及相關文化遺產
Levoča, Spišský Hrad and the Associated Cultural Monuments

以石灰岩為材建造的斯皮斯城堡，原型可上溯至羅馬帝國晚期，當時就曾經有軍事防衛功能的堡壘存在。

11世紀時，曾在現址興建一座高塔，但隨後被毀，直到12世紀，當時為防韃靼人攻打而興建，爾後經過多位匈牙利國王增建，至1464年轉手給經營製鐵業有成的Zapolsky家族，此後便一直在貴族手上流轉。

最後承接的Csaky家族，也因為城堡坐落高山，生活機能不便，1663年後棄城堡轉移他處生活。直到1945年，由當時的捷克斯洛伐克政府接手，城堡正式成為文化古蹟建築被保存著。

原本遺產範圍只有斯皮斯城堡，位於勒弗查城鎮歷史中心、約建於13、14世紀的防禦工事也在2009年納入保護範圍。

2000

文化遺產

城鎮

巴爾代約夫鎮保護區
Bardejov Town Conservation Reserve

©www.slovakia.travel/Ján Lacika

巴爾代約夫鎮坐落於斯洛伐克東北部的貝斯基德山脈(Beskyd Mountains)，該鎮雖然幅員不大，卻完整保存了中世紀的建築風貌，同時也見證了當地的都市化進程。

人類在此地居住的歷史，最早可以回溯到舊石器時代以及鐵器時代。中世紀期間，這裡成為喀爾巴阡山地區主要貿易路線上的重要城鎮，經濟日漸繁榮，因此鎮區周圍築起許多防禦工事，許多重要的建築物開始在鎮裡出現，包括修道院、教堂、釀酒廠、磚廠等等。

18世紀初，大批猶太人來此定居後，在巴爾代約夫鎮西北部近郊建立了猶太住宅區，並且建造了一座精美的猶太會堂，成為該鎮的特色之一。

2008

文化遺產

教堂

喀爾巴阡山區斯洛伐克境內的木造教堂
Wooden Churches of the Slovak part of the Carpathian Mountain Area

坐落於斯洛伐克境內、名列世界遺產的喀爾巴阡山區木造教堂共有9處，分別興建於16~18世紀間，並各自分布於不同的地點。其中包括Hervartov和Tvrdošín的兩座羅馬天主教堂，三處位於Hronsek、Leštiny、Kežmarok的同名Articular的新教教堂，以及三處分散在Bodružal、Ruská Bystrá和Ladomirová的希臘天主教教堂，外加一處出現在Hronsek的鐘塔。

由於宗教習性不同，使得這些宗教建築彼此間展現各異其趣的外部式樣與內部空間，反映出宗教建築於不同時期的流派與發展，以及特殊的文化與地理環境對其產生的顯著影響。

©www.Slovakia.travel/Alexander Vojček

符號說明 登錄時間 遺產內容　遺產類型  文化遺產　自然遺產　綜合遺產　瀕危文化遺產　瀕危自然遺產　瀕危綜合遺產

斯洛維尼亞Slovenia

  3　2　0　Total 5

水銀遺產：阿爾馬登與依德里亞
Heritage of Mercury. Almadén and Idrija

尤熱·普雷契尼克在盧比安納的作品—以人為本的城市設計
The works of Jože Plečnik in Ljubljana – Human Centred Urban Design

阿爾卑斯山區史前干欄式民居
Prehistoric Pile dwellings around the Alps

喀爾巴阡山脈與歐洲其他地區的原始山毛櫸森林
Ancient and Primeval Beech Forests of the Carpathians and Other Regions of Europe

什科茨揚溶洞
Škocjan Caves

斯洛維尼亞處於斯拉夫、日耳曼、義大利拉丁三種不同文化的交界，儘管曾經是南斯拉夫的一員，但不論就地貌，還是人民特質而言，事實上都更接近奧地利。而身為「喀斯特」這個地理名詞發源地的斯洛維尼亞，溶洞景觀自然榜上有名。

★阿爾卑斯山區史前干欄式民居Prehistoric Pile dwellings around the Alps詳見奧地利

★喀爾巴阡山脈與歐洲其他地區的原始山毛櫸森林Ancient and Primeval Beech Forests of the Carpathians and Other Regions of Europe詳見德國

1986

自然遺產

喀斯特地形

什科茨揚溶洞 Škocjan Caves

　　身為研究喀斯特地形絕佳範例的什科茨揚溶洞，位於斯洛維尼亞西南方的區域，這處擁有多座瀑布且深度長達200公尺的石灰岩洞穴裡，延伸著一條6公里長的地下步道以及多處崩塌的溶蝕洞。

　　什科茨揚溶洞就像世界上大多數偉大的喀斯特地貌一樣，都有一段奇特的形成過程。大約在兩百五十萬年前的更新世(Pleistocene)，雷卡河(Reka)從東南方的Snežnik山腳下發源，在地面平穩地走了55公里之後，來到以石灰岩為主的喀斯特地區，當河水溶解石灰岩、深切河床，勉強再走一段路，形成一條長4公里的峽谷之後，到了Velika Dolina(斯洛維尼亞語意謂「大峽谷」)附近，便彷彿遇上一堵高牆，突然

消失在地表，成為伏流後，又走了34公里，進入義大利境內，接近得里亞海時又流出地表，名為提瑪弗河(Timmavo)。

　　早在西元前3000年前洞穴內就出現人類身影；到了西元前2世紀，什科茨揚溶洞開始有文字紀錄；17世紀時，斯洛維尼亞偉大的科學家瓦瓦索(J. V. Valvasor)探勘了雷卡河盆地、坑洞以及其地下伏流；而真正有系統的探勘，要到19世紀之後；至於觀光發展起步甚晚，直到20世紀才有遊客，遠遠不及另一個溶洞波斯托伊納。

　　目前整個景區由什科茨揚溶洞地區公園(Škocjan Caves Regional Park)管轄，全部涵蓋在世界遺產的範圍，遊客可以參觀3公里左右的洞穴美景。

2012
文化遺產

礦業景觀/水銀

水銀遺產—阿爾馬登與依德里亞
Heritage of Mercury. Almadén and Idrija

這個世界遺產由西班牙的阿爾馬登鎮以及斯洛維尼亞的依德里亞鎮共同登錄，它們分別為全世界第一大以及第二大的汞礦產地，前者的開採歷史可回溯到西元前7世紀，後者則始自1490年，兩者皆持續開採到21世紀。

阿爾馬登鎮位於伊比利半島中南部的雷阿爾城省(Ciudad Real)，自古就是著名的汞礦產地，過去兩千年來的產量高達二十五萬公噸。該鎮的文化遺產除了可呈現古今採礦歷史的建築，例如雷塔馬爾城堡(Retamar Castle)，還包括一些宗教建築以及傳統住屋。

世界第二大的汞礦產地依德里亞鎮，位於斯洛維尼亞西部的葛利希卡地區(Goriška)，其文化遺產包括水銀商店及基礎設施、礦工宿舍、礦工戲院等等。

儘管這兩大汞礦場因為受到大環境的影響已經關廠停產，但它們完整保存了人們沿用了千百年的汞礦提煉程序和技術，也見證了歐洲與美洲之間的汞礦貿易以及礦業演進史，具有極高的文化價值。

＊與西班牙並列

2021

文化遺產

名建築師作品

尤熱‧普雷契尼克在盧比安納的作品—以人為本的城市設計
The works of Jože Plečnik in Ljubljana – Human Centred Urban Design

在奧匈帝國解體之後，盧比安納變為斯洛維尼亞具有象徵意義的首都，普雷契尼克以極具人文精神，在滿足20世紀新興現代社會需求的同時與老城展開建築對話。這些建築由公共空間(廣場、公園、街道、長廊、橋梁)和公共機構(國家圖書館、教堂、市場、葬禮設施)組成，細膩地融入原有的城市、自然和文化環境，並塑造新的城市身份。這種高度人性化的城市規劃，以及普雷契尼克獨特的建築語言，迥異於同時代其它主流現代主義。

西班牙Spain

44 # 4 # 2 Total 50

西班牙共有50處世界遺產，除了4處自然遺產、2處綜合遺產，歷史古蹟占了絕大部分，從史前岩洞壁畫、古羅馬遺址，到摩爾及西班牙帝國時代的建築與古城都有，就連建築大師高第的現代主義建築也在列。

★庇里牛斯山之普渡峰Pyrénées – Mont Perdu詳見法國

★科阿峽谷和西艾加維德史前岩石藝術遺址Prehistoric Rock Art Sites in the Côa Valley and Siega Verde詳見葡萄牙

★水銀遺產—阿爾馬登與依德里亞Heritage of Mercury. Almadén and Idrija詳見斯洛維尼亞

★喀爾巴阡山脈與歐洲其他地區的原始山毛櫸森林Ancient and Primeval Beech Forests of the Carpathians and Other Regions of Europe詳見德國

聖地牙哥朝聖之路
Route of Santiago de Compostela

盧戈的羅馬古城牆
Roman Walls of Lugo

海克力士塔
Tower of Hercules

聖地牙哥古城
Santiago de Compostela (Old Town)

科阿峽谷和西艾加維德史前岩石藝術遺址
Prehistoric Rock Art Sites in the Côa Valley and Siega Verde

比斯開灣

拉斯梅德拉斯
Las Médulas

奧維多及奧斯圖里亞斯王國遺址
Monuments of Oviedo and the Kingdom of the Asturias

喀爾巴阡山脈與歐洲其他地區的原始山毛櫸森林
Ancient and Primeval Beech Forests of the Carpathians and Other Regions of Europe

西班牙北部的阿爾塔米拉岩洞和舊石器時代岩畫
Cave of Altamira and Paleolithic Cave Art of Northern Spain

阿塔普爾卡考古遺址
Archaeological Site of Atapuerca

維斯蓋亞橋
Vizcaya Bridge

法國

布勾斯大教堂
Burgos Cathedral

聖米蘭‧尤索和聖米蘭‧蘇索修道院
San Millán Yuso and Suso Monasteries

大西洋

葡萄牙

莎拉曼卡舊城
Old City of Salamanca

艾斯科瑞亞修道院
Monastery and Site of the Escurial, Madrid

普拉多大道和雷提洛公園，藝術與科學之地
Paseo del Prado and Buen Retiro, a landscape of Arts and Sciences

庇里牛斯山之普渡峰
Pyrénées - Mont Perdu

博伊峽谷仿羅馬式教堂
Catalan Romanesque Churches of the Vall de Boí

塞哥維亞舊城及水道橋
Old Town of Segovia andits Aqueduct

阿拉崗的摩德哈爾式建築
Mudejar Architecture of Aragon

波布列特修道院
Poblet Monastery

阿維拉舊城
Old Town of Ávila with its Extra-Muros Churches

昆卡古城
Historic Walled Town of Cuenca

塔拉戈考古遺址
Archaeological Ensemble of Tárraco

美里達
Archaeological Ensemble of Mérida

托雷多古城
Historic City of Toledo

埃納雷斯堡大學與舊城區
University and Historic Precinct of Alcalá de Henares

伊比利半島地中海盆地岩畫藝術
Rock Art of the Mediterranean Basin on the Iberian Peninsula

卡薩雷斯舊城
Old Town of Cáceres

水銀遺產—阿爾馬登與依德里亞
Heritage of Mercury. Almadén and Idrija

瓜達盧佩的聖瑪麗亞皇家修道院
Royal Monastery of Santa María de Guadalupe

阿蘭惠斯文化景觀
Aranjuez Cultural Landscape

瓦倫西亞絲綢交易中心
La Lonja de la Seda de Valencia

特拉蒙塔那山區文化景觀
Cultural Landscape of the Serra deTramuntana

塞維亞的大教堂、阿卡乍堡及西印度群島檔案館
Cathedral, Alcázar and Archivo de Indias in Seville

哈里發阿爾扎哈拉古城
The Caliphate City of Medina Azahara

埃爾切的帕梅拉爾
Palmeral of Elche

伊比薩島
Ibiza, Biodiversity and Culture

多納納國家公園
Doñana National Park

哥多華歷史中心
Historic Centre of Cordoba

安特克拉支石墓
Antequera Dolmens Site

烏韋達與巴埃薩文藝復興建築群
Renaissance Monumental Ensembles of Úbeda and Baeza

高第的建築作品
Works of Antoni Gaudi

巴塞隆納的加泰隆尼亞音樂宮與聖保羅醫院
Palau de la Música Catalana and Hospital de Sant Pau, Barcelona

格拉納達的阿爾汗布拉宮與阿爾拜辛區
Alhambra, Generalife and Albayzin, Granada

地中海

梅諾卡島塔拉約提克史前遺址
Talayotic Menorca

● 加拉霍奈國家公園
Garajonay National Park
● 拉古納的聖克里斯托瓦爾城
San Cristóbal de La Laguna
● 泰迪國家公園
Teide National Park
● 大加那利島的里斯科卡伊多考古遺址和聖山
Risco Caído and the Sacred Mountains of Gran Canaria Cultural Landscape

2000

人類化石遺址

文化遺產

阿塔普爾卡考古遺址 Archaeological Site of Atapuerca

位於布勾斯以東15公里處，當地洞窟群中保存著大量早期歐洲人類化石，年代從一百多萬年前跨越至基督教紀元初始，為研究遠古時代人類體態特徵及生活方式提供珍貴的原始資料。

2008年初，考古學家在此挖掘出一塊120萬年前的人類下顎骨碎片，是迄今在該遺址出土最古老的化石，有可能是尼安德塔人和智人的最後共同祖先。

文化遺產

宮殿 × 城堡

格拉納達的阿爾汗布拉宮 與阿爾拜辛區
Alhambra, Generalife and Albayzín, Granada

　　格拉那達最重要的遺跡便是舉世聞名的阿拉伯建築傑作「阿爾汗布拉宮」，這座西班牙末代伊斯蘭教王宮，不論就其歷史或建築本身，都堪稱舉足輕重。

　　阿爾汗布拉宮的名稱來自阿拉伯語，意思是「紅色的城堡」，或許是因為宮殿的大型紅色城牆和高塔，在莎碧卡山丘(La Sabica)的圍繞下顯得特別醒目。它在13世紀時原本只是座摩爾式碉堡，後來演變成今日碉堡、王宮和小城於一身的龐大建築群。

　　約14世紀時，在兩位摩爾國王的努力下，才開始興建王宮。穆罕默德五世執政時，除了將王宮興建完畢，還修築了美麗的獅子宮殿。

　　1474年，天主教勢力大增，終於在1492年殲滅斯蘭教教勢力，完成以天主教統一西班牙的宿望。阿爾汗布拉宮於是落入天主教徒手中，因而陸續增建教堂、聖方濟各修道院和要塞。不過，18~19世紀初，阿爾汗布拉宮逐漸荒廢。直到1870年，這裡才被西班牙政府列為紀念性建築，努力修復下，阿爾汗布拉宮才有今日的美麗面貌，讓世人得以重見這座精心雕琢的摩爾宮殿。

　　列入世界遺產範圍的還有阿爾拜辛區，密密麻麻的白色房舍，面對阿爾汗布拉宮沿山壁而建，伊斯蘭教式的建築、中庭、門飾、阿拉伯茶室、清真寺、公共澡堂等，猶如一塊塊大大小小的積木插滿整座山頭，串連其間的巷弄蜿蜒狹窄，仿若一整座大型迷宮，讓人有種迷失在阿拉伯世界裡的錯覺。

符號說明　登錄時間　遺產內容　遺產類型　文化遺產　自然遺產　綜合遺產　瀕危文化遺產　瀕危自然遺產　瀕危綜合遺產

布勾斯大教堂 Burgos Cathedral

1984

文化遺產

教堂／
哥德式

　　布勾斯就位在「朝聖之路」上。11世紀時，它曾是里昂王國的都城，之後長期被遺忘，因而完整保留了中世紀風貌。

　　宏偉的大教堂於1221年由國王菲利浦三世親自奠基，這座獻給聖母的哥德式聖殿，是西班牙繼塞維亞和托雷多之後第三大的教堂，歷經整整3個世紀的時間，才完成今日大小尖塔，同時點綴著大量花格窗的優雅面貌。

　　由於大教堂歷經漫長的建築時間，多次換手的建築師也在外觀上留下各自的「簽名」：13世紀的首任法國設計師，將巴黎與漢斯(Reims)大教堂的法國哥德式風格，展現於布勾斯大教堂的主立面上，由3層結構建架而成，兩旁聳立著方型的塔樓。到了15世紀，受德國影響的繼任設計師Juan de Colonia，則替它們增添了高聳的尖塔。如今，這處尖拱狀的主要入口上方，分層疊置著玫瑰窗、窗柱間分立雕像的雙尖拱窗，以及位於頂端的聖母雕像。

　　十字型的教堂內部，容納了多達15間的禮拜堂，其中又以統領禮拜堂(Capilla del Condestable)最為出色，裝飾著繁複的銀匠式雕刻。八角型的屋頂上開著星芒狀的花窗，一處處小尖頂向下延伸，形成了鑲嵌彩繪玻璃與雕像的大壁龕，底層則是由獅子、盾牌、盔甲構成的徽章；該禮拜堂的外觀也不遑多讓，由武裝騎士和天使雕像、花格窗、以及尖塔點綴而成。

1984

文化遺產

宮殿
×
修道院

馬德里的艾斯科瑞亞修道院
Monastery and Site of the Escurial, Madrid

　　既是皇宮又是修道院，艾斯科瑞亞是西班牙國勢頂盛時，國王菲利浦二世投注畢生心血完成的偉大建築，兼具美術館、圖書館、陵寢和教堂的機能，曾經是伊比利半島的政治、經濟、文化中心，內部收藏的美術品無論價值或數量都難以估計。

　　艾斯科瑞亞是一座體積異常龐大的建築，其中光房間就多達4,500間，庭院總計16座，特別是位於中心的主教堂圓頂，可說是達到建築工事與裝飾上的巔峰之作。

　　然而，外觀簡樸的艾斯科瑞亞皇宮，趨向毫無人性的黃灰色，配上剛硬的線條，幾乎打破過去的建築型式，此風格之後影響伊比利半島的建築，幾乎長達一個世紀。正因為冷冰冰的外觀反而更加凸顯內部裝潢的華麗，菲利浦二世為了完成此一巨作，幾乎動員了當代西班牙、義大利最有名的藝術家。

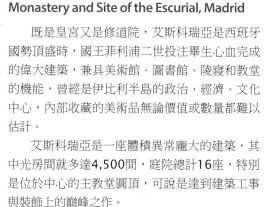

1984

文化遺產

歷史城區

哥多華歷史中心
Historic Centre of Cordoba

　　哥多華曾經是羅馬帝國統治下的西班牙首都。6~8世紀，西哥德人曾占領此地。二百多年後，摩爾人聯合受天主教迫害的猶太人，一舉拿了下哥多華，而成為主人。尤其在10世紀時，伊斯蘭教政權的勢力發展到了顛峰。阿布杜勒·拉曼三世(Abd-al-Rahman III)和哈坎二世(Hakam II)統治期間，哥多華成為當時歐洲最進步且富裕的城市，擁有一座阿拉伯大學，以及超過三百座的清真寺。

　　在舊城區裡，伊斯蘭建築遺跡、荒廢的中庭和陽台垂吊下來的鮮豔花朵，讓哥多華成為一座浪漫迷人的城市。不慌不急的遊客和享受閒情逸致的居民，漫步在狹窄的街道和曲折的巷弄間。這裡，可見證三個世紀以來混合伊斯蘭教、猶太教和天主教風格的精采建築遺跡。從清真寺中的拱門與壁龕，可以欣賞到摩爾人統治下發展出的伊斯蘭藝術；猶太區則保留了伊比利半島罕見的猶太教堂；至於興建於14世紀時的皮亞納宮(Palacio de l Viana)，更為西班牙16~17世紀的黃金時期埋下伏筆。

符號說明　 登錄時間　遺產內容　　遺產類型　 文化遺產　自然遺產　 綜合遺產　 瀕危文化遺產　瀕危自然遺產　瀕危綜合遺產

西班牙北部的阿爾塔米拉岩洞和舊石器時代岩畫
Cave of Altamira and Paleolithic Cave Art of Northern Spain

1985
文化遺產
舊石器時代遺址 × 史前岩畫

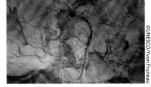

這些史前岩洞壁畫位在坎塔布利亞(Cantabria)自治區的聖地亞納德瑪爾(Santillana del Mar)附近。17個畫有史前岩洞壁畫的洞窟一字排開，構成了這座「史前西斯汀大教堂」(西斯汀大教堂以米開朗基羅所繪的壁畫著稱於世)。這些壁畫為舊石器時代岩洞藝術的極致之作，年代約為西元前35,000到11,000年。

史前藝術家們運用赭石、紅、黃、黑等有限的顏色，採寫實、粗獷、重彩的手法，勾勒出簡單的風景和栩栩如生的動物畫像。壁畫保存情況良好，具有高度的歷史與藝術價值。

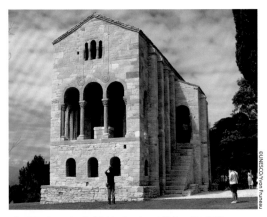

奧維多及奧斯圖里亞斯王國的紀念性建築
Monuments of Oviedo and the Kingdom of the Asturias

1985
文化遺產
歷史城區

8世紀中葉，由西哥德人建立的基督教小王國「奧斯圖里亞斯王國」，在西班牙北部創建奧維多城，794年時毀於摩爾人之手。阿方索二世決定重建，並遷都於此。

9世紀時，由於宗教聖物轉存至此，奧維多一躍成為與聖地牙哥齊名的聖地，宗教建築紛紛出現，連帶催生出一種創新的「前仿羅馬式」(pre-Romanesque)建築風格，深深影響日後伊比利半島上的宗教建築形式。建於842年~850年間、如今依然屹立的聖瑪利(Santa María del Naranco)和聖米爾蓋(San Miguel de Lillo)教堂為前仿羅馬式教堂的經典之作。除眾多古老教堂外，當代的豐卡拉達(Foncalada)水利建築同樣著名。

阿維拉舊城及城牆外的教堂
Old Town of Ávila with its Extra-Muros Churches

1985
文化遺產
歷史城區

阿維拉坐落於海拔高度超過1130公尺的山上，是全西班牙最高的地區首府，也因此四季氣候涼爽。阿維拉位於馬德里的西北方，興建於一座岩山頂端平台上的舊城，四周圍繞著厚實的城牆，使它贏得「石頭城」的封號，城牆保存狀況相當完整，如果沿著舊城外圍走上一遭，可以欣賞捍衛這座城市的塔樓與多道當作出入口的城門，維持著濃厚的中世紀氣氛。

阿維拉的中古世紀城牆起造年代約在11~12世紀，是古羅馬人與伊斯蘭教徒留下來的防禦工事，共有8座城門，及多達88座的城塔，其中又以文森門和阿卡乍門最令人印象深刻。

此外，城內還有座建造之初就嵌在城牆上的大教堂，形成另一座堅固的防禦堡壘。舊城外西北處有座瞭望台，可將壯觀的城堡景色盡收眼底。

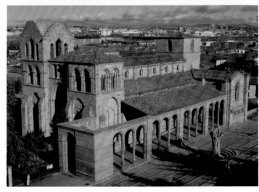

305

1984

文化遺產

新藝術
建築

高第的建築作品
Works of Antoni Gaudí

高第一生留下17件建築精品，其中就有7件榮登世界遺產之列，分別是奎爾宮、奎爾公園、米拉之家、巴特婁之家、文生之家、奎爾紡織村及教堂、聖家堂。

奎爾宮(Palacio Güell)建於1886~1891年，是高第為奎爾公爵設計的宅邸，1969年就已被西班牙政府列為國家級古蹟。這座豪宅幾乎花光奎爾公爵的財產，但也讓高第從此聲名大噪。

奎爾公園(Parque Güell)為高第最具童話趣味的作品。大師以高低起伏的地形為本，搭配蘑菇、糖果屋和七彩大蜥蜴，營造出五彩繽紛的童話世界。

米拉之家(Casa Milà)是高第在巴塞隆納所設計的最後一棟建築，為大師成熟之作。內部革命性與創新的設計，被譽為西班牙現代主義代表性建築。

巴特婁之家(Casa Batlló)雖非高第所建，但卻是經其徹底翻修過的。立面以海藍色馬賽克拼貼出「海洋」主題，象徵加泰隆尼亞人與海為伍、冒險犯難、追尋自由和樂觀進取的精神，強烈的民族情感不言而喻。

文生之家(Casa Vicens)這棟花花綠綠的瓷磚製造商宅邸，是高第初試啼聲之作。那種見到童話屋般的愉悅，讓人打從心底佩服高第的大膽和創意。

奎爾紡織村及教堂(Cripta de la Colonia Güell)的造鎮計畫中，高第雖然僅完成小教堂地下室，但它卻是高第中最常被研究的作品，原因就在於，高第技巧地計算出每個拱的承重量。

聖家堂(La Sagrada Familia)這座1882年即動工的教堂，為大師投注43年心力、壯志未酬的曠世巨作，迄今工程仍在進行中。其靈感來自蒙特瑟瑞聖石山，除「復活立面」外，皆出自大師之手。

符號說明 登錄時間 遺產內容　遺產類型 文化遺產 自然遺產 綜合遺產 瀕危文化遺產 瀕危自然遺產 瀕危綜合遺產

1986

自然遺產

島嶼和森林生態

加拉霍奈國家公園
Garajonay National Park

　　加拉霍奈國家公園位於大西洋加那利群島之一的戈梅拉(Gomera)島中央，占地3984公頃，70%為珍稀的月桂樹所覆蓋，月桂樹數量居全球之冠。盛行西風帶來大量水氣，島上流水淙淙、植被茂密，植物種類多達450種，其中34種為特有種。

　　至於特有種動物則有Rabiche和Turqué兩種罕見的鴿子。此外，由於加那利群島係由火山噴發所形成的，加拉霍奈國家公園裡因而不時可見裸露於地表的凝固黑色火山岩流，嶙峋崢嶸，增添了不少奇趣。

1985

文化遺產

歷史城區 × 宗教遺產/基督教

聖地牙哥古城
Santiago de Compostela (Old Town)

　　聖地牙哥和羅馬與耶路撒冷並列天主教世界的三大朝聖地，位於西班牙極西處，是長達800公里的朝聖之路的終點，數個世紀以來，成千上萬的朝聖者，從法國翻越庇里牛斯山，沿途經潘普隆納(Pamplona)、布勾斯(Burgos)和萊昂(León)，跋山涉水，歷經千辛萬苦，才終於來到其精神的最後依歸。

　　聖地牙哥全名為「Santiago de Compostela」，關於它的名稱由來和傳說有關，據說耶穌12門徒之一的聖雅各，死後遺體從耶路撒冷被運往西班牙，並於此地下葬，後來一位牧羊人因為星星的指引而發現，因此將它命名為「星星之野的聖地牙哥」，「Compostela」源自拉丁文中的「Campus」和「Stellae」，這兩個字分別象徵「原野」與「星星」。不僅如此，之後聖雅各更騎著白馬手持長劍出現在聖地牙哥，替眾人指點迷津，而在祂的精神指引下，加利西亞人最終得以擊退摩爾人！而這位聖人目前仍長眠於聖地牙哥的大教堂裡。

　　聖地牙哥城裡的建築從仿羅馬式、哥德式、到巴洛克式各種風格，堪稱世界上最美的城區之一，城裡最古老的建築都在大教堂和聖雅各墳塚周邊。

1985

文化遺產

歷史城區
×
古羅馬

塞哥維亞舊城及水道橋
Old Town of Segovia and its Aqueduct

塞哥維亞位於馬德里西北方95公里處，坐落於超過海拔1,000公尺的高地上，這座環繞兩條河流的古老城市，彷彿聳立於岩壁上。

塞哥維亞的名稱源自伊比利半島的凱爾特人，首批居民將它命名為Segobriga，意思是「勝利之城」。而它優越的戰略位置，更是它打從中世紀以來，便備受君王青睞的原因，因此城內處處可見昔日

的皇宮建築，以及可遠溯自羅馬時代的古老城牆和水道橋(Acueducto Romano)，堪稱西班牙境內規模最龐大的古羅馬遺跡，全長894公尺，由163根拱形柱組合而成。

塞哥維亞是15世紀時卡斯提亞王國的重要城市，後來天主教雙王之一的伊莎貝爾，於1474年在此加冕成為卡斯提亞女王，而她所居住的阿卡乍堡，據說是今日迪士尼電影中《白雪公主》城堡的靈感來源。

1986

文化遺產

歷史城區

托雷多古城 Historic City of Toledo

托雷多距離馬德里不過70公里，曾經在馬德里之前成為西班牙的首都。坐落於7座山丘上，三面環河、後擁城牆，優越的地理位置，使它成為一處防禦要衝，也因此托雷多一路以來，都在歷史上扮演著重要的腳色。

托雷多發跡得很早，羅馬時期時已經成為羅馬外省的行政和經濟中心，因而獲得重視。之後又陸續成為西哥德人和摩爾人統治下的首都，伊斯蘭教政權讓托雷多的發展達到高峰，而它當然也是西班牙天主教國王和伊斯蘭哈里發之間爭奪的對象。

漫長的歷史讓托雷多擁有無數珍貴的資產，其中特別是融合了伊斯蘭教、天主教和猶太教的混血文化，使得它擁有「三個文化城」的美譽。

1991

文化遺產

修道院

波布列特修道院 Poblet Monastery

這座距離巴塞隆納約兩小時車程的修道院，是西班牙最大的修道院之一，始建於12世紀，建築形式介於羅馬式與哥德式之間，直到13世紀才完工。19世紀時曾遭受法軍掠奪破壞，但因結構堅固，且擁有防禦性城牆，因而修復後樣貌至今幾乎沒有改變。樸實龐大的修院建築和皇室陵寢非常壯觀。

由於這座道院一直都由王室和貴族支持、捐助，所以自1196年起，加泰隆尼亞王室成員都選擇長眠於此，波布列特修道也被指定為皇室陵寢。主祭壇前的十字穿廊上，有兩座彷彿空橋的雕刻，正是1950年由雕刻家馬列斯(Frederic Mares)重建的皇帝陵寢。

1993

文化遺產

宗教遺產/
基督教

聖地牙哥朝聖之路
Route of Santiago de Compostela

9世紀時，在西班牙西北部，有位牧羊人宣稱見到一道光芒指向山上，主教於是下令搜山，結果發現一具石棺，主教遂宣布是使徒聖地牙哥在此顯聖，那座山即日後的聖地牙哥城。

從此，有過無數朝聖者從法國的松坡(Somport)起程，越過庇里牛斯山，前往聖地牙哥朝聖。全程長達840公里，如今在這條路上仍留有一千八百多棟古建築，不論是宗教性或非宗教性建築，皆具有很高的歷史價值。中世紀時，在促進伊比利半島與歐洲其他地區的文化交流方面，這條「朝聖之路」扮演過極為重要的角色，歐洲議會(Council of Europe)因而在1987年時，宣布將其列為歐洲第一條文化之路。

1986

文化遺產

摩德哈爾
式建築

阿拉崗的摩德哈爾式建築
Mudejar Architecture of Aragon

　　阿拉崗自治區位於西班牙東北部，摩德哈爾(Mudejar)係指在基督教政權重掌西班牙後，改信天主教的摩爾人及安達魯西亞的穆斯林，亦指12~17世紀間風行於阿拉崗與卡斯提爾、深受摩爾風格影響的裝飾藝術及建築風格，同時也反映出當代歐洲的藝術潮流，特別是哥德式建築。

　　摩德哈爾式建築(尤其是鐘樓)的磚塊和釉面磁磚運用極為精巧且富創意。建於12世紀末的特魯埃爾(Teruel)聖瑪麗亞大教堂，及建於13世紀初的聖馬丁大教堂為其經典之作。

符號說明　登錄時間　遺產內容　　遺產類型　文化遺產　自然遺產　綜合遺產　瀕危文化遺產　瀕危自然遺產　瀕危綜合遺產

1986

文化遺產

歷史城區

卡薩雷斯舊城
Old Town of Cáceres

卡薩雷斯這座西元前25年羅馬人就以「Norba Caesarina」之名建立的古城，長期以來一直掌握於摩爾人的手中。1229年，阿方索九世趕走摩爾人，把這座城賞賜給卡薩雷斯騎士團，因而造就了無數遊俠騎士的軼聞。也是在此時期，卡薩雷斯擁有一處非常龐大的猶太區，儘管到了15世紀，伊莎貝爾女王結束長年內戰後，將猶太人驅逐出境，然而這座古城至今仍保留不少當時珍貴的遺跡。

大航海時代讓卡薩雷斯景氣復甦，由於地處銀之路上，它扮演著運送美洲黃金與白銀前往西班牙各地的中繼站角色，因而迅速致富，於是許多富商、貴族紛紛在此興建豪宅，形成了今日舊城內府邸林立的特色。

再加上打從伊斯蘭政權統治時期開始，高塔建築蔚為風氣，直到今日小小的舊城區中，依舊保留了多達三百座的高塔，或許正因為如此，白鸛也特別喜歡在此築巢，往往抬頭就能看到盤旋飛翔或棲息鳥巢的白鸛。卡薩雷斯幾乎不曾被烽火波及，讓它得以保存完好的中世紀氣質。

1993

文化遺產

修道院

瓜達盧佩的聖瑪麗亞皇家修道院
Royal Monastery of Santa María de Guadalupe

瓜達盧佩坐落於卡薩雷斯省埃斯特雷馬拉杜(Extremadura)自治地區西北，始建於13世紀，當初是因為牧羊人在瓜達盧佩河畔偶然挖出一尊聖母像，人們於是建了一座小教堂來供奉。

1340年，基督教軍隊在薩拉多河(Rio Salado)戰役大獲全勝，阿方索六世認為係受聖母庇護之故，因此將這座小教堂封為皇家修道院，之後歷經4個世紀不斷擴建，納入不同時期的建築風格。

這座氣勢恢宏的宗教建築瑰寶還與1492年的兩件歷史大事有關，一是西班牙重回基督教權之手，二是哥倫布發現新大陸，修道院中著名的聖母像於是成為新大陸基督教化的象徵。

1987

文化遺產

教堂
×
宮殿
×
摩德哈爾
式建築
×
殖民歷史
檔案

塞維亞的大教堂、阿卡乍堡及西印度群島檔案館

Cathedral, Alcázar and Archivo de Indias in Seville

塞維亞曾貴為摩爾王朝首都，至今仍留有不少摩德哈爾式建築珍品。大教堂與王宮為兩大遊客朝聖地點。

寬160公尺、長140公尺的大教堂，它是全世界第三大的教堂，僅次於羅馬的聖彼得大教堂和倫敦的聖保羅大教堂。歷經一個世紀興建的大教堂原本為哥德式風格，中央圓頂坍塌之後，建築風格轉為文藝復興式，加上由昔日清真寺喚拜塔改建而成的摩爾式希拉達塔，以及穆斯林入內祈禱前淨身的橘子庭園(Patio de los Naranjos)，整座教堂融合了多種風格。

塞維亞王宮與格拉那達阿爾汗布拉宮，並列西班牙最具代表性的伊斯蘭教王宮。其部分樓層現在仍為西班牙王室使用中。

至於阿卡乍堡的原本僅是一座防禦性的堡壘，始建於913年，到了12世紀，阿爾摩哈德王朝(Almohads)將它擴建為堅固的要塞，目前所看到的宮殿是西元1364年時，由佩德羅一世(Pedro I)下令修建，建造了具穆德哈爾風格的佩德羅一世宮殿(Palacioi Pedro I)，在天主教政權收復西班牙之後，塞維亞成為西班牙諸王最愛的居住地之一，時間長達四個世紀，是西班牙境內保存最完善的摩德哈爾式建築範例之一。

而西印度群島檔案館坐落在塞維亞的古代商人交易所(Lonja)裡，珍藏了許多西班牙殖民美洲的檔案。

符號說明 登錄時間 遺產內容　 遺產類型　 文化遺產  自然遺產　綜合遺產　瀕危文化遺產　瀕危自然遺產　瀕危綜合遺產

1988

文化遺產

歷史城區

莎拉曼卡舊城
Old City of Salamanca

莎拉曼卡是一個既古老又年輕的城市，距離馬德里以西200公里，悠遠的歷史，早在古羅馬人殖民西班牙以前，Vaccaei人已在此創立城市，後來因為銀之路的開發，這處位居樞紐地位的城市，揭開繁榮的序幕，其歷史回溯至西元1世紀的羅馬橋(Puente Romano)，便是昔日銀之路的一段。

在伊斯蘭教與天主教政權不斷爭奪的年代，莎拉曼卡成為兩者之間的戰場，終於在10世紀時才回到天主教的懷抱，並逐漸重新建設、規畫這座城市。

1218年時，天主教國王阿方索九世(Alfonso IX of León)創立了莎拉曼卡大學，從此改寫了這座城市的命運，這座小鎮因而一躍成為歐洲的學術中心，至今仍是西班牙最重要的大學，也因此吸引許多自海外慕名而來的學生到此求學、定居。

除了濃厚的學術氣息之外，莎拉曼卡也被稱為「西班牙最美麗」的城市，原因在於市內大量以砂岩打造的建築，每當陽光照射，便散發出金黃色般的光輝，特別是那座大量裝飾丘里格拉式雕刻的主廣場。

1993

文化遺產

古羅馬

梅里達考古遺址
Archaeological Ensemble of Mérida

在古羅馬時代，梅里達稱之為「Emeritus Augustus」，意思是「奧古斯都軍隊中的單身漢們」，它是奧古斯都大帝的女婿艾格列帕(Agrippa)創立於西元前25年的殖民地，主要為了保護瓜迪亞納河(Río Guadiana)上橋樑與通道，但同時讓無依無

靠的士兵退休後可以在此養老，而它今日的名稱便是從舊名衍生而來。

梅里達是昔日白銀之路的終點、同時也是羅馬Lusitania行省的首府，受重視的情況可見一斑，因此遠在古羅馬時期便已繁榮興盛，城內出現大量公共建築：神廟、劇場、水道橋、民居、墳場等等，而它保留下來的羅馬遺跡，不但是西班牙境內最重要、同時也是最豐富的，也因此使梅里達贏得「西班牙的小羅馬」的美譽。

羅馬人對於這座城市的建設有著極大的功勞，因此即使在西羅馬帝國垮台後，梅里達依舊在西哥德、伊斯蘭政權、甚至天主教統治時期扮演著重要的角色。阿拉伯人不但將羅馬建築重新利用，並且加以擴建，阿卡乍堡就是其中一例。

©UNESCO/Yvon Fruneau

1994

自然遺產

河口生態

多納納國家公園
Doñana National Park

這座位於安達魯西亞省的國家公園，不僅名列世界遺產，也是拉姆薩濕地公約(Ramsar Convention)列管的世界重要水鳥棲地保育地，涵蓋瓜達基維爾(Guadalquivir)河注入大西洋河口右岸、面積達五萬四千多公頃的遼闊濕地，遍布潟湖、沼澤、固定及移動土丘、灌木叢林。

有五種瀕絕鳥類棲息於此，每年還有多達五十萬隻水鳥來此過冬。1998年，由於有毒廢料外洩，污染瓜達基維爾河支流，一度造成生態災難。

1986

文化遺產

地中海貿易紀念性建築/哥德式建築

瓦倫西亞絲綢交易中心
La Lonja de la Seda de Valencia

這座氣宇不凡的建築，是因應鼎盛的絲綢商貿，於1483年2月5日落成啟用，其後歷經整建，成就今日的規模。屋內正廳寬21.39公尺、長35.6公尺、高17.4公尺。矗立在廳內的8根石柱呈螺旋狀，象徵著扭纏的船繩和絲絹。巨碩的立柱自大理石地板聳立至拱頂，許多舉足輕重的經貿契約就是在這拱頂下落筆簽訂。

這幢見證歷史的古建築，無疑是晚期哥德式建築的完美表徵，每道細節都呈現創意與實用的結合，例如自外牆伸出的28座出水口，仿自傳說中的魔怪，造型極盡誇張，導水功能無懈可擊。

符號說明 登錄時間 遺產內容　遺產類型 文化遺產 自然遺產 綜合遺產 瀕危文化遺產 瀕危自然遺產　瀕危綜合遺產

1986

文化遺產

古城

昆卡古城
Historic Walled Town of Cuenca

昆卡位於胡卡河(Río Júcar)和威爾卡河(Río Huecar)兩河谷間的陡峭山脊上，距離馬德里以東約130公里，市內景點主要多集中於昆卡山邊，其中又以大教堂、懸壁屋(Casas Colgadas)以及鵝卵石街道，最吸引遊客。

新市區發展於胡卡平原上，至於舊城區「上城」，依然維持著中世紀的風貌，特別是昔日河谷沖刷而成的懸崖峭壁，更讓它擁有一種昔日軍事要塞的磅礴氣勢，而在當地形成特別景觀的懸壁屋，也是因為這樣的大自然造成，給人一種隨時可能塌陷的刺激感。

從聖安東尼(San Anton)橋旁的光輝聖母教堂(Nuestra Señora de la Luz)開始漫遊丘陵，可登高遙望美景。如果從主廣場(Plaza Mayor)往西走，會發現一座與昆卡形成強烈對比的建築「科學博物館」(Museo de las Ciencias)，館內以高科技的視聽媒體呈現科學的驚異奇航。聳立於科學博物館旁的，還有另一座昆卡的市標蒙嘉納塔(Torre Mangana)，它是昔日摩爾人興建的瞭望台，也是眺望美景的好去處。

1997

文化遺產

古羅馬

拉斯梅德拉斯 Las Médulas

西元1世，在西班牙西北部的拉斯梅德拉斯地區，羅馬帝國統治者開始利用水利來開採、淘洗金銀礦。經過兩個世紀的開採後，羅馬人撤退了，留下一片廢墟。從此，當地不曾出現過工業活動，因而完整保留此一獨特的古代地景。

如今，在當地陡峭的山坡和開闊土地上，仍處處可見當時留下來的礦井和水渠，部分水渠轉為灌溉之用。

©UNESCO/Yvon Fruneau

1997

文化遺產

新藝術
建築

巴塞隆納的加泰隆尼亞音樂宮與聖保羅醫院
Palau de la Música Catalana and Hospital de Sant Pau, Barcelona

這座音樂廳與聖保羅醫院(聖十字醫院的前身)同為加泰隆尼亞新藝術建築大師多明尼各(Lluis Domènech i Montaner)的代表作。多明尼各與高第及普意居(Josep Puig i Cadafalch)被並稱為「泰隆尼亞新藝術建築三傑」,其作品強調「師法自然」,慣以動植物作為裝飾元素。在建材使用上,除沿用紅磚、馬賽克和彩色玻璃,也開發出了不少新技術,例如音樂廳即由巨大的鋼架結構所構成,室內因而光線充足、空間開闊。

聖保羅醫院就像座洋溢摩爾風情、花草錦簇的花園,園中坐落著26棟馬賽克城堡般的醫院建築。一進門,映入眼簾的是大廳內美麗的壁畫。這座絕美的花園醫院,其前身是歷史悠久的聖十字醫院。在20世紀初改建之前,只是一棟貧民區中的老舊醫院,而高第就是在此結束其精采的一生。

1997

文化遺產

修道院

聖米蘭尤索和聖米蘭蘇索修道院
San Millán Yuso and Suso Monasteries

自6世紀中葉,聖米蘭(St Millán)在此地建立修道院社區起,這裡逐漸成為基督教徒的朝聖地。聖米蘭蘇索修道院就是為了紀念聖米蘭而建的,為仿羅馬式建築。第一部以卡斯提爾語(Castilian,即現代西班牙語)所撰寫的文學作品即誕生於此,這裡因而被認為是現代西班牙語的發源地。

16世紀初期,在舊修道院下方新蓋了一座聖米蘭尤索修道院,至今仍然持續宗教活動。

©UNESCO/Yvon Fruneau

1998

文化遺產

岩畫藝術

伊比利半島地中海盆地岩畫藝術
Rock Art of the Mediterranean Basin on the Iberian Peninsula

伊比利半島東部的地中海盆地有不少史前文化遺跡。自阿爾塔米拉(Altamira)岩洞舊石器時代壁畫於1879年被發現後,在阿拉崗(Aragón)、安達魯西亞(Andalusia)、卡斯提爾‧拉曼查(Castille-La Mancha)、加泰隆尼亞(Catalonia)、穆爾希亞(Murcia)與瓦倫西亞(Valencia)等地陸續大規模的石器時代壁畫群。

這些壁畫生動地記錄下人類文明從採集、狩獵到種植作物、馴養動物的重要轉折歷程。考古學家按年代及藝術風格,將其分為三大類:舊石器時代壁畫,年代約西元前四萬年至西元前一萬年,主題多為鹿、野牛等動物,也有抽象符號及人的手印;地中海沿岸壁畫,約西元前6,000年至西元前4,000年,已開始出現人的形象,描繪狩獵、種植、舞蹈、戰爭等景象;簡圖式壁畫,西元前4,000年至西元前1,000年,畫面簡單卻充滿活力,且抽象符號大量出現,被認為是藝術抽象化的重要起步。

埃納雷斯堡大學與舊城區
University and Historic Precinct of Alcalá de Henares

1999

文化遺產

大學
×
歷史城區

埃納雷斯堡大學距離馬德里30公里，為世界第一座經規畫而設立的大學城。1499年，紅衣大主教斯內羅斯(Cisneros)在此創立聖伊德豐索高等學院(Colegio Mayor de San Ildefonso)，享譽歐洲達數個世紀。在歐洲，大學多以它為範本。1836年，伊莎貝爾二世將大學遷往馬德里，直到1977年才復校。

此地也是「上帝之城」(Civitas Dei)的原型，西班牙傳教士將此一理想化的市鎮模式傳入美洲。再者，它也是西班牙大文豪凡塞提斯(Cervantes)的故鄉，包括《唐吉訶德》在內等鉅作，為現代西班牙語與西班牙文學留下了不可抹滅的影響。

拉古納的聖克里斯托瓦爾城
San Cristóbal de La Laguna

1999

文化遺產

古城

坐落於加那利群島之一的特內利費(Tenerife)島上，1723年之前為該島的首府。1496年，阿隆索‧費爾南德斯‧德‧魯格(Alonso Fernández de Lugo)征服島上最後土著勢力，之後即在此建城，但未經規畫，城區雜亂無章，此即「高城」(Upper Town)。

魯格於是決定另闢「低城」(Lower Town)，完全按照當時風行於歐洲的幾何形城市規劃，街道寬敞，公共空間開闊，城市布局至今沒有太大改變，其中不乏年代可追溯至16~18世紀、精美絕倫的教堂、公共建築及私人宅第。此外，這座古城還是西班牙首座不設防的殖民城市，成為日後許多美洲殖民城市的設計典範。

伊比薩島
Ibiza, Biodiversity and Culture

1999

綜合遺產

海洋與
海岸生態
×
防禦工事

伊比薩島是海洋與海岸生態系統互動的極佳例子。這裡生長著大片濃密的波西尼亞海草(Posidonia Seagrass)，為地中海特有種，許多海洋生物賴以維生。

島上還完好保留不少年代久遠的歷史遺跡，薩卡勒塔(Sa Caleta)古代民居及普奇‧德‧莫林古墓群(Puig des Molins)的出土，證明此一島嶼曾在早期(特別是在腓尼基及迦太基時期)地中海海上貿易上扮演過重要角色。

堅固的上城(Alta Vila)是文藝復興時期要塞建築的經典之作，甚至影響到了日後西班牙殖民帝國在新大陸的要塞設計。

埃爾切的帕梅拉爾
Palmeral of Elche

2000

文化遺產

農業景觀/
椰棗

位於西班牙東南部的埃爾切是一座沿海城市，創建於10世紀末阿拉伯人統治伊比利半島時期。該城的帕梅拉爾是個具有北非特色的農業區，「帕梅拉爾」意指種滿椰棗的地方，當地的灌溉系統極為完善，因而得以在貧瘠的土地上創造出農業奇蹟。

其實，當地種植椰棗的歷史由來已久，早在西元前五百多年就開始了。腓尼基和羅馬人曾在此殖民，如今是歐洲僅存的阿拉伯式農業區，中世紀時由摩爾人建造的灌溉系統依然持續運作中。

2000

文化遺產

古羅馬

塔拉戈考古遺址
Archaeological Ensemble of Tárraco

坐落於一座岩石山丘上，擁抱地中海碧海藍天的塔拉戈納，位於巴塞隆納的南方，它是今日黃金海岸的中心，也是昔日羅馬人征服伊比利半島的基地。西元前218年，羅馬派出Publius Cornelius Scipio往南攻打駐守於西班牙的迦太基統帥漢尼拔，從那時開始，這座城市就在羅馬歷史中扮演舉足輕重的地位。

隨著時間演進，這座羅馬時期稱為塔拉戈(Tarraco)的城市，不但陸續發展出城牆，進而演變成羅馬帝國的度假勝地，成千上萬民眾聚集，神廟與建築如雨後春筍般出現於城市四周，從它今日保存下來的古蹟：城牆、塔樓、圓形劇場、競技場……不難看出昔日盛極一時的景象。

2000

文化遺產

教堂/
仿羅馬式

博伊峽谷的加泰隆尼亞仿羅馬式教堂
Catalan Romanesque Churches of the Vall de Boí

為崇山峻嶺所環抱的博伊峽谷，位於西班牙東北部加泰隆尼亞自治區內的庇里牛斯山區。峽谷內散落著8個小村莊，每個村莊都擁有一座保存狀況良好的仿羅馬式教堂，其中，聖克雷門德(Sant Climent de Taüll)和聖馬利亞(Santa Maria de Taüll)教堂尤為經典，內有大量精美的中世紀壁畫。

而所謂「仿羅馬式建築」，係指融合羅馬、拜占庭及早期基督教建築風格與工藝的建築形式，盛行於11世紀中葉至12世紀末，其特色為厚實的牆壁、高大的塔樓及圓拱形穹頂。

©UNESCO/Yvon Fruneau

盧戈的羅馬古城牆
Roman Walls of Lugo

2000

文化遺產

古羅馬

盧戈位於西班牙北部、米尼奧(Minho)河上游的支流畔，在西元前19年為羅馬帝國所征服，當時此地原為一處名為盧卡斯‧奧古斯汀(Lucus Augusti)的羅馬軍營，由於當地盛產黃金，且位於布拉加(Bracara)通往加斯圖里加(Asturica)的大道上，因而逐漸轉型為一座小型但卻重要的城鎮。

為了加強防衛能力，於是以巨大的片岩砌成長2000公尺、高約10公尺的城牆，為羅馬帝國後期典型的防禦工事。

阿蘭惠斯文化景觀
Aranjuez Cultural Landscape

2001

文化遺產

文化景觀

阿蘭惠斯文化景觀融合了自然與人類活動關係、彎曲的河道及幾何形景觀設計、田園風光與都市景觀、森林環境和富麗堂皇的建築之間的複雜關係。

三百多年來，由於西班牙王室投注了相當多的心力，阿蘭惠斯文化景觀因而呈現人文主義與中央集權的色彩，同時還可見到18世紀法國巴洛克風格的花園，及啟蒙運動時期伴隨著種植植物和飼養牲畜而發展起來的城市生活方式。

海克力士塔 Tower of Hercules

2009

文化遺產

古羅馬

在西班牙西北部、距離拉科魯尼亞2.4公里的一座半島上，聳立著一座高達55公尺的建築，俯視北大西洋超過1900年，是至今仍在使用的古羅馬時期燈塔，也是當今世上最古老的燈塔。其名稱來自於希臘羅馬神話中的海克力士，2世紀時興建於一座57公尺高的巨岩上，海克力士塔打從落成以來就是一座燈塔和地標，結構由下往上共分三層，這座西班牙目前第二高的燈塔於1791年時經過翻修。燈塔的下方還有一座作品年代上溯鐵器時代的雕刻公園，以及一片伊斯蘭教墓園。

烏韋達與巴埃薩的文藝復興建築群
Renaissance Monumental Ensembles of Úbeda and Baeza

2003

文化遺產

文藝復興式建築

這兩座位於西班牙南部的小城，其形成年代可追溯至9世紀摩爾人統治時代，及13世紀基督教王國重掌西班牙政權時期。

16世紀文藝復興時期，烏韋達與巴埃薩的城市建設出現重大發展。在由義大利傳入的人文主義思潮影響下，西班牙政府開始有計畫、有步驟地建設這兩座小城市，此一做法也被沿用於日後拉丁美洲的殖民城市建設上。

©UNESCO/Niamh Burke

維斯蓋亞橋 Vizcaya Bridge

2006

文化遺產

工業革命遺產／橋樑

維斯蓋亞橋跨立於畢爾包西側的伊拜薩巴(Ibaizabal)河口，它是由巴斯克建築師阿貝爾托‧帕拉西奧(Alberto de Palacio)設計的，於1893年完工。

這座45公尺高的大橋橫跨160公尺，融合了19世紀使用鋼鐵的傳統，及運用稍後出現的輕量化鋼索技術。它是世界第一座裝有吊艙、供行人與汽車過河的高空拉索橋，也　工業革命時期傑出的鋼鐵建築之一。

這座功能與美感兼具的金屬大橋曾毀於西班牙內戰期間，之後經重建並採用部分新技術，於1941年恢復通行。

泰迪國家公園 Teide National Park

2007

自然遺產

火山景觀生態

這座占地達18,990公頃的國家公園位於特內利費(Tenerife)島中央，此一島嶼是加那利群島中面積最大的一座島。

其存在為海洋島嶼演化的地質過程提供了證據，園區內的泰迪峰是一座活火山，海拔3,718公尺，為西班牙第一高峰。若從大西洋底算起，泰迪峰更高達7,500公尺，是世界第三高的火山結構體。巨大的垂直落差和火山的活動，使得這裡的生態系統自成一格。

2011

文化遺產

文化景觀

特拉蒙塔那山區文化景觀
Cultural Landscape of the Serra de Tramuntana

特拉蒙塔那山脈矗立於地中海馬約卡島(Majorca)西北部，與海岸線平行，山勢陡峭險峻。數千年來，當地居民利用極為有限的自然資源，在一片崇山峻嶺中發展農耕文化，改變土地的容貌，並且營造出今日充滿獨特田園風光的山區文化景觀。

10世紀初，馬約卡島被摩爾人占領，摩爾人運用阿拉伯世界精良的水利技術，在此修建相互連通的灌溉渠道和集水設施，發展出繁複的水利系統，而這套系統至今仍為當地居民沿用。

13世紀，這裡成為基督教王國的領土後，居民開始引進基督教世界的農耕技術以及土地管理制度，在一小塊一小塊石牆梯田上細心栽種橄欖樹、柑橘樹等作物，並且建造農村、燈塔、教堂，逐漸形成現今的樣貌，同時也使得這塊占地30,745公頃的世界遺產區域，成為伊斯蘭文化與基督教文化互相交會的絕佳見證。

©UNESCO/Javier Perez Gonzalez

2016

文化遺產

史前巨石文明/陵墓墳塚

安特克拉支石墓
Antequera Dolmens Site

這個支石墓遺址位於西班牙南部安達魯西亞的心臟地帶，主要由三處支石墓構成，分別為蒙加(Menga)和維拉(Viera)、艾爾羅梅拉爾的地下圓形墳墓(Tholos of El Romeral)，以及兩處自然形成的山形墓塚：Peña de los Enamorados和El Torcal。

這些都建於新石器時代到銅器時代，所謂的支石墓(Dolmens)，為史前時代巨石文明的表現方式，也是殯葬遺址型態之一，外觀形狀多以數塊大巨石放置地上，一邊往外傾，地面巨石群上方承大型石板以為頂，其架構留置的空間則用作墓室。這三處墓室是歐洲對重要的史前建築及巨石文明範例之一。

2018

文化遺產

古城遺址

哈里發阿爾扎哈拉古城
Caliphate City of Medina Azahara

哈里發阿爾扎哈拉古城建於10世紀中葉，為烏馬亞王朝(Umayyad Dynasty)時期的哥多華哈里發Abderramán III所建，此處曾繁盛一時，歷經數十年的風光歲月，而後內戰興起，在戰爭期間，它遭受廢棄，在1009年~1010年結束了哈里發統治。阿爾扎哈拉古城被遺忘了將近千年，直到在20世紀初期被發現才見天日。這座城市具有道路、橋梁、供水系統、建築物、裝飾和日常物品等基礎設施，它提供了深入瞭解已消失的西方伊斯蘭Al-Andalus輝煌文明的機會。

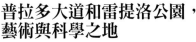

2021

文化遺產
城市規劃

普拉多大道和雷提洛公園，藝術與科學之地
Paseo del Prado and Buen Retiro, a landscape of Arts and Sciences

馬德里市中心區自普拉多三線大道通車開始發展，展現了18世紀開明專制主義對都市空間和發展提出的新概念，各種用途的建物存在於同一個地區，為全盛時期的西班牙帝國對烏托邦社會的想像，後來也深深影響了拉丁美洲。

這一區包括佔地120公頃的雷提洛公園，大部分園區的前身是17世紀的夏宮，另有皇家植物園和耶羅尼姆斯大型住宅區，建築年代可追溯至19~20世紀，其間包括做為文化展演和科學用途的場地。

2019

文化遺產
考古遺址

大加那利島的里斯科卡伊多考古遺址和聖山
Risco Caido and the Sacred Mountains of Gran Canaria Cultural Landscape

這處文化景觀包括數量龐大的穴居聚落，這些住所、穀倉和蓄水池足以證明在西班牙人到來前即有文化存在，推測是北非柏柏人來到島上，逐漸發展出獨立的文化，穴居聚落還包括宗教洞穴及Risco Caido、Roque Bentayga兩座聖殿，聖殿推論是舉辦宗教儀式的場所，宗教內容可能與星宿和「大地之母」崇拜有關。

2023

文化遺產

史前遺址

梅諾卡島塔拉約提克史前遺址
Talayotic Menorca

位於西地中海的梅諾卡島上，散佈於農牧景觀之間，包含多樣化的居住區和墓葬地，見證了史前社群在該島的生活。遺址從青銅時代(西元前1600年)跨越至鐵器時代晚期(西元前123年)，其建築材料、形式和結構位置顯示出以巨石堆砌為特徵的Cyclopean建築之變遷。

符號說明　登錄時間　遺產內容　遺產類型　文化遺產　自然遺產　綜合遺產　瀕危文化遺產　瀕危自然遺產　瀕危綜合遺產

瑞典Sweden

🏛 **13**　🔔 **#1**　🏛 **#1**　Total **15**

早期瑞典地區是維京人活躍的地點，基督教在9世紀時傳入瑞典，奠定了今日瑞典的生活文化基礎，從入選的世界遺產可以看出些許端倪。而國土狹長的瑞典，北極圈內的拉普人和南方的農業景觀，則呈現出截然不同的風貌。

★高海岸/瓦爾肯群島High Coast/Kvarken Archipelago
詳見芬蘭

★斯特魯維地質測量點Struve Geodetic Arc詳見白俄羅斯

呂勒奧的加美斯達教會村莊
Church Village of Gammelstad, Luleå
拉普人地區
Laponian Area
斯特魯維地質測量點
Struve Geodetic Arc
高海岸/瓦爾肯群島
High Coast / Kvarken Archipelago
赫爾辛蘭的華飾農舍
Decorated Farmhouses of Hälsingland
法倫銅礦區
Mining Area of the Great Copper Mountain in Falun
恩厄爾斯貝里煉鐵廠
Engelsberg Ironworks
皇后島宮
Royal Domain of Drottningholm
林地公墓
Skogskyrkogården
畢爾卡和霍弗加登
Birka and Hovgården
漢撒同盟城市威士比
Hanseatic Town of Visby
奧蘭島南部的農耕地
Agricultural Landscape of Southern Öland
塔努遠古壁畫遺跡
Rock Carvings in Tanum
瓦堡電台
Varberg Radio Station
卡爾克隆納軍港
Naval Port of Karlskrona

北海　挪威　芬蘭　俄羅斯

©imagebank.sweden.se/Ole Ericson

1991

文化遺產

宮殿
×
園林

皇后島宮
Royal Domain of Drottningholm

皇后島宮奶油色的法式建築倒映水中，十分優雅細緻；島上有座17世紀的宮殿建築、還有歐洲最古老的劇院，以及巴洛克式花園和中式亭閣。

皇后島宮最初是國王Johan III為王后Katarina所建的宮殿，經17世紀大幅改建，由Nicodemus Tessin父子檔花了15年的時間為皇室設計宮殿裝潢，展現1660年代瑞典巴洛克型式形式的風華。

長久以來，這裡一直是皇室女眷的住所，1744年瑞典王儲Adolf Redrik迎娶普魯士王妃Lovisa Ulrika時，更將這座宮殿送給王妃當作結婚禮物。這位普魯士王妃則創造了皇后島宮的藝術黃金時期，她邀請了多位學者到宮裡為收藏品歸類、編號，並成立烏爾利卡圖書館(Ulrika Library)，影響當時科學、藝術甚為深遠，圖書館目前仍保存完好並開放參觀。

宮殿前有座小型法式幾何花園，花園裡的海克力士(Hercules)銅像是出自荷蘭文藝復興大師Adrian de Vries之手，也是從丹麥腓特烈城堡搶來的戰利品。

建於1766年的巴洛克劇院是古斯塔夫三世為了紀念母親Lovisa王后所設立，也是目前仍上演劇碼的最古老劇院。古斯塔夫三世在1792年被暗殺後，劇院的使用便漸趨稀微。1922年劇院重新整理時，許多設計精巧的機關才又重新被發現，例如可迅速變換的背景道具，至今仍使用無虞。

中國亭閣(Kina Slott)建於1769年，是國王Adolf Fredrik送給普魯士王后Lovisa的禮物。外觀是洛可可式建築，在許多細節上加入東方的龍等裝飾，是當時最流行的建築方式，裡面收藏全是當時由東印度公司運送來的東方藝術品。

1993

文化遺產

維京人
遺址

畢爾卡和霍弗加登 Birka and Hovgården

©imagebank.sweden.se/Ola Ericson

畢爾卡考古遺址位於斯德哥爾摩附近、梅拉爾湖(Mälar)中的畢約可島(Björkö)上，經過考古後，證實在9~10世紀之間就有人居住。霍弗加登則是一座位於阿德爾塞(Adelsö)鄰近的島嶼。

這兩個考古遺址在維京時期的貿易網絡裡占有重要位置，對於後來斯堪地那維亞歷史的發展有舉足輕重的影響；另外，畢爾卡同時也是瑞典第一個基督教聚會的地方，由聖安斯加爾(St Ansgar)於831年所建立。

1994

文化遺產

陵墓墳塚

林地公墓 Skogskyrkogården

©imagebank.sweden.se/Cecilia Larsson Lantz

1917到1920年，兩位瑞典的年輕建築師艾瑞克・貢納・阿斯普朗德(Erik Gunnar Asplund)與西格德・勞倫茲(Sigurd Lewerentz)運用獨特的設計概念，巧妙地融合地形、植栽和建築元素，聯手打造了位於斯德哥爾摩市南部恩魁亞德達倫區(Enskededalen)的林地公墓。墓園內的其他重要建築還包括建於1920年的「林地教堂」(Woodland Chapel)，以及後來增建的「復活教堂」(Chapel of Resurrection)。

這座建在一片礫石松林裡的寧靜公墓，在充分發揮應有的功能之餘，完整保存了原始的自然景觀。它不僅體現從浪漫民族主義到實用主義的建築演進史，對全世界的墓園設計更產生了深遠的影響。

1993

文化遺產

工業景觀/
煉鐵

恩厄爾斯貝里煉鐵廠
Engelsberg Ironworks

恩厄爾斯貝里煉鐵廠位於瑞典南部的恩厄爾斯貝里村(Ängelsberg)，它在1681年由佩爾・拉爾松・伊倫赫厄克(Per Larsson Gyllenhöök)興建，並且在18世紀發展成世界上數一數二的現代化煉鐵廠。

廠區內共有五十多幢年代及功能各異的建築物，包括一棟兩層樓的莊園宅邸(1750年)、園丁住所(1790年)、熔煉場(1778年~1779年)、石板穀倉(1872年)以及釀酒廠、工人房舍、辦公室等等，完整保存了1870年最後一次改建後的樣貌。

1860年代，瑞典開始引進貝塞麥轉爐煉鋼法(Bessemer)及平爐煉鋼法，恩厄爾斯貝里煉鐵廠只能藉由增加熔爐容量以及延長營業時間勉強維持生存。到了1919年，該廠終究因生產不敷成本而正式歇業。

1994

文化遺產

岩畫藝術/
青銅時代

塔努姆遠古岩刻遺跡
Rock Carvings in Tanum

塔努姆遠古岩刻遺跡位於瑞典布胡斯蘭省(Bohuslän)北部，這些由青銅時代居民流傳下來的藝術創作，都刻鑿在當地因高山冰帽北移而裸露出來的花崗岩岩床上。

布胡斯蘭省目前已知至少有1,500幅岩刻畫，其中不少都密集分布在塔努姆斯海德鎮(Tanumshede)，大約有超過360處岩刻地點。根據從18世紀末期以來一直持續進行的考古研究顯示，這些原始象徵圖像描繪的內容涵蓋了動物、樹木、人類及身體部位、武器、船隻、輪式載具等13個類別，並且反映出現實與超自然兩種層面。由於具有傑出的藝術水準以及多元生動的景象組合，本區比歐洲甚至全世界其他的岩刻遺址都還要獨特。

1995

文化遺產

漢撒同盟
城市

漢撒同盟城市威士比
Hanseatic Town of Visby

威士比位於瑞典東南方的高特島(Gotland)上，在12~13世紀時，是波羅的海附近從事商業往來相當活躍的城鎮，1288年以石灰岩建造、長達3.6公里的城牆，現在仍幾近完整的圍繞著威士比，不僅在瑞典難得一見，也是北歐地區保留最完整的中世紀城牆。

當時這座城牆並不是因為對付外侮而建，主要是因為內戰頻繁，小鎮的領導者刻意將小鎮圍起來，隔絕戰亂。18世紀時，由於瑞典國王下令，凡以石頭蓋屋子的家庭可減少課稅，為了節稅，鎮上便多以石頭屋居多。爾後，為了保存古蹟，瑞典政府規定威士比舊城內房子可買賣，但想重新為外牆漆上不同顏色或甚至改建者，都要向政府報備，由相關單位核准才能施工。因此，威士比才保住鎮上具有中世紀特色的石造房屋和獨特的城鎮景致。

高特島上約有一百間教堂，在舊城裡也有不少教會建築，除了坐落在制高點的聖瑪麗亞大教堂，主廣場旁的聖凱撒琳教堂原建於1233年，為瑞典第一座方濟會修道院，現今只剩下石造的外牆供遊客參觀。

1996

綜合遺產

人文聚落
景觀/
極地

拉普人地區 Laponian Area

瑞典北部已進入北極圈地區，這裡也是薩米人(Sami)的家鄉，一般統稱為拉普人(Laponian)。拉普人依循先人習性，隨著季節遷徙的生活方式，在全世界的原住民族中，可說是活動範圍最廣的的一支，也是少數仍隨季節遷徙的原住民之一。

過去每年夏天，薩米人會帶著大群的麋鹿，穿過自然保護區往山上移動，但現今汽機車的出現，以及全球氣候變遷，不僅改變極地的地質水流，也威脅到當地住民的生活。

©imagebank.sweden.se/Staffan Widstrand

1996

文化遺產

教堂
×
聚落

呂勒奧的加美斯達教會村莊
Church Village of Gammelstad, Luleå

加美斯達村位在瑞典北方近波斯尼亞灣(Gulf of Bothnia)旁的呂勒奧，當地遺留了424間木造房子，被認定為北斯堪地那維亞地區保存最完善的教會村莊。這四百多棟房子圍繞著以石頭打造的15世紀教堂，這些木屋過去只提供在週日或宗教節慶時，因為居住地太遠而無法在節日當天返家的信徒暫住。

1998

文化遺產

戰爭/
軍事遺產

卡斯克隆納軍港
Naval Port of Karlskrona

卡斯克隆納是17世紀瑞典南部的重要海事防禦地，當時的瑞典已是歐洲的強權國，為繼續擴展領地，也為保衛當時的南瑞典地區，就是現在芬蘭、愛沙尼亞、拉脫維亞和部分德國北城鎮一帶，因而在卡斯克隆納建立了一座海軍基地。

當時所建的軍港大廈、造船廠和防禦設施都被完整的保留下來，讓世人得以瞭解三百多年前歐洲的軍事規劃。

2001

文化遺產

礦業景觀/
銅礦

法倫大銅山礦區
Mining Area of the Great Copper Mountain in Falun

沒有人知道這裡最早的開礦歷史，但根據地質學家的估算，約自11世紀起就開始了銅礦的開採，可算是世界最早的礦產區之一。17世紀時瑞典成為歐陸強權，當時法倫的銅礦產量，更高達世界銅總產量的7成。

2001年法倫銅礦區入選世界遺產，目前列入世界文化遺產的區域包括了礦山周圍的5個地區，其特殊的紅木屋、溝渠與水壩，都與這座礦山息息相關。

使法倫銅礦走入歷史最重要的事件是1687年6月25日所發生的礦坑塌陷，形成今日所見驚人的大型坑洞，原因是長久以來的挖掘工作未曾好好規畫，稍不小心就導致木結構塌陷。但是這件意外後，開採的活動仍持續了三百年之久，直到1982年才正式結束。

2000

文化遺產

農業景觀

奧蘭島南部的農業景觀
Agricultural Landscape of Southern Öland

奧蘭島位於波羅的海，島上的南部是一片巨大的石灰岩高原，人們在此居住已超過五千年歷史，其自然景觀幾千年來並未有任何改變，人們和自然共存，就連耕種方式也順應地質狀況的限制，從史前到今日，都沒有改變多少。

也因此該陸塊獨特的地質狀態和沿岸景觀未受到破壞，是全球人類居住地中相當罕見的情況。

2004

文化遺產

工業景觀/
電台

瓦堡電台 Varberg Radio Station

瓦堡電台位在南瑞典的格林頓(Grimeton)，電台建於1922年~1924年間，架有當時可跨越大西洋的無線通信系統，目前電台還保有六個127公尺高的鋼架電塔天線系統，還有短波發射機和天線，以及由瑞典建築師卡爾‧阿克布拉德(Carl Åkerblad)所設計的電台大廈，雖然目前電台沒有經常使用，但所有設備仍維持得相當完好。

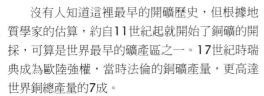

©imagebank.sweden.se/Helena Wahlman

2012

文化遺產

人文聚落
景觀/
農舍

赫爾辛蘭的華飾農舍
Decorated Farmhouses of Hälsingland

本世界遺產包含位於瑞典東部的7處木造華飾農舍，6處位於赫爾辛蘭省，1處位於鄰近的達拉那省(Dalarna Province)，它們是赫爾辛蘭地區現存一千多座木造建築的其中一部分。

這7處建於18、19世紀的木造農舍，充分展現了當地自中世紀一直延續下來的林業傳統以及建築文化。它們全部以木材製成，大多為二層樓甚至三層樓構造，而且擁有優美的門廊以及可多達11扇的成排窗戶。由於占地寬廣、房間數量眾多，因此這些農舍通常可供兩、三代家庭成員居住，不僅如此，它們還有獨立的房間專門用來舉辦節慶活動。

赫爾辛蘭華飾農舍的另一項重要特色，就在於室內的牆壁、天花板和家具皆以色彩鮮艷、花樣豐富的繪畫作為裝飾，並且融合了當地民間藝術以及鄉村士紳們所青睞的巴洛克與洛可可藝術風格，除了彰顯農舍主人對住宅美觀的重視，更反映了他們的財富以及社會地位。

符號說明　　遺產類型　

瑞士Switzerland

 #9 #4 #0 Total 13

在瑞士的世界遺產中，其文化遺產保存的完整性可見歷史古蹟對瑞士的重要，此外，拉紹德封與力洛克的鐘錶城鎮，對於以鐘錶精細工業享譽國際的瑞士來說，也是實至名歸。至於瑞士的自然遺產，最為人所熟知的當然非少女峰莫屬。

★阿爾卑斯山區史前干欄式民居Prehistoric Pile dwellings around the Alps詳見奧地利

★喀爾巴阡山脈與歐洲其他地區的原始山毛櫸森林Ancient and Primeval Beech Forests of the Carpathians and Other Regions of Europe詳見德國

拉紹德封與力洛克的鐘錶城鎮
La Chaux-de-Fonds / Le Locle, watchmaking town planning

法國　德國

喀爾巴阡山脈與歐洲其他地區的原始山毛櫸森林
Ancient and Primeval Beech Forests of the Carpathians and Other Regions of Europe

阿爾布拉－伯連納的雷蒂亞阿爾卑斯山鐵道
Rhaetian Railway in the Albula / Bernina Landscapes

伯恩古城
Old City of Berne

阿爾卑斯山區史前干欄式民居
Prehistoric Pile dwellings around the Alps

聖加爾修道院
Abbey of St Gall

列支敦士登

薩多納地質結構
Swiss Tectonic Arena Sardona

奧地利

拉沃葡萄園梯田
Lavaux, Vineyard Terraces

少女峰地區與阿雷奇冰河
Swiss Alps Jungfrau-Aletsch

柯比意：白內瓦湖小別墅
Petite villa au bord du lac Léman

柯比意：克拉泰公寓
Immeuble Clarté

聖喬治山
Monte San Giorgio

貝林佐納的三座城堡及城牆
Three Castles, Defensive Wall and Ramparts of the Market-Town of Bellinzone

義大利

米斯泰爾的聖約翰本篤會修道院
Benedictine Convent of St John at Müstair

伯恩古城 Old City of Berne

1983

文化遺產

古城

　　登高眺望伯恩古城風景時，完全看不到任何一座現代建築摻雜其中，清一色的中世紀街景，完整封存了伯恩輝煌的歷史面貌。

　　這座於1191年由柴林根公爵(Duke of Zähringen)所建的城市，自中世紀晚期開始，就是阿爾卑斯北部最大、也最具影響力的城市。城市的象徵「熊」是源於建城者捕獲到的第一隻動物，而伯恩這名字也是熊的意思，至今熊已成為廣受市民喜愛的吉祥物。

　　而長達6公里的舊城區，在翠綠的阿勒河(Aare)環繞下，更是古意盎然。漫步在老城區內，會遇到12座具有歷史價值的噴泉，每座噴泉都有其獨特典故，也將舊城區點綴得十分可愛。而昔日商家為遮蔽風雨而建的拱形騎樓，現在則成了市民與遊客散步購物的好去處。

1983

文化遺產

修道院

聖加爾修道院
Convent of St Gall

　　自8世紀到19世紀，最初由卡洛林王朝所建的聖加爾修道院一直是歐洲最重要的修道院之一，其附屬的圖書館更擁有世界上最豐富、最古老的館藏，例如畫在羊皮紙上的建築手稿，目前已知是年代最久遠的。

　　在1755年至1768年，女修道院被重建成巴洛克式的風格。聖加爾修道院的教堂和圖書館反映了12個世紀以來的人類活動，是世界上相當珍貴的文化資產。

2000

文化遺產

防禦工事

貝林佐納的三座防禦城堡及城牆
Three Castles, Defensive Wall and Ramparts of the Market-Town of Bellinzona

中世紀時，貝林佐納是義大利與瑞士南阿爾卑斯區域的交通要塞，自此帶動老城區的商業與繁榮。這個有歷史的小城，充滿中世紀傳奇色彩的城堡與城牆，城堡群是羅馬時期的軍事要地，蜿蜒在貝林佐納老城中心及近郊山頭，數百年來保衛著貝林佐納與提契諾的邊防，而這也是瑞士唯一現存的中世紀堡壘。

在米蘭大公國的統治時期，為了掌握南北出入交通，公爵們陸續擴建山丘上的大城堡，並在13世紀與15世紀，先後增建了蒙特貝羅城堡與科爾巴洛城堡，以及包圍住貝林佐納城區的城牆。

雖然最後提契諾地區仍不敵驍勇善戰的瑞士軍隊，劃歸進入瑞士版圖，但這處城堡群在歷史上的意涵猶是不能抹滅的。2000年時，大城堡(Castelgrande)、蒙特貝羅城堡(Castello di Motebello)、科爾巴洛城堡(Castello di Sasso Corbaro)及其所屬城牆，也一起被納入世界文化遺產的行列。

327

2001
2007

自然遺產

高山
×
冰河
景觀生態

瑞士阿爾卑斯山的少女峰和阿雷奇冰河

Swiss Alps Jungfrau-Aletsch

海拔超過四千公尺的少女峰(Jungfrau)、僧侶峰(Mönch)與艾格峰(Eiger)，在阿爾卑斯山的中心地帶連成一片壯麗的白皚山色，儘管上山攬勝的遊客日益擁擠，但在壯闊而神祕的大自然面前，偉大的人類也變得渺小起來。

位於少女峰登山鐵道終點站的少女峰車站，本身就是一個有趣的高山育樂中心，還可以走出車站，來一趟冰上健行，體驗各式高山活動。標高3,454公尺的少女峰車站，是歐洲最高的火車站，也因此為她贏得了「歐洲屋脊」(Top of Europe)的美譽。這個歐

洲屋脊不僅僅是一座車站而已，它集結了餐廳、商店、瞭望台、冰宮、郵局於一身，也因為位處高海拔，更是科學觀測的重要基地，包括空氣污染監測、大氣平流層微波輻射測量、臭氧層與溫室效應的研究、天文觀測等。車站在少女峰(4,158公尺)、僧侶峰(4,099公尺)及艾格峰(3,970公尺)的環繞下，其壯麗山色是吸引全球遊客不遠千里而來的主因，還可以遠眺阿雷奇冰河(Aletschgletscher)。

與少女峰一同被列為世界遺產的，還有全歐洲最大的阿雷奇冰河，冰河總長達23公里，面積超過120平方公里，從少女峰南側一直延伸到上隆河谷地(Rhone Valley)，堪稱上帝在阿爾卑斯山最經典的傑作。

符號說明 登錄時間 遺產內容　遺產類型 文化遺產 自然遺產 綜合遺產 瀕危文化遺產　瀕危自然遺產　瀕危綜合遺產

1983

文化遺產

修道院

米斯泰爾的聖約翰本篤會修道院
Benedictine Convent of St John at Müstair

　　位於瑞士和義大利邊境的米斯泰爾聖約翰本篤會修道院，擁有保存得相當完整的壁畫，這些壁畫可追溯到西元800年左右的卡洛林時代。

　　壁畫於19世紀修道院進行修繕作業時才為人所發現，內容以描述基督耶穌的生平故事為主，其中《最後的審判》是年代最為悠久的作品。目前修道院的一部分已整建為博物館，開放給遊人參觀。

2007

文化遺產

農業景觀/
葡萄園

拉沃葡萄園梯田
Lavaux, Vineyard Terraces

　　日內瓦湖區的沃州(Vaud)是瑞士第二大葡萄酒產地，這一帶共有26個葡萄園區，這處沿著日內瓦湖北岸種植的拉沃葡萄園梯田，種植歷史據稱可追溯至羅馬軍隊占領時期，也有人說最早是從中世紀的傳教士才開始釀酒，而目前在斜坡上將近30公里長的種植面積，則確認是始於11世紀。

　　聯合國教科文組織在2007年宣布將拉沃葡萄園梯田列為世界文化遺產，理由是居民因應外在的地理環境，花費近千年的時間，逐步瞭解並轉而利用地方資源，最終生產出高度經濟價值的作物，是人類與環境互動演化的最佳驗證。

2008

文化遺產

鐵道

阿爾布拉—伯連納的雷蒂亞阿爾卑斯山鐵道
Rhaetian Railway in the Albula / Bernina Landscapes

　　興建於20世紀初葉的阿爾布拉—伯連納鐵道，標誌著瑞士建築學、工程學與環境概念的高度成就。這一整段鐵路總長約128公里，一共穿越55個隧道與狹廊，以及196座橋樑與高架道路，讓原本隔絕於崎嶇山麓中的孤立區域，其相互間的交通往來從此變得便利起來。

　　伯連納鐵路至今仍是穿越阿爾卑斯山區的鐵道中海拔最高的一座，同時也是世界同類型鐵路中高低落差最大的路線之一，完美體現了人類運用現代技術克服險阻山嶽的最佳範例。阿爾布拉—伯連納鐵道更難能可貴的地方在於，它雖然破除了地形上的障礙，卻不但沒有破壞原本壯麗的自然景觀，反而和諧地與整個環境融合在一起，共同構成一幅令人悠然神往的畫面。

＊與義大利並列

2008

自然遺產

地質結構

瑞士的薩多納地質結構
Swiss Tectonic Arena Sardona

　　瑞士的薩多納地質結構位於國土偏東北的區域，涵蓋山地範圍廣達32,850公頃，其中包括7座海拔在三千公尺以上的山峰。薩多納地質結構最重要的價值，便在於它展現了因大陸板塊碰撞而引發的劇烈造山運動地質結構，這一帶有許多暴露於外的地層斷面，清楚地呈現地殼構造的推擠過程，原本位於深處的古老岩層被推擠進表層的年輕岩層之中，而這裡特殊的地形正好可以讓地質學家們透過三維的角度來研究此一現象。

　　這樣的特徵在格勞烏斯地區(Glarus)特別明顯，也使此區域從18世紀以來便是地球科學的研究重鎮。

符號說明 登錄時間 遺產內容　遺產類型 文化遺產 自然遺產 綜合遺產 瀕危文化遺產 瀕危自然遺產　瀕危綜合遺產

2003
2010

自然遺產

生物化石遺址

聖喬治山 Monte San Giorgio

瑞士義語區南部的聖喬治山，擁有三疊紀中期(約兩億四千五百萬年到兩億三千萬年前)完整而豐富的海洋生物化石，展示了古時爬蟲類、魚類、鸚鵡螺、甲殼綱動物等生物曾在此生存的證據。

也因為這個潟湖靠近陸地，化石中也包含了許多陸地上的物種，諸如爬蟲類、昆蟲及植物等，記錄了這一地區遠古時期的地理環境，形成非常珍貴的化石寶庫。

這座遺產在2003年被提名時，原本只是瑞士獨有，2010年再把範圍擴及義大利境內，成為橫跨兩國的世界遺產。

＊與義大利並列

2009

文化遺產

工業景觀
×
城市規劃

拉紹德封與力洛克的鐘錶城鎮
La Chaux-de-Fonds / Le Locle, watchmaking town planning

鐘錶製造是瑞士最引以為傲的產業，而位於瑞士偏遠地帶的侏儸山脈(Jura)則是瑞士鐘錶的大本營，拉紹德封與力洛克這兩座相鄰的城鎮由於土壤貧瘠，因此從17世紀開始便致力於無需地力的鐘錶工業。

在19世紀初葉的一場大火之後，拉紹德封與力洛克依鐘錶製造的需求重新規劃，整座城市由平行伸延的屋舍所構成，從空中看就像一套整齊劃一的琴譜一樣，其住宅與工坊交互混合，充分反映出鐘錶製造的理性需求結構。馬克思在其著名的《資本論》中，曾描述拉紹德封是一座「巨大的工業城市」。

如今拉紹德封與力洛克已成為單一製造業城市的最佳典範，不但保存完整，同時還順應了時勢的變遷，直到現在都還維持著良好且蓬勃的運作。

2016

文化遺產

現代建築

柯比意的建築作品—對現代主義運動的卓越貢獻
The Architectural Work of Le Corbusier, an Outstanding Contribution to the Modern Movement

柯比意(1887年–1965年)是20世紀最偉大的建築師之一，瑞士裔法國人，他致力讓居住在都市擁擠空間的人能有更舒適的生活環境，是功能主義建築的泰斗，被譽為現代建築的開拓者，瑞士法郎的10元紙幣就是柯比意的肖像。

在2016年世界遺產大會把柯比意的17處建築作品納入世界遺產，橫跨歐、亞、美三大洲、比利時、法國、德國、瑞士、印度、日本、阿根廷等七個國家。這些建築充分展現了一種新的建築語言，與過去的建築完完全全產生一個斷點，也反映出20世紀的現代主義運動的解決方式，是以發明新的技術，來回應社會的需求，而且是全球性的。

在瑞士，入選的建築是科紹(Corseaux)的日內瓦湖小別墅(Petite villa au bord du lac Léman)，以及日內瓦的克拉泰公寓(Immeuble Clarté)。

＊與比利時、阿根廷、法國、德國、印度、日本並列。

烏克蘭Ukraine

 #7　 #1　 #0　Total 8

烏克蘭國土面積廣達603,628 平方公里，為歐陸僅次於俄羅斯的第二大國，1991年蘇聯解體後才獨立出來，基輔(Kiev)為其首都及最大城。由於烏克蘭人信仰東方正教，建築、文學、音樂都呈現濃濃東正教風格，入列的世界遺產也可以看到這個影響。

★斯特魯維地質測量點Struve Geodetic Arc詳見白俄羅斯

★波蘭和烏克蘭的喀爾巴阡地區木造教堂Wooden Tserkvas of the Carpathian Region in Poland and Ukraine詳見波蘭

★喀爾巴阡山脈與歐洲其他地區的原始山毛櫸森林Ancient and Primeval Beech Forests of the Carpathians and Other Regions of Europe詳見德國

波蘭和烏克蘭的喀爾巴阡地區木造教堂
Wooden Tserkvas of the Carpathian Region in Poland and Ukraine

俄羅斯

白俄羅斯

利維夫：歷史中心建築群
L'viv - the Ensemble of the Historic Centre

基輔：聖索菲亞主教堂與相關修道院建築群、基輔佩徹爾斯克
Kiev: Saint-Sophia Cathedral and Related Monastic Buildings,Kiev-Pechersk Lavra

波蘭

斯特魯維地質測量點
Struve Geodetic Arc

布科維納與達爾馬齊亞大主教府
Residence of Bukovinian and Dalmatian Metropolitans

喀爾巴阡山脈與歐洲其他地區的原始山毛櫸森林
Ancient and Primeval Beech Forests of the Carpathians and Other Regions of Europe

敖德薩歷史中心
The Historic Centre of Odesa

克森尼索古城遺址及其農地
Ancient City of Tauric Chersonese and its Chora

羅馬尼亞

黑海

利維夫歷史中心建築群
L'viv – the Ensemble of the Historic Centre

 1998

 瀕危文化遺產

 歷史城區

適中的地理位置讓利維夫迅速發展，卻也受到不同國家的覬覦與爭奪，曾經被波蘭、奧匈、蘇聯等帝國統治，卻也吸引歐洲各族群到此定居，使得利維夫融合了多國的文化與宗教等特色，從今日的城市景觀中依舊可以發現他們獨立卻相互依存的社區，特別是在舊城中，更能看見東歐與德國和義大利在建築和藝術傳統上的交融。

布科維納與達爾馬齊亞大主教府
Residence of Bukovinian and Dalmatian Metropolitans

 2011

 文化遺產

 宮殿

布科維納與達爾馬齊亞大主教府的構成元素包括正中央的大主教宅邸、位於正門左側擁有穹頂造型的東正教神學院及三聖教堂、位於正門右側的鐘塔和小禮拜堂，以及占地廣大的花園和造景庭院。此外，赫拉夫卡還利用色彩鮮艷的上釉磁磚為結構複雜的屋頂作裝飾。

克森尼索古城遺址及其農地
Ancient City of Tauric Chersonese and its Chora

 2013

 文化遺產

 古希臘 × 羅馬 × 早期基督教中世紀考古遺址

克森尼索古城位於黑海北岸、克里米亞半島西南端，由來自希臘的多利安人(Dorian Greeks)於西元前5世紀所建立，被喻為「烏克蘭的龐貝」。

目前遺址主要分成六大部分的城區，以及數百塊被分割成方形的農地，直到15世紀之前，當地都還種植葡萄，並出口葡萄酒。根據考古發現，遺址所涵蓋的年代極長，從石器時代、銅器時代、早期基督時代的建築，到羅馬和中世紀的城塔、供水系統等。

敖德薩歷史中心
The Historic Centre of Odesa

 2023

 瀕危文化遺產

 城市規劃及建築

敖德薩是在Khadzhybei遺址上建立的黑海港口城市，是一處密集的建築區，特點是兩層到四層的建築和綠樹成蔭的寬闊街道，還包括了劇院、橋樑、紀念碑、宗教建築、學校、私人宮殿和公寓、俱樂部、酒店、銀行、購物中心、倉庫、證券交易所和其他公共和行政建築，反映了敖德薩在19世紀到20世紀初經濟快速發展，並見證了多元化的民族和宗教社區，是跨文化交流、多民族城市發展的典範。

基輔聖索菲亞主教堂與佩徹爾斯克修道院建築群
Kiev: Saint-Sophia Cathedral and Related Monastic Buildings, Kiev-Pechersk Lavra

 1990

 教堂 × 修道院

 瀕危文化遺產

動工於1037年的聖索菲亞主教堂，是基輔天主教公國首都的象徵，擁有5座主殿、5座後殿和13座圓頂，周圍環繞著來自三邊的雙重走廊，室內裝飾著11世紀開始的鑲嵌和濕壁畫。

1015年以洞穴修道院之姿開放的基輔佩徹爾斯克修道院，打從創立之初便是東歐重要的東正教中心，到了17~19世紀時更肩負起將東正教傳遍俄羅斯的重責大任。

符號說明　 登錄時間　遺產內容　遺產類型　 文化遺產　自然遺產　綜合遺產　瀕危文化遺產　瀕危自然遺產　瀕危綜合遺產

英國及北愛爾蘭
United Kingdom of Great Britain and Northern Ireland

 29 5 1 Total 35

決決大不列顛，從名單分析，不難看出海權殖民時代所遺留的大批豐富資產，包括象徵英國皇室風華的城堡花園、海權擴張扮演重要角色的港口、工業革命時期留下的工廠城市，以及海外殖民地，儘管當年的雄風不再，卻也是英國扭轉人類歷史的極佳見證。

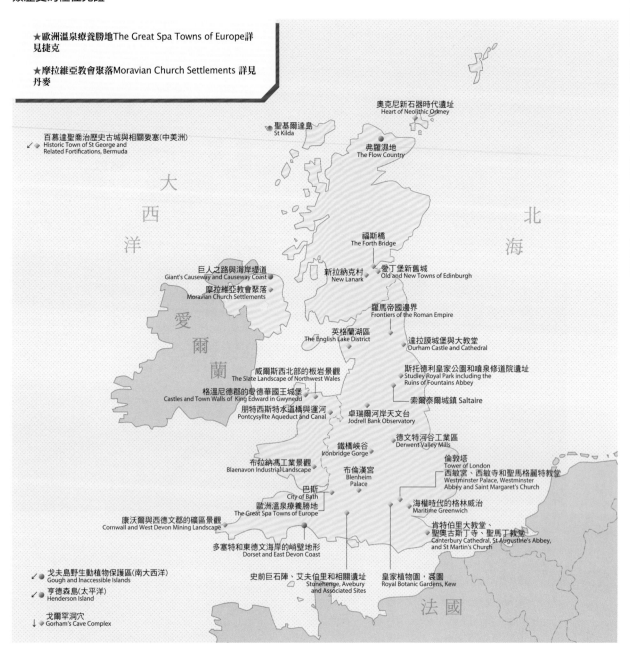

★歐洲溫泉療養勝地The Great Spa Towns of Europe詳見捷克

★摩拉維亞教會聚落Moravian Church Settlements 詳見丹麥

百慕達聖喬治歷史古城與相關要塞(中美洲)
Historic Town of St George and Related Fortifications, Bermuda

奧克尼新石器時代遺址
Heart of Neolithic Orkney

聖基爾達島
St Kilda

弗羅濕地
The Flow Country

大西洋

北海

福斯橋
The Forth Bridge

巨人之路與海岸堤道
Giant's Causeway and Causeway Coast

新拉納克村
New Lanark

愛丁堡新舊城
Old and New Towns of Edinburgh

摩拉維亞教會聚落
Moravian Church Settlements

愛爾蘭

羅馬帝國邊界
Frontiers of the Roman Empire

英格蘭湖區
The English Lake District

達拉謨城堡與大教堂
Durham Castle and Cathedral

威爾斯西北部的板岩景觀
The Slate Landscape of Northwest Wales

斯托德利皇家公園與噴泉修道院遺址
Studley Royal Park including the Ruins of Fountains Abbey

格溫尼德郡的愛德華國王城堡
Castles and Town Walls of King Edward in Gwynedd

索爾泰爾城鎮 Saltaire

朋特西斯特水道橋與運河
Pontcysyllte Aqueduct and Canal

卓瑞爾河岸天文台
Jodrell Bank Observatory

德文特河谷工業區
Derwent Valley Mills

鐵橋峽谷
Ironbridge Gorge

布拉納馮工業景觀
Blaenavon Industrial Landscape

布倫漢宮
Blenheim Palace

倫敦塔
Tower of London

西敏宮、西敏寺和聖馬格麗特教堂
Westminster Palace, Westminster Abbey and Saint Margaret's Church

巴斯
City of Bath

歐洲溫泉療養勝地
The Great Spa Towns of Europe

海權時代的格林威治
Maritime Greenwich

康沃爾與西德文郡的礦區景觀
Cornwall and West Devon Mining Landscape

肯特伯里大教堂、聖奧古斯丁寺、聖馬丁教堂
Canterbury Cathedral, St Augustine's Abbey, and St Martin's Church

多塞特和東德文海岸的峭壁地形
Dorset and East Devon Coast

戈夫島野生動植物保護區(南大西洋)
Gough and Inaccessible Islands

史前巨石陣、艾夫伯里和相關遺址
Stonehenge, Avebury and Associated Sites

皇家植物園，裘園
Royal Botanic Gardens, Kew

法國

亨德森島(太平洋)
Henderson Island

戈爾罕洞穴
Gorham's Cave Complex

布拉納馮工業景觀 Blaenavon Industrial Landscape

2000
工業和礦業景觀
文化遺產

　布拉納馮位於英國南威爾斯地區，在19世紀時，這裡是世界上最主要的媒和鐵的生產地之一。許多與採礦的相關一切，媒、礦砂、採礦場、鐵路系統、熔爐、工人宿舍，以及社區的公共建設等，至今仍然保留完整，清晰可見。

1986

文化遺產

城堡
×
防禦工事

格溫尼德郡的愛德華國王城堡
Castles and Town Walls of King Edward in Gwynedd

英國國王愛德華一世(1272年-1307年)在位期間在北威爾斯所完成的一系列中小型城堡,計有波馬利斯(Beaumaris)、卡那封(Caernarfon)、康威(Conwy)和哈爾雷克(Harlech)等,是外形壯觀並保存良好的城堡。

卡那封和康威兩地則是有計劃的兩個保衛鎮,是中世紀軍事防禦的卓越例子。波馬利斯和哈爾雷克則是由聖喬治的詹姆斯(James of St George)這位當時最了不起的軍事工程師所建。

康威城堡是英格蘭國王愛德華一世征服威爾斯後所建的象徵性堡壘,也是目前歐洲保存最好的中古世紀軍事城堡之一。建築於康威河邊狹長型的岩石高地

上,從地理位置的選擇到整體的設計都能看出城堡優異的防衛功能。8座圓形高塔與厚實的石頭城牆像是從堅固的岩石中拔地升起,構成長型的堡壘,東西各一個外城門,用來阻擋敵人及過濾進入城堡的人。內部又分為內外兩個區域,外區有大廳、廚房、馬廄、及監獄塔,監獄塔地下層是以前的黑牢;內區(Inner Ward)則是皇室成員生活起居的地方,包含國王、皇后寢室及小禮拜堂;兩個區域間有城牆阻隔,只留小門通道,且所有房間彼此互不相通,即是考慮到就算部分區域被敵軍攻破,其他房間還是可以獨立抵擋,並阻礙敵軍進攻的速度。令人驚訝的是,在那個沒有起重機的年代,這座固若金湯的石頭堡壘和1.2公里長、9尺高、有21個防衛塔的康威城牆,不到5年就完工了!

1986

綜合遺產

火山地形
生態
×
青銅時代
考古遺址

聖基爾達島 St. Kilda

位於蘇格蘭外海赫布里底群島最西岸,是大西洋北部的群島。最大島嶼是赫塔島(Hirta),其懸崖是全英國最長的,1930年起成為無人居住的小島。

聖基爾達島有史前和歷史時期的建築特色。本島是座火山群島,包含其他4座小島,是歐洲多種珍貴瀕危雀鳥的棲息地。聖基爾達島考古保存良好,其中包括青銅時代的一些遺址,根據考證,當地最原始的文化大約持續了兩千年,是英國唯一名列自然與文化的綜合遺產。

©VisitBritain

符號說明 登錄時間 遺產內容　遺產類型 文化遺產 自然遺產 綜合遺產 瀕危文化遺產 瀕危自然遺產 瀕危綜合遺產

1986

文化遺產

城堡
×
教堂

達拉謨城堡與大教堂
Durham Castle and Cathedral

達拉謨大教堂建於11世紀末到12世紀初之間，教堂內有兩位聖者聖骨遺物的收藏，是早期聖本篤修會的重要聖物，也是英格蘭最大最宏偉的諾曼式建築。

城堡外觀呈八角形，是古諾曼人的要塞，也是當地主教的住所，與大教堂是英國最早被列入世界遺產的古蹟。達拉謨城本身很小，三面被威爾河(River Wear)圍繞著。城中並有達拉謨大學，是英國除牛津、劍橋之後，名列第三的大學。

©VisitBritain

1986

文化遺產

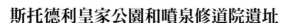

園林
×
修道院

斯托德利皇家公園和噴泉修道院遺址
Studley Royal Park including the Ruins of Fountains Abbey

斯托德利皇家公園和噴泉修道院遺址，位於英國約克夏郡北部，建於1716年到1781年。斯托德利皇家公園是維護原建築風格良好的園林建築，也是英國西妥會教團的古建築之一。

人造湖、水塘、雕塑、塔、寺廟、新哥德式風格的皇宮等，並有一處全英國景觀最美的喬治時代風格的水花園。

噴泉修道院則是1132年由13名僧侶建立，每年都會吸引許多遊客前來參觀，面積廣大，環境自然，整體環繞在綠色的公園之中。

1986

自然遺產

火山地形/
玄武岩
石柱

巨人之路與海岸堤道
Giant's Causeway and Causeway Coast

©Tourism Ireland

巨人之路與海岸堤道位於北愛爾蘭的安特里姆高原(Antrim plateau)海岸邊,四萬多根六角形黑色巨大玄武岩石柱由海中凸峭,而形成了這條傳說中的巨人之路。因此當地的凱爾特人有了特殊的靈感,認為是巨人的通道,可從海洋直通蘇格蘭的傳說。此區地質研究已經有三百多年了,對地球科學發展貢獻良多,後來並確認形成因素是由於約五億至六億年前,第三紀時的火山作用形成的。

沿著海岸懸崖的山腳下,四萬多根玄武岩石柱不規則的排列起來,綿延6公里,氣勢磅礴,蔚為奇觀。這種石柱多6邊形,也有4邊、5邊和8邊形,石柱高者達12公尺,矮者也有6公尺多,高低參差、錯落有致,從峭壁延伸至海底,數千年如一日的屹立在大海之濱,形成了這一道通向大海的巨大的天然階梯,是一罕見的自然奇觀,被人們想像成巨人走在其上,因此被稱為「巨人堤道」。

1986

文化遺產

史前巨石
文明

史前巨石陣、艾夫伯里和相關遺址
Stonehenge, Avebury and Associated Sites

關於史前巨石陣的存在,原因眾說紛紜,穿鑿附會的傳說也很精采,包括外星人入侵、巨人族突然僵化為巨石、魔法師梅林使用魔法從愛爾蘭將巨石運來,以及信奉特魯伊教(Druid)的凱爾特人(Celts)所建立的神殿等,不過這些說法都無法滿足科學家,紛紛提出各種假設和學說,然而卻從未有個定論。唯一可以確定的是,這些龐然大石是藍砂岩,來自距離此地三百多公里遠的威爾斯(Wales),不過卻衍生出另一個問題:這些石頭是如何搬到此地的?

一般估計史前巨石陣大約於四千多年前出現(3000BC-1600BC),這些石頭有的高達6公尺,重量更達幾十噸重,姑且不論直立的石頭,還有部分巨石橫疊於兩塊巨石之上,不禁令人好奇到底是誰、當

時有何機具和技術能如此辦到,而這些也是今日科學家們努力想解開的謎團。

史前巨石陣還有另一個讓學者著迷的課題是關於它的作用,有人認為它是紀念墳塚、宗教聖地,不過目前比較多人認同的說法是天文儀。1960年代,一名美國科學家提出巨石陣是早期民族的天文儀這個說法,乍看之下毫無規則的巨石,其實有一定的規則,由光線的移動可觀察天體的運行,作為觀測天象之用,特別是每到夏至那天,升起的太陽會和巨石陣中的巨石排成一線。

在巨石陣外圍、靠近入口的地方,有一顆高約5公尺的「腳跟石」(Heel Stone),微微內傾、指著巨石圍成的圓圈,面向著東北方,每年夏至時,太陽都會從它的上方升起。

符號說明 登錄時間 遺產內容　遺產類型 文化遺產 自然遺產 綜合遺產 瀕危文化遺產 瀕危自然遺產 瀕危綜合遺產

1987

文化遺產

宮殿

布倫漢宮
Blenheim Palace

布倫漢宮位於牛津附近，坐落在一座浪漫的公園裡。1704年，約翰‧邱吉爾(John Churchill)對法國和巴伐利亞的戰中贏得勝利，英格蘭於是封他為馬爾堡(Marlborough)地區的首任公爵，並為他蓋了布倫漢宮。整座建築從1705年開始興建，直到1722年落成，其建築樣式是18世紀英格蘭典型的王侯住宅。

1987

文化遺產

古羅馬

巴斯
City of Bath

巴斯是倫敦西方的古老城鎮，也是英國南部非常熱門的旅遊景點。相傳西元前860年左右，一位叫布拉杜德(Bladud)的王子因罹患痲瘋病被放逐至此，看到豬在熱泥中打滾治病，他如法炮製後居然治癒了痲瘋病，後來更登基為英王，於是興建了巴斯這個城市。

西元1世紀，羅馬人入侵英國，便在巴斯溫泉附近廣建浴池，以及獻給水和智慧女神蘇莉絲‧密涅瓦(Sulis Minerva)的神廟，使得巴斯這座溫泉之鄉的雛形日益成熟，18世紀安女王造訪巴斯後，逐漸成為流行的溫泉度假勝地。

現今巴斯建築物多為18~19世紀所建，唯一存留的羅馬遺跡位於地面下6公尺，其中最著名的是博物館中的幾個兩千年前的浴池遺跡，如露天大浴池、泉水湧出的國王浴池(King's Bath)等，以及水和智慧女神蘇莉絲‧密涅瓦(Sulis Minerva)的鍍銅神像。

1987

文化遺產

宮殿 × 教堂

西敏宮、西敏寺和聖馬格麗特教堂
Westminster Palace, Westminster Abbey and Saint Margaret's Church

西敏宮就是英國的國會大廈(House of Parliament)，金碧輝煌端踞泰晤士河畔，是泰晤士河畔最明顯的地標，國會大廈建於1840年代，是新哥德式建築的代表作，更是大不列顛民主的象徵。位於國會大廈高塔上，又被暱稱為大笨鐘的大鵬鐘(Big Ben)，重達14噸、每整點敲響一次的共鳴鐘，自1859年迄今每天提供精準的報時。

英國皇室的重要正式場合幾乎都在西敏寺舉行，其中最重要的當然是英皇登基大典，從愛德華一世(1066年)迄今，除了兩次例外，英國所有國王和女王都是在此地加冕，死後也多半長眠於此，西敏寺忠實地記錄了英國皇族每一頁興衰起落歷史。西敏寺內有許多皇室陵墓，其中在主祭壇後方一座三層樓高的墓，就是愛德華一世的陵寢，往後走可以看到亨利七世的禮拜堂，曾被評為「基督教會中最美麗的禮拜堂」。

在西敏寺入口處左側的白色哥德式教堂就是聖瑪格麗特教堂(Saint Margaret's Church)，是英國貴族加冕之處，現在則是倫敦上流社會熱門的結婚場所。

1986

文化遺產

工業景觀/ 橋樑

鐵橋峽谷 Ironbridge Gorge

鐵橋峽谷是工業革命的象徵。在鐵橋峽谷附近，有個建於1708年，記錄了挖掘焦炭的庫爾布魯克戴爾(Coalbrookdale)熔爐。1777年至1779年時，英國在此修建世界第一座以鋼鐵鑄造的橋，從此結束了建造橋樑只能用木、石材料的時代。

橋身橫跨塞文河(Severn River)，外觀為半圓形拱，跨度30.6公尺，拱肋共5根，各鑄成兩半根。這座橋在鋼鐵建築技術的發展史上，有不容忽視的影響。

©VisitBritain

 符號說明 登錄時間 遺產內容 遺產類型 文化遺產 自然遺產 綜合遺產 瀕危文化遺產 瀕危自然遺產 瀕危綜合遺產

羅馬帝國邊界
Frontiers of the Roman Empire

1987

文化遺產

古羅馬

©VisitBritain

這條羅馬邊界指的是2世紀左右，羅馬帝國的最大疆域，這條線從大西洋沿岸的不列顛北部，穿過歐洲大陸直達黑海，再從黑海拉到紅海穿過北非抵達大西洋沿岸，全長5000公里。

這座世界遺產與德國境內的城牆遺址並列，英國部分，指的是122年由羅馬皇帝哈德良(Hadrian)下令建造的，全長118公里，因而命名為哈德良長城，為羅馬帝國最北疆界。

＊與德國並列，德國部分詳見德國。

倫敦塔
Tower of London

1988

文化遺產

城塔

由大大小小約二十座塔樓組成的倫敦塔，不但是倫敦這座城市的縮影，也是英國皇室的簡史！

興建於昔日羅馬城Londinium的要塞上，如今位於倫敦塔中央的白塔，是首座出現的建築，1066年，法國諾曼第的「征服者威廉」(William the Conquerpr)帶領大軍入侵並正式入主不列顛，也將諾曼式建築帶進倫敦，落成於1078年的白塔不但是他的皇宮，同時也是對盎格魯薩克遜人宣告：倫敦已由新統治階級接手。威廉一改過去木造建築的方式，從法國運來大量巨石築塔，而白塔也是少數躲過倫敦15世紀大火的諾曼式建築之一。

倫敦塔經過多次擴建，最主要的工程集中於12~13世紀時間，於獅心王理查(Richard the Lionheart)、亨利三世以及愛德華一世任內。到了13世紀末，倫敦塔已勾勒出今日的大致輪廓：數座附屬建築圍繞著白塔，並興建內、外兩圈圍牆和護城河。

倫敦塔最初雖當成皇宮使用，然而隨著歷史的發展，它曾經多次轉換或並行用途，像是碉堡、鑄幣廠、軍械庫、軍營、刑場，甚至於皇家動物園。

不過倫敦塔最為人所熟知的用途，其實是監獄，打從1100開始，這裡就開始監押犯人，到了16~17世紀時，這裡成了最聲名狼籍的監獄。

所有的傳說都成為倫敦塔的賣點，各個塔中安排的展覽大多採互動方式，並藉助高科技視聽器材，脫離了說教式的歷史陳述，讓遊客在參觀的同時充滿趣味。

1995

自然遺產

火山島嶼
生態

戈夫島野生動植物保護區
Gough and Inaccessible Islands

　　戈夫島野生動植物保護區為位於南大西洋上的群島，此保護區是世界上受到最少破壞的島嶼及海洋生態系統之一，也是多種珍貴動植物的居所，並擴展至戈夫島附近的一些難以接近島嶼。

　　戈夫島是第三紀火山島，大多數海岸線為高達500公尺以上的峭壁，沒有可庇護的港口，唯一的著陸點為東海岸。多山與峭壁，成為世界上最重要的海鳥棲息地。有12種原生植物，而罕見人跡的諸島有兩種特有種鳥類、8種特有植物，以及10種以上原生的無脊椎動物。

1995

文化遺產

城鎮
×
城堡

愛丁堡新舊城
Old and New Towns of Edinburgh

　　自15世紀以來就是蘇格蘭首府的愛丁堡，往往是觀光客前進蘇格蘭的第一站，也因為一年一度的愛丁堡藝術節而有「北方的雅典」之稱。氣度寬廣的它就如同忠實的史學家，用建築記錄歷史，以王子街(Princes St.)為劃分點，往北是以喬治王時期建築聞名的新城，往南爬上丘則是自中世紀遺留下來的舊鎮。老城最著名的就是古堡，而建於18世紀的新城

以完整的都市規劃與設計影響近代歐洲甚鉅，新舊交融，形成獨特的文化景觀。

　　愛丁堡城堡位於死火山的花崗岩頂上，在市中心各角落都可看到。此堡在6世紀時成為皇室堡壘，而1093年瑪格麗特女王逝於此地，此後這裡成為重要的皇家住所和國家行政中心。這項傳統延續至中世紀，一直到16世紀初荷里路德宮(Palace of Holyroodhouse)落成，取代愛丁堡城堡成為皇室的主要住所，不過愛丁堡城堡依然是蘇格蘭的重要象徵。

符號說明 登錄時間 遺產內容　遺產類型 文化遺產 自然遺產 綜合遺產 瀕危文化遺產 瀕危自然遺產 瀕危綜合遺產

1988

文化遺產

教堂

肯特伯里大教堂、聖奧古斯丁寺、聖馬丁教堂
Canterbury Cathedral, St Augustine's Abbey, and St Martin's Church

建於597年的肯特伯里大教堂是英國最古老的教堂，不過舊的教堂在1067年時被大火燒毀，絲毫無存，現今的教堂為1070年~1174年所建，最古老的部分是地窖。許多人都認為肯特伯里大教堂具有神奇的魔力，它是肯特伯里最顯著的地標，不論是亨利八世的宗教迫害或是二次大戰時希特勒的猛烈砲火，都沒有對此教堂造成巨大的傷害。

除了大教堂，聖奧古斯丁寺(St. Augustine's Abbey)是另一處同時被列入世界遺產的地點，也是英國最古老的教堂之一。597年，羅馬教皇派遣聖奧古斯丁(St. Augustine)到英國宣揚天主教，在肯特國王Ethelbert的允諾下，聖奧古斯丁得以於皇宮城牆外建一座教堂，供教徒敬拜之用，3間由木材、燧石、磚塊及瓦片組成的薩克遜式(Saxon)小教堂，就成為此地最早的建築。

1997

文化遺產

海權時代遺產

海權時代的格林威治
Maritime Greenwich

格林威治在1997年名列世界遺產時，是以其「航海主題」被納入的，海權時代縱橫地球的大英帝國，皇家海軍必以這個位在倫敦泰晤士河東方的門戶為啟航點，也因此造就了格林威治珍貴的航海相關資產。

以整個格林威治公園為主體，包含舊皇家海軍學院(Old Royal Naval College)、舊皇家天文台(Old Royal Observatory)、國家海事博物館(National Maritime Museum)、皇后之屋(Queen's House)、格林威治碼頭(Greenwich Pie)在內的整片區域，都屬於世界遺產的範圍。

總體說來，格林威治的建築和城市布局，具體而微地展現了大英帝國17世紀和18世紀在藝術和科學上的成就，對歐洲的建築樣式來說，是一次重要的進展，同時，建築也能成功地與自然和人文景觀取得和諧一致。

格林威治公園佔地74公頃，是全倫敦面積最大，也是最古老的皇家花園，整座公園由一條林蔭大道、一座玫瑰園、一片開闊空地，及無數漫步小徑所構成，公園倚著一片小丘，從舊皇家天文台制高點往遠方眺望，國家海事博物館、舊皇家海軍學院、泰晤士河、千禧巨蛋，甚至倫敦市中心，一覽無遺。

打造格林威治宏偉建築景觀的，都是英國歷史上最著名的建築師，包括設計皇后之屋的瓊斯(Inigo Jones)，以及皇家海軍學院及皇家天文台的列恩(Christopher Wren)，他也就是倫敦聖保羅大教堂的設計者。

©VisitBritain

1999

文化遺產

新石器
時代遺址/
陵墓墳塚

奧克尼新石器時代遺址
Heart of Neolithic Orkney

奧克尼為新石器時代的遺址，有一個大型墓室梅斯豪古墓(Maes Howe)，是歐洲規模最大、保存最完整的古代石墓之一，而兩處舉行儀式的廣場斯坦內斯(Stenness)與布羅德加石環(Ring of Brodgar)，以及斯卡拉布雷(Skara Brae)村落，還有大量尚未挖掘區域，也是遺址的一部分。

此建築群呈現了史前文化景觀，同時也是西元五千年前北蘇格蘭群島生活栩栩如生的呈現，而最新的考古資料顯示，遺物分布的年代約為新石器時代早期與晚期，以及青銅時代早期。

2009

文化遺產

水利工程

朋特西斯特水道橋與運河
Pontcysyllte Aqueduct and Canal

英國最長且最高的水道橋朋特西斯特水道橋，位於威爾斯的東北部，出自泰爾福德(Thomas Telford)建築師之手，落成於1805年。

這一座水道橋長307公尺、寬3.4公尺，鍛鐵製造、強化壁板的橋拱雖輕卻堅固，以每段16公尺寬的跨距跨越了各種的地形，而長達18公里的運河，甚至省略了水閘設計。各項大膽且出色的建築技巧，讓這座結合土木工程與金屬建材的建築和河道，成為工業革命時期的民間工程傑作，甚至影響日後全球無數的工程計畫。

2001

文化遺產

工業景觀

德文特河谷工業區
Derwent Valley Mills

德文特河谷位於英格蘭中部，坐落著一連串18世紀、19世紀具有歷史價值的棉花紡織工廠。最大的廠房是由阿克萊特(Richard Arkwright)所創建的一所大規模的馬森工廠(Masson Mill)，至1991年停止運作，廠房現作為紡織博物館與購物中心。

在南面是建於1771年的克倫福特水利工廠(Cromford Mill)，是第一座採水力發動的工廠。在斯特拉特(Strutt)的北部工廠(North Mill)現在是德文特河谷遊客中心，為一棟鐵框建築結構的建築，對後來全世界的高樓大廈的建築結構都產生影響。

©VisitBritain

2001

文化遺產

工業景觀

新拉納克村 New Lanark

彷彿山中的烏托邦，新拉納克村是保存最完好的英國18世紀村落，位於蘇格蘭，除保留了舊的棉織工廠外，新拉納克的工廠一直營運至1968年，後被列為保護區，由基金會管理。

新拉納克村保留整個社區舊面貌，並發展為旅遊景點，增設酒店，並以活潑方式呈現當時的社區、工廠和學校。在19世紀初，社會主義理想者羅伯特‧歐文(Robert Owen)以此為基地，創造出工業社會的理想。在19世紀之後，對當時與現在的社會有很深的影響。

©VisitBritain

符號說明 登錄時間 遺產內容　遺產類型 文化遺產 自然遺產 綜合遺產 瀕危文化遺產 瀕危自然遺產 瀕危綜合遺產

©VisitBritain

2001

自然遺產

動物化石
遺址

多塞特和東德文海岸的峭壁地形
Dorset and East Devon Coast

　　綿延在多塞特和東德文海岸的峭壁地形乃中生代岩石構造地形，展現1.85億年以來地球的地質學歷史。

　　這地區是極為重要的化石區域，沿海提供了三疊紀、侏羅紀和白堊紀年代的特有岩層，連續跨過中生代，也是世界上重要化石現場，包括脊椎動物、無脊椎動物等的化石，都被保存得很好，也為中生代時期留下不同的考古證據，為近三百年來為地球科學研究提供了極為重要的貢獻。

　　這裡的地理景觀非常獨特，優質的海岸地形特徵，有「侏羅紀海岸」的稱號。

©VisitBritain

2003

文化遺產

植物園

皇家植物園—裘園
Royal Botanic Gardens, Kew

位於倫敦西南郊的裘園，2003年以一座植物園的身分入選為世界遺產。這座創建於1759年的歷史性的植物園，建築上代表著18世紀到20世紀之間英國庭園造景藝術的典範，而園內各個溫室所栽植的植物原生種，更遍及全球5大洲，象徵大英帝國在海權顛峰時代的榮光。

裘園坐落在泰晤士河南岸，園內數量龐大以及多樣性的植物，意味著不同季節來到裘園，便展現不同的風貌。不論是戶外的廣場，還是室內的花房，數千種植物依據各自的生物時鐘在每年不同的循環裡開花、結果、生長、休眠，一年365天，總會碰上某些植物的盛開時刻。

裘園裡的建築不下37幢，其中最具地標性、一定得參觀的有棕櫚屋、大溫室、威爾斯公主溫室，其它還有10層樓高、8角形結構的中國寶塔(The Pagoda)、日本庭園、裘宮(Kew Palace)等。

裘園不只是一座全世界最優秀的展示性植物園，在植物的學術研究上，更是執世界之牛耳，舉凡辨別、分類植物，研究植物的結構、化學性質、基因，蒐集和保存瀕臨絕種的物種，裘園都做出極大的貢獻。

2006

文化遺產

礦業遺產/
銅、錫

康沃爾與西德文郡的礦區景觀
Cornwall and West Devon Mining Landscape

英國最西南的康沃爾郡，由於受墨西哥灣暖流的影響氣候溫暖，被稱為英國最美的海灘，而多塞特(Dorset)及東德文海岸地理景觀十分獨特，有「侏羅紀海岸」的稱號。

在地理上，德文郡和相鄰的康沃爾郡，因為康比恩錫礦斷層(Cornubian massif)的特殊地理，而有達特穆爾(Dartmoor)及埃克斯穆爾(Exmoor)兩個國家公園。德文郡有很多海岸度假區及一些歷史古城，氣候溫和。此一接壤地區是18世紀與19世紀時的礦產技術中心，對當時的工業革命造成非常深遠的影響力。

©VisitBritain

 符號說明 登錄時間 遺產內容  遺產類型 文化遺產 自然遺產 綜合遺產 瀕危文化遺產 瀕危自然遺產 瀕危綜合遺產

1988

自然遺產

珊瑚礁
島嶼生態

英國大洋洲屬地

亨德森島 Henderson Island

©UNESCO/Ron Van Oers

　　亨德森島位於太平洋，是皮特凱恩(Pitcairn)群島中最大的島嶼，也是南太平洋中最為偏遠的島嶼。

　　皮特凱恩群島包括四個島嶼，亨德森島位於東北部，是一座覆蓋於火山之上、升高於海平面之上的環狀珊瑚礁島，占地面積3700公頃，島嶼表面有礁石與石灰岩交錯，由於地形較高，故尚未受到人類破壞、生態環境保存良好。與世隔絕的環境為環狀珊瑚島生態系統研究者提供了完美的範例。

2000

文化遺產

殖民城市
×
古城
×
防禦工事

英國美洲屬地

百慕達聖喬治歷史古城與相關要塞
Historic Town of St George and Related Fortifications, Bermuda

　　百慕達群島位於北大西洋西部，由7個主島及150個小島與暗礁群組成。是大英帝國中最早的英國殖民地。

　　1957年英國軍隊最後撤出該群島，1968年百慕達群島獲得內部自治權。而聖喬治古城位於百慕達群島北部聖喬治島的南岸，始建於1612年，是該島的首府，至今仍保持著英國殖民城市風貌。著名古跡有建於17世紀初的聖彼得教堂，以及幾座海防要塞，是17世紀至20世紀英國軍事防禦工程的重要指標。

©VisitBritain

2001

文化遺產

工業景觀

索爾泰爾城鎮 Saltaire

　　索爾泰爾城鎮是英格蘭西約克夏郡早期工業時期居民的立足點，建於1853年，是實業家索爾泰爾所創建的，保留完好的19世紀下半葉工業城鎮。

　　紡織廠、公共建築和工人住宅，建築品質高超，完整地保留著原始風貌，重現維多利亞時代的風範。1851~1876年之間，索爾泰爾在此創建了一個擁有22條街道、77所房舍和45所救濟院的典範城鎮，1853年又建成一個大紡織廠，被認為是當地的烏托邦。

2015

文化遺產

橋樑

福斯橋 The Forth Bridge

　　跨越於蘇格蘭愛丁堡以西福斯灣上的福斯橋，完工於1890年，當時是全世界擁有最長跨度(541公尺)的單懸臂桁架橋，主要負擔鐵路運輸的重任。

　　在當時，這座橋就使用先進的工程設計原理和施工方法，不論在工業美學、建材和規模上，都具有創新的意涵，特別是當鐵道在長途運輸上扮演起重要角色時，福斯橋都代表了一個時代重要的里程碑。

2016

文化遺產

考古洞穴
遺址
×
尼安德塔人

戈爾罕洞穴 Gorham's Cave Complex

　　這處遺產不在英國本土，而是遠在西班牙南邊、扼守地中海出口的英屬地直布羅陀。就在直布羅陀山陡峭的石灰岩壁東側，有四座考古洞穴，證據顯示，十萬年前尼安德塔人(Neanderthal)曾經在此活動。

　　尼安德塔人以獵鳥和哺乳動物為生，並在洞穴裡留下岩畫等裝飾。在科學研究上，這洞穴遺址對於尼安德塔人和人類進化的爭論，提供相當大的助益。

2021

文化遺產

工業板岩
採石場
和礦山

威爾斯西北部的板岩景觀
The Slate Landscape of Northwest Wales

　　威爾斯西北部的板岩景觀展示了工業板岩採石和採礦，對於Snowdon山脈和山谷的傳統鄉村環境帶來的轉變，採石場和礦山規模宏大，包括階梯式山坡作業、深坑、精巧的供水系統和一系列工業建築。到19世紀後期，此區生產的建築板岩約佔世界產量的三分之一。

2017

文化遺產

山湖景觀

英格蘭湖區
The English Lake District

位於英格蘭北部西側的湖區，每年有將近一千八百萬名旅客前往欣賞造物主的妙手神奇。全英格蘭最大的湖泊、最高山巒、最深河谷都位在湖區國家公園中，這些都是歷經一萬年的地質變動所形成種種巧奪天工的自然雕琢。

坎特伯里山脈(Cumbrian Mountains)斜亙湖區中央，把湖區粗分為南、北、西三大區塊，北區的最大城鎮為凱立克(Keswick)，南部則以溫德米爾(Windermere)為主要門戶，整個湖區的各個大小城鎮都有公路相互連結，往來便利。

湖區孕育出不少文學、藝術家，最為世人熟知的就是描繪彼得兔與一群好朋友的畢翠絲‧波特(Beatrix Potter)，另一位威廉‧華滋華斯(Wordsworth)則是英國最有名的浪漫詩人。

2019

文化遺產

天文台

卓瑞爾河岸天文台
Jodrell Bank Observatory

卓瑞爾河岸天文台位於英格蘭西北部的農村地區，沒有無線電干擾，是全球領先的射電天文台(Radio Astronomy Observatory)之一。1945年開始運作時，用於研究雷達回波探測到的宇宙射線。這座仍持續運行的天文台在流星和月球研究、類星體發現、量子光學等領域產生了重大的科學影響。

2024

自然遺產

濕地
×
泥炭生態

弗羅濕地
The Flow Country

弗羅濕地位於蘇格蘭高地，在過去九千年間，此處持續不斷累積的覆被泥炭沼澤，被視為全球最典型代表。此地的泥炭生態為多種鳥類提供了多樣的棲息地，並展現出全球獨一無二的豐富性。泥炭地在碳儲存方面發揮至關重要的作用，此地持續形成的泥炭生態，目前還在繼續儲存大量的碳，具有重要的研究和教育價值。

符號說明 登錄時間 遺產內容　遺產類型 文化遺產 自然遺產 綜合遺產　瀕危文化遺產　瀕危自然遺產　瀕危綜合遺產

亞
洲

阿富汗Afghanistan

 # 亞美尼亞Armenia

🔺 #2　🔔 #0　🏛 #0　(Total) 2

自古以來，阿富汗就位於中亞絲路的要道上，東西文明在此碰撞交流，在塔利班政權統治阿富汗之後，不少古代文明資產都遭到嚴重破壞，聯合國於是緊急將這兩座列為瀕危文化遺產，分別屬於伊斯蘭和佛教文明的寶藏。

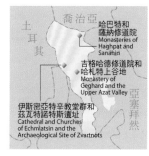

🔺 #3　🔔 #0　🏛 #0　(Total) 3

亞美尼亞位於東歐和西亞交界的南高加索地區，全境多高山。亞美尼亞的歷史起源甚早，早在4世紀，亞美尼亞王國就接受了基督信仰，是全世界最早信奉基督教的國家，三處被列入的世界遺產全數是教堂和修道院。

賈姆宣禮塔遺址
Minaret and Archaeological Remains of Jam
 2002 瀕危文化遺產

 清真寺

宣禮塔(或稱喚拜塔)是清真寺建築的必備元素，每天廣播五次以召喚信眾一起祈禱。位於阿富汗古爾省的賈姆宣禮塔，塔高65公尺，是全球第二高的宣禮塔，建於12世紀，刻有繁複花紋的磚瓦塔身和藍色磁磚拼貼的塔頂經文，細緻精美且保存完善，足以代表該地區的建築和藝術成就，而其孤立於兩山之間的陡峭河谷，更增添一股神聖的魅力。

巴米揚山谷文化景觀和考古遺址
Cultural Landscape and Archaeological Remains of the Bamiyan Valley
 2003 瀕危文化遺產

 佛教遺址

與敦煌石窟、印度石窟並列為三大佛教藝術聖地，原該受保護的巴米揚山谷兩尊立佛卻在2001年被塔利班伊斯蘭教政權炸毀，引發國際輿論一片指責聲。

巴米揚山谷位於興都庫什山脈，除了已毀的兩尊高達53公尺和38公尺的大佛像，山壁另有千座人工斧鑿的洞穴，內有壁畫、佛像，有如神龕一般，其融合多元文化展現出來的犍陀羅(Gandhara)特色，充分說明古代伯提利亞文化(Bakhtria，或大夏文化)的藝術和宗教發展歷程。

©UNESCO/Katy Anis

哈巴特和薩納修道院
Monasteries of Haghpat and Sanahin
 1996
 文化遺產
修道院

位於亞美尼亞北部平原的哈巴特修道院，俯瞰亞美尼亞境內最長的戴貝河，隔著戴貝河支流與薩納修道院相望。這兩座修道院不僅是宗教場所，在中世紀也扮演著重要的教育角色，獨特的建築外觀融合了外來的拜占庭教會建築和當地的高加索傳統屋舍，歷史可追溯至10世紀至13世紀的基烏里克王朝(Kiurikian dynasty)，是亞美尼亞宗教建築最極致的藝術表現。

伊斯密亞特辛教堂群和
茲瓦特諾特斯考古遺址
Cathedral and Churches of Echmiatsin and the Archaeological Site of Zvartnots
 2000 文化遺產
 教堂

伊斯密亞特辛是亞美尼亞的宗教中心，茲瓦特諾特斯考古遺址則位於幾公里之外，前者擁有全世界最古老的主教堂，另有三間小教堂；後者的主教堂則在930年的地震中毀損，僅殘留酒窖和教堂部分遺址和地基。這幾處教堂有著共通的十字形架構，兩長廊的交叉處為圓形拱頂，此一概念對該地區的建築和藝術發展有著深遠的影響。

吉格哈德修道院和哈札特上谷地
Monastery of Geghard and the Upper Azat Valley
 2000 文化遺產
 修道院

吉格哈德修道院的範圍包括多座教堂和墓地，歷史最早可追溯至4世紀，其獨特的石雕建築形式是列入文化遺產的主要原因，有直接在岩壁上打造出整座教堂，包括裡頭的梁柱和房間，全都是就地取材，也有只像是稍大的洞穴。

符號說明 登錄時間 遺產內容　遺產類型 文化遺產 自然遺產 綜合遺產 瀕危文化遺產 瀕危自然遺產 瀕危綜合遺產

亞塞拜然 Azerbaijan

 4　 1　 0　Total 5

亞塞拜然是高加索地區面積最大的國家，就位於西亞和東歐的十字路口上，擁有古老的歷史和豐富的文化遺產。原本是一個獨立國家，於1920年併入蘇聯，到1991年蘇聯解體才又恢復獨立，其首都和最大城為巴庫(Baku)。

舍基歷史中心及汗王宮殿
Historic Centre of Sheki with the Khan's Palace

希納利格人文化景觀及移牧路線
Cultural Landscape of Khinalig People
and "Köç Yolu" Transhumance Route

巴庫古城和少女之塔、希凡沙王皇宮
Walled City of Baku with the Shirvanshah's Palace and Maiden Tower

高布斯坦洞窟藝術文化景觀
Gobustan Rock Art Cultural Landscape

希爾卡尼亞森林
Hyrcanian Forests

2000

文化遺產

古城
×
宮殿

巴庫古城和少女之塔、希凡沙王皇宮
Walled City of Baku with the Shirvanshah's Palace and Maiden Tower

巴庫古城自舊石器時代就有人跡，6世紀後始有史籍記載，接下來的數百年間，受到祆教、薩珊王朝、阿拉伯、波斯、希爾凡、鄂圖曼和俄羅斯等帝國統治，巴庫迄今仍然看得到這些文化延續的影子。巴庫

©UNESCO/ G. Gonzalez-Brigas

分為市區和內城，內城保留了大部分12世紀打造的防禦城牆，同被列為文化遺產的，還有少女之塔和希凡沙王皇宮，前者改建自西元前6~7世紀的建築，同樣落成於12世紀，後者則建於15世紀，是亞塞拜然建築史上的一大珍寶。

2007

文化遺產

洞窟岩畫
藝術

高布斯坦洞窟藝術文化景觀
Gobustan Rock Art Cultural Landscape

高布斯坦位於亞塞拜然中部的半沙漠，其洞窟藝術文化景觀主要分布在三處多石的岩區，占地廣達537公頃。

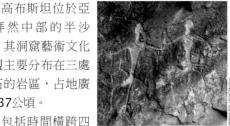
©UNESCO/ Liz Wade

包括時間橫跨四萬年的六千多幅岩窟雕刻，以及曾有人類居住的洞穴、居住地、墓地等遺址，皆可以代表從冰河時期之後的舊石器時代至中世紀這麼長一段時間，這裡確實存在人類密集活動的證據，此處也是高布斯坦保護區的一部分。

2019

文化遺產

古城
×
宮殿

舍基歷史中心及汗王宮殿
Historic Centre of Sheki with the Khan's Palace

舍基古城位於大高加索山腳下，Gurjana河穿城而過，歷史較古老的北城建於山上，南岸則延伸至河谷。舍基古城在18世紀遭到泥流破壞，如今所見的歷史中心是之後重建的，特點是擁有高山牆屋頂的傳統建築群。古城位於重要的古貿易路線上，城市的建築風格受薩法維王朝、卡扎爾王朝和俄羅斯傳統建築的影響。位於城市東北方的汗王宮殿和商賈宅邸，反映了從18世紀末到19世紀絲繭貿易帶來的財富。

2023

文化遺產

人文景觀
×
移牧路線

希納利格人文化景觀及移牧路線
Cultural Landscape of Khinalig People and "Köç Yolu" Transhumance Route

這項文化景觀涵蓋北部的希納利格高山村落、大高加索山脈高海拔夏季牧場、中部低地平原冬季牧場，以及連接上述地區長達約兩百公里的移牧路線。希納利格人保留了傳統的長距離移牧文化，生活形式隨著夏、冬季節性的遷徙而轉變，展現了適應極端環境條件的社會發展。

2019
2023

自然遺產

森林

希爾卡尼亞森林 Hyrcanian Forests

希爾卡尼亞森林沿著亞塞拜然和伊朗的裡海南岸延伸，歷史可以追溯到兩千五百萬年前至五千萬年前，生態系具多樣性，有記錄的植物種類超過3,200種，溫帶闊葉林鳥類已記錄180種，哺乳類動物有58種，並有大量稀有特有樹種，最古老的樹木已有三、四百年歷史，有些樹齡可能長達五百年。
＊與伊朗並列

巴林Bahrain

採珠業：島嶼經濟的見證
Pearling, Testimony of an Island Economy

沙烏地

波斯灣

迪爾穆恩墓葬群
Dilmun Burial Mounds

阿拉伯

巴林古堡
古代迪爾姆首都及港口
Qal'at al-Bahrain –
Ancient Harbour and Capital of Dilmun

巴林由33座珊瑚礁群島所組成，其中以巴林島為最大島，並有堤道、橋樑與沙烏地阿拉伯和卡達相連。雖然是一個島國，巴林所蘊藏的地下水資源和石油可不少，相較於周邊的阿拉伯國家，巴林名列中東地區經濟最自由的國家。

採珠業：島嶼經濟的見證
Pearling, Testimony of an Island Economy

2012

文化遺產

漁牧景觀

這條3.5公里長，位於巴林穆哈拉格島(Murharraq)上的採珠路徑，範圍涵蓋17棟建築物、3座海上珍珠養殖場、部分海岸地帶以及島嶼南端的卡拉布馬希爾要塞(Qal'at Bu Mahir)。它不僅是全世界最後一個完整保存波斯灣傳統採珠文化的場址，更充分見證了波斯灣居民過去如何與自然環境互動，以及如何運用傳統海洋資源創造財富。

巴林的採珠業在1850年代到1930年達到巔峰，成為該國最重要的產業，當時珍珠的珍貴程度甚至超過鑽石。到了1930年代初期，由於日本養殖珍珠大舉進入珍珠市場，加上石油業的興起，巴林的採珠業遭受到嚴重的衝擊，幾乎無法生存，直到2000年才又重新出現。不過目前養殖珍珠的買賣遭到禁止，因此採珠人已經相當少見。

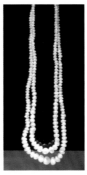

巴林古堡：古代迪爾姆首都及港口
Qal'at al-Bahrain –
Ancient Harbour and Capital of Dilmun

2005

文化遺產

古城
×
殖民文化
×
考古遺址

巴林雖然是一個島國，但歷史開啟得相當早，早在西元前三千年，就已經以迪爾姆(Dilmun)出現在美索不達米亞文明(Mesopotamia)的文獻中。在阿拉伯半島，鮮少國家擁有具代表性的古代文明，足以拿來展示於遊客面前，巴林則不同，從五千年前的迪爾姆文明考古遺址裡，挖掘出不少漂亮的瑪瑙、玉器、陶器，以及真人骨骸。

而巴林古堡這座保存完整的堡壘，外觀與葡萄牙人於16世紀在波灣地區所打造的防禦工事沒有什麼太大差別，然而巴林古堡的歷史價值並不只於此，根據考古學家往堡壘下方挖掘發現，整座遺址其實可以追溯到西元前2300年的迪爾姆文明，而這裡就是當年的首都及港口，社會組織相當複雜，裡面包含了民居、公共建築、商業區、宗教聖地及軍事設施等。

迪爾穆恩墓葬群
Dilmun Burial Mounds

2019

文化遺產

墓葬群
×
墓葬文化

迪爾穆恩墓葬群建於西元前2200年至1750年間，共計有21處遺址散佈於巴林西部，其中6處遺址由數十個到數千個墳冢組成，墳塚總數達11,774個，為低矮圓柱形墳墓，其他15處遺址則有17座王室雙層墓塔。當時的巴林為重要的商業中心，城市的繁榮催生了複雜墓葬傳統，這些墓群的數量、密度和規模在全球均屬罕見。

孟加拉Bangladesh

  2 #1 0 Total 3

孟加拉位於恆河、布拉馬普得拉河(雅魯藏布江下游)的出海口，兩河交會處的巴格哈特古城，在孟加拉歷史上也曾扮演重要角色。

 1985

巴格哈特清真古城
Historic Mosque City of Bagerhat

 文化遺產

 清真寺

15世紀時，土耳其將領烏魯格卡強翰(Ulugh Khan Jahan)在巴格哈特城郊打造了這座古城，曾被稱為卡利法塔拜德(Khalifatabad)的巴格哈特古城，位於恆河(Ganges)和布拉馬普得拉河(Brahmaputra)交會處。古城裡有多座清真寺，早期的伊斯蘭紀念碑等，多數為磚造，並運用大量技術工法。

1985

帕哈浦爾的毗訶羅遺址
Ruins of the Buddhist Vihara at Paharpur

 文化遺產

 佛教遺址

毗訶羅遺址裡的松瑪浦拉‧瑪哈威拉(Somapura Mahavira)，又稱為大寺院，直至12世紀，是當地著名的知識中心，也是孟加拉的大乘佛教自7世紀之後崛起的證明。這座大寺院代表獨一無二的藝術成就，其架構完美地配合其在宗教上的功用，建築採用簡潔和諧的線條和大量的雕刻裝飾，對其他佛教建築產生重大的影響，甚至遠至柬埔寨地區。

 1997

桑德邦 The Sundarbans

 自然遺產

 河口三角洲生態

占地14萬公頃的桑德邦紅樹林，位於孟加拉灣的恆河(Ganges)、布拉馬普得拉河(Brahmaputra)，和梅格納河(Meghna)等三河匯流處的三角洲，是全世界面積最大的紅樹林之一。桑德邦遍地是漫流的小支流、泥地，以及長有耐鹽分的紅樹林的小島，蘊育出豐富的動植物生態，包括260種鳥類、孟加拉虎，和瀕臨絕種的河口鱷、印度錦蛇等。

喬治亞Georgia

   3 #1 0 Total 4

喬治亞的歷史甚早，在希臘古典時期，喬治亞已是一個獨立的王國，4世紀時，更接受了基督信仰，因此留下不少珍貴的宗教遺產。

 1994

姆茨赫塔紀念古蹟群
Historical Monuments of Mtskheta

 文化遺產

 教堂

姆茨赫塔是喬治亞王國在西元前3世紀至西元5世紀時的首都，喬治亞在317年接受基督教洗禮後，此處就成為希臘正教和羅馬教會的總部所在。境內的古教堂群建築手法承襲自喬治亞古王國，是高加索地區中世紀宗教建築的傑作。

 1996

上史瓦尼第 Upper Svaneti

 文化遺產

 人文聚落景觀

高加索地區的史瓦尼第省，受惠於偏遠的地理位置，地處山林之間的中世紀城鎮和塔屋景致，得以完整地保存下來。查札辛小鎮迄今仍有兩百多座難得一見的塔屋，多數建於9~12世紀，當地的史瓦人向以驍勇善戰著稱，塔屋平日供人居住，一旦外敵入侵，馬上可以轉作防禦站。

 2021

科爾基雨林及濕地
Colchic Rainforests and Wetlands

 自然遺產

 闊葉雨林及濕地

這項遺產由7個部分組成，主體為原始闊葉雨林及濕地、沼澤和泥沼。闊葉雨林具有高密度的子遺特有種，還有44種瀕危維管植物，以及近500種脊椎動物和大量的無脊椎動物，還棲息著19種瀕危動物，包括極度瀕危的科爾基鱘。

吉拉蒂修道院 Gelati Monastery

1994
2017

建於1106年的吉拉蒂修道院是建築輝煌時期的代表作，擁有大型石塊門面、比例平衡的外觀、裝飾性盲拱、精美的馬賽克和壁畫，除了是中世紀最重要的東正教修道院，其附屬的學院在古喬治亞的文化發展中更發揮了重要的影響力。

 文化遺產

 修道院

柬埔寨 Cambodia

4 0 0 Total 4

柬埔寨這個近代命運多舛的國家，因為吳哥窟而成為世界最受歡迎的旅遊國度之一。吳哥在9~12世紀時，曾是中南半島最強大的帝國，留下不少佛教和印度教的偉大建築，兩座入選的世界遺產都是這時代留下來的寶藏。

柏威夏寺
Temple of Preah Vihear

古伊奢那跋摩考古遺址：三波坡雷古寺廟區
Temple Zone of Sambor Prei Kuk, Archaeological Site of Ancient Ishanapura

吳哥遺址
Angkor

貢開：林迦之城（榮耀之城）考古遺址
Koh Ker, Archaeological Site of Ancient Lingapura or Chok Gargyar

1992

文化遺產

印度教遺產

吳哥遺址 Angkor

吳哥是昔日高棉吳哥王朝的首都，吳哥王朝的國王們竭盡所能地建造廟宇，留存今天在柬埔寨西北叢林中占地廣達5000平方公里的神殿遺跡，氣勢與質量均無與倫比。

因為吳哥人民的生活，缺乏正式記載，吳哥窟的浮雕及中國使節周達觀《真臘風物誌》因而成了珍貴資料。吳哥遺址經常被認為是由法國人所發現，這種說法是針對歐洲人而言，高棉人一直知道它的存在，而且視其為信仰的殿堂。吳哥在遭逢棄置遷都時，百姓也隨之搬遷，曾經輝煌的吳哥城被叢林所湮沒，後來的居民不敢接近這處虎豹經常出沒的神秘之地，直

到1863年法國自然學家Henri Mouhot的筆記在巴黎與倫敦同時出版，才激起西方世界對吳哥的嚮往。

吳哥，這個曾是9~12世紀時中南半島最偉大的帝國，經過完美計算的建築，均衡對稱，有著絕美的形體及無與倫比的規模；加上精密的水利工程網、大型的都市規畫與建設，以及無所不在的細緻雕刻，展現出理性、信仰與權力所交織而成的極致作品。

目前聯合國世界遺產組織所管理的「吳哥考古保護區」，集中於暹粒市北方6~25公里處，占地四百多平方公里，其中包括吳哥寺、大吳哥城、巴揚寺、塔普倫寺等數十個重要古蹟；另外還包括位置較偏僻的女皇宮、羅洛斯遺址、科巴斯賓水底浮雕等。

符號說明 登錄時間 遺產內容　遺產類型 文化遺產 自然遺產 綜合遺產　瀕危文化遺產　瀕危自然遺產　瀕危綜合遺產

2008

文化遺產

印度教
遺產

柏威夏寺 Temple of Preah Vihear

　　地處泰柬邊界叢林裡的柏威夏寺，占地約4.6平方公里，雖然在1962年國際法庭已將寺廟判歸柬埔寨，但由於通往寺廟的階梯位於泰國境內，兩國對其主權歸屬仍有爭議，2008年底雙方甚至派軍隊對峙。

　　柏威夏寺建於11世紀上半，祀奉印度教的濕婆神，沿著將近800公尺的軸線，散布著由步道和階梯串連的多間神殿。寺廟的建築和石雕尤其令人驚嘆，因應所在的自然環境，同時考量到宗教功能，完美打造出這座印度廟，而且拜地處偏遠之賜，帕威夏寺部分保留相當完整。

2017

寺廟遺址

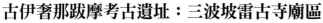

文化遺產

古伊奢那跋摩考古遺址：三波坡雷古寺廟區
Temple Zone of Sambor Prei Kuk, Archaeological Site of Ancient Ishanapura

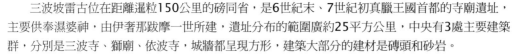

　　三波坡雷古位在距離暹粒150公里的磅同省，是6世紀末、7世紀初真臘王國首都的寺廟遺址，主要供奉濕婆神，由伊奢那跋摩一世所建，遺址分布的範圍廣約25平方公里，中央有3處主要建築群，分別是三波寺、獅廟、依波寺，城牆都呈現方形，建築大部分的建材是磚頭和砂岩。

　　建築具有和吳哥時期類似的藝術特徵，門楣、迴廊、石獅等等都是吳哥時期常見的元素，可以明顯分辨吳哥的建築藝術是從中發展出來的。八角型的塔廟和磚牆上的雕刻是較為特別的，在其他遺跡中並不常見。已列入世界遺產的三波坡雷古受到當局的重視，會得到更多的資源以作維護，可以想見此處將成為柬埔寨另一處受歡迎的景點。

2023

古城遺址

文化遺產

貢開：林迦之城(榮耀之城)考古遺址
Koh Ker:Archaeological Site of Ancient Lingapura or Chok Gargyar

　　貢開遺址是由眾多寺廟和聖殿組成的聖城，包括雕塑、銘文、壁畫和考古遺址，貢開城歷經23年建成，一度與吳哥競爭高棉帝國都城之位，並在928年~944年奪得此一榮耀。這座聖城由國王闍耶跋摩四世建立，據信佈局遵循古印度教宇宙觀，展現出非典型的城市規劃、高超藝術和建築技術，其中超大型單體石塊的應用尤其驚人。

中國China

🏛 40　🔔# 15　🏛# 4　Total 59

中國世界遺產的數量目前全球排名第二，共59處，直追義大利的60處。地大物博的中國，共有40處文化遺產、15處自然遺產、4處綜合遺產，相較於其他遺產數量龐大的國家，中國可說類型多樣化而平均。

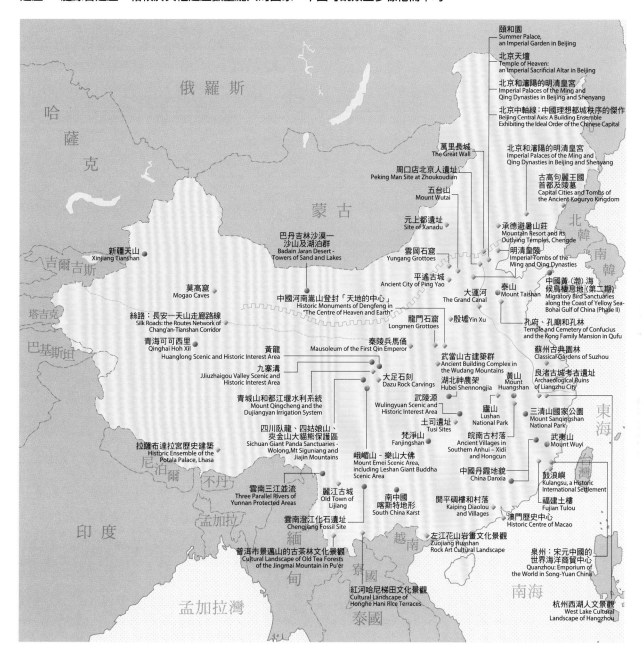

俄羅斯

哈薩克

蒙古

新疆天山
Xinjiang Tianshan

莫高窟
Mogao Caves

絲路：長安一天山走廊路線
Silk Roads: the Routes Network of
Chang'an-Tianshan Corridor

青海可可西里
Qinghai Hoh Xil

吉爾吉斯

塔吉克

巴基斯坦

黃龍
Huanglong Scenic and Historic Interest Area

九寨溝
JJiuzhaigou Valley Scenic and
Historic Interest Area

青城山和都江堰水利系統
Mount Qingcheng and the
Dujiangyan Irrigation System

四川臥龍、四姑娘山、夾金山大貓熊保護區
Sichuan Giant Panda Sanctuaries -
Wolong,Mt Siguniang and
Jiajin Mountains

拉薩布達拉宮歷史建築
Historic Ensemble of the
Potala Palace, Lhasa

尼泊爾

不丹

雲南三江並流
Three Parallel Rivers of
Yunnan Protected Areas

麗江古城
Old Town of
Lijiang

雲南澄江化石遺址
Chengjiang Fossil Site

印度

孟加拉

緬甸

普洱市景邁山的古茶林文化景觀
Cultural Landscape of Old Tea Forests
of the Jingmai Mountain in Pu'er

巴丹吉林沙漠一沙山及湖泊群
Badain Jaran Desert -
Towers of Sand and Lakes

中國河南嵩山登封「天地的中心」
Historic Monuments of Dengfeng in
"The Centre of Heaven and Earth"

秦陵兵馬俑
Mausoleum of the First Qin Emperor

大足石刻
Dazu Rock Carvings

武陵源
Wulingyuan Scenic and
Historic Interest Area

峨嵋山－樂山大佛
Mount Emei Scenic Area,
including Leshan Giant Buddha
Scenic Area

南中國喀斯特地形
South China Karst

頤和園
Summer Palace,
an Imperial Garden in Beijing

北京天壇
Temple of Heaven:
an Imperial Sacrificial Altar in Beijing

北京和瀋陽的明清皇宮
Imperial Palaces of the Ming and
Qing Dynasties in Beijing and Shenyang

北京中軸線：中國理想都城秩序的傑作
Beijing Central Axis: A Building Ensemble
Exhibiting the Ideal Order of the Chinese Capital

萬里長城
The Great Wall

周口店北京人遺址
Peking Man Site at Zhoukoudian

五台山
Mount Wutai

元上都遺址
Site of Xanadu

雲岡石窟
Yungang Grottoes

平遙古城
Ancient City of Ping Yao

大運河
The Grand Canal

龍門石窟
Longmen Grottoes

殷墟Yin Xu

武當山古建築群
Ancient Building Complex in
the Wudang Mountains

湖北神農架
Hubei Shennongjia

土司遺址
Tusi Sites

梵淨山
Fanjingshan

皖南古村落
Ancient Villages in
Southern Anhui – Xidi
and Hongcun

中國丹霞地貌
China Danxia

開平碉樓和村落
Kaiping Diaolou
and Villages

左江花山岩畫文化景觀
Zuojiang Huashan
Rock Art Cultural Landscape

紅河哈尼梯田文化景觀
Cultural Landscape of
Honghe Hani Rice Terraces

北京和瀋陽的明清皇宮
Imperial Palaces of the Ming and
Qing Dynasties in Beijing and Shenyang

古高句麗王國首都及陵墓
Capital Cities and Tombs of
the Ancient Koguryo Kingdom

承德避暑山莊
Mountain Resort and its
Outlying Temples, Chengde

明清皇陵
Imperial Tombs of the
Ming and Qing Dynasties

泰山
Mount Taishan

中國黃（渤）海候鳥棲息地（第二期）
Migratory Bird Sanctuaries
along the Coast of Yellow Sea-
Bohai Gulf of China (Phase II)

孔府、孔廟和孔林
Temple and Cemetery of Confucius
and the Kong Family Mansion in Qufu

蘇州古典園林
Classical Gardens of Suzhou

良渚古城考古遺址
Archaeological Ruins
of Liangzhu City

黃山
Mount
Huangshan

三清山國家公園
Mount Sanqingshan
National Park

廬山
Lushan
National Park

武夷山
Mount Wuyi

鼓浪嶼
Kulangsu, a Historic
International Settlement

福建土樓
Fujian Tulou

澳門歷史城區
Historic Centre of Macao

泉州：宋元中國的世界海洋商貿中心
Quanzhou: Emporium of
the World in Song-Yuan China

杭州西湖人文景觀
West Lake Cultural
Landscape of Hangzhou

北韓

南韓

東海

台灣

越南

寮國

泰國

南海

孟加拉灣

2019
2024

候鳥棲息
潮間帶

自然遺產

中國黃（渤）海候鳥棲息地（第二期）
Migratory Bird Sanctuaries along the Coast of Yellow Sea-Bohai Gulf of China (Phase II)

　　位於全球最大的潮間帶內，為東亞–澳洲這條遷飛路線的候鳥提供了重要的棲息地。這條遷徙路線由北極經東南亞，一直延伸至大洋洲，這片濕地、泥灘、沼澤具有獨特的生態，生長許多魚類和甲殼類，是大量候鳥換羽、休息、過冬的重要停歇地。

符號說明　 登錄時間　遺產內容　　遺產類型　 文化遺產　自然遺產　綜合遺產　 瀕危文化遺產　 瀕危自然遺產　 瀕危綜合遺產

1987

文化遺產

宮殿
×
木造建築

北京和瀋陽的明清皇宮
Imperial Palaces of the Ming and
Qing Dynasties in Beijing and Shenyang

故宮的宮殿建築是中國現存最大最完整的木造古建築群，體現中國封建倫理及倫理五常的規制，不但建築技藝傑出，更是珍稀文物的陳列寶庫。

故宮是現在一般對明清兩代皇宮的稱呼，原名紫禁城，明清兩代總共有24位的皇帝住在這裡。清朝亡覆後，1914年設古物陳列所，開放故宮前半部，1925年改為故宮博物院，正式開放。

紫禁城雖是在元大都皇宮的基礎上建造的，但實際使用和建築觀念上，和漢族的需求觀念相去甚遠，因此紫禁城在明成祖永樂皇帝的規畫下奠基、徹底改建，光備料就花了十多年的時間，更重要的是往東南移動了中軸線，因為兩朝龍脈各不同。

故宮於永樂18年(1420年)終告建成，至今已有五百多年歷史，東西寬750公尺，南北長960公尺，占地72萬平方公尺，建築面積16萬平方公尺，有宮殿建築9000多間，故宮周邊由一條寬52公尺、深6公尺的護城河環繞，護城河內則是周長3公里的城牆，牆高近10公尺，底寬8.62公尺。城牆上開有4門，南有午門，北有神武門，東有東華門，西有西華門；城牆四角還聳立著4座角樓，造型別致，玲瓏剔透。

故宮布局嚴謹，從功能看，前朝後寢，就是前為處理政務的「大內正」、後為生活空間「三宮六院」，主建物都在中軸線上，再左右對稱地展開，並主從分明；在禮制上來說，則是左太廟、右祖廟。而位於瀋陽的故宮則建於1625年和1783年，共有114座建築，也被納入世界遺產範圍。

355

1987

文化遺產

陵墓墳塚

秦陵兵馬俑
Mausoleum of the First Qin Emperor

秦始皇陵墓工程前後歷時38年，徵用70萬民工打造阿房宮和陵園，陵區面積超乎想像，高聳的陵塚、巨碩的寢殿雄踞於陵園南北側，震驚寰宇的陪葬兵馬俑坑，就位在距陵塚1.5公里處。西元前206年，項羽攻占關中時火焚秦宮和陵園，火海綿延三百多里，連兵馬俑也慘遭劫掠坍塌。

自從兵馬俑出土後，陝西省組織考古隊勘查挖掘，自3處兵馬俑坑中掘出兩千多件陶俑、陶馬及四千多件兵器，預估還埋藏著驚人的數量待陸續出土。其中一號坑是戰車、步兵混編的主力軍陣，軍容嚴整，造型各異，展現秦軍兵陣及卓越工藝。二號坑由4個小陣組合成一曲尺形大陣，戰車、騎兵、弩兵混編，進可攻、退可守，體現秦軍無懈可擊的軍事編制。三號坑依出土武士俑排列方式，推斷為統帥所在的指揮中心「軍幕」，因未遭火焚，陶俑出土時保留原敷彩繪，可惜考古隊不具保存技術，任由武士俑身上彩繪全數剝落殆盡。

這批地下堅銳部隊，軍陣嚴整，塑像工藝超群，兵器異乎尋常的鋒利，20世紀才研發的鉻化防鏽技術，秦人在兩千多年前已經熟用。秦人超越今人智慧的謎，還留在兵馬俑坑裡待解。

1987

文化遺產

舊石器
時代遺址/
人類化石

周口店北京人遺址
Peking Man Site at Zhoukoudian

北京周口店猿人遺址是有關遠古時期亞洲大陸人類社會一個罕見的歷史證據，而且證明了北京人在舊石器時代即已懂得用火，把人類用火的歷史提前了幾十萬年。

周口店遺址博物館成立於1971年，館內展示龍骨山立體模型、各種岩石標本、北京猿人頭蓋骨化石模型、古人類用火遺跡及工具、他們居住的洞穴與生活場所復原模型、當時考古發掘出來的各類化石與挖掘器具等。

北京猿人的年代距今至少超過五十萬年，也是在周口店一處天然石灰岩洞中被挖掘出來，在北京猿人遺址曾發現近兩百件人類化石(代表40個以上的猿人個體)、上萬件石器、數層灰燼和近兩百種動物化石，這是迄今世界上同一時期遺址材料中，最豐富、最全面也是最具代表性的猿人遺址。

符號說明　登錄時間　遺產內容　遺產類型　文化遺產　自然遺產　綜合遺產　瀕危文化遺產　瀕危自然遺產　瀕危綜合遺產

莫高窟 Mogao Caves

1987

文化遺產

洞穴壁畫
藝術
×
佛教遺產

莫高窟藝術文物囊括了壁畫、彩塑、建築、絹畫、經文、染織，展現縱橫數千年的社會、政治、經濟、宗教景況，忠實記載了豐富的古文化。莫高窟位於敦煌鳴沙山東麓的斷崖上，面對九危山。據傳，366年(東晉太和元年)，雲遊四方的樂僔和尚至此驚見九危山現出金光，認為是佛陀顯現，便決定在此開窟修行。

九危山發光的奇景，其實是所含礦物的反射光，這片炫若佛光的光芒，吸引佛門信徒、達官貴人接踵捐資鑿窟，自北魏至唐初武則天，已開鑿一千餘窟，安史之亂後，吐蕃、西夏陸續鑿窟。至明代嘉峪關修成，敦煌成了關外之地，加上海運興起，絲路沒落，莫高窟逐漸掩沒在風沙中。

清光緒26年(1900年)，棲身莫高窟的道士王圓籙清理流沙時，發現16窟北壁後有個封閉小室，裡面藏有數以萬計的經卷、手稿，沉睡千年的敦煌莫高窟終於重見天日，但逢滿清末年國勢衰敗，以致自1905年到1924年，讓英、法、日、俄、美等國盜走上萬卷經卷、千餘幅絹畫，流散國外的藝術真品震驚全球，催生出「敦煌學」，但莫高窟卻因此留下殘缺的佛像、洞窟。

莫高窟南北長1600多公尺，上下疊層如蜂巢。現存八百多處洞窟，具護衛價值的僅剩492處，即便如此，論建築、論彩塑、論壁畫、論絹本，莫高窟依然是世界之最。

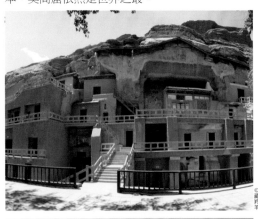
©藏羚羊

黃山 Mount Huangshan

1990

綜合遺產

高山生態
景觀
×
中國文學
藝術的
象徵

安徽省大地錦繡多姿，屹立於安徽省南部的黃山，不但是中國群山中最壯觀的山水典範，境內群峰矗立，怪石、奇松、雲海、溫泉等四大絕景，更造就了飄渺夢幻天成美景。不論是雲雨霧晴，或四季輪替，黃山「天開圖畫」的美景，稱霸中國全境的群山。

古人稱讚黃山具有「泰岱之雄偉、華山之險峻、衡岳之煙雲、匡廬之飛瀑、雁蕩之巧石、峨嵋之清秀」，為「集天下奇景於一體」之山。無怪乎徐霞客有「登黃山天下無山，觀止矣」，後人更集結出了「五嶽歸來不看山，黃山歸來不看嶽」，讓黃山傲世群雄，與黃河、長江、長城，並稱成為中國的象徵。

黃山總面積約1200平方公里，目前約有154平方公里開發為風景區，分為前山及後山景區。前山險、後山峻，景區內集中國名山風光美之大成，有36大峰、36小峰，並有2湖、3瀑、16泉、24溪相映爭輝，及植物近1500種，動物500多種，豐富的自然生態，更添黃山魅力。

357

1987

文化遺產

防禦工事

萬里長城
The Great Wall

　　長城最早修築於公元前7、8世紀，歷經兩千年的改朝換代，至清代依然修建不休，總長度達五萬多公里。

　　萬里長城東起遼寧省的鴨綠江，西至甘肅省的嘉峪關，且橫跨遼寧、河北、天津、北京、內蒙古、山西、陝西、寧夏、甘肅9個省、直轄市和自治區。其中鴨綠江到山海關一段因為施工較簡單，故早已塌毀，不過仍有跡可尋。從山海關至嘉峪關因施工品質較佳，所以大部分皆保存完好。

　　牆體不是萬里長城的全部，而是由城牆、敵樓、關城、墩堡、營城、衛所和烽火台組成的防衛軍事工事，整套防衛體系有嚴謹的指揮系統，配合重兵防守，形成荒漠上令人生畏的邊關重鎮。

　　烽火台是整套系統中最令人印象深刻的，烽火台是一座獨立據守的碉堡，建築於長城沿線兩側的險要之處，或視野較為開闊的崗巒上或峰迴路轉之處。一般每距五至十里築一台，每個台上設有五個烽火墩，供燃放煙火以示警、傳遞軍情用。

　　萬里長城之所以傲世，絕不只是太空人從外太空望向地球時，所見的偉大的工程，而是民族、文化和平、衝突再和平的長遠記憶，它的人文歷史內涵更是輝煌的篇章。

泰山 Mount Taishan

1987

綜合遺產

高山景觀
×
佛道教
遺產
×
政權(皇權)
象徵

泰山是兩千年來，中國皇帝登基昭告天地之處，特殊的地理自然環境，更是向來有「登泰山小天下」之說。泰山的傳奇並非來自高度，最高峰玉皇峰也只有1545公尺，只是相較於山東平原而顯高峻，加上山脈底座綿延一千多公尺，古人東望只見高山橫阻，山頂終年雲霧繚繞，彷若仙人居所。

古代開朝君王視登泰山舉行封禪大典為昭告天下、政權合理化的方式。皇帝登上神山，掌握「五嶽獨尊」的神授政權，是號令天下最傳奇的一種儀式。如今已無封天禪地之需，但泰山的宗教地位依然突出，以佛、道教為主，特別是道教碧霞君的信仰，最為熱烈。玉皇頂上就是一座碧霞祠，終年煙火裊裊。

歷代文人在造訪泰山之餘，也在泰山留下許多書畫創作，眾多的磨崖石刻就是最好的藝術體現，成為後世遊覽的樂趣。

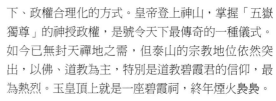

黃龍風景名勝區
Huanglong Scenic and Historic Interest Area

1992

自然遺產

喀斯特
地形

黃龍自然保護區位於四川省松潘縣東北方，青藏高原東緣，平均海拔達3100公尺，境內擁有中國地理位置最東邊的冰川，同時以多樣的生態圈著稱，尤以石灰岩地形所造成的彩池、灘流、瀑布等特殊景致聞名。

黃龍因「黃龍溝」而得名，黃龍溝屬於喀斯特地形，也就是石灰岩地形。由於石灰岩體所滲出含有大量碳酸鈣的岩溶水，若流淌的水受阻礙而滯流，水中的碳酸鈣質便開始附著、堆積，形成結晶石灰華。日久堆積成梯田狀相連的堤埂，俯瞰宛若一條金色巨龍橫臥在山中，因而名為「黃龍溝」。

黃龍彩池的埂堤裸露、隆起，池形呈圓弧狀相連相扣，池水清淺見底，池底沉澱著褐黃色結晶，並滋

生許多水藻，經過陽光折射，呈現出黃綠、青綠、金黃等色彩，襯以周圍的林木，構成一幅仙境般的美景，被喻為「人間瑤池」。「黃龍瀑布」也是絕景之一，因為溶岩水在陡坡或斷層上，不斷沈積形成流紋狀的碳酸鈣結晶，顏色呈褐黃或土黃。

自然遺產

喀斯特
地形

九寨溝風景名勝區
Jiuzhaigou Valley Scenic and Historic Interest Area

　　九寨溝具高原石灰華湖群、灘流特殊風貌，融翠湖、疊瀑、森林、雪峰於一處，並擁有近3,000種植物、170種動物、141種鳥類，展現原始自然的野趣。坐落在四川省西北部岷山山脈南段，隸屬於阿壩藏族羌族自治州，總面積約720平方公里，海拔從兩千多公尺拉抬至四千七百多公尺，滿布雪嶺和彩池，風光獨特旖旎。

　　九寨溝風景區呈Y字形，由樹正溝、日則溝、則查洼溝等三條溝組成，總長度近60公里，由於溝內分布9座藏族村寨，因而得名「九寨溝」。

　　九寨溝自古即擁有「翠海」美稱，溝內景觀最大特色，就是分布有118個當地人稱為「海子」的高山湖泊。此地湖泊屬高山梯湖，湖水源自雪山融雪，經石灰岩質透析後注入湖泊，水質澄淨，透明度可達30公尺以上。

　　由於石灰岩質山體不斷滲出飽含碳酸鈣的山泉，持續附著、堆積在朽木上，日積月累，令湖中的朽木結滿黃褐色、乳白、青藍色的石灰華，加上湖內蘊藏豐富的藻類植物，在陽光的照映下，可見到清澈見底的水中，透露出乳白色的石灰華、黃綠色的水藻和枝椏交錯的朽木，五彩繽紛，好像無限明珠鑲嵌在九寨溝內，閃動著晶瑩剔透的光芒，使九寨溝成為遠近馳名的仙境。

文化遺產

道教遺產

武當山古建築群
Ancient Building Complex in the Wudang Mountains

　　湖北武當山的山坡及谷地，羅列了許多道教建築，這些道觀最早建立於7世紀，到了明代更形成道教建築群，這些建築代表著中國元、明、清三朝(14~17世紀)的藝術成就。

　　傳說真武大帝修仙得道後到了武當山，看上這塊福地，與無量佛鬥智鬥法得勝，才贏得居留權，成為各道觀供奉的主神。看過武俠小說的人想必對武當山這座道教第一名山不陌生，在此修鍊的名人如唐代的呂純陽、五代的陳摶、宋代的寂然子，以及傳說中武當派的宗師張三丰。

　　武當山北接秦嶺、南連巴山，綿延八百餘里，景

©藏羚羊

點包括72峰、36岩、24澗、11洞、3潭、9泉，要一一盡覽並不容易。但不能錯過的便是登「金頂」，其次是「南岩」和「紫霄宮」，以及位處山下的「玉虛宮」。

符號說明 登錄時間 遺產內容　遺產類型 文化遺產 自然遺產 綜合遺產 瀕危文化遺產　瀕危自然遺產　瀕危綜合遺產

1992

自然遺產

奇岩景觀
×
喀斯特
地形

武陵源風景名勝區
Wulingyuan Scenic and Historic Interest Area

武陵源風景區位於湖南省,是張家界市轄區的核心,範圍包括張家界國家森林公園、索溪峪自然保護區、天子山自然保護區、楊家界風景區,總面積達264平方公里。3103座造型特異的石英砂岩柱山峰,以及地下豐富的溶岩景觀是最大特色。

武陵源的地質時代屬泥盆紀沉積岩,經過河谷侵蝕堆積、剝蝕構造等作用而形成集合險峻、陡峭、挺拔、雄奇、陰柔等景觀的山形地貌,無論就科學或美學來看,都極具價值。著名的石英砂岩柱山峰中,有243座高於一千公尺。

這些砂岩柱峰林,充滿獨特的造型和線條,更展現狂野、峻秀、幽深之美,仿如中國潑墨山水畫中的奇峰怪石,而被視為電影《阿凡達》的靈感來源。索溪峪河谷北邊和天子山東南部的溶洞景觀都屬於湘西型溶岩地貌,處處可見詭譎的鐘乳石柱、石瀑、石筍、石花。

1994

文化遺產

宮殿
×
佛教遺產

拉薩布達拉宮歷史建築
Historic Ensemble of the Potala Palace, Lhasa

　　西藏首府拉薩市內的3座廟宇：布達拉宮、羅布林卡、大昭寺列入世界遺產的名單中，其中，布達拉宮是3座建築物中最重要的一個，同時也是藏人的精神座標。

　　布達拉宮最早於7世紀由棄宗松贊迎娶文成公主時所建，布達拉宮建成之後曾一度毀於戰火，直到1645年時，達賴喇嘛五世重建布達拉宮，工程耗費8年的時間，完成後成為達賴的冬宮，之後經歷3個世紀多次增補擴建，才有今日完美的規模。

　　這座建於拉薩市中心、海拔3700公尺高的紅山頂上的龐大建築，基本上分成兩個部分：白宮和紅宮。白宮是歷代達賴喇嘛的寢宮，1653年五世達賴

喇嘛在此接受大清順治皇帝冊封，從此成了歷世達賴喇嘛舉行坐床與親政大典的地方；而紅宮則容納達賴喇嘛的靈塔及各種佛堂，是全藏佛教重鎮，這裡同時也保存了完整的藏傳佛教的經典。

　　在達賴喇嘛14世流亡印度之前，西藏實施政教合一的制度，達賴喇嘛不但是最高的精神領袖，同時也是整個西藏權力中心，自從中國政府解放西藏，將布達拉宮設置成文物館，開放給一般民眾參觀，才揭開布達拉宮的神祕面紗。

　　除了布達拉宮之外，被八角街環繞的大昭寺，是香火最鼎盛的一座廟宇。至於達賴喇嘛的夏宮羅布林卡，則是建於18世紀的一座廣大園林，這裡最熱鬧的活動是每年的雪頓節。

1994

文化遺產

園林建築

承德避暑山莊及周邊廟宇
Mountain Resort and its Outlying Temples, Chengde

　　避暑山莊建於中國封建社會最後的盛世「康乾盛世」，集造園藝術和建築藝術之大成，成為古代帝王宮苑與皇家寺廟完美融合的典型範例。它同時也是清朝的第二個政治中心，清帝曾在此處理軍政要務、並接見外國和邊疆使節。

　　承德避暑山莊興建的時間歷時89年之久，占地564公頃，約為北京頤和園的近兩倍、北海的八倍，

是中國現存最大的皇家園林。清朝皇帝每年依例必須赴塞外木蘭圍獵，由於路程遙遠，清帝不僅要避暑，還需要有場所處理政務，因此從康熙開始，在這段路程之間陸續修建行宮。其中熱河行宮因位處中段，風光優美，特別受到青睞。康熙50年，康熙在內午朝門題了「避暑山莊」，從此得名。

　　山莊內部分為宮殿區和苑景區，宮殿區是清帝處理朝政及日常起居之所；苑景區則為清帝遊豫宴樂之所。可惜著名的72景部分已不存在，目前所留多是後人翻修仿古建成。

©藏羚羊

1996

文化遺產

中國文明
(儒釋道)
精神象徵

廬山 Lushan National Park

　　廬山居長江中游南岸、位於鄱陽湖之濱，有山險又有水秀，中外各大宗教匯集一山。集儒釋道之大成的理學大師朱熹，也選擇在此創建四大書院之首的白鹿洞書院。

　　廬山的文化表現在於集合儒釋道的特長，各家重要學者紛紛在廬山留下重要著述，這些思想在廬山上交融後，順著長江向外傳播。西方宗教進入中國後，也進駐廬山，基督教、天主教、伊斯蘭教盤踞在山間，互通交流，五教和平相處一山的景況，世上難見。

　　當然，廬山的秀麗景觀，也為人稱道，茶聖陸羽稱廬山谷簾泉為天下第一泉，落差達155公尺的三疊泉瀑布，飛瀑成雙。山上的美景在清末明初吸引了各國使節富商來廬山建造別墅，總計有六百多棟，包括蔣中正送給宋美齡的壁暑山莊「美廬」，美廬後來成為日抗戰的軍事指揮所，許多近代風雲際會的盛事都發自美廬。

曲阜的孔府孔廟孔林
Temple and Cemetery of Confucius and the Kong Family Mansion in Qufu

孔子誕生和活動的地方，位於春秋時代的魯國，也就是現今山東省曲阜。孔子雖生平不得志，但其死後，歷代帝王莫不尊儒學為正統思想，連帶著曲阜受帝王及名人文士的仰慕，其中又以孔廟、孔府和孔林為甚，即所謂的「三孔」。

孔廟原是孔子的故宅，從三間的平民宅邸，經歷代君王的擴建，形成三路九進、規模宏大的宅邸。祭祀孔子的大成殿建築精美，足以和故宮的太和殿媲美，也是民間建築中唯一具皇家規格的例子。除了建築外，由於歷代文學家藝術家造訪頻繁，留下很多書法

石碑作品，總共有兩千多塊碑碣，幾乎各代各流派的作品都可在此找到，尤其珍貴的是大量的漢畫石刻。

位於孔廟東側的孔府，又名衍聖公府，也是三路布局、九進院落，但整體氛圍因灰瓦而低調得多。因歷代君王對孔子的長子、長孫多加封賞，待遇一如皇親國戚，所以孔府兼有官府和民居的特色，前半官衙、後半內宅，空間布局巧妙，是明清建築及園林規畫的傑作之一。

位於曲阜北門外的孔林，則是孔子及孔氏家族的墓地，占地面積達3千多畝，是全世界最大、長久，也是保持最完整的家族墓地。由於歷代重修之故，孔林提供了歷代喪葬風俗演變的考據，千年林木的生態也是孔林的貴重之處。

平遙古城 Ancient City of Ping Yao

明太祖為了抵禦北方蒙古兵的進犯，洪武3年(1370年)在平遙修建一座城池；之後，山西商人崛起，平遙躍居為全國的金融中心，城內商家林立，豪宅大院櫛比鱗次。由於整座古城保存良好，因而被評為中國保留最完整的縣級古城。

整座城牆有三千個垛口、72個敵樓，寓意著孔子的三千弟子與72位賢人。平遙城的街道布局，嚴謹方正，兩兩對稱。南大街俗稱明清街，是平遙最熱鬧的街道。中國第一家票號「日昇昌」，便是坐落於西大街上，明清時期這裡聚集了逾20家的票號、數十家的商號。

平遙城內的明清四合宅院共計有3,797座四合院，在大街上的宅院有部分改裝成客棧的模式經營，前院為飯館，後院則規畫為住宿的旅館。

位於平遙古城西南方6公里處的雙林寺，以懸塑、彩塑與唐槐最為有名，大小塑像有2,050尊，被西方學者評為「東方藝術的寶庫」，與平遙古城一同列入世界遺產。

1999

文化遺產

石刻藝術

大足石刻 Dazu Rock Carvings

　　大足石刻集釋、道、儒造像之大成，為中國石刻藝術的代表性作品，也是西元9世紀末至13世紀中葉，世界石刻藝術史上最輝煌的精品。

　　「大足石刻」位於重慶市西北方約170公里處，共有五萬多尊的石刻佛像，散布在四十多處地點，主要集中在寶頂山和北山這兩地。寶頂山佛像群宏大莊嚴，充分利用山勢地形，在岩壁上雕出一組組生動的佛經故事，刻工精巧絕倫。

　　大足石刻的精華，便是寶頂山「大佛灣」的佛像群。這裡的佛像雕刻主要完成於南宋時期(1174~1252年間)，由虔心信佛的趙智鳳發願出資，集合當代著名工匠齊力完成，龕窟之間的巧妙相連，與岩形結構運用融合之精確，在中國古代的石窟營建中是絕無僅有的。

1996

綜合遺產

佛教遺產

峨嵋山與樂山大佛景區
Mount Emei Scenic Area, including Leshan Giant Buddha Scenic Area

　　四川峨嵋山和山西五台山、浙江普陀山、安徽九華山並稱為四大佛教名山，地位崇高，廟宇眾多。樂山大佛高達71公尺，為全球最大的石雕坐佛。

　　峨嵋山傳說為普賢菩薩修行的道場，以岩山、雲海、日出、佛光、猴群等景觀名聞遐邇，有「峨嵋天下秀」之譽，舉世無雙。主要景點囊括了報國寺、伏虎寺、萬年寺、清音閣、洗象池、金頂等。

　　位於青衣江、大渡河、岷江匯流處的樂山大佛，源於江水洶湧常發生船難，唐玄宗遂在凌雲寺高僧海通和尚提議下，於唐開元初年(713年)造佛，直到唐朝貞觀19年(西元803年)才完成。大佛佛像高達71公尺，頭部直徑10公尺，上雕1021個髮髻，肩膀寬度約28公尺，最特別的是腳背長約11公尺、寬8.5公尺，可容納100人同坐。

1997

文化遺產

園林

蘇州古典園林
Classical Gardens of Suzhou

蘇州古典園林融合了深遠的文化、無為的哲學、與自然融合的美學觀與豐厚的財產，才能造就一座極為優雅而充滿中國文人雅士品味的藝術傑作。

蘇州四大名園中，拙政園是蘇州最大、最著名的庭園，建於明代正德年間(1509年～1513年)，總體布局是以水池為中心，然後所有建築皆臨著水而建，形成全園各個景點既獨立又依附的關係，並且營造出許多詩意般的境界。

「留園」建於明朝中葉(1522年)，雖然面積只有拙政園的一半，但如何透過花窗達到以小見大，產生窗外有景、景中套景的功效，正是留園最大的特色。

「獅子林」建於元朝至正二年(1342年)，它是由太湖石堆疊的石林洞壑，一入其中，如入迷宮般，因為看似小格局的石林區，明明出口的亭台水榭就在咫尺，但是就是走不出來，而從不同洞壑中望出的林園景色，也各異其趣。

建於南宋的「網師園」，則是四大園林中面積最小、最精巧的一座。整個布局緊湊精細、曲折幽深。

2000

文化遺產

古村落

皖南古村落—西遞和宏村
Ancient Villages in Southern Anhui – Xidi and Hongcun

自16世紀始，徽商鼎盛，造就了徽派古民居建築。粉牆、黛瓦、馬頭牆的民居、祠堂、牌坊、門樓，搭配花樣繁複的石雕、木雕、磚雕藝術，將黟縣的古村落無處不展現最精雕細琢的一面。其中宏村、西遞，不但是皖南最具歷史考據的遺產之一，也被專家譽為「東方古建築的藝術寶庫」。

宏村在規劃設計上，非常強調風水與水系，規劃建造了堪稱中華一絕的「牛形村落」和「人工水系」。宏村現保有明清古民居約158幢，保存較完好的有137幢，其中以「承志堂」最為富麗堂皇，可謂皖南古民居之最。

西遞村民居建築多為木質、磚牆結構，徽派三雕豐富。兩條清溪從村旁流過，99條高牆深巷，讓外人彷若置身迷宮。目前有明清古民居300餘幢，保存完好的有124幢，祠堂3幢，及明代胡文光刺史坊1座。

符號說明 登錄時間　遺產內容　遺產類型 文化遺產　自然遺產　綜合遺產 瀕危文化遺產　瀕危自然遺產　瀕危綜合遺產

麗江古城 Old Town of Lijiang

1997

文化遺產

古城

麗江古城位於崎嶇不平的高山上，一直保存著古樸自然的原貌。其民居建築融合了幾個世紀以來不同民族的文化特色，麗江先民以智慧設計出精密又複雜的水利供應系統，至今仍能運作。

麗江古城海拔2400公尺，面積約3.8平方公里，建於宋末元初，距今已有八百多年的歷史。明朝稱大研廂，因其位居麗江壩子中心，四周青山圍繞，彷如一塊碧玉巨硯，硯意同研，清朝稱大研里，民國後稱大研鎮，因此麗江古城又稱大研古城。

它在過去是南方絲綢之路和茶馬古道的重鎮，幾百年來，一直是個人潮如織、熱鬧喧囂的貿易集散地。但這種繁華從來不減它一分古典優雅的氣質。河流穿街繞巷、貫布全城，主街傍河、小巷臨渠，無處不是水聲潺潺、垂柳依依；以五花石面鋪成的街道曲折有致，與白牆黛瓦、高低錯落的「三坊一照壁」民居建築，形成一種古樸的美感。

「小橋、流水、古樹、人家」，顯然成了麗江古城最好的寫照，它兼有水鄉之容、山城之貌，景致幽雅迷人，更勝江南，因此不但有「高原姑蘇」的美譽，人們也喜歡以「東方的威尼斯」來形容它。

頤和園
Summer Palace, an Imperial Garden in Beijing

1998

文化遺產

園林

頤和園是中國皇家園林的登峰造極之作，集合了北方(四合院)、杭州西湖(昆明湖)、西藏(萬壽山喇嘛廟)、江南水鄉(蘇州街)等各種風格於一處，堪稱是世界最精妙的皇家園林。

頤和園原是皇家的夏宮和花園，乾隆將其改建為清漪園，不過在英法聯軍時被毀。1888年慈禧挪用海軍經費重建，並改名為頤和園，但又於八國聯軍時遭燒毀，這座命運多舛的庭園，最後在1903年重新修復，恢復昔日光彩。廣達290公頃的面積，根據地形和地點，設有精緻的亭、臺、樓、閣，巧妙的構思至今仍讓中外景觀設計家拍案叫絕。

遊覽頤和園可分成三區域：宮廷朝政區以仁壽殿為中心，前朝後寢，後即為慈禧寢室的樂壽堂，是慈禧暗掌朝政之處，在晚清末年，其重要性遠遠超過紫禁城；二為萬壽山，又可分成前山和後山，以佛香閣為中心的中軸線各建築及長廊都集中在前山，是頤和園建築的精華所在；後山以漢藏式樣的喇嘛廟群和充滿江南趣味的蘇州街為主；第三區以昆明湖為主，萬壽山美景倒映湖面上，蒼鬱碧綠相得益彰。

1998

文化遺產

政權(皇權)
象徵

北京天壇
Temple of Heaven:
an Imperial Sacrificial Altar in Beijing

　　天壇在列入世界遺產之列時，聯合國教科文組織的評語是：中國延續兩千多年的封建統治，天壇的規畫和設計思想，象徵著它的合理性。天壇不但是中國建築的登峰代表之作，其人文內涵更是不容忽視。天人對話、人間和自然的關係，一直是中國人思想的主軸，敬天祭祖、《周易》陰陽五行成為中國人儀式舉止最大的依據，歷數千年不變，而能真正物化中國人對上蒼祈願和對先祖懷思的哲學思想者，莫過於天壇。

　　天壇是明清兩朝皇帝祭天、求雨和祈禱豐年的皇家祭壇，始建於明永樂18年(1420年)，是中國現存最大的古代祭祀性建築群。目前天壇的總體建築完成於乾隆時代，由圜丘、祈穀兩壇組成，總面積273公頃，比故宮還要大四倍。乾隆時擴建了圜丘，台基改用漢白玉石，原先為上藍中黃下綠的明風大享殿瓦色，全數改成藍琉璃瓦，並更名「祈年殿」。

　　天壇的風貌因此更為大氣恢宏，配合周遭古柏參天、祭典時燎爐升起的松柏煙霧，天神彷若降臨人世，接受天子的謝恩及請求，其神秘的藝術性和誘發神授威權情感的效果，可說是舉世無雙。

2001

文化遺產

石刻藝術
×
佛教遺產

雲岡石窟 Yungang Grottoes

　　雲岡石窟與敦煌莫高窟、洛陽龍門石窟並列為中國三大石窟。始建於北魏時期的雲岡石窟，綿延一公里長，大大小小佛像共計有53窟、五萬一千多尊，論氣勢、論藝術成就，都堪稱世界級的藝術寶庫。

　　雲岡石窟的開鑿，不單全為宗教因素，事實上是政治力介入的關係。打從北魏道武帝遷都至平城(現在的大同)開始，便將佛教定為國教；直到北魏太武帝採取「興道滅佛」的政策後，佛教便面臨了空前的浩劫。但隨著太武帝染上怪病而離奇病故，大家都認為這是毀佛的報應，逼得即位的文成帝，不得不立即恢復佛法，並大力的廣建寺廟、獎掖佛學，雲岡石窟便是在這樣的背景之下誕生。

符號說明　 登錄時間　遺產內容　　遺產類型　 文化遺產　自然遺產　 綜合遺產　 瀕危文化遺產　瀕危自然遺產　瀕危綜合遺產

2000

文化遺產

水利工程
×
道教遺產

青城山和都江堰水利系統
Mount Qingcheng and the Dujiangyan Irrigation System

都江堰是西元前256年左右，為防治岷江氾濫所建設的水利工程，由當時擔任蜀郡守的李冰和兒子李二郎接續完成。具洩洪和灌溉等功能，基本工程包括魚嘴、飛沙堰、寶瓶口等三部分。魚嘴是分水堤，飛沙堰是洩洪堤，寶瓶口是引水口。

當年李冰以竹籠裝滿卵石，放入岷江江心作為分水堤，將岷江分成內江和外江，內江的水經由寶瓶口進入成都平原灌溉，歷兩千多年，迄今仍是灌溉成都平原的大功臣。

青城山為道教「天師」張陵修道處，被奉為中國道教的發源聖地。環境幽邃曲深，有「青城天下幽」之譽，與「峨嵋天下秀」、「三峽天下險」、「劍門天下雄」並稱四川四大絕景。景區全境分為前山和後山，前山有道教宮觀十餘座，後山由飛泉、五龍、神仙、紅岩四條溝壑，逶迤出奇險峭壁、峽谷飛瀑、深潭水濂、深邃岩穴等五十多處自然奇景。

1999

丹霞地貌
×
生物
多樣性
×
中國文明
(儒釋道)
精神象徵

綜合遺產

武夷山 Mount Wuyi

武夷山在地質、生物、人文和歷史上各呈傑出景觀，在自然方面碧水丹山的武夷山呈現古老的丹霞地貌，因為豐富的林相，而保有許多中國特有的動植物。在文化方面從漢武帝起即在此祭祀山神武夷君，宋代理學家們如胡安國、朱熹長期在此講學，山區內書院林立，文化內涵豐富。

九曲溪是武夷山最美的風景線，一條清水帶領下，武夷山奇秀深幽的各景色迎面而來，乘坐竹筏，一邊聽著艄公講述傳奇，一邊欣賞大自然的鬼斧神工，最是快意。

六曲的天游峰是武夷第一勝地，抬頭望，危峰聳立；船過五曲，別錯過朱熹講學的紫陽書院；四曲巨岩對立、臥龍潭深見不底；三曲小藏峰的峭壁上有著名的古越人懸棺葬洞穴，既神秘又教人驚奇。二曲的玉女峰是九曲溪中最優美的身影，「插花臨水一奇峰，玉骨冰肌處女容」，美女照鏡，令人無限暇想。

2000
2003

文化遺產

陵墓墳塚

明清皇陵
Imperial Tombs of the Ming and Qing Dynasties

2000年所公布的明清皇家陵寢包括湖北的「明顯陵」及河北的「清東陵」、「清西陵」。2003年新增了「明孝陵」和「明十三陵」。

「明顯陵」位於湖北鍾祥市的松林山，是明世宗嘉靖皇帝父母的合葬陵，面積約183公頃。以精美的建築紋飾著名，如隆恩殿前的雲龍丹陛石、散水蟠首及迴廊欄杆上的雕刻。

「清東陵」位於北京東北的遵化市，建於順治18年(1661年)。由15處園寢組成，以順治的孝陵為中心，其餘帝后帝依輩分在東西側以扇形排列，包括康熙、同治、乾隆、咸豐皇帝、慈禧太后等人的陵寢，共計葬入161人。

「清西陵」位於北京西南方的易縣永寧山下，傳說雍正是改了父親康熙的遺詔才當上皇帝，因此不敢葬於父皇旁邊，而另選陵址建西陵，乾隆時又規定父、子不葬一地，從此清帝便在東、西兩陵建墓，共計帝陵4座(雍正、嘉慶、道光及光緒)，后陵3座，妃園寢3座，王公及公主園寢4座，共計入葬76人。

位於南京的「明孝陵」是明太祖朱元璋和皇后馬氏合葬的陵寢，這座地位尊崇的陵園位於南京市紫金山玩珠峰下，是中國古代最大的帝王陵寢之一。

「明十三陵」位於北京昌平縣天壽山下，是歷代明朝皇帝的長眠之處，其中以明成祖的「長陵」和明神宗的「定陵」最為出名。

2004

文化遺產

陵墓墳塚

古高句麗王城及陵墓群
Capital Cities and Tombs of the Ancient Koguryo Kingdom

從西元前277年至西元668年，古高句麗王國轄下的領土涵括部分的中國東北和朝鮮半島北半部，王都則建於吉林市東郊的集安市，位於長白山腳下的現址，殘留的高句麗建築遺跡包括五女山城、國內城、丸都山城等三座城市，以及40座古墓，其中有14座王陵，26座貴族墓葬。

這三座古城中，五女山城只有部分出土，集安市內的國內城則是高句麗王國遷都平壤後的陪都，丸都山城也曾是高句麗王國的王都，現址留有多處遺跡，包括一座大宮殿和37座陵墓。其中，部分裝飾華美的陵墓天花板，可以在沒有支撐柱子的情況下，扛起承受大批石塊和墳堆的重量。

2006

自然遺產

動物保護區/大貓熊

四川臥龍、四姑娘山、夾金山大貓熊保護區
Sichuan Giant Panda Sanctuaries - Wolong, Mt Siguniang and Jiajin Mountains

人見人愛的貓熊目前在中國大陸只存活在四川、甘肅、陝西交界的山區，總數不過一千隻左右，大多分布在四川境內，因此四川以貓熊故鄉自居，設置了臥龍等五處保護區，以挽救貓熊瀕臨絕種的危機。

臥龍自然保護區位於汶川縣西南，地處四川盆地和青藏高原的交錯地帶，地形複雜，海拔高度落差達5000公尺，氣候溫潤多雨，森林覆蓋率高，成為孕育動植物的溫床，多達四千多種植物和450種動物，都生長在這片廣達200公頃的保護區內。

貓熊屬哺乳類、食肉目、貓熊科，牠不但是「熊」家族一員，而且也不是只吃箭竹，舉凡水果、牛奶、雞蛋牠都吃，尤其偏愛烤肉。雖然貓熊不偏食，但因受孕率不高，幼仔存活率低，所以繁衍不易，瀕臨絕種，因此，臥龍自然保護區成立研究中心，協助貓熊繁殖及哺育幼仔。

©河南旅遊局

龍門石窟 Longmen Grottoes

2000

文化遺產

石刻藝術 × 佛教遺產

龍門石窟的石窟雕刻作品，可說是北魏至唐代(316–907年)佛教文化的代表，高度展現中國藝術精華，並且成為宗教、服飾、醫藥、建築、美術、書法、音樂等各方面的文物史料，尤其最重要的是龍門石窟呈現獨特的創作性，對於亞洲地區則扮演一個非常重要文化發展的角色，堪稱為「大型石刻藝術博物館」。

龍門石窟開鑿於北魏孝文帝由平城遷都洛陽時(493年)，歷經北魏、東魏、西魏、北齊、北周、隋、唐等朝代，再延續到五代和清代，前後近四百多年之久。

龍門石窟分布於伊水東西兩畔的峭壁，南北長達一公里，現存窟龕2,345個，歷代造像題記和碑刻2,800餘塊，佛塔80餘座，造像約11萬尊，其中最大佛像高達17.14公尺，最小者則有兩公分，當中最壯觀的一個石窟便是奉先寺，至於整個奉先寺的雕塑群堪稱為一個完美的藝術整體，共有11尊雕像，配置是正面5座，兩旁分立3座佛像，寬敞而對稱的布局方式十分精采。

三清山
Mount Sanqingshan National Park

2008

自然遺產

奇岩地貌 × 森林

有著「天下第一仙峰，世上無雙福地」的美名，三清山位於江西省東北，占地22,950公頃，境內有48處花

©藏羚羊

崗岩山和89座花崗岩柱，多座山峰外觀形似動物或人物，所在的懷玉山脈，高約1817公尺，擁有獨特且豐富的植被。

其中，玉京、玉華、玉虛等三座主峰，以猶如道教「玉清、上清、太清」三仙境聞名，事實上，三清山在道教歷史也占有一席之地，據稱是東晉葛洪煉丹之處。

五台山 Mount Wutai

2009

文化遺產

佛教遺產

因5座平緩的山頂得名的五台山，位於山西省東北，名列世界五大佛教聖地，與峨眉、普陀、九華等三座山合稱佛教四大道場，因寺廟數量最多、占地最廣，而居大陸多座佛教名山之首。

境內擁有53座佛寺，代表中國佛教建築的上千年發展，包括建於857年的佛光寺，其內的東大殿，是現存最完整且最高的的唐

代木造建築，內有多尊真人大小的泥塑佛像，另有明代修建的殊像寺，牆面壁畫融合平面的山水繪畫和半立體的500尊羅漢像。

雲南三江並流
Three Parallel Rivers of Yunnan Protected Areas

2003 自然遺產 峽谷景觀 × 生物多樣性

　　三江並流所指的三江，由西而東依次是怒江、瀾滄江、金沙江，三條大河以平行的方式穿越雲南西北部，一同並行奔流將近四百公里，而且最窄處的直線距離僅有66公里，不僅在中國是獨一無二的自然景觀，在世界上也屬罕見。而會造成此一獨特現象，橫斷山脈是關鍵。

　　雲南西北高原是青藏高原的南緣，但受到地殼變動、板塊擠壓等諸多因素，導致山脈呈現南北走向，而不是青藏高原的東西走向，並形成幾條四千至五千公尺的平行山脈，由西至東分別為高黎貢山、怒山、雲嶺、大雪山、沙魯裡山，而三條大河即是穿越山脈間的縱穀，並切割出平均兩千公尺以上的河谷，構成高山谷深的壯麗景觀。

殷墟 Yin Xu

2006 文化遺產 青銅時代遺址

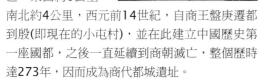

　　殷墟位於河南安陽市西北方約兩公里，其範圍包括北部的洹河兩岸地區，東西約6公里，南北約4公里，西元前14世紀，自商王盤庚遷都到殷(即現在的小屯村)，並在此建立中國歷史第一座國都，之後一直延續到商朝滅亡，整個歷時達273年，因而成為商代都城遺址。

　　清光緒25年(1899年)，經過考古挖掘當時的宮殿區遺跡和殷王族陵墓，並出土甲骨、青銅器、石器、骨器和玉器等珍貴文物，而考古學家還從小屯村出土的龜甲獸骨，發現了截至迄今為止中國最古老的文字「甲骨文」，以及世界上最大、重量達875公斤的司母戊大方鼎青銅器。

開平碉樓和村落
Kaiping Diaolou and Villages

2007 文化遺產 防禦型村鎮

　　建於民初的開平碉樓與村落，為了防洪水、禦盜匪的多樓層建築，深受19世紀晚期至20世紀早期移民東南亞、澳洲和北美等地區的開平華僑影響，光是一個屋頂，就有拜占庭式圓頂、也有歌德式尖頂等，被譽為融合在地和西方風格的傑出之作。

　　世界遺產收錄的四組碉樓群，其中有20棟是代表之作。碉樓分為三種，一是由幾戶人家共同搭建的社區公用塔，可用做臨時庇護所；其次是有錢人自己興建，同時做為防衛堡壘和居家；最後是瞭望塔。

文化遺產

殖民城市/
葡萄牙

澳門歷史中心 Historic Centre of Macao

澳門的老城區，黑白的街磚與建築上的裝飾和色彩，迷人而優雅，和印度的果亞，是亞洲兩處因為瀰漫著葡式風情，而獲選為世界遺產的城市。

在「澳門歷史城區」中，有中國完好保存的最古老西洋建築、有遠東最古老的燈塔、有文藝復興時期的教堂、有融合西洋工藝的中式大宅，更多的，是體現中西方文化完美融合、交匯激盪、多元共存的小街、老巷、廣場，澳門歷史城區見證了西方文化與東方文化的碰撞，最後完美共存的融合場面，行走於此，彷彿看到百年來的前塵往事，親身回到了歷史場景中。

2005年澳門被畫入世界遺產的建築及範圍包括：大三巴牌坊、聖安多尼教堂、舊城牆遺址、三街會館(關帝廟)、議事亭前地、仁慈堂大樓、基督教墳場、大砲台、玫瑰堂、大堂、哪吒廟、東方基金會會址、東望洋砲台、聖母雪地殿教堂和燈塔、盧家大屋、何東圖書館、鄭家大屋、聖若瑟修院及聖堂、聖老楞佐教堂、媽閣廟、崗頂前地、亞婆井前地、港務局大樓、崗頂劇院、民政總署大樓、聖奧斯定教堂等。

自然遺產

動物化石
遺址

雲南澄江化石遺址 Chengjiang Fossil Site

澄江化石遺址位於雲南省昆明市附近的丘陵地，由四十多處化石遺址組成，總面積512公頃，是中國大陸第一個化石類自然遺產。

這裡完整保存了寒武紀初期的海洋古生物化石群，包括無脊椎與脊椎動物等眾多物種的軟硬組織構造。從1984年大陸古生物學家在此發現生物化石以來，本遺址至少被發掘出16個生物門、為數眾多的謎樣物種，而且有196種生物被列入文獻中，其中包括海綿動物、刺胞動物、身長兩公尺的奇蝦、長著磷質網狀骨片的微網蟲，以及可能是脊椎動物始祖的雲南蟲。來自此地的沉積物，也提供了目前已知最古老的脊索動物門化石證據。

澄江化石遺址不僅見證了五億三千萬年前，造成幾乎現今所有的動物門全部湧現的「寒武紀大爆發事件」(Cambrian Explosion)，讓人類得以了解寒武紀早期的生物群落架構，也為地球早期海洋生態體系的形成留下了珍貴的紀錄。

2007

文化遺產

防禦型
建築

福建土樓
Fujian Tulou

　　土樓的外觀是那樣威嚴而不可一世地拒人於外，然而走進土樓的內部，卻又是另一種截然不同的親切面貌。土樓內的空間設計完全是以「人」為主體，小巧玲瓏的隔間、環周連通的長廊、居中向心的祖堂、用途多元的天井，就像是一圈自成一體的小村落、四面合圍的桃花源。可以說，土樓的外在面對的是敵人，而內在面對的是家人。

　　其實土樓的前身就是堡壘。早在唐初陳元光開漳之時，漢人為與當地原住民抗爭，於是在山頭上建立了許多山寨，而漳州的山頭多呈圓形，自然而然便建成圓形的土堡。後來原住民逐漸與漢人融合，山寨因失去了其必要性而荒廢，但這種圓型的防禦形式卻保留了下來。

　　土樓之所以成為土樓，就是因為具備保護整個宗族的能力，但這種防禦力並不是從一開始就如此無懈可擊。千百年來，土樓塌了又建，建了又塌，人們從每一次的坍塌教訓中汲取經驗，慢慢地改良進步，終於發展出固若金湯的完美形式。

2015

文化遺產

少數民族
文化景觀

土司遺址 Tusi Sites

　　中國的土司制度是針對中國西南部山區少數民族地區的民族政策，時間大約是13世紀到20世紀初，也就是元、明、清三個時代。

　　針對少數民族而生的土司體系，其主要目的是為了統一國家行政管理，讓少數民族得以保留他們的習俗和生活方式，相對也使得中央政權更加穩固。

　　納入世界遺產的土司遺址主要有三處，分別是湖南永順老司城、湖北恩施唐崖土司城址，以及貴州遵義海龍屯，也對這種治理方式留下特殊的見證。

符號說明 　登錄時間　遺產內容

遺產類型　文化遺產　自然遺產　綜合遺產　瀕危文化遺產　瀕危自然遺產　瀕危綜合遺產

中國河南嵩山登封「天地的中心」
Historic Monuments of Dengfeng, in the "Centre of Heaven and Earth"

2010

文化遺產

中國文明
(儒釋道)
精神象徵

嵩山在中國五嶽之中名列「中嶽」,而在這座海拔1500公尺名山的山腳下,就在河南省鄭州登封市,方圓約40公里的區域,共有8處歷史建築被列為世界遺產,其中包括周公測景台和觀星台、嵩嶽寺塔、太室闕和中嶽廟、少室闕、啟母闕、嵩陽書院、會善寺、少林寺建築群(包括常住院、塔林和初祖庵)等。時代橫跨漢、魏到清代等朝代,上下兩千年,代表中國古代在宗教祭祀、科學、技藝和教育的各類型建築。

自古以來中國人的宇宙觀便以天地的中心自居,至於中國的中心就位於中原地區的鄭州登封一帶,歷朝歷代不少王朝建都於此,影響所及,這裡不但是國家級禮制、天文觀測中心,更是儒、釋、道各宗教文化流派薈萃之地,因而留下不少珍貴歷史建築。

其中少室闕、啟母闕代表中國最古老的國家級祭祀禮制建築典範。少林寺建築結構自山門到千佛殿共7進,紅牆飛簷,翠柏蓊鬱。少林寺塔林位於少林寺以西大約300公尺處,由於保存著自791年至1803年以來的磚石墓塔,共計240多座,因「塔」數目眾多,散布如「林」,因此稱為「塔林」。是研究中國古代磚石建築藝術的寶庫。

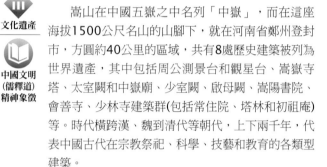

杭州西湖人文景觀
West Lake Cultural Landscape of Hangzhou

2011

文化遺產

湖泊人文
景觀
×
園林

西湖文化景觀以秀麗的湖光山色與豐富的名勝古蹟聞名於世,它坐落於浙江杭州西部,總面積3323公頃,被孤山、白堤、蘇堤、楊公堤分隔成外西湖、西里湖(或後西湖、後湖)、北里湖(或里西湖)、小南湖(或南湖)以及岳湖五大部分,其中以外西湖占地最廣。

杭州西湖景觀擁有一千多年的歷史,它的基本樣貌在五代及宋代大致成形,歷代的建設與整治,更使它變得越來越豐富、完善。這裡的自然山水、「三面雲山一面城」的空間特色、「兩堤三島」的格局、

「西湖十景」題名景觀、歷史古蹟、特色植物,都使杭州西湖景觀在中國的歷史文化及風景名勝上,具有重要的價值與地位,同時也是它名列世界遺產的重要因素。

人們來到此地,不僅可以欣賞如詩如畫的山水景觀、深受印度佛教思想影響的古典建築,還有堤道、小島、橋樑、寺廟以及亭台樓閣可以造訪,一發思古之幽情。

這個充滿人文氣息的著名湖區,不僅將中國古典的園林之美展露無遺,也對中國的詩詞文學、繪畫藝術,以及日本、韓國的園林設計產生深遠的影響,可說是文化景觀的傑出範例。

南中國喀斯特地形
South China Karst

2007
自然遺產
喀斯特地形

南中國喀斯特地形橫跨了雲南、貴州、廣西、四川等省分，是世界上熱帶和亞熱帶潮濕氣候的喀斯特地形典型代表。

喀斯特地貌又名溶岩地貌，是柔軟的水溶蝕岩石後的結果，將地表侵蝕成溶溝、峰叢、槽谷、窪地、泉湖，還在地表下造就石鐘乳、石筍、石花、石幔、伏流。南中國喀斯特地形由於面積廣闊，其中最知名的代表是雲南石林、貴州荔波，以及重慶武隆。

元上都遺址 Site of Xanadu

2012
文化遺產
古城遺址

元上都位於長城的北方，內蒙古自治區境內，占地25,000公頃。1256年，忽必烈命令屬下在此建立開平王府，1263年升為上都，1267年改為陪都及避暑行宮。

根據專家的考證研究，元上都可分為外城、內城及宮城三重結構，外城是手工業及商業區，內城分布著佛教寺院、道觀及官署，位於正中央偏北處的宮城，則矗立著城牆、城門以及多座規模宏偉的宮殿樓閣。除此以外，內城和宮城內也保留了中軸線以及棋盤式街道，呈現嚴謹且清晰可見的對稱格局。

元上都是中國元代都城中歷史最悠久、格局獨特、保存也最為完整的一個，它也是中國北方遊牧民族最大的草原都城遺址。遺址內的宮殿、墓地、寺院、游牧民族帳篷以及水利工程設施，都展現了重要的歷史與文化價值。由於位處中原農耕區與北方游牧區的交會處，因此它也見證了游牧與農耕兩種文明的衝突與融合。

紅河哈尼梯田文化景觀
Cultural Landscape of Honghe Hani Rice Terraces

2013
文化遺產
農業景觀/稻米梯田

紅河州是以哈尼族為主的自治州，位於雲南南部，與越南接壤。

地形以紅河為界，以東屬滇東高原區，以西為哀牢山區；滾滾紅河水、巍巍哀牢山，讓這裡不但擁有雲南第一洞「阿盧古洞」，在元陽縣一帶，更形成寬廣綿延的綠色梯田，是人類與大自然共同激盪出的美麗傑作。

橫臥在紅河州南部的哀牢山，讓新平、墨江、元江、元陽和綠春等幾個縣境內，盡是峰巒連綿起伏的地形，由於平地極少，居住在此的哈尼族，在世世代代的開墾下，造就了一片千層萬疊的梯田，其中氣勢最壯觀的，當數元陽梯田。

17多萬畝的梯田，從海拔一百多公尺的紅河岸邊，一直延伸至兩千多公尺的山腰間，坡坡相連、嶺嶺相

銜，居高俯視，綠油油的梯田盤繞在山間，一派優美的田園景致，煞是迷人。有時山間雲霧繚繞，煙霧隨風瀰漫，百里梯田若隱若現，景致如詩如畫，更教人留戀不已。

哈尼族文化又被稱做「梯田文化」，在民間還流傳一句俗諺：「梯田是小夥子的臉」，因為哈尼族人憑斷一個男子好不好，不是看長相，而是看他梯田修得如何。

中國丹霞地貌 China Danxia

2010

自然遺產

丹霞地貌

「丹霞地貌」這個地理名詞源自中國，主要是針對西太平洋大陸與海盆邊緣地區，原本由紅色砂岩及礫岩所組成的沉積層因為地殼抬升，經過流水切割、侵蝕、風化等作用，形成一連串壯觀的紅色崖壁、塔峰、峽谷、瀑布、溝豁等景觀，而全世界就以中國分布最廣也最多，目前已有780處。因為地形崎嶇，開發不易，因而廣大的亞熱帶闊葉林得以安然保存，同時也成為許多野生動植物的棲息地，目前約有四百種珍稀物種正遭受威脅。

而列入世界遺產的，共有福建泰寧、湖南莨山、廣東丹霞山、江西龍虎山(包括龜峰)、浙江江郎山、貴州赤水等六處。

至於丹霞這個名稱，最初是從廣東丹霞山來的，這裡的山主要由紅色砂礫構成，因此遠望就有如彩霞片片，「色如渥丹，若明霞」，因而得名。別名「中國紅石公園」的丹霞山風景區，占地215平方公里，具有雄、奇、秀、險、幽、奧、曠等特點，從隋唐開始就以奇險秀麗的風景著稱，由於境中眾山皆奇，且不只山奇，崖奇、洞奇、橋奇，因此而有「桂林山水甲天下，尚有廣東一丹霞」之說。

新疆天山
Xinjiang Tianshan

2013

自然遺產

高山生態

天山是中亞地區最長的山脈，橫跨中國新疆、哈薩克、吉爾吉斯和烏茲別克，東西綿延2500公里，平均海拔超過五千公尺，也是世界上數一數二大的山體。最高峰是托木爾峰，海拔7435公尺，汗騰格里峰海拔6995公尺，博格達峰的海拔5445公尺，這些高峰都位在中國，而這座世界遺產的範圍僅劃定在中國的新疆境內。

天山山脈有其獨特的自然地理和絕美景色，高山上覆蓋著終年不化的冰河，並有蒼翠原始森林、草原、湖泊，及高山融雪形成的清澈河流，新疆的三條大河：錫爾河、楚河和伊犁河都發源於天山山脈的高大雪峰，更把新疆一分為二，以北是準噶爾盆地，以南是塔里木盆地。

其中位於烏魯木齊市以東的博格達峰，峰上積雪終年不化，又稱為「雪海」，而位於山腰的天池，海拔1980公尺，水質清澈潔淨，湖的周圍層巒疊翠，雲杉如海，雪山、冰川、草地、森林等景觀同時並存，相互輝映。

這座世界遺產範圍甚至延伸到天山南邊的塔克拉瑪干沙漠，為世界第二大沙漠，有「死亡之海」之稱。

2014

文化遺產

絲路遺產

絲路：長安—天山走廊路線
Silk Roads: the Routes Network of Chang'an-Tianshan Corridor

這條納入世界遺產範圍的絲路路線約五千公里，以當年漢、唐的首都長安和洛陽為起點，到中亞地區的七河地區(Zhetysu)，也就是七條流向巴爾喀什湖的河流流域(伊犁河、卡拉塔爾河、哈薩克阿克蘇河、列普瑟河、阿亞古茲河及現在已經消失的Baskan河和Sarkand河)，也就是今天哈薩克和吉爾吉斯境內。

這條絲路路線形成於西元前2世紀到西元1世紀之間，直到16世紀商賈都還往來頻繁，透過貿易、宗教、科學、技術、文化、藝術的交流，串連各種不同文明。目前共有33座遺產被納入這座世界的範圍，包括古代王國的宮殿和都城遺址、商旅客棧、佛教石窟、古道、驛站、隘口、烽火台、部分長城段、防禦工事、墓塚和寺廟、清真寺等。
＊與哈薩克、吉爾吉斯並列。

2017

文化遺產

建築文化

鼓浪嶼
Kulangsu, a Historic International Settlement

鼓浪嶼與廈門島相距兩公里，因西南隅有處海濱礁穴受海浪沖擊，發出像擂鼓一樣的聲音，因而得名。清末五口通商之後，鼓浪嶼成為租界的所在地，曾有13國領事館設立於此，因此島上建築充滿了異國風情。1920年代，又有許多歸國的華僑富豪在此興建私人別墅，使得鼓浪嶼隨處可見中西合璧的趣味，展現了傳統的閩南風格、西方復興形式，以及殖民時期的拱廊樣式，最具特色的，就是融合廿世紀初現代主義與裝飾藝術的新式「廈門裝飾風格」。當時住在島上的大都是富裕家庭，他們有充分的時間和財力發展藝術上的喜好，於是在這周長不滿四公里的小島上，竟擁有超過350架鋼琴，堪稱全中國鋼琴最密集的地方，一時之間，「鼓浪琴聲」、「音樂之島」的美名便不逕而走。

符號說明 登錄時間 遺產內容　遺產類型 文化遺產 自然遺產 綜合遺產 瀕危文化遺產 瀕危自然遺產 瀕危綜合遺產

2017

自然遺產

生態景觀

青海可可西里 Qinghai Hoh Xil

　　青海可可西里位於青藏高原東北端，是中國面積最大、海拔最高、野生動物資源最豐富的自然保護區，也是世界上原始生態環境保存最好的區域之一。可可西里海拔達 4,500 公尺以上，遍布高山、草原，年平均氣溫為4.4℃～10℃，最低氣溫達-46℃，自然條件嚴酷，人類無法長期居住，有「世界第三極」之稱。也正因為此處的地理與氣候狀況嚴苛，高原野生動物的生存獲得了維護，孕育出了獨特的多樣性生物，這處保護區內所有的草食哺乳類及超過三分之一的植物種類都是當地獨有，可可西里不僅守護了高原獨有瀕臨絕種的藏羚羊，也保護了雪豹、棕熊等珍稀的食肉類動物。

2014

文化遺產

水利工程/
運河

大運河 The Grand Canal

　　大運河縱走中國東方的北部和中部，北起北京，南抵浙江，從西元前5世紀開始興建，但到了7世紀的隋朝，才真正成為聯繫中國南北的一條大航道，也可以說是工業革命之前，人類歷史上最大、範圍最廣的水利工程。

　　他是中國古代內陸交通的主要骨幹，同時把南方的稻米運送到北方，到了13世紀時，水道綿延兩千公里，串連黃河、淮河、長江等東西向主動脈，對中國經濟繁榮扮演了極為重要角色。

　　大運河包括了京杭大運河、浙東運河和隋唐大運河，京杭大運河和浙東運河北起北京，南至寧波，途徑天津、河北、山東省、安徽省、江蘇、浙江。隋唐大運河則以洛陽為中心，北到涿州，南到今天的杭州，途徑現在的河南、安徽、江蘇、浙江、山東、河北。雖然後來淤積嚴重，但直到今天，對區域的交通仍扮演一定角色。

2019

文化遺產

新石器
時代晚期
古城遺址

良渚古城考古遺址
Archaeological Ruins of Liangzhu City

　　位於中國東南沿海長江三角洲的良渚古城遺址(約西元前3300年~2300年)，揭露了在新石器時代晚期已出現一處以稻作農業為主、具有統一信仰的早期社會。該遺址分為瑤山遺址區、谷口高壩區、平原低壩區和古城區四區，透過大型土製建築、城市規劃、水利系統及不同墓葬形式，彰顯社會等級制度，使這項遺址成為早期城市文明的重要範例。

2023

文化遺產

高山茶園
景觀及
傳統信仰

普洱市景邁山的古茶林文化景觀
Cultural Landscape of Old Tea Forests of the Jingmai Mountain in Pu'er

　　位於雲南景邁山，為當地布朗族、傣族遵循始於10世紀的傳統，歷經千餘年發展而成。此處茶鄉有森林和茶園環繞多個傳統村落，古茶樹維持傳統的林下栽培方式，以因應山區生態系統和亞熱帶季風氣候。當地人深信茶樹有靈、自然有靈，傳統儀式和節慶活動都與此一信仰密切相關。

2016

文化遺產

岩畫藝術

左江花山岩畫藝術文化景觀
Zuojiang Huashan Rock Art Cultural Landscape

花山岩畫位於廣西自治區南部左江流域，主要分布在寧明、龍州、崇左、扶綏、大新等壯族聚居的地區，這幾個地方位於江河轉彎處，有寬大、平整、垂直的石壁，壯族的祖先駱越人就在岩壁上留下這些壁畫，總共有79處，其中又以寧明縣明江花山崖壁畫規模最大、最壯觀。

納入世界遺產保護的岩畫有38處，主要描繪駱越人的生活和祭祀儀式，年代可追溯到西元前5世紀到西元2世紀。這裡地處喀斯特地形，有河流，有平原，一些岩畫所描繪的儀式中，出現了一度在南中國相當盛行的銅鼓文化。

2016

自然遺產

森林
×
生物
多樣性

湖北神農架 Hubei Shennongjia

位於中國湖北省西北部神農溪上游的神農架，相傳華夏始祖炎帝神農氏在此搭架採藥，親嘗百草而得名。主要由兩個部分構成，分別是西半部的神農頂和巴東，以及東半部的老君山。

©藏羚羊

神農架的山區占了全境的85%，森林覆蓋率達到69.5%，屬於秦嶺山系大巴山脈東段的神農架山脈。這裡仍保有中國中部地區完整的原始森林，並成為許多許多稀有動物的棲地，例如中國大蠑螈、四川金絲猴、雲豹、花豹、亞洲黑熊等。

湖北神農架也是中國三大生物多樣性中心之一，而在植物研究歷史上，這裡的角色也相當突出，在19、20世紀時，不少國際研究學者都到此探險研究、收集標本。

2018

自然遺產

動植物
生態

梵淨山 Fanjingshan

梵淨山位於貴州省東北部的銅仁地區，主峰鳳凰山海拔2,572公尺，屬武陵山脈，總面積567平方公里。梵淨山層巒疊嶂、溪流縱橫，森林覆蓋率達95%以上，因全境山形複雜、環境多變，因此為多樣性生物提供了適當的生長環境，根據調查，區內現有4,395種植物及2,767種動物，僅森林就擁有珙桐林、鐵杉林、水青岡林、黃楊林等44個不同類型的林區，不僅有亞熱帶地區面積最大的原始山毛欅，且原始森林中棲息著多種頻臨滅絕的保護動物，包括黔金絲猴、藏酋猴、雲豹、蘇門羚、黑熊、中國大鯢、林麝、長尾雉等，其中黔金絲猴被譽為「地球的獨生子」，僅存八百多隻，是重點保護的珍稀動物。

2021

文化遺產

海運貿易
遺跡

泉州：宋元中國的世界海洋商貿中心
Quanzhou: Emporium of the World in Song-Yuan China

展現了泉州在宋元時期(西元10世紀至14世紀)作為世界海運商貿中心，發展蓬勃，留有多處宗教建築，如始建於11世紀的清真寺、伊斯蘭教聖墓，以及具有重要商貿和防禦意義的石碼頭、製瓷遺址、冶鐵遺址、城市交通道路、古橋、寶塔和碑文，還有一處元代寺廟及摩尼石像。

2024

文化遺產

古城
規劃設計
及建築

北京中軸線：
中國理想都城秩序的傑作
Beijing Central Axis:
A Building Ensemble Exhibiting the Ideal Order of the Chinese Capital

北京中軸線位於老城中心，呈南北走向，中軸線起源於定都北方的元朝(1271年-1368年)，由古代皇家宮苑、祭祀建築、城市設施、國家禮儀建築及中央大道等共同組成，中軸線上的許多古建築興建於明朝(1368年-1644年)，完善於清朝(1635年-1912年)，體現了北京城從帝國王都到現代首都的歷史變革，並展現了中國城市傳統規劃，其選址、佈局、規劃、道路和設計，實踐了中國古籍所載的理想都城規劃範式。

2024

自然遺產

沙漠地貌

巴丹吉林沙漠—沙山及湖泊群
Badain Jaran Desert - Towers of Sand and Lakes

巴丹吉林沙漠位於阿拉善高原，是中國第三大沙漠和第二大流動沙漠，擁有世界最高的固定沙山（相對高度達460公尺），最密集的沙漠湖泊、最廣闊的鳴沙區及風蝕地貌，多樣化的景觀顯現了巴丹吉林沙漠獨特的地貌美景，以及地球上典型且持續的風沙地貌發展過程，從而也造就了豐富的生物棲息地。

印度India

 35 7 1 Total 43

印度43處有形的世界遺產，一類是悠久歷史所遺留大批祖先們的智慧遺跡，一類是印度次大陸地大物博所形成的豐富自然生態。走一趟印度世界遺產，便彷彿閱讀一次活生生的印度五千年歷史。

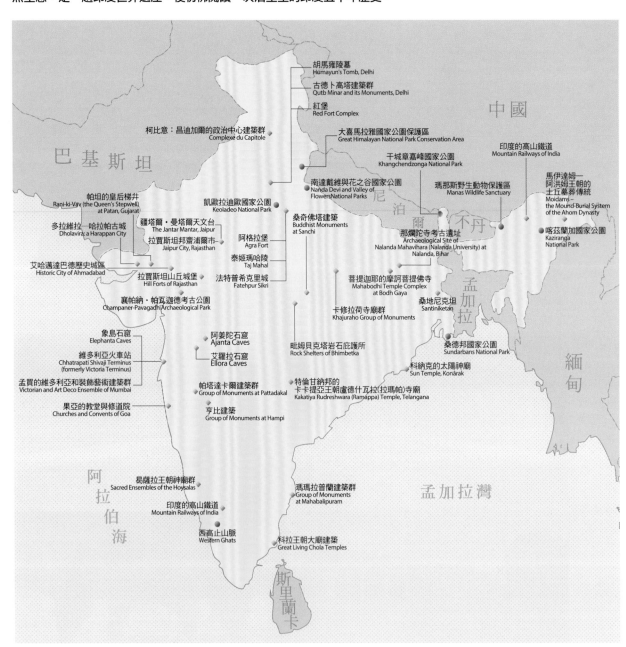

胡馬雍陵墓
Humayun's Tomb, Delhi

古德卜高塔建築群
Qutb Minar and its Monuments, Delhi

紅堡
Red Fort Complex

柯比意：昌迪加爾的政治中心建築群
Complexe du Capitole

大喜馬拉雅國家公園保護區
Great Himalayan National Park Conservation Area

印度的高山鐵道
Mountain Railways of India

干城章嘉峰國家公園
Khangchendzonga National Park

馬伊達姆—
阿洪姆王朝的
土丘墓葬傳統
Moidams –
the Mound-Burial System
of the Ahom Dynasty

帕坦的皇后梯井
Rani-ki-Vav (the Queen's Stepwell) at Patan, Gujarat

南達戴維與花之谷國家公園
Nanda Devi and Valley of Flowers National Parks

瑪那斯野生動物保護區
Manas Wildlife Sanctuary

多拉維拉—哈拉帕古城
Dholavira: a Harappan City

凱歐拉迪歐國家公園
Keoladeo National Park

喀茲蘭加國家公園
Kaziranga National Park

疆塔爾・曼塔爾天文台
The Jantar Mantar, Jaipur

桑奇佛塔建築
Buddhist Monuments at Sanchi

拉賈斯坦邦齋浦爾市
Jaipur City, Rajasthan

阿格拉堡
Agra Fort

那爛陀寺考古遺址
Archaeological Site of Nalanda Mahavihara (Nalanda University) at Nalanda, Bihar

艾哈邁達巴德歷史城區
Historic City of Ahmadabad

泰姬瑪哈陵
Taj Mahal

拉賈斯坦山丘城堡
Hill Forts of Rajasthan

法特普希克里城
Fatehpur Sikri

菩提迦耶的摩訶菩提佛寺
Mahabodhi Temple Complex at Bodh Gaya

桑地尼克坦
Santiniketan

襄帕納・帕瓦迦德考古公園
Champaner-Pavagadh Archaeological Park

卡修拉荷寺廟群
Khajuraho Group of Monuments

象島石窟
Elephanta Caves

阿姜陀石窟
Ajanta Caves

毗姆貝克塔岩石庇護所
Rock Shelters of Bhimbetka

桑德邦國家公園
Sundarbans National Park

維多利亞火車站
Chhatrapati Shivaji Terminus (formerly Victoria Terminus)

艾羅拉石窟
Ellora Caves

科納克的太陽神廟
Sun Temple, Konârak

孟買的維多利亞和裝飾藝術建築群
Victorian and Art Deco Ensemble of Mumbai

帕塔達卡爾建築群
Group of Monuments at Pattadakal

特倫甘納邦的
卡卡提亞王朝盧德什瓦拉(拉瑪帕)寺廟
Kakatiya Rudreshwara (Ramappa) Temple, Telangana

果亞的教堂與修道院
Churches and Convents of Goa

亨比建築
Group of Monuments at Hampi

曷薩拉王朝神廟群
Sacred Ensembles of the Hoysalas

瑪瑪拉普蘭建築群
Group of Monuments at Mahabalipuram

印度的高山鐵道
Mountain Railways of India

西高止山脈
Western Ghats

科拉王朝大廟建築
Great Living Chola Temples

巴基斯坦 | 中國 | 尼泊爾 | 不丹 | 孟加拉 | 緬甸 | 阿拉伯海 | 孟加拉灣 | 斯里蘭卡

2021

文化遺產

寺廟建築

特倫甘納邦的卡卡提亞王朝盧德什瓦拉(拉瑪帕)寺廟
Kakatiya Rudreshwara (Ramappa) Temple, Telangana

盧德什瓦拉俗稱拉瑪帕寺廟，位於特倫甘納邦海德拉巴市東北方約兩百公里處的Palampet村。這座高牆圍繞的濕婆寺廟，由卡卡提亞時期的統治者Rudradeva和Recharla Rudra所建，始建於1123年，工程持續了約四十年，建築的橫樑和立柱採用雕飾的花崗岩和粗玄岩，並搭配獨特的金字塔形狀的階梯塔「Vimana」，塔身採輕質多孔磚建成，減輕了屋頂結構的重量。寺廟裡的雕塑具有很高的藝術性，展現了當地的傳統舞蹈和卡卡提亞文化。

1983

文化遺產

城堡
×
宮殿
×
伊斯蘭教
遺產/
蒙兀兒
帝國

阿格拉堡 Agra Fort

阿格拉從1526年巴伯爾大帝建國開始，就成為蒙兀兒帝國首都，尤其在阿克巴大帝、賈汗季與沙賈汗三位蒙兀兒帝國君王統治期間，阿格拉更成為繁榮的國都。

阿格拉堡原本是洛提王朝(Lodis)的碉堡，1565年被阿克巴大帝(Akbar the Great)攻克後，將蒙兀兒帝國的政府機關自德里遷往阿格拉，自此這裡才逐漸轉變成皇宮。

阿格拉堡周圍環繞著護城河以及長約2.5公里、高21公尺的城牆。阿克巴採用紅砂岩修建阿格拉堡，並加入大理石和錯綜複雜的裝飾元素。一直到他的孫子沙賈汗執政時，阿格拉堡才有現今的規模。

有別於阿克巴大帝，沙賈汗比較偏愛白色大理石材的建築，並在大理石上鑲嵌黃金或是寶石裝飾；因此他將阿格拉堡早期的建築拆除，重新興建以大理石為主的宮殿。大致來說，阿格拉堡內的建築混合了印度教和伊斯蘭教的元素，像是堡內明明象徵伊斯蘭教的圖案，卻反而以龍、大象和鳥等動物，取代伊斯蘭教的書法字體。

阿格拉堡臨亞穆納河河畔而建，這裡就能欣賞到泰姬瑪哈陵的風采。諷刺的是，沙賈汗年老時被兒子歐朗傑伯(Aurangzeb)軟禁於阿格拉堡的塔樓中，僅能遠距離窺視泰姬瑪哈陵來思念愛妻。1857年蒙兀兒帝國與英屬東印度公司雙方在此交戰，蒙兀兒帝國戰敗，自此印度便開始淪為英國的殖民地。

1984

文化遺產

神廟
×
印度教
遺產

科納克的太陽神廟 Sun Temple at Konarak

科納克的太陽神廟是印度諸多巨型建築奇蹟之一，位於印度東部的奧立沙邦(Orissa)，是為了敬奉太陽神蘇利耶(Surya)的神廟，而整座廟宇本身就是一輛戰車，以12對輪子載著太陽神橫越天空。神廟於13世紀由Narasimhadeva國王所建，以其華麗的雕刻著稱，神與鬼、國王與平民、大象與馬，以及數十對各種情色姿勢的夫妻，都栩栩如生地雕刻在浮雕上，也是印度最著名的婆羅門聖殿。

符號說明 登錄時間 遺產內容　遺產類型 文化遺產 自然遺產 綜合遺產 瀕危文化遺產 瀕危自然遺產 瀕危綜合遺產

阿姜陀石窟 Ajanta Caves

1983

文化遺產

洞穴壁畫
與
石刻藝術
×
佛教遺產

阿姜陀石窟屬於佛教石窟，30座石窟分散在馬蹄形峽谷中，開鑿約始於西元前200年到西元650年間，然而阿姜陀石窟在西元8世紀後就荒廢了，一直到1819年被英國士兵狩獵老虎時意外發現，而這段長達10世紀之久的遺棄，也讓阿姜陀石窟精緻的佛教藝術得以保存，後來為印度重要佛教石窟代表之一。

阿姜陀石窟類別區分為兩種，一是支提(Chaitya)，為印度佛教建築的一種形式，泛指佛殿、塔廟、祠堂。支提通常呈現U字形，長方形前殿兩側排列有八角形的柱林，柱子則分隔出中殿和側廊，半圓形後殿中央安置小型圓塔。天花板則是仿木結構的肋拱形狀。

另一種是毘訶羅(Vihara)，指出家僧人集體居住靜修的僧院、學園、僧房，毘訶羅通常是一個大廳周遭區分為多個小廳，大廳中央則豎立有大型的佛像。阿姜陀石窟有5個石窟為支提，另外25個石窟則為毘訶羅。

精緻且豐富的阿姜陀石窟壁畫是印度古代壁畫的主要代表作，同時也是這裡的精華。這些壁畫在西元前2世紀到西元5世紀間所創作，壁畫內容多以描述佛祖的生平與前世的佛陀本生故事(Jataka tales)和笈多王朝時期生動的人民生活與街景。

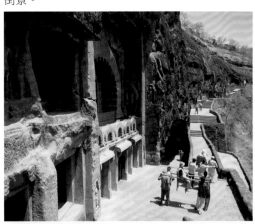

艾羅拉石窟 Ellora Caves

1983

文化遺產

洞穴壁畫
與
石刻藝術
×
佛教、
印度教、
耆那教
遺產

與阿姜陀石窟並列為印度石窟藝術代表作的艾羅拉石窟，同樣也位在奧蘭卡巴(Aurangabad)附近，不過開鑿年代比阿姜陀石窟來得晚，34座石窟區分為佛教、印度教、耆那教三種。艾羅拉石窟開鑿在南北走向的新月形、長達兩公里的玄武石岩壁上，由於岩壁的坡度不像阿姜陀石窟那麼陡峭，因此位在艾羅拉的石窟群都擁有寬廣的前庭。

艾羅拉石窟包含有12座佛教石窟(西元600年~800年)、17座印度教石窟(西元600年~900年)和5座耆那教石窟(西元800年~1000年)，從這些石窟中不僅可得知在遮盧迦王朝(Chalukya)和特拉什特拉庫塔王朝(Rashtrakuta)統治德干地區期間，印度教蓬勃發展、佛教逐漸衰落與耆那教崛起，同時也代表著當時包容各種宗教的社會狀況。

考古學家把這34座石窟從南向北依次編號，南端第1~12窟為佛教石窟，中間第13~29窟為印度教石窟，北側第30~34窟為耆那教石窟。就建築藝術層面來看，艾羅拉石窟以精緻的雕刻聞名，這些石雕雖然分屬為三個不同宗教，但在風格上都受到印度教藝術的影響。

而真正讓艾羅拉石窟聲名遠播的原因，是祭拜印度教濕婆神的凱拉薩神廟，以七千多名勞工費時150年的時間，開鑿出全世界最大的巨石雕刻神廟。

1983

文化遺產

陵墓墳塚
×
伊斯蘭教遺產/蒙兀兒帝國

泰姬瑪哈陵 Taj Mahal

泰姬瑪哈陵位於亞穆納河畔，是蒙兀兒第五代皇帝沙賈汗(Shah Jahan)為愛妻艾珠曼德(Arjumand)所興建的陵墓。沙賈汗暱稱艾珠曼德暱為「慕塔芝‧瑪哈」(Mumtaz Mahal)，意思是「宮殿中最心愛的人」，而泰姬瑪哈陵的名稱則源自於「慕塔芝‧瑪哈」，擁有「宮殿之冠」的含義。

慕塔芝‧瑪哈皇后與沙賈汗結縭19年，經常陪伴君王南征北討，總共生下了14名兒女。1630年，慕塔芝‧瑪哈於第14次生產時難產而死，臨終前要求沙賈汗終身不得再娶，並為她建造一座人人都可瞻仰的美麗陵墓。

泰姬瑪哈陵於1631年開始興建，共動用了印度和中亞等地工匠約兩萬名、費時23年才建造完成，其樣式融合印度、波斯、中亞伊斯蘭教等風格。

根據歷史記載，泰姬瑪哈陵的建築原料來自亞洲和印度全國，白色大理石來自拉賈斯坦邦、碧玉則來自旁遮普邦、玉和水晶來自中國、土耳其玉來自西藏、琉璃來自阿富汗、藍寶石來自斯里蘭卡，使用超過一千隻的大象搬運建材。

泰姬瑪哈陵的建築概念，來自平衡、對稱，並且與數字「4」有關。在伊斯蘭教信仰中，「4」是非常神聖的數字，所以4座小圓塔、4支尖塔和四角形庭園，都是平和與神聖的象徵。

喀茲蘭加國家公園
Kaziranga National Park

1985

自然遺產

野生動物

　　喀茲蘭加國家公園位於阿薩姆省的心臟地帶，也是東印度地區僅存少數未被人類驚擾的地方，這裡棲息著世界上族群數量最多的印度獨角犀牛、老虎、豹、大象、熊、亞洲野牛、長臂猿等哺乳動物，以及三百多種野鳥。整個國家公園占地430平方公里，位於布拉瑪普得拉河(Brahmaputra)畔，擁有大片草原、沼澤及森林。

凱歐拉迪歐國家公園
Keoladeo National Park

1985

自然遺產

野鳥

　　凱歐拉迪歐國家公園位於阿格拉西方50公里處，在拉賈斯坦邦(Rajasthan)境內，過去是印度王室獵野雁的保留區。每到冬天，就會有大批的水鳥從西伯利亞、阿富汗、中國及中亞地區南下。據估算，至少有364種鳥類聚集在此，包括罕見的西伯利亞鶴。

南達戴維與花之谷國家公園
Nanda Devi and Valley of Flowers National Parks

1988

自然遺產

野生動物 × 植物

　　花之谷國家公園位於西部喜馬拉雅山區，以高山野花和優美的自然景致享有盛名，此外，這裡也棲息著珍貴的亞洲黑熊、雪豹、棕熊。相對來說，南達戴維國家公園則是崎嶇不平的荒野，這兩種不同的地貌，長達一個世紀以來，都受到植物學家和登山客的高度讚賞。

亨比建築群
Group of Monuments at Hampi

1986

文化遺產

神廟 × 宮殿 × 印度教遺產

　　亨比是南印度最後一個王朝維賈揚納加帝國(Vijayanagar)的最後一個首都，14到16世紀之間，王室在這個亂石林立的都城立起許多達羅毗荼式(Dravidian)寺廟和宮殿。然而在1565年遭到伊斯蘭聯軍洗劫，時間長達6個月，帝國滅亡，但以後仍為重要的宗教和旅遊中心。

瑪那斯野生動物保護區
Manas Wildlife Sanctuary

1985

自然遺產

野生動物

　　瑪那斯野生動物保護區位於喜馬拉雅山腳下、阿薩姆邦境內的緩丘上，這片林木茂密的丘陵，到處是沖積草原及熱帶雨林，保護區裡棲息著各種瀕危動物，包括孟加拉虎、亞洲象、印度犀牛、侏儒豬等。不過，也因為生態脆弱及受到人為侵擾，1992年被列為瀕危世界遺產名單，近年因保護良好，2011年的大會將之從瀕危名單剔除。

帕坦的皇后梯井
Rani-ki-Vav (the Queen's Stepwell) at Patan, Gujarat

2014

文化遺產

水利工程

　　這座皇后梯井位於古加拉特邦(Gujarat)沙拉斯瓦提河(Saraswati River)河畔，原本是為了紀念11世紀一位國王，在印度，梯井是一種儲存地下水源的獨特型式，從西元前3000年就有了。帕坦的這座梯井是瑪魯古加拉(Maru-Gurjara)建築型式的代表，表現出當時高超的工匠技術，其複雜度、細節和比例，都掌握得十分完美。

1984

文化遺產

神廟
×
印度教
遺產

瑪瑪拉普蘭建築群
Group of Monuments at Mahabalipuram

瑪瑪拉普蘭曾經是一座港口城市，由7世紀的帕拉瓦(Pallava)國王Narasimha Varman I (630年~668年)所建，整座遺址就坐落在孟加拉灣的海岸邊，呈橢圓形分佈。岩石雕刻的洞穴聖堂、巨石構成的神壇、戰車型式的神殿，以及巨大的露天石雕，都是帕拉瓦藝術風格的代表，至今，石雕的傳統仍然延續下來，在周遭許多雕刻工作室，都還能聽到鐵鎚、鑿子敲打的聲傳遍整個村落，而這聲響，已經持續了上千年。

其中五部戰車神廟(Five Rathas)這五部戰車是7世紀帕拉瓦建築藝術的最佳典範，以巨石塊雕成的寺廟來象徵五位英雄人物的戰車，戰車分別以古印度聖典《摩訶婆羅多》(Mahabharata)中五位兄弟及他們共同的妻子德勞帕蒂(Draupadi)來命名。

海岸神廟(Shore Temple)面對著孟加拉灣，孤獨地挺立在一塊岬角上，儘管經過長年海風、海浪的風化、侵蝕，依然完好地存活了下來。廟本身不大，但型態優雅，代表了帕拉瓦藝術的最終傑作。

阿周那的苦修(Arjuna's Penance)是瑪瑪拉普蘭最著名的岩石雕刻，浮雕刻在一塊巨大的石塊上，這片天然的垂直石板長12公尺，寬30公尺，上頭刻著大象、蛇、猴子、神祇、半獸神，描繪的是《薄伽梵歌》(Bhagavadgita)中印度聖河恆河從天而降，諸神、獸見證阿周那苦修的寓言故事。

符號說明 登錄時間　遺產內容　遺產類型 文化遺產 自然遺產 綜合遺產　瀕危文化遺產　瀕危自然遺產　瀕危綜合遺產

1986

文化遺產

教堂
×
修道院
×
殖民城市/
葡萄牙

果亞的教堂與修道院
Churches and Convents of Goa

　　葡萄牙人殖民印度時期，今天的舊果亞便是當年的首都，所留下的大批教堂和修道院，於1986年被列為世界遺產。

　　整體說來，這些紀念性建築從樸素的文藝復興(Renaissance)，到華麗的巴洛克(Baroque)，甚至更矯飾的葡萄牙曼奴埃爾式(Manueline)等風格都有。

　　今天來到舊果亞，一片衰落的景象，很難讓人與繁華的過往產生連結，這座曾經足堪與里斯本匹敵的城市，在16世紀的黃金年代，吸引一批接著一批的傳教士、軍人、商人前來，人口甚至超越當年的里斯本和倫敦。直到18世紀中葉，接連的瘟疫以及曼多維河(Mandovi)淤積，總督把首府遷往位於南邊的帕納吉(Panaji)之後，舊果亞便從此一蹶不振，唯有遺留下來的偉大建築供人憑弔。

　　說起舊果亞，不能不提到聖方濟‧沙勿略(St Francis Xavier)，他終其一生在葡萄牙的東方殖民地致力傳教(卒於1552年12月3日)，並使3萬人改信基督，據說他死後遺體不腐，成為神蹟，1622年，被封為聖者，其墳塚便位於著名的聖耶穌教堂(Basilica of Bom Jesus)內，每10年他的遺體便會公開展示。如今他是果亞的守護神，每逢12月3日他的祭日前後，舊果亞無不萬人空巷。

1986

文化遺產

城堡
×
宮殿
×
伊斯蘭教
遺產/
蒙兀兒
帝國

法特普希克里城 Fatehpur Sikri

　　又稱為「勝利之城」的法特普希克里城，是阿克巴大帝於1571~1585年間精心規劃的新都，用來紀念伊斯蘭教蘇菲教派聖者沙利姆‧奇斯蒂(Salim Chishti)。

　　以紅砂岩建造的法特普希克里沒有堡壘保護，然而整體設計卻非常奇特，充分表達出阿克巴大帝的人道主義精神。儘管阿克巴大帝奉信伊斯蘭教，不過仍致力於融合各宗教所長，同時也創制具有哲學系統的新宗教「汀伊拉希」(Din-I-Iahi)。他不僅在政治上、行政事務、甚至個人風格上都融入印度教，使得被蒙兀兒帝國征服的人民因而能信服於他。只不過作為蒙兀兒帝國的首都只有10年(也有記載14年)，因為始終無法解決缺水的問題，阿克巴大帝一聲令下又遷回舊都，之後法特普希克里就遭到遺棄。

　　法特普希克里城擁有6公里的城牆、7座城門，城內皇宮、公眾大廳、土耳其蘇丹宮、社交天井、流動涼水池、後宮、陵墓和清真寺。由於當時動用了來自印度各地的工匠與建築人員，因此在伊斯蘭建築元素中可以看出印度教與耆那教的裝置藝術的獨特建築。

1986

文化遺產

神廟
×
印度教
遺產

卡修拉荷寺廟群
Khajuraho Group of Monuments

卡修拉荷在10~13世紀時是昌德拉(Chandella)王朝的首都。在卡修拉荷的全盛時期，當時度教寺廟多達八十幾座；到了13世紀伊斯蘭教勢力入侵，14世紀時印度完全被穆斯林統治。由於伊斯蘭教否定偶像崇拜，所以這裡的印度教寺廟全部遭受摧毀，從此卡修拉荷被世人遺忘，長達5世紀之久。

卡修拉荷寺廟上的性愛雕刻，其實無關色情，純粹是一種藝術或宗教形式罷了。儘管世人對於這些雕刻的主題和動機提出許多不同見解，但是沒有人可以否認，卡修拉荷的寺廟雕刻，無論形狀、線條、姿態和表情，都是精采絕倫的藝術創作。

寺廟樣式屬於典型的北印度寺廟風格，特色就是中央的圓錐形屋頂(Shikara)。早期印度寺廟只有一個山形圓頂，代表神祇所居住的山峰，後來有些寺廟開始出現多重圓頂。印度教寺廟裡面供奉神像的地方，稱為「胎房」(garbha-grihya)。其中濕婆神廟供奉濕婆靈甘，毘濕奴神廟供奉毘濕奴神像、或各種化身，戴維女神廟有的供奉女神各種化身，有的則是無形的象徵。卡修拉荷的寺廟雖以描繪性事馳名，但是從寺廟的建造技巧和裝飾風格看來，都堪稱為早期印度工匠最偉大的藝術成就。

1987

文化遺產

洞穴壁畫
與
石刻藝術
×
印度教
遺產

象島石窟
Elephanta Caves

位在孟買約10公里外象島石窟，是一座位在島上最高處的印度中世紀印度教石窟，整座石窟鑿空山岩而建，雖然面積小，但在印度宗教上卻具有重要的地位。歷史上對它的紀錄不多，僅知道石窟是在450年~750年佛教衰落、印度教興起的期間開鑿，在當時被稱作是石窟宮殿(Gharapuri)，一直到16世紀葡萄牙人殖民印度時，象島石窟才被挖掘出來，並且以島上南方登陸點的一尊大象石雕命名，不過因大象石雕年代久遠並遭人為和天候等因素破壞，現在的石雕則是在19世紀時重建的。

石窟的雕刻風格偏向笈多古典主義，在石窟門廊兩側與窟內的天然岩壁上，共有9幅巨型浮雕，石窟內有大量以濕婆神(Shiva)為主的浮雕和塑像，描述著濕婆神的神話故事，因此這裡也是一座濕婆神廟。

符號說明 登錄時間 遺產內容 遺產類型 文化遺產 自然遺產 綜合遺產 瀕危文化遺產 瀕危自然遺產 瀕危綜合遺產

1987

文化遺產

神廟
×
印度教
遺產

科拉王朝大廟建築
Great Living Chola Temples

西元9~13世紀，柯拉王朝(Chola Empire)最強盛的期間曾經統治大半個印度半島，創造出許多科拉式建築，尤其是供人們居住生活的大廟。今天被列為世界遺產的主要有三處，一是坦賈武爾(Thanjavur)的布里哈迪錫瓦拉寺(Brihadishwara Temple)，一是甘蓋孔達科里斯瓦拉姆(Gangaikondacholisvaram)的布里哈迪斯瓦拉寺(Brihadisvara Temple)，還有一處是達拉蘇拉姆(Darasuram)的艾拉瓦得斯瓦拉寺

(Airavatesvara Temple)，其中又以坦賈武爾的大廟最著名。這些寺廟都十足展現了科拉王朝在建築、雕刻和鑄造銅器的高超工藝技術。

坦賈武爾的布里哈迪錫瓦拉寺是柯拉建築形式的最佳典範，寺廟本身是一座濕婆神廟，完成於1010年，由拉賈拉賈‧柯拉一世(Rajaraja Chola I)所建，當年蓋這座大廟頗有宣誓國威的作用，象徵著柯拉王朝無可匹敵。在寺廟地下室刻著一些銘文，上頭記載了柯拉王朝的歷史、社會及政權狀況。

1987

文化遺產

神廟
×
印度教
遺產

帕塔達卡爾建築群
Group of Monuments at Pattadakal

帕塔達卡爾是印度西南部卡納塔克邦(Karnataka)的一座古城。7~8世紀是該城最昌盛的時期，時值查路克亞王朝(Chalukya dynasty)，大多數的寺廟是在此時期建造的。其中最著名的是洛克什瓦利(Lokeshwari)和韋魯帕克沙(Virupaksha)寺廟，這些建築充分展現了「折衷」與「融合」，南印度和北印度的建築特色，非常和諧地交融在同一座建築裡。

1987

自然遺產

河口
三角洲
×
紅樹林
×
野生動物

桑德邦國家公園
Sundarbans National Park

桑德邦是位於印度與孟加拉之間的一處國家公園，涵蓋水域和陸地面積約一萬平方公里，其中印度境內的面積超過一半。

國家公園建於1973年，以保護恆河三角洲的紅樹種植區及當地野生動物為主要任務。這裡生長著全世界面積最大的紅樹林，此外，許多瀕臨絕種的物種也特別受到保護，例如老虎、水棲哺乳動物、野鳥和爬蟲。

1993

文化遺產

陵墓墳塚
×
伊斯蘭教
遺產/
蒙兀兒
帝國

胡馬雍陵墓
Humayun's Tomb

　　混合紅色砂岩和黑、白大理石的胡馬雍大帝陵墓，不但是德里第一座蒙兀兒陵墓，也是印度第一座具有花園的陵墓。

　　胡馬雍大帝是蒙兀兒帝國的第二任皇帝，他是巴伯爾的兒子，在1530年時繼承了父親的印度領地。胡馬雍大帝的陵墓於他身亡9年後，由波斯妻子哈吉碧崗(Haji Begum)、同時也是阿克巴大帝的親生母親，於1565年下令興建，據說她花了150萬盧比興建這座陵墓，而日後幾位蒙兀兒皇家成員也埋葬於此，除了哈吉碧崗之外，也包含沙賈汗最喜愛的兒子達拉希克(Dara Shikoh)，以及蒙兀兒最後一任皇帝巴哈杜兒汗二世(Bahadur Shah II)。在巴哈杜兒汗二世於1857年遭英國人俘虜以前，這裡一度成為他的避難所。

　　胡馬雍大帝陵墓是早期蒙兀兒風格的建築物，後來阿格拉的泰姬瑪哈陵就是以此為範本，加以設計而成。此陵墓可以從多方面看出具有濃厚的波斯建築元素：一是設計有3面高大的拱門，一是高聳醒目的中央圓頂，以及多彩的磁磚，而高達38公尺的雙層圓頂，更是頭一遭在印度出現。儘管如此，陵墓建築本身仍舊採用印度建築樣式，只是外觀採取簡單的色調設計，並在拱門內部的牆上嵌入波斯文。

1989

文化遺產

佛塔
×
佛教遺產

桑奇佛塔建築
Buddhist Monuments at Sanchi

　　桑奇佛塔的建造歷史悠長，最早始於西元前3世紀孔雀王朝，全力護持佛教的阿育王在此豎立了一根銘刻其法敕的石柱，並建造一座小磚塔。之後的巽加王朝將小塔擴建為壯觀的大塔，二塔、三塔也陸續蓋起。

　　西元前一世紀，以極致工藝成就著稱的案達羅王朝，在大塔東西南北立起四座精雕細琢的塔門。佛塔周圍亦陸續建造起許多僧院石寺。從各王朝不斷擴建的情形看來，桑奇一直都是中印度的佛教重鎮。直到伊斯蘭教大軍入侵印度，佛教幾為所滅，桑奇遂被世人遺忘。

　　桑奇的主要遺蹟包括最為壯麗高聳的大塔、樸實無華的二塔，以及發現藏有佛陀兩位大弟子舍利和目犍連舍利的三塔，附近尚有許多石造寺院，以及一根斷成兩截的阿育王石柱，大小遺蹟共51處。大多數的遊人一入桑奇，目光必定立即被大塔四方的雄偉塔門所吸引。其上一幅幅栩栩如生、活潑靈動的佛教雕刻，正是桑奇之所以成為當今最受矚目佛教文明寶藏的主因。

符號說明　　登錄時間　遺產內容

遺產類型　　文化遺產　自然遺產　綜合遺產　　瀕危文化遺產　瀕危自然遺產　瀕危綜合遺產

1993

文化遺產

高塔建築
×
伊斯蘭教
遺產

古德卜高塔建築群
Qutb Minar and its Monuments

擁有全印度最高石塔的古德卜高塔建築群，最初始建於1199年，由印度首位伊斯蘭教統治者興建，它不但是印度德里蘇丹國的伊斯蘭建築，同時也是早期阿富汗建築的典範。

古德卜高塔為奴隸王朝(Slave Dynasty)德里蘇丹國的創立者古德卜烏德汀艾巴克(Qutab-ud-din Aibak)所建，是一座用來紀念1192年阿富汗伊斯蘭教征服印度教拉吉普特王國的勝利之塔。古德卜將王國建立在拉吉普特王朝的舊址上，於1206年成為印度第一個以伊斯蘭教立國的王國。

為了象徵伊斯蘭勢力，塔上的銘文宣稱要讓真主的影子投射到東方和西方，不過，當古德卜去世時，高塔僅建了第一層，後來由他的女婿伊爾圖特密許(Iltutmish)繼續接手，另外增加了以紅砂石建造的三層樓。此三層樓外壁帶有半圓形與三角形凸壁相間的凹槽縱溝，然而接任者Firoz Shah Tughluq卻以白色大理石混合紅砂石增建了第4、5層，使它呈現平滑的圓筒形。

整個古德卜高塔共分5層，塔高72.5公尺，塔基直徑約14.3公尺，塔頂直徑約2.5公尺。雖然說古德卜高塔是印度伊斯蘭藝術的最早範例，不過修建此塔的卻是當地的印度工匠。環繞塔壁的橫條浮雕飾帶，既裝飾著阿拉伯圖紋和可蘭經銘文，同時點綴著印度傳統工藝的藤蔓圖案和花彩垂飾，融合了波斯與印度的藝術風格。

1999

文化遺產

鐵道

印度的高山鐵道
Mountain Railways of India

印度高山鐵道被列入世界遺產有兩處，一是大吉嶺喜馬拉雅(Darjeeling Himalayan)鐵道，一處是塔米爾納杜邦尼爾格里(Nilgiri)高山鐵道。

其中塔米爾納度的鐵道原本計畫在1854年興建，然而由於山區施工困難，延宕到1891年才動工，並於1908年竣工。這段鐵道從海拔326公尺上升到2203公尺，至今仍然在運作中，代表一個世紀前的鐵道技術，而在英國殖民時代，對印度人口的移動和社會經濟都有極大意義。

大吉嶺的高山蒸氣小火車從1881年營運至今，在青藏鐵路開通前，它也是世界上海拔最高的鐵路，窄軌、體型較小的蒸氣小火車依照著百年前的機制與模樣運行，鐵軌沿著山坡成Z字型興建，在群山中綿延百里。

2003

文化遺產

岩畫藝術
×
石器時代

毗姆貝克塔岩石庇護所
Rock Shelters of Bhimbetka

毗姆貝克塔岩石庇護所位於印度中央高原南緣的凡迪揚山(Vindhyan Mountains)山腳下，這裡有許多巨大厚重的沙岩裸露出來，岩石之上則是茂密的森林，其中五處自然形成的岩石洞穴裡有許多壁畫，時代可以追溯到中石器時代。直到今天，遺址鄰近21個村落所呈現的文化風貌，與壁畫中所繪的畫面十分接近。

2004

文化遺產

印度教
遺產

襄帕納‧帕瓦迦德考古公園
Champaner-Pavagadh Archaeological Park

這座考古公園裡集中了大量、保存完整的文化遺跡。遠從石器、銅器時代，到早期印度都城的一座山丘堡壘，再到16世紀古加拉特邦(Gujarat)的首都都城遺跡，記錄年代之長，實屬罕見。考古公園裡的遺跡還包括8~14世紀的防禦工事、宮殿、宗教性建築、民居院落、農業灌溉系統等。其中帕瓦迦德山丘上的卡利卡瑪塔寺(Kalikamata)是其中最重要的一座神壇，一年到頭都吸引不少朝聖者前來。

2002

文化遺產

佛寺
×
佛教遺產

菩提迦耶的摩訶菩提佛寺
Mahabodhi Temple Complex at Bodh Gaya

凡是來到菩提迦耶的人，第一眼總會被高聳雄偉的摩訶菩提寺所震懾，而不論走到哪裡，它總是無法忽視的地標。佛陀成正覺之後的兩百五十多年，也就是西元前三世紀，阿育王在菩提樹下安放了一塊金剛座並建造一座正覺塔，後來幾經錫蘭王、緬甸王的重修、整建，以及穆斯林、祝融、洪水的毀壞，塔寺毀了又蓋，蓋了又毀，直到1870年代，考古挖掘才讓它重見天日。

遠看摩訶菩提寺，似乎只有一座高聳的正覺塔，其實整座院寺腹地龐大，布局繁複。這其中包括七週聖地、佛陀足印、阿育王石欄楯、菩提樹、金剛座、龍王池、阿育王石柱，以及大大小小的佛塔、聖殿和各式各樣的鐘、浮雕和佛像。

而矚目焦點便是菩提樹和七週聖地。當年玄奘曾跪在菩提樹下，熱淚盈眶，感嘆未能生在佛陀時代。

今天所看的菩提樹，已非當年佛陀打坐悟道的原樹，這樹跟摩訶菩提寺一樣命運多舛，不斷與外道、伊斯蘭教對抗，遭到焚燬與砍伐，最後則是從斯里蘭卡帶回菩提子，成為現在的滿庭蔭樹，據說這菩提子也是當初佛陀時代有人攜往斯里蘭卡開枝散葉所繁衍的後代。

2004

文化遺產

車站
×
殖民遺產
(英國)

維多利亞火車站
Chhatrapati Shivaji Terminus
(formerly Victoria Terminus)

聽起來就十分英國的維多利亞火車站，是全印度最能代表維多利亞哥德式風格的建築，外觀裝飾無數精細的雕刻，彷彿一座宮殿佇立在忙碌的孟買街頭。如果說，泰姬瑪哈陵是最能代表蒙兀兒王朝的建築物，那麼維多利亞火車站就是英國統治印度時期的代表性建築。

該火車站於1998年時已將官方名稱更改為Chhartrapati Shivaji Terminus，不過當地仍然習慣稱它為VT(Victoria Terminus)。這座火車站由當年印度半島火車總局局長Frederick Stevens設計，他運用大量當地藝術系學生和工匠幫忙，於1887年完工。印度寫下歷史的首班列車，正是從維多利亞火車站發車。

這是一座殖民式建築才有的綜合性建築體，它集結了維多利亞、印度、伊斯蘭等建築元素於一身。豐富且複雜的雕飾在建築的柱子、圓頂、尖塔、飛扶壁、塔樓、彩繪玻璃窗上四處可見，其中包含有孔雀、猴子、獅子、蛇和常在哥德式建築上出現的獸類。中央的圓頂高達4公尺，大門口兩側分別有獅子和老虎的石雕，代表著印度和英國相互尊重。

符號說明 登錄時間　遺產內容　遺產類型  文化遺產　自然遺產　綜合遺產　瀕危文化遺產 瀕危自然遺產 瀕危綜合遺產

紅堡
Red Fort Complex

文化遺產

城堡
×
宮殿
×
伊斯蘭教
遺產/
蒙兀兒
帝國

紅堡坐落在亞穆納河西岸，是舊德里主要建築遺蹟之一。紅堡又稱為拉爾‧奎拉城堡(Lal Qila)，是蒙兀兒帝國第五代君主沙賈汗從阿格拉遷都德里，於1639-1648年所建，樣式與阿格拉堡十分類似，都採用紅色砂岩為建材。不過沙賈汗卻從未能在此執政，因為他兒子奧朗傑伯(Aurangzeb)將其罷黜，並軟禁於阿格拉堡內。

紅堡雖然在蒙兀兒帝國強盛時期所建，也一度短暫成為國都，不過奧朗傑伯卻是第一位、也是最後一位在紅堡執政的君王。紅堡四周環繞著紅砂岩城牆與護城河，城牆高度從18~33公尺不等，長達2.41公里。

拉合爾城門(Lahori Gate)是它的主要入口，位於西牆的正中央。堡內建築物包括公眾大廳、私人大廳、明珠清真寺、彩色宮殿、哈斯瑪哈勒宮、皇家浴池和噴泉花園等。

ASIA

疆塔爾‧曼塔爾天文台
Jantar Mantar

文化遺產

天文台

印度齋浦爾的疆塔爾‧曼塔爾天文台，堪稱全世界最大的石造天文台，是傑‧辛格二世(Raja Sawai Jai Singh II)於1728~1734年所建。

這位非常熱衷天文學的大君，在興建天文台之前，先將天文學家送到法國和葡萄牙等歐洲國家學習相關知識，他本人更參考印度、希臘以及伊斯蘭占星術，融合各家所長後，在印度各地興建多達5座的天文台，除齋浦爾外，還包括德里、瓦拉那西、烏迦因(Ujjain)以及馬圖拉(Mathura)，其中又以齋浦爾天文台的觀測儀種類最多、保存也最為完整。

齋浦爾的疆塔爾‧曼塔爾天文台曾經於1901年整修過，目前共有16種造型精巧的天文觀測儀，儘管在望遠鏡發明後，疆塔爾‧曼塔爾天文台逐漸失去它的功用，然而其觀測儀至今依舊相當準確。

2012

自然遺產

森林
×
生物
多樣性

西高止山脈
Western Ghats

位於印度德干高原西部邊緣的西高止山脈，由北往南延伸約1,600公里，海拔平均1,200公尺，它是阿拉伯灣沿岸平原與德干高原的地理分界。不過根據地球物理學家的研究，它應該不是真正的高山，而是在德干高原邊緣形成的斷層陡坡。

西高止山脈擁有蔥鬱的常綠林、壯麗的瀑布和湍急的河流，其山地森林生態系統不僅發揮了調節熱帶氣候的作用，也孕育了十分豐富而獨特的物種。在此棲息的生物包括5,000種以上的開花植物、508種鳥類、179種兩棲動物以及139種哺乳動物，其中至少還有325種生物被列入全球瀕危名單，這也使它成為全世界八大生物多樣性熱點地區之一。儘管如此，數十年來由於當地農業的擴展，原始森林遭到污染及破壞，面積大幅縮減，因此許多生物面臨了極大的生存危機，需要強加保護。

©寶雨君

2016

綜合遺產

高山生態
×
佛教人文
景觀

干城章嘉國家公園
Khangchendzonga National Park

干城章嘉位於印度東北方的錫金(Sikkim)，是喜馬拉雅山脈的心臟地帶，國家公園裡的地形複雜，有平原、谷地、湖泊、冰河、原始森林覆蓋的高山，以及海拔8,586公尺的世界第三、印度最高峰干城章嘉峰(Mount Khangchendzonga)。「干城章嘉」的字面意思是「五座巨大的白雪寶藏」，從它有五個峰頂而來。

自古以來，錫金人便視干城章嘉為神山，並崇拜這裡的山峰、湖泊、河流、洞穴等自然景觀，進而發展出許許多多的神話故事及聖地，而長久以來，錫金人篤信佛教，這小山國的人文景觀都與佛教信仰息息相關。

2013

文化遺產

城堡
×
宮殿

拉賈斯坦山丘城堡
Hill Forts of Rajasthan

拉賈斯坦邦原本有23個大小公國，所以境內屹立著許多精雕細琢的皇宮、古堡和寺廟。印度獨立後，這些公國聯合組成地方政府，正式命名為「拉賈斯坦」，意思就是「諸王侯之地」。目前被納入世界遺產的堡壘有6座，分別位於Chittorgarh、Kumbhalgarh、Sawai Madhopur、Jhalawar、齋浦爾(Jaipur)和齋沙默爾(Jaisalmer)，大致呈圓周狀綿延20公里。

符號說明 登錄時間 遺產內容　遺產類型 文化遺產 自然遺產　綜合遺產 瀕危文化遺產　瀕危自然遺產　瀕危綜合遺產

那爛陀考古遺址

Archaeological Site of Nalanda Mahavihara (Nalanda University) at Nalanda, Bihar

文化遺產

佛教遺產

佛教史上赫赫有名的那爛陀大學(Nalanda)，位於印度北部的比哈爾邦，它在西元7世紀時，不僅是世界最早的大學之一，更是世界的佛教修學中心，全盛時期時，教師達兩千人，來自亞洲各地的學生更逾萬人，藏書則有九百餘萬卷。玄奘便曾在此待過五年，他既是學生，也是老師。只可惜到了十二世紀，伊斯蘭教入侵大肆破壞之後，那爛陀曾經在歷史綻放的光芒，如今只剩磚瓦遺跡供人憑弔。

那爛陀遺跡公園主要分成東西兩區，僧院主要分佈在東區，依告示牌顯示，這些遺跡包括了宿舍、浴室、廚房、圖書館、貯水池等。西區則以佛塔、寺廟為主，最壯觀的是分為三層的舍利佛塔，爬上平台，可以環視整座遺跡全景，而舍利塔四周則林立著許多紀念塔。

遺跡公園附近還有一座那爛陀博物館、那爛陀佛法修學中心(Nava Nalanda Mahavihara)，以及玄奘紀念館。

2014

大喜馬拉雅國家公園保護區

Great Himalayan National Park Conservation Area

自然遺產

森林 × 生物 多樣性

這座國家公園位於喜馬拉雅山西側，以高山草原和河濱森林為主，這些高山溪流主要來自高山冰河和融雪，而且供應了無數下游河川的主要水源。而這片面積廣大的國家公園是喜馬拉雅山脈生物多樣性的重要熱點，光森林型態就多達25種，而所棲息的動物不少正遭受瀕臨絕種的威脅。

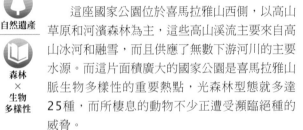

2016

柯比意的建築作品—對現代主義運動的卓越貢獻

The Architectural Work of Le Corbusier, an Outstanding Contribution to the Modern Movement

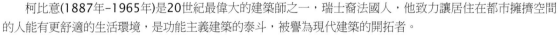

文化遺產

現代建築

柯比意(1887年–1965年)是20世紀最偉大的建築師之一，瑞士裔法國人，他致力讓居住在都市擁擠空間的人能有更舒適的生活環境，是功能主義建築的泰斗，被譽為現代建築的開拓者。

在2016年世界遺產大會把柯比意的17座建築作品納入世界遺產，橫跨歐、亞、美三大洲、比利時、法國、德國、瑞士、印度、日本、阿根廷等7個國家。這些建築充分展現了一種新的建築語言，與過去的建築完完全全產生一個斷點，也反映出20世紀的現代主義運動的解決方式，是以發明新的技術，來回應社會的需求，而且是全球性的。其中印度入選的是位於昌迪加爾(Chandigarh)的議會大廈(Complexe du Capitole)。

＊與比利時、阿根廷、法國、德國、日本、瑞士並列。

2018

文化遺產

現代城市
建築文化

孟買的維多利亞和裝飾藝術建築群
Victorian and Art Deco Ensemble of Mumbai

已成為全球性貿易中心的孟買，在19世紀下半葉曾大刀闊斧的實施城市規劃，環繞著Oval Maidan的建築群就是改造的成果。這項計畫分為兩階段，第一階段為19世紀80年代建造了一批維多利亞新哥德式風格的建築，第二階段為20世紀初進行Backbay填海計劃，打造了裝飾藝術住宅及商業場所。維多利亞式的設計融合了適應當地氣候的印度元素，如陽台，而裝飾藝術風格的住宅和電影院也有明顯的印度設計，創造了獨特的「Indo-Deco」風格。這兩階段的建築，詮釋了孟買在19世紀至20世紀所經歷的現代化變程。

符號說明 登錄時間 遺產內容　遺產類型  文化遺產　自然遺產　綜合遺產　瀕危文化遺產　瀕危自然遺產　瀕危綜合遺產

2019

文化遺產

歷史古城市

拉賈斯坦邦齋浦爾市
Jaipur City, Rajasthan

齋浦爾為拉賈斯坦邦首府，由傑‧辛格二世(Sawai Jai Singh II)於1727年建立，位於平原上，與該地區其他位於丘陵地帶的城市不同，並根據吠陀建築的規劃建造，街道以連續的柱廊為特色，在中心相交，形成了稱為「Chaupar」的大型公共廣場，沿著主要街道建造的市場、商店、住宅和寺廟都有統一的外觀。這座城市的規劃體現了古代印度教和早期莫蒙兀兒王朝，以及西方文化的思想交流。這座城市旨在成為商業之都，至今仍保持著活絡的商業活動、手工藝。

2017

文化遺產

古城遺址

艾哈邁達巴德歷史城區
Historic City of Ahmadabad

有環城高牆護衛的艾哈邁達巴德古城，是蘇丹艾哈邁德‧沙阿一世(Sultan Ahmad Shah I)於1411年沿著薩巴爾馬蒂河(Sabarmati River)河畔所建，他隨後並立此地為古吉拉特邦(Gujarat)的新首都。1487年，艾哈邁德‧沙阿一世的孫子馬哈穆德‧貝加達（ Mahmud Begada ）展開擴建工程，築起周長約10公里的高牆，以及12道城門、189座棱堡、六千多個城垛，固若金湯，並展現蘇丹統治時期的建築特色，其中最具代表性的建築有跋陀羅城塞(Bhadra citadel)、古墓、清真寺、印度教寺廟、耆那教寺院、公共水井等，展現艾哈邁達巴德長達六世紀的興盛繁榮。

2021

文化遺產

歷史古城

多拉維拉—哈拉帕古城
Dholavira: a Harappan City

多拉維拉古城是哈拉帕文明的南部中心，位於古吉拉特邦(Gujarat)乾旱的Khadir島上，約建於西元前3000年~1500年，由一座要塞和一處墓地組成，兩條季節性的溪流提供了珍貴的水資源，戒備森嚴的城堡和儀式場地、街道、屋宅，顯示了嚴謹的社會秩序，水源管理展示了多拉維拉人運用聰明才智生存，並邁入繁榮。考古發掘發現了銅、貝、石、半寶石首飾、赤陶、黃金、象牙等文物，並發現了與其他哈拉帕城市及美索不達米亞、阿曼半島進行貿易的證據。

2023

文化遺產

曷薩拉王朝寺廟建築群

曷薩拉王朝神廟群
Sacred Ensembles of the Hoysalas

這項遺產位於南印度，包括三處最具代表性的曷薩拉王朝風格寺廟建築群，建造年代可以追溯到12~13世紀。曷薩拉王朝融合當時與古代寺廟的特點，塑造出別於鄰近王國的獨特身份。這些廟宇的特徵包括逼真的雕塑、石雕、環繞式平台、大型雕塑廊道、多層次檐壁飾帶，以及展現薩拉傳說的雕塑，卓越的雕塑藝術提升了建築群的藝術成就。

2023

文化遺產

人文遺址

桑地尼克坦 Santiniketan

桑地尼克坦為著名詩人、哲學家泰戈爾於1901年建立，位於印度西孟加拉邦鄉村，它是一所寄宿學校兼藝術中心，以古老的印度傳統和超越宗教、文化的團結願景為基礎，1921年，這裡建起一所「世界大學」彰顯「人類的團結」(Visva Bharati)，與當地20世紀初盛行的英國殖民主義建築風格和歐洲現代主義不同，桑地尼克坦汲取古代、中世紀和民間傳統，成為泛亞洲現代主義的典範。

2024
墓葬遺址

文化遺產

馬伊達姆—阿洪姆王朝的土丘墓葬傳統
Moidams – the Mound-Burial System of the Ahom Dynasty

這處墓葬遺址是阿洪姆王朝的皇陵，位於阿薩姆邦東部的巴特開山麓，在六百年間，阿洪姆人利用山丘、森林、水域等自然地形建造土丘墓穴「馬伊達姆」，賦予神聖的色彩。這裡種植用於製作棺木、樹皮手稿的樹木，並築有蓄水設施。遺址內分布著90座大小不一的馬伊達姆，它們由磚、石、土砌成拱頂，內部為空心結構，墓穴中存放著國王和王室成員的遺骸，及食物、馬匹、大象等陪葬品。

印尼Indonesia

🏛 6　🌳 4　🏛 0　Total 10

印尼這個幅員遼闊的萬島之國，入選的世界遺產充分反映其多元面貌，從古老的原人化石遺址，到佛教、印度教的偉大建築，再到熱帶原始雨林以及研究生物演化極有助益的大蜥蜴，還有峇里島的水稻灌溉系統，全都在名單之列。

沙哇倫多的
翁比林煤礦遺產
Ombilin Coal Mining
Heritage of Sawahlunto

蘇門答臘熱帶雨林
Tropical Rainforest
Heritage of Sumatra

洛倫茨國家公園
Lorentz National Park

婆羅浮屠寺廟建築群
Borobudur Temple Compounds

科摩多國家公園
Komodo National Park

庫隆角國家公園
Ujung Kulon National Park

峇里島的文化景觀：體現「三界和諧」
哲學的蘇巴克水稻灌溉系統
Cultural Landscape of Bali Province:
the Subak System as a Manifestation
of the Tri Hita Karana Philosophy

日惹的宇宙中軸線
及歷史地標
The Cosmological Axis of
Yogyakarta and its
Historic Landmarks

桑吉蘭原人遺址
Sangiran Early Man Site

普蘭巴南寺廟群
Prambanan Temple Compounds

太平洋

菲律賓

馬來西亞

印度洋

澳洲

普蘭巴南寺廟群
Prambanan Temple Compounds

 1991

 文化遺產

 印度教遺產

　　爪哇中部的普蘭巴南寺廟群，是印尼境內最大、最古老的印度教寺廟，建造歷史可追溯至8至9世紀，包括二百四十多座廟宇，在聯合國教科文組織的協助下，在1970年已有多處修復。

　　普蘭巴南三座主廟分別供奉印度教的濕婆(毀滅之神)、毗濕奴(秩序之神)及梵天(創造之神)三位主神，主廟前建有小坎蒂供奉主神的坐騎，包括濕婆的神牛(Nandi)、毗濕奴的金翅鳥(Garuda)和梵天的孔雀。普蘭巴南於2006年在爪哇地震中受損，所幸建築整體大致完好。

©Ministry of Culture & Tourism, Republic of Indonesia

婆羅浮屠寺廟建築群
Borobudur Temple Compounds

 1991

 文化遺產

 佛教遺產

　　婆羅浮屠為世界最大的佛教遺跡，約建於8世紀後半到9世紀之間，由統治爪哇的莎蘭達(Sailendra)王朝的三位國王，先後分做三個階段(由下而上)，花了50到75年時間完成整個建築。

　　婆羅浮屠長寬各123公尺，高32.5公尺，上下九層呈金字塔形，本身即是佛教密宗曼荼羅圖象的立體化。在1814年被發現之前，它孑然隱沒於叢林及火山灰中近千年之久，至今仍保有一股神祕氣質。

　　在最底層石壁上的浮雕內所刻畫的就是人們日常生活寫照，譬如飲酒作樂的場景、展現母子親情的畫面，也有些貪婪的醜陋面孔。原本還包括諸如戰爭殺戮、仇怨妒嫉等，闡述無常人生之喜悲愛恨等情節約一百多幅，而今只剩下不到10幅。

　　同樣以人為主題，在基層之上第一層迴廊中的壁雕，則以古代印度悉達多太子，也就是釋迦牟尼佛一生的故事，來昭顯人的另類潛能。此層迴廊中計有120幅壁雕，濃縮了經文中的精采片段加以影像化。

　　參訪者必須從設計在東方的入口步上迴廊，由左側開始，以順時鐘方向行進。自第一層的佛傳浮雕開始，一直繞到第四層迴廊時，匯入眼簾的便已完全脫離凡人的國度，呈現的是華嚴經《普賢行願品》中提及的「大莊嚴重閣」裡數以千計的眾菩薩。按佛教的靈魂淨化論，這些菩薩全是從凡夫一路走來的，而這便是婆羅浮屠曼荼羅式建築所欲揭示的，由人間走向佛陀境界，人類臻於真理的途徑。

符號說明  登錄時間 遺產內容　遺產類型 文化遺產 自然遺產 綜合遺產 瀕危文化遺產 瀕危自然遺產 瀕危綜合遺產

科摩多國家公園
Komodo National Park

1991

自然遺產

野生動物/
科摩多龍

　　科摩多國家公園位於峇里島東邊海面，全境約七萬五千公頃，由多座火山島組成，沿岸是白沙灘、珊瑚礁、碧藍海洋，內陸則是遍布多刺灌木叢、乾燥草原的崎嶇山坡，在完全對比的自然景觀裡，棲息著五千七百多隻大蜥蜴。

　　這些蜥蜴因外表和好鬥的行為模式，而被稱為「科摩多龍」。全球獨一無二只在印尼離島生長的科摩多龍，是科學家的最愛，尤其是在研究生物演化理論方面。

蘇門答臘熱帶雨林
Tropical Rainforest Heritage of Sumatra

2004

瀕危
自然遺產

熱帶雨林
生態

　　蘇門答臘熱帶雨林占地250萬公頃，包括古農列尤擇(Gunung Leuser)、克瑞辛西巴特(Kerinci Seblat)，以及布吉巴瑞杉西拉坦(Bukit Barisan Selatan)等三座國家公園，境內擁有最需要長期保護的多元且獨特的蘇門答臘生態環境，包括多種瀕臨絕種的動植物。這個保護區同時提供蘇門答臘島的生物地理演化歷程的證據。2011年被納入瀕危名單。保護區內計有上萬種植物，包括17個原生種，另有200多種哺乳動物，以及580種鳥，其中465種是留鳥，21種是原生鳥。在哺乳動物中，22種是亞洲特有品種，15種是印尼原生種，包括蘇門答臘猩猩。

洛倫茨國家公園
Lorentz National Park

1999

自然遺產

熱帶海洋
生態
×
低地濕地
×
生物化石

　　位於新幾內亞西邊的洛倫茨國家公園，占地達235萬公頃，是東南亞最大的保護區，境內最高可以到積雪的山頂，最低則深入熱帶海洋，還包括廣袤的低地濕地，以地理橫切面來看，擁有相當完整且多元的生態環境，這也是全球唯一僅見的保護區。此外，介於兩處滑動的大陸板塊，在洛倫茨國家公園可以觀察到複雜的地層運作，如持續的造山運動，以及冰河蝕刻作用。這裡還曾經挖掘到化石，提供新幾內亞地區生物演化的相關證據，包括數量頗多的特有物種，以及生物的高度多元化。

庫隆角國家公園
Ujung Kulon National Park

1991

自然遺產

火山地形
×
雨林
×
野生動物

　　巽他陸棚上的爪哇島最西隅，就是庫隆角國家公園，範圍包括庫隆角半島和一些離島，以及克拉卡托亞(Krakatoa)自然保護區，後者的克拉卡托火山曾在1883年爆發，當時大約造成三萬多人喪生，因此對於內陸火山的研究，國家公園具有相當重要性。除了自然美景和獨特的地理環境，庫隆角國家公園同時擁有爪哇平原裡最大的低地雨林，在這裡可以發現多種瀕臨絕種的動植物，其中，包括處境最危險的爪哇犀牛。

日惹的宇宙中軸線及歷史地標
The Cosmological Axis of Yogyakarta and its Historic Landmarks

2023

文化遺產

人文遺址

　　日惹的中心軸線由哈孟庫布沃諾一世蘇丹於18世紀劃定，自此一直作為政府和爪哇文化傳統的中心之一。這條南北走向、全長6公里的軸線，以克拉頓(Kraton,皇宮)為中心，連接默拉皮火山(Mount Merapi)和印度洋，沿線分布著許多重要文化古蹟，軸線體現了爪哇文化中與宇宙有關的核心信仰，包括對生命週期的解釋。

2012

文化遺產

農業景觀/水稻

峇里島的文化景觀：體現「三界和諧」哲學的蘇巴克水稻灌溉系統
Cultural Landscape of Bali Province: the Subak System as a Manifestation of the Tri Hita Karana Philosophy

峇里島得天獨厚擁有無數河流和小溪，常年灌溉這塊土地，讓糧食不虞匱乏；據文獻記錄，峇里島早在9世紀，就挖掘出複雜的水源渠道，讓稻田適時獲得充分灌溉；而這種繁複的灌溉系統，當地稱之為「蘇巴克」(Subak)。

蘇巴克非由國王主導，而是由農民們透過自發性的開會討論協調而成，由於稻米被視為神的恩典，稻田的收成時間，也與當地水廟舉辦大型祭典的周期不謀而合；於是農民們便依此共同決定河渠的開挖，以及灌溉的時程，再交由寺廟管理水壩水閘的開放和關閉時間，以公平、合理的方式，讓所有農民都可以獲得水資源；待寺廟舉辦祭典之際，百姓也同時歡慶豐收，感謝神的恩賜。

蘇巴克這個存在於峇里島上獨特的稻作農業文化，是島民千年來對「三界和諧」(Tri Hita Karana)哲學的一種體現，事實上，島上無論是有形或無形的事物，幾乎都源於這種想法，只要讓人與神、人與人、人與自然間，維持一種和諧均衡的關係，必會獲得幸福與快樂。

峇里島以5處水稻梯田與水廟入選為世界遺產，包括水神廟(Pura Ulun Danu Batur)、巴杜湖(Lake Batur)、帕克努薩分水嶺(Pakerisan Watershed)、克特安格巴特克努區域(Catur Angga Batukaru)、塔曼阿尤寺(Pura Taman Ayun)。這些稻田即由水廟靠著蘇巴克，完美運作農業灌溉，讓這個崎嶇的火山島，面對不斷增加的人口，仍能不使用化肥或農藥，僅以傳統的方式，就能支撐糧食的需求量，也讓峇里成為印尼諸群島中，生產稻作最多的地方。

1996

文化遺產

舊石器時代遺址/人類化石

桑吉蘭原人遺址
Sangiran Early Man Site

1936年至1941年在爪哇島中部進行的考古挖掘工作，占地約48平方公里的桑吉蘭一地，挖出了第一具原人化石，隨後，巨猿人、又稱為直立人的爪哇猿人等50具化石陸續出土，幾乎占去全球發現的原人化石的一半。

這也證明，桑吉蘭早在150萬年前就有人類居住，是科學家想要瞭解人類演化的重要關鍵地。

2019

文化遺產

煤礦遺址

沙哇倫多的翁比林煤礦遺產
Ombilin Coal Mining Heritage of Sawahlunto

這項遺址是由荷蘭殖民政府於19世紀末至20世紀初所建，用於開採、加工和運輸蘇門答臘一處偏遠地區的煤炭。當初建造該地動用了當地招募的勞工和來自荷蘭屬地的勞改犯，遺址包含採礦地、礦區集鎮、位於Emmahaven港的煤炭倉儲設施，以及連接礦區和海港的鐵路網，翁比林煤礦產地是一個能進行高效率的深度採礦、加工、運輸和出口煤炭的區域。

符號說明　登錄時間　遺產內容　遺產類型　文化遺產　自然遺產　綜合遺產　瀕危文化遺產　瀕危自然遺產　瀕危綜合遺產

伊朗Iran (Islamic Republic of)

 26　 2　 0　Total 28

伊朗這個古代波斯的根據地，留下的文化遺產橫跨數千年，從西元前6世紀的波斯帝國，到後來崛起的伊斯蘭文明，都在這塊高原上大放異彩，光是入選的文化遺產就高達26處，涵蓋了陵墓、清真寺、市集、宮殿、神殿、修道院、民居、灌溉系統、園林。

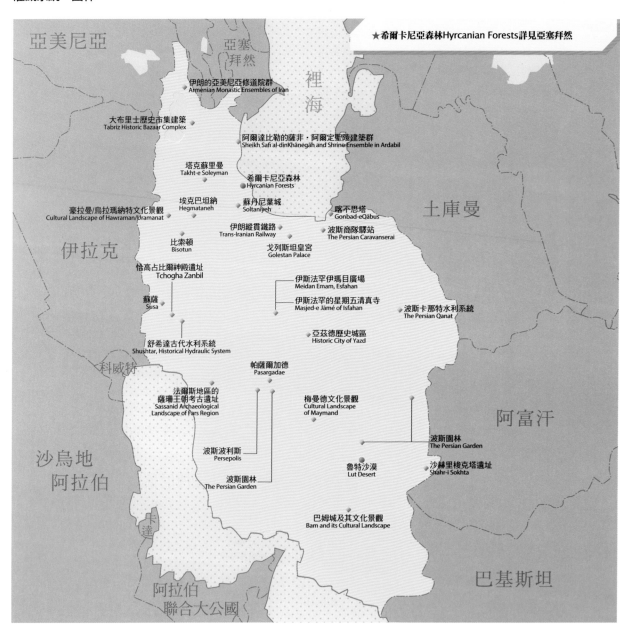

★希爾卡尼亞森林Hyrcanian Forests詳見亞塞拜然

亞美尼亞

亞塞拜然

裡海

土庫曼

伊拉克

伊朗的亞美尼亞修道院群
Armenian Monastic Ensembles of Iran

大布里士歷史市集建築
Tabriz Historic Bazaar Complex

阿爾達比勒的薩非‧阿爾定聖陵建築群
Sheikh Safi al-dinKhānegāh and Shrine-Ensemble in Ardabil

塔克蘇里曼
Takht-e Soleyman

埃克巴坦納
Hegmataneh

希爾卡尼亞森林
Hyrcanian Forests

蘇丹尼葉城
Soltaniyeh

喀不思塔
Gonbad-eQābus

豪拉曼/烏拉瑪納特文化景觀
Cultural Landscape of Hawraman/Uramanat

伊朗縱貫鐵路
Trans-Iranian Railway

波斯商隊驛站
The Persian Caravanserai

比索頓
Bisotun

戈列斯坦皇宮
Golestan Palace

恰高占比爾神殿遺址
Tchogha Zanbil

伊斯法罕伊瑪目廣場
Meidan Emam, Esfahan

伊斯法罕的星期五清真寺
Masjed-e Jāmé of Isfahan

波斯卡那特利水系統
The Persian Qanat

蘇薩
Susa

亞茲德歷史城區
Historic City of Yazd

舒希達古代水利系統
Shushtar, Historical Hydraulic System

帕薩爾加德
Pasargadae

法爾斯地區的薩珊王朝考古遺址
Sassanid Archaeological Landscape of Fars Region

梅曼德文化景觀
Cultural Landscape of Maymand

阿富汗

波斯波利斯
Persepolis

波斯園林
The Persian Garden

魯特沙漠
Lut Desert

波斯園林
The Persian Garden

沙赫里梭克塔遺址
Shahr-i Sokhta

科威特

沙烏地阿拉伯

卡達

巴姆城及其文化景觀
Bam and its Cultural Landscape

阿拉伯聯合大公國

巴基斯坦

2018

文化遺產

波斯帝國王朝

法爾斯地區的薩珊王朝考古遺址
Sassanid Archaeological Landscape of Fars Region

　　這處文化遺產共包括八個考古遺址，分佈於法爾斯省(Fars Province)東南部Firuzabad，Bishapur和Sarvestan三個區域內。這些強化結構的建築、宮殿和城市規劃，可以追溯到薩珊王朝的最早期和最晚時期，從224年到658年間，薩珊王朝的勢力擴展整個地區，其中包括由王朝創建者Ardashir Papakan建造的首都，以及繼任者Shapur I的城市建築。考古遺址顯現自然地形的優化利用，並透露了阿契美尼德(Achaemenid)、帕提亞(Parthian)和羅馬藝術的文化影響。

伊斯法罕伊瑪目廣場
Meidan Emam, Esfahan

1979
文化遺產
伊斯蘭教遺產/清真寺×宮殿

　　17世紀初，阿拔斯一世(Shah Abbas I the Great)創建了這座「伊朗最美的廣場」，位於今日伊斯法罕市中心的它最初稱為皇家廣場，四周圍繞著無數落成於薩非王朝(Safavid era)時期的古蹟，包括完美呈現波斯伊斯蘭建築結構的皇家清真寺(Shah Mosque)、位於東側的希克斯洛特夫拉清真寺(Sheykh Lotfollah)、裝飾大量自然主題壁畫的蓋塞爾伊耶希門廊(Portico of Qaysariyyeh)，以及提姆瑞德宮(Timurid)等。

波斯波利斯 Persepolis

1979
文化遺產
古城遺址/古波斯

　　波斯波利斯曾經是波斯帝國的權力中心，雄立著當時西亞最大的宮殿，波斯波利斯於西元前518年時因為大流士一世(Darius I)的雄心，一躍成為阿契美尼德帝國(Achaemenid Empire)的首都。這座占地135,000平方公尺的城市，位於一塊高13公尺、半天然半人工的平台上，歷經七十多年、多位君王的建造，使得靈感雖來自美索不達米亞建築的複合式宮殿群，卻展現了多種風格。

恰高占比爾神殿遺址
Tchogha Zanbil

1979
文化遺產
神殿遺址

　　恰高占比爾神殿遺址是一片位於伊朗胡齊斯坦(Khuzestan)行政區的古伊勒姆建築群，也是現今少數存在於美索不達米亞地區以外的古廟塔(Ziggurats)之一。該遺址原是西元前1250年的伊勒姆王國(Kingdom of Elam)聖城，用來榮耀偉大的蘇美神(Sumerian God)因蘇斯納克(Inshushinak)，四周環繞著三座巨大的高牆，內部以一座興建於方形神殿上方且節節高升的古廟塔為中心。

塔克蘇里曼 Takht-e Soleyman

2003
文化遺產
古城遺址/古波斯

　　地理位置上幾乎與今日伊朗西北部的塔卡巴鎮(Takab)重疊，塔克蘇里曼這處坐落於火山地帶山谷中，修築防禦措施的皇室建築群，是傳說中「所羅門王的寶座」。擁有多座聖殿和神殿，其中包括歷史回溯薩珊王朝(Sassanid Empire，西元224年~651年)，西元6~7世紀薩非時期興建、供奉阿娜西提女神的神殿遺址，並於13世紀蒙古帝國時期部分重建的祆教聖殿等，見證了古代信仰的存在以及相關宗教儀式。

巴姆城及其文化景觀
Bam and its Cultural Landscape

2004
文化遺產
古城×防禦城市

　　巴姆城位於伊朗東南部克爾曼省(Kerman Province)巴姆區，最初歷史回溯到阿契美尼德時期，位居絲綢之路上的交通要衝，使得這座運用當時特有建築技術建成的防禦城市，融合多種風格且獨具特色。巴姆城外圍繞長達三公里的城牆，城內以歷史超過兩千年的城堡為中心，除民房外還有一座千年清真寺和祆教聖殿。

©UNESCO/F. Bandarin

帕薩爾加德 Pasargadae

2004
文化遺產
古城遺址/古波斯

　　這處距離波斯波利斯43公里、位於帕斯(Pars)的古蹟，是阿契美尼德王朝的首座都城，同時也是波斯帝國的發源地。西元前六世紀中葉，居魯士二世(Cyrus II the Great)創立了帕薩爾加德，它是範圍涵蓋了東地中海、埃及，到印度河流域大帝國的西亞多元文化之都，古蹟群廣達1.6平方公里，包括居魯士二世的陵墓及皇宮。

蘇丹尼葉城 Soltaniyeh

2005
文化遺產
伊斯蘭教遺產/古城

　　位於德黑蘭西北方約240公里、桑姜行政區(Zanjan Province)的蘇丹尼葉城，名稱原意為「蘇丹之城」，14世紀時成為蒙古王朝的首都。在它眾多的古蹟中，以奧力葉圖陵墓(Mausoleum of Oljaytu)最為出色，八角形的建築興建於1302年~1312年間，上方50公尺高的雙重圓頂是當今伊朗最古老的同類型建築。

比索頓 Bisotun

2006
文化遺產
古波斯考古遺址

　　比索頓在昔日連接伊朗高原和美索不達米亞的貿易道路上，保存了年代橫跨米底亞(Median)、阿契美尼德、薩珊以及蒙古王朝等時期的重要考古遺跡，其中最引人注目的是一幅出自大流士一世之命的淺浮雕，落成於他登基的西元前521年。該浮雕距離地面50公尺高的巨岩上，描繪大流士接見懇求者的場景。

符號說明　登錄時間　遺產內容　遺產類型　文化遺產　自然遺產　綜合遺產　瀕危文化遺產　瀕危自然遺產　瀕危綜合遺產

伊朗的亞美尼亞修道院群
Armenian Monastic Ensembles of Iran

2008
文化遺產
修道院

亞美尼亞修道院群坐落於伊朗東北部亞美尼亞文化主要發展區的邊界，形成當地以及亞塞拜然等地主要的宗教傳播中心，由聖達太修道院(St Thaddeus)、聖斯泰帕諾斯修道院(St Stepanos)以及佐佐爾禮拜堂(Dzordzor)組成，它們是亞美尼亞基督教與其他宗教文化交流的最佳證明。

舒希達古代水利系統
Shushtar, Historical Hydraulic System

2009
文化遺產
水利工程/古波斯

該項傑出工程藉由一道高聳的崖壁讓水流傾洩至盆地後、下流至平原，再以一系列地道與水車引渠，不但提供農作物的灌溉更供應整個城市的用水，貫穿城內的渠道同時形成一道護城河。該遺址展現了當時人們的智慧，也對後來的羅馬建築產生影響。

阿爾達比勒的薩非·阿爾定聖陵建築群
Sheikh Safi al-Din Khānegāh and Shrine Ensemble in Ardabil

2010
文化遺產
伊斯蘭教遺產/陵墓建築群

薩非·阿爾定聖陵原是他的兒子薩拉丁(Sadraddin)為他興建的陵墓，但隨著薩非王朝的發展，於16~18世紀擴充，形成今日融合博物館、清真寺、學校、醫院、廚房等多功能的中世紀伊斯蘭建築群。

波斯園林 The Persian Garden

2011
文化遺產
園林/古波斯

本文化遺產涵蓋了位於伊朗多個省份境內、各在不同時期建造完成的9座園林建築。它們反映了自西元前6世紀居魯士大帝時期以來，波斯人為了適應氣候狀況所發展出來的多樣化園林設計風格。波斯園林是人間天堂的具體展現，英文的paradise(天堂)一詞就源自波斯文的pardis，意指美麗的波斯園林。

大布里士歷史市集建築
Tabriz Historical Bazaar Complex

2010
文化遺產
絲路遺產

位於伊朗第4大城大布里士市中心的歷史市集，是一座由金飾珠寶、地毯、鞋子等大小主題市集串連而成的建築迷宮，也是中東地區最古老的市集之一。回溯其歷史，早在13世紀時，位於絲路上的重要商業中心大布里士及其市集早就聲名遠播。

喀不思塔 Gonbad-e Qābus

2012
文化遺產
陵墓墳塚

1006年，齊雅爾王朝(Ziyarid Dynasty)的統治者喀不思 (Qābus Ibn Voshmgir)在該王朝首都，也就是現今伊朗東北部格列斯坦省約爾揚(Jorjan)古城廢墟附近，動工興建高53公尺、直徑17公尺、包含1.618黃金比例的正十邊形錐頂磚塔作為陵墓。這座純磚高塔，成為該城唯一留存至今供人緬懷的遺跡。

伊斯法罕的星期五清真寺
Masjed-e Jāmé of Isfahan

2012
文化遺產
伊斯蘭教遺產/清真寺

位於伊斯法罕的星期五清真寺，是伊朗現今最古老的星期五清真寺，它從西元841年開始興建，經過歷代王朝長達12個世紀的重建、增建及整修，生動刻劃了伊斯蘭建築與裝飾風格的演變，並且成為後來中亞各地清真寺的設計藍本。

戈列斯坦皇宮 Golestan Palace

2013
文化遺產
宮殿

奢華的戈列斯坦皇宮是伊朗卡扎爾王朝(Qajar era)時代的建築傑作，成功融合了古代波斯和西方的建築與雕刻藝術。戈列斯坦為「玫瑰花園」之意，這座被高牆圍起來的宮殿，是伊朗首都德黑蘭最古老的建築之一，1779年卡扎爾家族取得政權後，把伊朗的首都遷到德黑蘭，並修築了這座宮殿。宮殿中有花園、有水池、有蔭樹，建築上則有滿滿的裝飾藝術。

沙赫里梭克塔遺址 Shahr-i Sokhta

2014
文化遺產
銅器時代考古遺址

沙赫里梭克塔的意思就是「燃燒之城」，在銅器時代，正好位於伊朗高原貿易路線的交會點，從遺址殘存的泥磚顯示，這裡是伊朗東部地區第一個有複雜社會組織的城市，從西元前3200年到西元前1800為止，歷經四個主要時期，並在城裡發展出幾個不同的區塊。包括修築紀念性建築物、住宅區、墓葬區，以及生產製造區。

梅曼德文化景觀 Cultural Landscape of Maymand

2015
文化遺產
人文聚落景觀

梅曼德位在伊朗中央山區南端的谷地裡，是一個自給自足、處於半乾旱地帶的村落，村民都是半游牧的農牧民。其聚落歷史非常悠久，根據居民所居住的洞穴顯示，其開鑿年代最早可以追溯到12000年前，據統計，目前約有六百餘位村民。

蘇薩遺址 Susa

2015
文化遺產
考古遺址

蘇薩遺址位於伊朗西南部的下薩格羅斯山區(Zagros Mountains)，被納入世界遺產的，主要包括夏佛河(Shavur River)東岸的一系列考古土墩，以及河對岸的阿德希爾宮(Ardeshir's Palace)。而考古出土的建築遺跡大致可歸類為行政機構、住宅和宮殿。

魯特沙漠 Lut Desert

2016
自然遺產
沙漠 × 雅丹地貌

魯特沙漠位於伊朗的東南部，名列全球第25大荒漠，每年6月到10月之間，這處亞熱帶乾旱地帶就會吹起強勁的風勢，不但帶起沉積物，還造成大規模的風沙侵蝕，也因此，此處形成如同中國新疆有名的風蝕雅丹地貌(Aeolian Yardang Landforms)，並有巨大的波紋脊。此外，這裡還有石礫沙漠和沙丘，是一處可以明顯觀察某種地質形成過程的絕佳範例。

波斯卡那特水利系統 The Persian Qanat

2016
文化遺產
水利工程

在伊朗的乾旱地區，許多農耕地和永久聚落都靠著古老的卡那特水利系統來維持生計，這是一種從山谷頂端的沖積岩含水層取水，然後透過重力原理及地底隧道傳送用水，通常會綿延好幾公里。

亞茲德歷史城區 Historic City of Yazd

2017
文化遺產
古城遺址

亞茲德歷史城區位於伊朗高原的中心，距離伊斯法罕東南方約270公里，曾為絲路上的重要驛站，歷經千年保存良好，古城的居民世代都在沙漠環境中居住，運用獨特的坎兒井(Qanat)系統導引地下水到城中，展現了人類利用有限的資源，在沙漠中生存的明例。

豪拉曼/烏拉瑪納特文化景觀 Cultural Landscape of Hawraman/Uramanat

2021
文化遺產
豪拉曼人文化遺跡

豪拉曼是個庫德族的農牧部落，從西元前3000年前就在此定居，這個遺跡位在伊朗西部邊界的札格羅斯山脈，包括12處村莊，半遊牧的豪拉曼人隨季節變化在低地和高地間遷徙，石造工具、岩居、永久和臨時定居點遺跡、作坊、墓地、古道、村莊、堡壘等，顯現了當地主要的文化和生活特徵。

伊朗縱貫鐵路 Trans-Iranian Railway

2021
文化遺產
鐵路工程

伊朗縱貫鐵路全長1394公里，始建於1927年，於1938年竣工，由伊朗政府與來自多國的43家承包商共同設計和建造，這條鐵路銜接東北部的裡海和西南部的波斯灣，穿越兩座山脈及眾多河流、高原、森林和平原，跨越四個氣候區，以其規模和克服陡峭路線的艱難工程而聞名，沿途建造174座大型橋樑及224條隧道。

波斯商隊驛站 The Persian Caravanserai

2023
文化遺產
驛站歷史及價值

商隊驛站是為商隊、朝聖者和旅人提供住所、食物和水之處，其分布地點依據水源、地理條件、安全考量等因素。這處遺產囊括56處驛站，雖只是古道上眾多商隊驛站的一部分，但它們分布範圍廣達數千公里，建造時間跨越多個世紀，展現多元的建築風格、對氣候條件的適應力，呈現了伊朗商隊驛的演變和關係。

埃克巴坦納 Hegmataneh

2024
文化遺產
考古遺址

埃克巴坦納考古遺址位於伊朗西北部，這座古城將近三千年一直有人居住，為西元前7~6世紀的米底(Medes)文明提供了重要而珍稀的證據。此後，埃克巴坦納還成為阿契美尼德帝國(Achaemenid)、塞琉古帝國(Seleucid)、安息帝國(Parthia)、薩珊王朝(Sasanids)的夏都。

符號說明 登錄時間 遺產內容 遺產類型 文化遺產 自然遺產 綜合遺產 瀕危文化遺產 瀕危自然遺產 瀕危綜合遺產

# 伊拉克Iraq

位於肥沃月灣核心地帶的伊拉克,是美索不達米亞文明的發源地,從蘇美、亞述、巴比倫,到伊斯蘭文明,五座文化遺產都是跨越數千年的古文明遺址,可惜近代命運多舛的伊拉克,也讓這些古代遺產岌岌可危。

哈特拉 Hatra

1985

瀕危
文化遺產

古城遺址

©UNESCO/Veronique Dauge

坐落於巴格達東北方290公里的哈特拉,是西元前3世紀時希律希底帝國(Seleucid Empire)創立的亞述城市,到了帕底亞王國(Parthian Empire)王國時期,因為位居絲路上的重要位置,一躍成為重要的宗教和貿易中心。

這座要塞城市因為擁有兩道厚實的城牆,得以成功抵禦2世紀時羅馬人的多次入侵,在它分別高達8公尺、6公尺的外、內牆中,有著20~30公尺寬的壕溝,城內遺址融合希臘、羅馬且洋溢東方風情,面積廣大且擁有拱頂與廊柱的太陽神Shamash神廟,是帕底亞式建築最佳寫照。

亞述 Ashur (Qal'at Sherqat)

2003
瀕危
文化遺產
古城遺址

興起於美索不達米亞的亞述王國於西元前14~9世紀時,選擇了這座位於底格里斯河西岸的城市當作首都,並以該帝國最偉大的神祇兼守護神亞述神替它命名。這座亞述帝國的宗教中心以及皇室陵墓所在地,發跡於西元前3000年以前,歷經多番興衰的亞述古城擁有展現從蘇美人到帕底亞王國一路以來的建設。

薩邁拉考古城
Samarra Archaeological City

2007

瀕危
文化遺產

古城遺址

在底格里斯河的東岸、距離巴格達125公里的地方,保留現今唯一一座依舊維持原本城市規劃、建築與藝術的伊斯蘭首都薩邁拉考。

古城歷史上溯到836年~892年間,見證了當時最強大、領土橫跨突尼斯到中亞的伊斯蘭帝國阿巴斯王朝(Abbasid Caliphate)的興盛,城內的建築、街道規劃、以及馬賽克拼貼等建築裝飾,展現了該王朝建築卓越的時期,其創新的建築藝術日後更傳到了伊斯蘭以外的區域。

艾爾比爾堡壘 Erbil Citadel

2014

文化遺產

防禦工事

艾爾比爾堡壘是一座位於卵形土墩上的防禦型聚落,因為歷代居民在同一個區域內不斷往上重建他們的家園,形成今天所看到的卵形形狀,而19世紀所蓋的連續高牆,傳達了一個堅不可摧的堡壘視覺印象,也主宰了整座艾爾比爾城。

整座堡壘實際上呈現一個特殊的扇形,大約形成於鄂圖曼土耳其晚期。

伊拉克南方沼澤地:
生物多樣性的庇護所及
美索不達米亞古城遺跡景觀
The Ahwar of Southern Iraq:
Refuge of Biodiversity and the Relict
Landscape of the Mesopotamian Cities

2016

綜合遺產

生物
多樣性
×
古城遺址

這座遺產就位於底格里斯河和幼發拉底河兩河合流處的三角洲上,共有7個地方納入世界遺產範圍,包括3處考古遺址和4處沼澤地。3處考古遺址分別為Uruk、Ur和Eridu,都是西元前3000至4000年蘇美人時代的城市和聚落。

此處也是伊拉克最著名的沼澤濕地,氣候炎熱而乾燥,也是世界上最大的內陸三角洲之一。因此結合了文化與自然,為一座綜合遺產。

巴比倫 Babylon

2019

文化遺產

古國遺址

這項遺址位於巴格達以南85公里處,由新巴比倫王國(西元前626~539年)首都遺跡及古城周圍的村莊和農地組成,包括了塔樓、城門、宮殿和廟宇,見證了世界上最具影響力的古國輝煌。巴比倫城歷經漢謨拉比、納布喬多諾索爾等君主的統治,為新巴比倫王國時代創造力的巔峰,迪了藝術、民俗和宗教文化的發展。

以色列Israel

9 0 0 Total 9

以色列這塊高度政治性的土地，除了耶路撒冷是由約旦提出之外，共有9處文化遺產入選，從遠古的人類演化，到史前聚落，再到聖經故事中出現的聚落遺址，還有20世紀以色列建國之後才出現的現代化運動，歷史縱深長達數萬年。

2001

文化遺產

古城遺址

馬薩達 Masada

遺世聳立於約旦沙漠西側盡頭的一座岩石峭壁上，俯視著死海的絕美景觀，馬薩達這座起伏不平的天然要塞，由東朝西逐漸從450公尺的高度減緩為100公尺，使得它擁有難以攻克的特性。

名稱源自於希臘文的「堡壘」，這座猶太人眼中的聖城起源已不可考，只知道西元前40年時希律王(Herod the Great)曾經為了躲避帕底亞國王而在此避難並進行大規模的建設。西元66年時，馬薩達爆發第一次猶太人和羅馬人的戰爭，圍城的羅馬人在這座高城的四周築城、興建營地、防禦建築與攻擊斜坡，這些完整的羅馬圍城工事至今依舊可見。

2001

文化遺產

古城
×
鄂圖曼
土耳其

阿克古城 Old City of Acre

　　早期掌握前往地中海東部沿岸地區的關鍵地位，使得坐落在以色列的北部、海法灣(Haifa Bay)北方一處低矮海角上的阿克古城，從腓尼基時代開始就已陸續出現無數聚落。

　　中世紀時期阿克古城成為耶路撒冷十字軍王朝的首都，這些年代可回溯到12~13世紀的十字軍時期城鎮遺址，幾乎完整的保留了下來；後來18~19世紀時鄂圖曼土耳其帝國統治該城、並將它建設成典型伊斯蘭教都城，構成了今日城市非常特殊的層次景觀，堡壘、清真寺、商旅客棧以及浴池等典型伊斯蘭建築要素，錯落於中世紀的結構間。

2003

文化遺產

現代建築

特拉維夫白城－現代化運動
White City of Tel-Aviv - the Modern Movement

　　因蘇伊士運河開通，使得位於特拉維夫南邊的雅法(Yafa)房價高漲，一群猶太人因而移居並於1909年創立了特拉維夫。1930年代，留歐的以色列學生帶回了當時最流行的現代主義，於是大量興建布局不對稱、簡潔且著重功能性的建築，出現在這座年輕且蓬勃發展的城市中，使它成為世界上聚集最多國際風格建築的區域之一。

　　這些建築普遍不高、占地面積小且塗上灰泥，因此被稱為「白城」，長方形的城區東南西北各以拜擎路(Begin Road)和古羅街(Gvirol steet)、愛倫比街(Allenby)、地中海邊、雅孔河(Yarkon River)為界，共有多達四千幢左右的房子。

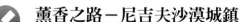

2005

文化遺產

沙漠綠洲
×
貿易路線

薰香之路－尼吉夫沙漠城鎮
Incense Route - Desert Cities in the Negev

　　昔日駱駝商旅穿梭於阿拉伯半島和西奈半島間，為南非、阿拉伯和地中海地區居民送達焚香和香料，而這條長度超過兩千公里的薰香之路，其中大約有一百公里左右貫穿以色列的尼吉夫地區。在此段橫越以色列沙漠地帶的區域裡，阿弗達特(Avdat)、哈魯札(Haluza)、曼希特(Mamshit)以及希夫塔(Shivta)四座納巴頓人(Nabatean)創立的城市，直接連接薰香之路和香料之路上的地中海口岸，從它們的堡壘、灌溉系統、城市建設以及農耕景觀遺跡中，不難發現西元前3世紀到2世紀時，它們如何靠著乳香和沒藥貿易的豐厚利潤獲得蓬勃的發展。

2008

文化遺產

宗教聖地／
巴哈伊教

海法和西加利利的巴哈伊聖地
Bahá'í Holy Places in Haifa and the Western Galilee

19世紀中，流亡波斯的巴胡勒(Bahá'u'lláh)創立了又名「大同教」的巴哈伊教，目前估計在全世界兩百多個國家擁有多達六百萬名信徒，該教希望藉由世人的努力達到各大宗教的統一。因為洋溢著巴哈伊信仰濃厚的精神寓意以及強烈的朝聖傳統，使得海法和西加利利的巴哈伊聖地獲選為世界遺產名單，其中特別是兩座與創辦人相關的宗教建築：阿克的巴胡勒聖殿(Shrine of Bahá'u'lláh)以及海法的巴勃聖殿(Shrine of the Báb)建築群最為重要，它們的附屬建築分別位於海法和西加利利境內的七個地方。

©The Israel Ministry of Tourism

2014

陵墓墳塚

文化遺產

貝特謝林姆的墓地：猶太復興的標誌
Necropolis of Bet She'arim: A Landmark of Jewish Renewal

這處墓地主要包括了一系列的地下墓穴，其年代可上溯至2世紀，可以說是自從猶太人第二次反抗羅馬人統治失敗之後，耶路撒冷之外最主要的猶太人墓葬地。這處墓地位於海法的東南邊，墓穴裡有希臘文、阿拉姆語(Aramaic)、希臘文和帕米拉語(Palmyrene)的銘文。同時也見證了猶太族長拉比猶大(Rabbi Judah)於西元134年所領導的猶太復興。

符號說明 登錄時間 遺產內容　遺產類型 文化遺產 自然遺產 綜合遺產 瀕危文化遺產 瀕危自然遺產　瀕危綜合遺產

2012

文化遺產

舊石器
時代遺址

迦密山的人類進化遺址
Sites of Human Evolution at Mount Carmel:
The Nahal Me'arot / Wadi el-Mughara Caves

　　迦密山人類進化遺址位於迦密山脈的西側，範圍涵蓋塔本(Tabun)、賈瑪爾(Jamal)、埃爾瓦德(el-Wad)以及斯庫爾(Skhul)這四個相鄰的洞穴區及其台地，總面積為54公頃。

　　本遺址歷經了距今50萬年前的阿舍利文化(Acheulian culture)以及後來的莫斯特文化(Mousterian culture)和納吐夫文化(Natufian culture)，並且擁有地中海地區至今保存最完整的化石礁，它不僅為人類演進史上的關鍵時期提供了珍貴的見證，也為人類墓葬、早期石頭建築以及從漁獵採集生活轉向農耕畜牧生活，留下了真實的記錄。本遺址的考古研究工作從1928年以來一直持續進行中，根據出土的化石遺跡顯示，尼安德塔人和解剖學意義上的現代人都曾經在這裡生活，因此本遺址是了解尼安德塔人的消失、智人的進化以及西南亞早期人類生活的重要地點。

2005

文化遺產

史前遺址/
鐵器時代

聖經史前聚落遺跡－
米吉多、夏瑣、別是巴
Biblical Tels - Megiddo, Hazor, Beer Sheba

　　在地中海地區特別是黎巴嫩、敘利亞、以色列以及土耳其東部比較平坦的地區，以擁有大量史前聚落遺跡為特色，其中光是在以色列的米吉多、夏瑣以及別是巴，就有超過兩百個聚落遺跡，且大多與《聖經》中提到的城市或地點有著密切的關聯。

　　這三處遺跡同時也是展現鐵器時代地中海東部沿岸地區聚落以及供應密集城市社區的地下集水系統的最佳範例，它們見證了數千年以前已然存在的中央集權，以及重要商貿道路的控制與興盛的農業活動。

2014

文化遺產

聚落景觀
×
考古遺址

猶地亞低地的馬瑞沙和拜特古弗林洞穴
Caves of Maresha and Bet-Guvrin in the Judean Lowlands as a Microcosm of the Land of the Caves

　　猶地亞指的是古代以色列地的南部山區地帶，從聖經記載、到羅馬帝國時期、直至現今的通稱，在這個區域，有兩座古代城鎮馬瑞沙和拜特古弗林，其地底是厚且均勻的鬆軟白堊土層，在這裡，共分布了約3500座地底洞穴，也是重要的考古遺址。

　　這一帶位於美索不達米亞和埃及之間貿易路線的十字路口，而這些洞穴正好見證了從西元前8世紀起，到十字軍東征年代，上下超過兩千年的文化發展，洞穴的功能非常多元，有的是貯水池、有的是浴室、有的養鴿子，有的作為宗教儀式之用，離城鎮較遠的地方則有墓穴，有些較大的洞穴甚至有拱頂及柱子支撐。

日本 Japan

 21　🔔 5　🏛 0　Total 26

日本共有21處文化遺產以及5處自然遺產，類型分布平均。文化遺產方面，有一大半為佛教及日本神道相關遺址，其餘則為古城、傳統村落、礦業遺產、原爆紀念遺址；自然遺產則涵蓋原始櫸木林、杉木林及人跡罕至的島嶼生態。

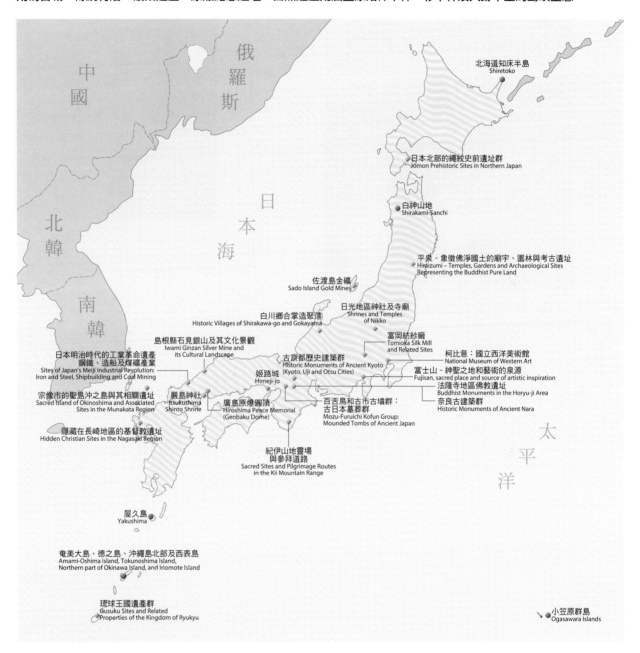

北海道知床半島
Shiretoko

日本北部的繩紋史前遺址群
Jomon Prehistoric Sites in Northern Japan

白神山地
Shirakami-Sanchi

平泉 – 象徵佛淨國土的廟宇、園林與考古遺址
Hiraizumi – Temples, Gardens and Archaeological Sites
Representing the Buddhist Pure Land

佐渡島金礦
Sado Island Gold Mines

日光地區神社及寺廟
Shrines and Temples of Nikko

白川鄉合掌造聚落
Historic Villages of Shirakawa-go and Gokayama

富岡紡紗廠
Tomioka Silk Mill and Related Sites

島根縣石見銀山及其文化景觀
Iwami Ginzan Silver Mine and its Cultural Landscape

柯比意：國立西洋美術館
National Museum of Western Art

日本明治時代的工業革命遺產
鋼鐵、造船及煤礦產業
Sites of Japan's Meiji Industrial Revolution:
Iron and Steel, Shipbuilding and Coal Mining

古京都歷史建築群
Historic Monuments of Ancient Kyoto
(Kyoto, Uji and Otsu Cities)

富士山 – 神聖之地和藝術的泉源
Fujisan, sacred place and source of artistic inspiration

姬路城
Himeji-jo

法隆寺地區佛教遺址
Buddhist Monuments in the Horyu-ji Area

宗像市的聖島沖之島與其相關遺址
Sacred Island of Okinoshima and Associated
Sites in the Munakata Region

嚴島神社
Itsukushima
Shinto Shrine

廣島原爆圓頂
Hiroshima Peace Memorial
(Genbaku Dome)

百舌鳥和古市古墳群：
古日本墓葬群
Mozu-Furuichi Kofun Group:
Mounded Tombs of Ancient Japan

奈良古建築群
Historic Monuments of Ancient Nara

隱藏在長崎地區的基督教遺址
Hidden Christian Sites in the Nagasaki Region

紀伊山地靈場
與參拜道路
Sacred Sites and Pilgrimage Routes
in the Kii Mountain Range

屋久島
Yakushima

奄美大島、德之島、沖繩島北部及西表島
Amami-Oshima Island, Tokunoshima Island,
Northern part of Okinawa Island, and Iriomote Island

琉球王國遺產群
Gusuku Sites and Related
Properties of the Kingdom of Ryukyu

小笠原群島
Ogasawara Islands

中國
俄羅斯
北韓
南韓
日本海
太平洋

2021

自然遺產

多樣性
生態

奄美大島、德之島、沖繩島北部及西表島
Amami-Oshima Island, Tokunoshima Island, Northern part of Okinawa Island, and Iriomote Island

位於日本西南部島鏈的4個島嶼上，這些島嶼無人居住，亞熱帶雨林廣達42,698公頃，生存著特有植物、哺乳動物、鳥類、爬行動物、兩棲動物、內陸水域魚類和甲殼類動物，以及極高比例的瀕危特有物種，如屬古老譜系的奄美短耳兔和琉球長毛鼠，每個島嶼還有多種尚未在其它地區發現的特有物種。

符號說明　登錄時間　遺產內容　遺產類型　文化遺產　自然遺產　綜合遺產　瀕危文化遺產　瀕危自然遺產　瀕危綜合遺產

1993

文化遺產

佛寺
×
木造建築

法隆寺地區佛教建築
Buddhist Monuments in the Horyu-ji Area

　　法隆寺是日本第一個登錄為世界遺產的國寶級文物，包括了48座佛寺建築，是日本歷史最悠久的木造建築，已有上千年歷史。除了建築上的價值，法隆寺興建的年代也正是佛教初傳入日本的關鍵時刻，法隆寺的肇建者聖德太子，積極支持佛教，對佛教日後在日本的發展有著重大影響。事實上，法隆寺的寺名，含著期望佛法興隆的含意。

　　法隆寺又分為西院與東院，東院最主要的建築為

夢殿，傳說是聖德太子的居所，西院的觀覽重點則有中門、金塔與五重塔。這幾座木建築乃仿效中國唐朝，無論在風格、技法與結構上，都充滿恢弘沉穩的大唐氣勢，這種年代的建築在中國境內都已少見，由此可知法隆寺的難能可貴。西院的金堂與五重塔，相鄰而立，古樸雄渾。金堂與五重塔後方的大講堂，開廣的七間格局，簡雅幽靜。金堂、五重塔及大講堂內部，都有佛教壁畫與眾多的佛像壁龕，法隆寺的另一層面的價值是佛教伽藍，也就是供僧侶住的寺院。

1993

自然遺產

森林/
山毛櫸

白神山地
Shirakami-Sanchi

　　有自然寶庫之稱的白神山地，是跨越日本青森縣西南方和秋田縣西北側大約13萬畝山林地帶的總稱，這片人煙稀少的森林有八千年的歷史，其中位在中央16,971公頃的山毛櫸原生林被收錄為世界自然遺產。

　　這片絲毫未受人為破壞的原始森林造就了獨特的生態環境，並且保存了500種稀有植物與動物，其中包含了日本特有的保育動物羚羊、獼猴、黑啄木鳥、金雕等，和高達兩千多種的珍貴昆蟲。而其中最受矚目的就是這片原生的山毛櫸林，闊葉的山毛櫸除了可抵擋大雨外，其根部具有良好的吸水性與保土性，讓白神山地可以維持良好的水土保持作用。

屋久島
Yakushima

1993

自然遺產

島嶼
×
森林生態

位於九州本島以南60公里的屋久島，自然景觀豐富，約有1/5的面積被登錄為世界自然遺產，最值得一看的就是島中央海拔1936公尺宮之浦岳的屋久杉原生林，成為許多熱愛自然文化的人最期待前往的地方。

島中央的宮之浦岳是九州最高峰，又有海上阿爾卑斯之稱，由於從海面上吹來的溫暖潮濕的風，使得屋久島的高山長年降雨，孕育出豐富的植物景觀，從亞寒帶到亞熱帶都可見到，最特別的就屬屋久杉原生林內的繩文杉。

屋久杉原生林是屋久島最重要的自然景觀，大面積的杉木都有數千年的歷史，而繩文杉則是其中最具代表性也最著名的杉木，根據推斷已有超過7200年的歷史，因年代接近繩文時期而命名。

姬路城
Himeji-jo

1993

文化遺產

古城

位於日本山陽地區姬山之上的姬路城，由於它的外觀都是白色的，因此擁有「白鷺城」的美稱。二次世界大戰時，許多日本歷史建築都燒燬於戰火，姬路城卻逃過一劫，主體未受損壞。明治43年至昭和31年間，曾以8年的時間大肆維修姬路城，將天守閣從內部解體修護並復元完成。

現在所看到的姬路城是池田輝政所建，建於1601年，姬路城最早的建城歷史其實可追溯到1346年的鎌倉幕府時代，戰國時期豐臣秀吉又再加築了三層，姬路城的樣貌漸漸勾勒出來。豐臣秀吉死後，德川家康於關原之戰中奪得政權，姬路城的城主也換成德川家的女婿池田輝政，池田輝政的任內繼續擴大修築姬路城，如今壯觀的天守閣群於焉成形。

三個小天守簇護著巍峨的大天守，這種連立式天守的樣式只有在姬路城才看得到，美麗的白壁與唐破風、千鳥破風式屋簷，加上裝飾於其上的魚狀鯱瓦，更見姬路城建築之美。

廣島原爆圓頂
Hiroshima Peace Memorial (Genbaku Dome)

1996

文化遺產

戰爭遺產

原爆圓頂是廣島市最重要的地標，事實上，橫跨於廣島市重要水道元安川與太田川匯流處、相生橋畔的原爆圓頂是一處廢墟，原本是建於1915年4月的3~5層樓建築，由當時知名的捷克籍建築師Jan Letzel所設計，建築採巴洛克樣式，融合分離主義派的細部裝飾混合而成。

1945年8月6日上午8:15，人類史上第一顆原子彈在距離原爆圓頂160公尺的爆心地投下，受到原子彈爆炸威力衝擊的超級高溫和熱能輻射線影響，所有的窗戶被爆風炸裂，當時在館內辦公的30名職員無一倖存，建築卻奇蹟式地保留了下來。這棟被炸空圓頂，是原爆時少數存留的建築，時時刻刻提醒著原爆威力與戰爭的可怕。

符號說明 登錄時間 遺產內容　遺產類型  文化遺產 自然遺產 綜合遺產 瀕危文化遺產　瀕危自然遺產　瀕危綜合遺產

古京都歷史建築群
Historic Monuments of Ancient Kyoto (Kyoto, Uji and Otsu Cities)

1994

文化遺產

佛寺
×
神社
×
木造建築
×
古城

京都是日本的千年古都，眾多保存完善的木造建築，以及由特殊宗教文化背景所造就的園庭造景，都是世界藝術文化的寶藏。被列入世界文化遺產的京都古建築包括了賀茂別雷神社(上賀茂神社)、賀茂御祖神社(下鴨神社)、教王護國寺(東寺)、清水寺、比叡山延曆寺、醍醐寺、仁和寺、平等院、宇治上神社、高山寺、西芳寺(苔寺)、天龍寺、鹿苑寺(金閣寺)、慈照寺(銀閣寺)龍安寺、本願寺(西本願寺)與二條城。

其中最有知名度的首推金閣寺，因為三島由紀夫同名小說而聲名大噪的金閣寺，金碧輝煌的樓閣、周邊的龍安寺枯山水庭園以及仁和寺的櫻花，都是遊覽京都必遊之地。

這17處文化財緊扣著京都1200年的歷史發展。上賀茂神社出現在日本最古老的史書「日本書紀」，那是在8世紀左右；而二條城卻是17世紀的產物，日本歷史的一大轉折「大政奉還」(政權由幕府將軍交返天皇手上)，就發生在二條城，從那一刻(1868年)起，京都也失去日本首都的地位。

除了年代縱橫了上千年，古都京都文化財的另一特色是建築。醍醐寺的五重塔建於952年，是京都境內最古老的建築，平等院的鳳凰堂則是京都最盛期平安文化的代表性建築物。

1995

文化遺產

人文聚落
景觀

白川鄉合掌造聚落
Historic Villages of Shirakawa-go and Gokayama

在白山山脈中，傳統的村落擁有一種特殊的居住形式，這就是合掌造村落。村民以養蠶、生產蠶絲、絹絲製品維持生活，社會結構以每個大家庭為中心，形成一個互助合作的村落，由於這種團結一致的生活型態，才有可能動員全村力量建造或修築合掌造這種特殊的房舍。合掌造的名稱，得自厚厚稻草建成的高尖屋頂，造型宛如兩手合成的正三角形。

隨著工業社會發展，村落人口流失，合掌造村落逐漸消失，僅存荻町等3個較完整的合掌村，直到1950年代，村民開始修復傳統合掌造建築，後來又因德國建築學家的一本《日本美的再發現》，而聲明大噪，書中稱合掌造是「極合乎邏輯的珍貴日本平民建築」。這種特殊的生活形式才又再度受重視。一棟好的合掌造要能擋得住年年的強風大雪得靠好的木材、茅草和專業的好手，可惜這些都越來越少了，也因此現存的完整合掌造，更顯彌足珍貴。

1996

文化遺產

神社
×
木造建築

嚴島神社
Itsukushima Shinto Shrine

　　嚴島神社、背後的彌山及部分周圍海域都列入世界遺產保護範圍，占宮島全島面積約14%。現在的宮島仍是神的領地，有許多信徒遊客到此參拜，而嚴島神社不但是廣島地標，更是日本神道與自然結合的代表之一。

　　宮島的起源和嚴島神社息息相關，傳說宮島是神的島嶼，推古天皇於西元593年即位之時，在宮島開始興建嚴島神社。之後，擔任安藝守的平清盛，也就是歷史上著名的平家貴族，以平安時代豪華神殿的形式，為神社逐步進行擴建整修。

　　最令人印象深刻的，莫過於屹立於海上的大鳥居，因為古時船隻多從海上來，進入神社參拜前必須先在鳥居外暫停，象徵性取得神的同意才可進入。被列入日本三景的大鳥居，朱紅色的木造建築高達數層樓，左右兩根主柱以百年以上的神木支撐，並在屋翼東側及西側，分別以金漆繪上太陽及月亮；不論以壯觀度，或以精緻度而論，大鳥居無庸置疑足稱世界奇景，尤其是近距離靠近的時候，它巨大沉靜的美，著實令人震撼。立於淺灘上的大鳥居由於潮汐變化影響，漲潮時在海水中，必須搭乘遊覽船才能一賞大鳥居近貌，退潮時露出完整的底座，可以直接徒步在沙灘上，走到大鳥居觸摸雄偉的文化遺產。

1998

文化遺產

佛寺
×
神社
×
木造建築

奈良古建築群
Historic Monuments of Ancient Nara

奈良是日本第一個首都，雖然定都奈良只有短短七十多年，卻留下相當可觀的古蹟資產。古都奈良文化財共有8處：東大寺、春日大社、春日山原始林、興福寺、元興寺、藥師寺、唐招提寺與平城宮跡。這8個地方濃縮了奈良朝—天平時代的文化精華，歷久彌新。

奈良朝是日本文化的轉捩點，中日歷史教科書中都會寫到的大化革新，就是在這個時期。日本從中國學習模仿了所有的典章制度，甚至包括了文字，都是學自中國。列入世界遺產的8個寺社中的唐招提寺，正是來自中國的高僧鑑真和尚所創立的道場。

在文化史上，奈良朝又被稱為天平文化，這是一種寧樂純樸的古風，建築物線條簡俐、氣勢雄偉，東大寺的大佛殿、唐招提寺的金堂，都是代表性的天平時代建築。而奈良朝最大的特色則在佛教國家，東大寺、藥師寺、興福寺等諸多佛寺，都是天皇以國家財政力量資助，甚至天皇還會率皇室成員與文武百官接受高僧的受戒，佛教之興盛可見一斑。

符號說明 登錄時間 遺產內容 遺產類型 文化遺產 自然遺產 綜合遺產 瀕危文化遺產 瀕危自然遺產 瀕危綜合遺產

1999

文化遺產

佛寺
×
神社
×
木造建築

日光地區神社及寺廟
Shrines and Temples of Nikko

日光被列入文化遺產，有兩個重要原因：第一，日光地區的佛教寺廟及神道教神社，都是江戶建築風格的巔峰之作；其二，作為日本的山岳信仰中心而言，日光的宗教建築和四周的山林環境，維持既和諧又具哲學思想的布局，是人與神、人工與自然和平相處極佳的典範。

日光地區的宗教建築，以東照宮、輪王寺和二荒山神社為主，合稱日光二社一寺，特別是東照宮，最能展現江戶建築和雕刻工藝的奇蹟者。和、中式並用的東照宮，雕刻細節和架構以天台宗法華經中神佛融合思想為基礎，扇形分布的東照宮，於是呈現神社建築和佛教建築合一的特色。模樣可愛，甚至代表日光的「三猿」，就在神廄舍正立面的木雕上。「三猿」的寓意幽默，代表中國哲學裡的「非禮勿視、非禮勿聽、非禮勿言」。

起建二荒山神社的是開基日光的修行僧勝道上人，祭祀男體山的主神，所以二荒山神社的奧宮位於男體山山頂。輪王寺則是日光地區最古老的寺廟，寺齡超過1200年，供奉的是日光三山的守護神。

2004

文化遺產

聖地

紀伊山地靈場與參拜道路
Sacred Sites and Pilgrimage Routes in the Kii Mountain Range

日本的神道信仰從敬畏大自然而起，神秘的森林山岳更是神的居所。在佛教傳入日本、紮根於紀伊山地前，紀伊山地諸山包括高野山、熊野山、大峰山都是神祇的領地，而修行者不顧危險深入此一邊境之地，成為修驗道的大本營；紀伊山地的熊野三山，包括熊野本宮大社、熊野速玉大社及熊野那智大社為修驗道及神道信仰者的精神中心，即使在日本佛教化後，這些神社藉著「神佛習合(融合)」更廣為大眾接受。

紀伊山地中心的高野山，在817年遣唐僧空海自中國學得密宗返國後，在高野山修行設寺而達到尊崇的地位：金剛峰寺、壇上伽藍、奧之院等成為日本天皇及貴族的禮拜中心，勢力鼎盛。

創立真言宗的空海，曾藉山岳修行者的指點而有與神靈溝通的神秘經驗，這是他決意前往中國學習藏密的主因。因此真言宗與紀伊山地的原始信仰相濡以沫，加上真言宗強調實踐，因此信者莫不發願前往熊野三山、高野山朝聖，貴如後白河天皇之尊，一生朝聖的「熊野詣」次數高達34次。更難得的是「熊野詣」在日本的平安時代(794年~1185年)可以說是全民運動。

北海道知床半島
Shiretoko

有「日本最後秘境」之稱的知床半島，突出於北海道東北方的鄂霍次克海和太平洋間，因為保有原始純淨的自然環境，以及珍貴且多樣的動植物景觀被登錄為世界自然遺產。

知床半島上橫亙著羅臼岳、知床岳等標高一千多公尺的高山，全境布滿高山和海岬，因而成為棕熊、蝦夷鹿、大島貓頭鷹等野生動物的天堂。半島上除了擁有高山、湖泊、原始森林、海蝕斷崖等天然景觀，還有天然湧出的溫泉泉源；同時，知床半島也是地球上緯度最低的海水結冰之地，寒冬時可看到壯觀的流

冰，甚至還曾出現過奇幻的極光現象。

知床五湖的自然生態豐富，時常可以看到蝦夷鹿群在湖畔覓食的情景外，最引人注目的就是棕熊的出沒。

至於知床半島的流冰，可說是大自然的奇蹟，因為知床的緯度跟溫暖的法國地中海沿岸及義大利北部差不多，照理是不會有流冰。發源於蒙古高原東部的阿姆努河(上游即中國的黑龍江)，全長4350公里，也是知床流冰的產生源頭。阿姆努河的大量淡水流入鄂霍次克海後使海水中的鹽分濃度變淡，加上周圍海上有許多大小列島包圍，外來的海水不易進入，成為半閉鎖海域，因鹽水濃度淡，就比海水容易結冰。

島根縣石見銀山及其文化景觀
Iwami Ginzan Silver Mine and its Cultural Landscape

位於本州西南方的島根縣石見銀山，因為16世紀開始大量開採銀礦，促進了日本和東亞與歐洲之間的貿易與文化往來，因而獲選為亞洲第一個礦業景觀的世界遺產。

17世紀時，石見銀山的銀礦開發達到高峰，當時每年得以生產38噸的銀礦，產量不但是日本之最也占全世界第三名，於是整個區域迅速發展，在今日廣達442公頃的遺址上，聚落、要塞、冶鍊作坊、礦道、運輸銀礦的港口城市等等，說明與採礦活動相關的特色土地運用。19世紀時石見銀山因為銀礦匱乏而封閉，如今掩蔭於茂密的樹林間。

©社團法人島根縣觀光連盟

©梅野ひろみ/OVTB

2011

自然遺產

島嶼和海洋生態

小笠原群島
Ogasawara Islands

　　小笠原群島的行政區雖然屬於東京都，但實際上卻遠在東京都1000公里外的海上，由30個大大小小的島嶼組成，以父島和母島為中心隔海相連，知名的硫磺島與日本領土最東邊的南鳥島也在其中。1972年小笠原群島的一部分島嶼被指定為國立公園，1980年被國家指定為小笠原群島鳥獸保護區，至2011年更登錄為世界遺產。其中位在父島列嶼西南部的南島以喀斯特地形與周邊海域常見的鯨豚吸引了許多來此探訪生態的遊客。

　　正因為遠離塵囂，島上的生物獨特且稀有，讓這裡有「東洋加拉巴哥」的美名。兄島的乾性低木林與母島石門地區的濕性高木林仍保有寶貴森林資源，而群島上的珍稀物種，如小笠原吸蜜鳥(Apalopteron familiar)、黑足信天翁(Diomedea nigripes)、無人野牡丹(Melastoma tetramerum)等多不勝數；小笠原群島特有的珍稀動植物在島嶼上獨自進化，即使是擁有相同起源的生物，也因生存環境的不同使遺傳基因變得豐富多樣，可謂大自然的寶庫。

2015

文化遺產

工業景觀

日本明治時期工業革命：鋼鐵、造船和煤礦
Sites of Japan's Meiji Industrial Revolution: Iron and Steel, Shipbuilding and Coal Mining

　　在抗議聲中，世界遺產委員會還是通過了日本明治時期工業革命這座具爭議性的世界遺產，遺產共包含了23個地點，分布在山口、福岡、佐賀、長崎、熊本、鹿兒島、岩手、靜岡8個縣中的11個市，大多數位於九州，年代約在1850年至1910年之間。這23處遺產有造船廠、煉鐵廠、反射爐、機械工廠、紡織所技師館、煤窯、鐵礦山、海軍遺址、煤礦坑、港口等。

　　聯合國教科文組織通過這座世界遺產的理由為：「這是西方工業化成功傳播至非西方國家的先例，並且在1853年至1910年短短五十多年間，迅速實現了工業化，具有一定的歷史價值。」

2013

文化遺產

聖地

富士山—神聖之地和藝術的泉源
Fujisan, sacred place and source of artistic inspiration

富士山以文化遺產入列，可不是單指這座對稱錐體本身，其文化景觀成為深入日本人精神生活的登頂新路徑。自古以來，日本的自然崇拜便十分盛行，多次噴發的富士火山是神靈的化身，人們將恐懼敬畏之心化為實際行動，為了鎮住火山活動而建立了淺間神社；爾後修驗道進入山中修行，更將人文信仰與富士山做了緊密結合。

在世界遺產委員會的認證下，構成資產包含山頂信仰遺跡群、四大登山道、五湖地區、富士山本宮 間大社及周邊分社、歷史住宅、忍野八海、胎內樹型、白絲瀑布、人穴富士講遺跡及三保松原等25處，除了觀光主力五湖地區外，過去罕為人知的景點亦紛紛入列，考究這些據點過去在山岳信仰的地位，古往今來激發騷人墨客無數的藝術創作，足見其以「富士山—神聖之地和藝術的泉源」登錄文化遺產名冊的緣由。

符號說明　登錄時間　遺產內容　　遺產類型　文化遺產　自然遺產　綜合遺產　瀕危文化遺產　瀕危自然遺產　瀕危綜合遺產

琉球王國遺產群
Gusuku Sites and Related Properties of the Kingdom of Ryukyu

2000

文化遺產

古城
×
木造建築

　　這個包含多座建築的遺產記錄著古琉球王朝從12~17世紀，約五百多年的歷史。位在台灣和日本之間的琉球，最初不是統一的國家，有山南、中山、山北三國併立，又稱為「三山時期」。於1426年由尚巴志統一成為琉球王國，以首里城為首都，曾向中國的明、清兩代和日本的薩摩藩、江戶幕府朝貢。1879年，日本併吞琉球王朝，琉球國滅亡，大部分國土改設為沖繩縣。

　　列入世界遺產的建築包括今歸仁城、座喜味城、勝連城、中城、首里城、玉陵、識名園、園比屋武御嶽石門、齋城御嶽。其中大部分屬於三山時期的城堡都已毀損，僅首里城在二次戰後被完整重建，可從中窺見當時的社會結構，尤其是深受中國文化影響的建築方式和禮教制度。

　　首里城以世界最大的木造建築「中國的紫禁城」為範本，正殿為琉球王國最大的建築物，也稱為百浦添御殿，意為「支配著百個海浦的重要建築物」。正殿參照北京故宮的太和殿與首爾景福宮的勤政殿，加上琉球獨自的型式建造，擁有兩層屋頂，並多用龍為建築物及工藝、裝飾品，凸顯其地位最崇高、最偉大之意。根據記載，正殿過去曾四度被燒燬又復建。

平泉—佛寺、庭園及佛教淨土相關遺址
Hiraizumi – Temples, Gardens and Archaeological Sites Representing the Buddhist Pure Land

2011

文化遺產

佛寺
×
園林
×
佛教遺產

　　12世紀時，日本地圖上最大的三個都市，就是九州的博多、關西的京都，以及位於東北的平泉。統治著平泉的藤原家族，在這裡打造出以和平為夢、佛教思想為基的人間淨土。平泉的建築和文化風格獨特，與同時代的京都、奈良等不同，也是武士時代開始之前最後的貴族統治遺跡，後世稱為平泉文化。

　　被列入世界遺產的平泉遺跡群中，名氣最大的就屬中尊寺和毛越寺。沿著高大杉林夾道的月見坂進入中尊寺境內，大小寺院錯落其間，在全盛時期，這裡共有四十餘間寺殿和三百間以上的僧堂，但爾後戰火波及，藤原時代留存至今的建築，僅有金色堂一處，藤原時代的珍貴佛教文物與佛像，則收藏在博物館「讚衡藏」之中。

　　金色堂建於1124年，整座堂宇全由金箔包覆，樑柱細部則為南海夜光貝細工雕飾，以阿彌陀如來為中心的數座佛像立於堂間，金碧輝煌又萬分細膩，早在成為世界遺產前就已是日本國寶。

　　中尊寺以建築知名，而相距不遠的毛越寺，則因為庭園而受到注目。由藤原二代至三代所建的寺廟時代晚於中尊寺，同樣因為戰火，主要伽藍僅留柱頭遺跡，相對的，同建於12世紀的淨土式庭園卻極其完整，與京都庭園概念相似的借景與隱喻，但規模之大，卻是都城京都遠不能及。

2014

文化遺產

工業景觀

富岡紡紗廠
Tomioka Silk Mill and Related Sites

富岡紡紗廠位於東京西北邊的群馬縣富岡，是日本第一座機械化紡紗廠，屬於明治時期的工業遺產。這座工廠於明治5年(1872年)開工，而當年的繰絲所和蠶繭倉庫，到今天都還完整保留下來，象徵著日本現代化和工業革新的一個里程碑。而包括工廠初期的7棟主要建造物、1座貯水槽，和1處排水溝都納入世界遺產範圍。

這裡可以看到當年生產生絲的四個階段：包括從法國引進技術之後設立的官營模範工廠；一個生產繭的實驗農場；一個培育養蠶知識的學校；一個貯存蠶卵的冷藏設施。

當時引進的紡紗機械也考慮到日本氣候等條件，後來被普遍用到日本其他的紡紗工廠，而富岡紡紗廠的女工又將紡紗技術傳播到日本各地，後來日本生產的生絲在世界具領導地位，並出口到歐洲和美國。

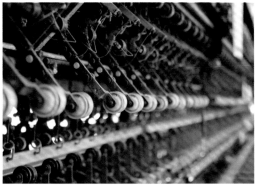

2017

文化遺產

宗教文化

宗像市的聖島沖之島與其相關遺址
Sacred Island of Okinoshima and Associated Sites in the Munakata Region

這項文化遺產包括了沖之島上4項資產（宗像大社沖津宮、小屋島、御門柱、天狗岩）、大島上2項資產（宗像大社沖津宮遙拜所、宗像大社中津宮）、九州本島2項資產（宗像大社邊津宮、新原/奴山古墳群），其中，位於九州島西岸60公里外的沖之島，面積僅0.97平方公里，但為「宗像三女神」信仰中田心姬神的御體所在，地位神聖，島上僅有沖津宮的神職人員，迄今禁止女性進入，男性也只有在每年5月27日接受淨身儀式後才能登島。島上留有4世紀至9世紀往來航海者祭祀的大量祭品，其中約八萬件被指定為國寶，這些祭品為日本與朝鮮半島、亞洲大陸甚至遠至波斯（伊朗）地區的交流提供了見證。

2018

文化遺產

基督教文化

隱藏在長崎地區的基督教遺址
Hidden Christian Sites in the Nagasaki Region

這項遺址位於日本九州島西北部的長崎縣和熊本縣，共包含12處遺址，由1637年島原之亂的「原城遺址」（位於長崎縣南島原市）、保存漁村獨有信仰形態的「天草之崎津聚落」（位於熊本縣天草市）、日本國內現存最古老的教會「大浦天主堂」（位於長崎市）、信仰集中地平戶聖地與聚落（位於長崎縣平戶市）等所組成。

相關歷史可追溯至17世紀至19世紀，當時日本江戶幕府禁止基督教信仰，但長崎縣和熊本縣地區存在著傳統宗教信仰和基督教共生的情形，基督徒就在超過兩個世紀的禁教期間，在小村莊秘密傳播著基督教的信仰，留存下現今可見的遺址。

2019

文化遺產

古墳時代墓葬群遺址

百舌鳥和古市古墳群：古日本墓葬群
Mozu-Furuichi Kofun Group: Mounded Tombs of Ancient Japan

這項墓葬群位於大阪平原中一處高地上，共有49處古墳，大小不一的墳冢外形有鎖孔形、扇貝形、正方形、圓形等多種形式，墓主都是貴族，墓內有各種陪葬品，如武器、盔甲和飾物。古墳頂部和四周有用粘土塑成的「埴輪」裝飾，分圓筒形埴輪和房屋、工具、武器或人形構成的形象埴輪。這49處古墳展現了日本古墳時代(西元3~6世紀)的社會階層差異和複雜的喪葬制度。

符號說明　登錄時間　遺產內容　遺產類型　文化遺產　自然遺產　綜合遺產　瀕危文化遺產　瀕危自然遺產　瀕危綜合遺產

2016

文化遺產

現代建築

柯比意的建築作品—對現代主義運動的卓越貢獻
The Architectural Work of Le Corbusier, an Outstanding Contribution to the Modern Movement

柯比意(1887年–1965年)是20世紀最偉大的建築師之一，瑞士裔法國人，他致力讓居住在都市擁擠空間的人能有更舒適的生活環境，是功能主義建築的泰斗，被譽為現代建築的開拓者。

在2016年世界遺產大會把柯比意的17座建築作品納入世界遺產，橫跨歐、亞、美三大洲、比利時、法國、德國、瑞士、印度、日本、阿根廷等7個國家。這些建築充分展現了一種新的建築語言，與過去的建築完完全全產生一個斷點，也反映出20世紀的現代主義運動的解決方式，是以發明新的技術，來回應社會的需求，而且是全球性的。

在日本，東京的日本國立西洋美術館，建築由柯比意以「可無限擴充的美術館」為概念所設計，其成立之初，是為了收藏日本大企業家川崎造船的社長松方幸次郎的300餘件收藏品。由1959年開館至今，館藏已成長為4500餘件，是日本唯一以西洋美術為收藏主題的國立美術館，美術館的關注以中世末期到20世紀的美術作品為主，其中又以法國藝術家作品最多。

＊與比利時、阿根廷、法國、德國、印度、瑞士等國並列。

2021

文化遺產

史前遺址群

日本北部的繩紋史前遺址群
Jomon Prehistoric Sites in Northern Japan

繩紋史前遺址群由北海道南部和東北地方北部的17個考古遺址組成，覆蓋從山區、丘陵到平原、低地、從內陸海灣到湖泊河流的多樣化地理環境，見證了西元前一萬三千年，進入農耕社會前以狩獵−捕魚−採集為基礎發展起來的定居社會，以及繩紋文化複雜的精神信仰和儀式，出土實物包括漆壺、有足印的泥板、粘土俑，以及包括土壘和直徑超過50公尺大石圈在內的儀式場所。

2024

文化遺產

礦場遺址

佐渡島金礦
Sado Island Gold Mines

坐落於新潟縣海岸以西約35公里處的佐渡島上，佐渡島是火山島，有兩條平行的山脈自西南向東北延伸，中間連接著沖積出的國仲平原。島上的金銀礦床是因熱液上升到地表形成礦脈，繼而隨構造運動沈入海底，隨後又再次升至地表。小佐渡山地西北面的西三川地區曾是砂金開採場；而在大佐渡山地南端的相川—鶴子地區，曾於地下開採的礦脈歷經火山岩風化已暴露出來。

耶路撒冷 Jerusalem

 1　 0　 0　Total 1

賽浦路斯海　敘利亞
約旦
耶路撒冷舊城及其城牆
Old City of Jerusalem and its Walls
埃及

由於耶路撒冷的地位實在太特殊，也極具高度政治及宗教敏感性，因此當年耶路撒冷被提名為世界遺產時，儘管位於以色列國土境內，卻是由鄰國的約旦所提出，並且單獨掛名為耶路撒冷，不屬於任何國家。

1981

瀕危
文化遺產

宗教聖地

耶路撒冷舊城及其城牆
Old City of Jerusalem and its Walls

耶路撒冷，猶太教、基督教、伊斯蘭教三大宗教共同的聖城，巍巍城牆，層層堆疊出三千年的複雜歷史恩仇。千百年來，虔誠信徒八方而來，穿過城門，沿著朝聖之路接踵在曲折狹窄的古老巷弄，邁向屬於各自宗教的聖地，行他們一生最神聖的一次朝拜。

經過重重嚴厲的安檢，來到老城中心的神殿山(Temple Mount)，鎏金圓頂、外牆綴滿藍色馬賽克和可蘭經文的岩石圓頂清真寺(Dome of the Rock)傲踞在神殿山正中央，是耶路撒冷老城最閃亮的精神地標，成列的柏樹、開闊的廣場、巨石鋪設的地面，與周邊陰暗狹窄巷弄大異其趣。神殿山原本是猶太人

的聖地，也就是傳說中，亞伯拉罕(Abaham)將兒子以撒(Isaac Genesis)獻祭給上帝之處，因此所羅門王(King Solomon)早在三千年前就在此起造了猶太人的第一座聖殿，然而自從西元七世紀被穆斯林征服，並宣稱先知穆罕默德在此升天之後，神殿山便與麥加(Mecca)、麥地那(Medina)齊名，名列伊斯蘭世界三大聖地。如今，這裡由約旦管轄，猶太人被禁絕在外，空氣中傳出來的聲響，是叫拜塔的高亢誦經聲；能入內朝拜的，盡是覆頭巾、罩面紗的穆斯林。

下聖殿山，穿過層層拱門和迷宮般的窄巷，再過一層安檢，來到西牆(Western Wall，或哭牆)，對猶太教徒而言，世界上再也沒有其他地方比這裡更為神聖了。黑衣黑帽、蓄著蜷曲鬢髮的猶太教徒各個面

牆，或低頭讀經，或立定沉思，有時進入冥思忘我境界，便不自主的擺身吟唱，或親吻石牆。兩千多年前，希律王(Herod the Great)在神殿山打造了猶太人的第二座聖殿，西牆則是用來支撐聖殿外圍的一堵高牆，然而當聖殿於西元70年被羅馬人所毀，西牆是聖殿僅存的殘蹟，近兩千年來，這裡便成了一座巨大的戶外猶太聖堂，也是猶太教徒的至聖之地。

出了西牆管制區，沿著受難之路(Via Dolorosa)穿街過巷來到聖墓教堂(Church of the Holy Sepulchre)。根據聖經記載，耶穌一生最後的七天都在耶路撒冷度過，而「受難之路」到聖墓教堂這一段約六百公尺的路程，回溯著耶穌生前的數個小時，從背著十字架、三次跌倒，在髑髏地被釘死在十字架

上，到最後被卸下聖體、安葬在聖墓堂裡。如今，來自世界各地的朝聖者絡繹於途，沿著「苦路十四站」等聖跡，或默唸，或祈禱，有的跪拜親吻「塗膏禮之石」(Stone of unction)，有的在聖墓排隊等候數小時，就為了進到墓室點上一根蠟燭。這裡正是基督世界的至聖之地，多少基督徒窮畢生之力，都要前來親炙基督生前所走過的路。

由於耶路撒冷的地位實在太特殊，也極具高度政治及宗教敏感性，因此1981年年耶路撒冷老城被提名為世界遺產時，儘管位於以色列國土境內，卻是由鄰國約旦所提出，並且單獨掛名為耶路撒冷，不屬於任何政權國。

哈薩克 Kazakhstan

哈薩克於1991年蘇聯解體後獨立，是中亞地區最大的國家，更是全世界最大的內陸國。

★絲路：長安─天山走廊路線Silk Roads: the Routes Network of Chang'an–Tianshan Corridor詳見中國

科亞阿何密亞沙伊陵墓
Mausoleum of Khoja Ahmed Yasawi

2003　文化遺產　陵墓墳塚

　　哈薩克的土耳其斯坦城(Turkestan)從12世紀開始，就是伊斯蘭教蘇菲(Sufi)教派的朝聖重地。原因是一位蘇菲教派聖人亞沙伊(Yasaui)曾在這定居，並在63歲之後為了追悼死於該年的伊斯蘭教先知默罕默德，而住在地窖當中。

　　兩百年後（約1389年到1405年），帖木兒(Timur)還為亞沙伊在土耳其斯坦建造了一座碩大陵寢，且該陵寢也印在哈薩克的鈔票上，由此可見亞沙伊和土耳其斯坦對哈薩克人的重要性。

　　這座建築其實並未完成，來自波斯的建築師以實驗性質打造了這座陵墓，不論是造型還是結構都是創舉，隨後建築師就把這種建築型態用在帖木兒帝國的首都薩馬爾罕，進而發展成為所謂的帖木兒式建築，這座陵墓便首開先例，而且是最大、保存最好的一座。

圖蘭的寒冬沙漠
Cold Winter Deserts of Turan

2023　自然遺產　沙漠生態

　　這項跨境遺產由10處組成，分布在裡海和圖蘭高山之間的中亞溫帶乾旱地區，此處的氣候條件極端惡劣，冬季嚴寒、夏季酷熱，區域內的動植物種類多樣豐富，且已適應了惡劣的氣候，還展現了多樣化的沙漠生態系統，東西跨度超過1500公里，各區生物多樣性、沙漠類型和持續變化的生態各方面都不相同。
　　＊與土庫曼、烏茲別克並列

湯噶犁岩畫及考古景觀
Petroglyphs within the Archaeological Landscape of Tamgaly

2004　文化遺產　岩畫藝術 × 考古遺址

　　就在哈薩克大城阿拉木圖(Alamty)北邊60公里處，伊犁河翠綠河谷邊的山壁上，散布了約五千處岩畫。

　　伊犁河畔一直是中亞草原民族最重要的游牧根據地，從岩畫的圖案不難看出這點，例如岩畫中出現了獵人追逐鹿的圖案，時間可以追溯到西元前2000年，此時為狩獵時代。隨著時間演進，岩畫內容也有所不同，游牧生活的馬和羊變成了主角，直到20世紀初為止。其中還有佛陀的圖像，這可以看出西元8世紀時，佛教經由絲路傳進中國的軌跡。

　　此外在岩畫附近，也發現了大批的古代墓地、石棺及石堆，年代大約是銅器時代中晚期，其中有密集的雕刻，據考證應該是祭壇，作為宗教祭祀之用。

天山西部 Western Tien-Shan

2016　自然遺產　高山生態

　　2013年，天山山脈的東部，也就是位於中國新疆境內的天山被列為世界遺產，三年後，山脈的西部也被納入，不過不是和前者並列，而是單獨成為自然遺產，並由哈薩克、吉爾吉斯、烏茲別克三國共有。

　　天山是中亞地區最長的山脈，橫跨中國新疆、哈薩克、吉爾吉斯和烏茲別克，東西綿延2500公里，平均海拔超過5000公尺，也是世界上數一數二大的山體。天山西部不如東部多座高峰都在海拔7000公尺以上，這裡海拔約從700公尺到4503公尺，山區景觀多變、森林和植物族群豐富多樣，也是世界上許多水果作物的原生地。
　　＊與吉爾吉斯、烏茲別克並列。

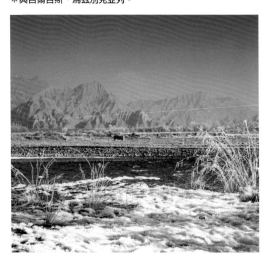

薩雅克－北哈薩克草原與群湖
Saryarka – Steppe and Lakes of Northern Kazakhstan

2008
自然遺產

自然
保護區

薩雅克－北哈薩克草原與群湖屬於哈薩克高地(Kazakh Uplands)的一部分，境內包括了諾准(Naurzum)和庫加辛(Korgalzhyn)兩座國家自然保護區，占地廣達45萬公頃。保護區內的溼地是非洲、歐洲和南亞候鳥的重要中途棲息地，多達1,500萬隻的鳥類把這裡當成牠們的聚食場，其中包括瀕臨絕種的西伯利亞白鶴(Siberian white crane)、達爾馬齊亞鵜鶘(Dalmatian pelican)以及帕拉斯魚鷹 (Pallas's fish eagle)等等。這裡同時也是野生生物的家，在占地兩萬公頃的大草原上經常可以看見狼、土撥鼠和即將消失的賽加羚羊(Saiga antelope)，以及稀有的草原植物。

北韓(朝鮮民主人民共和國)
Democratic People's Republic of Korea

 2 0 0 Total 2

北韓入選的高句麗古墓群於2004年和中國的「古高句麗王國首都及陵墓」一起被提名，不過由於範圍和內容並不完全一樣，因此分屬獨立的兩座世界遺產，而非並列。2013年再新增一座文化遺產，也是高句麗時代的遺產。

開城歷史建築
Historic Monuments and Sites in Kaesong

2013
文化遺產

古城建築
×
儒釋道
遺產

開城又名松都、松岳、開京、松京，是北韓黃海北道的城市，從10到14世紀為高句麗時代的古都。在南北韓未分裂之前，開城原屬京畿道，南北分治之後就成為北韓的邊境城市，也是一個工業特區。

由於是高麗時代的古都，留下許多歷史建物，目前共有12處歷史建築被納入世界遺產，包括宮殿、墓塚、防禦城牆和城門、瞻星台、學校、寺院等，它們共同體現了該城歷史上關鍵時代的政治，文化、哲學和精神價值觀。而在高句麗王朝的統治下，顯現出當年從佛教轉變到新儒家的文化精神和政治價值，而儒、釋、道的思想也反映在建築的布局和規劃上。

高句麗古墓群
Complex of Koguryo Tombs

2004
文化遺產

陵墓墳塚

高句麗國建立於西元前37年，滅亡於西元668年，歷經26位君王的統治，並且從5世紀進入全盛期，疆域橫跨中國東北、北韓大部分以及南韓北部地區。現今分布於平壤及鄰近省份的古墓群，是高句麗國晚期的歷史遺跡，也是當時高句麗文化、墓葬習俗、日常生活及信仰的最佳見證。

在目前出土於中國東北及朝鮮半島的一萬多座高句麗王陵及古墳中，共有90座繪有壁畫，其中一半位於此遺址，包括平壤的東明王陵與真坡里古墳群、南浦的江西三墓和水山里古墳，以及黃海南道的安岳1、2、3號墳等等。

這些為了帝王、皇后及皇室成員精心建造的石砌陵墓，擁有單墓室、雙墓室或多墓室的格局，具體展現了優異的工程技術。更重要的是，墓壁上還繪有彩色壁畫，勾勒出高句麗時期的食衣住行、人物肖像、宗教儀式以及墓葬習俗，為古老的高句麗文化提供豐富的考證史料。

約旦Jordan

🏛 6　🌳 0　🏛 1　Total 7

約旦是中東地區少數能與以色列和平相處的國家，由於地處沙漠又沒有產石油，旅遊業成為該國重要產業，名聞遐邇的佩特拉古城不但名列世界遺產，更是該國首屈一指的觀光勝地，其餘的世界遺產都是古文明和基督教相關遺址。

敘利亞

伊拉克

阿薩爾特－寬容好客之城
As-Salt - The Place of Tolerance and Urban Hospitality

烏姆吉馬爾
Umm Al-Jimāl

耶穌接受施洗約翰洗禮之地：約旦河外的伯大尼
Baptism Site "Bethany Beyond the Jordan" (Al-Maghtas)

烏姆拉薩斯
Umer-Rasas (Kastrom Mefa'a)

庫瑟阿姆拉
Quseir Amra

以色列

沙烏地阿拉伯

佩特拉
Petra

瓦地倫保護區
Wadi Rum Protected Area

1985

文化遺產

城堡遺址

庫瑟阿姆拉 Quseir Amra

距離約旦首都安曼(Amman)大約85公里的庫瑟阿姆拉，因為8世紀時伍麥葉王朝的哈里發瓦利德一世(Walid I)興建的沙漠城堡而聞名，這處具備防禦工事的夏宮，是早期伊斯蘭藝術和建築的代表。

隨著歲月的摧毀，昔日占地廣大的城堡複合式建築，如今只剩下一座宮殿和地基遺址，不過宮殿頂蓬保留著多幅精緻壁畫，透過壁畫得以一窺當時的宮廷生活，像是哈里發沉迷在池畔聆聽音樂和詩歌朗誦，以及舉辦化妝宴會等逸樂活動場景，此外，在浴室的上方還可以看見描繪裸女、狩獵以及黃道十二宮的圖案。

2024

文化遺產

鄉村聚落

烏姆吉馬爾 Umm Al-Jimāl

烏姆吉馬爾是約旦北部的鄉村聚落，大約於西元5世紀在早期羅馬聚居處發展起來，一直延續到8世紀末，保留了拜占庭和早期伊斯蘭時期的玄武岩建築，以及一些羅馬軍事建築。聚落所在還包括複雜的集水系統，維持著農業和畜牧業。這裡出土了豐富的希臘文、納巴泰文、薩法伊文、拉丁文、阿拉伯文資料，跨越多個世紀，為深入瞭解當地歷史提供了資料，並揭示宗教信仰的演變。

2004

文化遺產

古羅馬遺址

烏姆拉薩斯
Um er-Rasas (Kastrom Mefa'a)

原本是一處羅馬軍營，5世紀開始烏姆拉薩斯開始發展成為一座城鎮，而後歷經長時間的發展，這塊遺址上出現了羅馬、拜占庭以及早期的伊斯蘭文明。今日這座遺址絕大部分尚未出土，不過已然展現於世人眼前的軍營和16座教堂，足以一窺文明交融的情景。其中最重要的發現，是落成於西元785年的聖史蒂芬教堂(Church of Saint Stephen)保存完善的鑲嵌地板，描繪狩獵、釣魚以及當時此區重要城市的場景，而僧人們遺世修行的兩座方形高塔，在中東世界相當聞名。

符號說明　登錄時間　遺產內容　遺產類型
文化遺產　自然遺產　綜合遺產　瀕危文化遺產　瀕危自然遺產　瀕危綜合遺產

©The Jordan Tourism Board

©The Jordan Tourism Board

1985

瀕危
文化遺產

古城遺址

佩特拉 Petra

傳說中絕美的粉紅石頭城佩特拉，地處往來阿拉伯世界、埃及和地中海交通往來的十字路口，加上狹窄山谷所形成的天然通道，易守難攻，是中世紀絕佳的交通戰略城市。

根據考古發現，佩特拉自新石器時代起就有人煙，而文化最為璀璨的時期，是西元前200年左右，阿拉伯那巴游牧民族(Nabatacans)選擇於此建城。自此以後，佩特拉便在經濟和宗教上扮演重要的角色。一直到羅馬帝國的全盛時期，佩特拉還都是中東地區的重要城市。其名聲遠播，甚至遠至中國，都知道有個玫瑰般的石頭城。13世紀左右，佩特拉由於莫名

的原因消失於砂塵之中，直到1912年才被發現。經過整理後，1980年起這座城市才正式與世人見面。

而史帝芬史匹柏所導演的《印第安納瓊斯－聖戰奇兵》電影在此開拍，更掀起一陣佩特拉熱潮。

進入佩特拉首先看到陵墓區，這些陵墓也都是在紅色砂岩裡開鑿出來。經過紅粉波浪狀的古河道，兩旁盡是高聳的山壁，粉紅色巖壁上樹立著大型人像，雄偉的神殿建築，在陽光照射下顯出粉色、紅色、橘色，變化無窮的色彩，令人著迷。再往前走是希臘式的圓形劇場，從這裡更可了解佩特拉建築融合了中亞與希臘地中海型式的建築風格。出土文物則是來自世界各地，顯示其歐亞十字路口的重要地位。

2011

綜合遺產

沙漠景觀
×
考古遺址

瓦地倫保護區
Wadi Rum Protected Area

瓦地倫在阿拉伯語中意指「酒紅色山谷」，它位於約旦南部，占地將近74,200公頃，是一片穿鑿砂岩與花崗岩岩層而形成的砂質谷地，又有「月亮谷」之稱。由於歷經數百萬年的地殼變動、岩層活動以及風化侵蝕過程，因此本區擁有相當多樣化的沙漠景觀，包括沙地、峽谷、拱門、峭壁、巨型滑坡、洞穴等等。

從考古遺跡來研判，人類在此活動已經有12,000年的歷史，這裡出土的壁畫、石刻及碑文，也為人類思想的發展以及早期的字母演變提供了珍貴的線索。瓦地倫保護區不僅見證了從新石器時代到納巴泰時期的古文明發展，也為阿拉伯半島的畜牧業、農業及都市活動描繪了清晰的輪廓。

20世紀初，英國上校勞倫斯(T.E. Lawrence)以此為基地，集結阿拉伯部族共同反抗土耳其人的統治，這個大起義事件後來被拍成電影《阿拉伯的勞倫斯》，瓦地倫也因為這位傳奇人物的故事，成為舉世知名的旅遊景點。

2015

文化遺產

聖經
考古遺址
×
基督教
聖地

耶穌接受施洗約翰洗禮之地：約旦河外的伯大尼
Baptism Site "Bethany Beyond the Jordan" (Al-Maghtas)

這處聖經考古遺址位於約旦河東岸、死海北方9公里處，大至可以分為兩區，一為以利亞山丘(Elijah's Hill)，另一處為靠近河岸邊的施洗約翰教堂，由於此處環境原始而自然，據信拿撒勒的耶穌在這裡受了施洗約翰的洗禮。這裡還留有古羅馬和拜占廷時代的遺跡，包括教堂、禮拜堂、僧院、浸禮池，以及隱修士的洞穴等。這裡也是基督徒經常前來朝聖的聖地。

2021

文化遺產

古城景觀

阿薩爾特—寬容好客之城
As-Salt - The Place of Tolerance and Urban Hospitality

阿薩爾特城位於中西部Balqa高地山丘上，在鄂圖曼帝國統治的最後60年，納布盧斯(Nablus)、敘利亞和黎巴嫩的商人來此定居，他們通過貿易致富，帶動當地的繁榮。此處建築特色是用當地黃色石灰岩建造，城區核心包括約650幢重要歷史建築，展現了歐洲新藝術運動和新殖民主義風格、本土傳統的融合。該城展現了穆斯林和基督徒間的包容，以及當地人熱情好客的傳統。

符號說明 登錄時間 遺產內容　遺產類型 文化遺產　自然遺產　綜合遺產　瀕危文化遺產　瀕危自然遺產　瀕危綜合遺產

南韓(大韓民國)
Republic of Korea

14　2　0　Total 16

踏上南韓的土地，會發現在這個看似現代化的國度中，仍舊保存著源遠流長的歷史、獨特的傳統和優美的古蹟。包括了史前的巨石文化、地理的天然奇景、佛教和儒教的文化遺產等，頗有助於了解大韓民國成長、發展的軌跡。

宗廟 Jongmyo Shrine

1995
文化遺產
政權(皇權)象徵

宗廟是祭祀朝鮮時代歷代皇帝和皇妃神位的地方，以正殿為主，還包括永寧殿、典祀廳、功臣堂等。正殿是祭祀初代太祖李成桂為首的19代皇帝和皇后。永寧殿則是祭祀其他皇帝、皇后和王族的地方。

宗廟至今仍保存完整的王朝儀式，在每年5月的第一個週日，李氏的後裔會在此舉辦宗廟大祭，每位參加者都會穿上傳統的衣服，在莊嚴的雅樂中按著舊規進行儀式。宗廟另有一大特色即是園內林木扶疏，加上建築物少，更能感覺環境的清幽。

海印寺藏經版殿
Haeinsa Temple Janggyeong Panjeon, the Depositories for the Tripitaka Koreana Woodblocks

1995
文化遺產
佛教遺產

海印寺位於南韓東南部慶尚南道伽耶山的西南山麓。寺廟本身建於韓國佛教發展最高潮的新羅時代，但真正獲選為文化世界遺產，是因為寺內完整保存了自高麗時代遺留至今的八萬塊大藏經版。

高麗時代末期，當時在位的高宗為了不讓國教信仰在蒙古國的入侵下消失殆盡，花了16年的時間(1236年~1215年)，以木片製作了八萬塊大藏經版，完整的經文記載成為目前極寶貴的佛教研究文獻。寺廟內共有兩座藏經殿，木造的殿內結構沒有任何瑰麗雕刻，卻能避免因氣候造成藏經版腐蝕的損傷，保護被封存百年的藏經版完好無缺。

昌德宮建築群
Changdeokgung Palace Complex

1997
文化遺產
宮殿×園林

14世紀，李氏朝鮮王朝以漢城為都，於統治的五百年間創建了別具特色的宮殿，其中以昌德宮最為引人入勝。昌德宮建於李氏朝鮮第3代國王太宗時(1405年)，為景福宮的離宮。

隨地形變化搭建的昌德宮，總面積廣達十三萬多坪，古意盎然的宮殿建築和傳統造景的祕苑，都有說不出特殊的韻味，為李氏朝鮮王朝時期，保存最為完美的一座宮殿。

除建築美外，與自然調和的祕苑，也是它榮登世界遺產的主因。仔細欣賞昌德宮，不論是宮殿建築還是祕苑所深藏的內涵，很多融合中國思想，像是祕苑中的四方形蓮花池，中間則有一圓形造景，四方用來表示地、圓則是天，表天地調和、在小格局中創造大宇宙之意。

目前開放參觀分為宮殿與後苑兩部分，後苑一定要跟隨導覽人員才能入內。後苑種植多達160種的樹木，松樹、銀杏、楓葉等隨著四季遷移改變顏色，有些樹齡比宮殿還久遠，景致相當優美。韓劇《閣樓上的王子》裡多次提及的芙蓉池，就在後苑裡。

1997

文化遺產

防禦工事

水原華城 Hwaseong Fortress

朝鮮第22代王正祖李祘為了杜絕朝廷保守派掌控都城資源的弊端，有了遷都的打算，1794年元月開始在水原動工興建華城，兩年又9個月後竣工。華城是連綿5.7公里的心型城牆，被圈入的面積達130公頃。華城的建造，在韓國史上具有許多重大的意義，包括最早並用花崗岩石材與黑磚塊、最早運用起重機等機械，不但有效地減輕了百姓的痛苦，也大幅縮短工期、節約經費。

華城的不同角落裡，有角樓、將台、砲樓、弩台、敵台、空心墩等，各具不同的功能，尤其空心墩是從中國遼東學來，把磚砌成圓形、中空的墩台，士兵可以進入裡面對外射槍，禦敵功能強大，也是韓國建築史上的創舉。

1995

文化遺產

佛教遺產

佛國寺與石窟庵
Seokguram Grotto and Bulguksa Temple

石窟庵與佛國寺是韓國佛教藝術的顛峰造極之作。結束三國分裂狀態統一全韓國的新羅時代(676年～935年)，定都於慶州，此時國泰民安，文化和藝術在此時都有非凡的成就，特別是佛教文化更在此時達到興盛。欣賞慶州的佛教文化，當以石窟庵與佛國寺最為經典。

佛國寺建於新羅時代的751年，不過壬辰倭亂時，大部分的木造建築都毀於戰火中，其後經過數次的整修才恢復今日的面貌。由於重建時都是以當年的石壇或礎石來建造，而多寶塔、釋迦塔等石造建築也維持創建時的姿態，就文化與藝術價值來說，實為登峰造極之作。

石窟庵位於佛國寺東邊吐含山上，與位於土庵山上的佛國寺遙遙相對，兩寺據文獻記載，都是由金大成所興蓋，但兩者風格卻大異其趣。石窟庵欣賞的是釋迦如來坐像，佛國寺則是觀賞寺廟建築美與石塔。石窟庵的釋迦如來佛像安詳地端坐在人工挖鑿的石窟內，高3.26公尺，坐在以蓮華文刻成的八角台座上，膝蓋上自然垂放的右手，食指輕輕放置在中指之上，穩如泰山之姿中可稍見律動感，並有降魔之意。眉高、雙眼半開間仍可見瞳孔，端正的鼻樑和嘴巴，額頭處並鑲有金剛鑽，表情祥和而優美。石窟庵的釋迦如來佛像為韓國第一級國寶，不論是佛像頸部的三道柔和線條，僧衣覆蓋左肩的薄紗狀，在胸膛與雙足衣服的美麗線條，皆為雕刻藝術的最高傑作。

2007

自然遺產

火山地形
景觀

濟州火山島和熔岩隧道
Jeju Volcanic Island and Lava Tubes

濟州島上被規劃為自然世界遺產的區域包括城山日出峰、拒文岳熔岩洞窟、漢拏山自然保護區，三處都是火山活動所成的獨特地質景觀。

城山日出峰形成於十萬年前的海底火山爆發，海拔182公尺的頂端有著直徑600公尺寬、深90公尺的火山口，遠看猶如皇冠，是當地欣賞日出的最佳地點。漢拏山為海拔1950公尺的休眠火山，位於濟州島中央，周邊有許多不同大小的寄生火山，頂端則是直徑1720公尺的天然湖白鹿潭。

由寄生火山噴發後所產生的拒文岳熔岩洞窟，被國際教科文組織認為是罕見完整的熔岩洞窟系，其中總長13,422公尺的熔岩管狀隧道萬丈窟最具代表性，洞穴內有壯觀的鐘乳石和石筍，目前只開放一公里讓遊客參觀。

2014

文化遺產

防禦工事

南漢山城 Namhansanseong

南漢山城位於首爾東南方約25公里處，朝鮮王朝時代(1392-1910)，被設計來作為緊急之用的臨時首都。這裡的海拔約五百公尺，城牆全長約12.3公里，由僧侶士兵建造並負責守衛，城裡內部廣闊平坦，水資源也很豐富，約可容納數千至上萬人。

城牆建造歷史最早可以推算到7世紀，後來歷代經過數次重建翻修，17世紀初時，曾經抵禦中國清朝滿人的入侵。城牆建築風格明顯受到中國和日本的影響，後來西方的大砲也進駐，該城因此守護了朝鮮的自主與獨立地位。

2015

文化遺產

考古遺址

百濟歷史區 Baekje Historic Areas

百濟(又稱南扶餘)是古代朝鮮半島西南部的國家，在朝鮮半島上曾經與高句麗、新羅三足鼎立，並稱為朝鮮三國時代。其國力最強盛的時候，國土涵蓋朝鮮半島西半部絕大部分，最北到平壤，曾是海上強國，但在660年被新羅和中國唐朝的聯軍所滅。本遺產涵蓋了年代從475年~660年的8處考古遺址，包括公山城、武寧王陵、熊津、北漢山城、扶餘官北里遺跡與扶蘇山城、定林寺、扶餘陵山里古墳群、扶餘城牆、彌勒寺等。其文化、宗教、藝術明顯受到中國、日本及朝鮮本身的影響。

高敞、和順、江華的石室古墓遺址
Gochang, Hwasun and Ganghwa Dolmen Sites

2000
文化遺產
陵墓墳塚

©韓國觀光公社

　　由於墓葬也是研究人類活動的重要根據，聯合國國際教科文組織認定其保存價值，遂於2000年將這三地的石室古墓列入文化世界遺產之列。

　　支石墓是史前時代石墓形式之一，和順石墓最大特色是密集地聚集596個石墓，除了石墓，在附近也找到了工作石室，藉由石室來得知當時建造石墓的方法及過程。全羅北道高敞郡是韓國最大規模的支石墓遺跡，位在仁川市江華郡也有北方式的支石墓群，透過這些遺址可了解兩、三千年前人們的生活方式及智慧。

朝鮮王朝皇陵
The Royal Tombs of the Joseon Dynasty

2009
文化遺產
陵墓墳塚

　　韓國朝鮮王朝興起於14世紀末，將儒教設為國教，創立韓國書寫文字，可說是韓國帝王統治的盛世。朝鮮王朝一共留下72位君王和后妃以及未能登基就逝世的儲君陵墓，分散在18個地區，多集中於京畿道或首爾一帶。

　　每座陵墓位置一律有山為背、南面向水源，除了陵墓本身，還設有T型木造神龕、警衛亭等，周邊圍繞著動物或人形石雕，整個布局風水方位，保護著祖靈和墓地。

山寺，韓國佛教名山寺廟
Sansa, Buddhist Mountain Monasteries in Korea

2018
文化遺產
佛教寺廟

　　位於山間的佛教寺廟，這處文化遺產由法住寺、通度寺、浮石寺、大興寺、鳳停寺、麻谷寺、仙岩寺等七處寺廟組成，其中，報恩郡俗離山上的法住寺是韓國五大寺剎之一，又稱「小金剛」。這幾處寺廟建於7世紀至9世紀，空間佈局展現了韓國寺廟建築共有的要素：開放式庭院、兩側的佛殿、亭、講經堂和宿舍，包括了獨特的結構、神龕，這些山間的寺廟是神聖的地方，迄今依然是信仰和日常宗教活動的中心。

南韓新儒學書院
Seowon, Korean Neo-Confucian Academies

2019
文化遺產
書院建築

　　這項遺產包括9座書院，分布於南韓中部和南部，是朝鮮王朝(15~19世紀)新儒學書院的代表。書院的主要功能為傳道、尊師、接觸大自然，這些也都融入書院的設計中。依山傍水的書院是欣賞自然、修身養性之所，建築的樣式與自然景觀融為一體，也展現了中國新儒學在南韓發展演變的歷程。

南韓潮灘 Getbol, Korean Tidal Flats

2021
自然遺產

　　這項遺產由舒川、高敞、新安和寶城–順天4處潮灘組成，呈現出地質、海洋與氣候條件的複雜組合形成多樣化的海岸沈積體系，這幾處潮灘分別顯現河口型、開放港灣型、群島型或半封閉型潮灘，潮灘擁有生物多樣性，據統計遍佈兩千一百多種動植物，除了作為118種候鳥的棲息地，還是47種特有和5種瀕危海洋無脊椎動物的家園，展現了地質多樣性和生物多樣性間的聯繫，也證明人類活動對自然環境的依賴性。

伽倻古墳群 Gaya Tumuli

2023
文化遺產
古墳群

　　這處墓葬屬於伽倻聯盟，該聯盟於1世紀至6世紀在朝鮮半島南部發展，古墳的地理分布和景觀特徵、喪葬類型及陪葬品詮釋了伽倻獨特的政治體系，聯盟成員政治自主、平等共存，同時又具有文化的共通性，新墓葬形式的引入和墓穴空間等級的強化，反映了伽倻社會發展過程中經歷的變革。

符號說明 登錄時間　遺產內容　遺產類型 文化遺產 自然遺產 綜合遺產 瀕危文化遺產 瀕危自然遺產　瀕危綜合遺產

2000

文化遺產
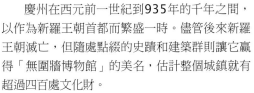
陵墓墳塚

慶州歷史區 Gyeongju Historic Areas

慶州在西元前一世紀到935年的千年之間，以作為新羅王朝首都而繁盛一時。儘管後來新羅王朝滅亡，但隨處點綴的史蹟和建築群則讓它贏得「無圍牆博物館」的美名，估計整個城鎮就有超過四百處文化財。

擁有千年歷史的慶州，最引人注目的即是到處點綴的古墳群，行走其間常可看到在綠地中突起的塚墓。這些古墓和王陵有許多上都尚未被發掘，同時慶州政府為了保護這些景觀，嚴格限制周遭房屋的高度不准超過這些古墳群，這也讓慶州處處飄散著謎樣的古典美。

慶州的史跡景點集中，加上城鎮大小適宜，許多旅客喜歡騎乘腳踏車去感悟慶州歷史的古韻，到古墳公園看看天馬塚，到東亞最早的瞻星台，有慶州金氏發祥傳說的雞林，或是可遙想當年宮殿歌舞昇平繁榮景象的雁鴨池等地，感受千年的古風。

2010

文化遺產

人文聚落景觀

南韓歷史村落：河回村與良洞村
Historic Villages of Korea: Hahoe and Yangdong

建立於14~15世紀間的河回與良洞，被認為是最足以代表南韓歷史宗族村落的小鎮，它們同位於慶尚北道(Gyeongsangbuk-do)，分別坐落於安東市(Andong)以及慶州市(Gyeongju)東北方16公里處的Gangdong-myeon農村。

四周群山環繞、面對著河流與開闊的農地，它們的布局和地理特色，反映出早期朝鮮王朝(Joseon Dynasty)貴族統治下的儒家文化。如此的田園風光和山色美景，伴隨著首領家族的宅邸，以及大量木頭結構的宗族成員房舍、涼亭、書齋，和常見成簇的泥土牆草頂平房，形成一幅非常動人的景致，為人們的心靈提供養分。環繞河回村與良洞村的群山、綠樹與溪流，以及從涼亭眺望而出的景觀，早在17~18世紀時已成為南韓詩人筆下經常描繪的題材。

吉爾吉斯 Kyrgyzstan

 2 1 0 Total 3

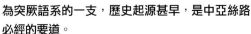

吉爾吉斯是1991年蘇聯解體後獨立出來的中亞國家，境內多高山，東邊與中國為界，境內有七成說吉爾吉斯語，也是中亞的草原游牧民族之一，為突厥語系的一支，歷史起源甚早，是中亞絲路必經的要道。

2009

文化遺產

聖地

蘇萊曼圖聖山
Sulaiman-Too Sacred Mountain

蘇萊曼圖聖山坐落在吉爾吉斯南方費爾干納谷地的高處，五座山峰相連，形成該國第二大城奧什(Osh)的屏障，也是中亞絲路的交會口、過去旅者或商隊的地標。

受到前伊斯蘭教和伊斯蘭教信仰的影響，數千年以來，蘇萊曼圖聖山一直是中亞地區人們朝拜的聖地，信眾相信在蘇萊曼圖聖山祭拜，可治癒頭痛、背痛和不孕等症狀，目前有17處朝聖地仍有信眾前往祭拜，且各據點都有步道連結。

山中另有兩座16世紀重建的清真寺和許多史前洞穴壁畫，其中有101處以人和動物形體為主的壁畫，一併被標注為世界遺產。

★絲路：長安─天山走廊路線Silk Roads: the Routes Network of Chang'an-Tianshan Corridor詳見中國

★天山西部Western Tien-Shan詳見哈薩克

寮國 Lao People's Democratic Republic

3 0 0 Total 3

寮國是中南半島唯一的內陸國，約於西元13世紀中葉，泰北清邁的蘭那王朝範圍含蓋了今天寮國的龍坡邦及永珍在內，因此寺廟建築和泰國有相當多的神似之處。森林資源極其豐富，綿延其中的湄公河成為這個沒有鐵路系統國家重要的生命線與交通要道。

川壙巨石缸遺址—石缸平原
Megalithic Jar Sites in Xiengkhuang – Plain of Jars

2019
文化遺產
墓葬遺址

位於中部高原的石缸平原得名於其上的二千一百多個巨型石缸，這些石缸是鐵器時代的喪葬遺跡，這項遺址除巨型石缸之外，還有可追溯到西元前500年至西元500年的石盤、墓葬品、墓碑、採石場等，這些物品的製作和使用為鐵器時代文明最突出的證據，貫穿整個時代，直至於西元500年前後消失。

龍坡邦 Town of Luang Prabang

1995
文化遺產
古城 × 殖民城市／法國

龍坡邦是寮國的歷史古都，也是最耀眼的觀光地點，有豐富的廟宇等古建築，在法國殖民時期，這裡還是法國人鍾情的避暑勝地，遺留下66棟法國殖民時期建築，東西文化激盪出獨樹一格的風情。龍坡邦位於寮國的北部，是湄公河畔的港口，寮國的第二大城。約從8~13世紀，一支屬於寮泰少數民族的部落就選擇這處湄公河和它的支流南康河(Nam Khan)的交匯點作為都城，而寮國的第一個王朝，也就是由高棉支持的法昂(Fa Ngum)所建立的瀾滄王國，亦於1353年定國都於此，當時名為孟沙瓦(Muang Sawa)。但在法昂國王以後，由於接受高棉貴族所贈稱為「坡邦」(Pha Bang)的大臥佛，因此此地就改名為龍坡邦，意為大佛或聖佛。從此龍坡邦一直為瀾滄王國的首都，直到Xaisethathirath國王將首都遷往永珍為止。

©Sabaidee Laos

©Sabaidee Laos

占巴塞文化景觀—瓦普神廟遺址與古代聚落
Vat Phou and Associated Ancient Settlements within the Champasak Cultural Landscape

2001
文化遺產
印度教遺產 × 人文聚落景觀

從占巴塞文化遺址推斷，其年代應為當時中國古書記載的真臘國，遠早於千年前一統中南半島大部分地區的吳哥王朝。瓦普廟建築群和聚落遺址，以及周邊留存豐富的雕刻藝術，都清楚顯示當時印度教對中南半島信仰的影響。

位在普高山上的瓦普廟裡，原本供奉的神祇就是印度教的濕婆神，即便目前在正殿是佛教釋迦摩尼佛像，仍可從廟宇周邊的印度教雕刻略知一二，甚至聚落裡寺廟、神龕和水池的位置，都是從印度教的教義和觀點表現人和自然之間的關係。被納入世界遺產的範圍，不只有瓦普廟，從河岸到山頂拉出一條軸線，約略10公里內，還包括湄公河岸兩座城市以及普高山。

符號說明 登錄時間 遺產內容 遺產類型 文化遺產 自然遺產 綜合遺產 瀕危文化遺產 瀕危自然遺產 瀕危綜合遺產

黎巴嫩Lebanon

 #6　 #0　 #0　Total 6

拉希德・卡拉米國際會展中心─的黎波里
Rachid Karami International Fair-Tripoli
比布魯斯
Byblos
巴別克
Baalbek
加迪沙聖谷和神山森林
Ouadi Qadisha(the Holy Valley) and the Forest of the Cedars of God (Horsh Arz el-Rab)
安杰爾
Anjar
泰爾
Tyre
賽浦路斯海
敘利亞
以色列

黎巴嫩位於地中海海盆和阿拉伯半島的重要十字路口，地理和歷史因素，使得它成為一個多元種族、宗教和文化的國家，其入選的6處文化遺產，適足以反映這個脈絡，從七千年前的古代遺址到眾多古城，都說明了黎巴嫩地理位置的重要性。

安杰爾 Anjar

 1984
 文化遺產
 古城遺址

距今約有1300多年歷史的安杰爾古城位於黎巴嫩國土的中央，最初是烏麥耶王朝(Umayyad)瓦利德一世國王的避暑地點，是1948年發現的8世紀古蹟遺址。烏麥耶王朝延續了一百年的盛世(660～750年)，而安杰爾為當時貿易重鎮。以安杰爾古城遺址推斷，當時市中心面積約114,000平方公尺，所有的建築皆為堅固的石材打造，城牆厚2公尺、高7公尺，擁有羅馬城市經典的寬闊大道，漂亮的石砌曲拱、寬拱門、堡壘、清真寺、浴池、住屋等建築樣式則取自拜占庭風格。現在的古城遺址留有20公尺長的大道，以及數百家並排商店的遺跡。

巴別克 Baalbek

 1984
 文化遺產
 古城遺址/古羅馬

巴別克原本是腓尼基時代祭拜太陽神的地方，城市名中的「Baal」意指「太陽神」，到希臘時期被稱為太陽之城。城市發展始於羅馬全盛時期，從目前遺留下來的建築遺蹟，包括圓柱神殿以及繁複的石雕，都彰顯了羅馬黃金時期的建築技法，最重要的遺址就是宙斯神廟、酒神廟、維納斯神廟，其中酒神廟是中東地區保存最完整的羅馬神殿建築。

比布魯斯 Byblos

 1984
 文化遺產
 古城遺址

比布魯斯的歷史至少可回溯至七千年前，從一座沿海漁村開始發展。比布魯斯曾經是第一座和埃及有貿易往來的腓尼基城市，現在城鎮裡仍留有石器時代的住屋殘蹟、腓尼基時期一位國王的地下墳墓、羅馬時期噴泉遺跡和城堡遺址等。歷史文物被埋在地底多年，一直到19世紀末至20世紀之間，才被考古學家發現。

泰爾 Tyre

 1984
 文化遺產
 古城遺址/古羅馬

泰爾過去是主控海權的重要城市，積極向外擴張殖民地，以及穩定發展的紫染織品產業，引來巴比倫國王和亞歷山大大帝遠征至此。泰爾輝煌的過去，目前可在鎮上兩處考古遺址窺探一二，多半是羅馬時期遺留下來的競技場、巨大的三彎拱門、占地廣大的墓地、露天浴池、建築廊柱和古街道等。

拉希德・卡拉米國際會展中心─的黎波里
Rachid Karami International Fair-Tripoli

 2023
 瀕危文化遺產
 展覽場地

這處國際會展中心由巴西建築師尼邁耶(Oscar Niemeyer)於1962年設計，佔地70公頃，位於的黎波里歷史中心和阿爾米納港之間，主體建築由一個750公尺×70公尺迴力鏢狀的有頂大廳組成，為各國舉辦展覽提供了靈活的空間，就其規模和形式表現的豐富程度，是20世紀阿拉伯近東現代建築的主要代表作品之一。

加迪沙聖谷和神山森林
Ouadi Qadisha (the Holy Valley) and the Forest of the Cedars of God (Horsh Arz el-Rab)

 1998
 聖地
文化遺產

加迪沙河谷位居黎巴嫩最高峰庫爾內特薩烏達山(Qornet Es-Saouda)，不僅擁有蔥鬱的西洋杉林，也是世界上最早有基督教修士隱居的地方。現在仍留有許多嵌在崖壁上的小教堂、石窟以及一些隱士住所，這些建築上的壁畫可追溯至12至13世紀，而周邊的杉木林應該就是當時修士們修築居所的材料。

馬來西亞Malaysia

🏛 #3　🌲 #2　🏛 #0　Total 5

不像其他古文明國度擁有數千年的歷史，馬來西亞一開始以其豐富的生態林相入選兩項自然遺產，但進入21世紀之後，馬六甲海峽上的兩座殖民歷史城市獲得青睞，晚近更是以發現非洲大陸以外最古老的人類歷史遺跡而舉世矚目。

南中國海

京那峇魯國家公園
Kinabalu Park

馬六甲海峽的歷史城市：
馬六甲和喬治城
Melaka and George Town, Historic
Cities of the Straits of Malacca

姆魯山國家公園
Gunung Mulu National Park

尼亞國家公園洞穴考古遺址
The Archaeological Heritage of
Niah National Park's Caves Complex

玲瓏谷考古遺址
Archaeological Heritage
of the Lenggong Valley

印尼

2000

自然遺產

喀斯特
地形

姆魯山國家公園
Gunung Mulu National Park

　　姆魯山國家公園是世界上最廣大而壯觀的天然鐘乳石地洞之一。馬來西亞的鐘乳岩層的地區分布廣袤，幾乎包括了婆羅洲的北砂勞越大部分，而目前共發現了26個地下洞穴及長達159公里的通道，僅占總數的30%。目前，已開放可安全參觀的有6個，包括「砂勞越岩洞（Sarawark Cave）」，被喻為世界最巨大的洞內自然廳堂，長600公尺、寬450公尺、高100公尺，據說可停放40架的波音747飛機。

　　所有的鐘乳石風貌並非只在岩洞內呈現，露出於外的鐘乳石層的尖峰有的比樹還高，甚至高到45公尺，這就是全球罕見的石灰刀石林（Pinnacles）。

　　考古學家推測，在150萬年前冰河時期就已形成的姆魯山國家公園，一望無際的山景與植被仍然保留著美麗而豐富的原始色彩。園內目前發現有二萬種動植物，包括姆魯山山腳下生長許多香料植物，在泥炭沼澤周邊也發現多種灌木類植物；石灰岩地貌半山腰部分，生長最多的是苔類；山頂上則滿布著高山植物。目前為止，在姆魯山發現約有1500種花卉，包含170種蘭花、10種瓶狀葉植物，多不勝數的蕨類植物等，也陸續發現許多珍貴而未知的動植物。

符號說明　登錄時間　遺產內容　遺產類型　文化遺產　自然遺產　綜合遺產　瀕危文化遺產　瀕危自然遺產　瀕危綜合遺產

2000

自然遺產

高山
×
熱帶雨林
生態

京那峇魯國家公園
Kinabalu Park

京那峇魯位於馬來西亞沙巴州，標高約4,101公尺，面積754平方公里，也被稱為「神山」，是東南亞的最高峰。這座於150萬年前所形成的神山，由於地殼經過長時間不斷地冷卻和凝結之後，向上隆升而形成花崗岩層，再加上受到豪雨、冰和冰河的侵蝕影響，來自大自然的神奇力量，使這座新的山岳顯現出獨特的地質面貌。

特殊的地質條件和自然環境，使神山呈現美麗多采多姿的景致，此地以熱帶雨林生態聞名遐邇，尤其生長在國家公園保護區內更有無數奇特的繁茂植物，像是世界最大朵花之一的拉芙西亞花和項鍊蘭花，以及橡樹、杜鵑花、豬籠草和矮灌木等各類花草茂盛成長，尤其這兒還是賞鳥和觀賞松鼠、蜥蜴等哺乳動物成長的最佳場所。

2012

文化遺產

考古遺址
舊石器
時代
×
新石器
時代
×
青銅時代

玲瓏谷考古遺址
Archaeological Heritage of the Lenggong Valley

本遺址位於馬來西亞霹靂州北部的玲瓏谷，範圍涵蓋兩區共四處的考古場址。這裡的洞穴及露天考古場址記錄了距今183萬年前到1,700年前的人類活動，時間橫跨舊石器時代、新石器時代及青銅時代，是非洲大陸以外最古老的人類歷史遺跡。

1991年，大馬考古學家在玲瓏谷古濃輪都洞(Gua Gunung Runtuh)挖掘文物時，意外發現了保存極為完整的「霹靂人」(Perak Man)骨骸，證明馬來半島在1萬多年前已經有人類居住。2009年，考古學家更宣布他們在玲瓏谷武吉布農(Bukit Bunuh)一處由隕石撞擊而成的衝擊凝灰角礫岩(suevite)岩層中，發現了一個用石英岩鑿成的手斧，時間可回溯到183萬年前，這項舉世矚目的新發現，立刻使玲瓏谷成為東南亞地區最古老的舊石器時代遺址。其他存在於玲瓏谷的珍貴考古遺跡，還包括石窟壁畫、珠寶、陶器、石器、武器以及工具打造場等。

2008

文化遺產

殖民城市
×
英國
×
荷蘭

馬六甲海峽的歷史城市：馬六甲和喬治城
Melaka and George Town, Historic Cities of the Straits of Malacca

1786年，英國法蘭西斯‧萊特上校來到檳城島，他將進駐屯墾的東北角以英王喬治三世(George III)命名，這就是喬治城的由來。喬治城是檳城州的首府，也是政治經濟發展的中心，有趣的是，喬治城保有豐富的華人移民文化，許多重要的古蹟與街道都分布在市中心，因此擁有一個道地洋名的它，事實上卻非常中國。

而馬六甲城扼守馬六甲海峽的戰略地位，也吸引西方國家如葡萄牙、荷蘭、英國的注意，西方大國的進駐雖讓馬六甲歷經多次的殖民事件，但也留下了不少相關的遺跡，現今的馬六甲處處可見當年的時光軌跡，街道與建築，乃至於飲食文化都是活的歷史教材，為世界的旅客娓娓訴說屬於馬六甲的故事。

2024

文化遺產

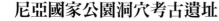
洞穴考古遺址

尼亞國家公園洞穴考古遺址
The Archaeological Heritage of Niah National Park's Caves Complex

尼亞國家公園位於婆羅洲島西海岸附近，園區連接的巨型洞穴組成這項遺產，保留了人類從更新世到全新世中期在雨林活動的最長記錄，時間跨度至少五萬年。山丘北緣有豐富的考古遺跡及史前岩畫、船棺墓葬，增進了對東南亞乃至全球的人類發展、適應、遷徙相關資訊。當地居民在洞穴中收集鳥糞和珍貴的燕窩時，仍遵循古老的Molong傳統，意為「只取所需」。

蒙古Mongolia

4 2 0 Total 6

13世紀時，成吉思汗成立蒙古帝國，金戈鐵馬震撼歐亞，成為歷史上最大版圖的大帝國；而後忽必烈統一中國，強勢的國力卻因藏傳佛教席捲草原逐漸衰微；直至蒙古歸順清朝、20世紀走上獨立，在世界歷史中，它永遠占有一席之地。

大不兒罕合勒敦山及其聖地景觀
Great Burkhan Khaldun Mountain and its surrounding sacred landscape
烏布蘇湖盆地
Uvs Nuur Basin
達斡爾景觀
Landscapes of Dauria
鄂爾渾河谷文化景觀
Orkhon Valley Cultural Landscape
鹿石碑及青銅時代遺址
Deer Stone Monuments and Related Bronze Age Sites
蒙古阿爾泰山岩畫群
Petroglyphic Complexes of the Mongolian Altai
俄羅斯
中國

※烏布蘇湖盆地Uvs Nuur Basin詳見俄羅斯
※達斡爾景觀Landscapes of Dauria詳見俄羅斯

2015

文化遺產

聖地

大不兒罕合勒敦山及其聖地景觀
Great Burkhan Khaldun Mountain and its surrounding sacred landscape

大不兒罕合勒敦山位於蒙古東北部的肯特(Khentii)山脈中部，這裡有遼闊的中亞草原以及西伯利亞針葉林，據傳是成吉思汗的出生地，以及下葬的地方，被蒙古人視為最神聖的聖山。除了成吉思汗，這裡的山脈、河流不少地方都被視為聖地，到處都可以看到薩滿教的石墩，以及佛教的經幡。1992年，蒙古將大不兒罕合勒敦山方圓12000平方公里的地方設立為保護區。

2023

文化遺產

古代石碑

鹿石碑及青銅時代遺址
Deer Stone Monuments and Related Bronze Age Sites

這些遍布蒙古中部杭愛山脊上的鹿石，用於儀式和葬禮，年代可追溯至西元前約1200年~前600年，鹿石高度可達四公尺，直接嵌入地裡，有些是獨石；有些是群石，它們常位於大型墓冢(Khirgisüürs)、祭壇等綜合建築群中。鹿石上刻有鹿紋圖案，是青銅時代歐亞大陸遊牧民族文化中最重要的存留物，此類遊牧文化在西元前2世紀~前1世紀間演變，之後逐漸消失。

2004

文化遺產

人文聚落景觀
×
河谷

鄂爾渾河谷文化景觀
Orkhon Valley Cultural Landscape

目前仍有遊牧民族在河谷周邊的牧地放牧。13~14世紀，蒙古帝國的首都卡爾哈林(Kharkhorum)就在此河谷地區，維吾爾族也曾在此設立都城，此外，考古學家也發現不少6世紀的遺跡群，以及融合在地文化的佛教寺廟等，並從中發現過去遊牧民族的信仰、貿易等社會活動，以及歐亞文化交會變換的蛛絲馬跡，證實了鄂爾渾河谷在中亞地區中有著一定的歷史地位。

2011

文化遺產

岩畫藝術

蒙古阿爾泰山岩畫群
Petroglyphic Complexes of the Mongolian Altai

本遺址包含三處由古老游牧民族流傳下來的岩畫群，皆位於蒙古阿爾泰山脈的巴顏烏勒茲省(Bayan-Ulgii)，總面積約11,300公頃。阿爾泰山最早期的岩畫反映了更新世晚期到全新世初期(大約距今11,000年前到6,000年前)的人類生活狀況，當時此區仍有一部分是森林，人們多半在山谷打獵覓食。中期的岩畫則呈現此地在全新世中期(大約距今6,000年到4,000年前)已經變成山地草原，人們過著以放牧為主的生活。最晚期的岩畫大約出現於西元前1000年的斯基泰時期(Scythian periods)，它們呈現了當時人們從放牧過渡到騎馬遊牧的生活方式。

阿爾泰山岩畫的主題多半是狩獵，放牧、舞蹈、宗教儀式以及牲畜或野生動物形象。它們有些出現在水草豐美的山谷河流旁，有些刻製在林間巨石上，有些則繪製於懸崖峭壁或石窟壁面，而且附近通常都有游牧民族賴以維生的狩獵場或放牧場。這些分布集中的岩畫遺跡，充分反映了一萬兩千多年來人類文化的發展，也生動描繪出人類與環境之間的互動關係。

緬甸Myanmar

 2　 0　 0　Total 2

緬甸這個中南半島國土面積最大的國家，境內古蹟無數，卻直到2014年才有第一座世界遺產入列，而且不在一般人所熟知的仰光、浦甘、曼德勒等這些擁有無數佛塔、寺廟的城市，而是比這些現存古蹟年代更早的驃王國所留下來的考古遺址。

2019

佛教藝術
×
建築

文化遺產

蒲甘 Bagan

蒲甘坐落在蜿蜒流經緬甸中部平原的伊洛瓦底江畔，是一處佛教藝術和建築的聖地。這項遺址由八處地點組成，內有大量寺廟、窣堵坡、修行所、朝聖地，以及考古遺跡、壁畫和雕塑，展現了11~12世紀的蒲甘文明，當時的蒲甘是一個地區王國的都城，此處的建築群反映這個早期佛教國家的宗教熱情。

2014

文化遺產

古城遺址

驃國古城 Pyu Ancient Cities

在緬甸這塊廣大的土地上，由驃族所建立的驃國(Pyu Kingdoms)，可以說是最早出現在緬甸而有歷史記載的古國文明，其年代約從西元前200年到西元900年，超過1000年的輝煌歷史，分部在伊洛瓦底江流域(Ayeyarwady)。中國《新唐書》《驃國傳》就提到，驃國有18個屬國、9個城鎮、298個部落。

被納入世界遺產的分別是罕林(Halin)、毗濕奴

(Beikthano)、室利差旦羅(Sri Ksetra)這三座用石磚打造、外圍有城牆和護城河的古城遺址，分立在伊洛瓦底江盆地乾涸區域的灌溉田間。

遺址經過考古探勘後，可以發現宮殿、堡壘、墓塚、手工藝工作坊，以及磚砌佛塔、部分城牆和水利設施，有些部分目前還在使用中，顯示當時的農業是相當有組織的，而且小乘佛教早已傳入，其創造的文化，為後來浦甘王朝奠定深厚基礎。

符號說明 登錄時間 遺產內容　遺產類型 文化遺產 自然遺產 綜合遺產 瀕危文化遺產 瀕危自然遺產 瀕危綜合遺產

尼泊爾Nepal

 2　 2　 0　Total 4

尼泊爾境內擁有兩大自然遺產和兩處文化遺產，雖然數量不多，然而跨越的範圍卻相當遼闊，其中加德滿都谷地就包括了七座皇宮與寺廟。另外像是位於喜瑪拉雅山區的薩加瑪塔國家公園，正是世界最高峰聖母峰的所在地。

1984

自然遺產

動植物生態

皇家奇旺國家公園
Royal Chitwan National Park

　　喜馬拉雅山腳下的奇旺皇家國家公園，是少數未遭人為破壞的生態區。境內除了豐富多元的植物生態，並擁有最後幾隻獨角犀牛和孟加拉虎。

　　皇家奇旺國家公園位於尼泊爾南邊，原是皇室專用狩獵場，1961年才開放給一般旅客，1973年成為尼泊爾第一個國家公園，動植物受到完善的保護。

　　在奇旺有三件必做的事，一是騎大象、看獨角犀牛，其次坐獨木舟賞鳥、找鱷魚，三是跟著導遊認識植物，總歸就是看生態，932平方公里的境內，有獨角犀牛、野豬、孟加拉虎、野象等超過50種哺乳動物，和翠鳥、老鷹、夜鷺、犀鳥等525種鳥，據當地導遊表示，在2、3月時比較容易看到老虎和一些罕見動物。

1979

文化遺產

文化景觀
×
印度教
遺產

加德滿都谷地
Kathmandu Valley

身處中國和印度兩大古文明的交會處，加德滿都谷地20公里的範圍內就有7處宗教古蹟群，其中包括3個古皇宮所在地，共有將近130間廟宇、浴池、花園、佛塔等，充分展現富麗精細的尼泊爾工藝，以及融合印度教和佛教信仰的具體詮釋。

谷地裡的文化遺產集中在加德滿都、帕坦(Patan)和巴克塔布(Bhaktapur)三大古都，皆是古皇宮所在，建於馬拉(Malla)王朝，約12~17世紀間，結構上相當類似。

皇宮前的廣場一律叫做杜兒巴廣場(Durbar Square)廣場，三座廣場皆列名文化遺產，由於尼泊爾人將國王視為保護神毗濕奴的轉世，廣場上必定有一間御用的印度廟，由一位活女神庫瑪莉(Kumari)駐守，和一座黃金門。

加德滿都位於谷地西邊，是尼泊爾王國首都，同時是尼國的政治、經濟、文化，和商業中心，廣場最外圍的御用印度廟德古塔蕾珠廟(Degu Taleju Temple)有500多年歷史，是現存同類型的廟中最早、最大，且最漂亮，因皇室仍在這間廟祭拜，外人不得進入，另有著名的性廟、猴門等。

帕坦位於谷地南部邊陲，距加德滿都約8公里，當地人民舊時以建廟為生，加德滿都幾乎所有的廟都是出自帕坦人之手，當然自家的廟更得好好設計，「精緻藝術之城」的封號由此而來。

巴克塔布是3個古都中維護得最好的，亦以精工木雕出名，杜兒巴廣場上有軍人駐守在黃金門和活女神廟門口，當地的活女神庫瑪莉是最有名的，木雕最極致表現為Dattatraya巷子裡的孔雀窗，據稱由於木頭材質特別硬，在三百多年後的今天，仍可看出根根清楚的孔雀翎毛，及繁複的裝飾雕花。不過2015年4月大地震後，許多古蹟都受到或多或少的損傷。

1979

自然遺產

高山景觀
生態

薩加瑪塔國家公園(聖母峰)
Sagarmatha National Park

薩加瑪塔國家公園其實就是一般所稱的喜馬拉雅山區，全境1148平方公里，涵蓋尼泊爾境內2845公尺以上的山區到聖母峰之間的範圍。平均海拔3000公尺以上，6000公尺以上的高山也比比可見，世界最高的聖母峰就在此列。薩加瑪塔國家公園以獨特的高山景觀和文化、生態，被認可為世界遺產。

薩加瑪塔國家公園位於加德滿都的東北方，尼泊爾和西藏的交界處。西藏人稱之為珠穆朗瑪，尼泊爾人稱它是「薩加瑪塔」，意思是「地平面之頂」(Top of The Surface)，其他山名則多用印度眾神的名字，或是藏文，或是跟雪巴人有關的名字。這裡是登山者的最後挑戰，旅客要不為了生態觀察或學術研究，就是打算健行直攻聖母峰。沿途可見冰河和罕見的高山動植物，植物像是銀蕨、杜松、樺樹等，動物則有喜馬拉雅黑熊、狼、山貓、雪豹。

1997

文化遺產

佛教聖地

藍毗尼佛陀出生地
Lumbini, the Birthplace of the Lord Buddha

佛陀的出生地藍毗尼坐落在喜馬拉雅山脈腳下，目前規劃成一座園區，園區裡有三個重點，一是佛陀母親摩耶夫人廟(Mayadevi Temple)，二是阿育王石柱，三則為水池和菩提樹。相傳摩耶夫人因夜夢白象由右側腋下進入，感而受孕，遂生佛陀，園中布局，似乎是儘量在還原當年的種種傳說故事。

摩耶夫人廟供奉著一塊模糊不清、由黑岩雕刻的摩耶夫人產子像，隱約可以看出摩耶夫人高舉右手、扶著樹枝的姿態。摩耶夫人廟後方的樹是她當年產子的地點，水池則是佛陀出生後淨身的水池，儘管這些都已非當年的樹與水池。倒是廟另一側豎立的阿育王石柱，銘文上說，阿育王登基後的第21年，親自在佛陀降生地參拜並立柱。

聖人出世總有聖蹟異象，例如悉達多王子一出生便行走七步，步步生蓮，一手指天，一手指地，並說：「天上天下，唯我獨尊。」雖為穿鑿之說，卻總能滿足後人對聖者崇拜的心理，並為聖地帶來更多傳奇色彩。

阿曼 Oman

 #5　 #0　 #0　Total 5

位於阿拉伯半島東南部海岸阿曼，控制著波斯灣重要的出入口荷姆茲海峽，從17世紀起就建立起屬於自己的王國。由於位於沙漠地帶，水源和雨水直接影響聚落的發展，從入選的5處文化遺產可以看出水在阿拉伯半島扮演的重要角色。

巴特、庫特姆和艾因考古遺址
Archaeological Sites of Bat, Al-Khutm and Al-Ayn
沙烏地阿拉伯
巴赫拉城堡 Bahla Fort
乳香之地 Land of Frankincense
阿曼的阿夫拉賈灌溉系統 Aflaj Irrigation Systems of Oman
卡爾哈特古城 Ancient City of Qalhat
伊朗
阿拉伯海
葉門

 1988
 文化遺產
 考古遺址 × 青銅時代

巴特、庫特姆和艾因考古遺址
Archaeological Sites of Bat, Al-Khutm and Al-Ayn

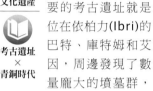

阿曼境內相當重要的考古遺址就是位在依柏力(Ibri)的巴特、庫特姆和艾因，周邊發現了數量龐大的墳墓群，以及完整的史前聚落遺跡，據推斷應為西元前3000年的青銅器時代。在艾因附近村莊的山脊上，就有二十座以石塊堆疊出約3.6公尺高、如倒扣蜂窩形狀的墓地，並留有很窄的入口縫隙，使用目的不可考。

 2000
文化遺產
沙漠綠洲 × 貿易路線

乳香之地 Land of Frankincense

每年6~8月的季風，為阿曼南部的朵法爾區(Dhofar)帶來豐沛的雨量，先天條件比阿曼其他地區還適合植物生長，乳香木的栽植也多半由此而來。在朵法爾區的巴利得(Al-Blaid)、霍爾羅里(Khuwr Rori)、斯西魯(Shasr)、瓦迪杜卡(Wadi Dooka)等古城裡的舊坑道和洞穴，以及古老文件中所發現製作乳香的遺跡，都證明了當地曾長期為中世紀乳香販售的重要交易點。

 2006
 文化遺產
 水利工程

阿曼的阿夫拉賈灌溉系統
Aflaj Irrigation Systems of Oman

阿曼屬於熱帶沙漠氣候，耕種灌溉無法只等自然雨量，阿夫拉賈灌溉引水系統便應運而生。阿夫拉賈是以人工挖出渠道，依照地勢的落差，將山區水源引進、輸送至耕地。即便現在已有先進的水利設施，這種可追溯至西元500或甚至西元前2500年，至今仍有三千多組阿夫拉賈灌溉系統在農村地區繼續使用中。列入世界遺產的灌溉系統共有五組代表，入選地區包括達西里亞區(Dakhiliya)、沙奇亞(Sharqiya)與巴提奈(Batinah)。

 1987
文化遺產
防禦工事

巴赫拉城堡 Bahla Fort

巴赫拉是阿曼最古老的村落，以製陶產業聞名。矗立在山丘上的巴赫拉城堡，最早修建年代可追溯至830年，歷經三次增建修整才成為現在的規模。後人認為城堡防禦系統架設最完整的應

是12~15世紀的巴奴聶罕時期(Banu Nebhan)，採用未窯燒過的磚塊堆砌出三角錐式的堡壘，以及綿延近15公里的城牆，堅固宏偉的架構不僅顯示當時發展成熟的建築技術，也見證了統治者的強盛勢力。

 2018
 古城遺址
 文化遺產

卡爾哈特古城
Ancient City of Qalhat

卡爾哈特古城位在阿曼的東海岸，遺址包括了被內城牆和外城牆圍住的古城，以及城牆外的區域。在霍爾木茲王朝(Hormuz Princes)統治期間，卡爾哈特在11世紀至15世紀時期，發展成為阿拉伯海東岸的主要港口，它為阿拉伯東海岸、東非、印度、中國和東南亞之間的貿易聯繫，提供了獨特的考古證明。

符號說明　 登錄時間　遺產內容　遺產類型　 文化遺產　 自然遺產　 綜合遺產　 瀕危文化遺產　 瀕危自然遺產　瀕危綜合遺產

巴勒斯坦 Palestine

 5 　 0 　 0 　 Total 5

2012年底聯合國大會正式通過巴勒斯坦成為會員國，而在此之前半年，教科文組織已將巴勒斯坦境內的伯利恆列為世界遺產，不過，因為位於這塊動盪為極具爭議的土地上一度納為瀕危文化遺產，足見其保護極為重要。

地圖標示：
巴勒斯坦：耶路撒冷南部
巴提爾的橄欖和葡萄文化景觀
Palestine: Land of Olives and Vines –
Cultural Landscape of Southern Jerusalem, Battir

敘利亞

賽浦路斯海

希伯崙／哈利勒古城
Hebron/Al-Khalil Old Town

古耶利哥／蘇丹土丘遺址
Ancient Jericho/Tell es-Sultan

約旦

聖希拉里翁修道院／特爾烏姆阿邁爾
Saint Hilarion Monastery/ Tell Umm Amer

耶穌誕生地：
伯利恆主誕堂及朝聖之路
Birthplace of Jesus:
Church of the Nativity and the
Pilgrimage Route, Bethlehem

埃及

耶穌誕生地：伯利恆主誕堂及朝聖之路
Birthplace of Jesus: Church of the Nativity and the Pilgrimage Route, Bethlehem

 2012　文化遺產　教堂×基督教聖地

©UNESCO／Federico Buonero

主誕堂坐落於伯利恆馬槽廣場，是全世界仍在使用中的最古老的教堂。327年，羅馬帝國君士坦丁大帝的母親海倫娜依據2世紀基督教歷史的考證，在耶穌降生的馬槽石穴上方興建主誕堂。529年，信奉猶太教的撒瑪利亞人(Samaritan)不滿拜占庭帝國查士丁尼大帝壓迫，發動起義，導致主誕堂在暴動中遭燒毀。565年，查士丁尼大帝下令重建，並保留教堂最初使用的馬賽克地板。到耶路撒冷王國時期，統治該地的十字軍對教堂進行整建。這裡有羅馬天主教、希臘東正教、方濟會及亞美尼亞教會的修道院，還有著名的謙卑之門、鐘樓、露台花園及朝聖之路。

古耶利哥／蘇丹土丘遺址
Ancient Jericho/Tell es-Sultan

 2023　文化遺產　土丘遺址

遺產位於約旦河谷，是一包含史前人類活動遺跡的橢圓形土丘，以及毗鄰的「蘇丹之泉」(Ain es-Sultan)。此處綠洲擁有肥沃土壤和便利水源，因而早在西元前9000年至前8000年就成為人類聚居處。發現的頭骨和雕像展示新石器時代已有宗教崇拜；青銅器時代早期的考古顯示城市規劃的跡象；中期則表明曾有一個大型城邦。

聖希拉里翁修道院／特爾烏姆阿邁爾
Saint Hilarion Monastery/ Tell Umm Amer

 2024　修道院遺址　瀕危文化遺產

位於努賽賴特市(Nuseirat)的海岸沙丘地帶，是中東最古老的修道院之一，歷史可追溯至4世紀，由聖希拉里翁創建，從最初隱居修士的容身之所，逐漸發展為集體修道社區，為修道院的傳播奠定基礎。修道院坐落在亞非大陸貿易、交通要道的交匯處，優越的地理位置使其成為宗教、文化、經濟交流的樞紐，及拜占庭時期沙漠修道中心蓬勃發展的範例。

巴勒斯坦：耶路撒冷南部巴提爾的橄欖和葡萄文化景觀
Palestine: Land of Olives and Vines – Cultural Landscape of Southern Jerusalem, Battir

 2014　瀕危文化遺產　農業景觀×葡萄×橄欖

巴提爾(Battir)丘陵位於那布魯斯(Nablus)和赫布隆(Hebron)之間的中央高地，包含了一系列的農耕谷地，有石頭砌成的梯田，靠著灌溉系統種植著葡萄和橄欖樹，在像這樣的山區進行農耕，得抽取地下水並透過灌溉渠道網進行澆灌，傳統上，水資源的分配就控制在鄰近的巴提爾村。

希伯崙／哈利勒古城
Hebron/Al-Khalil Old Town

 2017　瀕危文化遺產　古城遺址

希伯崙位於巴勒斯坦西岸地區，海拔約930公尺，以種族、宗教、職業等族群作為區域劃分的依據，充斥著曲折街道、古老石屋和市集，建築風格和室內裝飾相當獨特。知名的歷史遺蹟麥拉比洞(Cave of Machpelah)同時為猶太教、伊斯蘭及基督教視為聖地。對猶太人而言，麥拉比洞是先知亞伯拉罕、其子以撒、其孫雅各、其妻撒拉、利百加(以撒之妻)和利亞(雅各之妻)墓地，猶太人稱此處為「族長聖墓」，與耶路撒冷、采法特(Safed/Zefat)、堤比里亞(Tiberias)同列為「四大聖城」，而穆斯林稱此處為「易卜拉欣清真寺」(Al-Ibrahimi)，亦為穆斯林推崇的聖地。

# 巴基斯坦Pakistan

🏛 #6 　🔔 #0 　🏛 #0 　Total 6

與印度同樣坐落印度半島的巴基斯坦，如今雖分立成兩個不同國家，然而就其歷史發展脈絡可謂如出一轍，從五千年前的印度和古文明，到佛教文明，再到以伊斯蘭文明為主的蒙兀兒王朝，這些脫穎而出的文化遺產都是那個時代留下的資產。

摩亨佐達羅考古遺址
Archaeological Ruins at Moenjodaro

1980　文化遺產　考古遺址 × 印度河谷文明

　　摩亨佐達羅位於印度河西岸，距離巴基斯坦首都喀拉蚩約580公里，根據考古遺址往前推算，這座城市約建於西元前3000年前，現存遺跡則清楚說明了早期縝密的城市計畫，包括以未窯燒的磚築牆，城市筆直交錯的主幹道，以及排水系統、地窖倉庫、擁有藝廊的議事廳等，就連住屋的架構也經過設計，在地震來襲時會往外崩塌，以減低人身傷害。

　　在遺址附近有一座博物館，收藏舊城裡挖掘出來的日常用品、武器、雕像、玩具等，開放大眾參觀。

©UNESCO/Karim Hendili

特達歷史建築
Historical Monuments of Thatta

1981　文化遺產　陵墓墳塚 × 伊斯蘭教遺產

　　特達位於喀拉蚩東方98公里，印度河西岸、鄰阿拉伯海。歷經四朝伊斯蘭教帝國統治，在城市中留下許多伊斯蘭建築和遺跡，其中又以蒙兀兒王朝(14~16世紀)為最，修建的數量最多。在特達的麥克里山上，有一座號稱世界最大的陵墓群，占地約15.5平方公里，歷代國王、王后、學者、哲學家長眠於此，從陵墓和墓碑雕刻樣式，即可判別其朝代，而蒙兀兒時期多採用大理石或花崗岩為主要石材，雕刻精細繁複，在陵墓群中相當醒目。

　　其中規模最大，就是死於1644年的塔克汗(Isa

©UNESCO/Alexandra Sayn-Wittgenstein

Khan Tarkhan)為自己建的墓地，他在生前就請建築師修墓，結局和沙賈汗建泰姬瑪哈陵如出一轍，工程完成後，便將建築師的雙手砍斷，以保證自己的靈寢是世界上獨一無二。

拉合爾的古堡和夏拉莫花園
Fort and Shalamar Gardens in Lahore

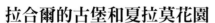

1981　古堡 × 園林 × 伊斯蘭教遺產　文化遺產

　　拉合爾古堡和印度紅堡同樣出自蒙兀兒帝國沙賈汗(Shah Jahan)之手，堡壘和清真寺以大理石為建材，加上精細的馬賽克與鍍金裝飾。而同時在拉合爾周邊建造的夏拉莫花園，格調高雅，配有一幢擁有三座露台的莊園，並以瀑布、池塘造景。

　　這兩處同時在1981年被列入世界遺產，也在2000年因維護不當被提為瀕危世界文化遺產名單，後來經過不斷修復，在2012年從瀕危名單中解除。

符號說明　登錄時間　遺產內容　遺產類型　文化遺產　自然遺產　綜合遺產　瀕危文化遺產　瀕危自然遺產　瀕危綜合遺產

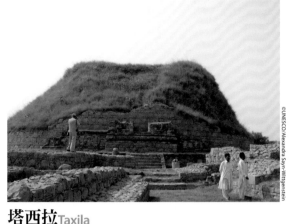

©UNESCO/Alexandra Sayn-Wittgenstein

1980

文化遺產

文化遺產
×
絲路

塔西拉Taxila

　　要能同時看見孔雀王朝阿育王和希臘亞歷山大大帝的足跡，全世界非塔西拉莫屬。位居歐亞絲路的中繼站，塔西拉已有兩千五百多年歷史，一直是佛教的教育和文化中心，犍陀羅藝術也是塔西拉重要的資產之一。而在遺址外的博物館裡，陳列著西方臉孔的雕塑，或是帶著希臘風格的佛像，都是東西文化在此交會的最佳證明。

1980

文化遺產

佛教遺產
×
防禦工事

塔赫特伊巴希佛教遺址及薩赫伊巴合古城
Buddhist Ruins of Takht-i-Bahi and Neighbouring City Remains at Sahr-i-Bahlol

　　在塔赫特依巴希山頂的僧廟是巴基斯坦最完整的佛教建築，居高臨下的位置可以眺望白夏瓦平原(Peshawar)，也因為在山上，僧廟才能躲過多次戰火，完整的保存下來。

　　這座在2~3世紀間興建的僧廟格局為矩形，規劃相當完整，包括佛塔、寺廟、舍利塔、天井等，在僧廟遺址中也發現許多雕刻和證明佛教和印度教徒都曾經在此留下足跡的錢幣。此外，鄰近地區還有一座構築了防禦工事的薩赫伊巴合古城，約建於同一個時期。

1997

防禦工事

文化遺產

羅坦斯古堡
Rohtas Fort

　　1540年~1541年間，謝爾沙蘇里(Sher Shah Suri)被蒙兀兒大軍戰敗後，便著手興建羅坦斯堡，歷經10年完成，造就旁遮普省最宏偉的歷史建築。

　　城堡樣式混合土耳其、印度傳統建築和藝術，厚實的城牆蜿蜒將近5公里，周邊設置的防禦系統都按戰略布局，並利用天然溝壑以及一公里的河岸當作護城河，堅固的城基不僅熬過攻擊、也避過暴風等天然災害，可說是中亞地區保存相當精細且完整的伊斯蘭教堡壘。

巴布亞紐幾內亞Papua New Guinea

　　位於西太平洋的巴布亞紐幾內亞，可說是世界上少數多元民族文化的國家之一，根據官方統計，這裡使用的語言多達841種，足見它仍處於高度分歧的部落社會，由於低度開發，仍保留了六、七千年前完整的早期農業活動證據。

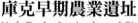

2008
文化遺產

農業景觀
遺址

庫克早期農業遺址
Kuk Early Agricultural Site

　　庫克早期農業遺址被發現於巴布亞紐幾內亞西部高地，海拔約1,500公尺的沼澤地，面積約116公頃。根據考古挖掘出的跡證發現，在六、七千年前，當地人們從食物採集轉變為農耕，成功的栽植香蕉、芋薯類蔬食，而針對沼澤地耕種所開鑿的排水系統、土墩和壟溝等都是農業技術和土地利用的一大提升和突破，是同時期少見的成熟發展，也是極少數保留完整的早期農業活動見證。

菲律賓 hilippines

 3　 3　 0　 Total 6

從菲律賓入選的世界遺產不難發現，文化遺產反映其原住民及殖民歷史，自然遺產則顯現其獨特的島嶼生態。文化遺產中有兩處是西班牙殖民時代產物，一處為原住民為生計留下的美麗地景；自然遺產則是世界級的珊瑚礁及喀斯特景觀地形。

維干古城
Historic Town of Vigan

菲律賓山系梯田
Rice Terraces of the Philippine Cordilleras

太平洋

菲律賓的巴洛克式教堂建築群
Baroque Churches of the Philippines

南海

公主港地底伏流國家公園
Puerto-Princesa Subterranean River National Park

圖巴塔哈
珊瑚礁海洋公園
Tubbataha Reef Marine Park

漢密吉伊坦山
野生動物保護區
Mount Hamiguitan
Range Wildlife Sanctuary

圖巴塔哈珊瑚礁海洋公園
Tubbataha Reef Marine Park

 1993

 自然遺產

 海洋生態

　　菲律賓巴拉旺一直都是世界知名潛點，位於巴拉旺(Palawan)的圖巴塔哈珊瑚礁海洋公園是最佳例證。面積約130,028公頃，圖巴塔哈珊瑚礁海洋公園由兩座環狀珊瑚礁島系統組成，南北各有一座。海底生物種類多且密集，海底原始珊瑚礁垂直100公尺形成完整的生態圈及天然屏障，北端的珊瑚礁小島則是鳥類和海龜最佳棲息地。

©UNESCO/Ron Van Oers

 1993

 文化遺產

教堂
×
殖民遺產

菲律賓的巴洛克式教堂建築群
Baroque Churches of the Philippines

　　菲律賓被列入世界文化遺產的巴洛克式教堂共有四座，包括老沃的聖奧古斯汀教堂(San Agustin)或稱抱威教堂(Paoay Church)、馬尼拉(Manila)的聖潔的聖母教堂(Immaculate Conception)，以及分別位於米亞高(Miag-ao)的聖湯瑪斯教堂(Norte Santo Tomas)和聖瑪麗亞(Santa Maria)的聖母教堂(La Asuncion)。

　　巴洛克教堂群建於16世紀西班牙殖民時期，由菲律賓和中國工匠以巴洛克風格為藍圖重新詮釋，打造出風格獨具的殖民時代歷史建築。其中外形如金字塔般的抱威教堂乍看之下與澳門的大三巴教堂有點類似，然而它不只是個門樓，民眾現今仍可以走進寬廣的教堂裡禮拜、祈禱。

　　這座教堂雖然已有四百年之久，雄偉華麗的巴洛克建築造型，不因年代久遠而消逝；儘管外牆已斑駁褪色，卻更添濃烈的古意。特別的是，這座教堂沒有地基，也不用鋼筋水泥，建築材料完全以甘蔗汁煉成的糖漿、紅磚、泥漿、礁石、石灰等建成，現在人們從教堂外露的柱子當中，還可以看到這些原始的建材。

符號說明　 登錄時間　遺產內容　 遺產類型　文化遺產　自然遺產　綜合遺產　 瀕危文化遺產　 瀕危自然遺產　 瀕危綜合遺產

1995

自然遺產

農業景觀
×
稻米

菲律賓山系梯田
Rice Terraces of the Philippine Cordilleras

位在呂宋島中北部的巴拿威(Banaue)梯田，是一個山區的純樸小鎮，有著世界級的獨特風光，一畝一畝漸次而上的梯田，和諧地融入大自然的山林綠水中，如同是通往天國的階梯。

居住在此的怡芙高族(Ifugao)住民，為了適應崎嶇不平、耕地稀少的艱困環境，將一塊塊的石頭沿著山坡築成擋土牆，修建成可耕種的田地。經過數千年的開墾，開闢出兩萬公頃的梯田，胼手胝足的精神克服了大自然。

每年的4月是巴拿威梯田最美麗的季節，田裡剛剛插上翠綠的新秧，一階階的鮮綠方塊，鑲嵌在青山翠谷中。走在蜿蜒的田埂上，看著農忙的婦人，迎著山區午後的微風，四周沒有吵雜喧囂的喇叭噪音，耳邊是蟲鳴鳥叫伴著淙淙的流水聲，就像是處遺世獨立的世外桃源。

這處人間仙境，也有其潛在的憂慮。年輕人不斷外流，年老者逐漸凋零，人口的減少，造成梯田日漸荒蕪。加上環境的破壞，巴拿威地區遭受遷徙到此的大蚯蚓侵襲，大蚯蚓為了尋找食物，鬆動土壤，每逢豪雨時，被鬆動的梯田就容易坍崩。聯合國教科文組織曾於2001年將巴拿威梯田列入瀕危遺產，2012年又因保護得宜而從名單中解除。

1999

文化遺產

殖民城市
×
西班牙

維干古城 Historic Town of Vigan

維干地名據傳源自閩南話的「美岸」，早期中國閩南一帶的移民，以母語對當地美麗海岸所發出的讚嘆。建於16世紀的維干城之所以被納入世界遺產之列，主要是因為它是菲律賓少數保有完整西班牙建築遺跡的城鎮，走在城鎮中，不難從木窗拱門、廊柱雕刻感受濃濃的南歐風情，古街上兩三層高的樓房已被菲國政府立法保護，也因為強制維護，是得維干城得以呈現出東南亞少見的歐式況味。

維干城建於1572年，當時是花了一百多年才陸續建成的，維干目前約有一百多戶人家，街道巷弄縱貫其間，兩旁二、三層樓的木屋為西班牙傳統式民居，為了保持古蹟的完整，當地政府下令只能修整內部，外觀是萬萬不能更動；至今維干古鎮不但保有濃濃的歐風，更帶有古老的味道，像是灰白的牆面、拱型木製窗門、植物藤蔓式的欄干，雖略見斑駁，卻掩不住古樸的風情。

維干的主要街道為骨董街，其長約五百多公尺，兩旁櫛比鱗次的商家，販賣原木家具、竹籃、陶藝品和織布，這些都是很具特色的民俗工藝品；尤其是陶器，是維干主要的傳統工藝，過去他們常做成大型的陶缸，裝盛鹽、酒、米等民生用品。

2014

自然遺產

生物
多樣性

漢密吉伊坦山脈野生動物保護區 Mount Hamiguitan Range Wildlife Sanctuary

漢密吉伊坦山脈位於菲律賓民答那峨島「東民答那峨生物多樣性走廊」(Eastern Mindanao Biodiversity Corridor)的東南部，山脈沿著普加達(Pujada)半島，呈南北走向，海拔從75公尺到1637公尺，不但植物種類豐富，更是許多特有種動物的棲息地。

隨著海拔高度不同，這裡就彷彿各種水生和陸生動植物的展示場，複雜而多變，包括許多遭受威脅的地區性動植物，其中有8種只生存在漢密吉伊坦山，例如菲律賓鷹(Philippine eagle)和菲律賓鸚鵡(Philippine cockatoo)。

1999

自然遺產

喀斯特
地形

公主港地底伏流國家公園 Puerto-Princesa Subterranean River National Park

公主港地下洞穴國家公園位於菲律賓西南部、被稱為「最後處女地」的巴拉旺(Palawan)省。公主港地下洞穴國家公園擁有一座長達8.5公里的水道，穿過東南亞常見的喀斯特景觀地形，由山連向海洋。雖然渠道較低的部份容易受到潮汐影響，但完整的生態系統，以及周邊茂密的森林，造就相當完整的生物保護區。

卡達Qatar

 1　 0　 0　Total 1

卡達是阿拉伯半島上的半島國家，三面環波斯灣，一面接沙烏地阿拉伯，國土面積僅1.15萬平方公里，國土雖小，但石油和天然氣蘊藏豐富。2013年終於有了第一座世界遺產，這座考古遺址，保留了未發現石油之前的城市樣貌。

2013

文化遺產

古城遺址

阿祖巴拉考古遺址
Al Zubarah Archaeological Site

坐落於波斯灣的阿祖巴拉，在18世紀末、19世紀初時因珍珠貿易而致富，這座被高牆圍起來的海岸城市由科威特商人所建，其地理位置優越，位於和姆茲海峽和波斯灣西部的中繼站，貿易網路達印度洋、阿拉伯和西亞等地，可惜1811年遭到摧毀，整座城被遺棄。

此後百餘年，從沙漠吹來的風掩埋了整座城，相對也把宮殿、清真寺、街道、庭院大宅、漁人小屋，還有港口、雙層的防禦城牆、水道、墓園等都完好保存下來。目前考古挖掘僅進行一小部分，其城市型態完整保存了波灣國家未發現石油之前，一座珍珠貿易城市的樣貌。

符號說明　　 登錄時間　 遺產內容　　遺產類型　 文化遺產　 自然遺產　綜合遺產　瀕危文化遺產　瀕危自然遺產　瀕危綜合遺產

新加坡Singapore

   Total 1

2015年7月，新加坡植物園正式列入世界文化遺產名錄，這是新加坡第一座世界文化遺產，也是名錄中首座熱帶花園。當然這不只是一座熱帶植物園，因是英國殖民時所設立，也象徵著殖民時代的遺產。

馬來西亞

新加坡植物園
Singapore Botanic Gardens

©新加坡旅遊局

2015

文化遺產

植物園
×
殖民遺產

新加坡植物園
Singapore Botanic Gardens

　　新加坡植物園的建立概念起源於1822年，當時萊佛士爵士(Sir Stamford Raffles)在福康寧山打造了一座植物學實驗園(Botanical and Experimental Garden)，用以研究具有潛在經濟價值的作物，於1829年關閉。

　　1859年時，占地74公頃的新加坡植物園成立，這裡不僅僅是一座英式殖民熱帶植物園，也是植物研究單位，這裡的園長曾在1880年代成功種植橡膠

樹，並將種植方式推廣至馬來西亞。如今，新加坡植物園更是當代重要的科學研究機構，在植物保育和教育方面皆不遺餘力。

　　園內散落著天然原始森林和熱帶花園，是尋找綠意的最佳散步去處。其中，國家胡姬花園(National Orchard Garden)更是植物園裡的焦點，全東南亞總共2,500種蘭花，在這裡培育的就超過五百種。最特別的是新加坡國花「卓錦萬黛蘭」，1893年由卓錦小姐(Miss Joaquim)在花園內發現，屬於原生種，因此，在1981年獲選為國花。

©新加坡旅遊局

沙烏地阿拉伯 Saudi Arabia

🏛 7　🔔 1　🏛 0　Total 8

地處沙漠的沙烏地阿拉伯直到2008年才有第一座世界遺產，目前共有8處入列。這些遺產顯示了沙烏地阿拉伯早在萬年前就有人類居住，而且開發歷史甚早，更是國際貿易和穆斯林朝聖的中心。

沙烏地阿拉伯
哈伊勒區的岩畫藝術
Rock Art in the Hail Region of Saudi Arabia

石谷考古遺址
Al-Hijr Archaeological Site
(Madâin Sâlih)

約旦

伊朗

埃及

紅海

迪伊雅的阿圖賴夫堡
At-Turaif District in ad-Dir'iyah

哈薩綠洲，
演變的文化景觀
Al-Ahsa Oasis,
an Evolving Cultural Landscape

法烏考古區文化景觀
The Cultural Landscape of
Al-Faw Archaeological Area

奧魯克‧巴尼‧馬阿里德
'Uruq Bani Ma'arid

希馬文化區
Himâ Cultural Area

吉達歷史區-通往麥加的門戶
Historic Jeddah,the Gate to Makkah

阿拉伯海

迪伊雅的阿圖賴夫區堡壘
At-Turaif District in ad-Dir'iyah

2010　文化遺產　古城遺址

　　迪伊雅是一座位於沙烏地阿拉伯首都利雅德(Riyadh)西北郊的小鎮，坐落在阿拉伯半島的中央，它是沙烏地皇室家族的發源地，在1744年~1818年間曾為沙烏地王朝的首座首都。

　　由今日沙烏地皇室家族祖先Mani Al-Mraydi創立於15世紀，迪伊雅見證了阿拉伯半島中央獨特的那吉(Najd)建築風格。18~19世紀初期，它的政治與宗教地位大幅提升，使得阿圖賴夫區的堡壘不但成為沙烏地家族暫時的權力中心，同時也是誕生自伊斯蘭內部宗教改革的瓦哈比教派(Wahhabi)的延伸，該教派提倡苦行與聖戰，是一個排除異己的極端教派。阿圖賴夫古城區包括多座宮殿遺址，以及一座興建於迪伊雅綠洲邊緣的城市聚落。

石谷考古遺址
Al-Hijr Archaeological Site (Madâin Sâlih)

2008　文化遺產　古城遺址

　　石谷考古遺址又名哈格拉(Hegra)，是沙烏地阿拉伯第一處世界遺產。這是與約旦佩特拉同一個時代的納巴泰(Nabataean)文明所遺留的墳墓群。

　　這些直接在砂岩上開鑿而出的墓，約建於西元前1世紀到西元1世紀之間，共計有111座，其中94座有保存良好的精美花紋雕刻，其建築與藝術融合了亞述、埃及、腓尼基等文化之特色，見證了納巴泰文明當時處於國際貿易中心之地理特色。同時該地也有規畫良好、至今仍可使用的水道設施，以及約五十處歷史比納巴泰文明還早，並繪有壁畫的洞穴。

©UNESCO/Veronique Dauge

吉達歷史區—通往麥加的門戶
Historic Jeddah, the Gate to Makkah

2014　文化遺產　歷史城區

　　吉達的歷史城區位於紅海的東海岸，從7世紀開始，這裡就是通往印度洋的主要港口，並運送貨物到麥加。同時，從海路過來、要前往麥加朝聖的穆斯林，也會從這裡上岸。

　　此一雙重的角色，使得吉達發展成一個多元文化中心，同時有許多獨特的傳統建築，包括由商人菁英於19世紀晚期所建造的塔屋，以及用紅海珊瑚礁岩所蓋的傳統房子，而這些工藝技術都是受到這條貿易路線影響而發展出來的。

奧魯克‧巴尼‧馬阿里德
'Uruq Bani Ma'arid

2023　自然遺產　沙漠景觀

　　位於世界最大的流動沙漠Ar Rub' al-Khali沙漠的西部，擁有壯觀的沙漠景觀。多樣的地貌成為種類豐富的野生動物的家，曾在野外滅絕的阿拉伯大羚羊、阿拉伯瞪羚等沙漠代表性動物，數十年後被重新引入這片自然棲息地，使這裡成為全球關注之地，流動沙丘還為潛沙無脊椎動物和爬行動物提供了的舒適環境。

沙烏地阿拉伯哈伊勒區的岩畫藝術 Rock Art in the Hail Region of Saudi Arabia

2015　岩畫藝術　文化遺產

　　這處岩畫位於沙漠地帶，主要由兩部分組成。過去在烏姆辛曼山(Umm Sinman)的山腳下，原本有一座湖泊，供應大納佛德沙漠(Great Narfoud Desert)南部地區人民和牲口的飲用水源，可惜湖泊的水早已乾涸。阿拉伯的祖先們便在此處的岩石上留下畫作和銘文，從岩畫判斷，其歷史可以追溯到一萬年前。

符號說明　登錄時間　遺產內容　遺產類型　文化遺產　自然遺產　綜合遺產　瀕危文化遺產　瀕危自然遺產　瀕危綜合遺產

哈薩綠洲—演變的文化景觀
Al-Ahsa Oasis, an Evolving Cultural Landscape

2018
文化遺產
綠洲地理文化景觀

哈薩綠洲位在阿拉伯半島東部，擁有250萬棵棗椰樹，是沙烏地阿拉伯面積最大的綠洲，這處文化遺產包括花園、運河、水井、泉水、排水湖、歷史建築、城市建築和考古遺址，現存的清真寺、運河、水井等，在在展現了從新石器時代到現代，持續有人類定居在波斯灣的遺跡，這一處大型綠洲不但是一個獨特的地理景觀，更是人類與環境互動的最佳明證。

法烏考古區文化景觀
The Cultural Landscape of Al-Faw Archaeological Area

2024
文化遺產
舊石器時代和新石器時代工具 × 古城遺址

法烏古城坐落於阿拉伯半島古代貿易路線的戰略要衝，在5世紀時突遭遺棄，目前發現近一萬兩千處考古遺跡涵蓋史前時代至前伊斯蘭時代後期，見證了三個族群先後在此居住的痕跡。考古遺跡包括舊石器時代和新石器時代的人類工具、錐形結構、石堆和圓形建築、Khashm Qaryah聖山、石刻、土冢和石冢、堡壘、商隊驛站及綠洲。

希馬文化區 Himā Cultural Area

2021
岩畫
文化遺產

位於西南部乾旱山區一條古老商隊路線上，在此扎營的旅人和軍隊在不同時期留下大量描繪狩獵、動植物及生活方式的岩畫，時間跨度長達七千年，大部分都保持著原始狀態。銘文用不同的文字書寫，包括古南阿拉伯文、Thamudic文、希臘文和阿拉伯文。此區還有著未發掘的考古古物，包括石冢、石構、墓葬、石器及古井等，這裡的古井已逾三千年歷史，至今仍是淡水水源。

塔吉克 Tajikistan

※絲路：扎拉夫尚－卡拉庫姆路線Silk Roads: Zarafshan–Karakum Corridor詳見土庫曼

 2　 2　0　Total 4

塔吉克國家公園(帕米爾山脈)
Tajik National Park (Mountains of the Pamirs)

蒂格羅瓦亞·巴爾卡自然保護區的托喀依森林
Tugay Forests of the Tigrovaya Balka Nature Reserve

絲路：扎拉夫尚-卡拉庫姆路線
Silk Roads: Zarafshan-Karakum Corridor

薩拉次姆古城的原型城市遺址
Proto-urban Site of Sarazm

塔吉克是位於中亞的內陸國家，分別與巴基斯坦、烏茲別克、吉爾吉斯和中國為鄰，在1991年蘇聯解體後獨立。相較於其他中亞國家都有顯赫的絲路城市古蹟留存後世，塔吉克入選的世界遺產，是五千年前的中亞聚落發展證據，以及帕米爾高原。

薩拉次姆古城的原型城市遺址
Proto-Urban site of Sarazm

2010
文化遺產
古代聚落遺址

名稱原意為「土地開始的地方」的薩拉次姆，坐落於塔吉克的西北方，古城遺跡鄰近札拉夫善山谷(Zarafshan Valley)，五千年前曾是中亞最大的冶金中心，出口貿易熱絡，直到西元前2000年時因印度－伊朗人(Indo-Iranians)到來才遭廢棄。考古遺址見證了西元前4000年至西元前3000年間人類在中亞的聚落發展，展現此區最初都市化的早期成果，同時證明與中亞、伊朗高原、甚至遠達印度洋等地區，存在著文化交流與貿易關係。

塔吉克國家公園(帕米爾山區)
Tajik National Park (Mountains of the Pamirs)

2013
自然遺產

塔吉克國家公園位於塔吉克的東邊，面積廣達250萬公頃，這裡位處「帕米爾山結」(Pamir Knot)的中心，也是歐亞大陸諸多山脈交會處的最高點。國家公園的東邊是高原，西邊則是崎嶇的山峰，不少高峰都超過海拔七千公尺，這裡共有1085條冰河，也是地球上除了兩極之外，長度最長的山谷冰河，另有170條河流、400座湖泊。此處植物種類相當豐富，都是中亞和西南亞地區特有種，也是馬可波羅盤羊、雪豹、西伯利亞野山羊等遭受威脅的生物庇護所。

蒂格羅瓦亞·巴爾卡自然保護區的托喀依森林
Tugay Forests of the Tigrovaya Balka Nature Reserve

2023
自然遺產
高山生態 × 冰河

位於塔吉克西南部，Vakhsh河和Panj河之間，由一系列沖積土覆蓋的河漫灘階地組成，包括谷地中的托喀依河岸森林，林間生物多樣性獨特。保護區包括廣闊的托喀依生態系、Kashka-Kum沙漠、Buritau峰及Hodja-Kaziyon山，相較中亞同類型森林，保護區內的托喀依森林體量最大、保存狀態最好。

斯里蘭卡 Sri Lanka

 #6　 #2　 #0　Total 8

位於印度東南方的斯里蘭卡，因為佛陀曾經到來並且留下了一個腳印，從此奠定了佛教立國的根基，虔誠的信仰歷經數千年不變。保留王朝風韻的歷史古城、穿梭著橘色袈裟和尚的寺廟佛塔、隨山丘連綿起伏的茶園、跨越時空的殖民建築，島國散發著獨特之美。

安努拉德普勒聖城
Sacred City of Anuradhapura

獅子岩古城
Ancient City of Sigiriya

丹布拉黃金寺廟
Golden Temple of Dambulla

波洛納露瓦古城
Ancient City of Polonnaruwa

斯里蘭卡的中央高地
Central Highlands of Sri Lanka

坎迪聖城
Sacred City of Kandy

辛哈拉傑森林保護區
Sinharaja Forest Reserve

迦勒古鎮及堡壘
Old Town of Galle and
its Fortifications

印度

印度洋

印度洋

1982

文化遺產

古城遺址

波洛納露瓦古城
Ancient City of Polonnaruwa

　　長5公里、寬3公里、占地122公頃的波洛納露瓦，濃縮了斯里蘭卡最菁華且保留最完整的歷史遺跡。這個位於中北部乾燥地區的古城，是僧伽羅王朝統治下的第二個首都，因為擁有數量眾多的貯水池，因此，早在3世紀時就成為當地的農業經濟中心，所以即使在安努拉德普勒王朝時期，波洛納露瓦已然備受重視且開始興建皇宮。

　　由於安努拉德普勒長期以來飽受印度人永無止盡的入侵，因此無論戰略位置或經濟效益都比安努拉德普勒城更出色的波洛納露瓦，終於在11世紀時成為僧伽羅王朝的首都，當時的Vijayabalu國王將波洛納露瓦帶入黃金時期，不過今日保留下來的建築大多興建於他的繼承者Parakramabahu之手。波洛納露瓦一直扮演著首都的角色，直到13世紀末Bhuvanekabahu II國王遷都到Kurunegala為止。如今遺址大致可分為古城區、北部區以及南部區三個部分。

符號說明　登錄時間　遺產內容　遺產類型　文化遺產　自然遺產　綜合遺產　瀕危文化遺產　瀕危自然遺產　瀕危綜合遺產

獅子岩古城
Ancient City of Sigiriya

1982

文化遺產

古城遺址

獅子岩這塊陡峭的巨岩，猶如獨自從天而降，落在四周裸露的乾燥地區上，這處傳說中斯里蘭卡中世紀最「短命」的首都，流傳著一則皇室人倫悲劇的故事。

據說5世紀中時統治安努拉德普勒的國王Dhatusena有著兩個兒子，一個是母親出生卑微的Kassapa，另一位則是後來皇后所生的嫡子Mogallana。為了避免Dhatusena將王位傳給Mogallana，Kassapa聯合了國王的姪子、同時也是軍隊統領的Migara進行篡位。

儘管得到王權，Kassapa卻擔心逃到印度的Mogallana回來報仇，於是命令手下尋找一處難以攻破的地方另建皇宮，獅子岩因而從一處和尚隱居之所，發跡成為一座皇城。

Kassapa效法豐饒之神Kubera傳說中的住所，在獅子岩高達200公尺的頂部興建了一座宮殿，並且在岩腳下建立了一座嶄新的城市，而這一切浩大的工程據說只花了七年的時間。不過就在宮殿落成的六年之後，Mogallana率領坦米爾大軍前來，儘管有著厚實城牆的保護，Kassapa還是勇氣過人的騎著大象從這塊高大的岩石一躍而下，一馬當先領軍在下方低地迎戰敵人，不幸的是他的大象受驚亂竄，使得部隊裡的士兵以為他想撤退而後退，於是面對著被俘擄的風

險Kassapa自殺身亡。後來Mogallana將獅子岩重新交回和尚手中，直到這個地方在12世紀中葉被放棄為止。

1982

文化遺產

古城
×
佛教聖地

安努拉德普勒聖城
Sacred City of Anuradhapura

輝煌了一千年，這個斯里蘭卡最重要的古城，曾經是僧伽羅人舉足輕重的政治、經濟中心，卻於西元993年因為抵擋不住印度朱羅王朝的連番進攻，逐步邁向廢墟的命運。

創立於斯里蘭卡第四位國王Pandukabhaya之手，這位造反的貴族於西元前380年時，在他叔叔Anuradha的宮殿上建立了一座新的首都，取名為安努拉德普勒，當時他只享有掌管附近區域的有限政權。然而到了Devanampiya Tissa統治時期，正值佛教傳入斯里蘭卡的國王，將這座城市打造成為佛教朝聖和學習中心。

不過真正讓這座古城攀上高峰的是統一斯里蘭卡的Dutugemunu，這位傳奇英雄大刀闊斧的建設安努拉德普勒，他為了慶祝勝利，興建的兩座佛塔至今仍是安努拉德普勒最具代表性的象徵。如今，安努拉德普勒依舊擁有數十座大大小小的佛塔。

1988

文化遺產

古城
×
佛教聖地

坎迪聖城
Sacred City of Kandy

坎迪坐落於斯里蘭卡正中央一個海拔高度500公尺的山丘上，是僧伽羅王朝統治下的最後一個首都，歷經葡萄牙人和荷蘭人的挑釁，1815年時這個古王國再也不堪列強的長期侵略，終於對英國人投降，正式宣布整個國家淪陷為歐洲人手中的殖民地。

四周環繞起伏山丘的坎迪，在葡萄牙人抵達斯里蘭卡的16世紀末，成為僧伽羅第三個主要王朝的首都，在這處擁有明媚風光和涼爽宜人氣候的地方，坎迪逐漸發展成為全國的文化、政治、宗教的中心，雖然歐洲列強步步逼近，讓這座城市逐漸孤立，不過卻也讓它依舊發展出非常獨特的文化，例如節奏感強烈的雙面鼓和華麗的服飾配件交織而成的坎迪舞，便是當地不可錯過的特色之一。

除此之外，這座城市一直都是佛教徒心中的

聖地，佛牙寺以及它每年七、八月間舉行的Esala Perahera滿月慶典，是佛教徒甚至所有人一生都想經歷一次的特殊體驗。

符號說明　登錄時間　遺產內容　遺產類型　文化遺產　自然遺產　綜合遺產　瀕危文化遺產　瀕危自然遺產　瀕危綜合遺產

1988

文化遺產

殖民城市
×
葡萄牙
×
荷蘭
×
英國

迦勒古鎮及堡壘
Old Town of Galle and its Fortifications

　　迦勒位於斯里蘭卡的南端，據說正是所羅門王獲取金銀財寶的地方，也就是聖經中所提到的他施(Tarshish)。因為自然形成的優良海港，以及卓越的海上戰略位置，使得迦勒自古以來就是航海大國的兵家必爭之地。

　　曾經歷經葡萄牙、荷蘭以及英國人的統治，今日的迦勒留下了各色充滿殖民風情的建築，也因為這份迥異於斯里蘭卡其他城市的異國風情，讓這座古意盎然的小鎮近年來火速翻紅，一間間精品飯店、藝廊和精緻的手工藝品店紛紛出現在迦勒城牆環繞的古城中，區內的老房舍經過整修，保存了舊有的靈魂卻展現更動人的面貌，也難怪世界各地的旅客紛紛受到吸引前來，人人手持地圖信步隨意走逛，感受這座城中之城的獨特浪漫魅力。

1988

自然遺產

森林
×
熱帶雨林
×
生物
多樣性

辛哈拉傑森林保護區 Sinharaja Forest Reserve

　　辛哈拉傑森林保護區是斯里蘭卡最大的熱帶雨林保護區，面積8,864公頃。

　　海拔約由150公尺至1150公尺，所孕育的生物物種繁多，其中約60%的動植物，都是世界獨一無二的特有種，其中又以鳥類、蝴蝶、哺乳類和兩棲類動物最具特色，同時也隸屬於世界25個生物多樣性熱點之一。

1991

文化遺產

佛教聖地

丹布拉黃金寺廟
Golden Temple of Dambulla

位於通往獅子岩、波洛納露瓦以及安努拉德普勒等古蹟城市組成的「文化金三角」的主要道路上，丹布拉這座農業小鎮，卻因為令人印象深刻的洞穴寺廟而聞名於世，許多前往坎迪或「文化金三角」的旅客，總不忘在此稍作停留，看看這處名列世界遺產的人造奇景。

而堪稱僧伽羅佛教藝術結晶的皇家岩廟，吸引無數信徒前來朝聖，其中特別是日本人和泰國人，他們大量的捐獻讓岩廟得以在山腳下，新建另一座上方端坐著金身大佛的「金廟」。佛教徒前來丹布拉的洞穴寺廟朝聖已歷經22個世紀，共有5處聖所，也是斯里蘭卡保存最好的洞穴寺廟群，其中佛教壁畫面積超過2100平方公尺，是最重要的佛教藝術，另外還有157尊雕像。

2010

自然遺產

高地生態
×
生物
多樣性

斯里蘭卡的中央高地
Central Highlands of Sri Lanka

位於斯里蘭卡的中南部，這處高地範圍包括鄰近亞當山(Adam's Peak，因佛陀神聖腳印聞名)的山頂荒野保護區(Peak Wilderness Protected Area)、距離知名茶鄉努瓦拉・艾莉亞(Nuwara Eliya)32公里的荷頓高地國家公園(Horton Plains National Park)，以及位於坎迪(Kandy)東北方的克納科勒斯保護森林(Knuckles Conservation Forest)。

這些位於中央高地的高山森林，生長於海拔高度超過2500公尺的地方，裡頭生長著一系列獨特的動物與植物，包括西部紫臉齡猴(the western-purple-faced langur)、荷頓高地灰脊懶猴(the

Horton Plains slender loris)，以及斯里蘭卡豹等許多瀕危品種，因而被認定為一處擁有生物多樣性的熱門地點。

敘利亞 Syrian Arab Republic

 6　 0　0　Total 6

敘利亞北部古村落群
Ancient Villages of Northern Syria

阿勒坡古城
Ancient City of Aleppo

十字軍堡壘和
薩拉丁城堡
Crac des Chevaliers and
Qal'at Salah El-Din

帕密拉遺址
Site of Palmyra

波士拉古城
Ancient City of Bosra

大馬士革古城
Ancient City of Damascus

敘利亞這個中東舉足輕重的國度，近年內戰不斷，自古以來一直是東西方文化交會之地，到處都是歷史悠久的世界級古蹟，從古埃及、亞述、西台、希臘、羅馬、鄂圖曼土耳其，到阿拉伯帝國時代，無不在歷史舞台上扮演舉足輕重角色。但也因為戰亂關係，目前所有遺產都列入瀕危名單。

大馬士革古城 Ancient City of Damascus

1979

瀕危文化遺產

古城 × 基督教和伊斯蘭教聖地

　　首建於西元前3世紀的大馬士革，是中東地區的知名古城之一，而且長久以來一直有人居住，在大馬士革的市區裡留下眾多文物。位於舊城市西北角的堡壘區，興建於羅馬時期的Via Recta大道，以及世界最古老清真寺之一的奧馬雅清真寺(Umayyads)等，共計125個不同時期的歷史遺蹟。

　　奧馬雅清真寺最早的建築體是西元前1世紀的亞述人所建，幾番改建成羅馬時期的朱比特神廟、基督教神廟，最後成為伊斯蘭教的清真寺；另外，這裡供奉有施洗約翰的頭顱，所以在基督教和伊斯蘭教徒心中，都具有極崇高的地位。

帕密拉遺址 Site of Palmyra

1980

瀕危文化遺產

古城 × 古羅馬

　　帕密拉是經過羅馬帝國的經營而興盛的城市，後來出現了集美貌與智慧於一身的贊諾比女王(Queen Zanobia)，她不但趕走羅馬統治者，統一敘利亞，勢力遠達埃及和小亞細亞，掌握歐亞交通的控制權。

　　贊諾比女王在帕密拉的建設，至今清晰可見。在占地6平方公里的遺址裡，包括巴爾沙明神廟(Baal-Shamin Temple)、貝爾神廟(Bel Temple)、劇場、公共浴室等，兼具希臘、羅馬和波斯當地文化特色的建築。

波士拉古城 Ancient City of Bosra

1980

瀕危文化遺產

古城 × 古羅馬

　　波士拉的歷史十分悠久，在埃及法老圖特摩斯三世(Tutmoses III)的碑文裡，就曾提及這城市，那已是西元前14世紀的事了；在西元前2世紀左右，成為納巴泰文明之城；到了羅馬時期，波士拉成為阿拉比(Arabia)行省的首都，地位日益重要。西元268年起，波士拉更成為拜占庭帝國裡管理33個教區的主教區，但在632年被伊斯蘭教帝國占領，自此成為伊斯蘭教徒前往麥加朝聖的重要驛站。最吸引目光的是壯觀的羅馬劇場，劇場的外圍在伊斯蘭教統治時期改成城堡抵禦歐洲十字軍之征討，因而形成特殊的型制。

阿勒坡古城 Ancient City of Aleppo

1986

瀕危文化遺產

古城

　　阿勒坡是敘利亞第二大城，與大馬士革同為世界上居住歷史最為久遠的城市之一。因為處於東西貿易交會處，阿勒坡在公元前2世紀即出現在世界歷史上，先後為西台、亞述、希臘、羅馬、蒙古、埃及馬穆魯克(Mamelukes)、鄂圖曼土耳其，以及阿拉伯帝國所統治。

　　現存的城堡建於13世紀，大清真寺則建於更早的12世紀，還有眾多的神學院、皇宮、土耳其浴場等古蹟，但因現在仍是個人口眾多的城市，有些古蹟的保存狀況不佳。

敘利亞北部古村落群 Ancient Villages of Northern Syria

2011

瀕危文化遺產

古代聚落遺址

　　敘利亞北部古村落群包含分布於8個考古園區內的40多座村落，總面積12,290公頃，它們大部分建於1~7世紀，並且在8~10世紀期間遭到廢棄。這些坐落在石灰岩高地上的古村落群，完整保存了近古時代與拜占庭時期的城牆、神殿、民宅、澡堂及公共建築，其中較著名的有色吉拉鎮(Serjilla)的拜占庭遺址、巴拉鎮(Al-Bara)的金字塔墓、巴克哈村(Baqirha)的古羅馬神殿、卡布洛茲教堂(Qalb Loze Basilica)以及高柱修士聖西門教堂(Church of Saint Simeon Stylites)。除此之外，當地還有古羅馬時期留下來的農業規劃痕跡以及水利設施，展現出早期居民對農耕技術的掌握。

十字軍堡壘和薩拉丁城堡 Crac des Chevaliers and Qal'at Salah El-Din

2006

防禦城堡

瀕危文化遺產

　　這兩座城堡可說是11~13世紀東西方十字軍征戰時期的軍事代表作，顯示東西雙方雖然互為敵對，卻在建築等文化內容，相互交流與影響。十字軍堡壘位於荷姆斯市西方約65公里處，是歐洲騎士團在1142年為了控制敘利亞與地中海沿岸的交通而建，防衛設施十分完整，也是現今留存最完好的中世紀城堡。薩拉丁城堡的保存狀況雖然沒那麼好，但幾經重建，融合了拜占庭、法蘭克人以及12世紀伊斯蘭教阿育比(Ayyubid)王朝的特色，呈現另一風格。

泰國 Thailand

 5　　3　　0　　Total 8

泰國共有5處文化遺產，3處自然遺產。素可泰和大城這兩座古王朝遺址，也是泰國相當熱門的景區，是容易親近的世界遺產；萬昌遺址則是東亞古文明的大發現。至於兩座自然遺產都顯示泰國仍保留大片原始森林和自然生態。

普普拉巴特―見證陀羅鉢地時期的界石傳統
Phu Phrabat, a Testimony to the Sima Stone Tradition of the Dvaravati Period

素可泰遺址
Historic Town of Sukhothai and Associated Historic Towns

萬昌遺址
Ban Chiang Archaeological Site

懷卡坎野生動物保護區
Thungyai-Huai Kha Khaeng Wildlife Sanctuaries

西貼古鎮及相關陀羅鉢地遺址
The Ancient Town of Si Thep and its Associated Dvaravati Monuments

考艾森林區
Dong Phayayen-Khao Yai Forest Complex

崗卡章森林保護區
Kaeng Krachan Forest Complex

大城遺址
Historic City of Ayutthaya

緬甸　寮國　越南　柬埔寨　孟加拉灣　暹羅灣　南海　馬來西亞

1991

文化遺產

古城遺址
×
佛教遺產

大城遺址 Historic City of Ayutthaya

大城(Ayutthaya，亦翻譯艾尤塔雅)是繼素可泰之後崛起的王朝，1350年，拉瑪提波迪(Ramathipadi)登基，宣告新朝代的開始。由於大城位於農產中心，周邊盡是稻田和河川，加上地理位置佳，靠著農產以及工藝品進出，為當時的王朝帶進不少財富。

從現在的大城遺址其實不難理解當時的富庶榮景，佛殿融合了鄰國各種形式的建築，再加上泰式的特色而發展出自己的風格，雖然城市中心在一場泰緬征戰中被嚴重焚燬，但仍能從目前存留的遺址細部了解當時建築特色，包括混合式的錫蘭塔、繁複裝飾的金佛、加重鑲嵌與雕刻的方窗框、圓頂高棉塔等。

符號說明　登錄時間　遺產內容　　遺產類型　文化遺產　自然遺產　綜合遺產　瀕危文化遺產　瀕危自然遺產　瀕危綜合遺產

1991

文化遺產

古城遺址
×
佛教遺產

素可泰遺址
Historic Town of Sukhothai and Associated Historic Towns

　　13~14世紀時，素可泰是王朝首都，當時是泰國歷史上第一個純粹以佛教立國的王朝，藍坎亨王時期奠定了泰文字母也是第一位留下碑文紀念的君王，與中國大開交流之門，並引進印度、錫蘭的文化與藝術，尤以弘揚小乘佛教的錫蘭宗派為主，也因為佛教的興盛，成就了豐富的佛教藝術，此時所製作的行走佛就是經典之作。即便引進外來文化，但並未因此阻斷素可泰獨立發展自己的特色，瑪哈泰寺裡蓮花苞狀的塔尖便是一例。

　　素可泰這座廣納佛教藝術的古城南北長1810公尺，東西寬1400公尺。和大城一樣，經過聯合國國際教科文組織和相關單位的修復下，城內21座寺廟和城外5公里範圍內超過70座佛像或寺廟。

　　此外，素可泰不僅保存了實際文物，傳統節慶水燈節(Loi Krathong)據傳是源於素可泰王朝的某位皇后為了讓受水患之苦的民眾有個寄託與依歸而想出的儀式，至今每年仍維持傳統儀式，並在古城前舉行放水燈的活動。

1991

自然遺產

森林
×
野生動物

懷卡坎野生動物保護區
Thungyai-Huai Kha Khaeng Wildlife Sanctuaries

整個懷卡坎野生動物保護區範圍跨越三個省分，入選為自然世界遺產是因為其擁有除了熱帶森林區之外，同時涵蓋了乾燥常青森林、山地森林、大草原、混雜的落葉森林和常綠喬木森林等，幾乎涵蓋所有東南亞地區會出現的森林形態。

由於林相變化多，也成為野生動物的最佳棲息地，整座保護區有大型哺乳類動物，包括野生大象、老虎、水牛、豹、亞洲野生狗等，還有大型鳥類和陸地脊椎動物，是難得擁有完整且多樣生態的保護區。

2005

自然遺產

森林
×
野生動物

考艾森林區
Dong Phayayen-Khao Yai Forest Complex

©泰國觀光局

整個考艾國家公園面積涵蓋6個省分，擁有泰國東北部最大面積的森林，林區範圍跨越230公里，是指從靠近與柬埔寨邊境以東至考艾國家公園西部的區域。該區共計有800種花卉植物、112種動物、392種鳥類以及200種兩棲爬蟲類生物等，在其中有不少是稀有種或是受到環境威脅最大、亟需被保護的動物種類，而整個熱帶森林區相當適宜這類生物棲息居住。在國家公園裡有規劃健行步道，並可進行賞鳥、賞蝶，以及觀察野生老虎和大象生態、泛舟、露營等活動。

1992

文化遺產

史前考古
遺址

萬昌遺址
Ban Chiang Archaeological Site

萬昌遺址的發現對於早期東亞古文明唯一起源在中國的說法，有著衝擊性的討論。遺址被發現於1966年，距離烏東他尼府(Udon Thani)約50公里，經過多年的考古研究得知，這批在泰國東北部發現的陶器和工具可追溯至西元前3500年，學者們經由這些器皿當中的遺留物和梨窩形飾紋，可推論當時人們已有高度的文明發展，包括懂得種稻及畜牧。目前泰國政府在附近設立了萬昌國立博物館(Ban Chiang National Museum)，並於館內展示考古學家所挖掘的文物。

2023

文化遺產

古鎮遺址

西貼古鎮及相關陀羅鉢地遺址
The Ancient Town of Si Thep and its Associated Dvaravati Monuments

這項遺址由3部分組成，包括有護城河環繞內外城的雙城遺址、規模宏偉的考巴生(Khao Klang Nok)遺址及考塔莫拉洞穴(Khao Thamorrat Cave)。陀羅鉢地王國於6~10世紀在泰國中部蓬勃發展，這些遺址展現了其建築、藝術傳統、宗教多樣性，也反映了印度的影響，並發展成後來影響東南亞其他文明的西貼藝術流派。

符號說明　登錄時間　遺產內容　遺產類型　文化遺產　自然遺產　綜合遺產　瀕危文化遺產　瀕危自然遺產　瀕危綜合遺產

2021

自然遺產

森林保護區

崗卡章森林保護區
Kaeng Krachan Forest Complex

崗卡章森林保護區位於Tenasserim山脈一側，位於喜馬拉雅山、印度支那和蘇門答臘動植物群區的交匯處，擁有豐富的生物多樣性。據報導，此處發現許多瀕危植物物種，並包括8項瀕危鳥類物種，此地也是瀕危的暹羅鱷、亞洲野犬、爪哇牛、亞洲象、緬甸陸龜和靴腳陸龜的家園，值得關注的是，這裡還是叢林貓(Felis Chaus)和石虎，以及瀕危的孟加拉虎、漁貓(Prionailurus Viverrinus)、豹、亞洲金貓(Catopuma Temminckii)、雲豹、紋貓(Pardofelis Marmorata)等貓科動物的棲息地。

2024

文化遺產

古代界石

普普拉巴特—見證陀羅鉢地時期的界石傳統
Phu Phrabat, a Testimony to the Sīma Stone Tradition of the Dvaravati Period

普普拉巴特展現了7~11世紀陀羅鉢地王國時期的界石傳統，不同地區的上座部佛教寺院，標識修行區域的界標材質各不相同，只有在呵叻高原地區才大量使用界石(Sīma)。在佛教於7世紀傳入該地後長達四個多世紀的時間裡，樹立界石逐漸增多，普普拉巴特山區保存了全球數量最多的陀羅鉢地時期界石，大量界石和岩棚使此處轉變為宗教中心，47座岩棚表面的岩畫成了兩千多年來居住的例證。

土庫曼Turkmenistan

※圖蘭的寒冬沙漠Cold Winter Deserts of Turan詳見哈薩克

 4 1 0 Total 5

昆亞－烏爾根奇
Kunya-Urgench

圖蘭的寒冬沙漠
Cold Winter Deserts of Turan

尼薩的帕提亞堡壘
Parthian Fortresses of Nisa

古瑪浮
State Historical and
Cultural Park "Ancient Merv"

絲路：扎拉夫尚-卡拉庫姆路線
Silk Roads: Zarafshan-Karakum Corridor

土庫曼共和國的全國面積裡有五分之四是沙漠，古城遺址幾乎都已成廢墟，所以必須帶著七分想像，才能從黃沙片片的土丘，緬懷昔日的光榮。土庫曼是中亞最接近古波斯的國家，絲路上的沙漠綠洲所發展起來的文明，受到波斯的影響極大。

1999

文化遺產

絲路
×
沙漠綠洲

國家歷史和文化公園「古瑪浮」
State Historical and Cultural Park "Ancient Merv"

古瑪浮遺址是昔日中亞絲路上最重要的中繼站，也是目前保存最佳的綠洲城市。南北絲路在此分開，越過天山後再度會合，這片綠洲有著人類四千多年創造的文物，12世紀時曾是塞爾柱土耳其的首都。古瑪浮遺址最壯觀的是塞爾柱王朝的蘇丹沙賈陵墓(Mausoleum of Sultan Sanjar)，基斯卡拉(Kyz-Kala)城堡遺跡則是一大一小屹立在沙漠之中，從僅存的城牆和中庭構造可看出昔日規模。

2005

文化遺產

清真建築群

昆亞－烏爾根奇　Kunya-Urgench

昆亞－烏爾根奇位於土庫曼西北方，臨阿姆河(Amu Daria River)，自西元前4世紀的波斯帝國起就是重要城市。現存遺蹟群為11~16世紀的清真寺、碉堡、驛站、陵寢、以及高達60公尺的叫拜塔。這些建築見證了偉大的建築及工藝成就，其影響遠至伊朗、阿富汗，甚至16世紀的印度蒙兀兒王朝。

2007

文化遺產

古城遺址

尼薩的帕提亞堡壘
Parthian Fortresses of Nisa

尼薩是帕提亞帝國(Parthian Emire，又稱安息王朝)的最重要城市，帕提亞帝國稱霸於西元前3世紀至3世紀的中亞地區，是當時重要交通和貿易中心，也阻隔了羅馬帝國的東侵。這裡近千年都無人居住，考古學者將此區分為新、舊兩區塊，目前出土的建築都有精美的裝飾，風格融合了中亞與地中海文化。

2023

古代商貿路線
文化遺產

絲路：扎拉夫尚-卡拉庫姆路線
Silk Roads: Zarafshan-Karakum Corridor

扎拉夫尚-卡拉庫姆路線位於中亞地區，全長866公里，順著扎拉夫尚河自東向西延伸，然後折往西南沿古代商隊路線，穿越卡拉庫姆沙漠直達梅爾夫綠洲，自西元前2世紀到西元16世紀，這條路線見證了人們旅行、定居、征服，從而發展成民族、文化、宗教、科技。
※與塔吉克、烏茲別克並列。

土耳其 Türkiye

 19   0   2 Total 21

土耳其的世界遺產多半和它數千年累積的文明有
關，不論是伊斯蘭、基督教，還是西台帝國、呂
西亞人遺址、愛琴海文明、希臘化遺跡，都榜上
有名。而最著名的卡帕多起亞、棉堡兩大自然奇
景，也都因為自然景觀上保有豐富的人類文明而
列為綜合遺產。

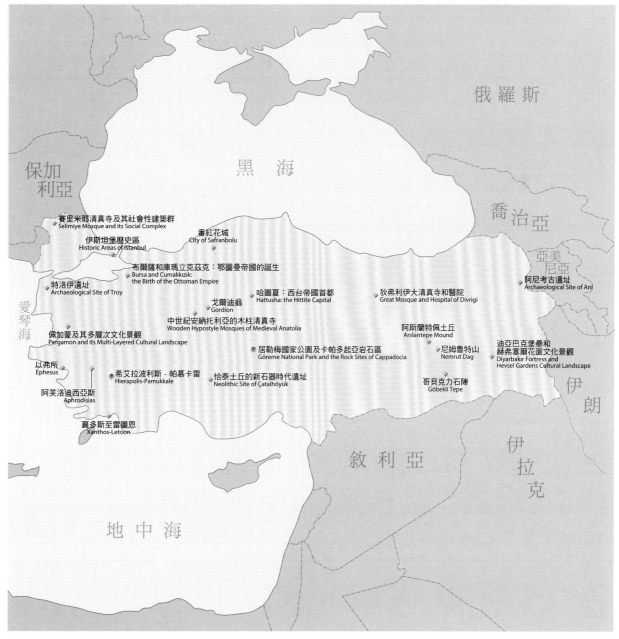

賽里米耶清真寺及其社會性建築群
Selimiye Mosque and its Social Complex

番紅花城
City of Safranbolu

伊斯坦堡歷史區
Historic Areas of İstanbul

保加
利亞

黑 海

俄 羅 斯

喬 治 亞

布爾薩和庫瑪立克茲克：鄂圖曼帝國的誕生
Bursa and Cumalıkızık:
the Birth of the Ottoman Empire

亞美
尼亞

特洛伊遺址
Archaeological Site of Troy

哈圖夏：西台帝國首都
Hattusha: the Hittite Capital

狄弗利伊大清真寺和醫院
Great Mosque and Hospital of Divriği

阿尼考古遺址
Archaeological Site of Ani

戈爾迪翁
Gordion

中世紀安納托利亞的木柱清真寺
Wooden Hypostyle Mosques of Medieval Anatolia

愛琴海

佩加蒙及其多層次文化景觀
Pergamon and its Multi-Layered Cultural Landscape

阿斯蘭特佩土丘
Arslantepe Mound

尼姆魯特山
Nemrut Dağ

迪亞巴克堡壘和
赫弗塞爾花園文化景觀
Diyarbakır Fortress and
Hevsel Gardens Cultural Landscape

以弗所
Ephesus

居勒梅國家公園及卡帕多起亞岩石區
Göreme National Park and the Rock Sites of Cappadocia

伊
朗

希艾拉波利斯 - 帕慕卡雷
Hierapolis-Pamukkale

恰泰土丘的新石器時代遺址
Neolithic Site of Çatalhöyük

哥貝克力石陣
Göbekli Tepe

阿芙洛迪西亞斯
Aphrodisias

襄多斯至雷圖恩
Xanthos-Letoon

敘 利 亞

伊
拉
克

地 中 海

符號說明   登錄時間   遺產內容   遺產類型 文化遺產 自然遺產 綜合遺產 瀕危文化遺產 瀕危自然遺產 瀕危綜合遺產

2011

文化遺產

伊斯蘭建築

賽里米耶清真寺及其社會性建築群
Selimiye Mosque and its Social Complex

　　賽里米耶清真寺建築群坐落於土耳其西北部的埃迪爾內(Edirne)，這座城市曾經是鄂圖曼土耳其帝國時期的首都。1569年到1575年間，塞里姆二世(Selim II)委託當時最知名的建築師錫南(Sinan)建造這個清真寺建築群，它不僅是錫南最傑出的代表作，更是鄂圖曼時期清真寺建築群(土耳其語：庫里耶külliye)的極致表現。

　　錫南運用一系列的建築手法，為這座清真寺塑造出樸實莊嚴的外觀，這些建築手法包括使用單柱廊與雙柱廊、以8根大柱支撐一個直徑31.5公尺的中央穹頂及周圍4個半圓穹頂，並且豎立4座細直高聳呈鉛筆狀的宣禮塔。

　　除此之外，清真寺的內牆也以出產自巔峰時期的伊茲尼(Iznik)磁磚作為裝飾，這些磁磚充滿層次感，色彩十分豐富，包括鮮紅色、紫色、藍色及橄欖綠，呈現出無可超越的藝術形式。清真寺的周邊建築群還包括一所伊斯蘭學校、一座有頂市場、鐘樓、外庭院以及圖書館。

伊斯坦堡歷史區
Historic Areas of Istanbul

1985

文化遺產

歷史城區
×
拜占庭
×
鄂圖曼

　　伊斯坦堡是唯一為基督教及伊斯蘭先後選為首都的城市，也是唯一同時坐擁亞洲區和歐洲區的國都，數千年來撲天蓋地進入的帝國勢力，使伊斯坦堡的文化、建築、宗教乃至生活習俗，隨之產生驚天動地的變更和融合，今日儘管它已成為容納1,200萬人口的國際大城，但那起伏的清真寺圓頂、挑戰天際的高樓、五彩斑爛的香料，以及那複雜的血統、迥異的語言，猶讓伊斯坦堡宛如罩著面紗的神秘女郎，令人心醉神馳、迷惘忘返。

　　被馬爾馬拉海、黃金角及博斯普魯斯海峽三面水域包圍的伊斯坦堡，不但是世界上唯一一座跨於歐亞大陸上的城市，更是拜占庭、鄂圖曼兩大帝國的首都，它曾是全世界政治、宗教及藝術中心長達兩千年之久，在這樣的千年古都中，小亞細亞文明、拜占庭遺跡、鄂圖曼文化並存，隨處一轉身皆是嘆為觀止的清真寺，其中基督與阿拉和平相處的清真寺更是奇觀中的奇觀。

　　伊斯坦堡歷史城區位於歐洲區，最教人驚豔的文化資產包括：拜占庭帝國君士坦丁大帝時代的賽馬場、6世紀的建築巨作聖索菲亞及鄂圖曼建築最完美之作的蘇雷曼尼亞清真寺，它們分別見證了伊斯坦堡重要的歷史和文化傳承。

1985

綜合遺產

火山地形
×
岩石景觀
×
人文聚落
景觀

居勒梅國家公園
及卡帕多起亞岩石區

Göreme National Park and the Rock Sites of
Cappadocia

六千萬年前，位於卡帕多起亞東西方兩座逾三千公尺的埃爾吉耶斯(Erciyes)及哈山(Hasan)火山大爆發，火山灰泥涵蓋了整片卡帕多起亞地區，岩漿冷卻後，人類的足跡就跟著踏上這塊土地，風化及雨水的沖刷，刻出大地的線條，軟土泥沙流逝，堅硬的玄武岩及石灰華突兀地挺立，或形成山谷，或磨出平滑潔白的石頭波浪，更留下傳奇的仙人煙囪，以及基督徒利用高岩巨石避難的洞穴社區。

卡帕多起亞最明確的歷史是西元前1200年，西台人在火山怪石區首先建立了強大的帝國，卡帕多起亞自此陸續出現在各頁歷史中，東西文明在此衝擊。波斯人正式給它「美麗的馬鄉」Cappadocia之名，因為這裡進貢了最健壯的馬和金、銀藝匠；消滅波斯的亞歷山大大帝和他的屬下，將「美麗的馬鄉」勢力擴張，希臘化文明因此主宰整個地區，希臘人也大量移民至此。

基督教從萌芽起，卡帕多起亞就是最虔誠之地，不但有多位聖徒聖者出身此地，教堂、修道院、隱士修行所佈滿整個區域，先知施洗者約翰等人更在此留下足跡，即使是信奉伊斯蘭教的突厥人在11世紀占領安納托利亞高原後，這兩大宗教、先來後到的住民們和平相處。基督徒和穆斯林一起利用奇岩怪石，鑿出洞穴住家、洞穴教會，一大片巨石甚至就是一個洞穴社區，巨石內錯綜複雜，廳室無數，最大洞穴社區可容納高達600人。

洞穴社區易守難攻，地下城更是嘆為觀止，不知從何時起，卡帕多起亞所有地上的活動，包括豢養牲畜、釀酒、生活、教育，全都轉進地下，而抵禦阿拉伯軍隊的基督徒更巧妙地利用地下城：窄而複雜的通道只容一人進或出，垂直開口的通氣孔、循環系統可以讓最底層和最上層的空氣一樣清新，而利用槓桿原理推動的兩噸重大圓石門，更是地下最堅固的堡壘，地下城許許多多不解的秘密讓它成為卡帕多起亞的另一個傳奇。

1985

文化遺產

伊斯蘭
建築

狄弗利伊大清真寺和醫院
Great Mosque and Hospital of Divriği

©Republic of Turkey of Culture and Tourism

安納托利亞高原的中部地區於11世紀初被突厥人征服，1228年至1229年期間，土耳其蘇丹Emir Ahmet Shah在狄弗利伊這個地方蓋了一座大清真寺，與它相連的則是一座醫院。清真寺有一間祈禱室、兩個穹頂，其穹頂建築的高超技法及出入口繁複的雕刻，相較於內部牆壁的素雅，恰成對比。土耳其清真寺何其多，這座入榜甚早，足見其在伊斯蘭建築史上的意義。

1986

文化遺產

古城遺址
×
西台帝國

哈圖夏：西台帝國首都
Hattusha: the Hittite Capital

西台在早期的安納托利亞歷史裡，扮演著極重要的角色，是古代世界裡，足堪與古埃及匹敵的王朝帝國，雙方曾兵戎多年，並簽訂和平條約，其相對應的埃及國王，正是史上鼎鼎有名的拉姆西斯二世。

哈圖夏正是西台帝國的首都，如今被列為世界遺產的，除了哈圖夏城牆遺址之外，還包括附近亞茲里卡亞(Yazilikaya)這個宗教聖地的岩石雕刻。哈圖夏曾經是一個非常迷人的城市，城牆綿延達7公里，今天的遺址裡，最引人矚目的就是面向西南方的獅子門，門兩邊刻著兩頭獅子，用來保衛整座城，並象徵著遠離災厄。此外，一般人總以為獅身人面像只存在於古埃及，其實西台帝國也有不同樣貌的獅身人面像，如今完好保存在伊斯坦堡的博物館裡。

1987

文化遺產

陵墓和
神殿
×
馬吉尼
王國

尼姆魯特山 Nemrut Dağ

坐落在安納托利亞高原東南側的尼姆魯特，以矗立在峰頂的人頭巨像著稱。

尼姆魯特是西元前1世紀科馬吉尼王國(Commagene Kingdom)國王安提奧克斯一世(Antiochus I)所建的陵寢以及神殿。科馬吉尼王國面積極小、勢力微薄，只能夾在賽留卡斯(Seleucid)帝國和帕底亞(Parthians)王國之間尋求生存的空間，但安提奧克斯一世過了一段安逸的日子後就顯露自負的本色，不僅沉溺在自比天神的妄想中，還支持帕底亞反抗羅馬，終於招致羅馬大軍壓陣自取滅亡的命運，尼姆魯特這片宏偉的建築，反而成了譏諷安提奧克斯一世國運短如曇花一現的證據。

儘管安提奧克斯一世無能統領江山，但他留給後世的這座建築卻是驚天動地。在1881年之前，這處古蹟早被世人遺忘了兩千年，直到一位德國工程師受鄂圖曼之託、探勘安納托利亞東部的交通運輸，才在遙遠的山頂上發現這處驚人的古蹟。

當初安提奧克斯一世所下令建造的，是一處結合了陵墓和神殿的聖地，中間以碎石堆建高50公尺的錐形小山，就是安提奧克斯一世的墳丘，東、西、北三側闢出平台，各有一座神殿，三神殿型制一模一樣，自左至右的巨石像分別是獅子、老鷹、安提奧克斯一世、命運女神提基、眾神之王宙斯、太陽神阿波羅、大力神赫克力士，然後再各一座老鷹、獅子，每一座頭像都高兩公尺，頭像下的台階則是一整排的浮雕，上面刻著希臘和波斯的神祇。

1988

文化遺產

古城遺址
×
陵墓墳塚
×
呂西亞
文明

襄多斯至雷圖恩
Xanthos-Letoon

土耳其這片廣袤的土地上，曾經出現的古文明何其多，除了西台帝國、希臘文化、波斯帝國、羅馬帝國之外，還有一支古代民族稱為呂西亞(Lycia)，為安納托利亞民族的一支，在土耳其的地中海岸西部地區留下不少遺址，文化深受希臘、羅馬影響。其中襄多斯是當時的首都之一以及最宏偉的城市，今天呂西亞人遺留給後代的，大多數都是那些雕刻在岩壁上的墳墓和石棺。

符號說明 登錄時間 遺產內容 遺產類型 文化遺產 自然遺產 綜合遺產 瀕危文化遺產 瀕危自然遺產 瀕危綜合遺產

1988

綜合遺產

喀斯特
地形
×
古城遺址
×
希臘化
時期

希艾拉波利斯－帕慕卡雷
Hierapolis-Pamukkale

帕慕卡雷就是一般人所熟知的棉堡，土耳其語的「Pamuk」意指「棉花」，「kale」是「城堡」的意思。這也是土耳其境內，除了卡帕多起亞之外，知名度最高的自然奇景。

每年總有上百萬遊客前來爭睹這個狀似棉花城堡的白色岩石瀑布，也因此構成了這個以棉堡為核心的景區。自古以來，棉堡除了自然景觀，也以溫泉聞名，前來沐浴療養的遊客始終絡繹不絕，自然而然形成龐大聚落及城市。希艾拉波利斯 (Hierapolis) 與棉堡的石灰棚緊緊相連，占地廣闊的神殿、劇場、大道、城門、市場、浴場及墓地遺跡，雖然曾兩度經歷地震毀滅，卻無減損其結合大自然與古文明所展現的偉大風華。

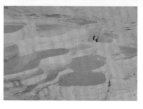

1994

文化遺產

古城
×
鄂圖曼

番紅花城 City of Safranbolu

　　早自13世紀開始，番紅花城就是東、西方貿易商旅必經的驛站，到了17世紀時，黑海地區繁盛的商貿使番紅花城邁入名利雙收的顛峰期，富豪廣建華宅凸顯身分，這些運用磚、木打造的鄂圖曼宅邸，通過歲月、天候的考驗留存至今，成為番紅花城最搶眼的特色，並使番紅花城於1994年躋身世界遺產之林。

　　位於山谷中的番紅花城就像是停駐在另一個時空的古鎮，空氣中瀰漫著濃重的鄂圖曼氣味，整座番紅花城就是一座生氣盎然的博物館，每戶民宅都有看頭。那些刻畫在民宅門窗上的細節，以及沿襲百年的生活型態，番紅花城的精華全藏在窄街巷弄間。

符號說明　 登錄時間　 遺產內容　　遺產類型　 文化遺產　自然遺產　綜合遺產　 瀕危文化遺產　 瀕危自然遺產　 瀕危綜合遺產

1998

文化遺產

愛琴海
文明

特洛伊遺址 Archaeological Site of Troy

　　世人所熟知的特洛伊是因木馬屠城計的希臘神話而來，但對考古學家來說，目前是一片荒蕪之地的特洛伊，對了解歐洲文明的源起，以及荷馬長篇史詩伊里亞德對西洋文明2千多年的深遠影響，有著極大的貢獻。

　　長久以來，對於特洛伊是否真實存在，一直都是歷史懸案，直到1871年德籍業餘考古學家謝里曼(Heinrich Schliemann)在達達尼爾海峽南方發現了特洛伊遺址，終於使神話野史得到實質根據，也許希臘諸神是文學的產物，但從這個舉世聞名的考古區中出土的各種物件，則是小亞細亞文明與地中海文明接觸、交融的重要證明，同時也證明了西元前12至13世紀愛琴海文明消長的趨勢。

　　出土的特洛伊遺址深達9層，各個文化層清楚顯示每個時代不同的發展。最底層的年代可溯及西元前3000年，第1到第5層(約在3000~1700BC間)相當於銅器時代晚期文化較類似；第6層(1700~1250BC)或第7層(1250~1000BC)的年代接近特洛伊戰爭時期，因為此時開始呈現印歐民族的文化表徵即與邁錫尼(Mycenae)相關的文物；第8層(700~85BC)為希臘時期的建築，最上層(85BC~AD500)則是羅馬帝國時期的遺跡，現在還保留明顯建築樣貌的，就屬這個時期。

佩加蒙及其多層次文化景觀
Pergamon and its Multi-Layered Cultural Landscape

　　小亞細亞最重要的一次大規模文化運動是由馬其頓的亞歷山大大帝帶來的希臘化運動，亞歷山大大帝死後，帝國分裂，他的幾名將領瓜分天下，但希臘化運動並沒有停止，反而更融合一地一地的文化特質，而帶來了希臘化時代最具代表性的佩加蒙風格，主要指各種年齡階層職業的人物都可成為雕塑的主題。

　　亞歷山大部下Philetarus繼承了佩加蒙這一帶的領土，而曾經顯赫一時的佩加蒙王朝，在歐邁尼斯一世(Eumenes Ⅰ，Philetarus的姪子)時達到顛峰，是愛琴海北邊的文化、商業和醫藥中心，足以和南邊的以弗所(Efesus)分庭抗禮，享有「雅典第二」的稱號。其遺址就位於今天的貝爾加馬(Bergama)小鎮，主要遺址分成南邊的醫神神殿(Asclepion)和北邊的衛城(Acropolis)兩大部分。

符號說明　登錄時間　遺產內容　　遺產類型　文化遺產　自然遺產　綜合遺產　瀕危文化遺產　瀕危自然遺產　瀕危綜合遺產

2014

文化遺產

鄂圖曼
×
伊斯蘭
建築

布爾薩和庫瑪立克茲克：
鄂圖曼帝國的誕生
Bursa and Cumalıkızık: the Birth of the Ottoman Empire

布爾薩之於鄂圖曼帝國，就像東北關外之於大清帝國一樣，這裡是鄂圖曼文化的發源地，在麥何密特二世還沒拿下伊斯坦堡之前，於1326年從塞爾柱帝國奪下布爾薩，並成為鄂圖曼帝國的第一個首都。曾經是絲路上重要貿易城市，布爾薩因此發展出養蠶、製絲產業，直到今天，每年夏天仍能看到鄰近村民挑著蠶繭前來市集交易，因此布爾薩的紡織工業也特別發達。

布爾薩還有「三多」：清真寺多、墳墓多、澡堂多。清真寺多，因為這裡是鄂圖曼文化中心，伊斯蘭信仰堅篤，全城清真寺超過125座；墳墓多，因為鄂圖曼崛起於布爾薩，先皇帝陵也特別多；澡堂多，因為布爾薩是個溫泉之鄉，據估計，全布爾薩的土耳其浴室超過三千處。

納入世界遺產範圍的點包括迴廊式建築的「罕」(Han，也是商旅客棧的意思)、伊斯蘭宗教建築群、蘇丹歐罕加濟(Orhan Ghazi)的陵墓等。另外鄰近村落庫瑪立克茲克(Cumalıkızık)也被納入保護範圍。

2012

文化遺產

新石器
時代遺址

恰泰土丘的新石器時代遺址
Neolithic Site of Çatalhöyük

恰泰土丘位於安納托利亞高原南部，今日孔亞市(Konya)的東南方，占地37公頃。它是目前全世界最大、保存最完整的新石器時代遺址，年代可回溯到西元前7,400年到西元前5,200年左右。

在土耳其語裡，Çatalhöyük意指分叉的山丘，也就表示恰泰土丘是由東、西兩座土丘所組成的。位於東邊地勢較高的土丘，時間可回溯到西元前7400年到6200年間，這裡不僅保存了豐富的原始文物如壁畫、牛頭浮雕和陶土雕像，還能看到戶戶相連的泥磚屋，它們都是以舊屋為基礎一再新建而成的，有些屋子甚至增建了18層之多。

此外，泥磚屋之間並沒有街道，屋頂就是人們通行的地方，而且發展到晚期，屋頂上還出現社區居民共用的烤箱。位於西邊的土丘則呈現了西元前6200年到5200年間青銅時代早期的文化演進史。

恰泰土丘見證了人類進入定居生活後社會組織及文化的發展。從出土的考古物件來看，雖然狩獵仍是當地居民的主要謀生方式，但他們已經開始種植作物並且及飼養牛羊，而且居民數量據估計有5,000到8,000人，繁榮狀況可見一斑。

2015

文化遺產

古城堡壘

迪亞巴克堡壘
和赫弗塞爾花園文化景觀
Diyarbakır Fortress and Hevsel Gardens Cultural Landscape

迪亞巴克位於兩河流域之一、底格里斯河(Tigres River)上游的斷崖上，其固若金湯的堡壘，從希臘化時期、羅馬、薩珊王朝(Sassanid)、拜占庭、鄂圖曼到現在，一直是這個地區最重要的文化景觀。堡壘環繞整個阿米達(Amida)山丘，城牆長達5.8公里，無數的城塔、城門、橋墩、63塊不同時期的銘文，以及引底格里斯河河水灌溉的赫弗塞爾花園(Hevsel Gardens)，都被納入世界遺產範圍。

符號說明 登錄時間 遺產內容　遺產類型 文化遺產　自然遺產　綜合遺產　 瀕危文化遺產　瀕危自然遺產　瀕危綜合遺產

2015

文化遺產

古城遺址
×
古希臘
羅馬

以弗所 Ephesus

　　愛琴海畔的以弗所，一直是遊客造訪土耳其最熱門的地點之一，面積廣闊的古城遺跡，保存至今已有兩千餘年的歷史。

　　西元前9世紀，已有以弗所存在的記載。在歷經西元前6世紀波斯人的入侵後，希臘亞歷山大大帝將其收復，開始這座城市的基礎建設。亞歷山大大帝去世後，後繼者將城市移往波波(Bülbül)山與帕拿爾(Panayır)山的山谷間，這也是今日以城所在地。經過希臘文明洗禮後，羅馬帝國幾位帝王對以城喜愛有加，紛紛為城市建設加料，以城的繁華興盛到達顛峰。

　　以弗所古城遺址於20世紀初陸續挖掘出土，斷垣殘壁隨處可見，只有少數定點保留原貌。據史料記載，西元17年時一次大地震，嚴重摧毀以城，

當時羅馬人展開修護工作；不過後來的基督教文明興起，以城作為信仰多神的希臘古都，逐漸被棄置形成廢墟，甚至不少建材遭到拆解移作其他建築使用。不過整體而言，它仍然是地中海東部地區保存最完整的古代城市，一年到頭遊客絡繹不絕。

　　在歷經西元前6世紀波斯人的入侵後，希臘亞歷山大大帝將其收復，開始這座城市的基礎建設。亞歷山大大帝去世後，後繼者將城市移往波波(Bülbül)山與帕拿爾(Panayır)山的山谷間，這也是今日以城所在地。經過希臘文明洗禮後，羅馬帝國幾位帝王對以城喜愛有加，紛紛為城市建設加料，以城的繁華興盛到達顛峰。

　　此外，附近的聖母瑪利亞之家(Meryemana Evi)、名列古代七大奇蹟之一的阿爾特米斯神殿遺址(Artemis Tapina ı)也都被納入範圍。

阿尼考古遺址
Archaeological Site of Ani

2016
文化遺產
古城遺址 × 亞美尼亞王國

阿尼古城位在土耳其與亞美尼亞的邊界，一片地勢險峻的開闊平地，三邊都被深長的山谷與溝壑包圍，易守難攻。它在9世紀時成為亞美尼亞王國的首都，因為處於戰略及貿易重地，迅速的發展起來，到了11世紀阿尼已經成為世界上最繁華的都城之一，美麗的教堂、修院、宮殿、城堡一座接一座，最高峰的時候城裡有二十萬居民，可媲美當時的君士坦丁堡、巴格達、開羅等國際大城，被稱為「一千零一座教堂之城」。

而今放眼望去，只有野草、滿地的瓦礫與像是被轟炸後殘餘的斷壁，是名副其實的「鬼城」。經過蒙古、波斯、鄂圖曼帝國的劫掠、占領，以及近代土耳其與亞美尼亞的衝突與爭議，這座城市幾乎已被夷為平地。考古及維修的工作也進行的非常粗糙，許多重建都使原貌盡失。

雖然如此，少數幾座留存的教堂中，仍能看到完美的等邊六角形、尖頂三角椎、盾形的廊簷格局、明暗相間的石牆堆砌、精緻的幾何雕刻等，亞美尼亞典型的建築風格，在蒼茫的大地中，想像曾經存在的偉大文明。

戈爾迪翁
Gordion

2023
文化遺產
古王國遺址

戈爾迪翁考古遺址位於農村中，是一處累積多層文化的古代居住處，包括鐵器時代弗里吉亞(Phrygia)王國的古都遺址，已挖掘出堡壘丘、下城、外城、防禦設施及墓冢古墳。大量遺跡展現了建築技術、空間佈局、防禦結構及喪葬習俗，有助於瞭解弗里吉亞的文化和經濟。

中世紀安納托利亞的木柱清真寺
Wooden Hypostyle Mosques of Medieval Anatolia

2023
文化遺產
中世紀清真寺

這項遺產由安納托利亞五處清真寺組成，它們建於13世紀末到14世紀中期，分別坐落在土耳其現今不同的地區。其結構與眾不同，包括磚石砌成的外牆結合內部多排木製支柱，內部支柱支撐起木製天花板和屋頂，這些清真寺的建築結構和內飾都運用嫻熟木雕和手工工藝。

符號說明 登錄時間 遺產內容 遺產類型 文化遺產 自然遺產 綜合遺產 瀕危文化遺產 瀕危自然遺產 瀕危綜合遺產

2017

文化遺產

古城遺址

阿芙洛迪西亞斯
Aphrodisias

　　建於希臘和羅馬時期的古城阿芙洛迪西亞斯，是以希臘神話中象徵著愛與美的女神阿芙蘿迪特Aphrodite之名所命名的，阿芙蘿迪特即為羅馬神話中的「愛神」維納斯。這座古城曾是小亞細亞地區的藝術文化及商貿中心，稱霸一時，在羅馬時代達到了全盛時期。由於阿芙洛迪西亞斯處於地震帶，歷經多次天災，現存建築多半已殘敗不全，留存的遺跡中較具規模的有保有希臘立柱的入口塔門及阿芙洛迪特神殿、長達262公尺的運動競技場、可容萬名觀眾的劇場、兩千年前啟用的哈德良浴場、具多功能用途的議事廳等，以現代眼光來評鑑，阿城的工藝水準、大理石建材用料都較其他城市優越，審美觀念、生活水平也高於同期的古城，由現存的遺跡猶可一窺阿芙洛迪西亞斯當年繁榮富庶的盛況。

哥貝克力石陣
Göbekli Tepe

2018
文化遺產
石陣遺址

哥貝克力石陣位於安納托利亞東南部的Germu 山脈，呈現巨大的圓形和矩形巨石結構，考古學家推論為圍牆，據推測是在西元前9,600年至前8,200年之間的前陶器新石器時代，由當時的狩獵採集者所建。這些巨石很可能與儀式有關，也有可能是陪葬品，柱子呈T形，造型特殊，上面刻著動物的圖像，這讓後世人們可瞭解11,500年前，在上美索不達米亞(Upper Mesopotamia)區域生活的方式和信仰。

阿斯蘭特佩土丘
Arslantepe Mound

2021
文化遺產
土丘遺跡

此處遺產是一座30公尺高的考古遺跡，位在幼發拉底河西南方12公里處的馬拉提亞平原，顯示早自西元前6,000年就有人類遺跡，延續到後羅馬時期。最早期的考古層為烏魯克時代早期建造的土坯房，紅銅時代興建了宮殿建築群，青銅時代出現皇家陵墓群。此處遺跡揭示近東地區國家社會形成的過程，並出土金屬武器，包括目前已知全球最古老的劍。

烏茲別克Uzbekistan

 5　 2　 0　Total 7

位於中亞心臟地帶的烏茲別克，自古以來便是大絲路上、八方人馬交會之所在，中世紀時，又是叱吒一時、帖木兒帝國的核心。其入選的四座文化遺產，都是大絲路時代的歷史名城，留下一座座壯觀的中亞伊斯蘭建築。

※天山西部Western Tien-Shan詳見哈薩克
※圖蘭的寒冬沙漠Cold Winter Deserts of Turan詳見哈薩克
※絲路：扎拉夫尚-卡拉庫姆路線Silk Roads: Zarafshan-Karakum Corridor詳見土庫曼

伊特克汗・卡拉　Itchan Kala

1990
文化遺產
絲路
×
沙漠綠洲
×
伊斯蘭建築

伊特克汗・卡拉就是基瓦(Khiva)綠洲的內城，古代絲路發達時，這裡是穿越沙漠前往波斯之前的最後一個商旅落腳處。儘管古代的遺跡所剩不多，卻保存了最完好的典型中亞伊斯蘭建築，例如珠瑪清真寺(Djuma Mosque)及諸多陵墓和伊斯蘭學校。

布哈拉歷史中心
Historic Centre of Bukhara

1993
文化遺產
絲路
×
伊斯蘭建築

布哈拉是位於中亞古絲路的商業重鎮，城內主要參觀重點是亞克城堡(Ark)，在舊城內還有烏魯別克宗教學校、米利阿拉伯宗教學校、圓頂市集，最受世界考古學者矚目的是伊斯邁薩曼尼陵墓。

夏喀里希亞布茲歷史中心
Historic Centre of Shakhrisyabz

2000
瀕危文化遺產
伊斯蘭建築

這裡以眾多且精美的帖木兒王朝建築而聞名，帖木兒王朝是元朝察合台汗國的後裔，興盛於15~16世紀。帖木兒在自己的出生地夏喀里希亞布茲大興土木，使夏喀里希亞布茲成為中亞地區最重要的政治文化中心。帖木兒和父親、二個兒子的陵墓全都在此，而其孫烏魯別克(Ulugh Beg)在此建的Kok-gumbaz清真寺，更是烏茲別克最大的圓頂建築。

文化十字路口撒馬爾罕
Samarkand–Crossroads of Cultures

2001
文化遺產
絲路
×
伊斯蘭建築

撒馬爾罕是烏茲別克共和國的舊都，1220年被成吉思汗掠奪，14~15世紀間被帖木兒建設為中亞絲路的重要城市。主要參觀重點是雷吉斯坦(Registan)廣場，站在廣場上可以看三座宗教學院，外觀頗似伊斯蘭清真寺，屹立著一根巨大尖塔。這些建築物的圓頂呈靛青色，在陽光下散發璀璨光芒。

 # 阿拉伯聯合大公國United Arab Emirates

III 1　　0　　0　　Total 1

阿拉伯聯合大公國這個20世紀下半葉因石油而崛起的國家，1971年脫離英國獨立，由阿布達比(Abu Dhabi)、杜拜(Dubai)、沙迦(Sharjah)、阿吉曼(Ajman)、歐姆庫溫(Umm Al-Quwain)、富介拉(Fujairah)和拉斯海瑪(Ras Al Khaimah)共7邦(酋長國)成立聯邦國家。

阿爾艾茵文化遺址：哈菲特、西里、比達‧賓特‧沙特及綠洲地區
Cultural Sites of Al Ain (Hafit, Hili, Bidaa Bint Saud and Oases Areas)

2011

新石器
時代至
鐵器時代
遺址
×
沙漠綠洲

III

文化遺產

阿爾艾茵文化遺址：哈菲特、西里、比達‧賓特‧沙特及綠洲地區
Cultural Sites of Al Ain (Hafit, Hili, Bidaa Bint Saud and Oases Areas)

　　本遺址包含阿布達比邦阿爾艾茵市周邊地區的一系列史前文化遺跡，總面積約五千公頃，它是人類自新石器時代開始在沙漠綠洲地區發展定居生活的傑出範例。

　　阿爾艾茵文化遺址保存了許多青銅時代和鐵器時代的文化遺跡，例如位於哈菲特山(Hafit)、西里綠洲(Hili)等地的環形石墓群(可回溯到西元前2,500年)、水井、用土坯建造而成的住宅、塔樓、宮殿、行政中心等建築物，以及一種名為阿夫拉吉(aflaj)的地下水灌溉系統。這種源自鐵器時代的古老灌溉系統會將地下水抽取出來，澆灌農田及棕櫚樹，對於當地綠洲的形成與維護有極為重要的功用，後來它也被廣泛運用到其他中東國家以及中國、印度等地。

　　本區的墓葬群及建築遺跡不僅是人類從狩獵與採集文化過渡到定居文化的重要見證，也反映了青銅時代到鐵器時代阿拉伯半島東部地區的文明發展。

越南 Viet Nam

 5 2 ⊞ 1 Total 8

越南共有8處地點列入世界遺產的保護，包括美景舉世聞名的下龍灣、有著帝都氣勢的前朝皇城順化、溫婉的中古時期古鎮會安、雄霸一時的占婆帝國美山遺址、以喀斯特地形見長的豐雅洞國家公園、象徵李朝輝煌年帶的河內昇龍皇城的中心區域等。

 1993

 文化遺產

 皇城 × 宮殿 × 陵墓

順化建築群
Complex of Hue Monuments

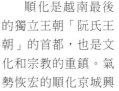

　　順化是越南最後的獨立王朝「阮氏王朝」的首都，也是文化和宗教的重鎮。氣勢恢宏的順化京城興建於1805年，對稱的格局和型制與北京皇城相似，但裝飾其間的鑲瓷藝術，又表現了越南的文化特色。

　　流貫市區的香河，連接了京城與郊區的佛學重鎮天姥寺，以及沿岸的阮氏王朝歷代皇帝之陵墓，皇陵多半是皇帝生前為自己所興建，因而表現了皇帝本身的文化品味，其中以明命、嗣德和啟定皇陵最具代表性。這些皇城建築、寺廟與皇陵，全在世界遺產的保護之列。

　　順化皇城裡的傳統建築，多半以鐵木為材料，屋頂和屋簷上飾有神氣昂揚的龍形雕刻，並以破碎的陶瓷鑲飾，色彩鮮豔動人。可惜的是，這些建築在第二次世界大戰和南北越內戰時，遭到嚴重的破壞，加上越共統治期間刻意強調的廢除封建和傳統文化，使這裡一度形如廢墟。幸好在1993年被聯合國列入世界遺產，提供經濟和復建技術的支援，使順化皇城逐步恢復昔日丰姿，雖然復建工作仍在進行中，皇城的恢宏氣勢和精美藝術，已十分令人震懾。

符號說明 登錄時間 遺產內容 遺產類型 文化遺產 自然遺產 綜合遺產 瀕危文化遺產 瀕危自然遺產 瀕危綜合遺產

1994

自然遺產

古城遺址
×
喀斯特
地形

下龍灣 Halong Bay

下龍灣面積廣達1553平方公里，包含約三千座石灰岩島嶼。這些石灰岩地形是由中國東南的板塊延伸而出，經過億萬年溶蝕、堆積，加上海水入侵，形成壯麗非凡的景觀，也就是所謂的喀斯特地形。

根據傳說：下龍灣是天上神龍下凡，協助越南人民對抗外敵，吐出龍珠攻擊敵軍，最後敵軍被擊退，掉落海上的龍珠，變為目前看到星羅棋布的石灰岩島，神龍功成後潛藏於海底。又有一說：有隻母龍以其長身，護住下龍灣，使人民不受巨浪侵擾，而母龍帶著小龍，因此下龍灣東北側的海域便名為拜子龍灣。不論哪個傳說，都代表了下龍灣在當地居民心目中神聖的地位。拜子龍灣也在世界遺產的保護範圍內，同時受保護的還有卡巴島(Dao Cat Ba)和島上的國家公園。

下龍灣一連串的多重形狀島嶼就像人間天堂般，尤其當舢舨船穿梭其間時，更會令人產生時空倒錯的感覺。若想親身體驗自然力的神奇，當然要搭船去親近深幽的洞穴和高聳的奇石怪岩。這裡的許多島嶼都是中空，內有溶洞，溶洞裡的鐘乳石、石筍、石柱，構織出一幅幅怪誕奇異的畫面。

483

1999

文化遺產

古鎮

會安古鎮
Hoi An Ancient Town

如畫般的會安古市位於秋盤河(Thu Bon River)北面，是16~18世紀時東南亞最重要的國際港之一。在它的全盛時期，這裡雲集著從荷蘭、葡萄牙、中國、日本、印度以及其他國家的商船，其中又以中、日的商船最多。

中國和日本的商船帶來了錦緞、紙張、毛筆等，而從會安購回木材、香料、犀牛角、象牙。海洋航運必須乘著季風，因此中國商船多半在10月~4月趁著東北季風由中國南下，直到6~9月的西南季風時才北返，中間有段空檔，這些商人因此就在此定居下來，會安也成了最早出現旅越華僑的城市。

由於中、日商人日益增多，會安也開始有了中國區和日本區，日本區以日本橋為起點，但是因為18世紀末起日本實行海禁政策，使得中國區的範圍擴張到日本區，所以現今會安城裡可見到許多中式會館和古宅邸。

直到19世紀後期，連接會安和大海的秋盤河淤積，港口因而向北移到今天的峴港，會安自此沒落。直到1999年被列入世界文化遺產，世人的眼光才再度回到這個曾經風雲一時的海港。

漫步在會安老街，民家、會館、寺廟、市場、碼頭等各種不同式樣的建築如此集中於會安古市，沿著老街櫛次鱗比，一家緊接著另一家，為中古時期象徵東方的城市提供一個最佳例證。

2014

綜合遺產

喀斯特地形 × 古城

長安名勝群 Trang An Landscape Complex

長安名勝群位於寧平省，靠近紅河三角洲，一座座陡峭的山谷林立，景致優美之外，並擁有特殊的喀斯特地貌。

人們從裡面的洞穴中，發現早在三萬年前，就已有人類在此活動的遺跡，再加上地理位置重要，在10~11世紀的越南王朝曾建都於此，名為「華閭」，也是越南著名的古都。因此，長安名勝群被列為自然、文化雙遺產，其範圍內的三谷及華閭古都，一直以來都是當地著名的觀光勝地，如今更是遊人如織。

符號說明 登錄時間 遺產內容 遺產類型 文化遺產 自然遺產 綜合遺產 瀕危文化遺產 瀕危自然遺產 瀕危綜合遺產

美山聖地
My Son Sanctuary

1999

文化遺產

印度教
×
佛教遺產

美山聖地是曾經繁盛一時的占婆(Champa)帝國的宗教中心，這個曾在4~12世紀雄霸越南中部的帝國，留下許多令人驚異的大型宗教建築，其中又以美山聖地的規模最大，堪與柬埔寨的吳哥寺(Angkor Wat)比擬，可惜的是經過近代頻繁又無情的戰爭洗禮，以致遺蹟更形殘破。

占婆帝國以海上貿易為主要經濟來源，驍勇善戰，最早以婆羅門教為國教，因此美山聖地裡的建築屬於印度式，崇奉的也都是印度神祇；10世紀左右，宗教重心轉為佛教，因此也有少數佛教之遺蹟。占婆帝國的重心受北邊大越族的壓制而往南遷移，最後消失在芽莊和潘朗(Phan Rang)一帶，成為越南42個少數民族之一，徒留巨大遺蹟見證曾經的輝煌歷史。

風雅－格邦國家公園
Phong Nha-Ke Bang National Park

2003

自然遺產

喀斯特
地形
×
森林

風雅－格邦國家公園位在越南國土最窄之處(東西向長度僅42公里)，最西端與寮國接壤，總面積達75萬多平方公里，分別位在風雅和格邦兩個地區。

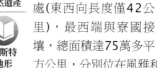

在這廣袤的地區，有著豐富的森林資源、各式洞穴和歷史遺跡，其中風雅以喀斯特地形知名，而格邦以豐富的林相著稱。風雅地區的複雜喀斯特地質系統，由四億年前的古生代演化至今，所發現的罕見地理景觀包括：地下伏流、梯形洞穴、懸洞、樹枝狀洞穴等多種，已足夠讓科學家興奮不已，而全區共有三百多個洞穴，總長度達70公里，目前只有二十多個經過仔細探勘，顯示仍有極大的研究空間。其中的風雅洞是目前觀光客可前往的景點，洞中有洞，景色奇妙，必須搭船進入。

河內昇龍皇城的中心區域
Central Sector of the Imperial Citadel of Thang Long - Hanoi

2010

文化遺產

皇城

河內舊名「昇龍」，據說因李太祖看見紅河上出現蛟龍而得名。1010年時，前朝權臣李公蘊利用內亂自立為王，他將李朝(Ly Dynasty)首都設在「昇龍」，並開始在此興建皇城，從此展開了它歷經三個世紀、身為國都的輝煌年代。

昇龍皇城興建於一座年代可回溯到7世紀的中國堡壘遺跡上，當時為了取得這片土地，特意將水從

河內紅河三角洲排乾。該皇城是大越(Dai Viet)獨立的象徵，直到13世紀一直都是區域政治權力中心。皇城大部分的結構於19世紀時遭到摧毀，其建築遺跡和位於黃耀街(Hoang Dieu)18號的考古遺址，反映出東南亞、特別是紅河河谷下游受到來自北方中國和南方古占婆王國(Champa Kingdom)間交相影響，所產生的獨特文化。

2011

防禦工事 × 城堡

文化遺產

胡朝西都城 Citadel of the Hồ Dynasty

胡朝西都城坐落於越南北中部海岸區域的清化省(Thanh Hóa)，是一座根據風水原則規畫的要塞，於14世紀時由定都於此的胡朝統治者所興建，以厚重的石塊為建材，平均每塊石頭長2公尺、寬1公尺、高0.7公尺。西都城外觀呈現矩形，東西長約884公尺、南北長約870公尺，共擁有四道城門，其中以南門為正面，不過如今除城門外，大部分的建築都已毀壞。

然而因為見證著14世紀末新儒家主義在越南的開花結果，以及遍及東亞的其他地區，使得這座要塞因呈現東南亞皇城的新風格，而對人類建築歷史具備階段性的重要價值，故列為世界遺產。

葉門 Yemen

 4　 1　 0　Total 5

葉門坐落於阿拉伯半島的西南角落，與沙烏地阿拉伯和阿曼為界，緊鄰紅海、亞丁灣和阿拉伯海，是阿拉伯半島上第一個女性擁有投票權的國家。4處入選世界遺產的古城都呈現獨特的建築風貌，但因戰亂都列入瀕危名單，至於自然遺產，距離葉門本土還有354公里之遙。

1982

古城 × 泥磚建築

瀕危文化遺產

希巴姆古城
Old Walled City of Shibam

由軍事堡壘所防衛著的希巴姆古城，是16世紀都市建築的精典之作。城裡五百多座建築，高約5~9層樓的泥磚建築群，甚至有高達40公尺者，是世界上最大的泥磚建築。這些矗立在沙漠的山崖上的建築，又有「沙漠裡的曼哈頓」之稱。

2008

自然遺產

島嶼生態

索科特拉群島
Socotra Archipelago

位在印度洋西北方，靠近亞丁灣的索科特拉群島，海域長250公里，包含4個大島和2個小島。被列入世界自然遺產的主要原因，是因為這裡有許多為因應當地酷熱、乾旱的地理環境而產生的特殊動、植物，例如群島上37%的植物、90%的蜥蜴、95%的蝸牛都是世上獨一無二的特有種。

1993

瀕危文化遺產

古城

扎比德古城
Historic Town of Zabid

扎比德位在亞丁通往麥加的朝聖路線上，地理位置重要，是齊亞德王朝(Zyadite，818年-1018年)的首都，在13~15世紀，扎比德更因伊斯蘭大學而聞名於阿拉伯和穆斯林世界。現在扎比德古城的城牆依然存在，只是大部分的建築都年久失修，加上人口密集，被列入瀕危遺產之列。

1986

瀕危文化遺產

古城 × 泥磚建築

沙那古城 Old City of Sana'a

具有兩千五百多年歷史的沙那古城，外圍仍留有高約6~9公尺的厚實泥磚打造的城牆，城裡有著一大片高樓，全都是由泥磚興築而成，高樓外觀有精美壁畫與雕刻，加上彩繪的玻璃，十分有特色。沙那古城從7、8世紀伊斯蘭教開始擴展勢力之始，就具有相當重要的地位，其城裡仍留存有103座清真寺，14座土耳其浴堂、6000座泥磚高樓，其中大清真寺(Jami' al-Kabir)是現存最古老的清真寺之一。

2023

瀕危文化遺產

古城遺址

古代示巴王國的地標—馬里卜
Landmarks of the Ancient Kingdom of Saba, Marib

馬里卜是由七個考古遺址組成，見證了從西元前1世紀到西元630年，伊斯蘭教傳入示巴王國期間豐富的建築、美學和技術成就。當時示巴王國在促進地中海和東非的貿易及文化交流扮演重要角色，遺址包括大型城市遺跡，其中有紀念性的寺廟、城牆，灌溉系統尤其反映了水文工程和農業方面的技術實力，其規模在古代南阿拉伯是無與倫比的，從而創造了最大的古代人造綠洲。

符號說明 登錄時間 遺產內容　遺產類型  文化遺產 自然遺產 綜合遺產 瀕危文化遺產 瀕危自然遺產 瀕危綜合遺產

非洲

阿爾及利亞 Albania

 6　 0　 1　Total 7

位於北非、緊鄰地中海的阿爾及利亞，共有7處世界遺產，幾乎都列在最初幾批被提名的行列，足見這些珍貴資產很早就被看見，儘管在非洲，但歷史與環地中海國家相近，腓尼基人、羅馬人、汪達爾人、拜占庭人、阿拉伯人、土耳其人先後都留下足跡。

莫查布山谷 M'Zab Valley

1982

文化遺產

人文聚落景觀

莫查布山谷位於阿爾及利亞首都阿爾及爾南方500公里的撒哈拉沙漠北部，綿延約10公里長。10世紀時，伊巴底人(Ibadites，伊斯蘭教分支)為了避免遭到迫害和擄掠，於是從瓦格拉鎮(Ouargla)逃到此處，並在接下來的36年內建造了5座以清真寺為中心的牆垛型城鎮。

這裡的建築物都以古法興建，不但簡樸實用，而且極符合本土的地理環境與生活方式，也成為許多近代建築家取材的靈感來源。

貝尼哈瑪達山上城堡
Al Qal'a of Beni Hammad

1980

文化遺產

城堡

距離阿爾及利亞首都阿爾及爾東南方225公里，坐落於山巒高地間的貝尼哈瑪達，是西元1007年哈瑪達王朝(Hammadid empire)為執政所建立的第一座堡壘型首都，也是當時阿拉伯世界的手工業及商業重鎮。

1152年，積極擴張北非版圖的阿爾摩哈德王朝(Almohad dynasty)奪得政權，致使這座城市遭到摧毀，不過有許多建築物倖存下來，其中最著名的就是清真寺，其禱告室共有13條通道和8間隔間。

傑米拉 Djémila

1982

文化遺產

古羅馬

傑米拉舊名庫伊庫爾(Cuicul)，是古羅馬人在1世紀時建立於海拔900公尺丘陵地上的山城，原為軍隊駐防之用，後來逐漸發展成農產品交易重鎮。

該城在3世紀卡拉卡拉大帝(Caracalla)統治下達到鼎盛，5、6世紀隨著羅馬帝國的衰亡而沒落，後來阿拉伯人統治此地，將之更名為傑米拉(優美之意)。這片保留得相當完整的北非古羅馬遺址，包含了廣場、神殿、長方形會堂、凱旋門、街道、住屋以及因地形限制而建於城外的大型圓形劇場。

阿爾及爾的卡斯巴赫
Kasbah of Algiers

1992

文化遺產

古城

始建於公元前6世紀的卡斯巴赫，是一座依傍陡峭山丘，可眺望港口和地中海的麥地那(伊斯蘭式古城)。

由於先後受到腓尼基人、羅馬人、汪達爾人、拜占庭人、阿拉伯人、土耳其人和法國人的統治，因此現今所看到包括堡壘、清真寺、土耳其宮殿和傳統民房在內的歷史古蹟，充分融合了羅馬、拜占庭、土耳其軍事建築以及阿拉伯的建築風格。

符號說明  登錄時間 遺產內容　遺產類型  文化遺產 自然遺產 綜合遺產 瀕危文化遺產 瀕危自然遺產 瀕危綜合遺產

提姆加德
Timgad

1982

文化遺產

古羅馬

西元100年，羅馬帝國的圖拉真大帝(Trajan)為了防止柏柏人(Berbers)入侵，便在奧斯拉山(Aures Mountains)北麓建立殖民地提姆加德，作為軍事防禦之用。

這座遺址採用羅馬帝國典型的棋盤式設計，代表性建築物包括12公尺高的圖拉真大帝凱旋門、可容納3,500人的半圓形劇場、4座公共澡堂、1座圖書館以及長方形會堂。提姆加德在5世紀時遭到外族劫掠，後來又被拜占庭軍隊攻占，成為一座基督教大城，7世紀時，柏柏人將它摧毀殆盡，直到1881年才被挖掘出土。

©UNESCO/Hana Aouak

提帕薩 Tipasa

1982

文化遺產

古羅馬

位於地中海沿岸阿爾及爾西方68公里的提帕薩，原是西元前7世紀腓尼基人所建的貿易驛站，2世紀時成為羅馬帝國的軍事殖民地，接著又先後被拜占庭帝國和阿拉伯人占領因此是一座融合多元文化風貌的濱海古城。「提帕薩」一詞便來自阿拉伯語「提法塞德」(Tefassed)，意指嚴重受損。

這片古羅馬遺址主要可分為陵墓區和考古區兩大部分，重要的建築物遺跡包括了教堂、公共澡堂、鬥獸場、露天劇場以及噴泉公園。

塔西里奈加 Tassili n'Ajjer

1982

綜合遺產

史前岩畫×岩石景觀

位於阿爾及利亞東南方撒哈拉高原的塔西里奈加，擁有世界上最重要的史前壁畫群，超過15,000幅岩畫與岩刻遺跡，記錄了西元前6,000年到1世紀期間撒哈拉邊陲地帶的氣候變遷、動物遷徙和人類生活方式的演變。

本區大多屬於砂岩地質，因此到處可見石林遍布，雖然氣候乾燥，但受到高原地形以及砂岩保水性較佳的影響，這裡也有植物零星生長，其中包括較罕見的地中海柏樹。

布吉納法索
Burkina Faso

 #3   #1   #0   Total 4

W-阿爾利-彭賈里保護區
W-Arly-Pendjari Complex
馬利
布吉納法索古代冶鐵遺址
Ancient Ferrous Metallurgy Sites of Burkina Faso
尼日
洛羅派尼遺址
The Ruins of Loropéni
貝南
象牙海岸　迦納
鐵貝萊王宮
Royal Court of Tiébélé
多哥

布吉納法索是西非的內陸國，1984年之前原名為上沃爾塔共和國(Republic of Upper Volta)，過去曾被法國殖民，直到1960年才獨立。一萬多年前便有人類在此活動，在歐洲人來到非洲之前，這裡已經有興盛的黃金貿易。

※W-阿爾利-彭賈里保護區W-Arly-Pendjari Complex詳見尼日

洛羅派尼遺址 The Ruins of Loropéni

2009

文化遺產

人文聚落景觀遺址

位於象牙海岸、迦納和多哥邊界之間的洛羅派尼遺址，占地11,130平方公尺，是一處約有1千年歷史的石砌廢墟。這裡是洛比地區(Lobi)的10座堡壘中保留得最為完整的遺址，同時也是見證了撒哈拉沙漠黃金貿易鼎盛期的百道石牆群的一部分。

格羅派尼遺址過去曾被洛朗人(Lohron)或庫蘭戈(Koulango)占領，成為黃金提煉和交易的重鎮，並在14到17世紀達到鼎盛，目前人們對這塊土地所知不多，仍有待進一步的挖掘。

布吉納法索古代冶鐵遺址
Ancient Ferrous Metallurgy Sites of Burkina Faso

2019

文化遺產

冶鐵遺址

這項遺址共有5處遺址，分布於境內不同省份，包含15座立式熔爐、熔爐基座、礦坑及居住遺跡，其中，Douroula是最早（西元前8世紀）進行冶鐵活動之處，Tiwga、Yamane、Kindibo和Bekuy則展現了當地日益密集的冶鐵活動。儘管如今已不再使用古老的冶鐵技術，當地村鎮的鐵匠仍在提供生產工具及舉辦活動中發揮重要作用。

鐵貝萊王宮 Royal Court of Tiébélé

2024

文化遺產

古王宮建築群

鐵貝萊王宮是自16世紀以來建造的土製建築群，體現了卡塞納(Kasena)人的社會組織體系和文化價值觀。王宮四周環繞高牆，隔牆和走廊將建築群區分成數個不同區域，並通向牆外的儀式聚會場所。王宮由宮中男性建造，女性成員負責繪製工作，並擔當相關知識的守護者，確保延續此項傳統。

貝南Benin

2 #　1 #　0 #　Total 3

貝南位於西非，臨幾內亞灣，大多數的人口都集中在南部的海岸區，曾被法國殖民，官方語言為法語。歷史上，這裡曾經出現一個強大的王國，那就是17到19世紀之間的達荷美(Dahomey)王國，入選的一處世界遺產便是此時期的王宮。

＊W–阿爾利–彭賈里保護區W–Arly–Pendjari Complex詳見尼日
＊庫塔馬庫─巴塔馬利巴人居住區Koutammakou, the Land of the Batammariba詳見多哥

1985 文化遺產 宮殿

阿波美王宮 Royal Palaces of Abomey

自1625年達荷美人(Dahomey，或Fon豐人)在貝南南部建立阿波美王朝，到1900年為止，這個位於西非的經濟強國總共經歷了12位國王的統治，除了阿卡巴國王(King Akaba)在別處興建宮殿之外，其他歷任國王都將自己的王宮建在首都的皇家園林內，因此形成一個充分就地取材的完整建築群。遺址中除了保存許多的公共設施、壁畫、雕塑，還有大量精美的陶製浮雕，為這個已消失的古王國提供了歷史的見證。

安哥拉Angola

1 #　0 #　0 #　Total 1

2017年新加入世界遺產行列的安哥拉，位於非洲西南部，西濱大西洋，原屬葡萄牙殖民地，直至1975年11月才結束葡萄牙五百多年的統治軒搞獨立。安哥拉經濟以農業為主，礦產亦相當豐富，有潛力成為富裕的國家。

2017 文化遺產 古城遺址

姆班扎剛果：
前剛果王國的首都遺址
Mbanza Kongo, Vestiges of the Capital of the former Kingdom of Kongo

姆班扎剛果位於安哥拉西北部，在14世紀至19世紀是非洲南部最大憲政國剛果王國的首都，16世紀一度是最富有的非洲城市之一，中心區域有古時的皇邸、法庭、皇族陵墓。葡萄牙人於15世紀抵達後，採用歐洲樣式增建了石製建築，在撒哈拉以南的非洲國家中，姆班扎剛果充分展現外來的葡萄牙人及基督教對非洲造成的巨變。

波札那Botswana

1 #　1 #　0 #　Total 2

波札那是非洲南部的內陸國，於1966年獨立，屬大英國協的一員。境內地形十分平坦，但有70%的土地為喀拉哈里沙漠。從這座世界遺產看得出來，人類在幾萬年前便已在此區域活動。另一座入選的自然遺產則是河口三角洲濕地生態。

2001 文化遺產 史前岩畫藝術

特索地羅
Tsodilo

位於喀拉哈里(Kalahara)沙漠境內的特索地羅，總共有4,500幅以上的岩壁繪畫保存於面積僅10平方公里的區域中，是世界上岩畫藝術最密集的地方，因此也素有「沙漠的羅浮宮」之稱。

這片遺址包含了四座岩丘(男人丘、女人丘、孩子丘和一座不知名的小山丘)，其中以女人丘的岩畫遺跡最為豐富，內容多半是孤立的動物輪廓和幾何圖形，有些甚至可以追溯到24,000年前，這些岩畫充分展現了閃族人的文化藝術和精神信仰。

符號說明　登錄時間　遺產內容　遺產類型　文化遺產　自然遺產　綜合遺產　瀕危文化遺產　瀕危自然遺產　瀕危綜合遺產

維德角Cabo Verde

1 # 0 # 0 Total 1

西達德維哈：
大里貝拉歷史中心
Cidade Velha, Historic Centre of Ribeira Grande

維德角是西非外海的島國，距離非洲大陸尚有570公里之遙，為10座島嶼構成的群島國家，總面積約4033平方公里。由於是歐洲人來到非洲最早的殖民地，所遺留下來的古蹟不僅見證了歷史，更彌足珍貴。

西達德維哈：大里貝拉歷史中心
Cidade Velha, Historic Centre of Ribeira Grande

2009

文化遺產

殖民城市
×
葡萄牙

　　原名「大里貝拉」，後於18世紀末期更名「西達德維哈」(Cidade Velha，意為舊城)，是維德角最古老的歐洲人殖民地，同時也是該國早期的首府所在地。1462年，葡萄牙航海家諾利(António da Noli)在發現西非的聖地牙哥島(Santiago)後，把該城命名為大里貝拉(葡萄牙語意指大河)，由於當時黑奴買賣盛行，這裡後來也成為葡萄牙帝國的貿易重鎮。西達德維哈最著名的古蹟，包括一座興建於1495年全世界最古老的殖民地教堂、皇家堡壘及矗立著華麗大理石柱的皮洛里廣場(Pillory Square)。

歐卡萬哥三角洲
Okavango Delta

2014

自然遺產

河口三角洲生態

　　歐卡萬哥三角洲位於波札那西北邊，主要包括永久性的沼澤地和季節性的氾濫平原兩大部分，這是世界上少數的內陸河口三角洲，自己形成一個濕地體系，而沒流向海洋。歐卡萬哥三角洲最大的特色，就是每年乾季時，歐卡萬哥河就開始氾濫，當地動植物也隨之進入周而復始的生物循環周期。一般來說，天候、水文及生物都是交互作用的，但在這裡，卻不是在雨季氾濫，是一個相當獨特的案例。歐卡萬哥三角洲也是許多瀕危大型哺乳動物的家，例如獵豹、白犀牛、黑犀牛非洲野狗和獅子。

喀麥隆Cameroon

0 # 2 # 0 Total 2

奈及利亞
查德
賈河野生動物保護區
Dja Faunal Reserve
中非共和國
桑哈跨三國保護區
Sangha Trinational
加彭
剛果

位於西非的喀麥隆由於地理和文化的多樣性，濃縮了非洲的精髓，而有「縮小版的非洲」之稱。以自然環境來說，就包含了海灘、沙漠、高山、雨林和稀樹草原，其自然生態豐富，兩座入選的都屬自然遺產，也是大自然的寶庫。

賈河野生動物保護區
Dja Faunal Reserve

1987

自然遺產

雨林
×
野生動物

©UNESCO/C. Hance

　　位於喀麥隆南部高原地帶的賈河野生動物保護區，占地5,269平方公里，由於三面都被天然疆界賈河所圍繞，90%的區域未受外界干擾，因此是非洲最大且保護得最完整的雨林之一。

　　賈河動物保護區以生物多樣性為特點，總共有超過1,500種已知植物、107種哺乳動物以及320種鳥類棲息在此處，其中還包括5種瀕危動物。

桑哈跨三國保護區 Sangha Trinational

2012

自然遺產

熱帶雨林
×
濕地
×
野生動物

　　桑哈跨三國保護區占地約750,000公頃，位於剛果盆地西北部的剛果、喀麥隆及中非共和國交界處，並且由三個國家的國家公園共同串連而成。這塊保護區是這三國的官方與民間人士為了保育世界第二大雨林區，共同努力十多年所得到的成果。

　　本區位處人跡罕至的赤道非洲地帶，大部分的自然環境都保存完整，尚未受到人為破壞。多雨潮濕的熱帶雨林與濕地孕育著大量動植物，其中包括尼羅河鱷魚、巨型虎魚、鸚鵡等等。天然森林空地不僅是大象、瀕臨絕種的大猩猩與黑猩猩聚集及棲息的處所，其他為數眾多的大型哺乳動物如森林水牛、大叢林豬、紫羚等也經常在此處活動。

　　桑哈跨三國保護區目前由聯合國教科文組織世界遺產中心、國際野生物保育協會(WCS)、世界自然基金會(WWF)等組織以及歐洲數國政府及人民，長期提供資金與技術上的協助。剛果、喀麥隆和中非共和國三個國家也共組巡守隊，嚴禁人們在保護區內從事非法狩獵、捕魚或走私象牙的行為。

＊與中非共和國、剛果並列。

中非共和國
Central African Republic

0 2 0 Total 2

是位於非洲心臟地帶的內陸國，多數國土被稀樹草原所覆蓋。過去曾經是法國殖民地，1960年才獨立。儘管擁有豐富的礦藏和可耕地，包括鈾、石油、黃金、鑽石和木材、水力，卻仍名列全球最貧窮的國家之一。

＊桑哈跨三國保護區Sangha Trinational詳見喀麥隆

1988

瀕危
自然遺產

野生動物

曼諾弗－高達聖弗里斯國家公園
Manovo-Gounda St Floris National Park

位於中非共和國巴明吉－班戈蘭省(Bamingui–Bangoran)東方鄰近查德邊界處，面積廣達17,400平方公里，由三條河流流域、氾濫平原、草原及濕地所組成。擁有非洲中西部最遼闊的稀樹草原，也是57種哺乳類動物、320種鳥類的棲地，包括瀕臨絕種的黑犀牛、非洲象、花豹、鱷魚、獅子和鬣狗。

剛果Congo

0 2 0 Total 2

這裡的剛果指的是剛果共和國(Republic of the Congo，或Congo-Brazzaville)，過去屬於法國殖民「赤道非洲」的「法屬剛果」，於1960年獨立，擁有兩處世界遺產。

＊桑哈跨三國保護區Sangha Trinational詳見喀麥隆

2023

自然遺產

生態環境

奧扎拉-科科阿森林高地
Forest Massif of Odzala-Kokoua

這處地點展現了冰期後森林回遷形成稀樹草原生態的過程，作為剛果森林、下幾內亞森林和稀樹草原等多個生態類型的交集點，具有重要的生態意義，這裡的森林早現獨特的生態環境，蘊含多樣的生態演進過程。此地是森林象最重要的棲息地，也是本地區靈長類動物最多樣性的區域。

恩內迪高原的自然與文化景觀
Ennedi Massif: Natural and Cultural Landscape

2016
綜合遺產

奇岩景觀
×
岩畫藝術

恩內迪高原位於查德的東北方，地質為砂岩，由於受到水和風的侵蝕，切穿一片廣大高原，形成了峽谷與山谷，並有懸崖、岩石拱門、岩錐等天然景觀。

在巨大的峽谷裡，永久存在的水流在恩內迪高原的生態中扮演了極為重要角色，不論是對動物、對植物，還是對人。數千年來，人類在岩洞、在峽谷、在屏障處留下了數千幅岩畫，是撒哈拉地區最大群的岩畫藝術之一。

查德Chad

0 1 1 Total 2

查德是中非地區的內陸國，北部是沙漠，中部有條乾旱帶，南部地區土地較肥沃。至於查德湖區是該國最大、非洲第二大濕地，其國名便是來自查德湖。和鄰近國家一樣，過去是法國殖民地，於1960年取得獨立地位。

符號說明 登錄時間 遺產內容　遺產類型 文化遺產 自然遺產 綜合遺產 瀕危文化遺產 瀕危自然遺產 瀕危綜合遺產

象牙海岸
Côte d'IvoireVerde

🏛 2　🌳 3　🌳 0　Total 5

象牙海岸北部的蘇丹式清真寺
Sudanese Style Mosques in Northern Côte d'Ivoire

共莫耶國家公園
Comoé National Park

寧巴山自然保護區
Mount Nimba Strict Nature Reserve

塔伊國家公園
Taï National Park

歷史城鎮大巴薩姆
Historic Town of Grand-Bassam →

從其國名便知這裡過去也是法國殖民地，和鄰近國家一樣都於1960年獨立。原本的三處自然遺產，都面臨了人類和政局的威脅，其中一處被列為瀕危世界遺產，文化遺產大巴薩姆則說明了法國殖民城市的典型範例。

寧巴山自然保護區
Mount Nimba Strict Nature Reserve

 1981

 瀕危自然遺產

 野生動物

分布於象牙海岸、幾內亞與利比亞交界處的寧巴山自然保護區，有茂密的樹林、遼闊的草原，動植物生態極為豐富，最引人矚目的就是寧巴山高位棲地特有的寧巴山胎生蟾蜍（Nimbaphrynoides occidentalis），其他重要的哺乳類動物還包括花豹、非洲侏儒獺鼩，以及把石頭當工具用的黑猩猩。由於1992年幾內亞政府允許本地開採鐵礦，又有大量難民湧進幾內亞，因此，本保護區在1992年被列為瀕危世界遺產。
＊與幾內亞並列

烏尼昂加湖群 Lakes of Ounianga

 2012

 自然遺產　湖泊生態

景致優美、充滿鮮明色彩的烏尼昂加湖群，是查德第一個名列世界遺產的保護區，它位於撒哈拉沙漠的超乾燥地帶「恩內迪區」（Ennedi region），由18座互相連接的湖泊組成，總面積62,808公頃。這片湖群是永久湖泊存在於沙漠型地理環境的絕佳例證。

不到一萬年前，這裡原本是一大片湖泊，但後來逐漸分成兩個相隔40公里，由鹹水湖、超鹹水湖和淡水湖組成的湖群。這兩大湖群分別是烏尼昂加克比爾湖群（Ounianga Kebir）以及烏尼昂加塞里爾湖群（Ounianga Serir），由於有地下水供應水源，因此除了季節造成的微幅變化之外，水位大致都能保持穩定。

塔伊國家公園 Taï National Park

 1982

 自然遺產

熱帶雨林 × 野生動物

占地3,200平方公里，位於象牙海岸與利比亞交界處的塔伊國家公園，是西非最後一塊原始的熱帶雨林。特有物種超過150種，而在幾內亞雨林出現的54種哺乳類動物當中，就有47種棲息於此，其中包括侏儒河馬等5種瀕危物種；過去一度被認為已經滅絕的植物如魔芋屬（Amorphallus staudtii），也在此區再度被發現。

共莫耶國家公園 Comoé National Park

 1983

 自然遺產

 野生動物

是西非最大的野生保護區之一，占地11,500平方公里，流經此處的共莫耶河（Comoé River）造就了稀樹草原、廊道森林、河岸草地、茂密雨林等多樣化的棲地環境，動植物相當豐富，除了有西非的多種兀鷲和鸛，還有11種猴子、17種肉食性動物、21種大型草食性動物、10種鷺及瀕臨絕種的3種非洲鱷。此地受到象牙海岸政局不穩、盜獵以及草食性動物大量啃食影響之威脅。

歷史城鎮大巴薩姆
Historic Town of Grand-Bassam

 2012

 文化遺產

 殖民城市 × 法國

歷史城鎮大巴薩姆位於科莫河（Comoe）進入幾內亞灣的河口處。1880年代到1950年代，法國人在此地建立殖民首都，其格局反映了當時的城鎮規劃概念，分為商業區、行政區、歐洲人居住區及非洲人居住區，現今僅存的建築物也反映出法國的殖民建築風格，擁有木製百葉窗、寬大的陽台及柱廊。與其一同納入世界遺產保護範圍內的，還包括緊鄰在旁，保存了非洲原住民傳統文化的漁村「恩濟馬」（N'zima）。1960年，象牙海岸脫離法國獨立，大巴薩姆成為該國最早的首都，以及最重要的海港、商業中心及司法中心。

象牙海岸北部的蘇丹式清真寺
Sudanese Style Mosques in Northern Côte d'Ivoire

 2021

 文化遺產

 蘇丹式清真寺

這8座小型土坯清真寺分別位於Tengréla、Kouto、Sorobango、Samatiguila、Nambira、Kong和Kaouara等地，特點包括外突的木桿、頂部帶有陶器或鴕鳥蛋裝飾及錐形宣禮塔，這種特有的建築風格據信起源於14世紀Mali帝國的Djenné城，而後從沙漠地區向南傳播到蘇丹大草原，為了適應當地潮濕氣候，建築高度降低，支撐更堅固，這些清真寺見證撒哈拉貿易促進了伊斯蘭教和伊斯蘭文化的發展。

剛果民主共和國 Democratic Republic of the Congo

 0   5   0   Total 5

剛果民主共和國是非洲面積第二大的國家，過去名為薩伊(Zaire)，從其入選的5處自然遺產來看，這個國家擁有世界上少有的豐富自然生態，可惜1998年爆發了災難性的內戰，而被稱為「非洲的世界大戰」，有4處自然遺產被列為瀕危遺產。

維龍加國家公園 Virunga National Park

1979
瀕危自然遺產
生態多樣性 × 野生動物

占地8000平方公里的維龍加國家公園，成立於1925年，是非洲第一座國家公園，這裡包括了赤道雨林、沼澤地、草原、熔岩平原乃至海拔超過五千公尺的魯文佐里山(Rwenzori Mountains)在內的地形景觀，因此動植物種類相當豐富，它不僅是山地大猩猩重要的棲地及研究基地，更擁有世界上最龐大的河馬群，數量大約有兩萬多頭。

受到盧安達難民湧入、林地大幅縮減以及缺乏妥善管理的影響，維隆加國家公園於1994年被列為瀕危自然遺產。

加蘭巴國家公園 Garamba National Park

1980
瀕危自然遺產
野生動物 × 白犀牛

成立於1938年的加蘭巴國家公園，位於剛果東北部，占地4,920平方公里，境內除了有廣大的熱帶稀樹草原、高原及林地，沿河還有零星散布的廊道森林及沼澤濕地。

本地是世界上唯一僅存的白犀牛棲息地，由於盜獵行為猖獗，白犀牛的數量已經從1960年的1,000隻，銳減到不到5隻，這也使得它繼1984年之後，再度於1996年被列入瀕危遺產。

卡胡茲－比加國家公園 Kahuzi-Biega National Park

1980
瀕危自然遺產
高山森林 × 熱帶雨林 × 野生動物

位處剛果東部，成立於1970年的卡胡茲－別加國家公園，其名稱取自卡胡茲和比加兩座死火山，由於境內自然景觀的海拔差異懸殊，除了高山森林，還有廣大的原始熱帶雨林，因此，動植物種類繁多。

©UNESCO/Guy Debonnet

這裡是世上少數僅存的山地大猩猩棲地及研究基地(數量約250隻)，也是著名動物保育者黛安・佛西(Dian Fossey)最早研究大猩猩的地點。受到內戰不斷，大批難民湧入，以及盜獵、森林大火等因素的影響，卡胡茲－比加國家公園於1997年被列為瀕危自然遺產。

薩隆加國家公園 Salonga National Park

1984
自然遺產
熱帶雨林 × 野生動物

1970年成立的薩隆加國家公園，位處剛果河(亦稱薩伊河Zaire River)流域中心地帶，面積廣達36,000平方公里，是非洲最大、世界第二大的熱帶雨林保護區，物種相當多樣化，其中包括瀕臨絕種的特有動物長尾猴、紅疣猴、非洲象、非洲細吻鱷及巴諾布猿(矮黑猩猩)。

由於野生動物肉品交易盛行，導致盜獵情形嚴重，再加上武裝衝突頻繁，薩隆加國家公園曾於1999年被列入瀕危自然遺產，接受聯合國基金會(UNF)保育計劃的援助。

霍加皮野生動物保護區 Okapi Wildlife Reserve

1996
野生動物
瀕危自然遺產

占據剛果東北部伊圖里森林(Ituri Forest)五分之一面積，將近14,000平方公里的霍加皮野生動物保護區，屬於非洲最大水系剛果河流域的一部分。這裡除了擁有各式各樣的樹木與植物，動物種類也相當繁多，包括13種以上的類人靈長類動物、瀕臨絕種的非洲象以及五千隻野生霍加鹿(全球估計有三萬隻左右)。

由於1997年初內戰蔓延，又有盜獵者和淘金者非法入侵，導致保護區遭到破壞，因此在入選世界遺產的隔年，本區就被列入瀕危自然遺產。

符號說明　 登錄時間　遺產內容　遺產類型　 文化遺產　 自然遺產　 綜合遺產　 瀕危文化遺產　 瀕危自然遺產　瀕危綜合遺產

埃及 Egypt

#6 1 #0 Total 7

埃及的世界遺產以陵墓群與金字塔區居多,另兩處聖凱瑟琳區、阿布美納城,皆因名列宗教聖地而入選,2005年入選的鯨魚谷,地處西南沙漠區,發現最早出現的械齒鯨,是人們已知的原始鯨類之一,是埃及唯一的世界自然遺產。

阿布美納城
Abu Mena

1979
瀕危文化遺產
基督教遺產

　　阿布美納是早期基督教聖城,位於亞歷山卓的南部,建於3世紀,城內有教堂、洗禮池、長方形教堂、街道、修道院、民房和工場等,但都建在基督教殉教者美納斯(Menas)的墳墓上,美納斯死於西元296年。

　　聖美納斯修道院是主要景點,教堂是埃及科普特教徒於1959年興建的。所有建築房頂部都裝飾著十字架,牆上有上帝傳播福音的壁畫,教堂內有兩具科普特主教的棺木,並有與人身等高的雕像陳列,牆上有多幅基督教油畫。另有一個放置聖美納斯遺骨的小教堂,是虔誠的科普特教徒朝聖地。

　　此遺址在1979年被評為世界文化遺產,但因為整個城市地面下沉,故於2001年被納入世界瀕危遺產名錄。此遺址是亞歷山大時代留下來的惟一歷史古跡。

瓦地·阿海坦(鯨谷)
Wadi al-Hitan (Whale Valley)

2005
自然遺產
動物化石

　　在埃及西部沙漠的一處鯨魚化石谷,有許多罕見的化石,和已絕種的鯨魚。這些化石代表生物演化中的一個重要階段,生動地刻畫這些鯨魚形式和生活。這些化石的數量、集中度和質量使此地成為一個有吸引力和被保護的獨特風景區。

　　此區目前發現最早出現的鯨類為古鯨亞目(Archaeocetes)中的械齒鯨,是人們已知的原始鯨類之一,雖然屬於鯨魚的一種,但外貌特徵卻和大海蛇相似,進化後後面的肢體已沒有,顯示了現代鯨魚的身形,但保留頭骨和牙齒結構的原始主幹。鯨魚谷位於沙漠深處,從法尤姆再往西,方圓幾十公里的地域內,有座明顯地標加倫湖。

©UNESCO/Veronique Dauge

1979

陵墓墳塚
×
神殿
×
古埃及

古底比斯及其陵墓群
Ancient Thebes with its Necropolis

　　細讀埃及的文明史，確實沒有一處古都能如底比斯(Thebes)這般氣勢恢弘，並留予後世難以估量的無價遺產。從數千年前的宮廷紛爭，到近代震驚全球考古發現，底比斯始終是眾所矚目的焦點。這座餘威猶存的古都，阿拉伯文譯為「路克索」。

　　兩千多年前，這裡是新王國時期的首都，在這之前，埃及飽受異族統治之苦，於是上任的圖斯摩西斯三世(Tuthmosis III)開始加強戰備，並主動出征宣揚國威。他的目的達成了，埃及的勢力擴及敘利亞、努比亞、利比亞，輝煌的戰績獲得黃金、白銀、象牙、香料等貢品，這些財富變化成了一座座華麗的神殿和陵墓，締造出一處空前的繁華之都。

　　底比斯的地理位置相當優異，都城跨越尼羅河兩岸，沿岸盡是寬廣的平原。古埃及人依據大自然日升日落的定律，衍生出死亡與復活循環不息的信仰，繼而形成日出的東方代表重生、繁衍；日落的西方代表死亡、衰退的觀念，因而膜拜阿蒙(Amun)的神殿遍及東岸，而富麗堂皇的皇家陵墓則建於西岸，這些都成了路克索今日的觀光資產。

　　當年古希臘詩人荷馬(Homer)曾形容底比斯為「百門之城」，這「門」指的是神殿的塔門，底比斯的規模由此可見一斑，今日的路克索風華依舊，與開羅、吉薩分庭抗禮。

1979

文化遺產

歷史城區
×
伊斯蘭
文化

開羅歷史區
Historic Cairo

西元969年，法蒂瑪家族（Fatima）崛起，開啟法密德王朝（Fatimids，唐朝稱「綠衣大食」）征服埃及，建都於現在的開羅(意謂征服者、勝利)，一直到馬木路克王朝(Mamluk Dynasty，亦稱奴隸王朝，1250-1517年)結束，為期五百餘年的時間，開羅一直都是伊斯蘭世界的中心，掌控著東地中海的貿易大權，創造了開羅最繁盛的時期，人口密集，生活富庶，清真寺比鄰而建，數量驚人，當時曾被稱為「千塔之城」。

目前伊斯蘭區仍號稱有為數八百間以上的清真寺，伊斯蘭區範圍相當遼闊，北起征服之門(Bab el Futuh)，南到大城堡(Qal'et El-Gabal)，登高環伺，放眼盡是尖塔、寺院。為數眾多的寺院在時間的摧殘之下，顯得蒼老頹圮，在國際組織的協助之下，有些重要的寺院已開始修復工作，但礙於經費，進行得相當遲緩。

 符號說明 登錄時間 遺產內容  遺產類型 文化遺產 自然遺產 綜合遺產 瀕危文化遺產 瀕危自然遺產 瀕危綜合遺產

1979

文化遺產

陵墓墳塚
×
古埃及

曼菲斯及其陵墓群：
從吉薩到達蘇爾

Memphis and its Necropolis : Pyramid Fields from Giza to Dahshur

　　曼菲斯(Memphis)是古埃及舊王國時期的首都，在西元前3100年前就已經是一個繁華的大都會，在希臘哲學家希羅多德的描述下，曼菲斯的熱鬧與進步，大概不下於今日之紐約。當時，首次一統上下埃及的法老王曼尼斯(Menes)定都於此，其盛況可以從沙卡拉陵墓區的氣派、金字塔的壯觀來判定。

　　從吉薩到沙卡拉的金字塔地區，周遭的大小金字塔約有八十餘座，不過，最完美、最引人注目的當屬吉薩的這三座，其建築的技巧迄今無人能解，以現在的工程技術，依然無法複製出建於西元前2600多年前的金字塔。

　　吉薩最高的古夫金字塔(The Pyramid of Khufu)，高達139.75公尺，估計共有250萬塊切割的石灰石堆疊而成，每一塊石頭重約2~70噸，連法國拿破崙看到時也大吃一驚，他估計把這些石頭拿來建造一座高約3呎的石牆的話，應該可以環繞法國3圈。在金字塔前的獅身人面獸，是法老王的象徵，獅身比喻法老王的身體敏捷強壯如同萬獸之王，而人面則寓有萬物之靈人類的智慧。

　　而沙卡拉這個區域在古埃及舊王國時期就是墓地區域，從西元前3000年至希臘托勒密王朝統治時期

為止，這個區域在沙漠中慢慢延展了7公里之長，這個區域內殘存的祭祀神殿、金字塔、墳墓等建築幾乎是無可匹敵的人類遺產。不過，這一片建築卻淹沒在沙漠之中，直到20世紀才慢慢被發現。其中，最著名的是金字塔各個不同的建築時期，包括階梯金字塔、彎曲金字塔、與世界上第一座真正成功的金字塔－紅色金字塔。

1979

文化遺產

神殿
×
古埃及

努比亞遺址：阿布辛貝至費麗
Nubian Monuments from Abu Simbel to Philae

所謂的努比亞地區係指從埃及最南之城亞斯文的尼羅河畔，到南部的蘇丹喀土木(Khartoum)地區，過去屬於庫斯王國。在許多出土的壁畫與雕刻中，努比亞人被描述成商人或傭兵，其實努比亞擁有自己獨特的文化、建築、語言，且保存完整，即使在納塞湖建立之後，世居於該地的努比亞人被迫遷居到亞斯文、柯歐普，或是蘇丹南部，仍堅守著傳統。

阿布辛貝以拉姆西斯二世建立的兩座神廟聞名全球，一座是自己祭祀太陽神拉神 (Ra-Harakhty)、阿蒙神(Amun)、佩特神(Ptah)的「拉姆西斯二世神殿」，一是妻子納法塔莉(Nafertari)祭祀哈特女神(Hathor)的「納法塔莉神殿」。神殿完成於西元前1290年~1224年之間，迄今已超過三千年的歷史，現在，神殿外那4尊拉姆西斯二世的石像，已經成為繼金字塔之後，最有資格代表埃及的象徵。

三千年前的神殿完整重現已是創舉，但1964年的神殿大遷移更是一項奇蹟。由於為興建納塞水壩將使尼羅河水位提高，造成包括拉姆西斯、費麗神殿等14個遺跡淹沒於水中，因此，埃及政府向聯合國教科文組織尋求協助，將拉姆西斯神殿從原址(距離亞斯文280公里處)，遷移到納塞湖畔的阿布辛貝。

費麗神殿也是當初搶救古蹟行動中的受惠者之一，過去位在距離現址550公尺的畢佳島(Biga Island)，對於古埃及人而言，畢佳島是一個神聖的地方，他們深信畢佳島原來是宇宙間最初被創造的一堆土。

2002

文化遺產

修道院×教堂

聖凱瑟琳區
Saint Catherine Area

聖凱薩琳修道院位於聖經所記載摩西接受上帝十誡的西奈山山腳下。這是座現存的世界最古老修道院之一，院內珍藏早期基督教手稿及聖像，其建築可說是拜占庭早期建築的最佳範例。而整個聖凱瑟琳地區裡不但有許多進行中的考古活動，也是猶太、基督教、伊斯蘭教三大宗教的聖地。

修道院最早是4世紀時，由君士丁大帝(Constantine the Great)母親在這塊聖經所提及的聖地，建了座小教堂，成了希臘東正教修士靜心修行的庇護所。6世紀時，東羅馬皇帝查士丁尼(Justinian)採花崗岩疊砌出堅實高聳的城牆，並將小教堂擴建成

今日所見的規模，使修士們身心都得到實質的保障。隨後，修士們在後堂拱頂添製一幅「基督變容」馬賽克圖，教堂因而改名為「救世主基督變容教堂」，一直到聖凱瑟琳遺體被發現，教堂才再度更名。

聖凱瑟琳於西元294年誕生於亞歷山大港，她因虔誠信奉基督教而遭處死。據傳，天使將她的遺體移至西奈半島的最高峰。3個世紀之後，一名修士發現了聖凱瑟琳完好如初的遺體，並運回修道院安置。聖凱瑟琳殉教事蹟使修道院成為信徒朝聖的聖地，也因而有了更名之舉。

而後修道院歷經政權輪替，始終以其崇高的地位超脫政治的統轄。1966年慶祝成立1400週年紀念，見證了千百年來東正教在埃及的傳播痕跡。

厄利垂亞Eritrea

 1　 0　 0　Total 1

蘇丹　紅海　沙烏地阿拉伯
葉門
阿斯馬拉：非洲的現代主義城市
Asmara: a Modernist City of Africa
衣索比亞

2017年與安哥拉同時新加入世界遺產行列的厄利垂亞，位於非洲東部，濱臨紅海，1993年5月才脫離衣索比亞的統治宣告獨立，在政治局勢、經濟發展各方面都有待努力改進。

2017

文化遺產

城市建築文化

阿斯馬拉：非洲的現代主義城市
Asmara:a Modernist City of Africa

厄利垂亞的首都阿斯馬拉位於東非高原最北端，人口約50萬，海拔約2350公尺，有「雲中之城」美譽，1890年義大利殖民在此處建立軍事基地，因此有「小羅馬」之稱，而後發展成今日小都城，享有「夢幻城市」(City of Dream)美名。1935年之後，開始大規模的興建改造，建起現代的政府大樓、居民住宅、商業建築、教堂、清真寺、猶太教會堂、電影院和飯店等，在廿世紀初期，阿斯馬拉是非洲極為突出的現代城市典範。

符號說明　登錄時間　遺產內容　遺產類型　文化遺產　自然遺產　綜合遺產　瀕危文化遺產　瀕危自然遺產　瀕危綜合遺產

衣索比亞 Ethiopia

 10　2　0　Total 12

位於「非洲之角」的衣索比亞是第一批擁有世界遺產的國家，12處世界遺產中除了2處為自然遺產之外，其餘的文化遺產幾乎都是人類歷史上最珍貴的資產，其中包括人類祖先「露西」，標示出人類起源之地。

蘇丹

厄立特里亞

紅海

阿克蘇姆
Aksum

塞米恩國家公園
Simien National Park

貢德爾區的法西爾蓋比
Fasil Ghebbi, Gondar Region

拉利貝拉的石刻教堂群
Rock-Hewn Churches, Lalibela

亞丁灣

位於衣索比亞高原的梅爾卡·康圖爾和巴爾吉特考古與古生物遺址
Melka Kunture and Balchit: Archaeological and Palaeontological Sites in the Highland Area of Ethiopia

阿瓦什河谷地
Lower Valley of the Awash

蒂亞 Tiya

歷史要塞城－哈勒爾
Harar Jugol, the Fortified Historic

蓋德奧文化景觀
The Gedeo Cultural Landscape

巴萊山國家公園
Bale Mountains National Park

索馬利亞

孔索文化景觀
Konso Cultural Landscape

奧莫河谷地
Lower Valley of the Omo

烏干達

肯亞

印度洋

拉利貝拉的石刻教堂群
Rock-Hewn Churches, Lalibela

1978

文化遺產

教堂

12世紀末、13世紀初，衣索比亞第七任國王拉利貝拉按照神諭，以數十年的時間將當時的首都、也就是今日的拉利貝拉，打造成非洲的「新耶路撒冷」。

這座位於北部岩石高原的聖城，最眾所周知的就是11座位於巨大石坑內以整塊岩石開鑿而成的石刻教堂，其中包括世界最大的石刻教堂「耶穌基督教堂」(Bete Medhane Alem)，以及呈十字架造型的聖喬治教堂(Bet Giyorgis)。

塞米恩國家公園
Simien National Park

1978

自然遺產

高山生態

成立於1969年的塞米恩國家公園，境內涵蓋了塞米恩山以及非洲第四高峰，即衣索比亞最高峰達尚峰(Ras Dashan)，因此也是非洲的主要高地之一。

這裡不僅有經歷了千萬年侵蝕的壯麗山谷以及高山草地，同時也是獅尾狒、衣索比亞狼和特有動物北山羊的棲息地。由於本土動物的數量日益稀少，此區曾經在1996年被列入瀕危自然遺產目錄。

©UNESCO/Francesco Bandarin

©UNESCO/Francesco Bandarin

2024

文化遺產

古文化及古生物遺址

位於衣索比亞高原的梅爾卡·康圖爾和巴爾吉特考古與古生物遺址
Melka Kunture and Balchit: Archaeological and Palaeontological Sites in the Highland Area of Ethiopia

這處位於Awash上游河谷的史前遺址群，保存著考古遺址和包括腳印在內的古生物遺跡，展現了兩百萬年前人類在該地區生活的痕跡。遺址位於海拔約2000公尺至2200公尺處，出土了直立人、海德堡人、古智人化石，以及以火山岩製成的各種工具。埋藏在火山岩和沈積岩下的古地貌碎片及動植物化石，有助重建更新世時代衣索比亞高原的高山生態，從而揭露遠古人如何適應高海拔地區的氣候條件。

1979

文化遺產

城堡

貢德爾區的法西爾蓋比
Fasil Ghebbi, Gondar Region

法西爾蓋比是衣索比亞在17、18世紀間的京城所在地，這座位於該國西北部貢德爾區的堡壘城，是由法西利達斯國王(Emperor Fasilides)所建立起來的。

古城被900公尺長的城牆環繞，其內有宮殿、教堂、修道院等融合努比亞、阿拉伯及巴洛克風格的公共及私人建築群，而在這些建築群中，最具代表性的是位於古城南端，帶有歐洲古堡風情的法西爾蓋比城堡(Fasilides castle)。

1980

文化遺產

人類化石

阿瓦什河谷地
Lower Valley of the Awash

阿瓦什河是衣索比亞的主要河流，其谷地是非洲大陸最重要的古生物學遺址之一，這裡發現的遠古人類化石最早可追溯到四百萬年前，其中包括1974年在阿法爾(Afar)出土，以52塊人類骨骸化石重組而成的人類祖先「露西」(Lucy)，據估計該遺骸已經存在了320萬年。

符號說明 登錄時間 遺產內容　遺產類型 文化遺產 自然遺產 綜合遺產 瀕危文化遺產 瀕危自然遺產 瀕危綜合遺產

奧莫河谷地
Lower Valley of the Omo

1980

文化遺產

人類化石

位於衣索比亞南部，鄰近圖卡納湖(Lake Turkana)的奧莫河谷地，是世界上著名的史前遺址，考古學家已在奧莫河河岸挖掘出更新世到上新世之間(距今兩百萬年前)的人類化石碎片。此外，這裡也有許多奧杜萬石器時代(Oldowan industry)的工具出土。

蒂亞 Tiya

1980

文化遺產

史前巨石

蒂亞位於衣索比亞首都阿迪斯阿貝巴(Addis Ababa)南部的索多(Soddo)地區，是當地約160處考古遺址當中最重要的遺址之一，這裡矗立著36座高2~3公尺的神秘巨石，其中有32座石碑刻滿象徵性的符號，但符號都令人費解。遺址還埋有數具戰士骨骸，根據碳元素的測定，其年代介於12~14世紀；儘管如此，這批史前時代的衣索比亞古文明遺跡年代尚有待進一步的考證。

歷史要塞城－哈勒爾
Harar Jugol, the Fortified Historic Town

2006

文化遺產

古城

位於衣索比亞東部高原，四周環繞著沙漠與稀樹草原的古老要塞城哈勒爾，自古就是非洲和伊斯蘭世界之間的貿易中心。素有「伊斯蘭世界第四聖城」之稱，總共建有82座清真寺(其中3座的年代可以回溯到西元10世紀)以及102處聖祠，建築風格融合了非洲與伊斯蘭文化，也因此造就了哈勒爾城獨特的都市風貌。

孔索文化景觀
Konso Cultural Landscape

2011

文化遺產

人文聚落景觀

位於衣索比亞西南部海拔1,200~2,000公尺的孔索高原，占地23,000公頃。地理特色是層疊綿延的梯田，以及堆砌在村落周圍高達5公尺的防禦性石牆。由於地理位置偏遠，孔索族人四百多年來一直過著與世隔絕的生活，他們組成聚落，克服貧瘠的自然環境，在梯田上種植小米、高粱、玉米、棉花等，還飼養牛、羊維持生計。除此，孔索族人也發展出獨特的宗教與文化傳統，如在喪葬儀式中加入繁複的歌曲及舞蹈，以及為英勇殺敵或捕獵猛獸的死者豎立一種刻有人形特徵名叫「瓦加」(Waga)的紀念性木製雕像。

巴萊山國家公園
Bale Mountains National Park

2023

自然遺產

自然生態及景觀

巴萊山國家公園由遠古熔岩噴發、冰河作用和東非大裂谷的分割塑造而成，坐擁非凡的多元景觀，包括火山、懸崖、溝壑、冰川、湖泊、森林、峽谷和眾多瀑布。公園內有5條主要河流，滋養境內外千百萬人的生活，除此，此地在生態系、物種方面擁有豐富獨特的生物多樣性。

蓋德奧文化景觀
The Gedeo Cultural Landscape

2023

文化遺產

蓋德奧族文化景觀

這處遺產地沿主裂谷東緣分布，農林區採用多層耕作方式，大樹下生長著香蕉的近親Enset，這是當地主要的糧食作物，另外還種植著咖啡。該地區人口稠密，居民屬蓋德奧族，他們掌握著傳統知識，山坡上經過開墾的森林，被當地人視為蓋德奧宗教儀式的聖地，密集的巨石紀念碑群沿著山脊而立，它們受到崇敬，並由族中長者看護。

阿克蘇姆 Aksum

1980

文化遺產

古城

位於衣索比亞北部高原的阿克蘇姆城，是阿克蘇姆王國(西元前4世紀到西元10世紀)最初定都之處，也是阿克蘇姆文明的發源地，當時跟古希臘、埃及和亞洲之間都有熱絡的貿易往來。

阿克蘇姆不僅以方尖碑、巨大石柱、皇室陵墓、古堡等珍貴的建築遺蹟聞名，據傳失落已久的約櫃(擺放摩西十誡的聖櫃)，就放置在城內的錫安聖母瑪利亞教堂(Chruch of Our Lady Mary of Zion)，也就是歷任衣索比亞國王加冕的地點。

©UNESCO/Francesco Bandarin

加彭 Gabon

0　　1　　1　　Total 2

加彭位於中非西海岸的赤道上,和中非洲其他國家一樣曾被法國殖民,並獨立於1960年。由於人口不稠密,同時產石油,加上外國的投資,因此在非洲富庶程度名列前茅,兩處世界遺產都是保育多樣性物種的國家公園。

伊溫多國家公園
Ivindo National Park

2021
自然遺產
自然原始生態

位於北部赤道地區,覆蓋近三十萬公頃的土地,河水網、原始熱帶雨林與激流、瀑布構成絕美景觀,水生棲息地孕育特有的淡水魚類、川苔草科植物及瀕危的非洲狹吻鱷,還擁有具極高保護價值的蘇木亞科原始森林,以及瀕危的哺乳動物和鳥類,如非洲森林象、西部低地大猩猩、黑猩猩、非洲灰鸚鵡、山魈、花豹及非洲金貓等。

洛佩—奧坎達國家公園生態系統和文化遺蹟景觀
Ecosystem and Relict Cultural Landscape of Lopé-Okanda

2007
綜合遺產
生物多樣性 × 史前岩畫

成立於2002年,大部分被茂密的雨林覆蓋,北部尚保留了中非地區唯一一殘留自冰河時期(距今15,000年)的稀樹草原,充分展現熱帶雨林與草原生態系統的共存特色,蘊孕出多樣化的物種。除此,在該遺址出土的新石器時代與鐵器時代遺蹟,以及1,800幅精美岩畫,也為班圖人(Bantu)及其他西非民族的遷徙生活歷史,提供了非凡的見證。

©UNESCO/Christopher Morris Wilks

甘比亞 Gambia

2　　0　　0　　Total 2

甘比亞位於西非的最西端,也是非洲大陸本土上面積最小的國家。和其他西非國家有共同的命運,分享了一樣的「奴隸貿易史」,先是葡萄牙,後是英國,並於1965年獨立,由於土壤肥沃且靠海,人民多以農耕和捕魚為業。

昆塔慶特島及其相關遺址
Kunta Kinteh Island and Related Sites

2003
文化遺產
殖民遺產

昆塔慶特島過去稱為詹姆斯島(James Island),位於甘比亞河(Gambia River)河口沿岸,是早期歐洲人通往非洲大陸的重要路線,這裡幾度經歷了荷蘭、英國與法國的殖民統治,也見證了西非黑奴買賣的興廢。

島上的詹姆斯要塞原是17世紀英國人買賣象牙與黃金的貿易據點,後來成為黑奴買賣中心,隨著英國在19世紀初廢除黑奴交易,該要塞也逐漸變成廢墟,目前大小只剩原本的六分之一左右。

塞內甘比亞石圈 Stone Circles of Senegambia

2006
聖地景觀
文化遺產

塞內甘比亞石圈由四區主要散布於甘比亞東北部及塞內加爾中部的圓形石陣所組成(超過15,000塊立石、1,000個石圈),範圍廣達39,000平方公里。遺址中的每個石圈都包含10~24塊不等的立石,大部分豎立於8世紀,其下的墓塚歷史更久遠,最早可追溯到西元前3世紀,最晚是16世紀。這片典型的石陣遺址,無論在規模、一致性及彼此間複雜的幾何關係,都屬全世界難得一見的傑作。
＊與塞內加爾並列

符號說明　 登錄時間　 遺產內容　　遺產類型　 文化遺產　 自然遺產　 綜合遺產　 瀕危文化遺產　　瀕危自然遺產　　瀕危綜合遺產

迦納Ghana

伏塔省、大阿克拉省、中部和
西部地區的要塞和城堡
Forts and Castles, Volta, Greater Accra,
Central and Western Regions
象牙海岸
阿散蒂傳統建築
Asante Traditional
Buildings
布吉納法索
多哥
貝南

西非的迦納在歐洲人前來殖民之前，原本屬於阿散蒂王國的領地，由於產黃金，一直是非洲較富有的地方，而有黃金海岸之稱。1957年率先從英國的殖民中獨立，取名為迦納，因為古代這裡曾出現一個迦納帝國。

1979

文化遺產

殖民城市

伏塔省、大阿克拉省、中部和西部地區的要塞和城堡
Forts and Castles, Volta, Greater Accra, Central and Western Regions

　　迦納凱塔鎮(Keta)與貝吟鎮(Beyin)之間的沿岸地區，分布著11處歐式要塞及城堡，約建於1482年到1786年，其中葡萄牙人於1482年在此地興建的艾爾米納城堡(Elmina Castle)，是目前已知最早建於熱帶地區的歐洲建築物。此處原本是葡萄牙人在大航海探險時期建立的貿易據點，後來陸續受到荷蘭、英國等國家的殖民統治，因此建築物充滿歐洲風格。

1980

文化遺產

人文聚落景觀

阿散蒂傳統建築
Asante Traditional Buildings

　　17世紀時，奧塞・圖圖首長(Osei Tutu)於今日迦納的庫馬西市(Kumasi)建立了阿散蒂王國，該王國並於18世紀達到鼎盛期。目前保留於庫馬西市東北部的阿散蒂傳統建築，是該文明所留下的最後遺址，也是研究阿散蒂社會與歷史的珍貴材料。由於這些建築物是當地居民以泥土、木材和麥稈搭建而成，難以抵擋氣候及時間的侵蝕，因此已有殘破的跡象。

幾內亞Guinea

寧巴山自然保護區
Mount Nimba Strict
Nature Reserve
塞內加爾
馬利
幾內亞比索
獅子山
象牙海岸
大西洋
賴比瑞亞

西非的幾內亞過去稱為法屬幾內亞，過去也曾是法國的殖民地，全國一千萬人口分屬24個部族，85%信奉伊斯蘭教，經濟多半倚賴農業和礦業，是全世界礬土第二大出產國，同時也產黃金和鑽石。唯一的自然遺產與象牙海岸並列。

＊寧巴山自然保護區Mount Nimba Strict Nature Reserve詳見象牙海岸

賴索托Lesotho

馬洛提-德拉肯斯堡公園
Maloti-Drakensberg Park
南非
南非

賴索托王國位於非洲南部，全境被南非所包圍，也是全世界面積最大的國中之國，邊境線長909公里，面積30,355平方公里，略小於台灣。由於地處高原，又有「天空王國」之稱，1966年脫離英國而獨立。

2000
×
2013年
擴充範圍

奇岩景觀
×
史前岩畫

綜合遺產

馬洛提—德拉肯斯堡公園 Maloti-Drakensberg Park

　　在南非，祖魯人稱之為烏卡蘭巴(uKhahlamba，意指「長矛屏障」)、荷蘭人稱之為龍山的德拉肯斯堡山脈，擁有高聳的玄武岩扶壁、砂岩牆、高海拔草原、陡峭峽谷，而多樣化的棲地也孕育了許多特有及瀕危的物種，尤其是鳥類和植物。不僅如此，本區還可見舊石器時代早期、中期和晚期的人類居留遺跡，並保有四千年前桑族人(San)創作的岩畫，是撒哈拉沙漠以南規模最大、最密集的岩畫群。這座遺產於2000年提報時，原本只有南非境內的德拉肯斯堡公園，2013年，範圍擴充至賴索托的賽拉提貝國家公園(Sehlathebe National Park)。

肯亞 Kenya

▦ #5　🌲 #3　▦ #0　Total 8

除了占全境8%的國家公園，除了成千上萬隻野生動物，肯亞有92%的土地擁有非關動物的另一面。西部的維多利亞湖附近，有著驚人的巨石群，海岸的拉穆是當年鄭和下西洋的停靠站，南部蒙巴薩是百年商港，湮埋著史瓦希里人的皇宮遺跡和黑奴的血淚史。

蘇丹
衣索比亞
烏干達

圖卡納湖國家公園
Lake Turkana National Parks

肯亞東非大裂谷湖泊系統
Kenya Lake System in the Great Rift Valley

肯亞山國家公園
Mount Kenya National Park
/Natural Forest

西穆里奇定居點考古遺址
Thimlich Ohinga Archaeological Site

索馬利亞

拉穆古城
Lamu Old Town

格迪古鎮和考古遺址
The Historic Town and Archaeological Site of Gedi

米吉肯達卡亞聖林
Sacred Mijikenda Kaya Forests

蒙巴薩的耶穌堡
Fort Jesus, Mombasa

印度洋

坦尚尼亞

1997

瀕危
自然遺產

沙漠湖泊
×
動物化石

圖卡納湖國家公園
Lake Turkana National Parks

位於肯亞最北端的圖卡納湖一區，境內包括湖中的中島國家公園(Central Island National Park)、南島國家公園(South Island National Park)，以及東北岸的西比羅伊(Sibiloi National Park)等三個國家公園，在1997年以獨特的動植物生態登錄為聯合國教科文組織的世界遺產，為東非地塹湖群中位置最北、也是最大的湖泊，也是肯亞第一大湖、全球最大的沙漠湖泊，湖岸線比肯亞的海岸線還長。

1888年兩名奧地利人發現此處，以奧國大公之名為它取名為魯道夫湖(Lake Rudolf)，後因湖水顏色，有人稱它做翡翠海(Jade Sea)，在1970年代的地名肯亞化運動中，更名為「圖卡納湖」，取自湖岸的部落民族名。

肯亞被稱為「人類的搖籃」，科學家判斷非洲是人類的起源地，就是因為考古學家Richard Leakey在圖卡納湖岸的Koobi Fora挖掘到一副三百萬年前的直立人骸骨化石，現址設立了一座博物館。Koobi Fora一地藏有豐富的哺乳動物、軟體動物等化石，對了解古生物環境相當重要。

除了化石，圖卡納湖是候鳥的中途休息站，也是河馬、毒蛇和上萬隻尼羅河鱷魚的棲息地。不過，由於天候乾燥，僅靠雨水維持的圖卡納湖，水平面每年以3公尺下降中，萬年前的湖面比現在高150公尺。

符號說明　 登錄時間　 遺產內容　遺產類型　 文化遺產　 自然遺產　 綜合遺產　 瀕危文化遺產　瀕危自然遺產　瀕危綜合遺產

1997

自然遺產

高山生態
×
冰河地形

肯亞山國家公園
Mount Kenya National Park/Natural Forest

　　肯亞山占地面積的直徑約100公里，差不多是吉力馬札羅山的一半大，高度為海拔5,199公尺，為非洲第二高山，比不上坦尚尼亞和肯亞邊境的非洲第一高山吉力馬札羅山，但論山勢的險峻，肯亞山可是排行第一名。

　　肯亞山是座死火山，最近一次爆發的時間是在260萬年到310萬年前，當時的肯亞山高達6,500公尺，山形類似現在的吉力馬札羅山，北邊迄今仍看得到許多火山錐和火山口。今日的險峻山勢，是百萬年來受冰河侵蝕所造成的。山上如今仍有12座冰河，但皆迅速消退中，從圍繞山頂四周的4座次高山峰下方，可以看到深U型的凹陷，即為冰河山谷。

　　肯亞山被畫歸在自然世界遺產裡的範圍，包括3,200公尺以上的山坡、715平方公里的國家公園，和周邊約1,420平方公里的森林保護區，內有20座小湖，為東部非洲最驚人的地理景觀之一，其中，高地植物的演化和生態更是生態進化史上一個絕佳的範例。

　　這一區域的林地，占地長達3,400公尺，植被豐富，地貌多元，從低海拔的森林，往上到荒原，再到高山林地，可以發現11種肯亞山特有植物和150種地區植物。這裡也是重要的動物棲息地，像在中海拔的濕地上，就有一大區為狒狒聚集地，其他動物還包括大象、犀牛、非洲水牛、靈長類等。

2001

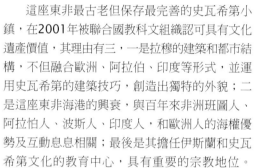
文化遺產

古城

拉穆古城 Lamu Old Town

　　這座東非最古老但保存最完善的史瓦希第小鎮，在2001年被聯合國教科文組織認可具有文化遺產價值，其理由有三，一是拉穆的建築和都市結構，不但融合歐洲、阿拉伯、印度等形式，並運用史瓦希第的建築技巧，創造出獨特的外貌；二是這座東非海港的興衰，與百年來非洲班圖人、阿拉伯人、波斯人、印度人，和歐洲人的海權優勢及互動息息相關；最後是其擔任伊斯蘭和史瓦希第文化的教育中心，具有重要的宗教地位。

　　地處離島的拉穆，是史瓦希第文化的重鎮，史瓦希第(Swahile)是阿拉伯文的「海岸」一意，史瓦希第語結合班圖語和阿拉伯語，通用於東部非洲，北至坦尚尼亞，南至莫三比克，以及東部非洲沿海一帶，也是肯亞的國定語言。

　　拉穆推估約建於12世紀，由當地班圖人和外來的商人合力打造，商人有的來自阿拉伯半島，有的來自波斯灣和遠東地區。這個新興城鎮擔任起內陸和海運的中間人角色，對外輸出象牙、木材，對內運進衣服、陶瓷、香料等工業製品，很快地在13世紀時於東非海岸的獨立城邦中竄起。

　　建鎮初期是從一個個石造小社區開始，包括議會和週五清真寺，皆在目前拉穆的北方，該區的西方為原市場所在，隨後才發展至南方，即現今港口的北方，現在的拉穆規模則是在18世紀打下，迄今沒有更動過。

2008

文化遺產

防禦性
村落
×
聖地

米吉肯達卡亞聖林
Sacred Mijikenda Kaya Forests

　　米吉肯達聖林分布於肯亞沿岸平原及丘陵地帶，由11塊各自獨立、綿延兩百多公里的林地所組成，當中包含不計其數名為「卡亞」(Kaya)的防禦性村落。「卡亞」約在16世紀時就已經存在，到了1940年代遭到廢棄，不過現在仍被人們視為祖先居住的聖地。本遺址由於展現了當地獨特的傳統文化，並且跟現存的傳統文化有直接關聯，因此被列為世界遺產。

2011

文化遺產

殖民遺產
×
防禦堡壘

蒙巴薩的耶穌堡
Fort Jesus, Mombasa

　　1593年，葡萄牙國王腓力一世(Philip I of Portugal，同時也是西班牙國王腓力二世)下令在蒙巴薩鎮南端建立耶穌堡，為蒙巴薩港提供軍事上的保護。這座堡壘由建築師喬凡尼‧巴蒂斯塔‧凱拉提(Giovanni Battista Cairati)負責設計，包括護城河及其腹地在內，占地共2.36公頃，從空中看下來就像是個人形。

　　耶穌堡是第一座在歐洲境外興建的歐式防砲堡壘，它的設計形式、完美的比例、氣勢雄偉的城牆以及五座稜堡，都充分反映出文藝復興時期的軍事建築理論。

　　蒙巴薩的耶穌堡是16世紀葡萄牙軍事要塞中，保存得最完整也最傑出的例子之一。它代表西方文明在掌控印度洋貿易路線上，成功踏出了第一步，也見證了非洲、阿拉伯、土耳其、波斯和歐洲為了取得港口掌控權，先後在此地留下的文化價值與影響，因此具有劃時代的意義。

2011

自然遺產

湖泊
×
生物
多樣性

肯亞東非大裂谷湖泊系統
Kenya Lake System in the Great Rift Valley

東非大裂谷湖泊系統涵蓋三座互相連接的湖泊，它們分別是柏格利亞湖(Bogoria)、納庫魯湖(Nakuru)以及埃爾門泰塔湖(Elementaita)。

這個風景絕佳、水位相對較淺的湖泊系統，不僅擁有極為豐富的地理景觀，諸如瀑布、間歇泉、開放水域、沼澤以及廣闊的草地，更重要的是，這裡孕育了世界上最多樣化、密度最高的鳥類，其中包括一百多種候鳥以及13種全球瀕危鳥類。

此區一年到頭都有多達四百萬隻小紅鶴在三座湖泊之間遷徙覓食，為數眾多的白鵜鶘也將此區當作主要的築巢和繁衍基地。除此之外，黑犀牛、羅斯柴爾德長頸鹿、扭角林羚、獵豹、鬣狗等許多大型哺乳動物，也都在湖泊區周圍地帶活動棲息，因此使得這個地區在動植物群落、生態演化以及湖泊系統的發展上，具有極高的研究價值。

符號說明　 登錄時間　 遺產內容　遺產類型　 文化遺產　 自然遺產　 綜合遺產　瀕危文化遺產　瀕危自然遺產　瀕危綜合遺產

西穆里奇定居點考古遺址
Thimlich Ohinga Archaeological Site

2018

文化遺產

石牆建築

　　「Ohinga」為「定居」的意思，這處古石牆建築位在肯亞西南部維多利亞湖Migori西北部46公里處，此石牆建築可能建於16世紀，這一帶的石牆定居區曾用於居住和牲畜飼養，西穆里奇是其中規模最大、保存最好的，也是維多利亞湖盆地最早出現大型石牆建築的案例。石牆並未使用任何砂漿或水泥，而由大大小小整齊排列的石頭堆疊而成，高度約1.5公尺到4.5公尺，平均厚度為1公尺。西穆里奇記錄了16世紀到17世紀維多利亞湖流域遷徙和定居的重要事件，並證明了社區組織的存在。

格迪古鎮和考古遺址
The Historic Town and Archaeological Site of Gedi

2024

文化遺產

古鎮遺址

　　被遺棄的格迪古鎮離海不遠，殘存的沿海森林將格迪與海岸隔開。10~17世紀，格迪是橫跨印度洋的國際貿易和文化交流網絡的一部分，連接非洲沿海中心與波斯。城牆清晰地勾勒出格迪富饒的輪廓，保留著民居、宗教、城鎮建築遺跡及先進的水利系統，建築材料包括珊瑚石灰岩、珊瑚砂漿、土砂漿、木材等，展現了斯瓦西里(Swahili)建築和城市規劃的特色。

利比亞Libya

5　0　0　Total 5

位於北非的利比亞，經歷了2011年的茉莉花革命之後，推翻了長年執政的北非狂人格達費(Muammar Gaddafi)政權，國家進入另一番新局。而利比亞的5處文化遺產，有3處反映了環地中海文明的歷史，另2處則是撒哈拉沙漠的遺跡和古城，但都因動亂而列為瀕危名單。

大萊普提斯考古遺址
Archaeological Site of Leptis Magna

地中海

昔蘭尼考古遺址
Archaeological Site of Cyrene

薩布拉塔考古遺址
Archaeological Site of Sabratha

加達梅斯古鎮
Old Town of Ghadamès

塔德拉爾特・阿卡庫斯岩書遺址
Rock-Art Sites of Tadrart AcacusSabratha

突尼西亞　阿爾及利亞　埃及　蘇丹　尼日　查德

昔蘭尼考古遺址
Archaeological Site of Cyrene

1982

瀕危
文化遺產

古希臘

　　昔蘭尼建於西元前7世紀，是錫拉島希臘人的殖民地，在西元365年發生一場大地震之前，這裡一直是當地最重要的希臘城市，也見證了地中海地區的榮景。

　　在昔蘭尼考古遺址中，最古老、也最著名的古蹟就是可追溯到西元前7世紀的阿波羅神廟，其他古老的建築物還包括狄密特神廟，以及部分尚未出土的宙斯神廟，在昔蘭尼及阿波羅尼亞港(Apollonia)之間，則有一片綿延10公里的古墓群。

薩布拉塔考古遺址
Archaeological Site of Sabratha

1982

瀕危
文化遺產

腓尼基
×
古羅馬

　　位於利比亞西北角的薩布拉塔，原本是西元前5世紀腓尼基人建立的貿易站，2世紀初，這裡被羅馬帝國的圖拉真大帝升格為殖民城市，並在塞維魯大帝在位時進入鼎盛期。本遺址最古老的建築是西元前7世紀所建的濱海碼頭，其他重要的遺跡則包括羅馬帝國以及拜占庭帝國的碉堡、神殿、噴泉、廣場、劇院與教堂。

符號說明　登錄時間　遺產內容　遺產類型　文化遺產　自然遺產　綜合遺產　瀕危文化遺產　瀕危自然遺產　瀕危綜合遺產

1982

瀕危
文化遺產

腓尼基
×
古羅馬

大萊普提斯考古遺址
Archaeological Site of Leptis Magna

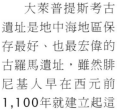
©UNESCO/G. Boccardi

　　大萊普提斯考古遺址是地中海地區保存最好、也最宏偉的古羅馬遺址，雖然腓尼基人早在西元前1,100年就建立起這座城市，但一直到了西元193年，剛登基的羅馬皇帝塞維魯(Severus)決定大力建設自己的家鄉，這裡才進入繁華期，並且成為當時非洲的第三大城。本遺址包括公共建築、港口、市場、商店、浴池、競技場、劇場等令人讚嘆的建築景觀。

1985

瀕危
文化遺產

史前岩畫

塔德拉爾特·阿卡庫斯岩畫遺址
Rock-Art Sites of Tadrart Acacus

©UNESCO/Yvon Fruneau

　　本遺址位於利比亞西部與阿爾及利亞邊界的多山地區，屬於撒哈拉沙漠的一部分。這裡的石窟藏有許多西元前12,000年到西元100年之間遺留下來的壁畫與雕刻，其中包括長頸鹿、大象、駱駝等動物圖案以及人們日常生活的景象，充分反映了當地人們的生活習俗和自然環境的變遷。

1986

瀕危
文化遺產

古鎮

加達梅斯古鎮　Old Town of Ghadamès

　　加達梅斯古鎮位於利比亞西部的綠洲之上，自古就有「沙漠珍珠」的稱號，同時也是撒哈拉沙漠最古老的城市之一。本遺產為人類傳統聚居型態立下了典範，其建築物每一層都各有功用：底部的樓層用於貯物，中間則設置蔭涼的廊道，頂樓還有供婦女使用的露天平台；由於先後經歷過羅馬帝國和阿拉伯人的統治，因此這座古鎮也充滿獨特的風情。

馬達加斯加Madagascar

 1　 2　 0　Total 3

莫三比克
莫三比克海峽
印度洋
阿欽安那那雨林
Rainforests of the Atsinanana
安布希曼加皇家山丘
Royal Hill of Ambohimanga
欽吉伯瑪拉哈自然保護區
Tsingy de Bemaraha Strict Nature Reserve

　　馬達加斯加為非洲外海印度洋上的島國，是世界第四大島嶼。8800萬年前從印度次大陸分裂出來，因此不少物種在島上獨立演化，是生物多樣性最熱門的地方，90%以上的野生動植物在世界其他地方看不到，其中兩座自然遺產便是這些稀有動植物的家。

1990

自然遺產

喀斯特
地形
×
生物
多樣性

欽吉伯瑪拉哈自然保護區
Tsingy de Bemaraha Strict Nature Reserve

　　欽吉伯瑪拉哈自然保護區鄰近馬達加斯加島西部海岸，由於屬於石灰岩地質，因此數百萬年來的雨水侵蝕，也造就出這裡有如斧劈刀削般的喀斯特地形。本保護區除了擁有獨特的石灰岩針狀石林、深裂險峻的峽谷及水道，那些未遭破壞的原始森林、湖泊和紅樹林，也是稀有瀕危的狐猴以及鳥類的棲息地。

2001

文化遺產

王城

安布希曼加皇家山丘
Royal Hill of Ambohimanga

　　安布希曼加皇家山丘是18世紀末安卓里納姆波伊尼麥利那國王(Andrianampoinimerina)執政時的居住地，由於建有王城、皇家陵寢以及祭祀建築群，地勢高峻，防禦堅固，因此又被稱作「聖城」。

　　本遺產不僅在建築風格、建材及布局方式上，充分展現了16世紀以來馬達加斯加人的社會及政治結構，從宗教祭祀上的代表性意義來看，這裡也跟當地人民的民族認同有著密不可分的關係。

2007
雨林
×
野生動物
瀕危
自然遺產

阿欽安那那雨林
Rainforests of the Atsinanana

　　阿欽安那那雨林位於馬達加斯加島東部，範圍涵蓋6座國家公園，是世界上許多稀有及瀕危物種的重要棲地。六千萬年前，馬達加斯加島與大陸分離，動植物在孤立封閉的環境下自我演化，也因此造就出豐富的生物多樣性，以阿欽安那那雨林來說，有高達80%到90%的物種屬於當地特有，而且馬達加斯加島上123種陸生哺乳動物就有78種出現在本區，其中包括72種瀕危動物，狐猴至少就有25種。

馬拉威 Malawi

馬拉威為非洲東南部的內陸國，享有「非洲溫暖之心」(The Warm Heart of Africa)的別稱。過去曾是英國殖民地，於1964年獨立，名列世界上最不發達的國家之一，經濟以農業為主。

東非大裂谷從北而南貫穿全國，並以馬拉威湖為東邊國界。

2006

文化遺產

岩畫藝術

瓊戈尼岩石藝術區
Chongoni Rock-Art Area

位於馬拉威中部高原，四周環繞著花崗岩山陵的瓊戈尼岩石藝術區，擁有中非地區127處最精華的岩畫遺址，它不僅反映了罕見的農民岩畫傳統，也呈現出舊石器時代便在此聚居的漁獵民族巴特瓦人(BaTwa)的繪畫藝術。

除此之外，以農耕為生的切瓦人(Chewa)也從鐵器時代晚期開始在此創作岩畫，一直延續到20世紀。岩畫中的象徵符號多半描述女性生活，而遺址本身也跟儀式與慶典密切相關。

1984

羅馬帝國
×
湖泊生態

自然遺產

馬拉威湖國家公園
Lake Malawi National Park

馬拉威湖國家公園位於馬拉威湖南端，擁有天然原始的生態環境，動植物資源相當豐富，由於孕育了數百種當地特有的淡水魚，對生物演化的研究工作有極大的貢獻，因此這裡也是該國唯一以保護魚類及水生棲地為目的而成立的國家公園。除此之外，數量龐大的河馬群以及白鷗鴝群，也是該國家公園彌足珍貴的自然資產。

茅利塔尼亞 Mauritania

古代的時候，這裡曾是柏柏人建立的茅利塔尼亞王國，到了羅馬時代，成為羅馬帝國的一個行省。這裡土地平曠，有四分之三的土地為沙漠，儘管天然資源豐富，卻也是非洲最貧窮的國家之一。過去沙漠上的的綠洲古鎮如今被納為世界遺產。

1989

自然遺產

海洋生態

阿爾金岩礁國家公園
Banc d'Arguin National Park

位於茅利塔尼亞西部沿岸，由沙丘、濱海沼澤、小島及淺水灣組成，占地12,000平方公里。雖然有貧瘠的沙漠地形，但海洋地帶生態豐富，是西非主要的候鳥繁殖場，有紅鶴、寬嘴鷸和燕鷗等鳥類棲息，同時也是具經濟價值的漁場，不過受大量捕撈影響，食魚鳥類不斷減少，本區也面臨生態上的威脅。

1996
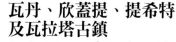

文化遺產

古鎮
×
人文聚落
景觀

瓦丹、欣蓋提、提希特及瓦拉塔古鎮
Ancient Ksour of Ouadane, Chinguetti, Tichitt and Oualata

四座古鎮建於11~12世紀，不僅是當時的商業重鎮，同時也是伊斯蘭文化的傳播中心。這些城鎮都以一座附有正方形尖塔的清真寺為中心，街道狹小，防禦性佳，住屋以灰泥石塊建成，設有天井，符合沙漠防護和氣候上的需要，也充分反映出西撒哈拉遊牧人民的傳統生活型態。

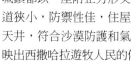

馬利Mali

3 0 1 Total 4

馬利是西非的內陸國，在歐洲人來到非洲之前，馬利曾經是迦納(Ghana)帝國、馬利(Mali)帝國、桑海(Songhai)帝國的領地，撒哈拉的貿易中心就位於此，在其黃金年代，數學、天文、文學、藝術達到顛峰，曾經是世界上最富庶的地方。

廷布克圖
Timbuktu

1988
瀕危文化遺產
古城 × 泥造建築

　　廷布克圖最早建立於10世紀，15、16世紀時，這裡是伊斯蘭世界規模最大的學府桑可雷大學(Sankore University)所在地，不僅擁有學術及信仰上的崇高地位，也是伊斯蘭教在非洲的傳播中心。廷布克圖擁有西迪·亞細亞(Sidi Yahiya)、金葛雷·柏爾(Djingaray Ber)與桑可雷(Sankore) 三座歷史悠久的泥造清真寺，這些風格獨特的建築物雖持續進行整修，但仍然受到沙漠化的威脅。

邦帝亞加拉岩壁(多貢地區)
Cliff of Bandiagara (Land of the Dogons)

1989
綜合遺產
岩石景觀 × 人文聚落景觀

　　位於馬利中部的邦帝亞加拉岩壁，是一道長達200公里、由西南往東北延伸的砂質斷崖，令人嘆為觀止。14世紀時，多貢人將原本以峭壁為居的泰勒姆人(Tellem)趕走，建立自己的村落，並且一直居住至今。這片岩壁地帶除了有多貢人的各式傳統建築(房舍、穀倉、祭壇、集會處)，也依舊看得到泰勒姆人的建築遺跡，因此無論在地質學、考古學及民族學上都有其重要性。

阿斯基亞陵墓
Tomb of Askia

2004
瀕危文化遺產 陵墓墳塚 × 泥造建築

　　阿斯基亞陵墓建於15世紀末，據信是桑海帝國(Songhai)國王阿斯基亞·穆罕默德一世(Askia Mohammad I)的埋葬地，其建築群包含一座金字塔形墳墓、兩座清真寺、一座公墓以及一座戶外集會場，是西非泥造建築的代表。阿斯基亞陵墓由於見證了桑海帝國的繁盛，並且反映出西非半沙漠區(Sahel)獨特的傳統建築形式，因此被列為世界文化遺產。

1988
瀕危文化遺產
古城 × 泥造建築

傑內古城 Old Towns of Djenné

　　傑內是馬利中部尼日河內陸三角洲上的一座古城，從西元前200年左右就開始有人居住，後來發展成撒哈拉沙漠的黃金交易中心，15、16世紀時，該城進入最輝煌繁華的時期，並且在傳播伊斯蘭文化上扮演著重要角色。古城素以泥磚建築著稱，總共有兩千處古老建築被完整保留下來，最知名的景觀就是1907年興建的傑內大清真寺(Great Mosque of Djenné)。

模里西斯Mauritius

文化遺產 # 2　自然遺產 # 0　綜合遺產 # 0　Total 2

印度洋

阿普拉瓦西・加特區
Aapravasi Ghat

荒涼山文化景觀
Le Morne Cultural Landscape

印度洋

模里西斯原本是一座沒有人類的島嶼，一頁殖民滄桑，在短短四百年間，讓物種天堂轉變成一座民族熔爐，1598年荷蘭人踏上這座島嶼之前，這裡是鳥類的天堂，荷蘭人走了之後，法國、英國人接續來追夢，遺留的兩處文化遺產都是殖民時代的產物。

2006

文化遺產

殖民遺產

阿普拉瓦西・加特區
Aapravasi Ghat

阿普拉瓦西・加特區位於模里西斯首都路易士港(Port Louis)，占地1,640平方公尺，是歐洲人首度以契約方式引進外國勞工之處，也見證了歷史上的重大變革。

19世紀，大英帝國廢除奴隸制度，決定用外國(印度為主)的契約工取代非洲奴隸，模里西斯島便成為第一個實施新政策的地點。1834年到1920年，這裡有數十萬印度契約工入境，準備到當地農場工作，或者轉往澳洲、非洲大陸或加勒比海，也因此造就出獨特的移民文化。

2008

文化遺產

殖民遺產

荒涼山文化景觀
Le Morne Cultural Landscape

坐落於模里西斯西南部半島上的荒涼山，海拔約556公尺，地勢險峻、森林茂密，從18~19世紀初，這裡就一直是奴隸逃亡藏身之地。

1835年，一支警備探險隊進入荒涼山，準備傳達奴隸制度廢除的命令，但遺憾的是，逃奴們誤解探險隊的來意，一個個跳下斷崖自殺，從此以後，這座山便成為模里西斯人紀念奴隸制度廢除的著名地點。

©UNESCO/Jasmina Sopova

符號說明　登錄時間　遺產內容　遺產類型　文化遺產　自然遺產　綜合遺產　瀕危文化遺產　瀕危自然遺產　瀕危綜合遺產

摩洛哥 Morocco

提塔萬舊城
Medina of Tétouan(Titawin)
沃盧比利斯考古遺址
Archaeological Site of Volubilis
拉巴特─現代都市與歷史城市共享的遺產
Rabat, Modern Capital and Historic Citya Shared Heritage
費茲舊城
Medina of Fez
麥肯娜斯古城
Historic City of Meknes
馬扎甘葡萄牙城(今賈迪達市)
Portuguese City of Mazagan (El Jadida)
馬拉喀什舊城
Medina of Marrakesh
索維拉舊城
(原摩加多爾市)
Medina of Essaouira (Mogador)
阿伊特本哈杜村
Ksar of Ait-Ben-Haddou

費茲舊城 Medina of Fez

1981

文化遺產

歷史城區
×
伊斯蘭
文化

費茲從12世紀起，就已是鼎盛的城市，而舊城區裡的大學也是世上最古老的一座。尤其在13~15世紀時的馬里尼德(Merenid)朝代，取代馬拉喀什(Marrakesh)成為首都，帶領摩洛哥進入黃金時期。

從阿拉伯人橫掃北非的領域後，費茲一直是伊斯蘭文化重鎮，而伊斯蘭的代表顏色為綠色，也因此綠色就成為費茲的象徵色，從城牆到大門都可清楚的觀察到這特色。而每個朝代都在這個摩洛哥最古老的皇城，遺留了一些象徵性的建築，就連摩洛哥獨立也是起源於此。雖然摩洛哥已在1912年遷都至拉巴特，費茲仍是摩洛哥最重要的宗教和文化中心。

費茲舊城區裡的巷弄高達五千多條，其中的清真寺、市集、工藝工作室、皮革染料場和一般人民的生活，活像一座戶外博物館，走一趟這裡，就能領略到摩洛哥的萬種風情。

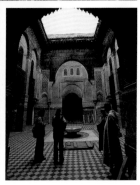

馬拉喀什舊城 Medina of Marrakesh

1985

文化遺產

歷史城區
×
伊斯蘭
文化

馬拉喀什於1070年建城，是摩洛哥的第二大城市，曾經貴為皇城，現存完整的城牆約有10公尺高，全長將近16公里，計有20個城門及200座塔樓，紅色的城牆從中世紀建城以來就不曾改變，黃昏時整個城牆都變成紅色、是最美的時刻。它護衛著皇宮與人民的生活，牆內的市區仍保存多采多姿的傳統風格。

迦瑪艾爾芬納廣場(Djemeaael-Fna)位於舊城區的中央，也是最熱鬧的商業交易中心。其中著名的地標，則非古圖比亞清真寺(Koutoubia Masque)莫屬，說它是北非最具代表性的藝術建築亦不為過。

薩丁安墓園(Saadian Tombs)則是歷代國王安息之處，建於15世紀，有著完美的安達魯西亞風格，

四周為壁磚，豎立著大理石圓柱。巴西亞皇宮(El Bahia Palace)是摩洛哥少數對外開放而且保存完好的皇宮之一，花園、中庭、華麗的房間、噴泉，每個房間都精心設計過。

阿伊特本哈杜村
Ksar of Ait-Ben-Haddou

1987

文化遺產

防禦型
村落

阿伊特本哈杜村是一座位於摩洛哥南部撒哈拉沙漠經商路線上的防禦性村莊，以傳統的圍牆土製建築為特色。本村的建築群最早可以追溯到900年前，除了高聳的圍牆之外，四周還有箭塔可以幫助抵禦外敵，充分展現了典型的北非建築風格。值得一提的是，這裡還是多部好萊塢經典電影取景之處，《阿拉伯的勞倫斯》便是其中之一。

沃盧比利斯考古遺址
Archaeological Site of Volubilis

1997

文化遺產

古羅馬

沃盧比利斯建於西元前3世紀，是茅利塔尼亞－廷吉他納省(Mauretania Tingitana)的行政中心，也是羅馬帝國西部邊境上一個重要的殖民城市。這裡土壤肥沃，物產豐饒，不僅繁榮富庶，也建有許多優美精緻的建築物。1755年，沃盧比利斯曾經遭到里斯本大地震的損毀，1914年起，考古學家開始透過出土的遺跡和文物，逐漸拼湊出這座羅馬古城的原始面貌。

符號說明 登錄時間 遺產內容　遺產類型 文化遺產 自然遺產 綜合遺產 瀕危文化遺產 瀕危自然遺產 瀕危綜合遺產

1996

文化遺產

古城
×
伊斯蘭與
歐洲風格

麥肯娜斯古城
Historic City of Menknès

麥肯娜斯位於摩洛哥北部，原是一座防禦性城鎮，到了17世紀，阿拉維特王朝(Alaouite dynasty)第二任統治者穆雷‧伊斯梅爾(Moulay Ismail)將首都遷移過來，這裡便發展成一座雄偉的西班牙－摩爾式城市，至今仍保存得相當完整。本地建築物的最大特色在於高聳的外牆和巨大的門，充分展現了伊斯蘭與歐洲風格之間的完美融合。

遺跡廣場是連接舊城和皇宮的地方，從這裡開始，穆雷‧伊斯梅爾興建厚實的城牆將自己的領地包圍住。面對廣場的正前方便是赫赫有名的勝利大門(Bab Mansour el Aleuj)，這是進入皇宮的主要大門，其字意是指「改信伊斯蘭教的基督徒勝利」。

穆雷‧伊斯梅爾陵墓不只是個陵寢，同時也是唯一開放給非伊斯蘭教徒參觀的清真寺。這間美麗的陵墓最初建於17世紀，在18世紀和20世紀時重新整修過，而穆雷‧伊斯梅爾的太太和兒子同時也葬在這裡。

1997

歷史城區

提塔萬舊城
Medina of Tétouan(Titawin)

文化遺產

位於摩洛哥北部的提塔萬(柏柏語意指眼睛)，最早建於西元前3世紀，15世紀時，來自西班牙安達魯西亞的摩爾人，繼馬里尼德人(Marinid)之後重建該城，並且首度築起城牆、大興房舍。本城的建築和藝術別具一格，展現出濃厚的安達魯西亞風情，至今仍然保存得相當完整。

AFRICA

摩洛哥‧納米比亞‧尼日

索維拉舊城(原摩加多爾市)
Medina of Essaouira (Mogador)

2001
文化遺產
歷史城區 × 防禦型城市

　　索維拉是摩洛哥西部大西洋沿岸的一座港口城市,根據考古研究,這裡從史前時代就有人類居住。現今的索維拉城是由摩洛哥國王穆罕默德三世於18世紀所建,為的是增加與歐洲強權之間的貿易來往,由於當初奉命規劃索維拉城的是一名法國工程師西爾多‧科納特(Théodore Cornut),因此這裡的建築充滿歐洲風格,也成為北非要塞海港的典型代表。

馬扎甘的葡萄牙城(賈迪達市)
Portuguese City of Mazagan (El Jadida)

20 04
文化遺產
殖民城市 × 葡萄牙 × 防禦工事

　　馬扎甘位於摩洛哥卡薩布蘭加市(Casablanca)西南90公里處,現為賈迪達市的一部分。葡萄牙人曾在1502年到1769年時占領這裡,並且修築軍事要塞,因此城牆和堡壘都保有早期文藝復興時期的建築風格,其他遺留至今的設施還包括水塔,以及建於16世紀的晚期哥德式建築聖母升天教堂(Church of the Assumption)。本城是葡萄牙人在西非建立的早期殖民地之一,因此見證了歐洲與摩洛哥文明的交流與融合。

拉巴特—現代都市 與歷史城市共享的遺產
Rabat, Modern Capital and Historic City: a Shared Heritage

2012
文化遺產
古城 × 現代都市規劃

　　拉巴特是摩洛哥的首都及第三大城,位於布雷格雷格河(Bou Regreg River)與大西洋交會處,它也是西方現代主義跟阿拉伯穆斯林傳統的匯集點。

　　12世紀中葉,摩洛哥穆瓦希德王朝(Almohad)的首任君王為了對西班牙發動攻擊,開始在此建立軍事堡壘。12世紀晚期,第三位君主將都城遷到拉巴特,並且興建哈桑清真寺(Hassan Mosque)以及穆瓦希德城牆與城門,而這些建築也成為現今拉巴特舊城僅存的歷史古蹟。

　　1912年到1930年代,法國占領拉巴特,在此建立了王室與行政區、住宅和商業開發區以及試驗花園(Jardins d'Essais),堪稱20世紀全非洲最浩大、最具野心、或許也是最完整的城市建設計劃。這個經過精心設計的城市,不僅展現了對早期阿拉伯穆斯林傳統的尊重,而且擁有許多功能明確、富有建築美學並且融合公共空間概念的現代化廣場與建築。

符號說明 登錄時間 遺產內容　遺產類型 文化遺產 自然遺產 綜合遺產 瀕危文化遺產　瀕危自然遺產　瀕危綜合遺產

納米比亞Namibia

 #1 1 #1 1 #0 Total 2

位於非洲西南部的納米比亞，是一極度乾燥之地，很早便有人類在此活動，一次世界大戰之前是德國的殖民地，之後被併入南非，直到1990年才從南非獨立出來。由於納米比亞沙漠的關係，也是世界上人口密地最低的國家之一。

©UNESCO/Thomas Dowson

特威菲爾泉岩畫 Twyfelfontein

 2007

 文化遺產

 岩畫藝術

特威菲爾泉是世界上最大的岩刻藝術集中地，這裡的岩畫創作已有兩千年的歷史，數量超過兩千幅，其中包括犀牛、大象、駝鳥與長頸鹿等動物圖像、人類及動物足跡，以及最著名的一幅描繪人類化為野獸的「獅人」(Lion Man)。本遺址除了岩畫以外，還包括六處岩石住所，內部可見人類以紅赭土作畫的痕跡，而這也為非洲南部漁獵採集部落的生活習俗，留下了完整的見證。

納米比亞沙海 Namib Sand Sea

 2013

 自然遺產

 沙漠生態與景觀

納米比亞沙海是世界上唯一的海岸沙漠，而且廣大的沙丘都受到霧的影響。這片沙海廣達三百萬公頃，緩衝區則有將近九十萬公頃，主要由兩種沙丘系統組成：下半部是古老且半凝固狀態的沙，上面則覆蓋著較年輕而活躍的沙丘。

這些沙丘的沙，是從數千公里之外的內陸被河流、洋流和風帶過來的，在沙海裡，有礫石平原、海岸平地、岩石山丘等，此外還有海岸礁湖、暫時性的河流，形成了極為美麗的特殊景觀。而霧就是水份的主要來源，也因此形成一個極為特殊的生態系，這裡的無脊椎動物、爬蟲類和哺乳類動物，也隨著這裡不斷變換的棲地環境而改變。

 ## 尼日Niger

 #1 1 #2 2 #0 Total 3

尼日是西非面積最大的陸鎖國，1960年從法國的殖民獨立。80％的土地被撒哈拉沙漠所覆蓋，多數居民都集中在西部和南部。就算在非沙漠地帶，由於受到連年乾旱、不斷沙漠化威脅，以及政治不穩定影響，國家發展始終落在末段班。

阿伊爾和泰內雷自然保護區 Aïr and Ténéré Natural Reserves

 1991

 瀕危自然遺產

 多樣性的地理景觀與動植物

涵蓋了阿伊爾山脈東半部及泰內雷沙漠西部區域，是世界第四大、非洲第二大自然保護區，面積約有77,360平方公里，不過真正的保護範圍只有其中的六分之一。本保護區包括阿伊爾火山斷層，以及一小部分擁有植被的薩赫勒區，動植物種類目前已知有350多種植物。由於受到武力衝突的威脅，本區在1991年被列為世界遺產，並在隔年列入瀕危名單。

W-阿爾利-彭賈里保護區 W-Arly-Pendjari Complex

 1996 2017

 自然遺產

 森林與稀樹草原交界的生態

W國家公園位於尼日河流域，阿爾利國家公園位於布吉納法索東南部，彭賈里國家公園位於貝南西北部，這些國家公園擁有草原、灌木叢帶、木原、廊道森林等各式植披，並為大象、西非海牛、印度豹、獵豹、羚羊、水牛、河馬、狒狒、鱷魚、獅群提供庇護。
＊與貝南、布吉納法索等國並列

阿加德茲歷史中心 Historic Centre of Agadez

 2013

 文化遺產

 城市歷史中心×泥造建築

阿加德茲是尼日北部阿伊爾省(Aïr)的首府，位於撒哈拉沙漠南部的邊緣，素有「沙漠門戶」之稱，15、16世紀時，阿伊爾蘇丹建都於此，遊牧民族圖瓦雷格族(Touareg)也定居於此。阿加德茲歷史中心過去位於商隊貿易路線的十字路口，區內包括了泥巴蓋的住宅及宗教性建築，例如高27公尺泥磚打造的喚拜塔，也是目前世界上最高的泥造清真寺，城裡古老的文化、商業和手工藝傳統都還保存完好。

盧安達Rwanda

 # 1　 # 1　 0　Total 2

盧安達位於中非東部、赤道以南，1994年發生的種族大屠殺烙印在人們的記憶中，相關的紀念地被列入了世界遺產，除此，盧安達引以為傲的自然生態也同時列入自然遺產。

2023

文化遺產

大屠殺紀念地

種族大屠殺紀念地：恩亞瑪塔、穆拉比、吉索茲和比瑟瑟羅
Memorial sites of the Genocide: Nyamata, Murambi, Gisozi and Bisesero

　　1994年4月至7月間，盧安達各地估計有百萬人被聯攻派(Interahamwe)武裝民兵殺害，攻擊目標是圖西族(Tutsi)，但溫和派胡圖族(Hutu)和特瓦族(Twa)也遭殺害。這項大屠殺紀念地共計4處，其中，恩亞瑪塔建於1980年的天主教堂和穆拉比建於1990年的技術學校是屠殺現場。吉索茲山上有建於1999年的基加利種族大屠殺紀念碑(Kigali Genocide Memorial)，埋葬著超過25萬名遇難者；西部省的比瑟瑟羅山上有建於1998年的紀念碑，紀念受害者抵抗屠戮者達兩個多月。

2023

自然遺產

自然生態

紐恩威國家公園
Nyungwe National Park

　　是中非地區重要的雨林保護區，保有森林、泥炭沼、荒野、灌叢、草原，為大量獨有物種重要的自然棲息地，包括瀕臨滅絕的東部黑猩猩、金猴及丘陵菊頭蝠(Rhinolophus Hillorum)。此外，這裡還生活著瀕臨滅絕的12種哺乳動物和7種鳥類，此處是非洲最重要的鳥類保護區之一，共有317種鳥類的棲息記錄。

  塞內加爾Senegal

 # 5　 # 2　 0　Total 7

塞內加爾的國名取自塞內加爾河(Sénégal River)，是其北邊和東邊的界河。17、18世紀時，塞國沿岸地區設立了許多貿易站，分屬不同殖民國家，例如聖路易島即為法屬西非的首府，塞國7處世界遺產中就有兩處為殖民時代城市。

＊塞內甘比亞石圈 Stone Circles of Senegambia詳見甘比亞

1978

文化遺產

殖民遺產
×
葡萄牙
×
荷蘭
×
英國
×
法國

戈雷島
Island of Gorée

　　戈雷島位於塞內加爾首都達喀爾(Dakar)對岸，相距不到3公里，現在是達喀爾市面積最小、人口最少的行政區。

　　15世紀中葉到19世紀，這裡陸續被葡萄牙、荷蘭、英國和法國占領，是歐洲人最早在非洲建立的殖民地之一，也是重要的奴隸貿易中心。島上可見殖民者興建的堡壘、砲台以及18世紀晚期建立的「奴隸屋」，充分呈現出文明與野蠻之間的殘酷對比，以及獨特的歷史價值。

朱賈國家鳥類保護區
Djoudj National Bird Sanctuary

1981
自然遺產
野鳥保護區

　　朱賈國家鳥類保護區位於塞內加爾河三角洲上，占地160平方公里，境內的一座大湖連同周邊的河流、池塘及水潭，是許多候鳥飛過撒哈拉沙漠後最先到達的淡水棲地，因此具有極重要的鳥類保育價值。本區擁有將近400種、150萬隻鳥類，較常見的包括紅鶴、鵜鶘、紫鷺、非洲琵鷺、大白鷺和鸕鷀。

尼奧科洛－科巴國家公園
Niokolo-Koba National Park

1981
自然遺產
生物多樣性 × 野生動物

　　1954年成立的尼奧科洛－科巴國家公園，位於塞內加爾東南部甘比亞河(Gambia River)沿岸，面積9,130平方公里。

　　該國家公園涵蓋了全國將近80%的長廊林，並有大片稀樹草原和濕地，因此生態環境豐富，不僅擁有1,500種以上的植物，也棲息了黑猩猩、獅子、豹、大象、鳥類、兩棲及爬蟲類等500多種動物，其中包括全世界體型最大的羚羊，巨大角斑羚。

聖路易島
Island of Saint-Louis

2000
文化遺產
殖民城市 × 法國

　　聖路易島是塞內加爾西北部的港口城市，也是塞國自1673年到1960年宣布獨立前的首府所在地，1920年到1957年間，這裡同時也是相鄰殖民地茅利塔尼亞的首府，在西非地區的文化、經濟和建築藝術上扮演著重要的角色。

　　聖路易島建於17世紀法國殖民時期，擁有正規的都市規劃以及風格獨特的殖民地建築，是一座極具代表性的殖民城市，因此在2000年被列為世界遺產。

©UNESCO/Jim Williams

薩盧姆三角洲
Saloum Delta

2011
文化遺產
考古遺址

　　薩盧姆三角洲位於塞內加爾首都達喀爾(Dakar)南方100公里的薩盧姆河出海口，境內遍布200多個以半鹹水水道互相連結的大小島嶼，占地約145,800公頃。

　　這個由紅樹林、森林、淤泥灘以及蜿蜒水道所構成的廣大區域，孕育了相當豐富的物種，因此數百年來一直是當地人民賴以維生的處所，他們在此捕魚、採集貝類，與環境建立良好的互動關係，發展出自然永續的生活型態。

　　除了擁有生態豐富的自然環境，薩盧姆三角洲還蘊藏了相當獨特且值得重視的文化資產。這裡總共有218座人工貝塚，有些長達數百公尺，而且最早可回溯到兩千年前，保存得相當完好。考古學家還在其中28座古老圓塚中，發現作工精良的人工製品，這不僅為薩盧姆三角洲各時期的人類文化發展提供了重要根據，同時也見證了西非海岸的聚落歷史。

巴薩里、富拉、貝迪克的文化景觀
Bassari Country: Bassari, Fula and Bedik Cultural Landscapes

2012
文化遺產
人文聚落景觀

　　本文化景觀位於塞內加爾東南部，總面積50,300公頃，範圍涵蓋三個呈現不同生物型態的地理區：巴薩里－薩勒馬塔區(Bassari-Salémata area)、富拉－丁德費洛區(Fula-Dindéfello area)以及貝迪克－班達法西區(Bedik-Bandafassi area)。

　　11~19世紀期間，原住民來到巴薩里、富拉與貝迪克三個地區，在幾乎與世隔絕、自然資源卻極為豐富的環境中，發展出屬於自己的獨特文化。巴薩里區的地理景觀以水稻梯田為主，村莊、農舍與考古遺址散布其間，貝迪克區的景觀則以分布集中的尖頂茅屋為主要特色。

　　整體來說，本區是一處保存完好的多元文化景觀，蘊藏了許多原始而生動的在地文化。這些文化不僅見證了當地居民與自然環境之間的互動關係、農牧型態、土地使用模式，也反映了他們的社會規範、日常儀式以及信仰習俗，呈現出人類在受到自然條件制約之下所發展出來的生存機制。

莫三比克 Mozambique

 1 0 0 Total 1

在歐洲人來到莫三比克之前，這個區域先後住著班圖人(Bantu)、史瓦希里人(Swahili)，直到航海家達伽瑪(Vasco da Gama)於1498年發現這裡，隨後在1505年成為葡萄牙人的殖民地。

1975年莫三比克獨立，入選的莫三比克島便是殖民時代遺產。

1991

文化遺產

殖民城市
×
葡萄牙

莫三比克島
Island of Mozambique

　　莫三比克島位於莫三比克北部，島上有座堅固的石堡「莫三比克城」。16世紀初，葡萄牙人在這裡建立海港及海軍基地，並且興建了南半球最古老的一棟歐洲建築物巴魯亞特聖母教堂(Chapel of Nossa Senhora de Baluarte)。由於該城自始至終都採用相同的技術、建材(石頭或棕櫚葉)及裝飾原則，因此，呈現出驚人的一致風格，也營造出獨特的城市風貌。

©UNESCO/Eloundou Assomo, Lazare

©UNESCO/Eloundou Assomo, Lazare

奈及利亞 Nigeria

 2 0 0 Total 2

奈及利亞因為尼日河(Niger River)貫穿全國而得名，19世紀下半葉和20世紀初被英國殖民，並在1960年取得獨立地位，但內戰不斷。奈及利亞是非洲人口最稠密的國家，由於生產石油，是國家主要收入來源。

1999

文化遺產

人文聚落
景觀

蘇庫爾文化景觀
Sukur Cultural Landscape

　　蘇庫爾文化景觀位於奈及利亞東北部的曼達拉山脈(Mandara Mountains)，境內擁有一座居高臨下的酋長宮殿、村落、大批梯田、神聖圖騰及曾經繁華一時的鐵器工業遺跡。獨特的景觀反映了人類的土地利用形式及社會原貌，見證了數百年來人類豐富的精神與物質文明。

2005

文化遺產

聖地景觀

奧森－奧森格博神聖叢林
Osun-Osogbo Sacred Grove

　　奧森－歐索格布聖樹叢位於奈及利亞南部奧森格博市(Osogbo)郊外，是當地優魯巴人(Yoruba)的城鎮走向都市化後，唯一一殘存下來的原始神聖叢林，保留了許多敬拜奧森神及其他神祇的神殿、雕塑及藝術作品，目前仍是優魯巴人心中的精神象徵。

符號說明 登錄時間 遺產內容　遺產類型 文化遺產 自然遺產 綜合遺產 瀕危文化遺產 瀕危自然遺產 瀕危綜合遺產

塞席爾 Seychelles

位於非洲西南部的納米比亞，是一極度乾燥之地，很早便有人類在此活動，一次世界大戰之前是德國的殖民地，之後被併入南非，直到1990年才從南非獨立出來。由於納米比亞沙漠的關係，也是世界上人口密地最低的國家之一。

亞達伯拉環礁 Aldabra Atoll

1982

自然遺產

海洋生態
×
環礁

亞達伯拉環礁位於鄰近非洲東岸和馬達加斯加島的印度洋上，由四座大珊瑚島組成，是世界第二大環礁，由於地理環境與世隔絕，較無人為干擾，因此得以保留原始的風貌。

本環礁的動植物繁多，最著名的就是亞達伯拉象龜，而這裡也是全世界象龜數量最多之處；其他知名動物還包括綠蠵龜、雙髻鯊、鬼蝠魟，以及印度洋唯一僅存無飛行能力的鳥「亞達伯拉秧雞」。

五月谷自然保護區
Vallée de Mai Nature Reserve

1983
自然遺產
自然保護區
×
海椰子

位於塞席爾普拉蘭島(Praslin)中心地帶的五月谷自然保護區，境內有大片由當地特有棕櫚樹形成的棕櫚林，在這些棕櫚樹中，最知名的是以巨大種子稱霸植物界的海椰子(Coco de Mer)，過去人們對它的繁殖方式所知不多，一度以為這種樹生長於海底。

全世界只能在普拉蘭五月谷及周邊的 Crieuse 島見到這種奇特的植物，來到五月谷，高高的海椰子直鑽天際，巨大的扇形棕櫚葉遮天翳日，近二十公頃的谷地面積密布著約七千株珍貴的海椰子。從幾個數字，可以看出它的獨特：生長緩慢，一年只長一片葉子，直到25年後才抽出樹幹；樹幹平均高度25~34公尺，樹葉長7~10公尺，葉寬4~5公尺，是地球上最高大的棕櫚樹，壽命可達一千年；雌雄分立，雄株花朵狀如男性生殖器，可達一公尺長；雌株果實直徑約50公分，可重達30公斤，去掉果殼的種子狀如女性生殖器，那也是現今植物王國中，體積最為龐大的種子，目前最高紀錄為17.6公斤。

更早之前，海椰子又名為馬爾地夫椰子，原因是幾個世紀前，漁夫發現海上飄來中空腐爛的巨大海椰子殼，然而這麼大的椰子並未在當地生長，一度誤以為是從海底冒出來，因此有「海椰子」的名稱。直到18世紀塞席爾群島被航海家發現，海椰子的謎底才終於揭曉，它不但生長在島嶼內陸的山谷裡，而且果實太重無法漂浮在海面上，這也解釋，為什麼全世界僅僅兩座島嶼找得到海椰子的蹤跡。除了海椰子以外，本區還有許多哺乳類、甲殼類、爬蟲類及鳥類，其中包括稀有的黑鸚鵡(Coracopsis Nigra Barklyi)，也就是該國國鳥。

南非 South Africa

7 ⚰#7　🔔#4　⚱#1　Total 12

南非的12處世界遺產中有7處文化遺產、4處自然遺產、1處綜合遺產，分布平均且類型廣泛。從史前洞穴、史前岩畫、古王國遺址、到象徵人權的政治監獄都在文化遺產之列，自然遺產則有濕地、植物園，以及世界最大的隕石坑。

納米比亞
波札那　辛巴威
莫三比克

馬蓬古布韋文化景觀
Mapungubwe Cultural Landscape

南非的原人化石遺址
Fossil Hominid Sites of Sterkfontein,
Swartkrans, Kromdraai, and Environs

蔻瑪尼文化景觀
Khomani Cultural Landscape

巴伯頓‧瑪空瓦山脈
Barberton Makhonjwa Mountains

理查斯維德文化和植物景觀
Richtersveld Cultural and
Botanical Landscape

弗里德堡隕石坑
Vredefort Dome

史瓦濟蘭

南大西洋

現代人類行為的出現：
南非更新世遺址
The Emergence of Modern Human Behaviour:
The Pleistocene Occupation Sites of South Africa

馬洛提 - 德拉肯斯堡公園
Maloti-Drakensberg Park

賴索托

印度洋

開普植物生態保護區
Cape Floral Region Protected Areas

伊西瑪加利索
濕地公園
iSimangaliso Wetland Park

羅本島
Robben Island

人權、解放與調解：
納爾遜‧曼德拉紀念地
Human Rights, Liberation and Reconciliation:
Nelson Mandela Legacy Sites

＊馬洛提—德拉肯斯堡公園Maloti-Drakensberg Park詳見賴索托

羅本島 Robben Island

1999
文化遺產
人權遺產

曾是囚禁政治犯的大本營的羅本島，在南非政治開放後，象徵著人權之伸張而被列入世界遺產。距南非大陸7公里，大西洋海水冰冷，又有鯊魚，即使沒有高聳的圍籬，犯人也絕對逃不出此島，因此，來到島上的人都是「VIP」，尤其是種族隔離政策時起身反抗的政治犯，其中，最出名的就是在此關了18年的曼德拉(Nelson Rolihlahla Mandela)，以及泛非洲議會(Pan Africanist Congress)的領袖Robert Sobukwe。

蔻瑪尼文化景觀 Khomani Cultural Landscape

2017
古文明
文化
文化遺產

蔻瑪尼文化景觀位於南非邊境處，緊鄰波札那與納米比亞，這片廣袤的沙漠保存了蔻瑪尼薩人(Khomani San)從石器時代繁衍至今的實證，蔻瑪尼薩人在嚴苛的沙漠環境發展出一套獨特的植物學知識、文化習俗，蔻瑪尼文化景觀見證了當地長存的生活方式與數千年來的演化過程。

南非的原人化石遺址
Fossil Hominid Sites of South Africa

1999
文化遺產
原人化石遺址

被稱為人類搖籃的史特克芳登(Sterkfontein)洞穴並非浪得虛名，在此洞穴內發現的化石數量之多、種類之豐富足以讓任何人咋舌，除了史特克芳登洞穴，還有Swartkrans、Kromdraai等洞穴也納入遺產範圍。

1936年，Robert Broom博士在此發現了第一個類人猿的頭骨，之後的挖掘陸續發現大約350萬年到150萬年前的化石，約有五百具頭骨、顎骨、牙齒和軀骸出土，是原人發展的重要史證。

此外，還有數千具動物化石，超過三百片各種植物化石，以及超過九千件石頭工具，其中包含地球上最早的人造器物，其出土物豐富的程度叫人驚歎。

符號說明　 登錄時間　 遺產內容　遺產類型　 文化遺產　 自然遺產　 綜合遺產　 瀕危文化遺產　 瀕危自然遺產　 瀕危綜合遺產

1999

自然遺產

生物
多樣性

伊西瑪加利索濕地公園
iSimangaliso Wetland Park

伊西瑪加利索濕地公園原名為聖露西亞濕地公園，曾經被當作狩獵場，於1971年連同海龜棲息的海灘，成為生態保護區。境內除了聖露西亞湖區、湖中小島外，還連同夏日海龜愛來此生蛋的聖露西亞海灘，及山丘、草地等，380平方公里內，多種的地理環境成為尼羅河鱷魚、河馬、羚羊、長頸鹿、大象等動物的家。

最熱門的旅遊行程即搭乘遊覽船繞湖一周，途中會見到半隱沒於水中的鱷魚及河馬，還有為數眾多的各種鳥類，運氣好的話，可以碰見其他到水邊喝水的大型動物。夏天夜晚，聖露西亞最熱門的活動則是到黃金海灘邊觀察海龜生蛋和小海龜回歸大海。白天，在海岸線的高處，則有機會看到遷徙中的鯨魚身影。

2003

文化遺產

考古遺址

馬蓬古布韋文化景觀
Mapungubwe Cultural Landscape

馬蓬古布韋位於辛巴威與波札那交界的砂岩山丘，曾一度是稱霸非洲大陸的馬蓬古布韋王國(1075年~1220年)的首都，這裡保存了相當完整的皇宮遺跡及石砌建築，而從各個建築物的位置分布上，也可以看出當時階級分明的社會和政治結構。

1932年，該址被一位當地居民發現，於是一連串考古工作就此展開，目前已出土的古文物包括陶器、玻璃珠、金飾、象牙藝品等，年代介於10世紀到13世紀。

©UNESCO/Francesco Bandarin

2018

自然遺產

山脈

巴伯頓・瑪空瓦山脈 Barberton Makhonjwa Mountains

巴伯頓・瑪空瓦山脈位於南非東北部，面積佔巴伯頓綠岩帶(Barberton Greenstone Belt)的40％，擁有全球最古老的地質結構。巴伯頓・瑪空瓦山脈保存了完好的火山岩和沈積岩，歷史推斷具32.5億年至36億年，當時的地球剛開始形成第一塊原始的陸洲。巴伯頓・瑪空瓦山脈地貌特徵具有流星撞擊形成的角礫岩，這是4.6億年至3.8億年前大轟炸的隕石撞擊所形成的。

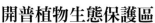

2004

自然遺產

植物生態

開普植物生態保護區
Cape Floral Region Protected Areas

　　南非除了獅子、老虎、鑽石以外，多樣的植物生態也是當地特色之一。開普植物生態區是由8個散落的保護區所組成，孕育著八千六百多種物種，其中68%是世界上其他地方沒有的特有品種，堪稱是自然基因的寶庫。總占地面積為5530平方公里。

　　位在開普敦東南方90公里的卡格堡自然保護區

(Kogelberg Nature Reserve)，是開普植物生態區中，最受遊客歡迎的觀光景點。保護區內山脈橫亙，峽谷深切，原始的風情美不勝收。除了自然美景之外，最吸引人的是這裡多樣化及獨特性的植物生態。區內大約有150種特有的植物，有些更是瀕臨絕種的稀有物種。這裡也是觀賞南非國花「帝王花」(King Protea)的最佳去處，帝王花種類多樣，花朵鮮豔，繁殖力強，山林溪澗都可看到她的芳蹤。

2007

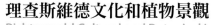
人文聚落景觀

文化遺產

理查斯維德文化和植物景觀
Richtersveld Cultural and Botanical Landscape

　　理查斯維德位於南非北開普敦的多山沙漠中，地理環境以崎嶇峽谷、陡峭高山以及對比強烈的景觀為特色，並且生長著許多奇特的植物，包括有「半人樹」之稱的棒槌樹。

　　這裡是半遊牧民族納瑪人(Nama)的居住地，也是唯一看得到納瑪人傳統可攜式小屋「haru oms」的地方。理查斯維德文化植物景觀目前由納瑪人和其他族群共同擁有，並且全權負責境內的管理工作。

符號說明　登錄時間　遺產內容　遺產類型　文化遺產　自然遺產　綜合遺產　瀕危文化遺產　瀕危自然遺產　瀕危綜合遺產

自然遺產

隕石坑
×
生物演化
證據

弗里德堡隕石坑 Vredefort Dome

弗里德堡隕石坑位於南非約翰尼斯堡西南方的費里德堡城，是目前世界上最大、第二古老的隕石坑，直徑250~300公里。人們原以為這是火山噴發形成的火山口，但1990年中期，科學家們發現它是二十多億年前一顆小行星撞擊地球後形成的隕石坑，而那次撞擊不僅是地球上已知規模最大的能量釋放，造成了生物演化上的改變，也為地球的地質史提供了極重要的證據。

一般由火山熔岩形成的花崗岩，岩石紋理結構完整，色呈灰白偏淡，但弗里德堡隕石坑的花崗岩紋理破碎斷裂，岩石色澤焦黑，更含有外太空的礦物質。研究顯示，約20億年前，一顆直徑達10公里的隕石，由外太空撞擊地球，相當於同時引爆1000枚核子彈，頓時將70立方公里的岩石化成一陣塵埃，整個地球都可以感受到劇烈的搖晃，就像是一場世界末日的大地震。雖然經過長時間的風化侵蝕，撞擊痕跡漸漸縮小，但仍不難想像當時撞擊的力道之強。

©UNESCO/Francesco Bandarin

文化遺產

紀念地

人權、解放與調解：納爾遜·曼德拉紀念地
Human Rights, Liberation and Reconciliation: Nelson Mandela Legacy Sites

由分布在境內各地14處紀念地組成，包括位於Pretoria的聯合大廈(現政府所在地)；Sharpeville紀念地，紀念69名因抗議不公正的《Pass Laws》而慘遭屠殺的人民；曼德拉年輕時在Mqhekezweni居住過的地方，這些地點反映了漫長的種族隔離抗爭史中的重要事件、曼德拉在促進調解和寬恕的影響，以及基於非種族主義、泛非主義、烏班圖(Ubuntu)哲學思想的信仰體系，展現南非20世紀的政治史。

文化遺產

更新世
遺址

現代人類行為的出現：南非更新世遺址
The Emergence of Modern Human Behaviour: The Pleistocene Occupation Sites of South Africa

這項遺產分布在南非西開普省和KwaZulu-Natal省，由Diepkloof岩棚、Pinnacle Point遺址群和Sibhudu洞穴三處考古遺址組成，為現代人類行為的發展歷程提供了豐富種類、保存完好的資料，最早可追溯至十六萬兩千年前。赭石加工、雕刻圖案、裝飾珠、先進的彈射武器和工具製造技術，都是展現當時思維和技術先進的例證。

蘇丹 Sudan

拜爾凱爾山和
納帕塔地區的遺址
Gebel Barkal andthe Sites of
the Napatan Region

麥羅埃島考古遺址
Archaeological Sites
of the Island of Meroe

桑加內卜海洋國家公園與
頓戈納卜灣－穆卡瓦島
海洋國家公園
Sanganeb Marine National Park and
Dungonab Bay – Mukkawar Island
Marine National Park

位於埃及南部的蘇丹，也稱為北蘇丹，南蘇丹已於2011年脫離而獨立。自遠古以來，蘇丹便與古埃及的歷史相互交織，長長的尼羅河不但穿越整個埃及，也把蘇丹分成東西兩半，入選的兩座文化遺產都是古埃及時代庫什王朝的遺址。

拜爾凱爾山和納帕塔地區的遺址
Gebel Barkal and the Sites of the Napatan Region

2003

文化遺產

陵墓
×
神殿
×
宮殿
×
古埃及

　　本區由尼羅河谷內的5處考古遺址組成，綿延長度超過60公里，它們是興盛於庫什(Kush)第二王國時期的納帕坦文化(Napatan)與梅洛伊提克文化(Meroitic)留下來的歷史見證。

　　本區的遺跡包括陵墓(金字塔式與非金字塔式)、神殿、住宅和宮殿，長久以來與民間傳說和宗教信仰有著相當密切的關係，山腳下最大的一座神殿「阿蒙神殿」，至今仍是當地人民心目中的聖地。

麥羅埃島考古遺址
Archaeological Sites of the Island of Meroe

2011

文化遺產

陵墓
×
神殿
×
古埃及

　　麥羅埃島考古遺址位於蘇丹首都喀土穆(Khartoum)東北方200公里處，尼羅河與阿特巴拉河(Atbara River)之間的半荒漠地帶，總面積約2,350公頃。西元前8世紀到西元4世紀期間，埃及第25個王朝庫什王朝(Kingdom of Kush)在此建立都城，而從西元前3世紀開始，這裡也成為大多數皇室陵墓的所在地。

　　本考古遺址由庫什皇城及陵墓區、納加神殿(Naqa)以及獅子神殿(Musawwarat es Sufra)三大部分所組成，它們完整保存了庫什王朝的歷史遺跡，其中包括金字塔、神廟、宮殿、民宅、大型水利設施及工業區等。這些遺跡為尼羅河中部及北部河谷地帶長達一千多年的政治、宗教、社會、藝術及科技發展，提供了豐富的考證史料。

　　由於庫什王朝國力強大，曾經一度將疆域擴展到地中海以及非洲心臟地帶，因此麥羅埃島考古遺址也見證了埃及與其他地區在宗教、藝術、建築以及語言方面的交流。

桑加內卜海洋國家公園與頓戈納卜灣—穆卡瓦島海洋國家公園
Sanganeb Marine National Park and Dungonab Bay – Mukkawar Island Marine National Park

2016

海洋生態
×
海洋動物

自然遺產

　　此遺產主要由兩個區域組成：桑加內卜(Sanganeb)是紅海中央一處孤立的珊瑚礁，而且是唯一的一座環礁，距離蘇丹本土的海岸有25公里；另一處是頓戈納卜灣(Dungonab Bay)和穆卡瓦島(Mukkawar Island)，位於蘇丹港北方約125公里，這裡有高度複雜的珊瑚礁系統、紅樹林、海草床、海灘及小島。這兩處自然遺產是海鳥、海洋哺乳動物、鯊魚、海龜、魟魚等動物的棲息地，頓戈納卜灣更棲息著相當數量的儒艮。

符號說明　登錄時間　遺產內容　遺產類型　文化遺產　自然遺產　綜合遺產　瀕危文化遺產　瀕危自然遺產　瀕危綜合遺產

突尼西亞Tunisia

 8 1 0 Total 9

突尼西亞是北非面積最小的國家，但國力卻不容小覷，2011年的一場茉莉花革命，在阿拉伯世界掀起巨大波瀾。這裡原本就是古代迦太基文明的發源地，接著羅馬、汪達爾、拜占庭帝國及阿拉伯人的統治，都留下可觀的文化遺產。

伊契庫國家公園 Ichkeul National Park

1980

自然遺產

濕地生態

1980年成立的伊契庫國家公園，位於突尼西亞北部，範圍涵蓋伊契庫湖及其周圍濕地。伊契庫湖鏈狀分布於非洲北部海岸，是此區淡水湖中碩果僅存的一個，不僅是數以萬計的候鳥停歇休息的重要中途站，為數眾多的鴨、鵝、鸛及紅鶴等水禽也在這裡越冬並繁殖後代。

伊契庫國家公園 Ichkeul National Park
地中海
杜加 Dougga / Thugga
迦太基城鎮克觀遺址 Punic Town of Kerkuane and its Necropolis
突尼斯舊城 Medina of Tunis
蘇塞舊城 Medina of Sousse
迦太基遺址 Site of Carthage
伊利捷競技場 Amphitheatre of El Jem
開羅安 Kairouan
傑爾巴：見證島嶼的定居模式 Djerba: Testimony to a Settlement Pattern In an Island Territory
阿爾及利亞
利比亞

©UNESCO/Marc Patry

1979

文化遺產

歷史城區

突尼斯舊城　Medina of Tunis

突尼斯是突尼西亞的首都，融合非洲、歐洲和伊斯蘭風情。舊城(Medina)包括伊斯蘭清真寺、古城門和傳統市集。在12~16世紀，突尼西亞被公認為伊斯蘭世界最富庶的城市。目前舊城裡保存了約七百件古蹟，包括宮殿、清真寺、陵寢等，訴說著該城輝煌的過去。

在北非或中東各大城市的舊城稱為「Medina」，大部分舊城裡照例會有個傳統市集，北非語稱為「速客」(Souk)，是突尼斯人的生活重心。商店麇集的市集裡，叫賣聲此起彼落，空氣中瀰漫著香料味，時間一到，大清真寺傳來震耳欲聾的叫拜聲，十足濃厚的伊斯蘭色彩，登高望遠，這座老城就如馬賽克般炫麗。

舊城最突出的建築物是大清真寺，站在遠處就可看到清真寺的尖塔，在陽光下閃耀著。在這裡既可體驗當地的庶民風情，也是購買異國風情紀念品的好地方。

符號說明　 登錄時間　 遺產內容　遺產類型　 文化遺產　 自然遺產　 綜合遺產　 瀕危文化遺產　瀕危自然遺產　 瀕危綜合遺產

1979

文化遺產

古羅馬

伊利捷競技場
Amphitheatre of El Jem

伊利捷位於突尼西亞中部，是典型的伊斯蘭城市，卻擁有一座4世紀初所建的羅馬競技場。古代腓尼基人曾經在伊利捷建立城市，羅馬皇帝哈德良(Hadrian)又將此地建設為富庶之都。西元234年，古羅馬行政總督戈地安(Gordian)在此稱帝。此處留有不少氣勢宏偉的羅馬建築，伊利捷的羅馬競技場是其中保存狀況最好的一座。競技場分為3層座席，大約可以容納三萬名觀眾，是羅馬帝國時期第6大競技場。7世紀左右，北非成為阿拉伯帝國的版圖，這座羅馬競技場也就順勢成為阿拉伯人舉行節慶的場所。參觀這座競技場，可以看到底下有條凹形坑道，坑道兩側的隔室，是羅馬時代人獸鬥比賽時，用來關禁奴隸或異教徒、動物的地方。

1988

文化遺產

歷史城區 × 伊斯蘭

蘇塞舊城
Medina of Sousse

蘇塞是腓尼基人於西元前11世紀建立的城市，陸續經歷羅馬、汪達爾、拜占庭帝國及阿拉伯人的統治，並且發展成艾格萊卜王朝(Aghlabid Dynasty)重要的貿易中心和軍事港口。蘇塞是伊斯蘭世界早期城市建築的代表，城內建有城堡、護城牆、阿拉伯區(包含大清真寺)、伊斯蘭教修道院及傳統的里巴特(Ribat，一種兼具防禦和宗教功能的建築物)，也是海岸防禦系統的一部分。

2023

文化遺產

島嶼文化

傑爾巴：見證島嶼的定居模式
Djerba: Testimony to a Settlement Pattern In an Island Territory

這項遺產見證了9世紀前後在傑爾巴島半乾旱缺水環境中形成的定居模式，主要特點是密度低，劃分為數個在經濟上自給自足的社區，各社區通過完善的道路網絡互聯，並聯繫島上的宗教和貿易場所。透過環境、社會文化和經濟因素的相互作用，令傑爾巴島獨特的定居模式讓當地人可調整生活方式適應缺水的環境。

1979

文化遺產

腓尼基 × 古羅馬遺址

迦太基遺址
Site of Carthage

迦太基遺址位於突尼斯東北方，是腓尼基人於西元前814年所興建的城市。迦太基遺址多半已被羅馬時期的建築所掩蓋，今天所見挖掘出的迦太基遺址只留斷殘壁，因此只能在博物館內看到腓尼基人在地中海一帶的文化、工藝、生活、宗教信仰和喪葬禮儀等各相關文物，以及迦太基人於羅馬時期製作的馬賽克鑲嵌畫。

1985

文化遺產

腓尼基遺址

迦太基城鎮克觀遺址
Punic Town of Kerkuane and its Necropolis

克觀遺址位於突尼斯近郊的加彭半島(Cap Bon)，是古代腓尼基人所建立的城市。克觀遺址於1957年出土，遺留許多迦太基中產階級的住宅痕跡，建有排水系統、圍牆、客廳和私人浴室，由此可知古代的迦太基人重視家庭生活，裝飾性的馬賽克地板與羅馬建築的豪華氣派不同，風格較寫實。如今在克觀遺址所看到的多半是斷瓦殘垣，想要欣賞真正「腓尼基人的迦太基」，只有在突尼斯巴杜(Bardo)博物館，可了解昔日強大海權帝國的生活狀況。

1988

文化遺產

古城 × 伊斯蘭

開羅安
Kairouan

開羅安是座典型的宗教城市，建於7世紀，在9世紀時成為這地區的政治中心，直到12世紀政治中心才轉移至突尼斯。最引吸人的是城區內的伊斯蘭建築，其中以阿奎巴大清真寺(Great Mosque Oqba)最為著名，以大理石和褐黃色的斑岩和為建材，中央有廣闊的天井，周圍盡是拱形門廊。清真寺北側有一座三層金字塔式尖塔，南邊是祈禱廳，裡面有一系列大理石柱支撐著雪松木拱門。在開羅安還有一座紀念伊斯蘭教聖人西迪‧薩希伯(Sidi Sahib)的建築，建於17世紀，外觀類似清真寺，布滿精緻的彩瓷圖案。

1997

文化遺產

古羅馬遺址

杜加 Dougga / Thugga

杜加是突尼西亞北部的一處古羅馬遺址，原為柏柏人的要塞村莊，2世紀晚期受到羅馬帝國統治，後來經歷汪達爾王國與拜占庭帝國的占領，且在阿拉伯人統治期間步入衰落。本遺址的建築包括神殿、公共澡堂和一座建於西元168年保存良好的劇院，充分展現了這座羅馬小城的傳統風貌。

坦尚尼亞Tanzania

 3 3 1 Total 7

1964年坦尚尼亞獨立建國時，是結合了坦噶尼喀(Tanganyika)和尚吉巴(Zanzibar)兩個地區所組成。七座世界遺產中有三座為自然遺產，其中包括非洲第一高峰以及世界最大火山口，還有密度極高的野生動物群，都被視為世界自然奇觀。

肯亞

塞倫蓋提國家公園
Serengeti National Park

吉力馬札羅山國家公園
Kilimanjaro National Park

恩格羅恩格羅自然保護區
Ngorongoro Conservation Area

孔多亞岩畫遺址
Kondoa Rock-Art Sites

桑吉巴的石頭城
Stone Town of Zanzibar

印度洋

塞盧斯自然保護區
Selous Game Reserve

基爾瓦基斯瓦尼遺址和
松戈姆納拉遺址
Ruins of Kilwa Kisiwani and
Ruins of Songo Mnara

烏干達　盧安達　蒲隆地　剛果民主共和國　尚比亞　馬拉威　莫三比克

恩格羅恩格羅自然保護區
Ngorongoro Conservation Area

 1979

 綜合遺產

 火山景觀 × 原人化石遺址

　　1959年成立的恩格羅恩格羅自然保護區，面積廣達8,288平方公里，境內重要的地理景觀包括世界最大的火山口「恩格羅恩格羅火山口」，以及活火山「歐鐸尼尤蘭加」(Oldonyo Lenga)。

　　這裡除了有密度極高的野生動物群，也有珍貴的人類遺跡，根據化石考證，原始人類於三百萬年前出現在附近的歐杜維峽谷(Olduvai Gorge)，同樣相距不遠的雷托利遺址(Laetoli Site)，也保存了早期原始人類的足跡，年代可回溯到360萬年前。

©UNESCO/Kishore Rao

©UNESCO/Ron Van Oers　©UNESCO/Ron Van Oers

尚吉巴的石頭城
Stone Town of Zanzibar

 2000

 文化遺產

 海上貿易城市

　　石頭城位於坦尚尼亞離島尚吉巴島(現稱翁古賈島Unguja)西岸，是尚吉巴市的舊城區及文化中心，尚吉巴市曾是歐洲探險家和殖民者的基地，也是印度洋地區最重要的貿易重鎮之一。

　　今日城內的建築物多半建於19世紀，它們融合了阿拉伯、波斯、印度、歐洲和非洲建築風格，相當獨特且精緻，但由於以當地的珊瑚礁岩作為建材，雖容易於砌建，但也容易遭到風化破壞，因此普遍需要整修。

基爾瓦基斯瓦尼遺址和
松戈姆納拉遺址
Ruins of Kilwa Kisiwani and Ruins of Songo Mnara

 1981

 文化遺產

古代海上貿易遺產

　　基爾瓦基斯瓦尼和松戈姆納拉是兩座緊鄰坦尚尼亞海岸的小島，從4世紀起便是重要的貿易港口，在此進行交易的商品包括辛巴威的黃金和鐵礦、坦尚尼亞的象牙和奴隸，亞洲的香料、織品、珠寶和瓷器等。本遺址的考古研究開始於1950年代，著名的觀光景點有大清真寺和姆庫提尼宮殿(Mkutini Palace)，但受到雨水侵蝕及植物生長破壞的影響，曾被列為瀕危文化遺產。

©UNESCO/Ron Van Oers

符號說明　 登錄時間　遺產內容　遺產類型　 文化遺產　自然遺產　綜合遺產　瀕危文化遺產　瀕危自然遺產　瀕危綜合遺產

1981

自然遺產

野生動物

塞倫蓋提國家公園
Serengeti National Park

　　1951年正式成立的塞倫蓋提國家公園，占地將近15,000平方公里，是非洲數一數二的野生動物保護區。本區具有重要的生態價值，不僅孕育著為數量眾多的動物群落，如獅子、豹、大象、犀牛和水牛，每年還會上演有蹄哺乳類動物隨季節逐水草而居的景象，其中最令人嘆為觀止的，就是上百萬隻瞪羚以及數十萬隻斑馬進行大遷徙的壯觀畫面。

1982

瀕危
自然遺產

野生動物

塞盧斯自然保護區
Selous Game Reserve

　　塞盧斯自然保護區位於坦尚尼亞南部，占地50,000平方公里，是世界上最大的動物保護區之一。本區的野生動物種類繁多，大象、鱷魚、黑犀牛、河馬和非洲豺犬的數量，甚至高居非洲國家公園之冠，不僅如此，本區的植被也相當多樣化，包括了林蔭草地、落葉林地、茂密的灌木叢以及森林，植物則至少有兩千多種。

1987

自然遺產

高山生態
×
火山景觀
×
冰河

吉力馬札羅山國家公園
Kilimanjaro National Park

　　非洲的第一高峰吉力馬札羅山，高5,895公尺，是一座由基博(Kibo)、希拉(Shira)與馬文濟(Mawenzi)三座火山組成，並且矗立於遼闊熱帶稀樹草原上的休眠火山。1973年，該山高於林線的部分(2,700公尺)被劃為國家公園，1977年正式對外開放。過去，吉力馬札羅山的頂峰終年積雪，厚達100公尺以上，並且有冰河往下延伸，但現在冰河已經大幅後退，情況令人擔憂。

2006

文化遺產

岩畫藝術

孔多亞岩畫遺址 Kondoa Rock-Art Sites

　　孔多亞岩畫遺址是東非大峽谷(Great Rift Valley)馬塞懸崖(Masai Escarpment)上的一系列岩洞，數量超過150處，範圍廣達2,336平方公里。本遺址的岩畫至少有一千五百年以上的歷史，描繪的內容包括人類、動物和狩獵情景，它們不僅系統性地記錄了人類從採集漁獵生活進化到農耕生活的過程，其中幾處的岩畫也被認為反映出居民的精神信仰、祭典儀式和宇宙觀。

537

烏干達Uganda

 1 2 0 Total 3

烏干達是東非的內陸國，綿長的尼羅河便從這裡發源。境內兩座國家公園都被列為自然遺產，足見其自然環境的獨特。烏干達的國名實來自被英國殖民之前，統治這裡的布干達王國(Buganda Kingdom)，其王陵也被納為文化遺產。

魯文佐里山國家公園
Rwenzori Mountains National Park
卡蘇比的布干達王陵
Tombs of Buganda Kings at Kasubi
布溫迪國家公園
Bwindi ImpenetrableNational Park

魯文佐里山國家公園
Rwenzori Mountains National Park

 1994

 自然遺產

 高山生態景觀

魯文佐里山國家公園坐落於烏干達西部的魯文佐里山脈，占地將近一千平方公里。魯文佐里山脈是非洲最美麗的高山之一，境內不僅有非洲第三高峰瑪格麗塔峰(Margherita Peak)、為數眾多的冰川、瀑布和湖泊，更有獨特而豐富的植物生態。本區由於從1997年到2001年遭到反叛軍占領，導致無法進行保護工作，因此曾被列為瀕危遺產。

布溫迪國家公園 Bwindi Impenetrable National Park

 1994

 自然遺產

 生物多樣性×野生動物

布溫迪國家公園位於烏干達西南部的平原與山地交接處，其叢林、高地森林與低地森林的面積約達331平方公里，而且僅能以徒步的方式到達。布溫迪森林是非洲最豐富的生態系統之一，動植物種類繁多，境內除了有超過160種樹木、100種蕨類、120種哺乳動物、三百多種鳥類，更是山地大猩猩等瀕危物種的庇護所。

©UNESCO/Ron Van Oers

卡蘇比的布干達王陵
Tombs of Buganda Kings at Kasubi

 2001

 文化遺產

 陵墓墳塚

本遺址位於烏干達首都坎帕拉(Kampala)的卡蘇比山丘，境內有許多農田，而且當地人仍然採用傳統的耕作方式。位於山頂中心地帶的是布干達王國(Buganda Kingdom)四位已故國王的陵墓，它原本是王宮，1884年後成為皇家墓地，這座圓頂建築主要以茅草、蘆葦及籬笆條建成，不僅充分展現了布干達人的生活樣貌，也具有文化傳統及宗教信仰上的崇高意義。

©UNESCO/Lazare Eloundou Assomo

符號說明 登錄時間 遺產內容　遺產類型 文化遺產 自然遺產 綜合遺產 瀕危文化遺產 瀕危自然遺產 瀕危綜合遺產

多哥Togo

位於西非沿海地帶的多哥，16~18世紀這段期間，是歐洲殖民國家交易黑奴的主要地方，因而有「奴隸海岸」之稱，直到1960年取得獨立。

2004
2023

文化遺產

人文聚落
景觀

庫塔馬庫－巴塔馬利巴人居住區
Koutammakou, the Land of the Batammariba

庫塔馬庫文化景觀區涵蓋了多哥東北部以及貝南部分區域。

本區的最大特色就是巴塔馬利巴人的傳統泥造塔屋(Takienta)，這些塔屋通常有兩層樓高，有些屋頂呈球狀，有的平頂，有的則是茅草搭成的錐形頂，它們不僅充分反映了當地的社會結構，同時也是多哥的象徵。

  辛巴威Zimbabwe

辛巴威境內最為人熟知的便是維多利亞瀑布，此外，曾經在這塊土地上出現的莫諾莫塔帕帝王國、托瓦王國，以及石器時代的岩畫遺址，都被納入世界遺產保護範圍。

＊維多利亞瀑布Mosi-oa-Tunya / Victoria Falls詳見尚比亞

1986

文化遺產

人文聚落
景觀遺址

大辛巴威國家遺址
Great Zimbabwe National Monument

始建於11世紀，是古代非洲南部莫諾莫塔帕帝王國(Monomotapa Empire)的首都，也見證11~15世紀紹納的班圖文明(Bantu Civilization of the Shona)。遺址分為山丘建築群、衛城與山谷建築群，前兩者以乾砌石造建築為特色，後者保有土造及泥磚建築物(Daga)的土塚。

1986

文化遺產

人文聚落
景觀遺址

卡米國家遺址
Khami Ruins National Monument

1450年到1683年是托瓦王國(Kingdom of Torwa)首都，境內包括一座皇城以及由一位現代傳教士豎立的基督教十字架。本址建築沿襲了大辛巴威的傳統風格，根據出土的中國與歐洲文物顯示，這座古城曾有繁榮興盛的貿易活動。

2003

文化遺產

岩畫藝術

馬托波山 Matobo Hills

馬托波山位於辛巴威南部，占地3,100平方公里，是二十億年前熔岩湧出地表後凝固形成的花崗岩丘陵，共有一百多處岩畫遺址，是非洲南部岩畫藝術最集中的地區，對於了解石器時代的遊牧社會以及後來的農業社會，都有非常珍貴的價值，也跟當地的宗教傳統息息相關。

1984

野生動物

自然遺產

馬納潭國家公園、薩皮與切沃雷獵遊區
Mana Pools National Park, Sapi and Chewore Safari Areas

占地將近6,800平方公里，土壤肥沃、物種繁多，擁有密度驚人的野生動物群，包括大象、水牛、美洲豹、印度豹、尼羅河鱷。

# 尚比亞Zambia

維多利亞瀑布
Mosi-oa-Tunya / Victoria Falls

0 # 1 # 0 Total 1

尚比亞是非洲南部的內陸國，隔著尚比西河與辛巴威相鄰，兩國共同擁有的維多利亞瀑布，是一座奇景級的世界遺產。歐洲人來到尚比亞之前，這裡屬於班圖人的領地，18世紀之後成為英國殖民地，1964年取得獨立地位。

1989

自然遺產

瀑布景觀

維多利亞瀑布 Mosi-oa-Tunya / Victoria Falls

　　維多利亞瀑布是南部非洲世界級的景點，瀑布有4/5的面積在辛巴威境內，1/5位在尚比亞。

　　在維多利亞雨林自然保護區內，瀑布終年水流不斷，高達100公尺落差激起豐沛的水氣，使得瀑布周圍形成特殊的雨林地貌。猴子、狒狒是平常易見的動物，還有非洲大角羚、斑馬、野豬、水牛出沒。

　　辛巴威和尚比亞以尚比西橋中線為界，這座建於1905年的百年鐵橋，橫跨尚比西河(Zambezi)，是眺望尚比西峽谷的最佳位置，瀑布揚起的水氣，隨著不同的風向及風力，在空中掛起陣陣的水幕，陽光照射下，水珠反射而成的彩虹忽隱忽現，時左時右。跨過橋中線即進入尚比亞。

　　尚比亞境內最佳的賞瀑地點是刀刃橋(Knife Edge Bridge)，僅容兩個人錯身而過的細窄橋身，搏得刀刃橋的暱稱。天氣晴朗時，可在刀刃橋上看到難得一見的全虹，這不是一般的半圓型彩虹，如同圓規畫出的彩虹，如夢似幻浮現在半空中。陽光強時，還可以看到和第一道形成同心圓的第二道彩虹「霓」。

　　除此之外，這裡還可觀賞到月光彩虹的奇景。每到滿月夜晚，皎潔的月光映出難得一道彩虹。月光為原始的雨林點亮了燈，月光彩虹浮在水氣中，不禁令人讚嘆造物主之神奇。

＊與辛巴威並列

 符號說明 登錄時間 遺產內容　遺產類型 文化遺產 自然遺產 綜合遺產 瀕危文化遺產　瀕危自然遺產　瀕危綜合遺產

美
洲

阿根廷Argentina

 7　 5　0　Total 12

地大物博的阿根廷，是世界面積第八大的國家，更是說西班牙語的第一大國。12處世界遺產中，自然遺產包括了冰河、瀑布、海洋生物保護區、三疊紀化石，文化遺產則有史前岩畫以及基督教傳入南美的遺產見證。

冰河國家公園 Los Glaciares

 1981　冰河　 自然遺產

是南美洲最具代表性的冰河，最長的佩里托・莫雷諾(Perito Moreno)冰河長約20~30公里，園區裡的三條冰河匯流於阿根廷湖，高數十公尺的冰山爆破、斷裂形成如雷般的巨鳴，蔚為奇觀。

瓜拿納印第安族的耶穌會教堂
Jesuit Missions of the Guaranis

 1984　 文化遺產　 教堂×基督教遺產

16-18世紀，耶穌會神父為了向瓜拿納印第安族宣傳教義建立許多據點，現在被列入遺產的耶穌教會及社區建築共有5處，4處是位於阿根廷的San Ignacio Mini、Santa Ana、Nuestra Señora de Loreto、Santa Maria Mayor，1處是位於巴西的Sao Miguel das Missoes。
※與巴西並列

瓦德茲半島 Península Valdés

 1999　 海洋生態　 自然遺產

是全球著名的海洋生物保護重鎮，位於瑪德琳港(Puerto Madryn)北方17公里處，整個區域有3600平方公里，海岸線逾400公里，瀕臨絕種的南方露脊鯨(Southern Right Whale)、象鼻海豹(Elephant Seal)、南方海獅(Southern Sea Lions)、因應當地環境而演化出特異捕獵技巧的殺人鯨(Orca)都是重量級的海洋保育動物。

伊瓜蘇國家公園 Iguaçu National Park

 1984　 自然遺產　 瀑布

位於巴西、阿根廷和巴拉圭三國交界，平日有270條以上瀑布從80公尺高傾洩而下，10~3月雨季暴漲到350條以上，知名的「魔鬼咽喉」(Garganta del Diablo)為一道U字型150公尺平台被700公尺寬的瀑布環繞，感受世界最大瀑布的壯闊氣勢。

平圖拉斯河手印洞
Cueva de las Manos, Río Pinturas

 1999　 史前岩畫　 文化遺產

洞裡的繪畫是人類史祖利用動物骨頭將顏料吹噴於牆面上形成，有紅、黑、黃、靛青色，可能是以當地礦石和駱馬油混成，繪有手印、駱馬及狩獵情景，據估計至少有9,500年的歷史。

伊斯基瓜拉斯托／塔南巴雅自然公園
Ischigualasto/Talampaya Natural Parks

 2000　自然遺產　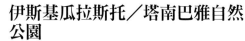 動物化石

位於阿根廷中部，都是三疊紀時期(距今約2億~2億5千萬年前)的地質，富含恐龍、兩棲類、哺乳類始祖和古代植物等生物化石，為史前研究的重要基地。

瓜帕克南：安地斯道路系統
Qhapaq Ñan, Andean Road System

 2014　文化遺產　 古印加遺產

這座遺產範圍相當廣，指的是印加帝國時期的交通、貿易以及防禦的道路系統，長度超過三萬公里，從海岸線到海拔6000公尺的安地斯山雪峰，也連接熱帶雨林、肥沃谷地、嚴酷沙漠，凸顯印加帝國在政治、社會、建築上的高度成就。
※與玻利維亞、智利、哥倫比亞、厄瓜多、秘魯等國並列。

盧斯阿萊爾塞斯國家公園
Los Alerces National Park

 2017　 動植物物種　 自然遺產

位於巴塔哥尼亞(Patagonia)北部的安地斯山脈，成立於1937年，面積約2,630平方公里，歷經連續的冰川活動形成了冰磧石、冰斗、冰川等奇景，保護了僅存的原始森林及瀕危動植物。

哥多華的耶穌會教區與莊園
Jesuit Block and Estancias of Córdoba

2000

文化遺產

基督教遺產

哥多華是耶穌會教士聚集地區，1604年~1767年間，教士在此興建教會、大學及農業灌溉設施，最知名的5所莊園為Alta Gracia、Santa Catalina、Jesus Maria、Candelaria和Caroya。

奎布拉達罕華卡谷地
Quebrada de Humahuaca

2003

文化遺產

人類活動及貿易路線

是往來安地斯高地和阿根廷平原的重要交通孔道，由大河(Rio Grande)形成的谷地長約150公里，古道和遺跡顯示在此經歷史前漁獵時期、印第安原住民Omaguacas文化時期、印加帝國統治、西班牙殖民及阿根廷建國的歷史。

柯比意的建築作品—對現代主義運動的卓越貢獻
The Architectural Work of Le Corbusier, an Outstanding Contribution to the Modern Movement

2016
現代建築
文化遺產

柯比意是20世紀最偉大的建築師之一，致力讓居住在都市擁擠空間的人能有更舒適的生活環境，有17處建築作品納入世界遺產，反映出20世紀現代主義運動，以發明新技術回應社會的需求，在阿根廷，入選的是拉普拉塔(La Plata)的庫魯切特博士宅邸(Maison du docteur Curutchet)。
＊與比利時、法國、德國、印度、日本、瑞士等國並列。

ESMA博物館和紀念地—前秘密拘留、刑求與處決地
ESMA Museum and Site of Memory – Former Clandestine Centre of Detention, Torture and Extermination

2023
博物館 × 紀念地 × 舊拘留所
文化遺產

位於布宜諾斯艾利斯前海軍機械學院內，是前軍官宿舍，在1976年~1983年獨裁統治期間，是阿根廷海軍主要的秘密拘留所，對付軍事政權反對者，關押在布宜諾斯艾利斯遭捕的反對者，實施審訊、拷問，最終將其殺害。

巴貝多Barbados

巴貝多是加勒比海上小安地列斯群島上的島國，島嶼長34公里、寬23公里，僅431平方公里大，人口約280,000，其中80,000人集中在首都橋鎮。最早在15世紀時被西班牙探險家發現，後成為英國殖民地，於1966年獨立，並為大英國協一員。

橋鎮及其軍事要塞
Historic Bridgetown and its Garrison

橋鎮及其軍事要塞
Historic Bridgetown and its Garrison

2011

文化遺產

殖民城市 × 英國 × 西班牙 × 荷蘭 × 防禦工事

巴貝多的首府橋鎮及其軍事要塞，從17世紀開始成為大英帝國擴張美洲殖民地以及發展軍事與貿易網絡的樞紐，這裡不僅是當時加勒比海地區白糖及奴隸的集散中心，同時也扮演了為大英帝國傳播文化、科學及科技知識的重要角色。

本區完整保存了17~19世紀的古老殖民建築，橋鎮內的古老街道採用了蛇形布局，充滿中世紀英國風格，也與同一區內承襲自西班牙與荷蘭的井字形規劃大異其趣。具有保衛橋鎮及其港口功能的聖安軍事要塞(St. Ann's Garrison)，是大英帝國在18~19世紀期間，於加勒比海一帶最早建立且規劃最完善的海軍及陸軍駐防基地。除此以外，國會大廈、聖瑪莉教堂、皇后公園、海豚噴泉、英雄廣場等建築，也是本區著名的歷史古蹟。

安提瓜及巴布達
Antigua and Barbuda

北大西洋

安提瓜海軍造船廠及
其相關考古遺址
Antigua Naval Dockyard and
Related Archaeological Sites

加勒比海

安提瓜和巴布達是中美洲的島國，正好位在東加勒比海和大西洋的交界處，人口將近九萬人，多數為非洲黑人後裔。國土440平方公里，由數座島嶼組成，最大島為安提瓜島，巴布達島次之，首都及最大港為聖約翰(St. John's)。

2016

文化遺產

殖民遺產

安提瓜海軍船塢及相關考古遺址
Antigua Naval Dockyard and Related Archaeological Sites

　　是由一棟棟喬治亞式的海軍建築(Georgian-style)所組成，喬治亞式建築是指1720年~1840年間，在英國及其殖民地區出現的建築風格，大約從喬治一世到喬治四世的年代。船塢坐落在安提瓜島上，由於這裡海灣窄、海水深，並被高地包圍，是避免暴風侵襲的天然屏障，適合做為修船基地，18世紀時，英國海軍運用非洲黑奴的勞力來建設這座基地。當時歐洲各強權都在競逐東加勒比海地區的控制權，其目的主要是用來維護種植甘蔗的利益。

貝里斯Belize

墨西哥

貝里茲堡礁系統
Belize Barrier Reef
Reserve System

加勒比海

瓜地馬拉

宏都拉斯

貝里斯是中美洲唯一以英語為官方語言的國家，也是中美洲人口密度最低的國家。貝里斯有豐富的陸地和海洋生物，由於其生態多樣化，在「中美洲生物走廊」扮演了關鍵性角色，被列為自然遺產的貝里茲堡礁系統，更是加勒比海的重要寶藏。

1996

自然遺產

海洋生態
×
珊瑚礁

貝里斯堡礁系統
Belize Barrier Reef Reserve System

　　貝里斯的沿海具有龐大的珊瑚礁群，綿延有三百公里長，是面積僅次於澳洲大堡礁的珊瑚礁地形。特殊的地形包括環礁、砂島、紅樹林、潟湖、河口三角洲……等七種，也是海龜、海牛、美洲鹹水鱷等眾多瀕臨絕種生物的居地。因紅樹林被過度砍伐，於2009年曾被列入瀕危遺產名單，直至2018年解除。

符號說明 登錄時間 遺產內容　遺產類型 文化遺產 自然遺產 綜合遺產 瀕危文化遺產 瀕危自然遺產 瀕危綜合遺產

玻利維亞 Bolivia

🏛 #6　🔔 #1　🏛 #0　Total 7

玻利維亞是位於南美洲中心地帶的內陸國，歐洲人征服南美洲之前，這裡屬於印加帝國的領地。入選的6處文化遺產中，從歐洲人來之前的提華納庫文化、印加帝國，到被殖民後的耶穌會教堂、銀礦遺產，道盡一頁滄桑。

★喀瓜帕克南：安地斯道路系統
Qhapaq Ñan, Andean Road System
詳見阿根廷

波托西城 City of Potosí

1987
瀕危
文化遺產

礦業景觀
×
銀礦
×
錫礦

　　波托西城是玻利維亞「波托西省」的首府，高居海拔4090公尺，是世界上降水最少、海拔最高的城市之一。建於1546年的波托西城因銀礦發跡，據估計到1783年為止，約有七千噸白銀在此採出送給西班牙皇室，波托西因此可說是16世紀時全球最大工業城。

　　但經過長達三百餘年的開挖後，銀礦於19世紀開始枯竭，導致波托西衰落，還好隨後又發現錫礦，使人潮又慢慢恢復。波托西的採礦設備以及用來採礦的水力設施、人造湖泊，和當時的工人居住的房舍和社區等，都保留得十分完好。

提華納庫：提華納庫文化的精神和政治中心
Tiwanaku: Spiritual and Political Centre of the Tiwanaku Culture

2000
古印加
遺產
文化遺產

　　提華納庫文明「養地」技術十分高明，精密灌流系統供給梯田作物水分，並利用水塘養魚，渠道的淤泥用於堆肥，在西元45年~1200年成為橫跨60,000平方公里的南安地斯古文明大國(涵蓋今阿根廷、玻利維亞和祕魯)，鼎盛時首都的居民高達四萬人。遺跡多建於600年到800年間，環繞宮殿的巨石牆稱Kalasasaya，太陽門(Puerta del Sol)彰顯印加民族重要的太陽神，下鑿式宮殿Semisubterraneo牆上雕刻各式形貌的人頭。

奇基多斯的耶穌會教堂
Jesuit Missions of the Chiquitos

1990
文化遺產

教堂
×
基督教
遺產

　　奇基多斯位於玻利維亞西南部的聖克魯茲省(Santa Cruz)，在1696年~1760年間，由歐洲來此傳教的耶穌會傳教士，興建了許多結合哥德式和原住民建築特色的教會，散落於玻利維亞和鄰近的阿根廷、巴西和巴拉圭，但目前只有奇基多斯的San Francisco Javier、Concepción、Santa Ana、San Miguel、San Rafael、San José等6座教堂仍保存良好。

蘇克雷古城 Historic City of Sucre

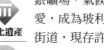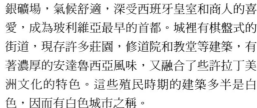
1991
文化遺產

殖民城市
×
西班牙

　　蘇克雷城興建於1538年，因為臨近波多西銀礦場，氣候舒適，深受西班牙皇室和商人的喜愛，成為玻利維亞最早的首都。城裡有棋盤式的街道，現存許多莊園，修道院和教堂等建築，有著濃厚的安達魯西亞風味，又融合了些許拉丁美洲文化的特色。這些殖民時期的建築多半是白色，因而有白色城市之稱。

薩邁帕塔堡壘 Fuerte de Samaipata

1998
文化遺產

人文聚落
景觀遺址

　　薩邁帕塔堡壘不是個軍事遺址，而是歷經數千年不同民族文化的總合。占尼(Chane)族原住民是最早在這裡居住的民族，印加帝國的勢力也曾擴展至此，留下幾座神廟；這二個原住民族最後都被瓜拿納族所消滅，直到西班牙人來此殖民。在類似堡壘的丘陵上有許多謎樣的巨石雕刻，過去應是宗教中心，丘陵南側是住宅區和政治中心。

諾爾·肯普夫·梅卡多國家公園
Noel Kempff Mercado National Park

2000
自然遺產

生物
多樣性
×
野生動物

　　這是世界最大的國家公園之一，也是亞馬遜河盆地裡保留最完整的公園。全區海拔約200~1,000公尺，林相豐富多樣，包括平原、濕地和常綠雨林，並涵孕了極豐富的生態，是四千多種植物和六百多種鳥類的棲息地，其中有些地區與世隔絕，因而是許多罕見和瀕絕生物的天堂，例如巨水獺、巨食蟻獸。

巴西 Brazil

 15　 8　1　Total 24

巴西是南美最大、世界第五大國,共有24處世界遺產,其中包括15處文化遺產、8處自然遺產及1處綜合遺產。自然遺產把巴西的「大」展現得一覽無遺,其中包括眾所周知的亞馬遜盆地和伊瓜蘇國家公園;文化遺產則多半把殖民城市的特性發揮得淋漓盡致。

★瓜拿納印第安族的耶穌會教堂
Jesuit Missions of the Guaranis
詳見阿根廷

2000

自然遺產

生物
多樣性

中亞馬遜河保留區
Central Amazon Conservation Complex

這裡是亞馬遜盆地面積最大的保留區,也是全球物種最多樣的地區。馬亞遜河支流眾多,養分含量較低的稱為白水,較高的稱為黑水,二者都會定期泛濫,前者形成Varzea沼澤林系,後者形成Igapo沼澤林系,這些特殊地理環境提供多種生物的生存環境,因而生物種類多樣性高居世界之冠,包括許多知名的瀕臨絕種生物,例如巨骨舌魚(Arapaima fish)、亞馬遜海牛(Amazonian manatee)、黑凱門鱷(Black caiman),還有2種稀有的江豚。

哥倫比亞

委內瑞拉

圭亞那

蘇利南

圭亞那（法屬）

北大西洋

巴西的大西洋群島:
費爾南多迪諾羅尼亞島和羅卡斯環礁
Brazilian Atlantic Islands:
Fernando de Noronha and Atol das Rocas Reserves

倫索伊斯-馬拉年塞斯國家公園
Lençóis Maranhenses National Park

中亞馬遜河保留區
Central Amazon Conservation Complex

聖路易歷史中心
Historic Centre of São Luís

卡皮瓦拉山國家公園
Serra da Capivara National Park

歐琳達歷史中心
Historic Centre of the
Town of Olinda

聖克里斯多弗城的聖法蘭西斯科廣場
São Francisco Square in the Town of São Cristóvão

聖徒灣歷史中心
Historic Centre of
Salvador de Bahia

秘魯

波利維亞

賽拉多保護區:恰帕達·多斯·維亞德羅斯與艾瑪斯國家公園
Cerrado Protected Areas:
Chapada dos Veadeiros and Emas National Parks

巴西利亞
Brasilia

鑽石鎮歷史中心
Historic Centre of the
Town of Diamantina

發現大西洋岸森林保留區
Discovery Coast Atlanti
Forest Reserves

潘塔諾保護區
Pantanal Conservation Area

戈亞斯鎮歷史中心
Historic Centre of the
Town of Goiás

潘普拉現代建築
Pampulha Modern Ensemble

歐羅普雷多歷史小鎮
Historic Town of Ouro Preto

孔戈尼亞斯的仁慈耶穌聖殿
Sanctuary of Bom Jesus
do Congonhas

巴拉圭

里約熱內盧山海景觀
Rio de Janeiro: Carioca
Landscapes between the Mountain and the Sea

伊瓜蘇國家公園
Iguaçu National Park

東南部大西洋沿岸森林保留區
Atlantic Forest South-East Reserves

瓦隆古碼頭考古遺址
Valongo Wharf Archaeological Site

瓜拿納印第安族的
耶穌會教堂
Jesuit Missions of the Guaranis

羅伯托·佈雷·馬克思莊園
Sitio Roberto Burle Marx

阿根廷

帕拉蒂和格蘭德島-文化與生物多樣性
Paraty and Ilha Grande–Culture and Biodiversity

烏拉圭

南大西洋

符號說明　登錄時間　遺產內容　遺產類型　文化遺產　自然遺產　綜合遺產　瀕危文化遺產　瀕危自然遺產　瀕危綜合遺產

歐羅普雷多歷史小鎮
Historic Town of Ouro Preto

1980

文化遺產

礦業景觀
×
金礦

　　歐羅普雷多小鎮是18世紀巴西淘金熱的產物，鎮名的葡萄牙文意思就是「黑金」，不但帶來飾金的巴洛克式教堂，也造就了偉大的文藝創新，在詩、繪畫、雕刻等都出現了代表性的人物與作品。其中因為葡萄牙王室對開採出來的金礦課徵20%的重稅，1789年出現一次重大的爭取獨立事件，最後還是失敗，領導者被五馬分屍後葬於大廣場。然而到了19世紀，金礦被淘盡後，黑金小鎮也就風華落盡，徒留輝煌的建築見證歷史。

聖路易歷史中心
Historic Centre of São Luís

1997

文化遺產

殖民城市
×
葡萄牙

　　法國人最早於1612年開發了聖路易市，但還來不及有所建設就被葡萄牙人搶走、占領，並在此留下大量葡萄牙式建築群，包括大型公共建築、氣勢恢宏的領主宅邸、大理石打造的公寓，以及用瓷磚畫裝飾的小房子。這些充滿葡萄牙特色的建築，不但適用於當地的地理環境，並與周邊自然景色完美結合，是入選為世界遺產的主要原因。

鑽石鎮歷史中心
Historic Centre of the Town of Diamantina

1999

文化遺產

殖民城市
×
葡萄牙

　　鑽石鎮因附近的鑽石礦區而得名，這裡於18世紀開採出大量的礦石，也因此在崎嶇的山丘裡出現這座小鎮。被列入世界遺產是因為這裡的建築以歐洲建築為原型，卻完美地與自然地形結合，而且與當地的自然景觀不衝突，顯示了人力勝天的道理。有幾樣建築特色是在其它葡萄牙殖民城鎮裡少見的，例如以巨大灰石砌成的道路，以及用泥磚和木頭為材質的房屋。

歐琳達歷史中心
Historic Centre of the Town of Olinda

1982

文化遺產

殖民城市
×
葡萄牙

　　歐琳達是巴西東北殖民文化起源最重要的城市，據說當時被授權統治Pernambuco省的船長派烈拉(Duarte Coelho Pereira)駕船從海上來到此地尋找夢想中的城鎮地點時，他望著美麗的歐琳達脫口而出：「Oh linda situação para uma Vila！(一個多麼美麗的地方啊)」，而Oh-linda(美麗)即以此為名。

　　1630年到1654年擴張的荷蘭勢力曾經短暫的統治該處，在歐琳達旁建立時髦的大都市勒西菲(Recife)的初步規模，但是歐琳達豐富的文化起源地位始終屹立不搖。始終充滿著旺盛的藝術氣息和典雅的殖民建築，在16、17世紀建立的莊嚴教堂值得一遊，保存了許多重要的法器和展覽品。

孔戈尼亞斯的仁慈耶穌聖殿
Sanctuary of Bom Jesus do Congonhas

1985

文化遺產

教堂
×
巴洛克
×
洛可可

　　位於孔戈尼亞斯的仁慈耶穌聖殿以精美的雕刻藝術聞名，出自當時最有名的藝術家—阿雷賈迪紐(Aleijadinho)之手。阿雷賈迪紐是葡萄牙建築師與黑奴的私生子，遺傳了父親的建築與藝術天分，可惜後來得了癲瘋病。內部建築為義式洛可可風格；外觀的台階上雕有栩栩如生的12使徒像；而7座聖堂裡則由阿雷賈迪紐雕製了耶穌被釘十字架前的苦路14景，堪稱巴洛克藝術之經典。

美洲

AMERICA

1985

文化遺產

殖民城市
×
葡萄牙

聖徒灣歷史中心
Historic Centre of Salvador de Bahia

聖徒灣是葡萄牙在巴西最早的殖民首府，也是美洲最早的城市之一，城裡的建築融合歐、非、美洲的特色，尤其是灰泥牆上塗上鮮艷的色彩，使得整個城市顯得色彩繽紛，其中最著名的建築是大天主堂、聖法蘭西修道院(Covents of St. Francis)、16世紀皇宮，以及眾多巴洛克式的皇室建築。聖徒灣也是美洲最早開始買賣奴隸的地方，主要是為了供應甘蔗田裡的勞力所需。

2001

自然遺產

野生動物

賽拉多保護區：恰帕達·多斯·維亞德羅斯與艾瑪斯國家公園
Cerrado Protected Areas: Chapada dos Veadeiros and Emas National Parks

賽拉多是個熱帶草原區，也是世界上最古老、生物種類最多的一個熱帶生態區，包括許多瀕臨絕種生物如鬃狼(Maned wolf)、水豚(Capybaras)、南美三趾駝鳥(Rheas)。因位在南美洲的中央，這地區在氣候劇烈變動時成為許多生物的避難所，因此在氣候變化日益嚴重的未來，賽拉多保護區的重要性不言而喻。

1986

自然遺產

瀑布

伊瓜蘇國家公園/巴西
Iguaçu National Park

1939年由巴西的飛行英雄杜蒙建議設置的巴西伊瓜蘇國家公園，比阿根廷晚兩年被畫入世界自然遺產的範圍，而且面積要大得多，是阿根廷的3倍。不同於多數跨國的世界遺產都是一起並列，伊瓜蘇國家公園則是巴西和阿根廷各自獨立。其餘關於伊瓜蘇國家公園的介紹，詳見阿根廷。

1991

文化遺產

史前岩畫

卡皮瓦拉山國家公園
Serra da Capivara National Park

位在巴西東北部，因為岩洞裡有許多史前人類所繪的壁畫遺跡而被列入世界遺產。卡皮瓦拉山國家公園占地將近1,300平方公里，是史前時期人類聚居的地區，考古學家在此挖掘出許多小型農業和文物遺跡，只不過對其認識仍不多。他們在洞穴裡留下的壁畫，有些歷史估計有25,000年以上，是南美重要的史前文化遺產之一。

1999

自然遺產

森林
×
生物
多樣性

東南部大西洋沿岸森林保留區
Atlantic Forest South-East Reserves

這片廣大的森林，分成25個保留區，是巴西最完整的大西洋沿岸森林，也是世上最後一片可展現大西洋沿岸陸地生物多樣性與生物演化歷史的地方。從森林密布的山區，到濕地，以及海岸線外與世隔絕的小島，提供許多當地特殊物種的生存環境，不但極具科學研究價值，也有著豐富的自然美景。

2010

文化遺產

廣場
×
教堂

聖克里斯多弗城的聖法蘭西斯科廣場
São Francisco Square in the Town of São Cristovão

位於巴西西北方塞爾希培州(Sergipe State)的聖克里斯多弗城，由葡萄牙人創立於16世紀，當時採用葡式城市規劃範例，分為宗教、政治、文化中心所在的「上城」，以及海港、工廠與低收入戶聚落的「下城」，1855年遷府阿拉卡胡(Aracaju)以前，曾是該州的首府。

位於城中的聖法蘭西斯科廣場，是一處四周環繞著大量早期建築的開放空間，聖法蘭西斯科教堂與修道院(São Francisco Church and convent)、憐憫教堂與聖屋(Church and Santa Casa da Misericórdia)組成了足以反映這座城市打從創立以來的歷史景觀。

潘塔諾保護區
Pantanal Conservation Area

2000
自然遺產
濕地生態 × 野生動物

　　保護區位在巴西的西部，Pantano的葡萄牙文意思是指沼澤，因為這個地區在3~10月的雨季幾乎都被水淹沒，較珍貴的動物包括美洲豹、短吻鱷、沼澤鹿、巨型食蟻獸、水豚和巨型海狸等，同時也是濕地鳥類的天堂，常見的有鷺科、鸛科、雁鴨及色彩斑斕的鸚鵡，其中的大鸛(Jabiru Stork)是中南美洲體型最巨大的鳥類。

巴西的大西洋群島：費爾南多迪諾羅尼亞島和羅卡斯環礁
Brazilian Atlantic Islands: Fernando de Noronha and Atol das Rocas Reserves

2001
自然遺產
海洋及島嶼生態

　　這兩個位於巴西外海的群島，由於豐富的海洋生態而受到保護，由於南大西洋的海水中富含多種微小生物，形成的食物鏈供應鮪魚、鯊魚、海豚、海龜等大型海洋生物，尤其是Baía dos Golfinhos一帶的海豚數量為世界之冠；同時這裡也是多種龜如玳瑁的天堂；大批的魚類也吸引種類繁多的熱帶海鳥群在此繁殖。

里約熱內盧山海景觀
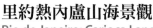
Rio de Janeiro: Carioca Landscapes between the Mountain and the Sea

2012
城市景觀
文化遺產

　　里約熱內盧山海景觀從蒂茹卡國家公園(Tijuca National Park)的山頂一路往下延伸到大海，西部的基督山(Corcovado Mountain)是巴西最著名的景點。矗立在海拔700公尺山頂的耶穌基督巨像，連同基座在內，總高度為39.6公尺，是法國雕塑家蘭多斯基(Paul Landowski)在1931年雕塑完成的作品。

　　創建於1808年的里約植物園，是葡萄牙攝政王若昂六世(D. João VI)為了培育印度香料作物所成立的皇家林園，園中植物共有八千多種，包括許多稀有的品種。其他被列入世界遺產還包括船帆點點的瓜納巴拉灣(Guanabara Bay)、與基督山隔海相望且岩壁陡峭的麵包山(Sugar Loaf)、經常舉行體育賽事的佛朗明哥公園(Flamengo Park)，以及擁有美麗海灘風光的科帕卡巴納灣(Copacabana Bay)。

巴西利亞 Brasilia

1987
文化遺產
都市設計規畫

　　興建於1956年的巴西利亞，由Lucio Costa和其學生Oscar Niemeyer所提出的設計圖，充滿創新與想像力，從空中俯瞰巴西利亞市區，宛如一台飛機，象徵著起飛與展望未來。以機首部分為政治中心，貫穿南北的大道為軸線，大道左右兩側為住宅區，各自成社區。除了令人讚嘆的都市規畫，城裡的重大建築都有特殊意涵，例如呈H形的國會大廈，寓意為一切以「人」為本，處處展現無限的巧思。

1999
自然遺產

雨林

發現大西洋岸森林保留區
Discovery Coast Atlantic Forest Reserves

位在巴西海岸線的東北部，共有8個保留區。這裡的緯度已達南緯24度，卻仍有雨林生態，主要是因為位於信風帶使當地的冬季雨水不斷。在這片保留區裡，樹林和灌木林種類繁多，也孕育了多樣的生物，包括許多當地的特有種，保留區不但為這些特有種保留生存空間，也有助於了解生物的演化過程。

©UNESCO

©UNESCO

2001

文化遺產

礦業景觀
×
金礦

戈亞斯鎮歷史中心
Historic Centre of the Town of Goiás

戈亞斯位於巴西中部，18~19世紀因金礦而開始發跡，現在鎮上還都可看到許多以金為裝飾的老建築。而戈亞斯的市區分布，展現了一個礦區小鎮如何依據當地的地理、氣候和文化現況，而發展成大都會的過程。市區裡不論是公共建築或私人住宅，都因採用當地建材和建築技術，顯得和諧一致。

2021
文化遺產

現代熱帶園林

羅伯托·佈雷·馬克思莊園
Sítio Roberto Burle Marx

這處莊園位於里約熱內盧西邊，為巴西景觀設計大師羅伯托·佈雷·馬克思歷時四十多年完成的一個成功作品。他結合彎曲的造型、茂盛的植被、配合建築的植物配置、強烈的色彩對比，並融入傳統民俗文化元素。莊園內約有3,500種熱帶、亞熱帶植物與本土原生植被共生，展現了作為環境和文化保護基礎的社會協作，成為第一個列入世界遺產的現代熱帶園林。

2017

文化遺產

碼頭遺址

瓦隆古碼頭考古遺址
Valongo Wharf Archaeological Site

18世紀，巴西大量進行非洲奴隸輸入，1811年瓦隆古碼頭建成，從非洲各地運來的數十萬奴隸，從此直接登陸里約。瓦隆古碼頭考古遺址位於里約熱內盧中心，並涵蓋整個產經新聞廣場，遺址包括數個考古層，最底層為石鋪地板，是非洲奴隸踏上美洲大陸最重要的實跡。

2019

綜合遺產

歷史市鎮
×
自然保護區

帕拉蒂和格蘭德島—文化與生物多樣性
Paraty and Ilha Grande–Culture and Biodiversity

位於博凱納山脈和大西洋之間，包括巴西保存最好的海濱城鎮「帕拉蒂歷史市鎮」、大西洋沿岸森林4大自然保護區。在17世紀末，帕拉蒂是「黃金之路」的起點，也是黑奴礦工的入境地點，建有防禦工事保護港口和城鎮，歷史中心保有18世紀至19世紀初的殖民建築。除此，帕拉蒂生物種類豐富，其中包括美洲豹(Panthera onca)、白唇西 (Tayassu pecar)及褐絨毛蛛猴(Brachyteles arachnoides)等瀕危物種。

2016

文化遺產

現代建築

潘普拉現代建築群
Pampulha Modern Ensemble

位於米納斯吉拉斯州(Minas Gerais)首府美景市(Belo Horizonte)，這是1940年代一項花園城市計畫的一部分，建築群本身是一個文化休閒中心，坐落在一座人工湖畔，同時包含了賭場、跳舞大廳、高爾夫遊艇俱樂部，以及阿西斯的聖佛朗西斯科教堂(São Francisco de Assis church)。建築群由建築師Oscar Niemeyer和數位具創意的藝術家共同設計，並利用混凝土的可塑性大膽嘗試，從建築樣貌、景觀設計到繪畫、雕塑，都和諧地融合為一體。

2024

自然遺產

沙丘及瀉湖景觀

倫索伊斯—馬拉年塞斯國家公園
Lençóis Maranhenses National Park

國家公園位於東北部的海岸，地處塞拉多、卡廷加、亞馬遜3大巴西生物群系間的過渡地帶，不僅保護生物多樣性，還具有世界級地質、地貌價值。這裡擁有南美洲面積最大的沙丘，為第4紀海岸沙丘的演變提供了出色例證，雨季來臨時，沙丘間的窪地被雨水填滿，形成顏色、形狀、深淺各異的瀉湖，景色美不勝收。

符號說明 登錄時間 遺產內容
遺產類型 文化遺產 自然遺產 綜合遺產 瀕危文化遺產 瀕危自然遺產 瀕危綜合遺產

加拿大 Canada

🏛 10　🔔 11　🏛 #1　Total 22

在加拿大遼闊的土地上，蘊藏著為數驚人的考古發現，魚化石、恐龍化石讓加拿大成為世界研究古生物的重鎮。後來人類的足跡踏上北美大陸，無論是維京人、印第安人、法國和英國移民，都在這塊土地上留下痕跡，讓後人了解北美洲的發展歷史。

1978

文化遺產

人類聚落
考古遺址

朗索梅多斯國家歷史遺址
L'Anse aux Meadows National Historic Site

位於紐芬蘭島的大北半島(Great Northern Peninsula)頂端，早在五千年前就有人類活動，有些居住的時間較長，有些時間較短。11世紀時，北歐維京人(諾爾斯人)來到這裡拓荒，留下在格陵蘭島以外唯一的維京人聚居遺跡，也成為最早發現北美大陸的歐洲人，比哥倫布還要早五個世紀。

1960年代開始，考古人員在此地進行挖掘工作，發現了與格陵蘭島、冰島的傳統建築十分類似的木構泥草房舍。被挖掘出的八間建築物有鐵匠鋪、木匠鋪、修船區及居住場所。根據出土的紡織器具來研判，當時這裡也有女性居住。

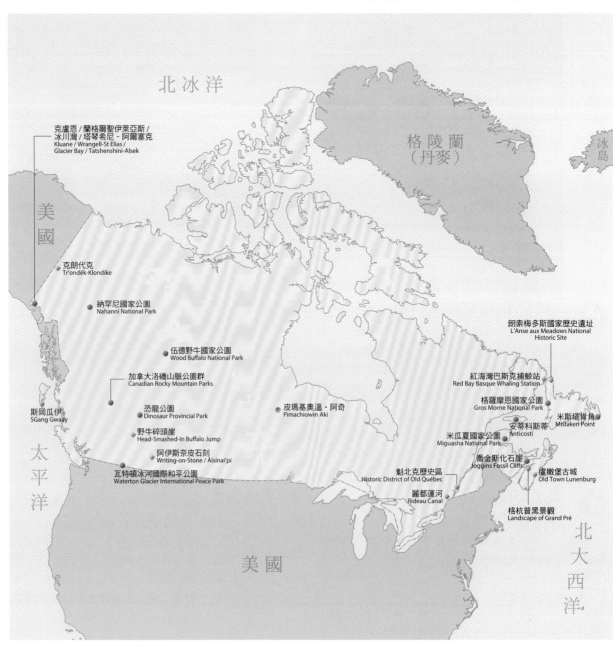

克盧恩 / 蘭格爾聖伊萊亞斯 /
冰川灣 / 塔琴希尼 - 阿爾塞克
Kluane / Wrangell-St Elias /
Glacier Bay / Tatshenshini-Alsek

北冰洋

格陵蘭
（丹麥）

冰島

美國

克朗代克
Tr'ondëk-Klondike

納罕尼國家公園
Nahanni National Park

伍德野牛國家公園
Wood Buffalo National Park

加拿大洛磯山脈公園群
Canadian Rocky Mountain Parks

斯岡瓜伊
SGang Gwaay

恐龍公園
Dinosaur Provincial Park

野牛碎頭崖
Head-Smashed-In Buffalo Jump

阿伊斯奈皮石刻
Writing-on-Stone / Aísínai'pi

瓦特頓冰河國際和平公園
Waterton Glacier International Peace Park

太平洋

皮瑪基奧溫・阿奇
Pimachiowin Aki

朗索梅多斯國家歷史遺址
L'Anse aux Meadows National
Historic Site

紅海灣巴斯克捕鯨站
Red Bay Basque Whaling Station

格羅摩恩國家公園
Gros Morne National Park

米斯塔肯角
Mistaken Point

安蒂科斯蒂
Anticosti

米瓜夏國家公園
Miguasha National Park

喬金斯化石崖
Joggins Fossil Cliffs

盧嫩堡古城
Old Town Lunenburg

魁北克歷史區
Historic District of Old Québec

麗都運河
Rideau Canal

格杭普黑景觀
Landscape of Grand Pré

美國

北大西洋

©Canadian Tourism Commission, Asymetric, Jason Van Bruggen

1978

自然遺產

喀斯特
地形
×
瀑布
×
野生動物

納罕尼國家公園 Nahanni National Park

納罕尼國家公園位於加拿大西北地區，範圍涵蓋麥肯錫山脈(Mackenzie Mountains)一部分及南納罕尼河(South Nahanni River)大部分流域，總面積約477,000公頃。這裡不僅擁有得天獨厚的生態資源，也是傳統原住民德內族(Dene)數千年來的居住地。

拜南納罕尼河之賜，這座國家公園的地理景觀相當多元，有分布密集的石灰岩溶洞、岩塔、4座深邃峽谷，還有位於國家公園的中心地帶，比尼加拉瓜瀑布高一倍的維吉尼亞瀑布(Virginia Falls)。

納罕尼國家公園也是許多動物的家園，包括狼、灰熊、林地馴鹿、多爾大角羊(Dall's Sheep)等40種哺乳動物及170種鳥類，都在此地棲息。

1999

自然遺產

魚化石
遺址

米瓜夏國家公園
Miguasha National Park

米瓜夏國家公園位於魁北克東南部加斯普半島(Gaspé Peninsula)南岸，當地保有三億七千萬年前的魚化石，是世界上最能代表泥盆紀「魚類時代」的著名古生物遺址。

1842年，地理學家亞伯拉罕·傑斯納(Abraham Gesner)首次在當地發現重要的古化石遺跡，並且交由大英博物館及皇家蘇格蘭博物館收藏。1985年，加拿大魁北克政府收購這塊土地，並且正式成立省級國家公園，至今已有超過五千多種化石出土。其中最具代表性的就是為數眾多且保存完好的魚石螈化石，牠們是最早演化出四足並且能呼吸空氣的陸地脊椎動物。除此以外，科學家也在當地發現許多無脊椎動物以及七十多種孢子化石，為地球科學研究提供了重要材料。

符號說明 登錄時間 遺產內容　遺產類型 文化遺產 自然遺產 綜合遺產 瀕危文化遺產 瀕危自然遺產 瀕危綜合遺產

1979

自然遺產

恐龍化石

省立恐龍公園
Dinosaur Provincial Park

1884年，地質學家約瑟夫‧泰瑞爾(Joseph Tyrell)在此地發現了第一塊恐龍化石，從此古生物學家們開始由四面八方湧入這片寸草不生的「惡地」，展開長達一個世紀的尋寶之旅。

至今出土的恐龍物種多達35種，年代可追溯至7,500萬年前，難以想像的是，在當時這裡竟是片濱海的亞熱帶叢林！完整出土的恐龍化石大都被展示在德蘭赫勒的皇家泰瑞爾古生物博物館中，現在的公園裡，仍能找到許多細碎的化石殘骸，遊客中心不但放映著和恐龍有關的影片，專業的解說員還會教你分辨化石和一般石頭的不同。

公園內共有5條健行路線，你可以在惡地形中感受天地荒野的蒼茫，也可以運用在遊客中心學到的技巧，找一找藏身在石堆中的恐龍化石。

1981

文化遺產

原住民
狩獵場

野牛碎頭崖
Head-Smashed-In Buffalo Jump

野牛碎頭崖位於亞伯達省西南部，占地約4,000公頃。它見證了北美原住民採行五千多年的傳統謀生方式，是世界上最重要的狩獵場址之一。

居住於加拿大北方大平原的黑腳族印第安人，數千年來都以獵捕美洲野牛為生，他們憑著對地形及野牛習性的了解，發展出多種狩獵技巧，最繁複的一種就是把野牛從山上圍趕到懸崖邊，使其墜下死亡，然後就地取用牠們的皮毛、肉及角。

野牛碎頭崖是這類野牛跳崖中歷史最悠久、保存也最完整的一座。19世紀，當地原住民與歐洲人接觸，這座跳崖便不再被使用。1938年，美國自然歷史博物館首度在此進行考古挖掘工作，1968年，加拿大將它納入國家歷史古蹟。

1984

自然遺產

高山景觀
與生態
×
冰河

加拿大洛磯山脈國家公園
Canadian Rocky Mountain Parks

　　冰河時期結束後，印第安人最先進入洛磯山區，從事季節性的漁獵採集。十八世紀中期，皮毛商開始涉足此地，一方面建立據點買賣皮毛，另一方面也順便探勘地形並繪製地圖。十九世紀中葉，皮毛生意沒落，洛磯山成為傳教士、拓荒者的新疆界，英國政府也派遣探測隊入山，1857年至1860年間在此活動的派勒什探測隊(Palliser Expedition)成員黑克特(James Hector)便是最先跨過朱砂、踢馬等隘口的歐洲人。

　　淘金是拓荒時期冒險家的夢想，洛磯山中傳說的金礦、銀礦，後來證實都是美麗的謊言，金鎮(Golden)靠著地利之便，尚有居民居住，而班夫附近的銀鎮至今只剩下荒煙蔓草。或許鐵路才是洛磯山中的金礦，加拿大建國後，為了吸引卑詩加入加拿大聯邦，以免資源為美國利用，第一任總理麥唐納(John A. MacDonald)應允興建橫貫鐵路，經過幾番波折，委由加拿大太平洋鐵路公司營建。此後，洛磯山的神祕面紗便一層層被揭開，雪山碧湖的美景也逐漸為人所知，正如太平洋鐵路公司總裁范洪(William Cornelius Van Horne)所說的：「既然我們無法向世界輸出洛磯山的美景，乾脆就把遊客從世界運進來。」

　　其實洛磯山脈國家公園設置之初，並無意於保護山林與野生動物，多半只為商業利益著想，到了1930年，加拿大國會終於通過國家公園法案(National Parks Act)，確定國家公園的宗旨為生態保育，以裨益後代子孫。1985年，聯合國教科文組織將班夫、傑士伯、幽鶴、庫特尼四處相連的洛磯山國家公園列入世界自然遺產，希望全球人類世世代代，都能享受加拿大洛磯山的自然風光。

美洲 **AMERICA**

1983

野生動物
×
三角洲
濕地生態

自然遺產

伍德野牛國家公園 Wood Buffalo National Park

在1922年成立的伍德野牛國家公園，位於亞伯達省東北部以及西北地區南部，占地約450萬公頃，擁有超過五千頭美洲森林野牛，是全世界最大的美洲森林野牛棲地，同時也是目前唯一已知的美洲鶴築巢地。

這座國家公園不僅孕育了四十多種哺乳動物以及多達227種鳥類，堪稱野生動物的大本營，而且具有四大地理景觀，它們包括冰蝕高原、冰川平原、河流沖積低地，以及由皮斯河(Peace)、阿薩巴斯卡河(Athabasca)與伯屈河(Birch)共同形成的世界第一大淡水三角洲，其中皮斯－阿薩巴斯卡三角洲也是北美洲相當重要的水禽候鳥棲地。

©Tourism Alberta

1985

殖民城市/
法國
×
防禦工事

文化遺產

魁北克歷史區
Historic District of Québec

印地安話中的「Kebec」，是「河流變窄的地方」之意，被城牆環繞的魁北克市，居高臨下面對聖羅倫斯河，是絕佳的防禦點，因此自古以來就是兵家必爭之地，曾有小說家將魁北克市比喻是「北美的直布羅陀」，從18世紀中葉開始，法國軍隊就開始在聖羅倫斯河旁的鑽石岬(Cape Diamont)上進行防禦工事。

城牆內是一般所稱的上城(Upper Town / Haute Ville)，緊鄰河邊的牆外區是下城 (Lower Town / Basse Ville)，港邊是舊港區，而出了西邊的城牆就是新開發區。古時的上城是高級住宅區，大部分的將領和總督都居住於此，而下城則是一般百姓活動的商業區域，較有平民風格，現在的魁北克市人大多居於城外，甚至是對岸的李維市(Levi's)或聖安妮市(Ste.Anne)。

魁北克市是加拿大的歷史起源地，每走一步幾乎就是一棟古蹟、一個故事，法軍不只在此留下可歌可泣的捍衛史詩，也留下魁北克人自傲的精神傳統。城牆內的建築散發著濃郁的法國風味，彎曲窄小的石板街道和高聳尖塔的石造教堂，讓魁北克市和歐洲小鎮無異，由於保留完整的城牆遺跡，魁北克市在1985年被列為世界遺產城市。

  符號說明　登錄時間　遺產內容　　遺產類型　 文化遺產　 自然遺產　 綜合遺產　 瀕危文化遺產　瀕危自然遺產　瀕危綜合遺產

1981

人文聚落景觀遺址

文化遺產

斯岡瓜伊 SGaang Gwaii

斯岡瓜伊位於加拿大西岸夏綠蒂女王群島(Queen Charlotte Islands)最南端，這裡的南斯丁斯村(Nan Sdins)，在19世紀末被遺棄。那裡有許多房屋以及32根圖騰和死亡之柱，展示了曾在北太平洋沿岸居住的海達人(Haida)過往的生活方式，有助於後人了解他們和陸地以及海洋的關係。

©Tourism British Columbia

1995

殖民城市
×
英國

文化遺產

盧嫩堡古城
Old Town Lunenburg

盧嫩堡是北美洲英國殖民據點的典範。建於1753年，外觀保存完整，具有完好的原始布局，城市整體結構呈矩形，模仿英國本土的城市規劃結構。其中有些木頭結構的房屋，歷史可追溯到18世紀，幾個世紀以來，受到當地居民不遺餘力的保護著。

2013

文化遺產

漁業景觀
×
捕鯨

紅海灣巴斯克捕鯨站
Red Bay Basque Whaling Station

「紅海灣巴斯克捕鯨站」是16世紀巴斯克的水手作為捕撈、屠宰鯨魚、取油及儲藏為主的地方，後來成為歐洲主要的鯨魚燈油來源地。到現在這裡都還可以看到當時煉油的烤箱、製桶所、碼頭、暫時住宿區及一座公墓，而水底下則有廢棄船隻及被丟棄的鯨魚骸骨，這些遺址都完整地描繪了當時捕鯨的情形。

冰河
×
峽灣

格羅摩恩國家公園 Gros Morne National Park

格羅摩恩國家公園位於紐芬蘭的西海岸，動植物生態豐富，國家公園主體是一個險峻峽谷，冰河時期地殼變動所造成，最高點為717公尺，峽灣最深處是165公尺，落差很大。最近的冰川運動形成壯麗景觀，包括海岸低地、高山高原、峽灣、冰川峽谷、懸崖峭壁、瀑布、湖泊等。

©Canadian Tourism Commission

2012

文化遺產

人文聚落
景觀
×
農業景觀

格杭普黑景觀 Landscape of Grand Pré

Grand Pré在法文裡意指「廣大的草地」，這片由沼澤地以及考古遺址構成的鄉村聚落景觀，位於新斯科細亞省米納斯盆地南部。它不僅見證了從17世紀以來，法國移民後裔阿卡迪亞人(Acadians)在全世界海潮高度數一數二的沿海地帶開墾土地、發展傳統農耕技術的歷史，同時也見證了1755年到1763年法國與印第安人爆發戰爭期間，阿卡迪亞人遭到英國人驅逐出境的「大動蕩時期」(Grand Dérangement)。

17世紀時，阿卡迪亞移民在此建立格杭普黑村與

霍頓村(Hortonville)。為了發展農耕生活，他們採用了築堤技術、一種名為「阿伯瓦托」(aboiteau)的木製引水閘道、一套完善的排水網路以及聚落管理系統，將緊鄰海岸面積遼闊的鹽沼打造成數千公頃的肥沃農田，而且這些技術與運作方式至今依然存在。

今天，格杭普黑景觀已經被劃設為一座國家公園，可供後人緬懷阿卡迪亞人及其放逐事件。新斯科細亞省最著名的釀酒廠以及加拿大Just Us咖啡公司總部，都坐落於鎮上，也是經常吸引遊客造訪的地點。

1979

自然遺產

冰河

克盧恩/蘭格爾—聖伊萊亞斯/冰河灣/塔琴希尼—阿爾塞克
Kluane/Wrangell-St Elias/Glacier Bay/Tatshenshini-Alsek

這座世界遺產面積廣達98,390多平方公里，涵蓋了加拿大的育空領地與卑詩省，以及美國的阿拉斯加州。這兩國壯麗的冰河與高山景觀，擁有北極圈以外世界上最大的冰原，自然景觀令人嘆為觀止，是許多灰熊、北美馴鹿以及白大角羊的棲息地。
＊與美國並列

2019

文化遺產

黑腳族
傳統石刻

阿伊斯奈皮石刻
Writing-on-Stone / Áísínai'pi

這處黑腳族人(Siksikáitsitapi)的聖地，位於美加邊界的北美大平原北部邊緣，以米爾克河谷(Milk River Valley)為主。此地因侵蝕作用形成錐形岩層的石林景觀，黑腳族的祖先就在這些岩柱上雕刻圖像，目前已發現數千個圖形，最古老的距今超過三千年，雕刻的傳統一直持續到歐洲人進入此地初期，見證了原住民族的文明發展。直到今日，黑腳族人仍會在此進行儀式表達尊敬與崇拜。

符號說明 登錄時間 遺產內容　遺產類型 文化遺產 自然遺產 綜合遺產 瀕危文化遺產　瀕危自然遺產　瀕危綜合遺產

1995

冰河

自然遺產

瓦特頓冰河國際和平公園 Waterton Glacier International Peace Park

　　瓦特頓湖國家公園成立於1895年,面積達525平方公里,在1932年時與美國蒙大拿州的冰河國家公園,合併為全世界第一座國際和平公園,也是代表著地球生態環境合作保育的重要指標。

　　公園內到處都是扣人心弦的美景,由洛磯山脈的群山、一望無際的遼闊平原和散布於其間的湖泊,風、火、水共同雕琢出的險峻山嶺,升起在翠綠的平原上,各種不同的生態體系在這裡交會,而寧靜的瓦特頓湖以及鏈狀般的冰河湖,為這座自然與文化珍寶般的國家公園,孕育多樣化的自然生態,更增添了人間仙境般的氣息。

＊與美國並列

559

2007

文化遺產

水利工程

麗都運河
Rideau Canal

　　完工於1832年的麗都運河，是北美洲最古老且至今仍功能健全的運河系統。運河連接加拿大首都渥太華(Ottawa)和安大略湖畔的城市金斯頓(Kingston)，全長202公里，連結多個湖泊，當初是英國為了保護其殖民利益，抵禦美國而建的軍事設施，後來開放民居和貿易。目前受保護的地區包括運河的所有水域、水壩設施、橋樑、堡壘、閘門，以及相關的考古研究地點。

©N. S. Dept. of Tourism, Culture and Heritage

2008

自然遺產

動物化石遺址

喬金斯化石崖 Joggins Fossil Cliffs

　　喬金斯化石崖是一處富含石炭紀化石的地點，因為海潮不斷侵蝕的結果，使得更久遠以前的地層不斷露出地表，大量的石炭紀化石不斷出土，揭示了三億多年前古生物的演化歷史。

　　喬金斯在19世紀中就名氣響亮，因為在地質學之父萊爾爵士(Charles Lyell)所著《地質學原理》(Principles of Geology)，和達爾文的《物種原始》裡，都曾提到這地區。萊爾爵士的學生威廉道森(William Dawson)曾在喬金斯做過深入的研究，並發現目前所知最早的爬蟲類「華來氏蜥」(Hylonomus lyelli)。

符號說明 登錄時間 遺產內容　遺產類型 文化遺產 自然遺產 綜合遺產 瀕危文化遺產 瀕危自然遺產 瀕危綜合遺產

2016

化石遺址

自然遺產

米斯塔肯角 Mistaken Point

這處動物化石遺址位於加拿大東岸紐芬蘭島(Newfoundland)的東南端，是崎嶇海岸峭壁中一段17公里長的岬角。其地質年代可以追溯到五億八千萬年前的埃迪卡拉時期(Ediacaran Period)，也是目前所發現年代最古老的大量化石。這些化石代表著地球生命史上的一個重要分水嶺，那就是經過30億年的演化之後，地球上的動物演變成大型且複雜的有機體。

©Mistaken Point Ambassadors Inc

2018

Anishinaabeg族
傳統生活
及信仰

綜合遺產

皮瑪基奧溫‧阿奇 Pimachiowin Aki

皮瑪基奧溫‧阿奇是北美Anishinaabeg族群祖居之地，在Anishinaabeg語中為「賦予生命的土地」(The Land That Lives Life)的意思，整個區域坐擁湖泊、濕地、森林、河谷等天然景觀，是一個未開發的化外天地，區域內的Bloodvein River、Little Grand Rapids、Pauingassi和Poplar River等四處地方是Anishinaabeg族群的傳統領地，他們遵循人與自然共生關係，利用水路複雜的網絡，在廣闊的森林與湖泊中狩獵、捕魚維生。皮瑪基奧溫‧阿奇入選世界遺產的主因，根據聯合國教科文組織的說明是：皮瑪基奧溫‧阿奇保有Ji-ganawendamang Gidakiiminaan（土地文化的傳統），其中包括了尊重造物主的恩賜、尊重一切形式的生活，並與他人保持和諧的關係。

2023

文化遺產

原住民族
文化

克朗代克 Tr'ondëk-Klondike

位於加拿大西北部的育空河畔，屬亞北極地區，是原住民族特朗代克‧韋奇(Tr'ondëk Hwëch'in)的居住地。19世紀末，此地興起淘金熱，為原住民生活帶來前所未有的衝擊，考古顯現了原住民如何應對改變。這一系列遺址展現了該地區殖民歷史的不同面向，包括原住民與殖民者交流的場所，以及原住民族應對殖民的影響。

2023

自然遺產

古生物
化石

安蒂科斯蒂 Anticosti

遺址位於魁北克最大的安蒂科斯蒂島上，保存著動物首次大規模滅絕(距今4.47億至4.37億年前)最齊全、完整的古生物學記錄，包含橫跨一千萬年歷史的海洋生物化石，這些化石不論數量、種類、保存狀態都無與倫比，可供全球科學研究，整個遺址更可供觀察古代熱帶淺海底部的貝殼和軟體動物。

智利 Chile

 7   0   0   Total 7

土地狹長的智利，東邊是安地斯山脈，西邊是浩瀚太平洋，領土還伸至太平洋上的復活節島，復活節島便是智利最為人熟知的世界遺產。而智利北部沙漠區富含礦藏，7處世界遺產中就有兩處是礦業遺產。此外，教堂、殖民城市都在世界遺產之列。

★瓜帕克南：安地斯道路系統
Qhapaq Ñan, Andean Road System
詳見阿根廷

阿里卡和帕里納科塔地區的新克羅文化聚落及木乃伊製作
Settlement and Artificial Mummification of the Chinchorro Culture in the Arica and Parinacota Region

翰伯石與聖羅拉硝石廠區
Humberstone and Santa Laura Saltpeter Works

瓜帕克南：安地斯道路系統
Qhapaq Ñan, Andean Road System

拉帕努伊國家公園
Rapa Nui National Park

塞維爾銅礦城
Sewell Mining Town

港口城瓦爾帕拉伊索的歷史城區
Historic Quarter of the Seaport City of Valparaíso

奇洛埃教堂
Churches of Chiloé

1995

文化遺產

巨石文明/南島語族遺產

大洋洲
拉帕努伊國家公園(復活節島)
Rapa Nui National Park

　　一般相信，復活節島島民是南島民族擴散後期的一支，島民在10世紀開始狂熱的雕刻巨石摩艾像，島民深信，摩艾(Moai)擁有無上的法力(mana)，這些巨大的摩艾都是從聖山「走」出來移動到聖壇Ahu上。在八百年間，復活節島文明到達頂峰，當時遍布島上的摩艾據估計可能在千座以上，歷經內戰和兩次大海嘯後，如今島上倖存的摩艾僅剩三百餘座，現存最大的高達21公尺、重170噸。

　　復活節島首次出現在西方歷史的記載裡始於1722年，來自荷蘭的航海家Jacob在復活節登陸這座小島，因此以「復活節」命名該島。當時的復活節島文明已因過度濫砍山林，陷入糧食與政爭危機而大幅凋零，人口數比起一個世紀前銳減八成。島民信仰也從巨石摩艾轉移到鳥人文化上，推翻原本Miru一族統治的情況，改以每年遴選通過考驗的勇士擔任王者。現居的當地住民叫如今的復活節島「拉帕努伊」(Rapa Nui)，意思是「世界的肚臍」，島上2/3的居民都以觀光相關產業為生。

2000

文化遺產

木造教堂

奇洛埃教堂 Churches of Chiloé

　　位於智利複雜海岸地形外的奇洛埃群島，是個十分具有特色的地方，尤其是島上的木造教堂，在南美其他地點都很少見。

　　當1608年第一批耶穌會教士到這裡時，他們在島上各處遊歷傳教、興建教堂，這些教堂都以木頭為材質，充分展現歐洲與印第安文化融合的特色。19世紀耶穌會勢力衰減，這些教堂轉而成了方濟會的教堂。目前在奇洛埃群島約有60座類似的木造教堂，仍在使用中。

符號說明   登錄時間   遺產內容   遺產類型   文化遺產   自然遺產   綜合遺產   瀕危文化遺產   瀕危自然遺產   瀕危綜合遺產

2003

文化遺產

礦業與
工業景觀
×
硝石與
化學肥料

翰伯石與聖羅拉硝石廠區
Humberstone and Santa Laura Saltpeter Works

　　翰伯石與聖羅拉這兩個硝石工業區位於環境惡劣的彭巴草原，包括了兩百多座工廠。自1880年起，為了開採硝石吸引了數以千計來自智利、秘魯和玻利維亞的勞工來此工作，形成了獨特的彭巴文化工業區。

　　這裡所開採出的硝石製造成化學肥料，改變了全球的農業環境，也為智利帶來巨大的財富。然而，因為這些工廠設備老舊，加上常受地震影響，這些器具設施的保存狀況不佳，曾被列為瀕危世界遺產。

2006

文化遺產

礦業景觀/
銅礦

塞維爾銅礦城 Sewell Mining Town

　　建築在安地斯山脈標高約兩千公尺的塞維爾，是1904年布萊登銅礦公司 (Braden Copper company)為了開採銅礦而興建，城市裡有教堂、賭場、電影院、醫院和一般住宅區，建築多半為木造，外觀是鮮豔的紅、黃、綠、藍等顏色，鼎盛時期全鎮約有一萬五千人，直到1977年才完全被廢棄。

　　遊客必須由附近的最大城蘭卡瓜(Rancagua)參加套裝行程前往，因為這裡地勢太陡峭，只能搭火車前往，接著就是不停地爬樓梯上下山坡，還可換上礦工的裝備，進入礦坑體驗。

2003

文化遺產

殖民城市/
西班牙

港口城瓦爾帕拉伊索的歷史城區
Historic Quarter of the Seaport City of Valparaíso

　　瓦爾帕拉伊索是1542年由西班牙人為了與秘魯貿易往來而興建的城市，智利獨立之後，該城成為南美洲最重要的港口。其都市規畫可說是19世紀拉丁美洲都市建築的代表，市區可大致分為港口和高地兩區，港口區的道路窄小蜿蜒，高地區則以殖民色彩的宅邸為特色，這裡甚至還可見到早期的纜車，溝通港口和高地兩區。

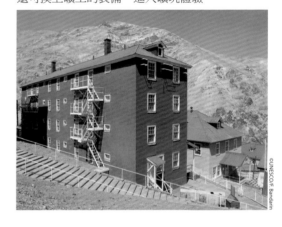

2021

文化聚落
×
木乃伊
製作

文化遺產

阿里卡和帕里納科塔地區的新克羅文化聚落及木乃伊製作
Settlement and Artificial Mummification of the Chinchorro Culture in the Arica and Parinacota Region

　　這項遺產由3處區域組成，見證了西元前5450年至前890年的海洋狩獵採集文化，這些人居住在智利最北端阿塔卡馬(Atacama)沙漠的北岸，在遺址發現的是已知最古老的考古證據，墓地中有人工木乃伊，也有由於環境條件而保存下來的屍體。新克羅人了的殯葬習俗十分完善，他們肢解和重組各個社會階層的亡者屍體。在遺跡中還發現用礦物和植物材料製成的工具，以及用骨頭和貝殼製成的簡單器械，這些器具使新克羅人可大量開發海洋資源。

哥倫比亞 Colombia

 6　 2　1　Total 9

哥倫比亞是世界上僅次於墨西哥，說西班牙語人口最多的國家。9處世界遺產中，兩處自然遺產一在陸地、一在海中，都是珍貴的自然資產。6處文化遺產則包含了殖民城市、古文明遺址，還有咖啡文化景觀。

★瓜帕克南：安地斯道路系統
Qhapaq Ñan, Andean Road System
詳見阿根廷

加勒比海

卡塔赫納的港口、堡壘和遺蹟群
Port, Fortresses and Group of Monuments, Cartagena

聖克魯斯德蒙波斯歷史中心
Historic Historic Centre of
Santa Cruz de Mompox

洛斯卡蒂奧國家公園
Los Katíos National Park

委內瑞拉

太平洋

哥倫比亞咖啡文化景觀
Coffee Cultural Landscape of Colombia

鐵拉登特羅國家考古公園
National Archeological
Park of Tierradentro

聖奧古斯汀考古公園
San Agustín Archeological Park

奇里比克特國家公園—美洲豹的居所
Chiribiquete National Park–
"The Maloca of the Jaguar"

瓜帕克南：安地斯道路系統
Qhapaq Ñan, Andean Road System

厄瓜多

馬佩洛島動植物保護區
Malpelo Fauna and Flora Sanctuary

巴西

秘魯

洛斯卡蒂奧國家公園
Los Katíos National Park

 1994
 自然遺產
 生物多樣性

　　位於哥倫比亞西北方的洛斯卡蒂奧國家公園占地720平方公里，與巴拿馬的達立安國家公園(Darien National Park)相鄰，這一帶以沼澤和叢林之險惡地形著稱。

　　洛斯卡蒂奧國家公園雖然占地不到全國1%，但其中的鳥種類占哥倫比亞全境的25%。不過，貫穿中南美美洲的泛美高速公路(Pan-American Highway)預計在洛斯卡蒂奧附近興建，勢必影響當地的生態。

鐵拉登特羅國家考古公園
National Archeological Park of Tierradentro

 1995
 文化遺產
 陵墓墳塚 × 史前巨石文明

　　這個地區分布了許多墓葬穴遺址，顯示這裡曾有個富足且文化發達的古文明，年代約介於6~10世紀之間。

　　這些墓穴多半5~8公尺深，最深的有12公尺，墓穴裡以紅、黑顏料繪滿了幾何圖形，同時墓穴裡也發現一些巨大的人形雕刻，與另一座世界遺產聖奧古斯汀考古公園(San Agustín Archeological Park)的巨石雕刻十分類似，只是兩者之間的關聯，以及其功能與文化內涵至今仍是謎。目前園區裡設有博物館展示出土文物。

卡塔赫納的港口、堡壘和相關建築群
Port, Fortresses and Group of Monuments, Cartagena

 1984
 殖民城市／西班牙 × 防禦工事
 文化遺產

　　哥倫比亞北部的卡塔赫納，位於加勒比海岸，興建於1533年，是西班牙當年在美洲最重要的城市。為了抵禦英國、荷蘭和法國人的入侵，西班牙人在此建設了南美最堅固的堡壘。堡壘內的老城建築景觀十分一致，可分為3區：聖佩卓區(San Pedro)以聖母堂和南西班牙式宮殿為特色；聖地牙哥(San Diego)是中產階級住宅區；蓋特塞馬尼區(Gethsemani)則是古蹟聚集之處。

聖奧古斯汀考古公園
San Agustín Archeological Park

 1995
 文化遺產
 史前巨石文明

　　從1930年代起，這地區被發現許多雕有人物、動物和神像的石像，有的寫實、有的抽象，展現高度的創造力和想像力。據考證該文明約1~8世紀，可說是哥倫比亞最重要的考古發現。目前對於這些文物所代表的意義仍不清楚，只知他們以漁獵為主，並有高明的製陶技巧。

©Colombia Tourism

2006

自然遺產

海洋生態

馬佩洛島動植物保護區
Malpelo Fauna and Flora Sanctuary

距離哥倫比亞海岸線506公里的馬佩洛島，以絕美的海底生態聞名，可說是潛水客之天堂。其中最特別的是龐大的鯊魚，例如長相奇特的雙髻鯊(Hammerhead shark)和白眼鮫(Silky sharks)。同時，這裡也有多種大型石斑和梭魚，不過，為了維持鯊魚類的大型海洋生物之食物來源無虞，這裡全區禁止捕魚。

1995

文化遺產

殖民城市/西班牙

聖克魯茲德蒙波斯歷史中心
Historic Centre of Santa Cruz de Mompox

聖克魯斯德蒙波斯歷史中心位在馬格達萊納河(Rio Magdalena)的河岸上，以保存良好的西班牙殖民時期建築著稱。西班牙人是為了將貨物往上游運送至內陸，於1537年興建該城，城區範圍在16~19世紀間，沿著河岸不斷擴展。歷史城區裡的建築和都市景觀至今保存一致與和諧性，大部分的公共建築仍維持當初的功能，讓人得以一窺殖民時期的城市景觀。

2011

文化遺產

農業景觀/咖啡

哥倫比亞咖啡文化景觀
Coffee Cultural Landscape of Colombia

哥倫比亞咖啡文化景觀位於安地斯山脈的中西部地帶，占地約141,000公頃，涵蓋6處農業景觀及18個城鎮，由金迪奧省(Quindio)、卡爾達斯省(Caldas)及利薩拉爾達省(Risaralda)所組成的著名咖啡三角區，也包括在這個範圍內。

本區擁有百年歷史的咖啡栽種文化，以及傳統建築、料理、音樂、神話傳說等豐富的文化資產。19世紀，安提奧基亞省(Antioquia)的先民到此區開墾，

為了適應嚴峻的高山地理環境，農家們在傾斜將近45度角的坡地上，種植小塊面積的咖啡田，並且透過人力的方式採收，逐漸創造出以咖啡為中心的經濟體系與文化。

當地城鎮就坐落於咖啡田上方相對平坦的山頂上，這些城鎮的建築物富有深受西班牙影響的安提奧基亞殖民風格，建築物的牆體以混入禾桿的黏土以及經過壓縮的甘蔗為材料，屋頂也以黏土瓦片鋪成，這些建築物至今在某些地區仍然可以見到。

2018

綜合遺產

岩畫 × 動植物生態

奇里比克特國家公園—美洲豹的居所
Chiribiquete National Park–"The Maloca of the Jaguar"

奇里比克特國家公園位於哥倫比亞南部的亞馬遜雨林中，面積廣達2,782,354公頃，是哥倫比亞最大的國家公園，陡峭的砂岩高原Tepuis是公園的特色，Tepuis是印第安語，意為「桌面山脈」。在Tepuis底部周圍60處岩棚石壁上，留有超過7.5萬幅岩畫，時間跨度自兩萬年前到現在。這些繪畫描繪著狩獵、戰鬥、舞蹈和儀式場景，推論與美洲豹崇拜有關，美洲豹是力量和生育力的象徵，此地為土著視為聖地。

至於Maloca，原意指生活在亞馬遜地區原住民的傳統住屋，對於生活在南美大地上的美洲虎、美洲豹、南美貘、巨型水獺、吼猴來說，奇里比克特國家公園就是牠們的Maloca。

哥斯大黎加
Costa Rica

 1 3 0 Total 4

關納卡斯保護區
Area de Conservación Guanacaste

塔拉曼加地區—阿密斯德保護區／阿米斯達國家公園
Talamanca Range-La Amistad Reserves / La Amistad National Park

迪奇斯的前哥倫布時期石球部落
Precolumbian Chiefdom Settlements with Stone Spheres of the Diquís

太平洋

巴拿馬

可可斯島國家公園
Cocos Island National Park

哥斯大黎加位於中美洲地峽，其國名的西班牙文原意是「富庶海岸」。哥斯大黎加陸地面積僅占全球0.25%，但生物多樣性卻高達5%，全國有25%的土地被列為國家公園或保護區，從3處自然遺產不難看出哥斯大黎加保護大自然之用心。

1997

自然遺產

海洋生態

可可斯島國家公園
Cocos Island National Park

位於哥斯大黎加太平洋外海約550公里處的可可斯島國家公園，是一座火山島，也是東太平洋地區唯一具有雨林生態系的地方。

可可斯島地處於北迴歸線逆流的第一個陸地碰撞點，眾多島嶼和洋流形成複雜的互動，使得這地區成為最佳的海洋地質觀察室。這裡同時也是長尾鯊、雙髻鯊、白尾鯊、魟魚、鮪魚、海豚等大型海洋動物的最佳棲地。

©UNESCO/Marjaana Kokkonen

1983

自然遺產

生物多樣性×野生動物

塔拉曼加地區—阿密斯德保護區／阿米斯達國家公園
Talamanca Range-La Amistad Reserves/La Amistad National Park

塔拉曼加地區—阿密斯德保護區位於哥斯大黎加和巴拿馬的山區裡，在密布的雨林覆蓋底下，有著第四紀冰河(250萬年前~5萬年前)所留下的地形痕跡。保護區裡至今仍然住著四個不同族群的印地安原住民。這裡孕育著特殊的動植物生態體系，例如貝爾德貘、美洲獅、美洲豹等大型哺乳類動物，以及許多瀕臨絕種的鳥類。

©UNESCO/Marc Patry

＊與巴拿馬並列

1999

自然遺產

生物多樣性

關納卡斯帝保護區
Area de Conservación Guanacaste

關納卡斯帝保護區包括3個國家公園和1個野生動物保護海灣，2004年再把約150平方公里大小的聖艾倫那區(St. Elena)也納進來。這個重要的自然生態系保留了生物多樣性，包括從中美洲一直延伸到北墨西哥的大片熱帶旱林，以及延伸近20公里直到太平洋的紅樹林，是很多瀕絕生物的棲地，例如：海水鱷、不吸血的大型食肉蝙蝠(False Vampire Bat)、欖蠵龜、革龜、美洲豹、紅樹林綠鵑(Mangrove Vireo)、紅樹林蜂鳥(Mangrove Hummingbird)、大鸛鳥(Jabiru Stork)等。

2014

文化遺產

人文聚落景觀遺址

迪奇斯的前哥倫布時期石球部落
Precolumbian Chiefdom Settlements with Stone Spheres of the Diquís

這處遺產位於哥斯大黎南部的迪奇斯三角洲，共有4處考古遺址，被視為是500年至1500年間，這個地區複雜社會、經濟和政治體系的獨特範例。這些包括人造土丘、鋪築區、墓葬區，以及特殊的石球，這些石球直徑從0.7公尺到2.57公尺，至於石球如何打造、代表意義是什麼、作什麼用途，至今仍是個謎。

從石球完美的造型、數量、大小、密度，到擺放的位置，都展現其獨特性，還好這考古遺址深埋在土層下好幾個世紀，才得以保存完好，避免遭到被掠劫的命運。

符號說明 登錄時間　遺產內容　　遺產類型 文化遺產 自然遺產 綜合遺產 瀕危文化遺產 瀕危自然遺產　瀕危綜合遺產

古巴 Cuba

🏛 #7　🔔 2　🏛 #0　Total 9

加勒比海上的島國古巴，1492年時哥倫布在此登陸，隨後成為西班牙殖民地，直到1898年西班牙、美國戰爭，歸美國所有，接著在1902年獨立。9處世界遺產中有兩處為自然遺產，其餘7座文化遺產除其中一座與原住民相關外，都展現了強烈的殖民文化。

美國

加勒比海

亞歷杭德羅‧德洪堡國家公園
Alejandro de Humboldt National Park

哈瓦那舊城及
防禦工事
Old Havana and its
Fortifications

古巴東南部第一座咖啡農園考古園區
Archaeological Landscape of the First
Coffee Plantations in the South-East of Cuba

卡馬圭歷史中心
Historic Centre of Camagüey

比尼亞萊斯谷
Viñales Valley

西恩富戈斯都會歷史中心
Urban Historic Centre of Cienfuegos

格拉瑪台地國家公園
Desembarco del Granma National Park

加勒比海

千里達與甘蔗谷
Trinidad and the Valley de los Ingenios

聖地牙哥市的
聖佩卓卓岩石城堡
San Pedro de la Roca Castle,
Santiago de Cuba

1982
文化遺產

殖民城市/
西班牙
×
防禦工事

哈瓦那舊城及防禦工事
Old Havana and its Fortifications

　　哈瓦那是西班牙人於1519年所建立，17世紀時成為加勒比海的造船重鎮，現在則是兩百萬多人的居住地。舊城區(La Habana Vieja)是西班牙殖民時期的政經軍事中心，所有超過兩百年以上的建築都集中在這個區域。

　　整個舊城區像一座活的歷史博物館，這裡的建築融合了巴洛克和新古典主義的元素。除了保存18世紀西班牙殖民時期留下來的豪宅，市民的日常生活也在這裡鮮活呈現。每過中午，舊城各角落都響起樂手們的現場演唱，哈瓦那彷彿從睡眠中甦醒。

　　整個舊城區可以分別以教堂廣場(Plaza)、軍事廣場(Plaza de Armas)、聖方濟廣場(Plaza de San Francisco de Asis)、舊城廣場(Plaza Vieja)等4個廣場為中心。這些從西班牙殖民時代就留下來的私人豪宅和修道院，在古巴革命之後都歸為國有而改為博物館或餐廳，從1990年代古巴政府積極推動觀光開始，大部分建築都開放給大眾參觀，其中最精采的幾棟建築，包括舊城區地標哈瓦那大教堂都圍繞在教堂廣場的四周。

1988

文化遺產

農業景觀/
甘蔗
×
殖民遺產

千里達與甘蔗谷
Trinidad and the Valley de los Ingenios

千里達是位於古巴中部靠加勒比海的小城鎮，最早於1514年時，西班牙人Diego Velazquez在這裡建設農莊種植甘蔗，從此成為古巴最主要的甘蔗產區。直到19世紀，千里達不但成為蔗糖貿易中心，也是全古巴最富裕的西班牙地主居住的聚落，但隨著農業發展，非洲黑奴的買賣也越頻繁，千里達淪為最大的黑奴交易市場，為了記憶人類史上的蔗糖工業發展及人種間的不平等，千里達近郊的「甘蔗谷」(Valle de los Ingenios)於1988年時登錄為世界遺產。

距離千里達舊城約12公里遠的「甘蔗谷」，是18世紀蔗園景觀的見證，面積約270平方公里的廣大土地上劃分為七十處甘蔗園，為了運輸甘蔗，還鋪設了一條鐵道穿過谷地中央，雖然蒸氣火車現在已經不再運行，但仍然看到簡陋的火車站矗立在路邊。

最受注目的，是甘蔗谷中央一座高192公尺的鐘塔，塔上的銅製大鐘現在已經搬到地面上展示，但是遊客仍然可以登上塔頂眺望整個谷地，這座塔是當時擁有甘蔗園的地主所建造的，目的在監控整個甘蔗園的作業與安全，當然，比較血腥的說法是，監視者如果發現偷懶或想逃跑的黑奴，可以從塔上直接射殺他們！由這個特殊的建築結構，可以讓遊客更了解當時由地主私法管理地方的特殊社會結構。

2005

文化遺產

殖民城市/
西班牙

西恩富戈斯都會歷史中心
Urban Historic Centre of Cienfuegos

於古巴南海岸中心的西恩富戈斯，以甘蔗、芒果、菸草和咖啡的貿易為主要經濟來源。雖然法國人最早抵達西恩富戈斯，西班牙卻是最早規畫建設這裡的人，也是拉丁美洲第一個運用現代化的概念來興築的都市。現在市中心有6座1819年~1850年的建築，327座1851年~1900年的建築，可說是目前世界上最大規模新古典風格的建築群，其中以市政廳、聖羅倫佐學校、主教會堂等最具特色。

符號說明 登錄時間 遺產內容 遺產類型 文化遺產 自然遺產 綜合遺產 瀕危文化遺產 瀕危自然遺產 瀕危綜合遺產

亞歷杭德羅‧德洪堡國家公園
Alejandro de Humboldt National Park

這個國家公園是以德國科學家Alejandro von Humboldt為名，紀念他在此地的研究成果。這裡的地質環境複雜程度高居加勒比海之冠，而且在中新世至更新世的冰河時期，是許多生物的避寒所，因而該地成為全球生態系統與物種最多樣的地區之一。

更特別的是這裡許多地下岩石都有毒性，所以植物必須發展出一套系統使其足以在如此嚴苛環境下生存，因而發展出特有的新物種，是研究生物適應環境與演化的最佳地點。

1999

文化遺產

農業及聚落景觀/菸草

比尼雅萊斯谷 Viñales Valley

比尼雅萊斯谷屬於喀斯特溶蝕地形，土壤並不肥沃，但在谷地裡許多原住民部落利用傳承了千年的種植方式，在此種植菸草和穀類。同時，這些原住民也利用當地建材興建屋舍和打造手工藝品，展現多元民族特色，因此比尼雅萊斯谷地是以特殊文化景觀，而非自然景觀，入選為世界遺產。

1997

文化遺產

防禦工事

聖地牙哥市的聖佩卓岩石城堡
San Pedro de la Roca Castle, Santiago de Cuba

聖佩卓岩石城堡距離古巴重要的海港聖地牙哥約12公里，是17世紀時為了護衛聖地牙哥而興建。防禦堡壘精巧地利用海岸地形，與海岸的岩岬融為一體。堡壘建築呈現義大利文藝復興時期之風格，是西班牙人在美洲所建防禦設施的最佳典範，目前保留狀態十分完整。

2000

文化遺產

農業景觀/咖啡

古巴東南部第一座咖啡農園考古園區
Archaeological Landscape of the First Coffee Plantations in the South-East of Cuba

在19~20世紀，咖啡對加勒比海及拉丁美洲地區的經濟與社會有極大的貢獻，位於馬埃斯特拉(Sierra Maestra)山腳下的咖啡莊園遺址，為此留下一個獨特的見證，其他類似的咖啡園區都已不復見。而這咖啡農園展現了人類如何在艱困的地理條件下，以創意和運用現有素材，所打造的農業文明。

2008

文化遺產

殖民城市/西班牙

卡馬圭歷史中心
Historic Centre of Camagüey

卡馬圭是西班牙在古巴最早建設的7個城市之一，以牧牛和甘蔗種植為主要經濟來源。觀光客在卡馬圭要不迷路都很難，街道彎彎曲曲，到處都有叉路和廣場，一不小心就走到死巷。這種看似混亂的都市設計，與其它拉丁美洲建造於平原上的殖民城市大不相同，據說是為了防止海盜突襲。歷史城區裡保留了眾多老建築，多半以泥土為主要原料，這可追溯到西班牙南部安達魯西亞的傳統；而門口的半露柱(Pilaster)則顯示了卡馬圭當地的建築傳統。

1999

自然遺產

海洋生態

格拉瑪台地國家公園
Desembarco del Granma National Park

格拉瑪這名稱是為了紀念卡斯楚於1956年由墨西哥前往古巴號召起義成功，當時他所搭乘的船艇名為格拉瑪號。格拉瑪台地位於古巴東南方，是個持續隆起的海洋階梯地形，同時也形成最壯觀的西大西洋海岸崖壁。而深入西大西洋海底的海洋階梯，也衍生出特殊的海洋生態系。

 # 0　 # 1　 # 0　Total 1

🏴 多米尼克 Dominica

三峰山國家公園
Morne Trois Pitons National Park
加勒比海
加勒比海

多米尼克是加勒比海小安地列斯群島(Lesser Antilles)上的島國，總面積750平方公里，呈現未遭破壞的自然之美，因而享有「加勒比海自然之島」美稱，是小安地列斯群島最年輕的島嶼，因火山活動活躍，島嶼依然不斷在成長中。

1997

自然遺產

火山地形景觀

三峰山國家公園
Morne Trois Pitons National Park

是個火山地質國家公園，以高1,342公尺的火山為矚目地標，同時還有不停冒著泥漿的噴氣孔和噴泉、景觀十分荒涼的谷地、淡水湖，還有一處不斷冒煙的沸騰湖，電影《神鬼奇航2：加勒比海盜》也在此取了不少場景。

符號說明 登錄時間 遺產內容　遺產類型 文化遺產 自然遺產 綜合遺產 瀕危文化遺產　瀕危自然遺產　瀕危綜合遺產

 # 厄瓜多 Ecuador

 3   2   0   Total 5

加拉巴哥群島
Galápagos Islands

瓜帕克南：
安地斯道路系統
Qhapaq Nan,
Andean Road System

基多城
City of Quito

桑蓋國家公園
Sangay National Park

昆卡的聖安娜歷史中心
Historic Centre of
Santa Ana de los Ríos de Cuenca

太平洋

秘魯

位於南美洲西北角的厄瓜多，其領土還包括1000公里外海的加拉巴哥群島。5處世界遺產中，最知名的便是促成達爾文《進化論》的加拉巴哥群島，文化遺產中有兩座是殖民城市，基多更被認為是拉丁美洲保存最完好的殖民城市。

★瓜帕克南：安地斯道路系統
Qhapaq Ñan, Andean Road System
詳見阿根廷

 1978
生物演化
自然遺產

加拉巴哥群島
Galápagos Islands

加拉巴哥群島位於東太平洋、赤道兩側，火山熔岩噴發和地殼隆起形成了19座年輕島嶼，地理位置的孤立加上三股洋流匯聚於附近海域，促成生物演化成地方特有種，鬣蜥蜴、巨型陸龜等特有生物，在1835年達爾文造訪此地後，觸發了《物競天擇》演化論學說，加拉巴哥群島因而享有「生物博物館及演化櫥窗」美譽。

  1978
殖民城市/
西班牙
文化遺產

基多城 City of Quito

16世紀在印加城市廢墟裡建起來的厄瓜多首都基多，海拔2850公尺，市內有大小教堂、修道院共87座，其中，聖法蘭西斯科教堂(San Francisco)被視為巴洛克式建築風格的傑作；孔帕尼亞耶穌大教堂(Church and Jesuit College of La Compañía)正面拱形大門上、四周牆壁及天花板上鑲嵌有精美的金葉圖案。

 1983
火山
×
冰河
×
雨林景觀
生態
自然遺產

桑蓋國家公園
Sangay National Park

桑蓋國家公園包括高山冰河、山麓丘陵、沖積扇平原三種地形，瀑布自冰河切割出來的懸谷落下，豐沛雨量和地形落差形成湍急的河流奔向亞馬遜盆地，充足水源和濕氣給熱帶平地覆滿了濃密的雨林，遺世獨立的環境讓山貘和安地斯兀鷹在此安居。

 1999
殖民城市/
西班牙
文化遺產

昆卡的聖安娜歷史中心
Historic Centre of Santa Ana de los Ríos de Cuenca

昆卡奠基於1557年，嚴謹的西班牙矩形布局城市，呈現在地與殖民文化完美交融。保存的歷史建築物大多建於18世紀，當時因出口奎寧(Quinine)、草帽而致富，新哥德式的新大教堂是地標，建材採當地與義大利進口的大理石，隔著Abdon Calderon公園與舊大教堂相望。

  # 薩爾瓦多 El Salvador

 1   0 0 Total 1

瓜地馬拉

宏都拉斯

霍亞德塞倫考古遺址
Joya de Cerén Archaeological Site

太平洋

薩爾瓦多是中美洲面積最小、人口最稠密的國家。在歐洲人還沒來到美洲之前，薩爾瓦多住著不同部族的美洲原住民。其中最為知名的馬雅文明遺址就是被火山爆發封存千餘年的霍亞德塞倫(Joya de Cerén)，留下常民生活的考古證據。

 1997
文化遺產

馬雅考古
遺址

霍亞德塞倫考古遺址
Joya de Cerén Archaeological Site

西元590年，拉瓜那火山(Laguna Caldera)劇烈噴發，霍亞德塞倫被火山灰深埋地底，幸而馬雅農村村民逃離死亡命運，只留下傢俱、器皿和未吃完的食物。考古學家們用石膏灌入火山灰堆積凝成的空洞裡，發現農夫才種下的木薯田，這個重大線索增進了對人類古代植物學的瞭解，得以窺見前哥倫布時期中美洲族群的農耕及日常生活。

瓜地馬拉
Guatemala

 3　 0　1　Total 4

提卡爾國家公園
Tikal National Park

墨西哥

加勒比海

貝里斯

基里瓜
考古公園及遺跡
Archaeological Park and
Ruins of Quirigua

安地瓜·瓜地馬拉
Antigua Guatemala

宏都拉斯

塔卡利克·阿巴赫
國家考古公園
National Archaeological
Park Tak'alik Ab'aj

薩爾瓦多

太平洋

歐洲人來到美洲之前，瓜地馬拉是馬雅文明發光發熱之所在，1519年成為西班牙殖民地，直到1821年才成為獨立的國家。4處文化遺產中有兩處為馬雅文明遺址，其中提卡爾的金字塔神廟更是中美洲的知名地標。

1979

文化遺產

殖民城市/
西班牙

安地瓜·瓜地馬拉
Antigua Guatemala

「安地瓜」意思是「舊」，也就是舊的瓜地馬拉，它曾是瓜地馬拉殖民政府的首府，建於16世紀初，海拔1500公尺，由於位在地震帶上，1773年的大地震重創了整座城鎮，還好幾座主要的地標性建築物仍從廢墟中保留下來。

經過二百多年的發展，這個城市的布局循著義大利文藝復興式的棋盤街廓，建築風格則受到西班牙穆德哈爾式(Spanish Mudéjar)建築影響，呈現巴洛克式和壯麗的殖民時期教堂，吸引著來自世界各地遊客的目光。

1981

文化遺產

馬雅遺址

基里瓜考古公園及遺跡
Archaeological Park and Ruins of Quirigua

8世紀時，基里瓜成為獨立自主的城邦，自此開展一段繁榮發展時代，本地出產的紅色砂岩是絕佳的雕刻藝術素材，可以看到馬雅文明的石碑代表作。從淺浮雕到三維立體浮雕，由點狀刻紋象徵神明變為具體形象化，還有馬賽克狀的象形文字。8世紀晚期進入全新的創作時代，蟾蜍、美洲豹、鱷魚、猛禽等都躍上石雕。

2023

文化遺產

考古遺址

塔卡利克·阿巴赫國家考古公園
National Archaeological Park Tak'alik Ab'aj

這處考古遺址位於太平洋海岸，有著1700年的歷史，見證了奧爾梅克(Olmec)文明轉向早期瑪雅文明的演變。塔卡利克·阿巴赫在這一過程中扮演重要角色，因它扼守一條貿易路線，連接今日的墨西哥特萬特佩克地峽(Isthmus of Tehuantepec)和薩爾瓦多，不同的思想、民俗沿著這條路線交融。遺址內的聖所和建築根據宇宙觀分布，這裡還有創新的水利系統、陶器和寶石藝術。直到今日，不同族群的土著居民仍將此處視為聖地，並在此舉行儀式活動。

提卡爾國家公園
Tikal National Park

1979

綜合遺產

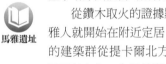

馬雅遺址

和多數知名的馬雅遺跡最大的不同，是提卡爾隱身在瓜地馬拉北部的皮坦(Petén)叢林之中，高聳的金字塔穿出濃密的雨林頂端，迎向太陽。

從鑽木取火的證據顯示，大約西元前700年，馬雅人就開始在附近定居，西元前200年，已經有複雜的建築群從提卡爾北方的衛城豎立起來。到了西元250年左右，也是美洲古典時期的早期，提卡爾已經是馬雅很重要的一座城市，不但人口眾多，更是馬雅的信仰、文化、商業中心。

美洲古典時期中期，相當於西元6世紀，提卡爾更進一步發展為一座擁有10萬人口，超過30平方公里的大城市。不過提卡爾隨後卻陷入衰敗期，直到西元700年前後，俗稱「巧克力王」的阿卡考(Ah Cacau)繼承了王位，一舉把提卡爾推向顛峰，不僅軍事力量強大，更寫下馬雅文明史上最輝煌的一頁，今天提卡爾大廣場(Great Plaza)附近多數遺址，都是這個時期留下的，而阿卡考自己就葬在一號神廟底下。

然而10世紀，提卡爾和其他古典時期的馬雅城市一樣，突然神秘地被棄置。16世紀西方大航海時代來臨，西班牙傳教士曾經簡略提到這個地方的建築，直到1848年，瓜地馬拉政府派出探險隊，才重新發掘這個古文明遺址。1950年代，提卡爾的叢林中興建了一座簡易機場；1980年代，從鄰近城鎮Flores通往提卡爾的道路修好，進入提卡爾更為便利。

多明尼加共和國
Dominican Republic

 1 0 0 Total 1

加勒比海

聖多明尼哥殖民城市
Colonial City of Santo Domingo

海地

加勒比海

多明尼加位於加勒比海大安地列斯群島上伊斯帕尼奧拉島(Hispaniola)的東半部,為加勒比海僅次於古巴的第二大國。1492年哥倫布在此上岸,成為歐洲人來到美洲的一個永久殖民地,聖多明尼哥城也是西班牙在新世界的第一個首都。

1990

文化遺產

殖民城市/
西班牙

聖多明尼哥殖民城市
Colonial City of Santo Domingo

　　首建於1498年的聖多明尼哥,是拉丁美洲最早的殖民城市之一。在約三平方公里的老市區裡,街道規畫成格狀,成為日後拉丁美洲城市建造的典範,在老城牆內有拉丁美洲最早的天主堂、修道院、醫院、博物館和大學,而且最早的法律條文也是在此頒布,聖多明尼哥城因而極具象徵意義。

©Dominican Tourism

©Dominican Tourism

符號說明 登錄時間 遺產內容　遺產類型 文化遺產 自然遺產 綜合遺產 瀕危文化遺產 瀕危自然遺產 瀕危綜合遺產

海地 Haiti

 Total 1

國家歷史公園：
堡壘、忘憂宮、
拉米爾斯建築群
National History Park –
Citadel, Sans Souci, Ramiers

海地位於加勒比海大安地列斯群島上伊斯帕尼奧拉島(Hispaniola)的西半部。不同於拉丁美洲多數國家為西班牙殖民地，海地在獨立之前被法國殖民，在1802年獨立的時候，是拉丁美洲第一個獨立國家，也是世界上第一個由黑人主政的共和國。

 ### 國家歷史公園—堡壘、忘憂宮、拉米爾斯建築群
1982
National History Park–Citadel, Sans Souci, Ramiers

 文化遺產

 殖民遺產/法國

海地的國家歷史公園裡，標示著海地人19世紀初葉爭取自由的一段歷史。主要可以包含三個部分。一是位於拉米爾斯(Ramiers)的建築群。其二為忘憂宮(Sans Souci)，19世紀遭叛變的亨利國王以銀色子彈於忘憂宮前自殺，其子10天後亦於此地被革命黨人刺殺身亡，終結君主政權。其三則為堡壘，海地脫離法國統治宣布獨立後，動用大批黑奴興建的軍事基地，以抵禦法國入侵，是今日海地人的自由象徵。

  # 宏都拉斯 Honduras

 Total 2

瓜地馬拉
加勒比海
科潘的馬雅遺址
Maya Site of Copan
普拉塔諾河
生物圈保護區
Río Plátano
Biosphere Reserve
薩爾瓦多
太平洋
尼加拉瓜

今日的宏都拉斯過去受到西班牙殖民，有別於昔日的「英屬宏都拉斯」，後來獨立成為貝里斯。兩座世界遺產中文化和自然各半，其中科潘的馬雅遺址也是美洲古典時期的代表城市；另一座自然遺產則標示著脆弱的生態，保育刻不容緩。

 ### 科潘的馬雅遺址 Maya Site of Copan
1980

 文化遺產

 馬雅遺址

科潘為5世紀至9世紀、馬雅古典時期文明的代表城市，不斷的軍事領地擴張在8世紀達到極盛。然而過度的人口集中、土地資源濫用，又似曇花一現般迅速凋落，再度埋沒於荒煙蔓草間，連名稱都不曾為後人傳述，只留下壯麗的金字塔建築群、精緻的雕刻紀念碑、複雜的象形文字。如今，考古學家在破譯文字過程中，逐漸還原出精通數學、星象、獻祭的馬雅人形象。

  ### 普拉塔諾河生物圈保護區
1982
熱帶雨林/原住民文化
Río Plátano Biosphere Reserve

 瀕危自然遺產

這個生物圈保護區的成立，主要在保存沿著普拉塔諾河這片中美洲剩餘不多的熱帶雨林、瀕臨絕種的生物，還有生活在這片土地上的原住民。透過釐清土地的使用權，教導原住民合宜的農耕習慣等計畫內容，來保存本區土地的承載力和生態體系，本區大部分環境欠缺文件記載，仍需要更深入的調查和記錄。由於生態實在太脆弱，於2011年被列為瀕危自然遺產。

墨西哥 Mexico

 27　 6　 2　Total 35

墨西哥登錄的35處世界遺產為美洲之最,其中文化遺產27處、自然遺產6處、綜合遺產2處。文化遺產大致分成三大類,一為前西班牙殖民時期的古文明城市,以馬雅文明為大宗;一為西班牙殖民城市,多為因礦產而致富;另一類則是20世紀之後才出現的現代建築。

1999

文化遺產

中美洲古典時期城市遺址

霍奇卡爾科考古建築區
Archaeological Monuments Zone of Xochicalco

霍奇卡爾科這座城市處於政治體系統崩潰,導致文化頻繁重組的時代,這個強化版的政教商業中心,主要公共建築蓋在斜坡的人工平台上,建築型式和圖像藝術與提奧狄華岡(Teotihuacan)、馬雅、麥特拉欽卡(Matlatzinca)等文化相似,大羽蛇神殿便是其中代表。觀測太陽的天文台精巧設置,除了天文觀測研究之外,並有宗教上的用途。可惜的是,9世紀時這個城市被大火毀於一旦。

平納卡特火山和阿塔爾大沙漠生態保護區
El Pinacate and Gran Desierto de Altar Biosphere Reserve

墨西哥國立自治大學城區校本部
Central University City Campus of the Universidad Nacional Autónoma de México (UNAM)

美 國

聖法蘭西斯科山脈岩畫
Rock Paintings of the Sierra de San Francisco

加利福尼亞灣的島嶼和保護區
Islands and Protected Areas of the Gulf of California

路易斯·巴拉岡的住家和工作室
Luís Barragán House and Studio

墨西哥市歷史中心和霍奇米爾科
Historic Centre of Mexico City and Xochimilco

大卡薩斯的帕魁姆考古遺址
Archeological Zone of Paquimé, Casas Grandes

坎佩切歷史防禦城鎮
Historic Fortified Town of Campeche

墨 西 哥 灣

維茲坎諾鯨魚保護區
Whale Sanctuary of El Vizcaino

奎列塔羅的哥達山區方濟會傳教團
Franciscan Missions in the Sierra Gorda of Querétaro

克雷塔羅歷史建築區
Historic Monuments Zone of Querétaro

內陸皇家大道
Camino Real de Tierra Adentro

前西班牙殖民時期城市:烏斯瑪爾
Pre-Hispanic Town of Uxmal

拉卡提卡斯歷史中心
Historic Centre of Zacatecas

前西班牙殖民時期城市:提奧狄華岡
Pre-Hispanic City of Teotihuacan

前西班牙殖民時期城市:奇琴伊察
Pre-Hispanic City of Chichen-Itza

聖米奎爾防禦城鎮和阿托托尼爾科的拿撒勒耶穌聖殿
Protective town of San Miguel and the Sanctuary of Jesús Nazareno de Atotonilco

帕德雷·坦布雷克水力系統水道橋
Aqueduct of Padre Tembleque Hydraulic System

錫安卡安
Sian Ka'an

龍舌蘭植物景觀及古老釀酒工廠
Agave Landscape and Ancient Industrial Facilities of Tequila

前西班牙殖民時期城市:艾爾塔印
El Tajin, Pre-Hispanic City

葡爺貝拉歷史中心
Historic Centre of Puebla

坎佩切的古瑪雅城市卡拉克穆爾及熱帶森林保護區
Ancient Maya City and Protected Tropical Forests of Calakmul, Campeche

瓜達拉哈拉卡巴那文化中心
Hospicio Cabañas, Guadalajara

瓜那華朵古鎮及其銀礦
Historic Town of Guanajuato and Adjacent Mines

瓜地馬拉

宏都拉斯

雷維利亞希赫多群島
Archipiélago de Revillagigedo

莫雷利亞歷史中心
Historic Centre of Morelia

薩爾瓦多

尼加拉瓜

國王蝴蝶生態保護區
Monarch Butterfly Biosphere Reserve

前西班牙殖民時期城市:帕蓮克
Pre-Hispanic City and National Park of Palenque

霍奇卡爾科考古建築區
Archaeological Monuments Zone of Xochicalco

特拉科潘歷史建築區
Historic Monuments Zone of Tlacotalpan

波波卡特佩山坡上的16世紀初期修道院
Earliest 16th-Century Monasteries on the Slopes of Popocatepetl

瓦哈卡州中央谷地的亞古爾與米特拉史前洞穴
Prehistoric Caves of Yagul and Mitla in the Central Valley of Oaxaca

瓦哈卡歷史中心和阿爾班山考古遺址
Historic Centre of Oaxaca and Archaeological Site of Monte Albán

太 平 洋

特瓦坎一奎卡特蘭山谷:中美洲原始棲息地
Tehuacán-Cuicatlán Valley: Originary Habitat of Mesoamerica

符號說明 登錄時間 遺產內容　遺產類型  文化遺產 自然遺產 綜合遺產 瀕危文化遺產　瀕危自然遺產　瀕危綜合遺產

墨西哥市歷史中心和霍奇米爾科
Historic Centre of Mexico City and Xochimilco

1987

文化遺產

殖民城市/
西班牙
×
阿茲特克
遺址

　　墨西哥市最早由墨西加人(Mexica)所建，後來成為阿茲特克人(Aztecs)的政治中心。阿茲特克人稱之為「Tenochtitlán」，意指「仙人掌果實之地」。他們與鄰邦通商，並發展藝術天分興築這個城市。到了15世紀，市區人口已達20萬，在城市及周遭所建立

的運河和水利工程，幾乎和當時的歐洲同樣進步。然而，1521年，來自西班牙的征服者柯泰斯(Hernlán Cortés)，航海至此並消滅阿茲特克帝國，在此興建新的西班牙首都。阿茲特克神廟被毀，繼之而起的是西方政治宗教的象徵性建築，如王宮或教堂。

　　舊城裡的中央廣場(Zócalo)曾經是特諾奇提特蘭的權利與祭祀中心。阿茲特克神廟遺址(Templo Mayor)建於1375年，之後陸續擴建了好幾次。在阿茲特克的神廟遺址上重建的墨西哥大主教堂(Catedral Metropolitana)，則是美洲最大的教堂，塔高達67公尺，自1525年柯泰斯下令興建到1813年費時長達3個世紀才完工。在這漫長的興建過程也同時反映到建築的多樣型態與內部設計，包含有古典的巴洛克、邱里格拉克(Churrigueresque)和新古典風格。

　　在墨西哥城南方28公里處的霍奇米爾科(Xochimilco)，仍可見到阿茲特克人所建的人造島和運河，印證了阿茲特克人治理環境的智慧。

1987

殖民城市/
西班牙
×
薩波提克
考古遺址

文化遺產

瓦哈卡歷史中心和阿爾班山考古遺址
Historic Centre of Oaxaca and Archaeological Site of Monte Albán

瓦哈卡是典型的西班牙殖民城市，色彩繽紛，街上鵝黃、粉藍、嫩綠的歐式風格房子，一字排開，十分亮眼舒服。由於該地區的地震頻繁，因此房子都有抗震的設計。舊城區裡兼具美觀與實用性的建築，與瓦哈卡西邊郊外的阿爾班山一起被列入世界遺產。

阿爾班山是薩波提克文明(Zapotecs)的首都，也是美洲早期的重要城市之一。這地方的文明約始於西元前5~6世紀，薩波提克人於3~7世紀將阿爾班山帶入巔峰時期，但沒有人知道為何阿爾班山在8世紀時突然被遺棄。所遺留下來的建築以石頭為建材而且有厚牆，排水系統規劃得十分完善。阿茲特克人則是在西元700~950年間抵達此地，並善加利用這些城市系統。

1987

自然遺產

海洋及
熱帶森林
生態

錫安卡安 Sian Ka'an

「Sian Ka'an」在馬雅語意思是「天空之源」，在猶加敦半島設立這座保護區，希望成為脆弱的熱帶生態平衡的典範。由科學家、技術人員、學生、漁夫、農夫、農業促進者和行政單位共同組成，結合本地與國際資源，執行確實可行的計畫來落實環境政策，保護此區的珊瑚礁、海灘、礁湖、天然井、熱帶樹林等天然景色，豐富的海、陸生物，以及馬雅文明遺址，同時透過環境保護教育，讓當地人的生活與自然生態旅遊相輔相成。

1992

文化遺產

中美洲
古典時期
城市遺址

前西班牙殖民時期城市：艾爾塔印
El Tajin, Pre-Hispanic City

托托納克語的「El Tajin」意即「雷聲之地」，這個遺址主要面積不過一平方公里，獨一無二的壁龕金字塔是最具特色的建築，整座金字塔由365個壁龕組成，考古學家推測它有計日的功能，代表一年365天。遺跡的南面發掘出數座球場，根據現存於少數部落的玩法，推測球賽類似排球，主要以臀部去頂橡膠球，但版本會因時因地不同，古典時代晚期的石碑顯示，球賽與人類獻祭連結，在此區獻祭的可能是輸家隊長。

符號說明   登錄時間　遺產內容　　遺產類型 文化遺產 自然遺產 綜合遺產 瀕危文化遺產 瀕危自然遺產　瀕危綜合遺產

葡爺貝拉歷史中心
Historic Centre of Puebla

1987

文化遺產

殖民城市/
西班牙

葡爺貝拉是個完整保留西班牙殖民風格的城市，市區裡有七十多間天主教堂、大主教宮，而且家家戶戶的牆上，都以花磚裝飾，完美地融合歐洲與拉丁美洲的美感，混合著17世紀和18世紀的歐洲藝術和墨西哥多彩的活力。

1531年，西班牙移民因要在附近的宗教中心Choulula建造教堂，而在葡爺貝拉定居下來，8年後這裡發展成重要的天主教中心。

葡爺貝拉大教堂(Catedral Basilica de Puebla)位在中央廣場(Zócalo)的南方，大部分的工程是在1649年Juan de Palafox擔任主教期間完成。內部的巴洛克豪華風格令人瞠目結舌，兩座高約66公尺的高塔也是全墨西哥最高的教堂高塔。

另一座美麗的教堂是聖多明哥教堂修道院(Iglesia de Santo Domingo)，附設的蘿沙里歐禮拜堂(Capilla del Rosario)是遊客到此膜拜的聖地。整座禮拜堂金碧輝煌，外牆全鑲著純金。

另外，由於本區的泥土讓葡爺貝拉所生產的陶器十分有名，再在加上西班牙人引進新的技術與材料，讓這裡成為一個陶瓷藝術中心與工廠集散地，到了18世紀，葡爺貝拉更成為墨西哥最重要生產瓷磚和玻璃的地方。

聖法蘭西斯科山脈岩畫
Rock Paintings of the Sierra de San Francisco

1993

文化遺產

史前岩畫

氣候乾燥、遺世獨立的條件，讓聖法蘭西斯科山脈的這批岩畫得以完好保存至今。岩畫中部分人形高達二公尺，自古以來，人們相信這些畫是出於「巨人們的競賽」。將近250處的畫作群，內容充滿神蹟、攻防、動物，還有形形色色的抽象符號，規模龐大，構圖精美，內容多樣化，用色非凡，還有動物和人類形象的原創性，故列入遺產加以保護。

維茲坎諾鯨魚保護區
Whale Sanctuary of El Vizcaino

1993

自然遺產

海洋生態

維茲坎諾位在下加利福尼亞半島，包含兩個潟湖帶，這裡氣候乾燥，水份蒸發率高達98％，在這樣的極端條件上，海岸線上長滿了紅樹林，灰鯨、藍鯨、海獅、海豹、海象都到此區繁殖、避寒；四種瀕臨絕種的海龜也在這裡繁衍後代。雖然成立保護區多年，但近來鑽油工業和經濟雙重發展，日益繁忙的海上交通，不斷威脅這裡的生態，就連遊客賞鯨的動力船也是壓力來源之一。

1987

文化遺產

馬雅遺址

前西班牙殖民時期城市帕蓮克
Pre-Hispanic City and National Park of Palenque

帕蓮克是墨西哥境內重要的馬雅文化遺跡。城內的神廟、宮殿、廣場、民舍等倚坡而建，錯落有序，形成雄偉壯觀的古代建築群。

最著名的建築是王宮(El Palacio)，它高高聳立在梯形平台上，由13個具地窖的房子、3個地下畫廊和一個高塔組成4個庭院的宮殿。根據石碑記載，國王加冕的地點應該就在這裡。外牆用岩石疊砌，內部裝飾華麗，四周有壁畫、浮雕和各類雕刻，作工精細，技藝高超。宮殿的正中心佇立了一座5層方形高塔，在馬雅文明的遺跡中從未有類似的建築，其功能尚未有定論。

碑銘神廟可說是帕蓮克最高的建築，是建有8層的金字塔建築，在金字塔的頂端又有一中央階梯，引領到平台上的3間神廟。碑銘神廟的主廳後牆嵌著兩塊灰色大石板，上面攜刻著620個馬雅象形文字，排得十分整齊，如同棋盤上的一顆顆棋子。這兩塊碑銘到底記錄什麼？至今考古學家仍未解開。這些象形文字是由圖形和音符混合組成，初步研究可以猜測這些文字應是記錄帕蓮克和碑銘神廟的歷史。

然而，到了10世紀時，帕蓮克一下子就被遺棄了，位處雨林地帶的文明城市，就被與世隔絕的熱帶叢林淹沒，一直到18世紀才重見天日。

符號說明　登錄時間　遺產內容　遺產類型　文化遺產　自然遺產　綜合遺產　瀕危文化遺產　瀕危自然遺產　瀕危綜合遺產

1987

文化遺產

阿茲特克
遺址

前西班牙殖民時期城市提奧狄華岡
Pre-Hispanic City of Teotihuacan

　　位於墨西哥市東北邊約40公里的提奧狄華岡是最知名的中美洲文明遺跡之一。城市最早奠基於1世紀，及至4世紀時，龐大的影響力遠及現今瓜地馬拉的提卡爾(Tikal)，只不過因為這裡的文明不像馬雅人一樣刻製紀念碑，使得考古學家對它的認識非常少。市區裡的大型建築，如日、月金字塔、羽蛇神神廟，都興築於這時候。城市約在7世紀時開始沒落，可能是因城市規模已超過可負荷的規模。

　　當阿茲特克人在14世紀在此重新建城時，提奧狄華岡已荒廢，利用原已規劃良好的市區和大型建築，成了阿茲特克帝國的宗教重鎮。阿茲特克人相信這個被荒廢的城市是由神明所建，因此特命名為提奧狄華岡，意思是「人成為神的地方」。很幸運的，當西班牙人在16世紀時，並未發現提奧狄華岡的金字塔遺跡，這裡才能絲毫未損的保留原來的風貌。

　　提奧狄華岡遺跡以「死亡大道」為中軸，市區作格子狀分割。寬40公尺，長約2公里。太陽金字塔位在死亡大道的東邊，底座222平方公尺，高度超過70公尺。建築時間約西元100年，由300萬噸的石塊、磚塊所堆砌而成，完全沒有利用任何金屬工具或輪子。

　　阿茲特克人相信這座金字塔是獻給太陽神的，而1971年時考古學家在金字塔的西方內部發現了一條長100公尺的隧道通往底部的洞穴，在這裡他們發現了藏有關於宗教的工藝品。因此學者推測有可能是在金字塔建造之前，居住於此的人便在這裡祭祀太陽神。

1988

文化遺產

民城市/
西班牙
×
礦業景觀/
銀礦

瓜娜華朵古鎮及其銀礦
Historic Town of Guanajuato and Adjacent Mines

　　曾經供應著西班牙殖民時期四分之一銀礦量的瓜娜華朵，是墨西哥最美麗的城市之一。位在起伏的山林，市區裡狹窄的石板街道、穿越山丘的山洞和一棟棟具有殖民時期風格的建築。

　　這些都要從1559年時大量發現豐富的銀礦說起。距市區5公里的La Valenciana 銀礦在過去250年間生產全世界20% 的產量，銀礦使該地人民生活富裕，因此市區的巴洛克式及新古典式建築，都妝點得十分漂亮。著名的La Compañía和La Valenciana兩大教堂更是拉丁美洲教堂的代表作之一。

　　然而在1765年時，西班牙國王卡洛斯三世(Carlos III)大量興稅，激怒了這些因富有的銀礦商人，於是1810年獨立運動時，這些富商與礦工便聯合起來幫助對抗西班牙政府。因此現今在城市裡，還會見到一些獨立運動的紀念碑和軍隊碉堡。

符號說明　 登錄時間　 遺產內容　　遺產類型　 文化遺產　自然遺產　綜合遺產　 瀕危文化遺產　瀕危自然遺產　瀕危綜合遺產

1988

文化遺產

馬雅遺址

前西班牙殖民時期城市：奇琴伊察
Pre-Hispanic City of Chichen-Itza

　　奇琴伊察是猶加敦半島最重要的馬雅遺跡之一，所留下的壯觀建築顯示人類卓越的智慧與才智。在千年的歷史裡，馬雅(Maya)、托爾特克(Toltec)、伊察(Iztec)等民族，紛紛在這些巨大的石造建築裡，留下了印記。然而，奇琴伊察為何在14世紀時突然變成無人的荒城，至今仍舊是個謎。

　　奇琴伊察最重要的建築，是名為庫庫爾坎(Kukulkan)的神廟，又稱金字塔神廟(El Castillo)。占地三千餘平方公尺，由塔身和台廟兩部分組成。金字塔底座呈四方形，邊長55.5公尺，塔身9層，向上逐層縮小至梯形平台。而從側面看，每個側面都有長長的階梯通往頂部，每座階梯各有91級台階，在最上面的平台上還有一台階。若以每座階梯各有91級台階，即4座一共364級台階，加上上面的一級，不多不少，正好是太陽年一年365天的天數。另外，9層塔座的階梯又分為18個部分，這正好又對應著馬雅曆法中一年的月數。還有，金字塔每個側面都排列了52片雕刻精美的石板，52這個數目，又恰巧是馬雅人的曆法週期，因為他們堅信每52年，天國的神會回來一次。

　　另外，這個精心設計過的神廟，在每年的春分和秋分的日落時刻，北面一組台階的邊牆會在陽光照射下形成7段等腰三角形，連同底部雕刻的蛇頭，宛若一條巨蟒從塔頂向大地游動，象徵著羽蛇神在春分時甦醒，爬出廟宇，秋分日回去。每次，這個奇景持續整整3小時22分，分秒不差。

　　平台上建有方形台廟，台廟是馬雅人為供奉庫庫爾坎神，也就是為羽蛇神而修建的。馬雅人認為羽蛇神是天神和雨神的化身，可以帶來風調雨順。

美洲 **AMERICA**

1993

殖民城市/
西班牙

文化遺產

拉卡提卡斯歷史中心 Historic Centre of Zacatecas

拉卡提卡斯是個典型的殖民地風格城市，充滿巴洛克風格的舊市區被列入世界遺產。這個昔日因為在16世紀時意外發現銀礦而鼎盛的城市，周遭山丘裡的6000噸銀礦一下子就被採光了。雖然銀礦業就此沒落，不過在當地因銀礦而發了財的富商贊助下，藝術風潮還是一窩蜂的擁進這裡，大型的殖民風宅邸、漂亮的公園分批建立，造就今日拉卡提卡斯的美麗城市風貌。

原本稱為Nuestra Señora de Asunción的大教堂，是拉卡提卡斯的驕傲。以粉紅色砂岩打造的教堂，大門上有3層繁複的浮雕，包含12使徒、天使、裝飾著花卉和水果的基柱和柱子。

1991

文化遺產

殖民城市/
西班牙

莫雷利亞歷史中心
Historic Centre of Morelia

相當於18世紀末期都市大小的莫雷利亞舊城區，保存超過一千棟主要興建於殖民時期的歷史建物，最具代表性的有：1774年巴洛克風格的大教堂、用本地建築色彩與技巧詮釋洛可可風的聖地牙哥教堂，還有殖民時期建造，直到1910年才停用的古老輪水道。這些建材多使用當地產的帶紅色砂岩，莫雷利亞因而有「粉紅石城」之稱。

1998

文化遺產

殖民城市/
西班牙

特拉科塔潘歷史建築區
Historic Monuments Zone of Tlacotalpan

特拉科塔潘離墨西哥灣不遠，倚著河流，是一座興建於16世紀的河港城市，也是西班牙殖民擴張時期的另一個成果。城市建築融合西班牙和加勒比海人傳統的樣式，色彩豐富，至今仍保持城市當初興建的模樣，寬廣的街道，成蔭的樹木栽植在公共空間和私人花園裡。

1996

文化遺產

殖民城市/
西班牙

克雷塔羅歷史建築區
Historic Monuments Zone of Querétaro

克雷塔羅巧妙結合印地安人聚落與西班牙殖民者住宅區，曲折的巷弄對上棋盤式整齊的街景，盤踞東西各一方，恰似對照組般。聖十字修道院是東城區最突出的建築物，伴隨著美洲印地安典型民居，修道院西側廣場周邊環繞雕琢的巴洛克式建築；西城區仿西班牙城市嚴謹布局，教堂和公眾建築佇立其間，其中共和劇院(the Teatro de la República)承載許多歷史上重要一刻，包括墨西哥國歌首次演奏、帝國末代皇帝受審及公告憲法等。

符號說明 登錄時間 遺產內容　遺產類型 文化遺產 自然遺產  綜合遺產 瀕危文化遺產 瀕危自然遺產　瀕危綜合遺產

瓜達拉哈拉卡巴那文化中心
Hospicio Cabañas, Guadalajara

1997
文化遺產
一座對應社會經濟需求的建築

位於瓜達拉哈拉的卡巴那文化中心原是救濟孤兒、老人和殘障貧苦人士的慈善中心，新古典風格的建築為西班牙建築師Manuel Tolsá於1805~1810年間所設計。建築師在設計時，在設施方面就已考慮到幼童和殘障不便者的需求，這在當年可說難能可貴。

取名為Cabañas是為了紀念當時的主教Don Juan Cruz Ruiz de Cabañas在此收養並教育孤兒的功德。他的愛心也受到後人繼續遵從，持續了150年之久，在1980年時收養的孤兒人數還高達到三千人之多。這裡最引人注目的是滿布著壁畫的禮拜堂，這是由墨西哥最偉大壁畫家之一José Clemente Orozco所繪，除了圓頂上，四面牆上還有53幅畫。

大卡薩斯的帕魁姆考古遺址
Archeological Zone of Paquimé, Casas Grandes

1998

文化遺產

聚落景觀遺址

西班牙展開殖民之後，人們自大卡薩斯地區這個文化商業據點撤離，留下龐大就地曬製的泥磚聚落、I字型的球場、石臺、市集和精心設計的配水、儲水、排水系統，除此之外，還有許多精緻的銅鈴、陶器、大量的珍珠等工藝產品，這些產品相信是來自於活躍的貿易活動。考古學家在此地還發掘出包覆著亞麻織品的木乃伊，及一個以亞麻仔細包裹的含鐵隕石。

前西班牙殖民時期城市烏斯瑪爾
Pre-Hispanic Town of Uxmal

1996

文化遺產

馬雅遺址

烏斯瑪爾遺址保存完整，仍可以看出原來的布局，完全要歸功於興建當時的用心，工匠仔細將石塊切割平整後輔以灰漿堆疊砌上，不像大部分的馬雅建築只是靠灰漿與石頭的結合，此地的遺址經過修復和強化後，可讓參觀的遊客爬上金字塔參觀。由於地形水源取得不易，建築設有儲水設備，雨蛇神更是重要的裝飾象徵，「巫師金字塔」外形呈橢圓形，和其他矩形金字塔大不相同。此外，它還有個矮人一夜起樓的傳說。

波波卡特佩山坡上的16世紀初期修道院
Earliest 16th-Century Monasteries on the Slopes of Popocatepetl

1994
修道院

文化遺產

分屬於方濟會、多米尼克、聖奧古斯丁三大教團的修道院，散落在波波卡特佩的山坡上，16世紀時，從歐洲來的傳教士迅速改變印地安人的原有信仰，而這些修道院就是當時這個區域基督教的信仰中心。修道院以禮拜堂為中心，飾以壁畫和雕刻，描繪著基督、聖母瑪利亞、天使和其他聖者的故事，哥德式的建築莊嚴肅穆。

2005

瀕危
自然遺產

物種演化

加利福尼亞灣的島嶼和保護區
Islands and Protected Areas of the Gulf of California

位於墨西哥加利福尼亞灣區的科提茲海(The Sea of Cortez)，涵蓋244座島嶼以及海岸地區，被稱作「物種演化研究的天然實驗室」。地球海洋生成過程時時刻刻在這裡上演，構造運動和火山作用所形成的特殊地形、清澈的海水、燦爛的陽光，交織出與眾不同的景象，本區有695種維管束植物、891種魚類(其中90種為地區特有種)，而全世界的海洋哺乳動物，這裡的種類就占了39%；鯨魚種類之多為世界第三位，相較於其他類似的生物地理條件，其重要性無可比擬。

2004

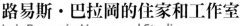
文化遺產

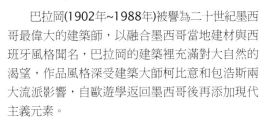
現代建築

路易斯·巴拉岡的住家和工作室
Luis Barragán House and Studio

巴拉岡(1902年~1988年)被譽為二十世紀墨西哥最偉大的建築師，以融合墨西哥當地建材與西班牙風格聞名，巴拉岡的建築裡充滿對大自然的渴望，作品風格深受建築大師柯比意和包浩斯兩大流派影響，自歐遊學返回墨西哥後再添加現代主義元素。

他的家和工作室位於墨西哥市郊區，建於1948年，是二次世界大戰後的傑出巨作，這棟水泥建築總面積1,162平方公尺，共有三層樓及一座私人花園，融合現代、傳統以及當地的藝術潮流和元素，成為全新的典範，對於當代庭院、廣場、景觀設計產生重大影響。

2007

文化遺產

大學、現
代建築

墨西哥國立自治大學城區校本部
Central University City Campus of the Universidad Nacional Autónoma de México (UNAM)

這所綜合性大學興建於1949年~1952年，是由超過60位建築師、工程師、藝術家通力合作，所完成的二十世紀現代主義獨特作品。校區整合了都市生活、建築學、工程學、景觀設計、藝術，尤其是融入了墨西哥被殖民之前的傳統元素，將社會和文化價值具體形象化，成為現代拉丁美洲意味深長的標誌。

2003

文化遺產

基督教
遺產

奎列塔羅的哥達山區方濟會傳教團
Franciscan Missions in the Sierra Gorda of Querétaro

位於奎列塔羅哥達山區的這五個方濟會傳教團建立於18世紀中葉，見證了墨西哥內陸地區基督教化過程的最後階段，成為往後教會繼續前往美國加州、亞歷桑那、德州傳教的重要參考。他們在哥達山區裡建立的教堂會所，富有傳教者的創意和印第安華麗風格，印地安人在教堂裡信教、受洗，保留自己的語言，也依著教堂周邊建立家園。

2010

文化遺產

運輸及
文化傳播
路線

內陸皇家大道
Camino Real de Tierra Adentro

又稱為「白銀之路」的內陸皇家大道，是一條長約2600公里，從墨西哥市向北延伸，經過美國德州、直達新墨西哥州的聖胡安·普韋布羅市(San Juan Pueblo)的跨國貿易大道。這條大道沿途共經過55處景點和5座世界遺產，在1598年~1882年，主要用來運送從薩卡特卡斯(Zacatecas)、瓜娜華朵(Guanajuato)、聖路易波托西(San Luis Potosí)等城鎮出產的白銀，以及從歐洲進口的水銀，同時也促進了西班牙人和美洲印第安人之間社會、文化以及宗教關係的創立。

符號說明 登錄時間 遺產內容
遺產類型 文化遺產 自然遺產 綜合遺產 瀕危文化遺產 瀕危自然遺產 瀕危綜合遺產

龍舌蘭植物景觀及古老釀酒工廠
Agave Landscape and Ancient Industrial Facilities of Tequila

　　位於瓜達拉哈拉郊區50公里遠的龍舌蘭鎮，是墨西哥「國酒」的產地。在這個美麗的河谷地帶，製造龍舌蘭酒已有兩千年以上的歷史，而近數十年來國際間對龍舌蘭酒的喜愛，更使其成為墨西哥的象徵，因此這片藍色龍舌蘭園和釀酒工廠，於2006年被列入世界遺產。

　　受保護的範圍包括龍舌蘭鎮、阿連那(Arena)、阿瑪提坦(Amatitan)這3個城鎮。由於釀酒的技術融合了西班牙殖民前的傳統發酵技術，以及歐美引進的蒸餾科技，而該特色也反映在酒廠的建築上，使這地區的文化景觀，展現獨一無二的特性。

　　小小的龍舌蘭鎮還保留一股寧靜的殖民時期風味，可參觀龍舌蘭蒸餾廠和龍舌蘭博物館(Museo del Teuila)。參觀行程從進入龍舌蘭田地開始，觀賞如何收割龍舌蘭或鋤草，還可親自試砍粗厚的龍舌蘭葉，之後再前往蒸餾廠逐一瞭解製造龍舌蘭酒的過程。

坎佩切的古瑪雅城市卡拉克穆爾及熱帶森林保護區
Ancient Maya City and Protected Tropical Forests of Calakmul, Campeche

　　壯麗的遺址深藏在叢林中，直到生物學家搭機飛越並給它取了馬雅名字「兩個比鄰的金字塔」，才開始揭露卡拉克穆爾神秘面紗。根據散布的蛇首標記「Kan」顯示，卡拉克穆爾統治極大的區域，時間長達12個世紀，這裡有總數最多的馬雅碑記，成雙成對設置，只可惜石碑材質軟弱，多半模糊無法解讀。壁畫和陶器是此地的瑰寶，多幅有關「九石姑娘」(Lady Nine Stone)的壁畫，鮮活了馬雅市集印象。

2006

防禦城鎮
×
殖民建築

文化遺產

聖米奎爾防禦城鎮和阿托托尼爾科的拿撒勒耶穌聖殿
Protective town of San Miguel and the Sanctuary of Jesús Nazareno de Atotonilco

為保持這條西班牙於中美洲來往殖民地之間的內陸交通順暢，西班牙殖民者於16世紀興築這座防禦城鎮，到了18世紀發展達到巔峰。

這兩個多世紀期間，建築風格正由巴洛克轉為新古典主義，因所處的位置和擔負的功能，使它扮演西班牙、克里奧爾(Creoles)、印第安文化融合的舞台，隨處可見歐洲與拉丁美洲交互激盪出來的火花。距離聖米奎爾14公里的拿撒勒耶穌聖殿正是這股風潮下的代表作。

2010

史前考古
洞穴

文化遺產

瓦哈卡州中央谷地的亞古爾與米特拉史前洞穴
Prehistoric Caves of Yagul and Mitla in the Central Valley of Oaxaca

瓦哈卡州有兩處與薩波特克文明(Zapotec)有關的重要考古遺跡，它們坐落於特拉克盧拉山谷(Tlacolula Valley)的北坡，保留了一系列史前洞穴與岩石避難所，寫下遊牧獵人群集後轉任首批農民的考古與巨石藝術證據。「Yagul」原意為「古樹」，「Mitla」則為「長眠之地」，在這兩處考古遺跡的洞穴中，發現了一萬年以前的葫蘆科種子，被認為是大陸上最早出現的農作植物；同樣出現於洞穴中的玉米穗軸碎片，據信是最早將玉米當成作物的歷史證據。

2008
自然遺產

火山與
沙漠生態
景觀

平納卡特火山和阿塔爾大沙漠生態保護區
El Pinacate and Gran Desierto de Altar Biosphere Reserve

這座遺產主要包括兩大部分，一是休眠平納卡特火山的紅色和黑色熔岩流，另一個部分則是分布在火山東西兩側的阿塔爾大沙漠。那不斷變換狀態的沙丘，有時可堆積達200公尺，伴隨著幾處高650公尺的花岡岩地塊，這些沙丘生長著多樣性的植物和野生動物，其中包括一些地區性的淡水魚，以及索諾蘭叉角羚(Sonoran Pronghorn)。十座且呈完美圓形的火山口，應該是不斷噴發和崩坍所形成，也增添景觀的戲劇性之美。

2008
自然遺產

生態保護
區/蝴蝶

國王蝴蝶生態保護區
Monarch Butterfly Biosphere Reserve

每年秋天，數十億萬計的蝴蝶，自北美各地飛到墨西哥市西北方大約100公里處，約56,259公頃的山區避冬，簇擁著這片相對牠們的數量來說有些小的樹林，以其斑爛的彩衣將樹林妝點得十分繽紛，連樹枝都要被牠們集體的重量壓彎了下來。

這場蝴蝶的盛會，待到回暖的春天便是散場時分。其中部分蝴蝶是要飛回加拿大東部的，長達八個月的遷徙路程，歷經四個世代的交替，牠們的後代又會再回到這個避寒之地，只是這條遷徙之路至今仍是個謎。

©UNESCO/Allen Putney

1998

文化遺產

防禦城鎮

坎佩切歷史防禦城鎮
Historic Fortified Town of Campeche

西班牙征服者為了保護殖民勢力，抵禦來自加勒比海海盜的攻擊，將這個棋盤式的城市用厚重的城牆圍了起來。這座長達2,560公尺長的不規則六角形城牆，連結當時八個防禦工事，保護住在裡頭的西班牙人，城牆共有四個城門供人們來往城內外。

2015

文化遺產

水力工程

帕德雷‧坦布雷克水力系統水道橋
Aqueduct of Padre Tembleque Hydraulic System

這座建於16世紀的水道橋，位於墨西哥中央高原的墨西哥州和伊達爾戈州(Hidalgo)之間，整座水力系統包含了泉水、集水區、運河、分配槽，以及拱門水道橋，此橋為單層拱門，當年是由方濟會修士帕德雷‧坦布雷克(Padre Tembleque)興起建造，並獲得地方原住民的協助，是一個結合了歐洲羅馬傳統和中美洲建築技術的範例，因為其中使用到曬乾的泥磚，那是中美洲傳統的建材。

2016

自然遺產

島嶼和
海洋生態

雷維利亞希赫多群島
Archipiélago de Revillagigedo

雷維利亞希赫多群島位於東太平洋，由San Benedicto、Socorro、Roca Partida和Clarión這4座島嶼所構成，群島本身其實是海底山脈的一部分，也意味著這4座島嶼是海底火山的山峰，因火山爆發而浮出水面。這些島嶼是某些野生動物的關鍵棲息地，尤其對海鳥來說特別重要，島嶼四周水域則有相當數量的大型海洋生物，像是蝠魟、鯨魚、鯊魚、海豚等。

2018

綜合遺產

植物生態
×
古代農業

特瓦坎─奎卡特蘭山谷：中美洲原始棲息地
Tehuacán-Cuicatlán Valley: Originary Habitat of Mesoamerica

由Zapotitlán-Cuicatlán，San Juan Raya和Purrón三部分組成，屬乾旱、半乾旱地區，擁有豐富多樣的北美洲生物，尤其是仙人掌家族最主要的生長地之一，擁有全球最密集、最多樣化的柱狀仙人掌森林，還有絲蘭和橡樹，塑造了獨特的景觀。除此，考古遺跡還有由運河、水井、渡槽和水壩所組成的古老的水利系統，促成了農業開發的結果。

巴拿馬Panama

  2　 3　0　Total 5

巴拿馬是中美洲最南的國家，連接北美洲與南美洲。五處世界遺產中有三處是自然遺產，由於其地理位置特殊，南北兩大洲的物種來到這裡形成一個天然屏障，另兩處文化遺產則是西班牙殖民城市。

★塔拉曼加地區—阿密斯德保護區／阿米斯達國家公園
Talamanca Range-La Amistad Reserves / La Amistad National Park詳見哥斯大黎加

加勒比海

塔拉曼加地區-阿密斯德保護區／阿米斯達國家公園
Talamanca Range-La Amistad Reserves / La Amistad National Park

巴拿馬加勒比海沿岸防禦工事：波多貝羅到聖羅輪佐
Fortifications on the Caribbean Side of Panama: Portobelo-San Lorenzo

老巴拿馬考古遺址與巴拿馬歷史區
Archaeological Site of Panamá Viejo and Historic District of Panamá

哥斯大黎加

達立安國家公園
Darien National Park

哥倫比亞

柯意巴國家公園及海洋保護區
Coiba National Park and its Special Zone of Marine Protection

太平洋

©UNESCO/Jim Williams

巴拿馬加勒比海沿岸防禦工事：波多貝羅到聖羅輪佐
Fortifications on the Caribbean Side of Panama:Portobelo-San Lorenzo

 1980

 瀕危文化遺產

 防禦工事 × 殖民遺產

加勒比海岸的天然深水港波多貝羅，是16~18世紀西班牙貿易艦隊必經航線，也是白銀出口港，1668年，惡名昭彰的海盜亨利摩根攻破後燒殺擄掠14天，1739年，英國打敗西班牙占領此地，這場戰役曝露西班牙艦隊的弱點，從此改變艦隊巡航策略；而波多貝羅的經濟受此打擊從此一蹶不振，直到巴拿馬運河開鑿，這些防禦工事從波多貝羅延伸到聖羅倫佐要塞附近。因防禦工事年久失修，加上市區無止境開發擴張，2012年被列為瀕危文化遺產。

達立安國家公園
Darien National Park

 1981

 自然遺產

 生物多樣性

達立安國家公園既是巴拿馬，也是中美洲面積最大的國家公園，坐落於連接南北美洲的陸橋上，兩大陸塊的生物來到這裡，既是活動界限，但也彼此交融。從沙灘、岩岸、紅樹林沼澤、低地至山地雨林，提供絕佳的生物棲地，混雜的生物基因數量龐大，環境與生物交織出迷人的景象。

老巴拿馬考古遺址與巴拿馬歷史區
Archaeological Site of Panamá Viejo and Historic District of Panamá

 1997

 文化遺產

 殖民城市／西班牙

老巴拿馬為巴拿馬城前身，建城以來雖歷經無數次災難，這個在太平洋岸輸出黃金白銀的城市，仍然持續穩定發展。1671年，海盜亨利摩根攻擊劫掠此地，交戰引發的大火造成數千人死亡，城市因而西遷重建。新城承續舊城的規劃興建，至今保存完整的街道布局與建築原貌，其中包括玻利瓦爾室(Salón Bolívar)這個推動泛美洲議會的歷史現場。

©UNESCO/Jim Williams

柯意巴國家公園及海洋保護區
Coiba National Park and its Special Zone of Marine Protection

 2005

 自然遺產

 生物演化 × 海洋生態

柯意巴島是中美洲太平洋岸最大的島，原與大陸相連，海水上升後分離變成島嶼。島上原和大陸同種的生物，經萬年演化後，在外貌和行為上與大陸親屬歧異，形成地方特有亞種。柯意巴國家公園所保護的是柯意巴島、周邊38座小島，以及奇里基灣(Gulf of Chiriqui)裡的海洋生態。由於巴拿馬當局在柯意巴島設置恐怖監獄，直到2004年才關閉，長期隔離未開發的環境恰成生物避難所，四周海域則提供海洋新物種發展的空間。

符號說明 登錄時間　遺產內容　遺產類型 文化遺產 自然遺產 綜合遺產 瀕危文化遺產 瀕危自然遺產　瀕危綜合遺產

牙買加Jamaica

🏛 #0　🔔 #0　🏛 #1　Total 1

加勒比海

藍山與約翰克勞克山脈
Blue and John Crow Mountains

加勒比海

牙買加是加勒比海上的島國，位於古巴南方，是大安利列斯群島的第三大島嶼，面積一萬餘平方公里，為加勒比海面積第四大島國。1494年哥倫布來到這裡，此後成為西班牙殖民地，名為聖地牙哥；1655年被英國占領，並更名為牙買加；1962年脫離英國獨立，目前為大英國協一員。

2015

綜合遺產

殖民遺產
×
人文聚落
景觀
×
生物
多樣性

藍山與約翰克勞克山脈
Blue and John Crow Mountain

位於牙買加東南部，是一處森林茂密的山區，先後成了泰諾原住民(Taino)和馬龍黑奴(Maroon)的庇護所，他們為了反抗歐洲人的殖民統治，逃到這處孤立的山區，並開發出山徑網絡、藏身處和聚落，形成了如今所稱的「南尼城鎮遺產路線」(Nanny Town Heritage Route)。特別是後來從非洲引進的馬龍黑奴，森林提供了他們一切生存所需，並發展出和大山之間的強大精神聯繫，透過無形的文化來表現如宗教儀式、傳統醫藥和舞蹈。

除此，這裡也是加勒比海島嶼生物多樣性的熱點，生長著極高比例的地區特有種植物，例如地衣、苔蘚和開花植物。

尼加拉瓜Nicaragua

🏛 #2　🔔 #0　🏛 #0　Total 2

宏都拉斯

萊昂大教堂
León Cathedral
老雷昂遺址
Ruins of León Viejo

加勒比海

太平洋

哥斯大黎加

尼加拉瓜是中美洲地峽上面積最大的國家，全國主要分成太平洋低地、中部高地和加勒比海低地三大區。

2000

文化遺產

殖民城市
遺址

老萊昂遺址
Ruins of León Viejo

萊昂是西班牙在美洲最早的殖民城市之一，16世紀時，一直飽受摩摩托波(Momotombo)火山活動影響，1594年~1610年期間地震頻密劇烈，居民遂放棄此城另遷他地。雖然此城最終仍煙滅，挖掘後又受風侵雨蝕而危殆，然而因其布局與同時期於拉丁美洲建立的城鎮類似，為其他考古遺址調查的最佳參考。

2011

文化遺產

教堂

萊昂大教堂
León Cathedral

建於1747年到1814年，1860年接受教宗庇護九世(Pope Pius IX)的祝聖，至今仍是中美洲最大的教堂。1762年，瓜地馬拉建築師荷西(Diego José)進行修建，在巴洛克與新古典主義融入哥德與文藝復興時期的藝術元素，並將西班牙式的矩形建築格局結合瓜地馬拉當地的建築。

巴拉圭Paraguay

🏛 #1　🔔 #0　🏛 #0　Total 1

玻利維亞

巴西

帕拉納和塔伐蘭克的
耶穌會傳教社區
Jesuit Missions of La Santísima
Trinidad de Paraná and Jesús de Tavarangue

阿根廷

巴拉圭是南美洲的內陸國，巴拉圭河貫穿而過，因為於南美的中心點，而有「南美心臟」之稱。16世紀時成為西班牙殖民地，1811年獨立。

1993

文化遺產

基督教
遺產

帕拉納和塔伐蘭克的耶穌會傳教社區
Jesuit Missions of La Santísima Trinidad de Paraná and Jesús de Tavarangue

西班牙武力殖民南美洲，原住民既失去家園又陷入被奴役的地位，因而反叛、暴動與殖民者衝突不斷，直到耶穌會介入，才稍加改善這樣的關係。耶穌會教徒傳教之餘，建立了大約三十個原住民自給自足的社區，傳授知識、建立公眾秩序，帶動經濟社會發展，對於日後巴拉圭的發展有深遠的影響。帕拉納是其中最大的一個；至於塔伐蘭克，在耶穌會被驅離時仍在興建中。

秘魯Peru

 9 2 2 Total 13

秘魯曾是古印加帝國的中心，13處世界遺產中，不論文化、自然還是綜合遺產，可說都是重量級。不論是比印加文明更早的查文、昌昌、納茲卡、卡羅爾－蘇沛，還是代表印加的庫斯科、馬丘比丘，在在說明了秘魯在古文明歷史的不凡成就。

★瓜帕克南：安地斯道路系統Qhapaq Ñan, Andean Road System詳見阿根廷

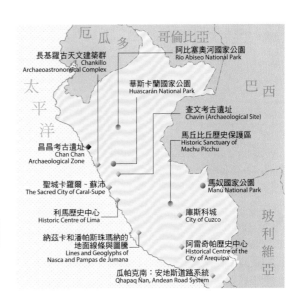

厄瓜多 哥倫比亞
長基羅古天文建築群 Chankillo Archaeoastronomical Complex
阿比塞奧河國家公園 Río Abiseo National Park
太平洋
華斯卡蘭國家公園 Huascarán National Park
巴西
查文考古遺址 Chavin (Archaeological Site)
馬丘比丘歷史保護區 Historic Sanctuary of Machu Picchu
昌昌考古遺址 Chan Chan Archaeological Zone
聖城卡羅爾－蘇沛 The Sacred City of Caral-Supe
馬奴國家公園 Manú National Park
利馬歷史中心 Historic Centre of Lima
庫斯科城 City of Cuzco
玻利維亞
納茲卡和潘帕斯珠瑪納的地面線條與圖騰 Lines and Geoglyphs of Nasca and Pampas de Jumana
阿雷奇帕歷史中心 Historical Centre of the City of Arequipa
瓜帕克南：安地斯道路系統 Qhapaq Nan, Andean Road System

庫斯科城
City of Cuzco

 1983
 文化遺產
 印加文明

　　庫斯科是印加古文明的首都，印加人相信庫斯科是由雄才大略的印加王九世Pachacuti一手建造，但考古證據顯示，庫斯科早於1100年即開始興建，在山坡上用堅固的印加基底建立雄偉紅色山城，直到1534年西班牙的征服者法Francisco Pizarro俘虜印加王為止。為了宗教上的統治，許多印加宮殿都被改建成教堂，最著名的就是改建成聖多明哥(Santo Domingo)教堂的太陽神殿，在1650年和1950年的大地震中都成斷垣殘壁，但是基底的太陽神殿卻毫髮未傷。

馬丘比丘歷史保護區
Historic Sanctuary of Machu Picchu

 1983
 綜合遺產
 印加文明 × 生物多樣性

　　印加人相信馬丘比丘是由印加王九世Pachacuti於1440年所建，位於庫斯科西北方100公里處，環繞著Urubamba河，坐落在靈山Wayna-pichiu旁，是印加文明保存最完整的聖地。馬丘比丘以宗教儀式、貴族祭司住所和供養他們的平民區，架構出這個被認為是印加貴族感受古靈的修養中心，在西班牙征服者入侵後，因馬丘比丘不易發現，得以藏匿了將近四百年的時間。

阿比塞奧河國家公園
Río Abiseo National Park

 1990
 綜合遺產
 雨林生態

　　阿比塞奧河國家公園設立於1983年，為保護安地斯山脈雨林的動植物。擁有許多絕無僅有的地方性物種，包括曾一度被認為已滅絕的黃尾毛猴(Yellow-tailed Woolly Monkey)。自1985年起，為了保護脆弱的自然環境和已發現的36處前哥倫布時代的考古遺址，不對遊客開放。

華斯卡蘭國家公園
Huascarán National Park

 1985
 自然遺產
 高山生態

　　華斯卡蘭國家公園地處世界最高熱帶山脈Cordillera Blanca，主峰華斯卡蘭峰海拔6,768公尺，園內處處可見高原、峽谷、冰河和海拔6,000公尺以上的山峰，其中有663處冰河、296座湖泊與3條主要河流的41條支流，並擁有超過779種植物、112種鳥類與獨一無二的巨型開花植物蒿氏普亞鳳梨(Puyas Raimondi)，可長到10公尺高，生命週期長達40年，每株可開3000朵花，結出600萬顆種子。

昌昌考古遺址
Chan Chan Archaeological Zone

 1986
 瀕危文化遺產
 古安地斯文明考古遺址

　　昌昌是15世紀奇穆王國(Chimu Kingdom)盛世的首都，城市經過精密的政治和社會階層考量規劃，在市中心區以泥磚築成圍牆並畫分成9個堡壘，每個堡壘均有廟宇、墓地、花園、儲水池、安排對稱的房間，據信應為貴族階層的生活圈，其他的平民百姓則生活在堡壘區外。

　　遺址自被發掘之後，因其所使用的建材極易遭受自然因素侵蝕毀壞，故自1986年登錄為世界遺產同時，亦列為瀕危文化遺產名單，投入大量資源計畫保存。

©UNESCO/Jim Williams

符號說明 登錄時間 遺產內容 遺產類型 文化遺產 自然遺產 綜合遺產 瀕危文化遺產 瀕危自然遺產 瀕危綜合遺產

馬奴國家公園
Manú National Park

1987

自然遺產

生物
多樣性

因為周邊土地未曾人為開發，馬奴國家公園一直保持原始的生態環境，從亞馬遜盆地的雨林到海拔4,200公尺的高山草原，數個生態圈齊聚一起，成為世界上生物種類最複雜的公園之一，超過1,000種的鳥類也以此地為家，進入公園必須獲得原住民或是研究單位的邀請，並不對外開放。

利馬歷史中心
Historic Centre of Lima

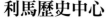
1988

文化遺產

殖民城市/
西班牙

直到18世紀中葉，利馬是西班牙殖民南美洲時期最重要的城市，因而有「國王之城」的稱號。西班牙統治時期留下的建築，擁有超過1,600個各式陽台，設計突出於建築之外、道路之上，除此，殖民時期的重要建築雕飾得精緻華麗，其中最具代表性為大主教宮殿及聖法蘭西斯科女子修道院(Convent of San Francisco)。

納茲卡和潘帕斯珠瑪納的地面線條與圖騰
Lines and Geoglyphs of Nasca and Pampas de Jumana

1994

文化遺產

納茲卡
文明

科學家相信，納茲卡線條是西元前200年到西元600年間納茲卡文明的產物。納茲卡文明和印加文明起源相同，但納茲卡文明又比印加文明還早將近1500年。散落在納茲卡沙漠大大小小千百個巨大圖騰，直到1920年間，才被飛越納茲卡沙漠的私人輕航機注意，看見地面上巨大的「遠古印加圖騰」。1930年在Paul Kosok和助手Maria Reiche兩位科學家領軍考察下，納茲卡驚人的幾何圖形才為世人所注意。

查文考古遺址
Chavin (Archaeological Site)

1985

文化遺產

查文
文化遺址

西元前1500至西元前300年的查文文化，生存於西部乾涸的荒漠和東部潮濕多雨的亞馬遜低地之間，這個位在南美安地斯山脈上的考古遺址，周圍土地適宜耕種和放牧，最早有組織的美洲駝隊可能為查文人帶來當地沒有的物產，隨著貿易往來曾經盛極一時。目前發掘的遺址多為宗教祭祀中心，主要是一些階梯狀建築和廣場，並有縱橫交錯的長廊和大量獸形的裝飾物。

阿雷奇帕歷史中心
Historical Centre of the City of Arequipa

2000

文化遺產

殖民城市/
西班牙

阿雷奇帕原屬於印第安人的城鎮，於地震中全毀，1540年西班牙人重建為現代的阿雷奇帕。城區周邊火山密集環繞，就地取當地白色火山石做為建材，為該城贏得「白色之城」(La Ciudad Blanca)稱號，市區隨處可見西班牙人、克里奧爾(在殖民地出生的歐洲人後裔)和印第安工匠的巧思傑作，這些西班牙殖民美洲時期的建築物至今仍保存良好。

©Arequipa Tourism

聖城卡羅爾－蘇沛
The Sacred City of Caral-Supe

2009

文化遺產

古安地斯
文明
考古遺址

位於蘇沛谷地的卡羅爾－蘇沛遺址，據推估已有五千年的歷史，近年發掘出新的考古證據經碳十四測定，將該址所屬的諾特奇可文明向前推進了數千年，在這個地理生存條件不佳的秘魯北部海岸，卻出現了繁榮的大型古城，似乎也是安地斯文明城市規劃的樣本，未來或許能進一步解答安地斯文明的起源。

長基羅古天文建築群
Chankillo Archaeoastronomical Complex

2021

文化遺產

古天文
建築群

這項史前遺址(西元前250~200年)位於中北部海岸的卡斯馬山谷(Casma Valley)，由幾處建築組成一套曆法儀器，包括一座有3層圍牆的山頂神廟建築群、2座被稱為天文台和管理中心的建築群、13座沿山脊排列的立方體塔樓，以及穆喬馬洛山(Cerro Mucho Malo)。13座塔樓南北線兩側各有一處觀察點，全年可觀測日出和日落點，這處遺址利用太陽週期和人造水平儀標記冬至、夏至、春分、秋分和其他日期，為卡斯馬山谷天文學演變的巔峰表現。

聖克里斯多福尼維斯 Saint Kitts and Nevis

1　# 0　# 0　Total 1

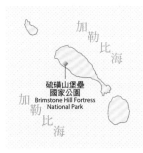

位於西印度群島,由聖克里斯多福尼和尼維斯兩座島嶼組成,面積、人口都是美洲最小的國家。這裡是英國和法國在加勒比海最早的殖民地。

硫磺山堡壘國家公園
Brimstone Hill Fortress National Park

1999　防禦工事×殖民遺產/英法　文化遺產

英法兩國執行殖民,在加勒比海各島建設防禦工事,硫磺山堡壘自1690年起建,述說了多重意義:英國工程師多邊形軍事堡壘設計、黑奴血淚史、美洲印第安人消失由非洲黑奴取而代之成為加勒比海的新族群。

聖露西亞 Saint Lucia

0　# 1　# 0　Total 1

聖露西亞位於東加勒比海小安地列斯群島,先後被法國和英國各殖民七次,政權輪轉頻繁,因而被稱為「西印度群島的海倫」。

皮頓火山錐生態區
Pitons Management Area

2004　火山景觀與海洋生態　自然遺產

皮頓火山錐主要由海中突起的兩個火山錐體構成,一是770公尺Gros Piton,另一座為743公尺Petit Piton,兩峰之間以米頓山脊相連,是航海人的陸地指標。二座錐峰與附近面積2,909公頃的區域,見證火山噴發地形。

蘇利南 Suriname

2　# 1　# 0　Total 3

蘇利南位於南美洲北部,臨大西洋,一開始被英國殖民,但在1667年被荷蘭奪走,一直到1975年才獨立,是南美洲面積最小的國家。

蘇利南中央自然保護區
Central Suriname Nature Reserve

2000　雨林×野生動物×生物多樣性　自然遺產

這處保護區整合了原有的三座自然保護區,面積廣達1,600萬公頃,約占蘇利南12%的國土面積,涵蓋蘇利南最重要的河流戈貝納美河(Coppename)上游,區內有熱帶雨林和稀樹大草原,大部分地方人煙罕至,保留原始生態體系,金剛鸚鵡、美洲豹、南美大犰狳、大河獺徜徉其間。

巴拉馬利波歷史城區
Historic Inner City of Paramaribo

2002　文化遺產　殖民城市/荷蘭

荷蘭人於17~18世紀登陸,在蘇利南河西岸的巴拉馬利波建立殖民小鎮,街道規劃至今仍保持原貌,荷蘭的技術與當地工藝建材融合,城內建築創造出洋溢歐洲風情、當地傳統和適應南美環境的獨特樣式。

©UNESCO/Ron Van Oers

尤登薩瓦內考古遺址:尤登薩瓦內聚落與卡西波拉溪墓地
Jodensavanne Archaeological Site: Jodensavanne Settlement and Cassipora Creek Cemetery

2023　文化遺產　聚落遺產

位於北部河畔的密林中,尤登薩瓦內聚落建於17世紀80年代,包括猶太教堂遺址、墓地、船隻靠岸區和軍事哨所。卡西波拉溪聚落建於更早的17世紀50年代,由猶太人居住和管理,他們與非洲裔的自由人和奴隸雜居在一起。

符號說明 登錄時間 遺產內容　遺產類型 文化遺產 自然遺產 綜合遺產 瀕危文化遺產 瀕危自然遺產 瀕危綜合遺產

美國United States of America

 13　 12　 1　Total 26

地大物博的美國共有26處世界遺產，其中12處為自然遺產，13處為文化遺產，1處綜合遺產，一反歐洲國家常態，多半以文化遺產取勝。大山大水的美國，自然遺產幾乎處處是經典，而文化遺產則大多是印地安人遺址及美國獨立紀念。

★克盧恩/蘭格爾—聖伊萊亞斯/冰河灣/塔琴希尼—阿爾塞克Kluane /Wrangell-St Elias / Glacier Bay / Tatshenshini-Alsek詳見加拿大

★摩拉維亞教會聚落Moravian Church Settlements 詳見丹麥

馬默斯洞穴國家公園
Mammoth Cave National Park

1981
自然遺產
喀斯特地形

　　馬默斯洞穴是世界上已知的溶洞系統中最大的一個，已探測長度達560公里，若以剖面圖看，可以分為三層，目前已發現77座地下大廳，最高的一座稱為「酋長殿」，還有著名的柯林斯水晶洞。雨季時洞內形成地下河；旱季時部分地區變成地下湖泊，有盲魚、穴蟋蟀、無色蜘蛛、印第安那蝙蝠和盲鼇蝦等50種珍稀洞穴生物，僅靠河水提供養分生存，但現代污水對這些生物造成嚴重威脅，故此區列入世界生物圈保護區名單。

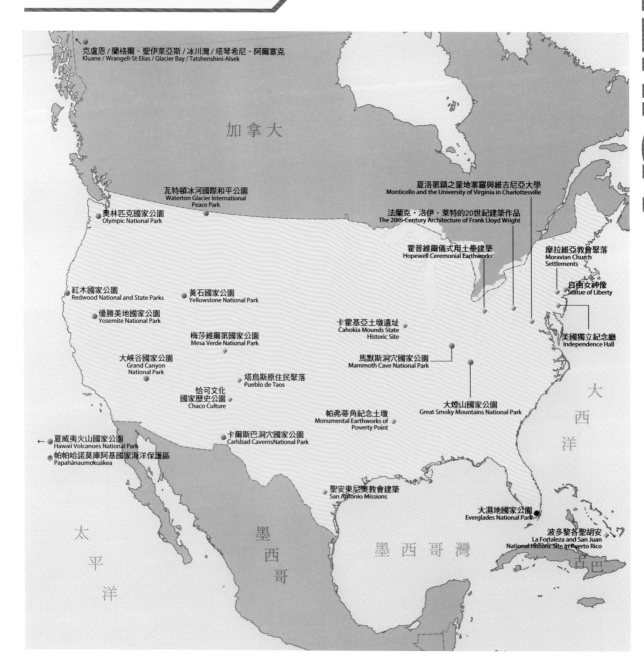

克盧恩 / 蘭格爾 - 聖伊萊亞斯 / 冰川灣 / 塔琴希尼 - 阿爾塞克
Kluane / Wrangell-St Elias / Glacier Bay / Tatshenshini-Alsek

加拿大

瓦特頓冰河國際和平公園
Waterton Glacier International Peace Park

奧林匹克國家公園
Olympic National Park

夏洛第鎮之蒙地塞羅與維吉尼亞大學
Monticello and the University of Virginia in Charlottesville

法蘭克·洛伊·萊特的20世紀建築作品
The 20th-Century Architecture of Frank Lloyd Wright

霍普維爾儀式用土壘建築
Hopewell Ceremonial Earthworks

摩拉維亞教會聚落
Moravian Church Settlements

紅木國家公園
Redwood National and State Parks

黃石國家公園
Yellowstone National Park

自由女神像
Statue of Liberty

優勝美地國家公園
Yosemite National Park

卡霍基亞土墩遺址
Cahokia Mounds State Historic Site

美國獨立紀念廳
Independence Hall

梅莎維爾第國家公園
Mesa Verde National Park

馬默斯洞穴國家公園
Mammoth Cave National Park

大峽谷國家公園
Grand Canyon National Park

塔烏斯原住民聚落
Pueblo de Taos

大煙山國家公園
Great Smoky Mountains National Park

恰可文化國家歷史公園
Chaco Culture

帕弗蒂角紀念土墩
Monumental Earthworks of Poverty Point

夏威夷火山國家公園
Hawaii Volcanoes National Park

卡爾斯巴洞穴國家公園
Carlsbad CavernsNational Park

帕帕哈諾莫庫阿基國家海洋保護區
Papahānaumokuākea

聖安東尼奧教會建築
San Antonio Missions

大濕地國家公園
Everglades National Park

波多黎各聖胡安
La Fortaleza and San Juan National Historic Site in Puerto Rico

太平洋

墨西哥

墨西哥灣

大西洋

古巴

1978

自然遺產

地熱景觀

黃石國家公園
Yellowstone National Park

橫跨懷俄明州、蒙大拿州、愛達荷州的黃石國家公園，面積廣達台灣版圖的1/4，這一塊自然生態保育區是美國境內最大的哺乳動物棲息地之一，擁有多種野生動植物和珍稀的地熱地貌，於1872年獲選為全球第一座國家公園。

黃石國家公園成立的宗旨在維護罕見的地熱景觀，園區內驚人的地形樣貌，源自數十萬年前火山連續噴發形成的成果，最後一次的火山爆發約在六十四萬年前，激烈噴洩的熔岩覆蓋地表，熱泉滲入岩層裂隙，極度的高溫又迫使滾泉往上噴竄，形成開歇泉、泥漿泉、噴氣孔、溫泉等超過一萬種地熱型態，占全球目前已知半數。

諾瑞絲區(Norris)是園區中地熱最活躍的區域之一，因位於三個斷層區塊交會處，地震頻仍，加上酸性熱泉急速消溶地底礦床，因此經常爆發新的間歇泉，而突發的地形局部運動，使間歇泉的運作更劇烈。

由諾瑞絲區北行約34公里，是另一處令人驚艷

符號說明 登錄時間 遺產內容　遺產類型 文化遺產 自然遺產 綜合遺產  瀕危文化遺產　瀕危自然遺產　瀕危綜合遺產

的景區「馬默斯溫泉」(Mammoth Hot Springs)，此處以層層相疊的石灰華景觀獨步園區。這塊區域在百萬年前，是一片富含石灰岩的浩瀚汪洋，火山爆發促使地下熱泉自岩層裂隙中湧出地表，溶解石灰岩中的碳酸鈣，遇冷凝結的碳酸鈣沉積成石灰華平台，高高低低的平台構成階梯狀的景觀，一躍為人氣指數最高的招牌景區。

下環線景區名氣最大的當屬老忠泉 (Old Faithful)，黃石國家公園密布著300多座間歇泉，老忠泉就是其中的一座。

1978

文化遺產

人文聚落景觀遺址/北美印第安

梅莎維爾第國家公園
Mesa Verde National Park

位於科羅拉多州西南方的梅莎維爾第，是由普柏洛 (Puebloan) 印第安人所留下的古文明遺跡，最著名的景觀為成群的壁屋 (Cliff Dwellings)。開鑿於砂岩峽谷的崖壁上，留存的數量約有六百處，建於12~13世紀。除了奇特的壁屋景觀，還留有上千座史前村落遺跡，估計最早的住屋建於550年左右，持續使用到13世紀末，成了考古學家研究早期北美印第安文化的重要地點。

大峽谷國家公園
Grand Canyon National Park

大峽谷是由科羅拉多河切割而成的溪谷景觀。整個峽谷地區長度約443公里，深度達1.6公里，形成的原因主要為谷底部蜿蜒曲折的科羅拉多河切割而成，經歷大約三百至六百萬年的過程才形成今日的面貌，鏤刻出令人嘆為觀止的奇景，從早至晚變化萬千的顏色，讓人目不暇給。

大峽谷的旅遊路線分為北緣(North Rim)和南緣(South Rim)，兩者之間雖然距離才25公里，但由於被溪谷分隔，所以不得已必須迂迴穿梭於山路之間，距離變成332公里左右，北緣景點不多，分別為「皇家海角公路」(Cape Royal Road)和「大峽谷小屋」(Grand Canyon Lodge)。

而西峽谷(Grand Canyon West)全新完工的天空步道(Skywalk)，懸掛於離地1,219公尺的半空，凌空

符號說明　登錄時間　遺產內容　遺產類型　文化遺產　自然遺產　綜合遺產　瀕危文化遺產　瀕危自然遺產　瀕危綜合遺產

伸出絕壁達21.34公尺，面對著數百萬年風化成形的老鷹岩(Eagle Point)，是觀賞大峽谷西緣景色的絕佳位置。

天空步道自2004年動工，估計耗資達三千萬美金，於2007年正式對外開放營運。步道主體的透明玻璃橋是90噸重的多層厚玻璃鋪成，呈馬蹄形向外懸空延伸，橋面上下完全沒有任何支撐點，是天空步道最大的賣點。不過這裡並不在世界遺產範圍內。

天空步道的興建計劃曾引發瓦拉派保留區的爭論，支持者認為此計劃能為原住民創造更多就業機會，反對派則指稱這是對神聖土地的褻瀆。瓦拉派族人在多年考量後，最終在基於改善全族生活的前提下，同意興建天空步道，盼望為族人的未來尋找一條新的出路。

大濕地國家公園
Everglades National Park

位於佛羅里達半島南端的廣大濕地，擁有多姿多采的生態體系，哺育著豐富的魚種、朱鷺、鱷魚、短吻鱷、佛羅里達山豹，他們都曾經是這裡主要居民。

然而，此區人口增加、城市向外拓展、大規模農業增長，對於土地和水源需求激增，1950年代更挖掘多條人工水道排水，造成濕地面積迅速縮小，同時水銀等工業污染亦進入食物鏈，在1993年一度被列入瀕危自然遺產，自2000年起投入大量資源力圖挽救，無奈這裡生態實在太脆弱，2010年又再度被提報為瀕危自然遺產。

1979

文化遺產

人權紀念
建築

美國獨立紀念廳
Independence Hall

這座位於費城的建築最初興建作為賓州殖民當局的議會議場，1776年，北美十三州代表們在此簽署由湯瑪斯‧傑佛遜撰稿的美國獨立宣言，文件中提出之生命權、自由權與追尋幸福之權等基本理念，隨後於1787年編入同樣在此制訂的美國憲法，日後越南與羅得西亞(今之辛巴威)等國的獨立宣言皆以此為本。

宣言內容經常為政治演說所引用，包括林肯的蓋茨堡演說、金恩博士《我有一個夢》，後來它也激勵了法國大革命根本宣言之一「人權和公民權宣言」，對世人影響深遠可見一斑。

1983

自然遺產

生物
多樣性

大煙山國家公園
Great Smoky Mountains National Park

高山、冰河、氣候交互影響下，大煙山國家公園成為地球溫帶區物種最多樣化的區域。古老山脈的海拔高度由266~2025公尺，劇烈的高低落差模擬緯度的變化，讓南北方物種都有合適的環境生存。阿帕拉契山脈呈東北－西南走向，在最後一次冰河時期阻擋了冰河的入侵，並成為動植物避難後落地生根的家；公園裡雨量充沛，夏季高溫高濕，提供植物絕佳的生長環境，使這裡形同溫帶的雨林，公園另以野生花卉保護及「蝶螈首府」著稱。

1983

文化遺產

殖民城市/
西班牙

波多黎各聖胡安歷史城區
La Fortaleza and San Juan National Historic Site in Puerto Rico

1521年，西班牙人建立了這座城市，並築起高牆阻隔外來的侵擾，是美洲第二古老的殖民城市。走進老城區裡，各種色彩的屋宇五彩繽紛，鍛鐵鑄造的陽台雕工精細，還有立著雕像的廣場，以及鋪著鵝卵石的狹窄巷弄，別具加勒比海的殖民風味。

1980

自然遺產

海岸森林
生態

紅木國家及州立公園
Redwood National and State Parks

紅木國家公園位於加州北部海岸，公園包含數個早先已經成立的州立公園，總面積廣達45,575公頃，聯合國教科文組織在1980年將此地列入世界自然遺產名錄。公園保護了北加州沿海森林生態，包括加州45%的海岸紅杉林、大草原、長達60公里的原始海岸線，以及北美原住民文化遺址等。

©加州旅遊局

海岸紅杉是地球上最高的樹種，公園內部分樹木高度超過一百公尺，其中一棵名為亥伯龍(Hyperion)的紅杉，更是高達115.66公尺，為目前世上已知最高的樹。紅杉平均壽命約在500~700年，有些樹齡可達2000年。漫步在古老的巨木林間是最受遊客歡迎的活動，騎自行車與露營也相當有人氣。

公園內還可觀察到四十種以上哺乳類動物，包括黑熊、山獅、水獺、土狼等，沿海一帶可見到海獅、海豹和海豚的蹤影。值得一提的是羅斯福糜鹿，成年公鹿體重可達300~500公斤，體型與鹿角皆十分壯觀。

1982

文化遺產

人文聚落
景觀遺址/
北美印第
安

卡霍基亞土墩遺址
Cahokia Mounds State Historic Site

位在密蘇里州聖路易市東北方約13公里處，屬於伊利諾州，為哥倫布發現新大陸之前在墨西哥以北最大的印第安人部落。歷史可以上溯到西元800~1400年，也就是所謂的密西西比時期(Mississippian Period)，遺址面積將近1600公頃，共有120個土墩，整個部落的布局是以數個衛星土墩為核心，然後外圍包圍著許多村莊，呈現複合領導的農業社會。1050~1150年極盛時期的社會規模，人口約一至兩萬。其中，僧侶墩(Monks Mound)為史前美洲最大的土木工程，占地5公頃，高30公尺。

符號說明　 登錄時間　 遺產內容　　遺產類型　文化遺產　自然遺產　綜合遺產　瀕危文化遺產　瀕危自然遺產　瀕危綜合遺產

1981

自然遺產

生物
多樣性
×
野生動物

奧林匹克國家公園
Olympic National Park

地處華盛頓州西北的奧林匹克半島上，是除了阿拉斯加以外最大的原始地區，為了維護其自然資源及原始之美，公路設計並未深入園內的每個區域，而是從周圍漸進式地繞進去。

暴風山脊(Hurricane Ridge)可說是公園內最不容錯過的景點之一，在山頂可遠眺白雪覆蓋、峰峰相連的奧林匹克山脈，還可一覽公園特殊景觀全貌及領略勁風的威力。

由於地勢及氣候的關係，公園內最高峰奧林帕斯山山頭終年都籠罩在一片陰鬱的雲霧中。而設立此座公園的原因之一是為了保護羅斯福麋鹿，使牠們免於被濫捕濫殺的厄運，當然珍奇動物還有黑熊、豪豬、禿鷹、紅狐及短耳兔等。

因為這塊地區特殊的自然環境，使得公園裡面有許多種稀奇的動物，這些動物僅僅生存於奧林匹克國家公園這片區域，根據當地生物學家的統計，約有16種動物，被稱之為「Endemic 16」，這些動物的命名前面都會加上Olympic這個字眼，例如奧林匹克土撥鼠、奧林匹克地鼠等。

除了Endemic 16之外，還有另外11種動物是僅僅生存於公園之外的奧林匹克山區，被稱為「Missing 11」，包括了山貓、山羊、大灰熊等，罕見的生態景觀成為生物學家最佳的天然研究室。

1987

文化遺產

人文聚落
景觀遺址/
北美印第
安

恰可文化國家歷史公園
Chaco Culture National Historical Park

這是個由許多不同落部的原住民文化所共同發展而出的文化中心，發展約始於西元900年，他們從外地運來巨型砂岩和大樹，建造了15座大型的公共建築，其排列方式與日、月的運行與位置相關，顯示建造者擁有充足的天文知識。

此外，該地區也以完善的道路設施連結了150個社群部落，也顯示其高度的工程技術能力。不過，在1250年後，全部的人遷出該地，據推測可能是因為乾旱導致餓荒，使人們不得不往外遷移。

1987

文化遺產

大學/美國
傳承歐洲
文化的象
徵

夏洛第鎮之蒙地塞羅與維吉尼亞大學
Monticello and the University of Virginia in Charlottesville

美國獨立宣言起草人、第三任總統，也是優秀建築師湯瑪斯‧傑佛遜(Thomas Jefferson)設計的自宅及維吉尼亞大學校園前身「學院村」，建築反映其嚴謹的新古典主義、崇尚文藝復興的熱情。

蒙地塞羅是個農莊，宅內有自動門、旋轉椅及許多傑佛遜發明的便利裝置，他本人亦安葬於此。維吉尼亞大學是美國唯一由總統創建，擺脫宗教影響的高等學府，其教案與建案由傑佛遜一手包辦。校園以仿羅馬式建築的圖書館為U字型中心頂點，中央草坪二側分立學生和教員宿舍，這批建築至今仍為校園的核心。

1984

文化遺產

自由民主
的象徵

自由女神像
Statue of Liberty

自由女神雕像孤懸於曼哈頓外海的自由島(Liberty Island)上，是1876年美國建國百周年時，法國送的生日禮物，歷時10年才完工。女神高46公尺，加上基座總高達93公尺，是美國新世界的門戶象徵。

1884年法國把雕像拆開，分裝於214只木箱中，橫越大西洋送抵曼哈頓，重新組裝後，1886年10月28日自由女神站在高高的基座上，對著曼哈頓的高樓大廈，右手高舉火炬，左手則持著一本法典，上面刻著美國獨立紀念日1776年7月4日，成為全球自由民主的象徵，在好萊塢電影烘托下，也是光明燦爛美國夢的啟程。

自由女神像是法國天才藝術家巴多第(Bartholdi)的作品，在克服結構及力學問題方面，還好建造巴黎艾菲爾鐵塔的法國工程師艾菲爾(Alexandre Gustave Eiffel)幫了忙。由於雕像內部中空，外部龐大的表面積難承受曼哈頓外海極大風力，艾菲爾針對自由女神像設計出的解決方法，不但克服雕像本身結構支撐的問題，也為後來美國摩天大樓的設計者提供開拓性的視野。

自由女神雕像的表面由300片銅板組成，厚度只有0.2公分。雕像裡面，艾菲爾設計一座巨大的塔樓，塔樓中心由4支鋼鐵直柱組成，柱子之間則以水平和斜對角的橫樑連結起來，在此之前，這樣的結構設計以及金屬材質只在橋樑工程中使用過。

1992

文化遺產

人文聚落
景觀遺址/
北美印第
安

塔烏斯原住民聚落
Taos Pueblo

塔烏斯聚落位在新墨西哥州格蘭特河(Rio Grande)的支流上，這裡是17世紀以來原住民的文化中心，更是原住民抵禦外侮的精神象徵。塔烏斯的建築很特別，是以泥磚築成的多樓層建築，也是這一帶原住民特有的建築型式。而為了抵禦使用槍炮的歐洲人，槍孔、雙重門等歐洲城堡的防禦設施，也被運用於建築上。塔烏斯至今仍有居民居住，遵循傳統生活，嚴禁自來水和電等現代化設備。

1995

自然遺產

喀斯特
地形

卡爾斯巴洞穴國家公園
Carlsbad Caverns National Park

卡爾斯巴洞穴國家公園是個鐘乳石洞穴群，地質為海底珊瑚礁沈積而形成的石灰岩，經過長時間的溶解、堆積，形成鐘乳石、石筍與石柱等地形，水與時間聯手在這裡形成的獨特景觀。

卡爾斯巴洞穴由Jim White所發現，並致力於保護，促使政府在1923年成立國家紀念公園，他也成了第一個洞穴導覽員。迷宮般的通道連接了一百多個洞穴，其中最有名的為Lechuguilla，也是最深的一座。

符號說明 登錄時間 遺產內容　遺產類型 文化遺產 自然遺產 綜合遺產 瀕危文化遺產 瀕危自然遺產 瀕危綜合遺產

1984

自然遺產

冰河地形
×
生物
多樣性

優勝美地國家公園
Yosemite National Park

優勝美地是全美最知名且最受歡迎的國家公園之一，1984年被列入世界自然遺產名錄。公園面積達308,074公頃，擁有內華達山脈最為完整的生物棲地。海拔高度從648公尺到3,997公尺，包含了灌木林、山地、針葉林與高地等不同植被環境。加州約有七千種植物，20%以上可在優勝美地發現，豐富多樣的植物讓此地隨著季節更迭散發不同風情。

優勝美地也是觀察冰河作用下U形谷地的活教材，像是花崗巨岩的半圓頂峰與酋長岩，都是公園內的重要地標，陡直的切面有如被利刃削過一般。落差740公尺的優勝美地瀑布，以春季水量最為豐沛，遊客可經由步道走到瀑布上方，欣賞壯觀水勢。公園南邊的馬利波薩神木群是園區另一受歡迎的景點，此處遍布高聳入雲的加州巨杉，歷經千年依然生機盎然。

2010

綜合遺產

海洋生態
×
人文聚落
景觀遺址/
南島語族

帕帕哈諾莫庫阿基國家海洋保護區
Papahānaumokuākea

面積廣達36萬平方公里，擁有包括10座小島和環狀珊瑚礁。在夏威夷人的觀念中，這片傳承自祖先的環境，既是生命的起源，也是死後靈魂回歸的地方，它是當地人與大自然間親密關係的具體化表現，對於現存的夏威夷文化來說，無論在宇宙或傳統觀念上均扮演非常重要的角色，因此兼具文化與自然價值。

其中，尼歐亞島(Nihoa)和馬庫瑪納瑪納島(Makumanamana)上遺留了歐洲人來之前、夏威夷人的古老聚落和相關考古遺跡，它們大部分由遠洋和深海居民建立，以海底火山和隱沒的海岸、大規模的珊瑚礁和潟湖為最大特色，這裡同時也是世界上最大的海洋保護區之一。

2019

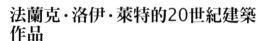

文化遺產

名建築師
20世紀
作品

法蘭克‧洛伊‧萊特的20世紀建築作品
The 20th-Century Architecture of Frank Lloyd Wright

由美國建築師萊特於20世紀上半葉設計的8座建築組成，包括落水山莊(賓夕法尼亞州米爾溪)、雅各布別墅(威斯康辛州麥迪遜)和古根海姆博物館(紐約)等。這些建築詮釋了萊特提出的「有機建築」，特點是開放式的平面佈局、模糊的室內室外界限，以及鋼鐵、混凝土等材料的全新使用方法。每一棟建築都體現了針對住宿、宗教、工作及娛樂需求的創新解決法，這一時期的萊特作品對歐洲現代建築的發展產生了重大影響。

1995

自然遺產

冰河

瓦特頓冰河國際和平公園
Waterton Glacier International Peace Park

這裡最著名的就是各種冰河地形，過去在冰河時代，此地由無數體積龐大的冰河所盤踞，當冰河後退消融時，巨大的移動力量在地表刨、鑿、挖、割，連堅硬的岩石都無法倖免，於是留下許多U型谷、冰斗、懸谷、角峰、冰積石等雄奇萬千的地形景觀，而星羅棋布的大小冰河湖泊，更是公園裡最具代表性的特色。雖然說隨著冰河時代去日遙遠，冰河消融本是無可避免的自然現象，但近年來的溫室效應，卻似乎加速了這個過程，導致冰河公園裡的活冰河從19世紀的150條銳減到現在的25個，科學家預計在不久的將來，這裡的冰河可能全部都會消失。

冰河國家公園北邊與加拿大的瓦特頓湖國家公園相連，這兩座公園地形相同、物種相通，卻被人為的國界一分為二，因此1932年時在兩國扶輪社與議會的大力促成下，兩座公園終於合而為一，成為全世界第一座國際和平公園，不但代表著地球生態環境合作保育的重要指標，也象徵了兩國永遠的和平友誼。
＊與加拿大並列

2014

文化遺產

人文聚落景觀遺址／北美印第安

帕弗蒂角紀念土墩
Monumental Earthworks of Poverty Point

帕弗蒂角的名稱是來自19世紀的一座農場，而紀念土墩位於路易斯安那州下密西西比河河谷一處土地上。共有5座土墩、6個同心半橢圓的田壟，並由淺凹地和中央廣場隔開。土墩建築年代約在西元前1650年到西元前700年之間，為北美原住民獵人所興建，主要作為住家、交易和祭典使用。這裡占地約910公頃，被認為是北美古典時期晚期最大、也最複雜的土木工程。

1987

自然遺產

火山地形
景觀與生態

夏威夷火山國家公園
Hawaii Volcanoes National Park

位於夏威夷大島東南部，全世界最活躍的兩座活火山冒烏納羅亞(Mauna Loa)和奇勞威亞(Kilauea)都位於此公園內，迄今仍在不斷噴流而出的奇勞威亞火山，彷彿在向所有人訴說自然界的偉大力量。

整個奇勞威亞火山的行進路線，乃是沿著火山鏈路(Crater Chain Road)繞行一周，沿途參觀林立周圍的相關景點。當你看著火山口噴煙裊裊的特殊景觀，火山爆發形成的熔岩流、如同被撞擊隕石坑般的火山口、煙霧瀰漫的地熱蒸氣口，還有像是月球表面般的地質，那一望無際特殊景觀的壯闊美景，令人驚心動魄！

哈雷茂茂火山口(Halemaumau Caldera)則是傳說中火山女神佩蕾居住的地方，這個因為火山爆發撞擊所形成的坑洞，像是水分乾涸的大湖，也像是上帝突然惡作劇，在地球表面上挖了個大洞，直徑大約800公尺，深度則有300公尺，巨大的坑洞令人嘆為觀止，偶爾還會冒出白色的煙霧。

©夏威夷旅遊局

2015

文化遺產

基督教遺產

聖安東尼奧教會建築
San Antonio Missions

這座遺產主要包括最早來到聖安東尼奧傳教的教團沿著聖安東尼奧河所興建的5處建築，以及南邊37公里的一座牧場。這些建築包括農場、住宅、教堂、糧倉，以及供水系統，由18世紀方濟會傳教團所興建。當年這裡是西班牙的殖民地，建築可以看出融合了西班牙和北美印地安Coahuiltecan族兩種文化，在教堂裡的裝飾也可看到原住民靈感來自大自然的設計。

2023

文化遺產

土壘工事

霍普維爾儀式用土壘建築
Hopewell Ceremonial Earthworks

位於俄亥俄河中游支流沿岸，由8處巨型泥土建築組成，具有1600年~2000年歷史，被視為霍普維爾傳統文化最具代表性的表現形式，它們與太陽週期及更為複雜的月亮週期保持一致，精確的幾何數據展現出其規模和複雜性，這些土壘建築是祭祀中心，以珍稀材料製成的精美祭品也一併出土。

烏拉圭Uruguay

 # 委內瑞拉Venezuela
(Bolivarian Republic of)

 3　 0　 0　 Total 3

烏拉圭是僅次於蘇利南，南美洲面積第二小的國家，於1828年獨立。被列為世界文化遺產的科洛尼亞‧德爾‧薩克拉門托是這個國家最早有歐洲人定居的城市，為葡萄牙人所建立，有別於周遭地區的西班牙殖民地。

弗雷本托斯工業景觀
Fray Bentos Industrial Landscape

科洛尼亞德爾薩克拉門托的歷史城區
Historic Quarter of the City of Colonia del Sacramento

工程師埃拉帝奧‧迪埃斯特的作品：阿特蘭蒂達教堂
The work of Engineer Eladio Dieste: Church of Atlántida

巴西　阿根廷　南大西洋

 2　 1　 0　 Total 3

正式名稱為委內瑞拉玻利瓦爾共和國，坐落南美洲北部，境內地形多變複雜，西邊是高聳的安地斯山，南部是亞瑪遜盆地的雨林，中部為拉諾平原，北部是加勒比海海岸，東邊則是河口三角洲。

加勒比海　科羅港口城鎮 Coro and its Port　卡拉卡斯大學城 Ciudad Universitaria de Caracas　卡奈馬國家公園 Canaima National Park　哥倫比亞　巴西

科洛尼亞‧德爾‧薩克拉門托的歷史城區
Historic Quarter of the City of Colonia del Sacramento

 1995
 文化遺產
 殖民城市/葡萄牙×西班牙

葡萄牙人於1680年在拉普拉塔河(Río de la Plata)地區建立這座城市，是對抗西班牙人時期重要的戰略據點，1777年10月1日，兩國簽訂《第一次聖伊爾德豐索條約》(First Treaty of San Ildefonso)，葡萄牙撤離，解決拉普拉塔河地區的領土爭執。此城至向世人展現葡萄牙式、西班牙式及後殖民地建築風格的完美融合。

弗雷本托斯工業景觀
Fray Bentos Industrial Landscape

 2015
 文化遺產
 工業景觀/肉品加工

弗雷本托斯位於烏拉圭西部烏拉圭河東岸，鄰著與阿根廷接壤的邊境。此工廠建築群位於烏拉圭河畔、弗雷本托斯鎮西邊，建於1859年，主要是處理和生產肉類，而工廠附近的草原就是供應牛羊等牲畜肉類的主要來源，這項遺產說明了當年南美的肉類從來源、處理、包裝、到運送，整個一貫生產過程。

工程師埃拉帝奧‧迪埃斯特的作品：阿特蘭蒂達教堂
The work of Engineer Eladio Dieste: Church of Atlántida

 2021
 文化遺產
 教堂建築群

阿特蘭蒂達教堂及鐘樓、地下洗禮堂建於1960年，教堂主體是一個矩形大廳，獨特之處在於波浪形牆壁及支撐的波浪形屋頂，圓柱形的鐘樓以鏤空的磚塊砌築，地下洗禮堂位於教堂前廣場左側，室內的採光依靠眼洞天窗。

科羅港口城鎮
Coro and its Port

 1993
殖民城市/西班牙×荷蘭
 瀕危文化遺產

科羅建立於1527年，是南美洲少數仍存在的第一批殖民城市，現存602棟加勒比海地區的傳統鄉土古建築，受雙重殖民文化交互影響，融入西班牙穆德哈式(Spanish Mudéjar)和荷蘭建築技術，相當獨特。

卡奈馬國家公園
Canaima National Park

 1994
自然遺產
瀑布×奇岩景觀

位於委內瑞拉東南部圭亞那高地上，境內超過百座的平頂山(又名桌山)，原為南美與非洲大陸相接時的湖底，經地殼抬升後被風雨侵蝕而成，全球落差最大的天使瀑布(979公尺)自海拔2560公尺處落下。1835年，德國探險家Robert Schomburgk曾多次嘗試攀上平頂山，但功敗垂成。50年後，英國探險隊終於成功登頂，並發現山頂遍布被侵蝕的奇岩怪石，英國作家Arthur Conan Doyle爵士因而稱此地為「失落的世界」。

卡拉卡斯大學城
Ciudad Universitaria de Caracas

 2000
 文化遺產
 大學×現代城市規劃

由委內瑞拉建築師Carlos Raúl Villanueva於1940~1960年間設計建造，為一現代城市規劃的傑出作品。大學城裡整合了每棟建築物及各自功能，在視覺上整體連貫，由一群風格互異的前衛藝術名家通力合作，靈巧富創意的概念詮釋、殖民傳統的空間感，以及適應熱帶氣候的開放設計，成功營造出協調美感。

大洋洲

澳洲 Australia

4　12　4　Total 20

澳洲雖是個年輕國家，卻擁有古老的大地。20處世界遺產中，高達12處為自然遺產、4處綜合遺產，僅僅4處文化遺產，異於全球的常態分布。從其12處自然遺產及4處綜合遺產來看，澳洲無疑是地球上最重要的自然寶庫。

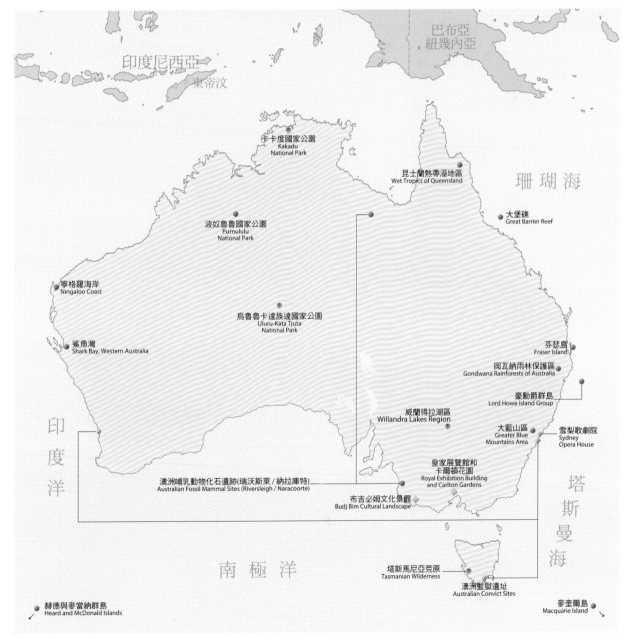

印度尼西亞
東帝汶

巴布亞
紐幾內亞

珊瑚海

卡卡度國家公園
Kakadu
National Park

昆士蘭熱帶溼地區
Wet Tropics of Queensland

大堡礁
Great Barrier Reef

波奴魯魯國家公園
Purnululu
National Park

寧格羅海岸
Ningaloo Coast

烏魯魯卡達族達國家公園
Uluru-Kata Tjuta
National Park

鯊魚灣
Shark Bay, Western Australia

芬瑟島
Fraser Island

岡瓦納雨林保護區
Gondwana Rainforests of Australia

豪勳爵群島
Lord Howe Island Group

威蘭得拉湖區
Willandra Lakes Region

大藍山區
Greater Blue
Mountains Area

雪梨歌劇院
Sydney
Opera House

皇家展覽館和
卡爾頓花園
Royal Exhibition Building
and Carlton Gardens

印度洋

澳洲哺乳動物化石遺跡(瑞沃斯萊 / 納拉庫特)
Australian Fossil Mammal Sites (Riversleigh / Naracoorte)

布吉必姆文化景觀
Budj Bim Cultural Landscape

塔斯曼海

南極洋

塔斯馬尼亞荒原
Tasmanian Wilderness

澳洲藍獄遺址
Australian Convict Sites

麥奎爾島
Macquarie Island

赫德與麥當納群島
Heard and McDonald Islands

608

符號說明　登錄時間　遺產內容　遺產類型　文化遺產　自然遺產　綜合遺產　瀕危文化遺產　瀕危自然遺產　瀕危綜合遺產

1981

自然遺產

海洋
×
珊瑚礁
生態

大堡礁
Great Barrier Reef

大堡礁是世界最大的珊瑚礁群，北端靠近赤道的巴布亞紐幾內亞，南端則已靠近布里斯本外海，綿延昆士蘭海岸線約2300公里的大堡礁，總面積35萬平方公里。

珊瑚礁的形成主要是因為珊瑚蟲分泌的石灰質，使死後的遺體鈣化，然後再經過一代一代的沉積，於是珊瑚礁的面積日益擴大。但是每隻珊瑚蟲平均只有指甲大小，要形成如大堡礁今日規模，必須經過200萬年到1800萬年的鈣化過程，何況大堡礁的珊瑚礁還是活生生的有機體，由此可見大堡礁的珍貴了。

由大大小小約2900個珊瑚礁構成的大堡礁，像珍珠般環繞著昆士蘭的東海岸，事實上鈣化後的珊瑚礁骨骸是白色的，但是大堡礁的活珊瑚礁卻是彩色的，而且還孕育了400種海綿動物、300種珊瑚、4000種軟體動物和1500種魚類。大堡礁是世界知名的水肺潛水點，有潛水執照的人一定不能錯過潛入深海，探索五彩斑斕的珊瑚礁海底世界。

1981

綜合遺產

熱帶雨林
生態
×
澳洲
原住民
岩畫藝術

卡卡度國家公園 Kakadu National Park

「卡卡度」之名源於當地名為「Gagadju」的原住民，大部分的卡卡度地區都是原住民的居住地。占地面積達22000平方公里的卡卡度，是澳洲最大的國家公園。在此蘊藏豐富的動植物生態及原住民生活五萬年的遺跡，是少數被列入綜合類世界遺產的國家公園。

每年11月~3月的雨季，充沛水量凝聚的窪地成為大量鳥類的棲息地，瀑布和雨林讓卡卡度生機盎然。地處澳洲北端熱帶地區的卡卡度之所以珍貴，正是因為園中延續生息的生態環境，繁衍著50多種哺乳動物、280多種鳥類、123種爬行動物、77種淡水魚類及10000種昆蟲。

如此豐沛的生態資源，為當地的原住民提供豐富的創作靈感，他們留下大量的岩石藝術遺跡、石器工藝品、用於祭祀的赭石等，即便時至今日受到殖民者侵入的影響，部分的傳統與儀式已經軼失，然而原住民和卡卡度大地間仍是緊緊相連的。

符號說明 登錄時間 遺產內容　遺產類型 文化遺產 自然遺產 綜合遺產 瀕危文化遺產 瀕危自然遺產 瀕危綜合遺產

威蘭得拉湖區
Willandra Lakes Region

1981

綜合遺產

有袋動物
化石
×
人類活動
考古遺跡

威蘭得拉湖區於1981年登入世界遺產的保護名單，原因是此區域保存有自更新世(Pleistocene，時間距今164萬年至1萬年前之間)所形成的湖泊群和砂積層化石，以及大約45~60萬年前，人類在此活動的考古遺跡，因此被歸為綜合遺產。除此，在此也挖掘出許多完整的巨型有袋動物的化石。

豪勳爵群島 Lord Howe Island Group

1982

自然遺產

玄武岩
地形
×
世界
最南端的
珊瑚礁
×
稀有物種

©澳洲旅遊局

坐落於澳洲與紐西蘭之間的塔斯曼海(Tasman Sea)，距離雪梨東北方780公里。這個在七百萬年前因火山爆發而形成的群島，據傳是由英國海軍軍官亨利‧李奇伯德‧伯爾(Henry Lidgbird Ball)在1788年發現，後來許多貨船及捕鯨船開始行經此地。

豪勳爵群島由28個島嶼組成，擁有豐富的生態以及珍貴稀有的物種，例如澳洲特有的森秧雞(Lord Howe Woodhen)及全世界罕見的大型竹節蟲(Lord Howe Island Phasmid)。本區重要景點還包括世界最南端的珊瑚礁、海洋玄武岩地形，以及歷史悠久的文化古蹟。

塔斯馬尼亞荒原
Tasmanian Wilderness

1982

綜合遺產

冰河地形
×
溫帶雨林
生態
×
人類考古
遺跡

位在澳洲大陸南方的塔斯馬尼亞島上，荒原歷經了冰河時期的洗禮，造就了陡峭的山脈和峽谷，其境內的公園及自然景觀保留地共涵蓋141萬公頃，是全球僅存的溫帶雨林之一。從山中的石灰岩洞發現的考古遺跡可證實，早在兩萬年前便有人類在此活動，因此被歸為綜合遺產。

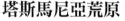

©澳洲旅遊局

©澳洲旅遊局

澳洲岡瓦納雨林
Gondwana Rainforests of Australia

1986

綜合遺產

雨林生態 × 火山景觀

　　岡瓦納雨林保護區位處在澳洲東海岸的大斷層上，包含了好幾個保護區，大約位在昆士蘭省東南部和新南威爾斯省東北部之間。雨林保護區以盾形火山口特殊的地質景觀，以及多樣瀕臨絕跡的雨林物種著名，這些景觀及雨林物種，對全球的科學研究和自然保護，具有重大意義。

©澳洲旅遊局

鯊魚灣 Shark Bay

1991

自然遺產

海洋生態 × 海洋動物

　　鯊魚灣位於澳洲大陸最西端，總面積220萬公頃，周圍環繞著島嶼和陸地。這裡擁有三大特色景觀：全世界範圍最廣、最豐富的海草床、數量多達一萬隻的儒艮，以及位於哈美林池(Hamelin Pool)由海藻沉積成堅硬圓頂狀的疊層石，人們可以在此目睹地球上最古老的生命形式。除此之外，這裡也是海龜、海豚及五種瀕危哺乳動物的棲地。

　　鯊魚灣的海岸線綿延超過1,500公里，是人們從事划船、釣魚、浮潛及深海潛水的熱門地點。由細小白色貝殼形成的迷人海灘，則是另一個吸引遊客造訪的景點。

©澳洲旅遊局

昆士蘭熱帶溼地區
Wet Tropics of Queensland

1988

自然遺產

熱帶雨林 × 濕地生態

　　位在昆士蘭東北角的熱帶溼地區，是世界上最古老的雨林區，不只蘊含許多瀕臨絕種的動植物，它本身更像是一部地球的生態進化史。

©澳洲旅遊局

　　這裡擁有絕佳的雨林生長環境，氣候變化不明顯，終年高溫，年雨量高達四千公厘，加上溼地區直接和大堡礁海岸線銜接，湍急的河谷與峽谷瀑布反而讓這些熱帶動植物快速而密集生長起來，不只是當地蝴蝶和鳥類之種類和色彩多到令人驚豔，這裡更成為蛙類、蛇類和蝙蝠的天堂。據說50~100萬年前，80%的澳洲土地上都遍布雨林，目前大約只剩下不到0.25%了，而其中有一半又都集中在昆士蘭的溼地區。

布吉必姆文化景觀
Budj Bim Cultural Landscape

2019

文化遺產

人類活動 考古遺跡

　　是澳洲唯一具原住民文化價值的世界遺產，早從六千多年前，這裡就是Gunditjmara人生活的地方，「Budj Bim」在他們的語言中意為「大頭」，指的是這個區域的一座死火山(英文為Mt. Eccles)，Gunditjmara人也相信這座火山是他們的創造者「Budj Bim」的化身。

　　Budj Bim被視為世界上最古老的淡水水產養殖系統，Gunditjmara人幾千年來不斷創造和改造獨特的水道，以養殖及捕捉鰻魚。

赫德與麥當納群島
Heard and McDonald Islands

1997

自然遺產

火山 × 冰河 × 極地生態

　　赫德島和麥當納群島位於澳洲南部海域，距南極洲約1700公里，離伯斯西南部約4100公里。這是唯一靠近南極的活火山島嶼，被人類喻為是「開啟一扇深入地球核心的窗戶」，藉以觀察目前仍在不斷發展的地貌及冰河動態。其保存價值在於未受到外來動植物的影響，並保存豐富原始的島嶼生態系統。

符號說明　 登錄時間　 遺產內容　　遺產類型　 文化遺產　 自然遺產　 綜合遺產　 瀕危文化遺產　 瀕危自然遺產　瀕危綜合遺產

烏魯魯-卡達族達國家公園
Uluru-Kata Tjuta National Park

1987

綜合遺產

沙漠奇岩
景觀
×
澳洲
原住民
文化

　　世界上最大獨立巨岩烏魯魯(Uluru，愛爾斯岩Ayers Rock)和群岩卡達族達(KataTjuta，奧加斯岩The Olgas)，是澳洲中部沙漠最美麗的兩個紅色傳奇。1987年，烏魯魯及卡達族達以神奇的地理景觀，和悠久的原住民文化列入綜合類的世界遺產，它們確實令人感到不可思議，烏魯魯圓周達9.4公里、高度達348公尺，卡達族達由36塊岩石所構成，平均高度五百多公尺，在此居住超過萬年以上的阿男姑(Anangu)原住民視為祖先、為聖地。

　　六億年前，烏魯魯及卡達族達所在的阿瑪迪斯盆地(Amadeus Basin)被造山運動往上推擠，致使原本埋在海底的山脈形成兩個沖積扇，到了三億年前，新的造山運動又將這兩個沖積扇推出海面，呈90度直角拱起的是烏魯魯，而卡達族達則以20度的斜角聳立，經過日經月累的風蝕，形成今日所見的獨立巨岩和岩群。「Nganana Tatintja Wiya」是阿男姑語「我們不攀登」的意思，雖然在烏魯魯上設置了攀爬鎖鏈，但由於這條登岩路線正是瑪拉人當時走過的路途，對原住民而言有極大的神聖意義，攀爬烏魯魯就像是踩在祖先頭上般的不敬。接近烏魯魯會被那股神秘的力量所震撼，或許正如阿男姑人的信仰一般，數萬年以來，先祖的靈魂仍棲息在這裡，日夜守護著這塊生命之石。

1992

自然遺產

砂島生態
×
熱帶雨林

芬瑟島 Fraser Island

位於澳洲昆士蘭省東方的芬瑟島，面積廣達184,000公頃，是全世界最大的「砂積島」。芬瑟島的砂丘色彩繽紛，因為砂中所含的礦物質比例不同，因而形成除了黃色沙之外，還有赭色、茶色、紅色等多姿的豐富顏色。事實上，島上的砂丘並非在同一時期形成，而是經由冗長時間累積成的，據知目前最古老的砂丘已有超過七十萬年的悠久歷史。而島上的高

聳雨林也是全世界唯一，這個被發現生長在砂丘上高度超過兩百公尺的熱帶雨林，並被完整保存下來。

除此之外，芬瑟島上更林立著大大小小多達四十幾座的懸湖(Perch Lake)，也是生態奇景之一，因為砂丘中長期凹陷的地盤形成不透水層，致使雨水在經過細砂的過濾後，反而成為十分清澈的水源，這些色澤或蔚藍、或碧綠的湖水，蘊含了許多生態寶藏，形成極為特殊的景觀。

1994

自然遺產

動物化石
遺址

澳洲哺乳動物化石遺址
(瑞沃斯萊／納拉庫特)
Australian Fossil Mammal Sites (Riversleigh / Naracoorte)

本哺乳動物化石遺址由東澳北部的瑞沃斯萊以及南部的納拉庫特所組成，是澳洲最大、保存最完整的化石遺址，也是全球排名前十大的化石遺址，詳細紀錄了澳洲大陸的哺乳動物演進史。

瑞沃斯萊化石遺址保存了漸新世到中新世的古老化石，年代距今一千萬年到三千萬年，納拉庫特化石遺址則收藏了53萬年前更新世中葉以後的化石。這些化石包括了冰河時期就已滅絕的巨型哺乳動物、鳥類、爬行動物，以及一些近代生物的化石，例如蛇、蝙蝠、鸚鵡、龜、老鼠、蜥蜴等等。

2004

文化遺產

展覽式建
築和花園

皇家展覽館和卡爾頓花園
Royal Exhibition Building and Carlton Gardens

於墨爾本市中心北方，卡爾頓花園是為了1880~1888年在墨爾本舉辦的國際性展覽會而特別設計的。花園裡的皇家展覽館以紅磚、木材、鋼鐵和石板瓦建成，建築設計融合了拜占廷、仿羅馬式、倫巴底式和義大利文藝復興風格，由建築師Joseph Reed所設計。

這座展覽館可以說集結了1851年到1915年間，超過50個國際性展覽會的展覽，包括巴黎、紐約、維也納、加爾各答、牙買加的京斯頓、智利的聖地牙哥等主辦國。其共同的宗旨和目的就是：透過各個國家的工業展示，來促進人類物質和精神的進步。

符號說明 登錄時間 遺產內容 遺產類型 文化遺產 自然遺產 綜合遺產 瀕危文化遺產 瀕危自然遺產 瀕危綜合遺產

1997

火山地形

自然遺產

麥奎爾島 Macquarie Island

　　長34公里、寬5公里的麥奎爾群島位處澳洲南部海域，大約位在塔斯馬尼亞東南方1500公里，剛好在澳洲與南極大陸的中間。

　　當印度—澳洲板塊碰撞太平洋板塊後，造成海底山脈上升到今日的高度，因此麥奎爾群島可說是海底的麥奎爾山脈(Macquarie Ridge)露出海面的部分。該島是地球上唯一一處不斷有火山岩從地幔(海床下6公里深處)冒出海平面的地方，也是重要的地質生態保護區。

2003

奇岩景觀

自然遺產

波奴魯魯國家公園 Purnululu National Park

　　波奴魯魯國家公園坐落於澳洲西部，園區主要順著班格班格山脈(Bungle Bungles)而規畫。其地質結構是泥盆紀時期的石英砂岩，歷經兩千萬多年不斷的侵蝕，形成一連串蜂窩狀的圓錐尖頂，在陡斜的山脈上可觀察到因水的侵蝕而形成的黑灰色條紋。

雪梨歌劇院
Sydney Opera House

2007

文化遺產

現代建築

在爭議聲中，澳洲最具知名度的地標雪梨歌劇院，終於在2007年被列為世界遺產，也成為澳洲第二座文化遺產。落成於1973年的雪梨歌劇院，不論在建築形狀還是建築結構上，在20世紀的建築史上都具有開創性的地位，當初設計歌劇院的丹麥建築師Jørn Utzon從此名垂千史，雖然當時他在建築未完工時便負氣離去，直到2008年過世前，不曾再踏上澳洲國土一步。

雪梨歌劇院外型猶如即將乘風出海的白色風帆，與周圍景色相映成趣。白色屋頂是由100多萬片瑞典陶瓦鋪成，並經過特殊處理，因此不怕海風的侵襲，屋頂下方就是雪梨歌劇院的音樂廳(Concert Hall)和

歌劇院(Opera Theater)，是全界最知名的表演藝術中心之一。

音樂廳是雪梨歌劇院最大的廳堂，通常用於舉辦交響樂、室內樂、歌劇、舞蹈、合唱、流行樂、爵士等表演，可容納2679名觀眾。此音樂廳最特別之處，就是位於音樂廳正前方，由澳洲藝術家Ronald Sharp所設計建造的大管風琴，號稱是全世界最大的機械木連桿風琴(Mechanical tracker action organ)，由10500支風管組成。

歌劇院較音樂廳為小，主要用於歌劇、芭蕾舞和舞蹈表演，可容納1547名觀眾；另外雪梨歌劇院還有一個小型戲劇廳(Drama Theater)和劇場(Playhouse)，通常用於戲劇、舞蹈、或講座和會議的舉行。

澳洲監獄遺址
Australian Convict Sites

2010

文化遺產

殖民遺產

18、19世紀之間，澳洲開始淪為大英帝國用來懲處罪犯的殖民地，當時關罪犯的監獄有超過上千座，如今被列為世界遺產的則有11座，主要位於雪梨、塔斯馬尼亞(Tasmania)、諾福克島(Norfolk Island)，及西澳的費里曼圖(Fremantle)等地。把這批監獄列為文化遺產的主要意義，是象徵了那個殖民年代，除了帝國主義者把罪犯流放到海外，也將罪犯視為龐大勞力，用來開墾海外的殖民地。

其中亞瑟港(Port Arthur)就是一個例子。從1803年起，塔斯馬尼亞這個孤懸在澳洲大陸東南方的島嶼，開始淪為大英帝國用來懲處罪犯的殖民地，在接下來的50年間，超過73,500名囚犯曾經在這塊當年名為「凡狄曼之地」(Van Diemen's Land)的遙遠南方，墾荒、造橋、鋪路、採礦、勞動；一旦再犯，便會被押解到東南端塔斯曼半島(Tasman Peninsula)上的亞瑟港，這裡海水冷冽，周遭海域鯊魚環伺，僅僅靠著一道寬100公尺的鷹頸地峽

(Eaglehawk Neck Isthmus)與本島相連，地峽兩側，猛犬狂吠、守衛森嚴，監獄本身則被形容為「一部把流氓磨練成老實人的機器」，紀律與嚴懲、隔離與分化、宗教與教化、訓練與教育……是帶動這部機器的齒輪，運轉了近半個世紀，大約12,700名囚犯，曾經在這個「地球地獄」服勞役，甚至度過餘生。

而位於西澳費里曼圖的舊監獄，從1855年到1991年關閉之前，一直是全澳洲戒備最森嚴的監獄之一，超過35萬人曾被囚禁在裡面。

符號說明 登錄時間 遺產內容 遺產類型 文化遺產 自然遺產 綜合遺產 瀕危文化遺產 瀕危自然遺產 瀕危綜合遺產

2000

自然遺產

森林
×
尤加利樹

大藍山區 Greater Blue Mountains Area

大藍山區域包括7個國家公園,以藍山國家公園最為出名。本區因擁有廣大的尤加利樹林地,所以空氣中懸浮著大量尤加利樹所散發出來的油脂微粒,在

經過陽光折射之後,視野所及一片淡藍氤氳,猶如身在不可思議的國度而得名。大藍山區域擁有海拔高度100~1300公尺的沙丘高原,這裡也正是動植物興盛的繁殖區域,據說由於15000年前造山運動頻繁,火山活動興盛,又經過長年風雨的侵蝕,於是今天這片土地處處可見自濃密的植物群中突起聳立的岩峰,成為這兒獨特的景觀。

雖然說藍山本身等同一部完整的澳洲尤加利樹生態進化史,還有超過400種的動植物在此生息,但這裡絕對不只是單純的生態保護區,和其他國家公園不同的是,到目前為止,仍有相當數量的居民住在國家公園範圍內,與自然和平共處。

2011

自然遺產

海洋生態

寧格羅海岸 Ningaloo Coast

寧格羅海岸位於西澳首府伯斯北方一千多公里處的凱普山脈半島(Cape Range Peninsula)。由於地理位置偏遠,棲地型態多元,因此本區海陸物種豐富,不僅孕育著五百多種熱帶魚、三百多種珊瑚、各式各樣的軟體動物、甲殼動物及藻類,還有成千上萬的海龜來此築巢下蛋,每年更有數百頭鯨鯊聚集在此覓食,與美麗壯觀的珊瑚產卵盛況互相輝映。

本區的珊瑚礁綿延260公里,是全世界最大的一座緊鄰陸塊邊緣的裙礁。陸地部分的主要特徵則是大範圍岩石裸露、崎嶇不平的喀斯特地形,以及生機盎

然、蜿蜒曲折的地下水道與洞穴。此外,潮間帶還有岩岸、沙灘、潟湖、河口以及大片的紅樹林。

考古人員在凱普山脈半島岩棚中發現的貝殼珠,最早可回溯到32,000年前,顯示遠古時代就有原住民在本區生活,並且已經懂得製作個人飾品。鑒於目前考古人員進駐研究的洞穴及岩棚只占了一小部分,寧格羅海岸極可能還有更多不為人知的文化寶藏等待發掘。

馬紹爾群島
Marshall Islands

 1 0 0 Total 1

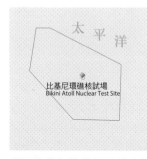

太 平 洋

比基尼環礁核試場
Bikini Atoll Nuclear Test Site

馬紹爾群島是北太平洋上的島國,地理上屬於密克羅尼西亞的一部分,由1156座大小島嶼組成,分屬於34座環礁。西班牙、英國、德國、日本、美國先後都染指過這片海域上的部分島嶼,直到1986年才獲得實質獨立。

2010

文化遺產

戰爭遺產

比基尼環礁核試場
Bikini Atoll, Nuclear Test Site

太平洋的密克羅尼西亞群島(Micronesian Islands)有一串名為比基尼環礁的群島,它們共由23座島嶼組成,環繞著一座面積將近六百平方公里的中央潟湖。二次大戰展開時、冷戰方興之際,美國決定在比基尼環礁上方進行核武試驗,撤離了當地居民,1946年~1958年這處「太平洋試驗場」(Pacific Proving Grounds)共出現67座核試場,其中包括首批氫彈的試爆。

等同七千倍廣島核彈爆發的威力,已對當地的地質與自然環境及暴露於輻射中的人們健康產生莫大的影響。沉船被核爆威力推往潟湖底與巨大的火山口,比基尼環礁成為核武最直接的證據,同時也代表了歷史上核子時代的來臨。

斐濟 Fiji

 #1 ⬤ #0 ⬤ #0 Total 1

萊武卡歷史港鎮
Levuka Historical Port Town

斐濟共和國位於南太平洋美拉尼西亞，由330座島嶼所組成，其中一半無人居住，以維提島(Viti Levu)和瓦努阿島(Vanua Levu)兩座島嶼為主，占了總人口87%。1643年荷蘭探險家塔斯曼發現斐濟，1874年成為英國殖民地，1970年獨立。

2013

文化遺產

殖民城鎮 × 歐洲人 × 英國

萊武卡歷史港鎮
Levuka Historical Port Town

萊武卡鎮位於斐濟東部的歐瓦勞島(Ovalau)上，建立於1820年左右，是歐洲人和美國人來到斐濟第一個建立的據點，在原住民村莊建倉庫、商店、港口設施、住宅，以及社會、教育和宗教機構。城鎮發展過程受到當地原住民社區的影響，且原住民人口始終多於歐洲人，這是晚期殖民港鎮少有的特殊案例，因此呈現出有別於其他殖民地的獨特景觀。1874年萊武卡成為英國殖民地，進一步成為斐濟的首府，後來才被蘇瓦(Suva)所取代。

吉里巴斯 Kiribati

#0 ⬤ #1 ⬤ #0 Total 1

鳳凰群島保護區
Phoenix Islands Protected Area

吉里巴斯是太平洋上的島國，1979年從英國獨立出來，是大英國協的一員。32座環礁分布於赤道兩側，島嶼面積總和僅811平方公里，但分布的水域面積廣達350萬平方公里，因在國際換日線最東邊，因此是全球第一個見到日出的國家。

2010

自然遺產

海洋與珊瑚礁生態 × 生物多樣性

鳳凰群島保護區
Phoenix Islands Protected Area

鳳凰群島範圍包括8處環礁與2座珊瑚暗礁，海域面積超過40萬平方公里。擁有未受破壞的超大型珊瑚群島生態系統、14座海底死火山及其他深海生物。此區域共有約200種珊瑚、500種魚類、18種水生哺乳類動物和44種鳥類，是南太平洋的海洋與陸地生物棲息地，同時也是全世界規模最大的指定海洋保護區。

密克羅尼西亞聯邦 Micronesia (Federated States of)

#1 ⬤ #0 ⬤ #0 Total 1

密克羅尼西亞聯邦就位在西太平洋地理區域密克羅尼西亞的東半側，自西向東由雅浦(Yap)、楚克(Chuuk)、彭培(Pohnpei)、科斯瑞(Kosrae)四州組成，共有607座島嶼。

南瑪多：東密克羅尼西亞的儀式中心
Nan Madol: Ceremonial Centre of Eastern Micronesia

南瑪多：東密克羅尼西亞的儀式中心
Nan Madol: Ceremonial Centre of Eastern Micronesia

2016

瀕危文化遺產

巨石建築 × 南島語族遺產

南瑪多遺址是由超過二億五千萬噸的柱狀玄武岩，在礁湖上建造出92座人工島，面積廣達30平方公里。從彭培(Pohnpei)島首邑Kolonia乘快艇出海，抵達南瑪多所在的天文(Temwen)島。進入城的「市中心」得乘船或涉水走過珊瑚礁，城牆高達十公尺，由六角形的柱狀玄武岩構成，島與島有運河網貫穿，左邊34座島是「下城」，皇室、神廟和祭台在此，東北部的58座島是「上城」，錯落著墳塚，巫師等神職人員也住在這裡。

符號說明 登錄時間 遺產內容　遺產類型 文化遺產 自然遺產 綜合遺產 瀕危文化遺產 瀕危自然遺產 瀕危綜合遺產

帛琉Palau

 0 0 #1 Total 1

帛琉位於密克羅尼西亞島群最西端，由6個分離的小島群組成，南北綿延約160公里，由兩種不同的地質所構成。北方諸島為叢林茂盛的火山島，南方各島大多是珊瑚礁島，被國際潛水評為世界七大海底奇觀之首。

太平洋
洛克群島南部礁湖
Rock Islands Southern Lagoon

2012

綜合遺產

海洋和珊瑚礁生態
×
南島語族岩石藝術

洛克群島南部礁湖
Rock Islands Southern Lagoon

洛克群島是帛琉最早有人居住的地方，島嶼主要由石灰岩組成，這些石灰岩島原是由幾百萬年前露出水面的珊瑚礁乾涸後所形成，多半為布滿樹林的無人島，有「水上花園」之稱。

帛琉擁有全世界最潔淨的水質、最美麗的珊瑚礁景觀、最合適的水溫，被國際潛水評為世界七大海底奇觀之首。蘊藏了全世界種類最多、最豐富的海底資源，總計有700多種珊瑚及超過1,500種的熱帶魚類，再加上水溫適中、水流平穩等得天獨厚的自然條件，使這裡成為浮潛愛好者的天堂。

其中不具毒性水母的水母湖(Jellyfish Lake)，富含多種礦物質火山泥的牛奶湖(Milky Way)，五顏六色、珊瑚叢隨著水流搖曳生姿的軟珊瑚區(Soft Coral Garden)，有如一叢叢石林一般的硬珊瑚區(Stiff Coral Garden)，因珊瑚狀似靈芝而得名的靈芝珊瑚礁區(Flower Coral Garden)，有一道迤邐近一公里長白色沙灘的長沙灘(Long Beach)，德軍在1900年左右以炸藥破壞環礁所形成的德國水道(German Channel)，猶如五角星形的星象島(Carp Island)，多達300~400顆百歲碑碟貝的干貝城(Clam City)，可以和鯊魚共舞的鯊魚城(Shark City)，有多種海洋生物棲息產卵的生態保育區七十群島(Seventy Islands)，而在大斷層(Big Drop Off)，從環礁向外延伸2~3公尺後，便遽降成約莫300公尺深的大斷層峭壁，沿著陡直的斷層浮潛，便可以看到相當精采的海底生物，這些都是洛克群島被評為世界七大海底奇觀之首的精華。

此外，島上的原住民為南島語族的一支，留下的墓塚與岩石藝術見證了小島社會組織超過三千年歷史，和海洋生態一起納為綜合世界遺產。

紐西蘭 New Zealand

塔斯曼海
東加里羅國家公園
Tongariro National Park
蒂瓦希普拿姆－紐西蘭西南部
Te Wahipounamu-South West New Zealand
南太平洋
紐西蘭亞南極島群
New Zealand Sub-Antarctic Islands

0　2　1　Total 3

紐西蘭世界遺產在全球卻具有舉足輕重的地理價值，古老的陸塊，再加上地殼擠壓、造山運動等作用，紐西蘭這塊土地記錄了數億年來地質上的演變，北島的火山、南島的冰河，以及近南極洲的島嶼，在地理與生態上各具地位。

1998

自然遺產

野生動物 × 極地生態

紐西蘭亞南極島群
New Zealand Sub-Antarctic Islands

位於紐西蘭東南方南海上，由五個群島組成，此區位置介於南極區和亞寒帶複合區，生物族群大量繁殖且多樣化，有許多禽鳥、植物和無脊椎動物的特有種，島上野生動物繁衍稠密，多種大型海鳥和企鵝也選擇在此築巢生子。經專家統計，共有126種鳥類在此落地成家，包括40種海鳥，其中有五個品種是世界上其他地方沒有的。

1990

綜合遺產

火山景觀
生態
×
南島語族
（毛利人）
遺產

東加里羅國家公園
Tongariro National Park

　　東加里羅於1990年先被認可為自然遺產，1993年再名列文化遺產，前者是因為有多座活火山和休火山，加上多元的生態環境，形成多變的地理景觀，後者則是境內高山對毛利族有文化與宗教上的重大意義。

　　在電影《魔戒三部曲》裡，燃燒著熊熊烈火，可摧毀魔戒的末日山脈多摩山(Mt Doom)，就是以東加里羅國家公園裡的魯瓦皮胡山(Mt. Ruapehu)作場景，山坡上的懷卡帕帕(Whakapapa)滑雪區也出現多次，這座位於北島中央地區、紐西蘭第一個國家公園從此聲名大噪。

　　1987年，紐西蘭原住民毛利部落酋長將魯瓦皮胡山、東加里羅山，和瑙努赫伊山(Mt. Ngauruhoe)等三座火山贈送給紐國人民，東加里羅國家公園才得以有今日的規模，火山健行和滑雪是最熱門的活動。

大洋洲

OCEANIA

1990

自然遺產

冰河
×
峽灣
×
生物
多樣性

蒂瓦希普拿姆─紐西蘭西南部
Te Wahipounamu-South West New Zealand

南島西南部幾乎都畫歸在世界自然遺產蒂瓦希普拿姆(Te Wahipounamu)的範圍裡，將近紐西蘭國土的十分之一，包括庫克山、峽灣、阿斯匹靈山(Mount Aspiring)、西地(Westland)四座國家公園，以及兩處自然保留區、三處科學保留區、13處景觀保留區、4處野生動植物管理保留區、5處生態區和數座觀察區、1處私有保留區。

全球地面上只有三處是地球主要板塊的交界處，蒂瓦希普拿姆的阿爾卑斯斷層即為其一，五百萬年來，太平洋板塊和印度─澳洲板塊彼此傾軋，造成地殼的劇烈變動，推擠出連綿不絕的山巒。

巨大的萬年冰河則塑造出南島西南部的地貌，此處有全球最大的中溫冰河和數條流動快速的冰河，緩慢往下移動的萬年冰河，挾其龐大且堅硬的體積，硬生生在山巒間切割出通道入海，在冰河溶化後，便留下峽灣、峭壁、瀑布、礫石海灘等冰河地形。

蒂瓦希普拿姆的自然植被相當豐富多元，緯度、高度、氣溫、雨量等的不同，形成了濕地、草地、灌木叢和森林等生態區，由於受到政府和民間良好的保護，擁有許多古生物，如14種羅漢松、南山毛櫸、不會飛的奇異鳥、肉食性蝸牛，以及唯一的高山鸚鵡Kea，可以讓科學家揣摩180萬年前的岡瓦納古陸(Gondwanalnd)世界。

符號說明　登錄時間　遺產內容　　遺產類型　文化遺產　自然遺產　綜合遺產　瀕危文化遺產　瀕危自然遺產　瀕危綜合遺產

索羅門群島 Solomon Islands

 0 1  0 Total 1

索羅門群島是南太平洋上由一千多座島嶼組成的島國,地理上屬於美拉尼西亞的一部分。在歐洲人發現索羅門群島之前,南島語族已在這廣闊的海域生活了數千年,美國、英國、日本都曾在此爭奪勢力範圍,1978年爭取獨立成功。

東倫內爾
East Rennell

東倫內爾 East Rennell

1998

瀕危
自然遺產

海洋與珊瑚礁生態
×
物種演化

倫內爾島位於西太平洋索羅門群島最南端,長86公里、寬15公里,是世界上最大的珊瑚環礁,島上的特加諾湖(Lake Tegano)為鹹水湖,過去曾經是礁湖,也是太平洋諸島中最大的湖泊,湖泊裡有許多石灰岩小島,孕育不少地方特有種。東倫內爾位於倫內爾島南部三分之一處,面積約37,000公頃,並向外延伸海域達三海浬。

倫內爾島上森林密布,樹冠高達20公尺。由於經常受強烈熱帶氣旋侵襲影響,成為西太平洋物種遷移及進化的跳板,對科學研究來說,是極重要的天然實驗室。

©UNESCO/S. A. Tabbasum

萬納杜 Vanuatu

 1 0 0 Total 1

洛伊瑪塔酋長領地
Chief Roi Mata's Domain

位於南太平洋,屬於美拉尼西亞的一部分,由火山島所組成,歐洲人於17世紀來此前,這裡是南島語族的家,西班牙、英國、法國都曾占領過部分島嶼,1980年獨立建國,國名取自南島語的「Vanua」,意思為「家」和「土地」。

洛伊瑪塔酋長領地
Chief Roi Mata's Domain

2008

文化遺產

南島語族遺產
×
酋長的居所
×
死亡地及墓葬群

洛伊瑪塔酋長領地包括Efate、Lelepa和Artok三座島上的三處17世紀初遺址,是萬納杜最後一位最高統治者洛伊瑪塔酋長的居所、死亡地及墓葬群。

在這個藉由語言和口述傳承的社會,一切以酋長為核心,除了延續傳統及制訂價值體系,也為民眾排紛解難,這些遺址十足反映了萬納杜諸島的典型社會,酋長居所和墳塚的各種禁忌,四百年來人民奉行不悖,形成當地特色及習俗,處處顯示酋長仍存活於現代萬納杜人的心中。

THEME 63
典藏世界遺產

國家圖書館出版品預行編目資料

典藏世界遺產/朱月華，墨刻編輯部作. --
初版. -- 臺北市：墨刻出版股份有限公司
出版：英屬蓋曼群島商家庭傳媒股份有
限公司城邦分公司發行, 2024.11
624面；21×28公分. -- (Theme；63)
ISBN 978-626-398-090-7(平裝)

1.CST: 文化遺產 2.CST: 世界地理

713   113015427

作者
朱月華‧墨刻編輯部
攝影
墨刻攝影組
主編
朱月華
美術設計
羅婕云
特約美術設計
呂昀禾‧董嘉惠‧駱如蘭‧詹淑娟
洪玉玲‧許靜萍
地圖美術設計
董嘉惠‧墨刻編輯部

發行人
何飛鵬
PCH集團生活旅遊事業總經理暨墨刻出版社長
李淑霞
總編輯
汪雨菁
行銷企畫經理
呂妙君
行銷企畫主任
許立心

出版公司
墨刻出版股份有限公司
地址：115台北市南港區昆陽街16號7樓
電話：886-2-2500-7008　傳真：886-2-2500-7796
E-mail：mook_service@cph.com.tw
讀者服務：readerservice@cph.com.tw
墨刻官網：www.mook.com.tw

發行公司
英屬蓋曼群島商家庭傳媒股份有限公司城邦分公司
地址：115台北市南港區昆陽街16號8樓
電話：886-2-2500-7718　886-2-2500-7719
傳真：886-2-2500-1990　886-2-2500-1991
城邦讀書花園：www.cite.com.tw
劃撥：19863813
戶名：書虫股份有限公司

香港發行所
城邦(香港)出版集團有限公司
地址：香港九龍土瓜灣土瓜灣道86號順聯工業大廈6
樓A室
電話：852-2508-6231
傳真：852-2578-9337
E-mail：hkcite@biznetvigator.com

馬新發行所
城邦(馬新)出版集團 Cite (M) Sdn Bhd
地址：41, Jalan Radin Anum, Bandar Baru Sri Petaling,
57000 Kuala Lumpur, Malaysia.
電話：(603)90563833
傳真：(603)90576622
E-mail：services@cite.my

製版‧印刷
凱林彩印股份有限公司

經銷商
誠品股份有限公司‧聯合發行股份有限公司
金世盟實業股份有限公司

城邦書號
KX0063

定價
1280元

ISBN
978-626-398-090-7‧978-626-398-088-4 (EPUB)
2024年11月初版